THE GUIDELINES ON LEGAL ISSUES OF
SHAREHOLDER DISPUTES

股东纠纷法律问题全书

合伙人

（第二版）

上海宋海佳律师事务所　编著

图书在版编目（CIP）数据

合伙人：股东纠纷法律问题全书／上海宋海佳律师事务所编著．—2版．—北京：知识产权出版社，2017.4

ISBN 978-7-5130-4780-7

Ⅰ.①合… Ⅱ.①上… Ⅲ.①股份有限公司—股东—公司法—基本知识—中国 Ⅳ.①D922.291.91

中国版本图书馆CIP数据核字（2017）第038044号

责任编辑：齐梓伊
封面设计：张　悦
责任出版：刘译文

合伙人（三）

股东纠纷法律问题全书（第二版）

上海宋海佳律师事务所　编著

出版发行：知识产权出版社有限责任公司	网　　址：http://www.ipph.cn
社　　址：北京市海淀区西外太平庄55号	邮　　编：100081
责编电话：010-82000860转8176	责编邮箱：qiziyi2004@qq.com
发行电话：010-82000860转8101/8102	发行传真：010-82000893/82005070/82000270
印　　刷：北京嘉恒彩色印刷有限责任公司	经　　销：各大网上书店、新华书店及相关专业书店
开　　本：720mm×1000mm　1/16	印　　张：166
版　　次：2017年4月第1版	印　　次：2017年4月第1次印刷
字　　数：3000千字	定　　价：398.00元（全四册）

ISBN 978-7-5130-4780-7

出版权专有　侵权必究

如有印装质量问题，本社负责调换。

关于作者

一家专注解决股东纠纷的律师事务所

因为专注,
所以更了解股东纠纷的根源和全面解决方案

因为专业,
所以突破律师的局限性,以税务思维,筹划股权交易方案

再版说明

《合伙人》第一版出版两年多,蒙读者厚爱,在当当网、京东网、亚马逊网的读者好评率分别为100%、97%和五星。

本次再版,除了订正疏漏之外,撷取和提炼最新的具有代表性的典型案例,尤其是来自最高人民法院的公报案例、指导案例,修正原书中与现行法律法规、司法判例中或冲突或遗漏的内容,将最前沿的、最具实务价值的司法观点(如《最高人民法院关于适用〈中华人民共和国公司法〉若干问题的规定(四)》征求意见稿)、实践经验呈现给读者。

需要说明的是,本书中部分案例判决作出时间较早,诉讼主体、判决依据和结果可能与现行法律、法规有所冲突。我们也注意到了这些问题并加以标注。之所以仍然保留,是因其中案件的背景、证据和法院观点对现今的司法实践仍有意义和借鉴作用。

最后,借《合伙人》再版之际,向对第一版提出修订建议的读者和朋友,向给予我们关心、鼓励和帮助的同行和专家学者们,表示衷心的感谢!

主编宋海佳参与本书全部章节的撰写,并负责选题、体例设计和审定工作。

任梅梅、顾立平参与本书全部章节的撰写工作。

韦业显(香港韦业显律师行创办人)参与本书"离岸公司不公平损害的股东权益保护"部分的撰写工作。

于东耀、章亚萍、郭睿、吴星、张莉、虞修秀、张旆、姜元哲参与资料收集和部分案例的编写及校对工作。

再版修改部分,由徐清律师负责统筹,由宋海佳、顾立平、徐清、赵玉刚、陈纯、龙华江(全面负责税法部分修改)、华轶琳、陈怀榕、王永平律师参与撰写,王芬律师负责校对。

简　目

一

第一章　公司设立纠纷 …………………………………………（ 1 ）
第二章　发起人责任纠纷 ………………………………………（ 97 ）
第三章　股东出资纠纷 …………………………………………（ 129 ）
第四章　股东资格确认纠纷 ……………………………………（ 415 ）

二

第五章　股东名册记载纠纷 ……………………………………（ 611 ）
第六章　请求变更公司登记纠纷 ………………………………（ 632 ）
第七章　股权转让纠纷 …………………………………………（ 709 ）
第八章　增资纠纷 ………………………………………………（ 958 ）
第九章　新增资本认购纠纷 ……………………………………（1056）
第十章　减资纠纷 ………………………………………………（1079）
第十一章　公司合并纠纷 ………………………………………（1120）
第十二章　公司分立纠纷 ………………………………………（1191）

三

第十三章　损害公司利益责任纠纷 ……………………………（1235）
第十四章　损害股东利益责任纠纷 ……………………………（1486）
第十五章　请求公司收购股份纠纷 ……………………………（1536）

第十六章　公司解散纠纷 …………………………………………（1610）
第十七章　申请公司清算 …………………………………………（1748）
第十八章　清算责任纠纷 …………………………………………（1831）

四

第十九章　股东知情权纠纷 ………………………………………（1871）
第二十章　公司决议纠纷 …………………………………………（1975）
第二十一章　上市公司收购纠纷 …………………………………（2172）
第二十二章　公司盈余分配纠纷 …………………………………（2243）
第二十三章　公司证照返还纠纷 …………………………………（2331）
第二十四章　公司关联交易损害责任纠纷 ………………………（2367）
第二十五章　股东损害公司债权人利益责任纠纷 ………………（2438）

目 录

三

第十三章 损害公司利益责任纠纷

第一节 立 案 ······(1238)

896. 如何确定损害公司利益责任纠纷的原告？ ······(1238)

【案例297】沪上首例监事告董事不忠胜诉 ······(1238)

897. 当发生损害公司利益责任纠纷时,如何确定被告？ ······(1240)

【案例298】状告上市公司高管不履职　原、被告主体均不适格被驳回 ······(1240)

898. 损害公司利益责任纠纷由何地法院管辖？ ······(1242)

899. 如果损害公司利益的行为既涉及民事责任的承担,又涉嫌刑事犯罪的,法院应当如何处理？ ······(1242)

【案例299】涉嫌刑事犯罪　法院驳回民事起诉 ······(1243)

900. 损害公司利益责任纠纷是否适用诉讼时效？ ······(1244)

901. 损害公司利益责任纠纷按照什么标准交纳案件受理费？ ······(1244)

902. 公司高管损害公司利益的,股东须履行哪些前置程序才能起诉？ ······(1244)

【案例300】监事选用股东身份起诉　未履行前置程序被驳回 ······(1245)

903. 如果公司仅有两名股东,且分别担任执行董事及监事,则当其中一人损害公司利益时,另一人可否直接提起股东代表诉讼？ ······(1246)

904. 股东提起代表诉讼时,公司以何身份参加诉讼？ ······(1246)

905. 股东代表诉讼所获得的利益归谁所有？ ······(1247)

906. 股东代表诉讼是否仅能适用于损害公司利益责任纠纷？ ······(1247)

907. 股东在代表诉讼中丧失股东资格的,人民法院应如何处理？ ······(1247)

908. 股东因提起代表诉讼所支出的费用由谁承担? …………………… (1247)

909. 如果股东与被告在股东代表诉讼中签订调解协议或直接申请撤诉,
法院应当如何审查其效力? …………………………………………… (1247)

910. 在什么情况下股东提起代表诉讼需要提供担保? ………………… (1247)

第二节 损害公司利益责任纠纷的裁判标准 ……………………… (1248)

一、董事、监事及高管的任职条件与职权 …………………………… (1248)

911. 公司董事如果任期届满未进行选举的,应由谁来履职? ………… (1248)

912. 董事长具有哪些职权?法定代表人由谁担任?其与董事长的职权
有何不同? ……………………………………………………………… (1248)

913. 公司章程关于"董事会有权增补董事"的约定是否有效? ………… (1248)

914. 股东会是否有权无故解除董事的职务?章程是否可以作出另外
约定? …………………………………………………………………… (1249)

【案例301】长期不召集股东会会议 股东会有权罢免"不勤勉"执行
董事 ……………………………………………………………… (1249)

915. 哪些人不得担任非上市公司董事、监事及高级管理人员?这些
职务是否只有公司股东才能担任?外国人可否担任? ……………… (1250)

916. 哪些人不得担任上市公司的董事? ………………………………… (1251)

917. 对于哪些人员,证监会可以采取证券市场禁入措施从而禁止相关
人员担任上市公司的董事、监事、高级管理人员? ………………… (1251)

【案例302】大股东占用资金未披露 酒鬼酒董事长被禁出局 ………… (1252)

918. 证监会对于禁入措施的年限依照什么标准来确定?什么情况下
可以从轻、减轻或免于采取禁入措施? ……………………………… (1254)

【案例303】无证券投资咨询资格非法经营 涉嫌犯罪终身被禁从事
证券业 …………………………………………………………… (1255)

919. 上市公司独立董事,除应具备担任上市公司董事的资格外,还
应该具备哪些条件? …………………………………………………… (1256)

920. 担任股权投资企业及其受托管理机构董事、监事以及高管有何
特殊任职要求? ………………………………………………………… (1257)

921. 担任期货公司董事、监事以及高管有何特殊任职要求? ………… (1257)

二、外商投资企业董事、监事及高管任职及义务 …………………… (1258)

922. 中外合作经营企业是否必须设董事会? …………………………… (1258)

923. 中外合作经营企业的董事会或联合管理委员会委员有何人数
限制？任职期限有何规定？ ……………………………………… (1258)
924. 中外合作经营企业的董事或联合管理委员会的委员有何义务？ …… (1258)
925. 中外合资经营企业是否必须设立董事会？董事、董事长、副董事长
如何产生及撤换？董事会人数有何限制？董事任期为几年？可否
连任？ ……………………………………………………………… (1259)
926. 中外合资经营企业的总经理由谁任免？有无国籍限制？可否兼任
其他公司的高管？ ………………………………………………… (1259)
927. 中外合作经营企业、中外合资经营企业的监事，以及外商独资企业
的董事、监事及高管在任职及义务上有何特殊规定？ ………… (1259)

三、损害公司利益责任纠纷的一般裁判标准 …………………… (1259)

928. 损害公司利益行为的构成要件有哪些？ ………………………… (1259)
 【案例304】虚假陈述与损失无因果关系　请求损失赔偿被驳回 …… (1260)
 【案例305】行政处罚与经理履职无因果　合规报销未损公司利益 …… (1264)
 【案例306】董事职务未被免除仍应尽忠　电子邮件存疑难证董事窃
商机 ……………………………………………………… (1270)
 【案例307】系争账户权属与资金来源不明　主张高管挪用公款赔偿
损失被驳回 ……………………………………………… (1274)
929. 公司在什么情况下可以行使归入权？ …………………………… (1277)
930. 公司在一个诉讼中归入权和损害赔偿请求权能否同时行使？ …… (1277)
931. 如何证明董事、监事及高管等损害公司利益给公司造成的损失
金额？ ……………………………………………………………… (1278)
932. 公司主张归入权时，侵权行为人取得的"收入"指的是什么收入？
应当如何认定侵权行为人的收入？ ……………………………… (1278)
 【案例308】无法否定高管同业经营亏损证据　举证不能主张归入权
无功而返 ………………………………………………… (1278)
 【案例309】竞业禁止义务不止于任期届满　同业收入包含未分配
利润 ……………………………………………………… (1281)
 【案例310】公司不义董事仍需尽忠　"粤超联赛"法定代表人被判
停职 ……………………………………………………… (1284)

四、收受贿赂及侵占、挪用公司资金民事责任的裁判标准 ……… (1291)

933. 董事、监事及高管收受贿赂及其他非法收入的构成要件有哪些？ …… (1291)

934. 公司或股东起诉董事、监事及高管侵占公司财产需举证证明
　　哪些内容？ ………………………………………………………… (1291)
【案例311】法定代表人并非保管员　主张返还公司财产被驳回 ……… (1292)
【案例312】二人公司执行董事借款不还　监事诉讼返还借款理由
　　成立 ………………………………………………………………… (1293)
935. 公司董事、监事及高管、控股股东或实际控制人侵占公司财产，
　　或利用职务受贿或收取其他非法收入，应当承担何种责任？ ……… (1298)
936. 董事、高管挪用公司资金的构成要件包括哪些？ ………………… (1298)
937. 公司董事、高管挪用公司资金，或将公司资金存入个人名义或者
　　以其他个人名义开立的账户应当承担何种责任？ ………………… (1298)
【案例313】返还存入个人账户的公司资金和利息　辩称个人垫付款
　　冲抵公司资金不成立 ……………………………………………… (1299)
【案例314】公款"私存"用于资金周转　挪用公司资金主张不成立 …… (1300)
938. 如果公司已经没有实际经营场地，或股东之间已经就解散清算
　　达成决议，董事或高管可否将公司财物存于个人账户或其他
　　处所？ ……………………………………………………………… (1302)
【案例315】公司停业且无经营场地　董事保管财物不视为挪用 ……… (1302)

五、擅自借贷及担保民事责任的裁判标准 ………………………… (1306)

939. 董事、高管未经公司决策机构同意，将公司资金借贷或担保时，
　　该借贷或担保是否有效？ ………………………………………… (1306)
【案例316】董事长擅自对外担保　造成损失应赔偿 …………………… (1306)
940. 公司为向股东或实际控制人借贷资金而作出股东（大）会、董事会
　　决议时，接受借贷的股东或实际控制人控制的股东是否需要回避？
　　如何有效防范公司的违规担保行为？ …………………………… (1309)
941. 公司向其他企业或个人提供担保，应由谁决议？ ………………… (1310)

六、自我交易行为民事责任的裁判标准 ………………………… (1310)

942. 董事、高管违法进行自我交易的构成要件有哪些？该交易是否
　　有效？ ……………………………………………………………… (1310)
【案例317】董事擅自受让公司债权　自我交易无效债权归还公司 …… (1310)
【案例318】未经股东会同意受让公司商标　自我交易被判无效 ……… (1314)
【案例319】总监新设公司间接自我交易　协议无效法院酌定返还
　　费用 ………………………………………………………………… (1317)

943. 已经履行相关决策程序的自我交易行为是否一定有效? …………… (1321)

944. 公司经理给自己发放薪酬是否违反了忠实义务? …………………… (1321)

七、谋取公司商业机会与竞业限制民事责任的裁判标准 ………… (1321)

945. 判断是否属于公司商业机会的标准是什么? …………………………… (1321)

【案例320】违反竞业禁止义务　董事承担损害赔偿 ………………… (1322)

946. 公司董事、高管违反谋取公司商业机会限制义务的构成要件有哪些?如果董事、高管违反该义务与第三人进行了交易,该交易是否有效? ………………………………………………………………… (1326)

947. 第三人出于对公司董事、高管的信任而与其合作,董事、高管是否属于违反谋取公司商业机会限制的义务? ……………………… (1326)

【案例321】利用第三方谋取公司商机　收入被判归公司所有 ……… (1327)

948. 如何判断是否违反了竞业限制义务? …………………………………… (1329)

949. 公司董事、高管在经营同类业务的其他公司作为股东,是否构成对竞业限制义务的违反? ………………………………………… (1330)

950. 股东是否可以成为竞业禁止限制义务的主体? ……………………… (1330)

951. 如果公司已经税务注销或被吊销但尚未注销,董事、高管另设公司与原公司同业竞争是否构成损害公司利益? …………………… (1330)

【案例322】原公司停止经营　另设公司不构成同业竞争 …………… (1330)

八、侵害商业秘密民事责任的裁判标准 ……………………………… (1333)

952. 如何判断公司的经营信息和技术信息是否属于商业秘密? ………… (1333)

【案例323】客户名单为经营秘密　侵权需赔偿 ……………………… (1334)

【案例324】侵犯商业秘密　不同职位不同责任 ……………………… (1339)

953. 侵犯商业秘密的表现形式有哪些? ……………………………………… (1349)

954. 实践中公司应如何注意保护商业秘密? ………………………………… (1349)

九、其他损害公司利益责任的裁判标准 ……………………………… (1350)

955. 公司对外进行投资应当经过怎样的决策程序?公司董事会或总经理是否有权决定? ……………………………………………… (1350)

【案例325】擅自对外投资　赔偿公司损失850万 …………………… (1351)

956. 擅自以公司资产对外投资所形成的股权是否属于法律规定的应归公司所有的收入? ………………………………………………… (1356)

957. 如果公司董事、高管拒不履行公司决议,应当承担何种责任? …… (1356)

【案例326】拒不执行董事会决议　损害公司利益赔偿60万 ………… (1357)

958. 如何判断公司董事、高管的决策行为是否符合正常的商业目的及操作习惯? ………………………………………………………………… (1361)

【案例327】商业决策符合公司利益 未造成损失董事无责 ………… (1362)

【案例328】未分配利润奖励员工 损害公司利益判决返还 ………… (1366)

959. 董事、高级管理人员在执行公司职务时,违反法律、行政法规而使公司遭受税收滞纳金和罚款的,公司可否请求其承担责任? ……………………………………………………………………… (1377)

【案例329】公司偷税漏税 高管仅对惩罚性款项担责 ……………… (1377)

【案例330】总经理开支严重超常 违反忠实义务须赔偿 ……………… (1381)

第三节 损害公司利益刑事责任 …………………………………… (1382)

一、一般刑事犯罪 ………………………………………………… (1382)

960. 何为侵犯商业秘密罪?其立案追诉标准以及量刑标准分别是怎样的? ………………………………………………………… (1382)

【案例331】力拓案——四名员工侵犯商业秘密 …………………… (1383)

961. 何为挪用资金罪?其立案追诉标准以及量刑标准分别是怎样的? ……………………………………………………………… (1384)

【案例332】挪用侵占公司资金 "真功夫"老总被判14年 ………… (1384)

【案例333】北京一高尔夫俱乐部老总挪用200万 获刑5年 ……… (1387)

962. 何为职务侵占罪?其立案追诉标准以及量刑标准分别是怎样的? ……………………………………………………………… (1388)

963. 职务侵占罪与侵占罪的区别是什么? ………………………… (1388)

【案例334】老总打白条320万进腰包 职务侵占获刑9年 ………… (1389)

【案例335】伪造材料变更股东 侵占股权获刑10年 ……………… (1390)

964. 职务侵占罪与贪污罪的区别是什么? ………………………… (1396)

965. 何为非国家工作人员受贿罪?其立案追诉标准以及量刑标准分别是怎样的? ………………………………………………… (1396)

【案例336】非国家工作人员周弼正受贿246万 一审获刑11年 …… (1397)

966. 非国家工作人员受贿罪与收取合理报酬行为的界限是什么? …… (1398)

967. 非国家工作人员受贿罪与请客送礼、接受馈赠行为的界限是什么? ……………………………………………………………… (1398)

968. 非国家工作人员受贿罪与其他索取、收受提成、回扣、手续费等行为的界限是什么? ………………………………………… (1398)

969. 非国家工作人员受贿罪与受贿罪的区别是什么？ ………………… (1398)
970. 何为违规披露、不披露重要信息罪？其立案追诉标准以及量刑
    标准分别是怎样的？ …………………………………………… (1399)
【案例337】民营石油大亨龚家龙违规披露重要信息获刑19个月 ……… (1400)
971. 何为非法经营同类营业罪？其立案追诉标准以及量刑标准分别
    是怎样的？ ……………………………………………………… (1402)
【案例338】私设民企赚"差价" 非法经营同类营业被判刑 …………… (1402)
972. 何为签订、履行合同失职被骗罪？其立案追诉标准以及量刑标准
    分别是怎样的？其构成要件是什么？如何确定立案追诉标准及
    量刑标准？ ……………………………………………………… (1404)
【案例339】国企老总涉嫌签订 履行合同失职被骗罪被公诉 ………… (1405)
973. 何为背信损害上市公司利益罪？其构成要件、立案追诉标准以及
    量刑标准分别是怎样的？ ……………………………………… (1406)
【案例340】划拨上市公司1.7亿资金 背信损害公司利益获刑2年 …… (1406)
974. 何为欺诈发行股票、债券罪？其立案追诉标准以及量刑标准分别
    是怎样的？ ……………………………………………………… (1411)
【案例341】我国首例上市公司被判欺诈发行股票罪案 ………………… (1412)
975. 何为妨害清算罪？其立案追诉标准以及量刑标准分别是怎样的？ … (1415)
【案例342】隐匿、转移清算财产43万 被判妨害清算罪获刑1年半 … (1416)
976. 何为内幕交易、泄露内幕信息罪？其立案追诉标准以及量刑标准
    分别是怎样的？ ………………………………………………… (1419)
【案例343】内幕交易、泄露内幕信息 黄光裕等被判刑并罚数亿 …… (1419)
【案例344】保荐人内幕交易第一案 夫妻双双被判刑 ………………… (1424)
【案例345】中电员工泄露内幕消息炒股获刑6年 ……………………… (1426)

二、涉税刑事犯罪 ……………………………………………………… (1427)

977. 何为抗税罪？其立案追诉标准以及量刑标准分别是怎样的？ …… (1427)
978. 抗税罪与逃税罪有何区别？ …………………………………… (1428)
979. 抗税罪与妨害公务罪的区别是什么？ ………………………… (1428)
980. 何为逃避追缴欠税罪？其立案追诉标准以及量刑标准分别是
    怎样的？ ………………………………………………………… (1429)
【案例346】"示范店主"逃避欠税获刑三年 …………………………… (1429)
981. 逃避追缴欠税罪与抗税罪的区别是什么？ …………………… (1430)

982. 何为骗取出口退税罪？其立案追诉标准以及量刑标准分别是
怎样的？ ·· (1431)
【案例347】三青年一软件骗取退税3000余万被判无期·············· (1431)
983. 骗取出口退税罪与诈骗罪的区别是什么？ ···························· (1433)
984. 骗取出口退税罪与虚开增值税专用发票罪的异同是什么？······ (1433)
985. 何为虚开增值税专用发票、用于骗取出口退税、抵扣税款发票罪？
其立案追诉标准以及量刑标准分别是怎样的？ ···················· (1434)
【案例348】行贿、虚开增值税专用发票、挪用资金 周正毅再获刑16年 ····· (1434)
986. 何为非法购买增值税专用发票、购买伪造的增值税专用发票罪？
其立案追诉标准以及量刑标准分别是怎样的？ ···················· (1440)
【案例349】未实际交易 非法买卖增值税发票100万获刑3年 ····· (1441)

第四节 董事、高管、监事收入的税务问题 ·································· (1442)

987. 个人担任董事职务在公司取得的收入应如何缴纳个人所得税？ ····· (1442)
988. 在中国境内同时担任外商投资企业的董事(长)与直接管理职务，
或者名义上不担任企业的直接管理职务，但实际上从事企业日常
管理工作的个人，对其取得的董事费或工资薪金应以何种税目计
征个人所得税？ ·· (1442)
989. 如何确定在中国境内担任董事、高层管理人员的纳税义务以及应
纳税额？ ·· (1443)
【案例350】外籍个人在华取得工资薪金的所得税计算 ··············· (1445)
990. 如何确定工资、薪金的来源地？ ··· (1445)
991. 如何判定在中国境内无住所的个人在中国境内居住天数？如何
界定个人实际在中国境内、外的工作期间？ ························· (1445)
992. 个人在中国境内、外企业、机构兼任职务取得的工资、薪金如何
确定纳税义务？ ·· (1446)
993. 如何计算在境内工作不满全月的个人由境内、外雇主分别支付工资、
薪金的应纳税额？ ··· (1446)
994. 个人应当提交哪些凭据证明其个人工资薪金及实际在中国境内的
工作期间？ ··· (1446)
995. 港澳税收居民在内地受雇取得的报酬,如何计征个人所得税？ ····· (1446)
996. 港澳税收居民按有关所得避免双重征税和防止偷漏税的安排享受
相关待遇时,应当提交哪些备案资料？ ···································· (1448)

997. 内地居民在港澳受雇取得的报酬,如何缴纳个人所得税? ……… (1448)
998. 香港特别行政区居民从内地取得的受雇所得和董事费,是否允许
　　　在对该居民征收的香港特别行政区税收中抵免? ……………… (1448)
999. 澳门特别行政区居民从内地取得的受雇所得和董事费,是否允许
　　　在对该居民征收的澳门特别行政区税收中抵免? ……………… (1448)
1000. 内地居民从香港或澳门特别行政区取得的受雇所得和董事费,
　　　是否允许在对该居民征收的内地税收中抵免? ……………… (1449)

第五节　衍生问题——夫妻忠实义务 ……………………………… (1449)

一、违反夫妻忠实义务的民事法律责任 ……………………………… (1449)

1001. 何为夫妻之间的忠实义务? ………………………………………… (1449)
1002. 如何证明男女之间关系为婚外情?收集婚外情相关证据应注意
　　　哪些问题? ……………………………………………………… (1449)
1003. 什么是离婚损害赔偿责任纠纷? …………………………………… (1450)
1004. 离婚损害赔偿责任纠纷由何地法院管辖? ………………………… (1450)
1005. 什么情况下可以请求离婚损害赔偿? ……………………………… (1451)
1006. 无过错方行使离婚损害赔偿请求权的方式与期限如何确定? …… (1451)
1007. 夫妻一方存在过错,离婚时另一方有权请求损害赔偿。如果双方
　　　都有过错,是否都可以请求对方赔偿? ……………………………… (1451)
1008. 受到损害的未成年子女或其他家庭成员能否行使离婚损害赔偿
　　　请求权? ………………………………………………………… (1452)
1009. 离婚后,一方主张精神损害赔偿金,在没有约定的情况下如何
　　　确定赔偿数额? ………………………………………………… (1452)
【案例351】配偶与第三者同居　法院酌定精神赔偿金3万 …………… (1452)
【案例352】丈夫家暴　法院酌定精神赔偿金2万 ……………………… (1454)
1010. 夫妻双方离婚后,一方发现另一方在婚姻关系存续期间与他人
　　　同居,可否以对方过错造成婚姻破裂为由请求精神损害赔偿? … (1458)
1011. 婚外情对离婚诉讼有何影响? ……………………………………… (1459)
【案例353】著名主持人出轨　妻子携保证书主张赔偿 ………………… (1459)

二、违反夫妻忠实义务的刑事法律责任 ……………………………… (1461)

1012. 何为重婚罪?其构成要件、立案追诉标准以及量刑标准分别是
　　　怎样的? ………………………………………………………… (1461)
1013. 重婚罪需被害人提起自诉还是由人民检察院提起公诉? ……… (1462)

【案例354】事实婚姻又与他人同居生子　重婚获刑1年 ……………… (1462)
　1014. 重婚罪受害人可否主张损害赔偿？ ……………………………… (1463)

三、夫妻"忠诚协议"的效力 …………………………………………… (1464)
　1015. 何为夫妻之间的"忠诚协议"？其效力如何认定？ ……………… (1464)
　【案例355】忠诚协议约定道德义务　无法律依据被判无效 ………… (1465)
　【案例356】配偶出轨　约定101万精神损害赔偿获法院支持 ……… (1468)
　【案例357】富翁签"忠诚协议"若离婚部分房产股权归妻　法官判
　　　　　　有效 ……………………………………………………………… (1471)
　【案例358】长期出轨　忠诚协议迫使净身出户 ………………………… (1472)
　1016. "第三者"可否在双方分手后主张已婚一方承担损害赔偿
　　　　责任？ …………………………………………………………………… (1473)
　【案例359】婚外情"转正"不成　女方诉请补偿遭驳回 ………………… (1473)
　【案例360】胁迫立下借条40万　"小三"要求"分手费"遭驳回 ……… (1475)

四、"婚外情"所涉子女抚养问题 ………………………………………… (1476)
　1017. 如果在诉讼过程中拒绝做亲子鉴定的，可否推定亲子关系
　　　　不存在？ ………………………………………………………………… (1476)
　1018. 诉讼过程中如何确定亲子鉴定机构？ ……………………………… (1476)
　1019. 亲子鉴定前应当做好哪些准备工作？提供哪些资料？ ………… (1476)
　【案例361】婚内所生子女并非亲生　请求损害赔偿39万获支持 …… (1477)
　1020. 通过性行为发生的"借夫生子"所生子女法律地位如何？
　　　　"借夫生子"协议是否有效？"借夫生子"中的女性是否
　　　　违反忠实义务，男方是否可以请求损害赔偿？ ………………… (1480)
　【案例362】夫妻协商"借夫生子"　离婚请求损害赔偿不支持 ………… (1480)

第十四章　损害股东利益责任纠纷

一、立　　案 ………………………………………………………………… (1486)
　1021. 如何确定损害股东利益责任纠纷的诉讼当事人？ ……………… (1486)
　1022. 受到侵害的多个股东是否必须同时提起诉讼？不起诉的股东应
　　　　如何处理？ ……………………………………………………………… (1486)
　【案例363】股东涉嫌侵占罪　法院移交公安机关 ……………………… (1487)
　【案例364】公司被吊销　要求赔偿红利损失被驳回 …………………… (1488)

1023. 董事依董事会决议实施侵害股东利益行为的,应以谁为被告? ……（1493）
1024. 损害股东利益责任纠纷按照什么标准缴纳案件受理费用? …（1493）
1025. 损害股东利益责任纠纷由何地法院管辖? ………………………（1493）
1026. 损害股东利益责任纠纷是否适用诉讼时效? ………………………（1493）
1027. 损害股东利益责任纠纷中,股东胜诉,判决结果能否直接适用于其他未参加诉讼的股东? ……………………………………（1493）

二、损害股东利益责任纠纷的裁判标准 ……………………………（1494）

1028. 公司股东可否约定转让公司主要资产的决策条件及违约责任? …（1494）
【案例365】擅自转让公司商标　赔偿其他股东损失20万 ………（1494）
1029. 公司部分股东可否直接商定部分高管、董事的待遇? ……………（1497）
【案例366】大股东私下约定待遇　侵犯小股东利益被判无效 ……（1498）
1030. 公司经营管理不善,股东可否主张返还出资款,并要求公司董事、高管赔偿? ……………………………………………………（1505）
【案例367】总经理承诺盈利　公司亏损主张赔偿股东被驳回 ……（1506）
1031. 何为企业承包经营合同纠纷? ………………………………………（1509）
【案例368】承包经营不赚反赔　协议无效但款项难回 ……………（1509）
【案例369】享管理权不等于承包公司　无书面合同诉请承包所得被驳回 …………………………………………………………（1514）

三、离岸公司不公平损害的股东权益保护 …………………………（1519）

1032. 何为香港私人公司或BVI公司中的不公平损害行为? 不公平损害行为包括哪些情形? ………………………………………（1519）
【案例370】BVI股东非类合伙关系　不存在不公平损害请求解散BVI被驳回 …………………………………………………………（1520）
1033. 香港法庭对于不公平损害行为,可以作出什么命令以保障受损害的股东? ……………………………………………………（1525）
1034. 香港法庭如何评定何为"公平的价值"? ……………………………（1526）
1035. 香港私人公司或BVI公司董事职务被撤销应如何救济? …………（1526）
1036. 除将小股东摒除于董事局或管理层外,实际经营管理中还有什么其他可以构成不公平损害行为的例子? ………………………（1526）
1037. 如香港控股公司在中国内地子公司出现支付过多董事报酬、资产被挪用等情况,香港控股公司股东是否可以提出不公平损害行为的诉讼? ……………………………………………………（1527）

1038. 若各股东之间仅是关系与互信破裂，难以确定任何一方过错，是否可以不公平损害为由，要求法庭颁令由其中一方收购另一方的股权？……………………………………………………（1527）

1039. 不公平损害行为是否适用于上市公司？……………………（1527）

1040. 除了不公平损害行为外，少数股东受到不公平或不合理的对待，或公司利益受到损害时，有没有其他要求法庭保障的诉因？………（1528）

1041. 如果各股东持有股份的公司是 BVI 公司，是否意味着上述的法律程序需要在 BVI 进行？……………………………………（1530）

【案例371】控股公司在 BVI 香港法庭无管辖权…………………（1530）

1042. 若集团的主体业务和资产都在中国内地，但母公司是 BVI 公司，中国内地股东应如何聘请律师在 BVI 诉讼？……………（1535）

第十五章　请求公司收购股份纠纷

第一节　立　案 ……………………………………………（1537）

1043. 如何确定请求公司收购股份纠纷的诉讼当事人？……………（1537）

1044. 可否以控股股东为被告或第三人？……………………………（1537）

1045. 请求公司回购股份纠纷由何地法院管辖？……………………（1537）

1046. 请求公司回购股份纠纷按照什么标准缴纳案件受理费用？…（1537）

1047. 请求公司回购股份纠纷是否适用诉讼时效？…………………（1537）

【案例372】逾期起诉　股份收购请求权被驳回……………………（1537）

1048. 异议股东是否必须自股东会决议通过之日起满60日才能向法院起诉？………………………………………………………（1538）

第二节　请求公司收购股份纠纷的裁判标准 ………………（1539）

一、请求公司收购股份的主体 ………………………………（1539）

1049. 无表决权股东是否享有股份收购请求权？……………………（1539）

1050. 享有请求公司收购股份权的股东将其股份转让给第三人，该第三人作为继受股东是否享有股份收购请求权？……………………（1539）

1051. 出资瑕疵的股东是否享有股份收购请求权？…………………（1539）

1052. 股份有限公司的股东是否可以诉讼方式请求公司收购股份？…（1539）

二、上市公司回购股份的程序 ………………………………（1539）

（一）股份回购的一般规定 ……………………………………（1539）

1053. 上市公司股份回购有哪些方式？ (1539)
1054. 上市公司回购的股份应如何处理？ (1540)
1055. 上市公司回购股份应当符合哪些条件？ (1540)
1056. 回购的股份自何时失去其权利？ (1540)
1057. 上市公司回购股份应当遵循哪些基本程序？ (1540)
【案例373】长安汽车股份公司独立董事回购意见书 (1542)
【案例374】宝山钢铁股份有限公司回购报告书 (1544)
1058. 上市公司回购股份应当向证监会报送哪些备案材料？ (1547)

(二) 集中竞价交易方式回购股份的特殊规定 (1548)

1059. 上市公司以集中竞价交易方式回购股份的,应当履行哪些报告、公告义务？ (1548)
1060. 在哪些期间,上市公司不得进行股份回购的委托？ (1548)
1061. 在哪些期间,上市公司不得回购股份？ (1548)
1062. 上市公司以集中竞价交易方式回购股份的,确定回购价格时有何特殊要求？ (1549)

(三) 要约方式回购股份的特殊规定 (1549)

1063. 上市公司以要约方式回购股份的,如何确定要约价格？ (1549)
1064. 上市公司以要约方式回购股份的,回购资金应置于何处？要约期限是多久？ (1549)
1065. 上市公司以要约方式回购股份,股东预受要约的股份数量超出或不足预定回购的股份数量的,应如何处理？ (1549)

三、请求公司收购股份的条件 (1549)

1066. 公司可否主动回购股份或股权？ (1549)
1067. 有限责任公司回购股权应当遵循哪些程序？ (1549)
1068. 有限责任公司股东行使回购请求权应当满足哪些条件？ (1550)
【案例375】股东反对公司延长经营期限 请求回购股份获支持 (1550)
【案例376】设立子公司疑分立 未转移财产难回购 (1556)
【案例377】不具备股东资格 请求回购股权被驳回 (1561)
1069. 有限责任公司的股东行使股份回购请求权是否必须以股东在公司决议中投反对票为前提？ (1563)
1070. 如果公司决议未获通过,或通过后在未实施前被撤销或归于无效时,异议股东可否请求公司收购其股份？ (1563)

1071. 如果股东未参加公司有关事项的股东会决议并表决,但对公司的
决议内容持反对态度,能否请求公司收购其股份? ……………… (1564)

1072. 异议股东对股东会决议内容投反对票后,事后又履行该决议内容
的,能否请求公司收购其股份? ………………………………………… (1564)

1073. 异议股东对公司股东会决议内容投反对票后,是否必须与公司就
股份回购进行沟通但达不成协议后,方可向法院提起诉讼? ……… (1564)

1074. 公司恶意规避退股条件,如隐瞒公司实际经营情况,制作虚假的
财务报表,或在五年期间里仅象征性地分配一次红利,该股东能否
行使公司收购股权? 此时,股东应当如何维护合法权益? ………… (1564)

【案例 378】连续 6 年不分红　股东请求回购获支持 ………………………… (1565)

1075. 公司股东(大)会通过了盈余分配方案,事后公司迟迟不分配红利,
股东能否请求公司收购其股份? ………………………………………… (1567)

【案例 379】未实际取得已分配红利　股东请求回购被驳回 ………………… (1568)

1076. 公司终止或破产清算时,股东是否享有股份回购请求权? ………… (1569)

1077. 如果公司转让主要财产,异议股东有权请求公司收购其股权,那么
判断"主要财产"的标准是怎样的? …………………………………… (1569)

【案例 380】公司出售固定资产　属主要财产应回购 ………………………… (1570)

【案例 381】未证明转让股权系"主要财产"　主张回购被驳回 …………… (1573)

1078. 如股东与公司董事会达成协议退股,并经董事会决议、股东会决议
通过,股东是否能够退股? ……………………………………………… (1576)

【案例 382】擅自达成退股协议　因违法被认定无效 ………………………… (1576)

1079. 异议股东请求公司收购股权的价格应当如何确定? ………………… (1586)

【案例 383】异议股东未举证净资产数额　法院以原值确定回购价格 ……… (1587)

【案例 384】被告拒绝回购　价款不符合约定请求被拒 ……………………… (1591)

1080. 若采用评估方式确定异议股东的股权价格,评估费用应当由谁
承担? ………………………………………………………………………… (1597)

1081. 公司回购股份,应如何确定评估基准日? …………………………… (1597)

【案例 385】以股东提出异议时间为评估基准日确定股份回购价款 ………… (1597)

1082. 公司回购股份后,应当如何处理? ……………………………………… (1598)

1083. 法院判决公司应当在一定期限回购股东的股份,公司不予执行,
异议股东应如何救济? …………………………………………………… (1599)

四、公司章程有关股份回购条款的效力 ……(1599)

1084. 公司章程可否限制或剥夺股东的股份收购请求权？ ……(1599)

1085. 公司章程关于法定情形之外公司可以主动回购股份的约定是否有效？职工与持股会签订协议，在章程中约定退股条件，可否按约定退股？ ……(1599)

1086. 有限责任公司章程约定，因实施股权激励取得股权的股东，在持有股权期间，如果其与公司终止了劳动合同关系，应当将所持股权转让给公司其他股东或由公司回购，这种约定是否有效？ ……(1600)

【案例386】公司依章程特别约定回购离职员工股份 ……(1601)

【案例387】员工离职后申请退还股金　回购方式应以章程规定为准 ……(1603)

第三节　公司收购股份的税务问题 ……(1607)

1087. 公司收购股份后，异议法人股东应如何进行会计处理？异议股东(转让方)是否需要缴税？ ……(1607)

1088. 公司收购股份后，应如何进行财务处理？是否需要缴纳企业所得税？ ……(1607)

1089. 公司收购股份，如何缴纳印花税？ ……(1607)

【案例388】昆明制药集团股份有限公司股份回购税务处理案 ……(1607)

第十六章　公司解散纠纷

第一节　立　　案 ……(1612)

1090. 如何确定公司解散纠纷的诉讼当事人？ ……(1612)

1091. 瑕疵出资股东是否有权提起解散公司之诉？ ……(1613)

1092. 隐名股东是否有权提起解散公司之诉？ ……(1613)

1093. 企业被吊销营业执照或被撤销登记后，如何确定该企业的诉讼主体？ ……(1613)

1094. 原告以其他股东为被告一并提起公司解散之诉的，人民法院应当如何处理？ ……(1613)

1095. 债权人可否作为公司解散之诉的原告？ ……(1613)

1096. 未提起解散公司之诉的其他股东或者利害关系人以何种身份参加诉讼？ ……(1614)

1097. 公司解散纠纷之诉由何地法院管辖？如何确定级别管辖法院？ ……(1614)

1098. 公司解散纠纷诉讼按照什么标准交纳案件受理费? ……………… (1615)
1099. 公司解散纠纷诉讼是否适用诉讼时效? ………………………… (1615)
1100. 原告应如何表述解散公司的诉讼请求? ………………………… (1615)
1101. 股东在提起解散公司之诉的同时,是否可以申请人民法院对公司进行清算? ……………………………………………………… (1615)
1102. 公司解散纠纷之诉是否适用简易程序? ………………………… (1615)
1103. 公司解散之诉调解的方式有哪些? ……………………………… (1615)
1104. 有限责任公司解散之诉调解的结果是股东以外的人收购原告股东股权的,其他股东的优先购买权如何保护? ……………… (1616)

第二节 公司解散纠纷的裁判标准 ……………………………………… (1616)

1105. 公司解散的法律效力如何? ……………………………………… (1616)
1106. 公司解散应当符合哪些法定条件? ……………………………… (1617)
1107. 如何认定"公司经营管理出现严重困难"? …………………… (1618)
【案例389】公司停产财产闲置 股东请求解散公司获支持 ………… (1618)
1108. 如何认定公司是否陷入僵局? …………………………………… (1623)
【案例390】美达股东内斗不止 公司被诉解散 …………………………… (1624)
【案例391】公司正常经营但决策机制失灵 股东请求法院解散公司获支持 ……………………………………………………………… (1638)
1109. 如何理解"公司持续两年以上无法召开股东会"?持续两年的时间如何计算? ……………………………………………… (1640)
1110. 如果股东(大)会瘫痪而董事会运行正常,或者董事会发生瘫痪而股东(大)会运行正常,能否直接认定公司经营管理发生严重困难? ……………………………………………………………… (1641)
1111. 如何理解在公司处于僵局时会对"股东利益造成重大损失"? …… (1641)
1112. 如何判定"通过其他途径不能解决"的公司解散条件? ………… (1641)
【案例392】未穷尽僵局解决途径 请求解散公司被驳回 ……………… (1642)
【案例393】穷尽途径僵局依然 请求解散公司获支持 ………………… (1646)
1113. 股东之间、股东与公司、董事与股东之间多次诉讼,能否认定公司符合解散条件? ……………………………………………… (1648)
【案例394】股东多次诉讼公司人合性遭破坏 公司被判解散 ………… (1648)
1114. 股东可否以知情权、盈余分配请求权等权利受侵害,或公司亏损、财产不足以偿还全部债务,以及公司被吊销企业法人营业执照未进行清算为由提起解散公司之诉? ……………………………… (1651)

【案例395】知情权、盈余分配权受侵害有途径解决　请求解散公司
　　　　　　被驳回 ·· (1651)
1115. 小股东在公司僵局中如何保护自身利益? ······························· (1653)
1116. 为了防止公司实际控制人持续侵害公司其他股东利益,提起
　　　解散公司之诉的股东应从哪几方面申请财产保全或证据保全?
　　　人民法院对于股东的保全申请应如何处理? ····························· (1654)
1117. 公司解散诉讼中,如果原告是该案被告的法定代表人,原、被告
　　　达成和解协议,如何保障其他股东不愿解散公司的权利? ············ (1655)
1118. 是否必须在公司解散后才能要求公司设立时的其他股东或
　　　发起人在未缴出资范围内对公司债务承担连带责任? ················ (1655)
1119. 解散公司的判决是否对全体股东具有法律约束力? ···················· (1655)

第三节　衍生问题——离婚纠纷的裁判标准 ······························ (1656)

一、婚姻关系的解除 ·· (1656)

(一)协议离婚 ··· (1656)

1120. 离婚协议书包括哪些内容? ··· (1656)

(二)诉讼离婚 ··· (1657)

1121. 离婚诉讼涉及家庭共有财产的分割,能否将其他家庭成员追加
　　　为共同诉讼人? ·· (1657)
1122. 夫妻一方可否申请对配偶的个人财产或者夫妻财产采取保全
　　　措施? ··· (1658)

【案例396】因离婚引发股权变动　土豆网股权被冻结推迟上市计划 ······ (1658)

(三)涉外离婚案件的特殊程序 ··· (1659)

1123. 若一方为中国公民,一方为外国公民,在国外登记结婚,在我国
　　　提起离婚诉讼,应当履行哪些程序? ······································ (1659)
1124. 若双方为外国公民,结婚注册地在国外,现一方在我国境内有
　　　住所,如何进行离婚处理? ·· (1660)
1125. 在哪些情形下,中国法院对于涉外离婚诉讼具有管辖权? ·········· (1660)
1126. 涉外离婚诉讼如何立案?立案材料有哪些? ···························· (1660)
1127. 国外法院作出的离婚判决我国是否予以承认或执行? ··············· (1661)
1128. 我国港澳台地区作出的离婚判决我国是否予以承认和执行? ······ (1662)
1129. 我国作出的离婚判决,在国外是否能得到承认和执行? ············· (1663)
1130. 申请承认国外离婚判决是否有期限的限制? ···························· (1663)

1131. 承认和执行国外离婚判决由何地法院管辖? ……………………… (1663)

1132. 中国公民申请承认国外离婚判决需要提交哪些材料? …………… (1663)

1133. 驻外使、领馆就中国公民申请承认外国法院离婚判决如何进行
公证、认证? ……………………………………………………… (1664)

1134. 取得永久居民身份证(绿卡)的中国公民办理委托手续是否需要
领事认证? ………………………………………………………… (1664)

1135. 承认国外离婚判决的申请书具体应包含哪些内容? ……………… (1664)

1136. 哪些情况下法院会对承认国外离婚判决的申请不予受理? 哪些
情况下法院会对国外离婚判决作出不予承认的裁定? …………… (1665)

1137. 承认外国法院的离婚判决的裁定何时生效? ……………………… (1665)

1138. 若双方已在国内提起离婚诉讼,此时是否可以再行申请承认外国
法院离婚判决? …………………………………………………… (1665)

1139. 申请承认外国法院离婚判决后,另一方是否可以向人民法院提起
离婚诉讼? ………………………………………………………… (1665)

1140. 申请承认外国法院离婚判决后是否可以撤回? 是否可以再次提出
申请? ……………………………………………………………… (1665)

1141. 已被国外法院判决离婚但未申请我国法院承认,当事人是否可以
再向我国法院提起离婚诉讼? …………………………………… (1666)

1142. 承认国外判决的申请被驳回后是否可以再次提出申请? ………… (1666)

1143. 申请承认国外离婚判决是否可委托他人办理? …………………… (1666)

1144. 我国承认国外离婚判决后,离婚判决生效日期如何起算? ……… (1666)

1145. 若法院不予承认国外离婚判决,则应如何处理? ………………… (1666)

1146. 国外法院作出的离婚判决经我国法院承认后如何执行? ………… (1666)

1147. 涉外离婚诉讼中如何向国外一方送达法律文书? ………………… (1666)

二、离婚财产分割的裁判标准 …………………………………………… (1667)

(一)离婚时财产分割的一般裁判标准 …………………………………… (1667)

1148. 前后有几份离婚协议书,如何认定其效力? ……………………… (1667)

1149. 离婚财产分割协议何时生效? 经过公证的离婚财产分割协议是否
在签字后立即生效? ……………………………………………… (1667)

【案例397】离婚协议已签署 未办理离婚登记不生效 ……………… (1667)

1150. 夫妻约定婚内财产归各自所有,承担较多家庭义务的一方在离婚时
可否请求补偿? …………………………………………………… (1672)

1151. "夫妻共同财产"包括哪些财产？"夫妻一方财产"包括哪些
财产？ ………………………………………………………… (1672)
1152. 夫妻一方个人财产在婚后产生的收益,是否为夫妻共同财产？ …… (1673)
1153. 婚姻关系存续期间,夫妻一方是否可以请求分割共同财产？
一方能否通过诉讼请求确认登记在另一方一人名下的财产
为共有？ ……………………………………………………… (1673)
【案例398】夫妻感情露裂痕　确认产权共有免纠纷 ………… (1674)
1154. 离婚时,一方隐藏、转移、变卖、毁损夫妻共同财产,或伪造
债务企图侵占另一方财产的,分割夫妻共同财产时,该如何
处理？ ………………………………………………………… (1675)
【案例399】认为少分财产　世贸天阶董事长前妻两次主张变更
财产分割协议 ………………………………………… (1675)
1155. 一方在离婚诉讼上诉期间所取得的财产,另一方是否有权
主张分割？ …………………………………………………… (1676)
1156. 离婚诉讼中,双方对财产价值有争议时,是否必须委托中介
机构评估？ …………………………………………………… (1676)
1157. 离婚时,男方可否请求返还按照习俗在婚前送给女方的彩礼？ …… (1677)
1158. 女方婚前陪送嫁妆在离婚时应当如何认定？ ………………… (1677)
1159. 夫妻离婚时,一方取得的知识产权应该如何处理？如何确定
婚姻关系存续期间所实际取得的知识产权财产性收益的归属？ …… (1677)
1160. 离婚时夫妻一方尚未退休、不符合领取养老保险金条件的,
另一方是否有权按照夫妻共同财产分割养老保险金？ ……… (1677)
1161. 婚姻关系存续期间购买的保险,指定受益人为夫妻一方的保险
利益,在离婚时,是否属于夫妻共同财产？ …………………… (1678)
1162. 一方提起离婚诉讼时,请求分割尚未实际分割的遗产时,应如何
处理？ ………………………………………………………… (1678)
1163. 夫妻之间订立借款协议,以夫妻共同财产出借给一方从事个人
经营活动或用于其他个人事务的,该借款在离婚时应如何处理？ …… (1678)
1164. 当事人因在婚姻登记机关协议离婚时所签订的离婚协议中的财产
分割条款的效力及履行发生纠纷,人民法院是否应受理？ ……… (1678)
【案例400】按离婚协议书分割财产　反悔请求重新分割被驳回 …… (1678)

（二）离婚时房产分割的裁判标准 …………………………………… (1681)

1165. 夫妻一方在婚前购置的房屋在婚后发生了增值,增值部分在双方
离婚时应当如何分割? ……………………………………… (1681)

【案例401】婚前房产　婚后增值属个人财产 …………………………… (1681)

1166. 夫妻双方对共同财产中的房屋价值及归属无法达成协议时,应当
如何处理? …………………………………………………… (1686)

1167. 婚前或婚姻关系存续期间,夫妻约定一方将其所有房产赠与另一方,
赠与方在赠与房产变更登记之前撤销赠与,另一方请求判令继续
履行的,能否得到支持? …………………………………… (1686)

1168. 婚后父母给子女买的房子,应归谁所有? 双方父母各自出资给子
女买房,婚前买和婚后买会不会对房产的所有权有影响? ……… (1686)

1169. 夫妻一方未经另一方同意出售双方共同共有的房屋,第三人善意
购买、支付合理对价并办理产权登记手续的,另一方是否有权主张
追回该房屋? ………………………………………………… (1687)

1170. 婚姻关系存续期间,双方用夫妻共同财产出资购买以一方父母名义
参加房改的房屋,产权登记在一方父母名下或是登记在夫妻双方
名下或一方名下,离婚时,该套房屋如何分割? …………… (1687)

1171. 夫妻一方婚前以个人财产按揭购买房屋,婚后夫妻共同清偿贷款,
在离婚时应如何处理? ……………………………………… (1687)

1172. 夫妻离婚时,还未取得产权或未取得完全产权的房屋如何分割? …… (1688)

1173. 婚前由一方父母承租,婚后又以夫妻共同财产购买房屋的,离婚时
如何分割? …………………………………………………… (1688)

（三）离婚时股权分割的裁判标准 …………………………………… (1688)

1174. 如何判断一方名下的股权、红利以及股权转让所得属于夫妻共同
财产还是一方个人财产? …………………………………… (1688)

【案例402】瑕疵出资转让股权　补缴出资系夫妻共同债务 ………… (1689)

【案例403】工商登记为股东　一方主张分割股权转让款获支持 ……… (1691)

1175. 可以采用何种必要措施避免离婚造成股权变动对公司经营产生
影响? ………………………………………………………… (1694)

【案例404】赶集网陷"夫妻门"　总裁擅自转让共有股权被判无效 …… (1695)

【案例405】"离婚门"致股权分散　沃华医药四面楚歌 ……………… (1696)

1176. 婚姻关系存续期间,用共同财产购买的股票、债券、投资基金份额等有价证券以及未上市股份有限公司的股份,在离婚时如何分割? ……………………………………………………………(1697)

【案例406】和平分割股权　华谊嘉信实际控制人夫妇实现双赢 ……(1697)

【案例407】股权置换混淆视听　转移夫妻共同股权被判无效 ……(1698)

1177. 离婚时,夫妻双方共同经营的企业资产如何分配? ………………(1701)

1178. 夫妻一方以夫妻共同财产在合伙企业中出资,分割夫妻财产时,应当如何处理? ……………………………………………………(1702)

1179. 一方以自己名义将夫妻共同财产投资于个体经济组织、个人独资企业、合伙企业、有限责任公司,双方在离婚时对上述权益的价值协商不成,另一方又不愿意参与经营的,如何确定其价值? ………(1702)

1180. 一方以从夫妻共同财产中的借款投资开办个人独资企业的,另一方不参与该企业的生产经营活动,该企业财产以及产生的收益归谁所有? 该企业的对外债务是否为夫妻共同债务? …………………(1702)

三、离婚后财产纠纷的裁判标准 ……………………………………(1703)

1181. 何为离婚后财产纠纷? 该纠纷包括哪些情形? 由何地法院管辖? 是否适用诉讼时效? 按照什么标准交纳案件受理费? ……………(1703)

【案例408】钢铁大亨妻子提起离婚诉请被驳回　是否"被离婚"? (1703)

1182. 离婚后,一方发现另一方在离婚时有隐藏、转移、变卖、毁损夫妻共同财产的,或伪造债务企图侵占另一方财产的,该如何处理? ……(1707)

【案例409】丈夫隐瞒股权　妻子离婚后主张分割获支持 ……………(1707)

1183. 离婚后,请求再次分割夫妻共同财产的,应在多长的期限内提出? ……(1709)

1184. 双方离婚诉讼期间,一方隐瞒另一方预购房产,但在离婚前并未实际取得该房产,未申请登记,该房产是否属于共有财产? ………(1709)

四、夫妻共同债务承担的裁判标准 ……………………………………(1709)

1185. 何为夫妻共同债务? 何为夫妻一方债务? 如何判断债务系夫妻共同债务还是夫妻一方债务? ……………………………………(1709)

【案例410】丈夫借款赌博夫妻俩成被告　判决赌债丈夫一人承担 ……(1711)

1186. 如何认定夫妻双方通谋虚假离婚的效力? ……………………………(1712)

1187. 夫妻共同债务应当如何清偿? ………………………………………(1713)

1188. 夫妻约定在婚姻关系存续期间所得的财产归各自所有,所发生的债务由各自承担的,债权人能否主张夫妻双方对共同债务承担连带清偿责任? ……………………………………………………(1713)

【案例411】夫妻约定财产制　债权人不知约定仍是共同债务 ………… (1713)

1189. 何为夫妻财产约定纠纷？由何地法院管辖？是否适用诉讼时效？按照什么标准交纳案件受理费？ ……………………………………… (1715)

【案例412】夫妻协议离婚　婚前共同债务仍担责 ……………………… (1715)

1190. 当事人的离婚协议或人民法院的判决书、裁定书、调解书已经对夫妻财产分割进行了处理，债权人能否主张夫妻双方对共同债务承担连带清偿责任？人民法院可否依照债权人的申请直接追加被执行人的原配偶为被执行人执行其财产？ …………… (1720)

【案例413】离婚后债务人申请执行　原夫妻仍需承担共同清偿责任 …… (1721)

1191. 夫或妻一方死亡的，债权人能否请求在世一方对共同债务承担连带清偿责任？ …………………………………………………… (1722)

【案例414】丈夫意外死亡　妻子对债务承担连带责任 ………………… (1723)

1192. 当事人自愿离婚，并就财产问题、债权债务处理达成一致，债务人能否以该调解协议侵犯了其合法权益为由提起再审？ ………… (1725)

五、离婚时子女抚养权的裁判标准 ………………………………………… (1725)

1193. 何为抚养权纠纷？由何地法院管辖？是否适用诉讼时效？按照什么标准交纳案件受理费？ ……………………………………… (1725)

1194. 如何确定子女抚养归属的标准？ ………………………………… (1726)

【案例415】收入高并非当然取得抚养权　子女利益是首要原则 ……… (1727)

【案例416】失去生育能力　未必当然获得抚养权 …………………… (1731)

【案例417】不满孩子现状　孙楠状告前妻变更抚养权 ……………… (1734)

1195. 养父母离婚，养子女由谁抚养？ ………………………………… (1735)

1196. 生父与继母或生母与继父离婚时，对曾受其抚养教育的继子女，继父或继母不同意继续抚养的，如何处理？ ………………… (1735)

1197. 如何确定子女抚养费的标准？ …………………………………… (1736)

1198. 在哪些情形下，已经成年的子女可以主张父母给付抚养费？ …… (1736)

1199. 离婚协议中未对孩子的医疗费分担问题进行约定的，抚养孩子的一方能否要求对方分担医疗费？ ………………………………… (1736)

1200. 在何种情形下，子女可以请求增加抚养费？ …………………… (1736)

1201. 未成年人请求支付抚养费的，是否受诉讼时效限制？ ………… (1737)

1202. 判决后，可否申请变更子女抚养费？如可以变更，应当从何时起算？ …………………………………………………………… (1737)

1203. 变更姓氏是否会影响抚养费？ (1737)
1204. 单身母亲要求解除非婚生子女抚养权,应当如何处理？ (1737)
1205. 一方失踪或下落不明时,法院将如何处理子女和财产问题？ (1738)
1206. 一方拒不到庭缺席判决的,法院将如何处理子女和财产问题？ (1738)
1207. 何为探望权纠纷？由何地法院管辖？是否适用诉讼时效？按照什么标准交纳案件受理费？父母一方如何行使探望权？ (1738)
【案例418】为孩子身心健康 申请变更探望权行使时间获支持 (1738)
1208. 父或母一方拒不执行抚养费、探望子女等判决或裁定的,另一方的救济措施有哪些？ (1742)
【案例419】强制执行探视权困难重重 (1742)
1209. 何为监护权纠纷？由何地法院管辖？是否适用诉讼时效？按照什么标准交纳案件受理费？ (1743)

第十七章 申请公司清算

第一节 立 案 (1750)

1210. 如何确定申请公司清算的当事人？ (1750)
【案例420】将股东列为被申请人 法院裁定驳回起诉 (1750)
1211. 公司职工能否申请强制公司清算？ (1751)
【案例421】为执行生活费 职工申请强制清算公司获支持 (1752)
1212. 隐名股东能否直接申请强制公司清算？ (1753)
1213. 瑕疵出资股东能否申请强制公司清算？ (1753)
【案例422】判决确认股东资格 继受股东有权申请清算 (1753)
1214. 是否所有的企业都适用《公司法》规定的强制清算？ (1755)
【案例423】债权人申请联营企业强制清算被驳回 (1756)
【案例424】全民所有制企业非合格强制清算主体 (1756)
1215. 申请公司清算由何地法院管辖？ (1759)
1216. 申请公司清算按照什么标准交纳案件受理费？ (1760)
1217. 申请公司清算是否适用诉讼时效？ (1760)
1218. 满足什么条件,债权人或股东可以申请公司强制清算？ (1760)
【案例425】公司被吊销执照 股东有权申请强制清算 (1762)
【案例426】公司被撤销登记 股东有权申请强制清算 (1763)

· 23 ·

【案例427】判决解散逾期未达成清算合意　股东有权申请强制清算……（1764）

【案例428】已成立清算组　法院不受理强制清算申请………………（1765）

1219. 如果公司因改制而解散,股东或债权人是否可以申请公司强制清算?………………………………………………………………（1766）

【案例429】解散事由存争议　股东申请清算被驳回…………………（1766）

1220. 申请公司清算应当提交哪些基本申请材料?证明哪些基本事实?……………………………………………………………………（1769）

【案例430】股东资格及财产分配方式均存疑　申请清算被驳回………（1770）

【案例431】申请程序中丧失股权　请求强制清算被驳回………………（1772）

【案例432】吸收合并解散　强制清算申请被驳回………………………（1773）

1221. 法院收到强制清算申请时,会对哪些内容进行审查?审查时应遵循哪些程序?……………………………………………………（1775）

【案例433】股权被强制执行　丧失强制清算申请权……………………（1776）

1222. 申请人将强制清算申请材料提交人民法院后,如果申请人提交的证据不足时,应如何处理?…………………………………（1777）

1223. 人民法院受理强制清算申请后,经审查发现强制清算申请不符合法律规定的,应如何处理?申请人有何救济措施?………（1778）

1224. 在申请人提供证据材料证明强制清算启动的事由时,举证责任如何分配?………………………………………………………（1778）

1225. 申请人是否可以撤回强制清算申请?………………………………（1778）

1226. 申请人撤回强制清算申请的程序是怎样的?………………………（1778）

1227. 强制清算中,公司应当于何时向人民法院提交相关清算材料?由谁提交?若不提交,应承担何种法律责任?……………………（1779）

1228. 如何确定申请公司清算案件的审判组织?…………………………（1779）

1229. 人民法院在强制清算中的主要职责是什么?………………………（1779）

1230. 在申请公司清算过程中,产生其他诉讼的,应当如何处理?……（1779）

1231. 在法律、司法解释规定不明确的情形下,鉴于强制清算与企业破产清算在具体程序操作上的相似性,在哪些情形下,强制清算程序可以准用企业破产清算程序?………………………………………（1780）

1232. 申请公司清算是否可以申请财产保全?……………………………（1781）

1233. 强制清算审查过程中,如果公司的"主要财产、账册、重要文件等灭失"或"被申请人人员下落不明"的,应当如何处理?…………（1781）

【案例434】公司账册下落不明,法院终结强制清算程序 …………… (1782)
　　1234. 对公司的股东、董事等直接责任人拒不提交账册、重要文件的行为,
　　　　 人民法院是进行民事制裁还是采取妨害民事诉讼的强制措施? …… (1783)
　　1235. 人民法院何时裁定终结强制清算程序? ………………………… (1783)
　　【案例435】公司变成"空壳"法院终结强制清算程序 ………………… (1784)
　　1236. 终结强制清算程序由谁申请? 在清算组未申请终结强制清算程序的
　　　　 情况下,股东能否代表公司向法院申请终结强制清算程序? …… (1785)
　　1237. 公司强制清算中,清算组在清理公司财产、编制资产负债表和财产
　　　　 清单时,发现公司财产不足以清偿债务的,应如何处理? ……… (1786)
　　1238. 在强制清算中,股东(大)会是否继续存在? ……………………… (1786)
　第二节　公司清算的程序 …………………………………………………… (1786)
　　一、清算组的成立及职责 ………………………………………………… (1786)
　　1239. 清算程序的具体内容包括哪些? …………………………………… (1786)
　　1240. 清算组的法律属性如何? …………………………………………… (1788)
　　1241. 清算义务人与清算组有哪些区别? ………………………………… (1788)
　　1242. 清算组应何时成立和解散? ………………………………………… (1788)
　　1243. 清算组在清算期间有哪些职责? …………………………………… (1788)
　　1244. 如何确定公司清算组成员? ………………………………………… (1789)
　　1245. 企业破产案件中,哪些主体可以担任管理人? 如何确定管理人? … (1789)
　　1246. 法律对清算组成员的人数是否有要求? …………………………… (1791)
　　1247. 如何确定清算组成员的报酬? ……………………………………… (1791)
　　1248. 公司强制清算案中,清算组的议事机制如何规定? ……………… (1793)
　　二、债权确认 ……………………………………………………………… (1793)
　　1249. 公司清算期间,清算组应当如何向债权人履行告知与通知义务? … (1793)
　　【案例436】债权申报通知书范本 ……………………………………… (1793)
　　1250. 债权人对公告的媒体级别有异议时能否获得司法救济? ………… (1795)
　　1251. 债权申报的内容包括哪些? ………………………………………… (1795)
　　1252. 享有担保物权的债权是否需要申报? 如何实现有担保的债权? … (1795)
　　1253. 职工工资、社会保险和税款等费用是否需要申报? ……………… (1795)
　　1254. 债权申报的期限可否中断或中止? ………………………………… (1796)
　　1255. 债权人在规定的期限内未申报债权,是否可以补充申报? 何时
　　　　 申报? 如何清偿? …………………………………………………… (1796)

1256. 债权补充申报程序中审查和确认债权的费用由谁承担? ………… (1796)
1257. 债权人或者清算组,能否以公司尚未分配的财产和股东在剩余财产分配中已经取得的财产不能全额清偿补充申报的债权为由,向人民法院提出破产清算申请? ………………………… (1796)
1258. 清算组清算通知和公告中对逾期申报债权另作不同规定是否有效? ………………………………………………………… (1797)
1259. 当多个无过错债权人补充申报债权,而公司尚未分配的财产和股东已经取得的财产不足以全额清偿时如何处理? ………… (1797)
1260. 公司清算程序终结后,未申报债权的债权人如何救济? ……… (1797)
1261. 公司清算过程中,对公司未到期债权、附条件的债权及附条件的债务、存续期间不确定的债务应如何处理? ……………… (1797)
1262. 债权人能否对其他债权人的债权提起异议? ………………… (1797)
1263. 异议债权的重新核定程序如何进行? 被申请人如何确定? …… (1797)
1264. 债权异议诉讼的性质如何? ……………………………………… (1798)
1265. 人民法院对债权异议作出了裁决,债权人能否再次提起异议债权确认之诉? …………………………………………………… (1798)
1266. 如何确定异议债权确认之诉的管辖法院? …………………… (1798)
【案例437】公司破产 债权人请求法院确认债权 ……………… (1798)
1267. 如何处理异议债权确认之诉与仲裁条款的关系? …………… (1799)

三、清算方案的确认与财产分配 …………………………………… (1799)

1268. 清算财产的范围如何确定? …………………………………… (1799)
1269. 清算方案应由谁制定和确认? 包括哪些内容? ……………… (1799)
1270. 清算报告包括哪些内容? ……………………………………… (1800)
1271. 强制清算过程中,人民法院应当如何审查、确认清算报告? … (1800)
1272. 在哪些情形下,人民法院不应当确认清算报告? 清算方案的瑕疵表现在哪些方面? ……………………………………………… (1801)
1273. 自行清算中,清算方案确认决议须经代表多少表决权的股东通过? 未经股东(大)会或人民法院确认的清算方案是否具有法律效力? …… (1801)
【案例438】清算方案与报告未经股东会确认 被判未生效 ……… (1801)
1274. 债权人以何种形式确认债务清偿方案? ……………………… (1808)
1275. 公司强制清算中资不抵债时是否必须申请破产? …………… (1808)
1276. 公司清算财产应如何分配? …………………………………… (1808)

四、外商投资企业清算的特殊程序 ·· (1809)

- 1277. 在哪些情形下,外商投资企业应予终止? ························· (1809)
- 1278. 外商投资企业的经营期限有什么特殊规定?到期如何延长? ········ (1809)
- 1279. 外商投资企业应如何办理终止? ·································· (1810)
- 1280. 外商投资企业终止,如何清算? ·································· (1811)
- 1281. 外商投资企业解散清算必须报审批机关审批吗?哪些事项需要报审批机关审批?外商投资企业的清算工作由谁开展?该机构有哪些职权? ·· (1811)
- 1282. 外商投资企业在清算过程中可否向审批机关提出终止清算、恢复经营的申请? ·· (1812)
- 1283. 审批机关作出审批决定后,外商投资企业应在多长时间内开始清算? ·· (1812)
- 1284. 哪些财产属于外商投资企业的清算财产? ······················· (1813)
- 1285. 外商投资企业的剩余财产应当按照何种原则分配? ··············· (1814)
- 1286. 哪些清算财产的资料应当经注册会计师审查并出具书面证明? ····· (1814)
- 1287. 外商投资企业的清算财产如何进行财务处理?外商投资企业清算结束前,对其自身财产的处理有何限制? ··························· (1814)
- 1288. 企业所拥有的未收回的债权或清算期间发生的财产盘亏或无力归还的债务以及清算期间的收入或者损失等,应当如何处理? ········· (1815)
- 1289. 外商投资企业中方投资者和外方投资者取得的外汇净资产,应如何处理? ·· (1815)
- 1290. 外商投资企业清算后,对公司债务如何承担责任? ··············· (1815)

五、清算中公司的法律属性及诉讼地位 ·· (1816)

- 1291. 清算中的公司性质如何? ·· (1816)
- 1292. 清算期间,企业从事的哪些行为将被认定为无效?如何认定清算中的公司超出清算活动范围外的民事行为的效力?确认无效后,损失应如何处理? ··· (1816)
- 1293. 如何确定清算中公司的诉讼主体地位?如何确定债权人对清算中的公司提起诉讼的被告? ·· (1817)
- 1294. 法律对清算的期限有何要求? ···································· (1817)
- 1295. 清算期间公司股东是否可以转让股权? ··························· (1818)

第三节　公司清算的税务问题 ……………………………………… (1818)
一、清算企业的税务问题 ………………………………………… (1818)
1296. 哪些企业应进行清算所得税处理? ……………………………… (1818)
1297. 企业清算时的所得税处理包括哪些内容? ……………………… (1819)
1298. 如何确定清算所得、清算企业应纳税所得额以及清算所得
　　　税额? ………………………………………………………… (1819)
【案例439】超出股息及投资成本部分　清算所得要缴税 ………… (1820)
1299. 企业依照有关法律、法规的规定实施注销、破产后,债权人
　　　(包括注销、破产企业职工)承受注销、破产企业土地、
　　　房屋权属以抵偿债务的,是否需要缴纳契税? ……………… (1822)
1300. 企业清算所得能否适用税收优惠政策? 能否弥补以前年度
　　　亏损? ………………………………………………………… (1822)
1301. 企业清算过程中,将公司资产作为剩余财产分配给股东,
　　　需要缴纳哪些税费? ………………………………………… (1822)
1302. 公司清算时,如何办理增值税进项税额抵扣? ……………… (1822)
二、清算企业的股东以及债权人的税务问题 …………………… (1823)
1303. 哪些财产是税法意义上用来分配的剩余财产? 如何确定
　　　股东分得财产的计税基础? ………………………………… (1823)
1304. 分得剩余财产后,法人股东如何进行所得税处理? 自然人
　　　股东如何进行所得税处理? ………………………………… (1823)
【案例440】清算所得相当于留存收益部分　免征企业所得税 ……… (1824)
1305. 债权人从清算企业取得的清算资产,如何进行所得税处理? …… (1825)
三、税务注销 ……………………………………………………… (1825)
1306. 房地产开发企业注销前,如何办理企业所得税退税? ……… (1825)
1307. 发生哪些情形,应当进行税务注销? 何时办理注销? 企业未
　　　按照规定办理税务注销的,税务机关应如何处理? ………… (1826)
1308. 公司申请税务注销登记的程序如何? ………………………… (1827)

第十八章　清算责任纠纷

第一节　立　　案 ……………………………………………… (1832)
1309. 如何确定清算责任纠纷的诉讼当事人? ……………………… (1832)

1310. 对清算责任纠纷,哪些股东有权提起代表诉讼? 是否需要履行
前置程序? ·· (1832)

1311. 部分股东提起清算责任纠纷的代表诉讼,其他股东以何种身份
参加诉讼? ·· (1832)

1312. 当公司已经清算完毕且注销,股东可否直接对清算组成员提起
诉讼,追究其损害赔偿责任? 诉讼当事人如何确定? ············· (1833)

1313. 清算责任纠纷由何地法院管辖? ··· (1833)

1314. 清算责任纠纷按照什么标准交纳案件受理费? ····················· (1833)

1315. 清算责任纠纷是否适用诉讼时效? ······································· (1833)

第二节 清算责任纠纷的裁判标准 ·· (1833)

1316. 清算义务人、清算组成员或实际控制人承担赔偿责任或清偿责任
应该具备哪些要件? ··· (1833)

1317. 何种情况下清算义务人、清算组成员或实际控制人应当承担清偿
责任? 何时应当承担赔偿责任? ·· (1834)

【案例441】账册财产灭失无法清算　举证不利承担连带清偿责任 ······ (1834)

1318. 清算义务人可否以自己是小股东未参与公司经营管理为由拒绝
承担责任? ·· (1836)

【案例442】小股东虽未参与公司经营管理　未履行清算义务仍担责 ······ (1836)

1319. 如何认定清算义务人、清算组成员或实际控制人存在"怠于履行"
清算义务? ·· (1838)

【案例443】"一事不再理"抗辩不成立　股东推诿怠于清算连带承担
百万债务 ·· (1839)

1320. 债权通知和公告内容不详尽是否视为清算组未依法履行通知和
公告义务? ·· (1842)

【案例444】未适当履行通知公告义务　清算组成员连带赔偿损失 ······ (1842)

【案例445】主张债权证据不足　请求清算组成员连带赔偿被驳回 ······ (1851)

【案例446】违反清算分配顺序　股东清偿员工社保费 ···················· (1853)

1321. 如何认定公司因财产、账册、重要文件灭失而"无法清算"?
如何分配"无法清算"的举证责任? ····································· (1855)

【案例447】债权人未申请强制清算主张股东承担赔偿责任被驳回 ······ (1855)

【案例448】虚假清算报告骗取注销登记　原股东承担连带赔偿
责任 ··· (1857)

【案例449】清算报告隐瞒债务注销公司　未证剩余财产连带赔偿债权损失 …………………………………………………… (1858)

【案例450】股东承担有限责任理由不成立　虚假报告骗取注销担责百万 ……………………………………………………… (1861)

1322. 公司未经清算即办理注销登记,清算义务人应当如何对公司债务承担责任? ………………………………………… (1863)

1323. 公司解散后,公司股东或第三人办理注销登记时,向登记机关承诺负责清理债权债务,但并未实际清算,债权人应当向谁主张权利? ……………………………………………………… (1863)

1324. 在清算报告中承诺对公司遗漏债务承担连带责任的承诺人承担责任后,债权人还可以追究清算义务人的责任吗? ……… (1863)

1325. 清算组成员或清算义务人执行未经确认的清算方案是否要承担损害赔偿责任? ……………………………………… (1864)

1326. 清算组成员或清算义务人基于股东大会决议而实施违法行为是否需要承担民事责任? ………………………………… (1864)

1327. 公司依法注销后,股东发现公司在清算中遗漏债权或其他财产权益的,可否以自己的名义向相应债务人提起诉讼?是否应由全体股东作为共同原告提起诉讼?追回的财产归谁所有? ………… (1864)

【案例451】股东主张公司清算遗漏债权获支持 ……………………… (1865)

1328. 公司依法注销后,债权人发现原公司股东获得了财产权益的,可否要求获益股东清偿债务? ………………………………… (1868)

1329. 公司违反法律规定进行清算,有何行政责任? ……………… (1868)

1330. 清算组在清算过程中存在违法行为,有何行政责任? ……… (1869)

1331. 公司清算义务人未经依法清算,以虚假的清算报告骗取公司登记机关办理法人注销登记,应当承担哪些行政责任? ……… (1869)

1332. 无过错的清算组成员或清算义务人是否应当对其他成员或义务人的过错行为承担连带赔偿责任? ……………………… (1869)

第十三章　损害公司利益责任纠纷

【宋律师释义】

损害公司利益责任纠纷,系指公司的股东滥用股东权利,或者公司董事、监事、高级管理人员违反忠实、勤勉义务给公司造成损失而发生的纠纷。

损害公司利益责任纠纷在司法实践中的具体表现种类繁多,但大致可包括以下七种情形:

(1)收受贿赂,侵占、挪用公司资金;

(2)擅自使用公司资金对外贷款或提供担保;

(3)擅自处置公司重大资产;

(4)擅自决定对外投资;

(5)篡夺公司商业机会;

(6)违反竞业禁止限制义务,与公司经营同类业务;

(7)侵犯公司商业秘密等。

此外,关于损害公司利益的责任承担,除了一般意义上的财产侵权责任,即赔偿损失以外,《公司法》还规定了特定主体在实施特定违法行为损害公司利益后所应承担的归入责任。

【关键词】高级管理人员　代表诉讼　忠实义务　勤勉义务　归入权　竞业限制义务　商业秘密

❖ **高级管理人员**:是指经理、副经理、财务负责人,上市公司董事会秘书和公司章程规定的其他人员。

本书为陈述方便有时将公司高级管理人员简称公司高管。

❖ **代表诉讼**:指股东享有代表公司以自己名义作为原告提起诉讼的权利。

《公司法》规定,如董事、执行董事或高级管理人员执行公司职务时违反法律、行政法规或者公司章程的规定,给公司造成损失的,有限责任公司的股东、股份有限公司连续180日以上单独或者合计持有公司1%以上股份的股东,可以书面请求监事会或者不设监事会的公司监事向人民法院提起诉讼。如监事会或监事在执行公司职务时违反法律、行政法规或者公司章程的规定,给公司造成损失的,上述股东可以书面请求董事会或者执行董事向人民法院提起诉讼。

如果股东向监事会或监事、董事会或执行董事书面请求后,其拒绝提起诉讼的,或者自收到股东请求之日起30日内未提起诉讼的,或者情况紧急、不立即提起诉讼将会使公司利益受到难以弥补的损害的,股东有权为了公司的利益以自己的名义直接向人民法院提起诉讼。

180日以上连续持股,系指股东向人民法院提起诉讼时,已期满的持股时间超过180日,且该段持股时间必须是连续的。

合计持有公司1%以上股份,是指两个以上股东持股份额相加等于或者超过公司总股份1%即可。

❖ **忠实义务**:指忠实履行职责,当董事、监事及高管的自身利益与公司利益发生冲突时,应当维护公司利益,不得利用董事、监事及高管地位牺牲公司利益为自己牟利。

❖ **勤勉义务**:指董事、监事及高管执行公司事务时,应当遵守诚实信用原则,以合理且对公司最为有利的方式行事,并谨慎履行职责。

勤勉义务的具体表现一般包括但不限于:

(1)应谨慎、认真、勤勉地行使公司赋予的权利,以保证公司的商业行为符合国家法律、行政法规以及国家各项经济政策的要求,商业活动不超过营业执照规定的业务范围;

(2)公平对待所有股东;

(3)及时了解公司业务经营管理状况;

(4)对公司定期报告签署书面确认意见,保证公司所披露的信息真实、准确完整;

(5)如实向监事会提供有关情况和资料,不得妨碍监事会或者监事行使职权;

(6)原则上亲自参加董事会,认真阅读公司财务、经营报告,对公司情况应勤勉保持关注和了解,不得以不直接参与经营为由推卸责任。

除此之外,公司还可以根据具体情况,在章程中增加对公司董事勤勉义务的要求。

◆ **归入权**:指公司对侵权行为人因违反法律、行政法规或公司章程的规定而获得的收益,可主张其向公司归还的权利。归入权具有以下六大特征:

(1)归入权的权利主体是公司。只有公司才享有法律规定的归入权。

(2)归入权的对象是法定的溢出收益。这些溢出收益是违反法律、行政法规以及公司章程的规定所取得。

(3)归入权是公司对溢出利益的期待权。

(4)归入权是形成权。归入权是公司凭单方面意思表示就可以改变的公司与他人的法律关系,这种权利直接源于法律的规定。

(5)归入权的行使不得附带条件。

(6)归入权系法定权利,不可被侵害、转让,当公司怠于行使时,符合条件的股东可以提起代表诉讼主张归入权。

◆ **竞业限制义务**:指董事、高级管理人员等其他人员不得自营或者为他人经营与所任职公司同类的业务。

所谓竞业,是从事同类营业的行为,此种的同类营业,可以是完全相同的商品或者服务,也可以是同种类或者类似的商品或服务。

竞业行为具有以下两个显著特征:

(1)营利性或者商业性,不具有营利性的行为不应作为竞业范围加以禁止;

(2)竞争性,不具有竞争关系的行为,不会引起利益冲突,即使是营利性行为,也不在禁止之列。

◆ **商业秘密**:指不为公众所知悉、能为权利人带来经济利益、具有实用性并经权利人采取保密措施的技术信息和经营信息。

所以,商业秘密应当具有以下三项法律特征:

(1)秘密性。系指不为公众所知悉,即有关信息不为其所属领域的相关人员普遍知悉和容易获得。

(2)保密性。系指采取了合理的保密措施,即权利人为防止信息泄露所采取的与其商业价值等具体情况相适应的合理保护措施,以下情形应当认定为采取了"保密措施":

①限定涉密信息的知悉范围,只对必须知悉的相关人员告知其内容;

②对于涉密信息载体采取加锁等防范措施;

③在涉密信息的载体上标有保密标志;

④对于涉密信息采用密码或者代码等;

⑤签订保密协议;

⑥对于涉密的机器、厂房、车间等场所限制来访者或者提出保密要求;

⑦确保信息秘密的其他合理措施。

(3)实用性。系指能为权利人带来经济利益、具有实用性,即有关信息具有现实的或者潜在的商业价值,能为权利人带来竞争优势。

第一节 立 案

896. 如何确定损害公司利益责任纠纷的原告?

损害公司利益责任纠纷的原告可以是公司、股东或清算组。

(1)关于以公司、董事会、执行董事或监事作为原告

①如董事或执行董事执行公司职务时违反法律、行政法规或者公司章程的规定,给公司造成损失的,此时有限责任公司的股东、股份有限公司连续180日以上单独或者合计持有公司1%以上股份的股东,可以书面请求监事会或者不设监事会的公司监事向人民法院提起诉讼。

②如监事会或监事在执行公司职务时违反法律、行政法规或者公司章程的规定,给公司造成损失的,上述股东可以书面请求董事会或者执行董事向人民法院提起诉讼。

(2)关于股东代表诉讼详见本节后部分内容

(3)关于清算组作为原告

在公司进入解散清算的情况下,如果成立清算组的,清算组成为公司的管理机构,有权以公司名义进行诉讼。

【案例297】沪上首例监事告董事不忠胜诉[①]

原告:刘某

被告:曹某、运杰公司

第三人:地杰公司

诉讼请求:判令被告运杰公司向第三人返还11部运输车,被告曹某承担连带责任。

---

① 参见上海商报 http://www.shbiz.com.cn/cms.php?prog=show&tid=68447&csort=1,2010年12月27日访问。

争议焦点：

1. 监事是否有权在公司利益受损的情况下提起损害公司利益责任纠纷诉讼；

2. 公司的执行董事将公司资产转移至其开办的公司，并经营同类业务是否属于损害公司利益行为；

3. 两被告是否构成共同侵权。

基本案情：

2003年6月，原告和被告曹某合作设立第三人。被告曹某担任执行董事，原告任监事。

被告曹某及其妻子于2005年10月成立被告运杰公司。

2005年11月30日，第三人数辆机动车被过户到了被告运杰公司的名下，几天后，余下的运输车也被陆陆续续过户走了。直到12月30日，第三人11部车辆全部被转让，第三人被迫进入了歇业状态。

2006年3月，第三人大批工人全部离职并至被告运杰公司就职。

此外，被告运杰公司及第三人的注册地均在华联路。

原告诉称：

被告夫妻一手掌控第三人，又在外面开办同样的物流公司，作为执行董事，被告曹某的行为违反了忠诚义务。

2005年年初至年底，第三人承担上海某著名饮用水公司的运输业务，运费收入700余万元；而从2006年1月1日起，这家饮用水公司就将业务全部交给被告运杰公司，半年时间就支付运费120万元，第三人没有获得任何收益。两家物流公司同业经营，具有竞争关系，被告曹某夫妇新开被告运杰物流，抢走第三人业务，损害了第三人利益。

根据被告运杰公司的工商资料，该公司是由被告曹某夫妇于2005年11月成立的。虽然此后公司股权转让给了被告曹某的弟弟，但这仅是其故意逃避责任的表现。

被告辩称：

1. 原告未对第三人出资，不享有股东身份。

原告仅在第三人"挂个名"，第三人设立时，成立有限公司需要2名以上股东，被告曹某找到原告，让他在公司任个虚名配合设立公司，事实上双方均未实际出资。

公司成立后，被告曹某以自有的运输车辆及其他固定资产、自有资金投入公司中,弥补了创立阶段的出资瑕疵,而原告却至今也没有任何实际出资。

2. 被告运杰公司的实际经营人为被告曹某的弟弟,与被告曹某没有任何关系。

律师观点:

1. 原告作为监事有权提起诉讼。

《公司法》第152条第1款规定,"董事、高级管理人员有本法第一百四十九规定的情形的,有限责任公司的股东、股份有限公司连续一百八十日以上单独或者合计持有公司百分之一以上股份的股东,可以书面请求监事会或者不设监事会的有限责任公司的监事向人民法院提起诉讼……"

因此原告作为第三人的监事,有权提起本案诉讼。

2. 被告曹某的行为违反忠实义务,损害了公司利益,应当承担返还财产责任。

被告曹某作为第三人的股东和实际控制人,理应履行其出资义务和忠实义务,但其却将第三人财物转移给被告运杰公司,侵犯了第三人的财产权益;同时被告运杰公司在被告曹某的实际掌控下,配合被告曹某的侵权行为,亦有过错,且其是该侵权行为的实际得益人,故两被告构成共同侵权,应当共同承担返还财产的责任。

法院判决:

两被告在判决生效之日起10日内向第三人返还运输车11辆。

897. 当发生损害公司利益责任纠纷时,如何确定被告?

应以违反法律、行政法规或者公司章程规定的侵权行为人为被告。

需要注意的是,该侵权行为人仅限于董事、监事及高管以及公司股东或实际控制人,如果非上述人员的第三人侵犯公司利益,则不应当以损害公司利益责任纠纷为案由提起诉讼。

【案例298】状告上市公司高管不履职　原、被告主体均不适格被驳回[①]

原告: 投资公司

被告: 周某、张某等电子公司11名董事、监事

---

① 参见北大法意网 http://www.lawyee.net/Case/Case_Hot_Display.asp? RID=193056,2012年8月19日访问。

第十三章

损害公司利益责任纠纷

诉讼请求：

1. 确认被告周某等8名董事通过并发表《关于新的集团收购事宜致全体股东报告书》虚假，未尽董事的诚信、勤勉、注意义务，赔偿原告专项调查费用2000元；

2. 对新的集团收购主体资格履行董事审慎尽职调查，履行董事诚信、勤勉、注意义务，重新各自发表符合事实的意见；

3. 判令作为公司监事的被告张某等三人忠实履行监管职责，对公司董事的行为进行有效监督等。

争议焦点：

1. 电子公司股东提起损害公司利益纠纷诉讼的同时，可否请求赔偿自己损失；

2. 独立董事、董事、监事职责不同，是否可以一案起诉。

基本案情：

原告为电子公司股东。

2005年6月3日，电子公司第四届董事会第十六次会议通过了关于新的集团收购事宜致全体股东报告书，审查新的集团收购电子公司股权的行为并作出决议，各被告均参加会议，被告周某等八名董事均同意此报告。

该报告书于2005年6月4日公开发布于上海证券交易所网站。

原告诉称：

被告周某等八名董事作出决议时，对新的集团收购主体资格不进行应有尽职调查，放任其任意修改、调整重要财务数据，同时，报告书遗漏与本次收购有关的重大诉讼及收购方关联公司情况，侵犯了电子公司及原告公司的合法权利。

而作为公司监事的被告张某等三人，在董事的行为损害公司及公司股东利益时，未进行有效监督并要求其予以纠正。

被告均辩称：

1. 11名被告参与公司董事会，履行了相应的义务。董事会决议系公司行为，11名独立董事、董事、监事不应作为本案被告。

2. 原告作为电子公司股东，行使股东代表诉讼，不应要求其自己的损失，原告并非本案适格主体。

律师观点：

1. 原告并非本案适格主体。

原告以11名被告未尽职责，侵犯电子公司及其作为电子公司股东利益为由提起侵犯公司利益诉讼,其诉讼请求中,既有要求赔偿其调查费的主张,亦有分别要求董事、独立董事、监事履行职责的主张。依据本案案由可以看出,受损害的应当是公司利益,即使原告行使股东代表诉讼,亦不应要求其自己的损失,因而,原告作为本案原告,其主体资格并不妥当。

2. 11名公司独立董事、董事、监事职责不同,不应将其列为一案被告。

不论是法律、法规或公司章程,对独立董事、董事、监事的职责规定不尽相同,每一个体均负有相应的职责,不能因其参加相同的会议或参与决策,即将他们的职责混而为一。故原告将11名被告在本案当中一并诉讼,亦属不当。

3. 董事会决议系公司行为,11名公司独立董事、董事、监事作为本案被告,主体不适格。

11名被告的涉诉行为,系电子公司召开董事会时履行其应尽职责,决议虽由董事会作出,但应视为系电子公司的行为,不宜将作为公司独立董事、董事、监事的个人作为被告提起诉讼。

所以,本案原、被告主体均不适格。

法院判决：

驳回了原告的起诉。

898. 损害公司利益责任纠纷由何地法院管辖？

应由被告住所地或侵权行为地法院管辖：

（1）被告住所地法院管辖。一般情况下,由被告住所地人民法院管辖。

（2）侵权行为地法院管辖。由于上述人员侵害公司利益纠纷属于侵权行为的一种,因此,可以适用侵权行为的管辖原则,即由侵权行为地人民法院管辖。

另外需要注意的是,公司董事、高级管理人员违反竞业限制义务、泄露商业秘密损害公司利益的纠纷,若涉及商业秘密,则应由中级人民法院管辖。

899. 如果损害公司利益的行为既涉及民事责任的承担,又涉嫌刑事犯罪的,法院应当如何处理？

如果人民法院认为该损害公司利益的行为确有刑事犯罪嫌疑的,应当裁定驳回起诉,告知当事人提起刑事诉讼或向公安部门进行控告。

【案例299】涉嫌刑事犯罪　法院驳回民事起诉[①]

原告：广信公司

被告：闫文山

诉讼请求：被告返还原告私自侵占公司的款项，共计 1,464,639.94 元。

争议焦点：

1. 被告是否存在私自侵占公司资产的情形，是否涉嫌刑事犯罪；
2. 已作为经济纠纷受理的案件涉嫌经济犯罪的，法院该如何处理。

基本案情：

被告系原告股东，按公司章程记载，占有公司 30.86% 的股份，并在 2008 年 8 月至 2009 年 6 月期间担任公司总经理职务，掌管公司印章及账册。

2009 年 6 月，原告按公司财务管理制度对公司财务进行审计时发现公司货款未入账，经查，被告利用职务便利，将公司货款全部转移至被告个人名下。后原告要求其交回时，被告将全部货款 100 多万元及公章、账册、营业执照、支票、税务登记证等财务全部卷走。

2009 年 6 月 22 日，原告在法院对被告提起诉讼，要求被告返还公章、会计账簿。法院于 2009 年 9 月 22 日判决支持了原告的请求，后被告上诉，二审法院维持原判。

被告在诉讼期间，又利用其私自卷走的公司支票，于 2009 年 9 月 11 日和 2009 年 9 月 16 日，分三次将股东退回的分红款和其他款项共 250,800 元，盗支转移。

在被告担任总经理期间，原告一共收到货款 7,978,781 元，而在 2008 年 8 月到 2009 年 5 月期间，公司一共支出的款项为 6,298,307.06 元。2008 年 8 月至 2009 年 9 月，公司又支付股东分红款 466,634 元，原告账面余额应为 1,213,839.94 元。

原告诉称：

被告利用职务便利，将原告股东分红款、货款及其他款项转入个人名下，公司发现后，被告拒不返还，同时扣留原告公章及会计账簿，被告的行为严重侵犯了原告的权益。

[①] 参见北京市大兴区人民法院(2010)大民初字第2964号民事判决书。

被告辩称：

原告诉称被告占有公司的股份与事实不符，实际上被告占有公司47%的股份，名义上是总经理，但被告主要负责生产、技术还有记账，公司所有的货款全部在郝兵（法定代表人）个人账户上，公司的支出是将案外人郝兵的一个银行卡交给被告，该农业银行银行卡的卡号是：955958001420035××××，被告花多少钱全部由这张卡支出，支出的款项全在郝兵的监督之下，被告不存在侵占公司货款和财产的行为；原告诉称被告将货款250,800元盗支，与事实不符，这一款项的支出是原告与北京山腾仪器仪表公司签订的技术开发合同，应当支付的款项；其他121万余元，公司作为分红款已分给各股东，并不是被告私吞，请求依法驳回原告的诉讼请求。

法院认为：

被告担任原告总经理期间，原告的账面余额应为1,213,839.94元，被告述称该笔款项已作为分红款分配给各股东，没有相应证据证明，其主张股东签收分红款的收据大部分被撕毁，亦无相应证据证实。由于该笔款项数额巨大，去向不明，本案已涉嫌刑事犯罪。

根据《最高人民法院关于在审理经济纠纷案件中涉及经济犯罪嫌疑若干问题的规定》第11条之规定，"人民法院作为经济纠纷受理的案件，经审理认为不属经济纠纷案件而有经济犯罪嫌疑的，应当裁定驳回起诉"，本案应当裁定驳回起诉，相关当事人可以就本案事实依法向公安机关进行举报。

法院判决：

驳回原告的起诉。

900. 损害公司利益责任纠纷是否适用诉讼时效？

由于公司股东、实际控制人、董事、监事、高级管理人员损害公司利益是对公司的侵权行为，属于债权请求权。因此，适用一般诉讼时效2年的规定，即应从知道或应当知道其权利受到侵害之日起2年内提起诉讼。

901. 损害公司利益责任纠纷按照什么标准交纳案件受理费？

该类案件应当依照原告主张的损害赔偿金额收取受理费，案件受理费应当依照案件标的分段累计计算，具体比例详见本书第一章第3问"公司设立纠纷应按照什么标准交纳案件受理费？"。

902. 公司高管损害公司利益的，股东须履行哪些前置程序才能起诉？

股东只有在履行了书面请求董事会、执行董事或监事会、监事之后，遭到拒绝或在上述机构接到请求后30日内未提起诉讼时,方能以自己名义直接提起诉讼。

但是,如果不立即提起诉讼将会使公司利益受到难以弥补的损害的,如公司即将因重大交易遭受损失,或公司商业秘密即将遭到泄露等,此时符合条件的股东可以自己的名义直接向法院提起诉讼,而不必履行上述前置程序。

【案例300】监事选用股东身份起诉　未履行前置程序被驳回[①]

原告: 蔡创华

被告: 陈景良

第三人: 恒威公司

诉讼请求: 判令被告支付给第三人购房款500万元。

争议焦点:

1. 损害公司利益纠纷诉讼中的侵权人是否必须是公司高管;
2. 提起代表诉讼的股东系公司监事,是否仍需履行前置程序;
3. 是否存在不需前置程序,由股东直接提起诉讼的法定情形。

基本案情:

原告是第三人的股东及监事,被告并非第三人的股东或高级管理人员。

2009年3月30日,被告与第三人签订《房地产买卖合同》,第三人将广州市海珠区好信街6号房出售给被告,价格为500万元。

原告诉称:

被告与第三人签订《房地产买卖合同》,但被告至今未向第三人支付购房款,现讼争房屋随时有过户转移的可能,将造成第三人财产的严重损失。

根据《公司法》(2005年修订)第152条规定,董事、高级管理人员有该法第150条规定的情形的,有限责任公司的股东可以书面请求监事会或没有监事会的监事向法院起诉,情形紧急、不立即起诉将会使公司利益受到难以弥补的损害的,股东有权为了公司的利益以自己的名义直接向人民法院提起诉讼。

现被告拒绝履行合同主要义务,情况紧急,不立即提起诉讼将会使第三人的权益受到难以弥补的损害,故原告作为第三人股东提起本案诉讼。

被告辩称:

按照《公司法》(2005年修订)第152条的规定,提起股东代表诉讼的前提是

[①] 参见广州市中级人民法院(2010)穗中法民二终字第2152号民事裁定书。

公司的董事、监事和高级管理人员在管理时违反法律法规,被告不是第三人的董事、监事、高级管理人员,根本不执行公司职务,所以原告适用《公司法》第152条提起诉讼是不适合的。

第三人同意被告的答辩意见。

律师观点:

1. 被告虽然不是第三人的股东和高管,但并不影响代表诉讼的提起。

《公司法》第151条设置代表诉讼制度,系在公司董事、监事怠于保护公司利益的情况下,允许他人代公司维护利益。因此即使被告不是第三人股东或高管,只要其存在损害公司利益的可能,股东、监事或董事仍可提起代表诉讼保护公司利益不受损害。

2. 原告选择使用股东身份提起代表诉讼,但未履行前置程序。

《公司法》第151条规定,以第三人股东身份向侵害公司合法权益的被告及怠于主张权利的第三人提起的股东代表诉讼。由于原告同时具备第三人股东和监事的双重身份,其本可以选择以第三人监事的身份提起本案诉讼;但原告在诉讼过程中,均强调其是以第三人股东的身份提起本案诉讼,而根据《公司法》的相关规定,公司股东提起股东权益诉讼必须以履行书面请求的前置程序为前提条件。

本案中虽存在原告同时具备第三人股东和监事的身份混同,但不应因此而免除其依法履行书面请求程序的义务;且原告在一审时亦未能提供证据证明本案存在《公司法》规定的有关"情况紧急、不立即提起诉讼将会使公司利益受到难以弥补的损害的"情形,应当裁定驳回其起诉。

法院裁定:

驳回原告起诉。

903. 如果公司仅有两名股东,且分别担任执行董事及监事,则当其中一人损害公司利益时,另一人可否直接提起股东代表诉讼?

法律对此并无明确规定,但根据上海市的司法实践,此时非给公司造成损失的股东可以自己的名义直接向人民法院提起诉讼。

904. 股东提起代表诉讼时,公司以何身份参加诉讼?

当股东提起代表诉讼时,由于案件结果与公司有利害关系,所以公司应以无独立请求权的第三人身份参加诉讼。理由如下:

(1)公司的请求权已经被股东代为行使,公司在诉讼中不具有实体意义上的请求权,已丧失了独立的请求权,其可以对有关的主张或诉讼行为提出异议,请求法院审查,但不能提出新的诉讼主张、不能请求撤诉、和解,亦无上诉权。

(2) 裁判结果对公司自然具有约束力,胜诉利益亦归属于公司,公司是实体利益的享有者和归属者,其参加诉讼可以防止诉讼对其产生不利后果。

905. 股东代表诉讼所获得的利益归谁所有?

股东代表诉讼中,股东仅是以自己的名义代公司提起诉讼,因此,胜诉后的利益仍然要归属公司,而不能由股东享有。

906. 股东代表诉讼是否仅能适用于损害公司利益责任纠纷?

不是。

如前所述,损害公司利益责任纠纷对侵权行为人是有范围限制的,即只能是董事、监事及高管或公司股东、实际控制人。与公司无关的第三人损害公司利益时并不适用损害公司利益责任纠纷,但是仍可适用股东代表诉讼制度。

因此,股东代表诉讼可以针对损害公司利益的任何人提起。

907. 股东在代表诉讼中丧失股东资格的,人民法院应如何处理?

如果股东代表诉讼中作为原告的股东丧失股东资格的,则人民法院应裁定驳回起诉。

908. 股东因提起代表诉讼所支出的费用由谁承担?

股东因诉讼所支出的合理费用,除判令由被告承担的外,可以向公司主张承担。

909. 如果股东与被告在股东代表诉讼中签订调解协议或直接申请撤诉,法院应当如何审查其效力?

由于股东提起代表诉讼后与被告达成的调解协议会涉及公司的合法利益问题,因此,对于该调解协议或撤诉申请,人民法院应审查是否侵害公司和其他股东的利益。如果侵害公司和其他股东利益的,不予准许。

910. 在什么情况下股东提起代表诉讼需要提供担保?

在董事、监事或者高级管理人员提供证据证明股东存在恶意诉讼的情况下。

股东以公司董事、监事及高管为被告提起股东代表诉讼时,董事、监事及高管在答辩期间内提供证据证明原告可能存在恶意诉讼情形,并申请原告提供诉讼费用担保的,人民法院应予准许,担保费用应相当于被告参加诉讼可能发生的合理诉讼费用。

第二节 损害公司利益责任纠纷的裁判标准

一、董事、监事及高管的任职条件与职权

911. 公司董事如果任期届满未进行选举的,应由谁来履职?

在一些中小型公司中,董事任期届满了往往未及时进行选举,此时为保护公司的正常经营管理,应当由原董事继续履行职务。如果原董事不愿意继续担任公司董事的,应当向公司提交辞职报告。

912. 董事长具有哪些职权?法定代表人由谁担任?其与董事长的职权有何不同?

董事长具有下列职权:

(1)主持股东(大)会。

(2)召集和主持董事会会议,检查董事会决议的实施情况。

(3)签署公司股票、公司债券。

除上述规定之外,公司章程也可就董事长职权作出约定。

法定代表人指依法律或公司章程规定代表公司行使职权的负责人。公司法定代表人依照公司章程的规定,由董事长、执行董事或者经理担任。

法定代表人具有下列职权:

(1)对外代表公司的权利,签署法律性文件资料。例如,在办理公司重大事项,为代理人签署授权委托书,在报刊上为公司公开发表声明等。

(2)代表公司签订合同的权利。在订立合同过程中,法定代表人签字常常是合同的生效条件,法定代表人一经签署,合同即为生效。

(3)公司发行债券、股票的,必须由法定代表人签名,公司盖章。

(4)法律、行政法规和公司章程规定的职权。例如,主持股东会、主持董事会等。

913. 公司章程关于"董事会有权增补董事"的约定是否有效?[①]

无效。

《公司法》允许公司章程根据实际情况对董事会职权进行约定,因此董事会既享有法定的职权,也拥有公司章程约定的职权。公司章程是由股东会表决通过

[①] 参见张海棠主编:《公司法适用与审判实务》,中国法制出版社2009年版,第112~113页。

的,反映了全体股东的意志,是公司的行为准则,是董事会履行职责的基本依据。但是公司章程并没有凌驾于公司法之上的权力。公司章程的制定程序和内容不能与公司法的规定相抵触,否则该章程的约定无效。公司章程关于"董事会有权增补董事"的约定显然与公司法相抵触,应属无效。

914. 股东会是否有权无故解除董事的职务？章程是否可以作出另外约定？

可以。

2005年修改前的《公司法》规定"董事在任期届满前,股东会不得无故解除其职务",即股东会解除董事职务必须说明理由。

而修改后的《公司法》删去了这一规定,即股东会无须说明理由便可更换董事。从法理角度来说,股东会与董事会之间存在委任关系,委任关系当事人多基于信任关系,因此一旦这种人身信任关系不存在,作为委任关系的一方可以终止这种委任关系。[①] 当然如果公司章程约定不得无故解除董事职务的除外。

【案例301】长期不召集股东会会议　股东会有权罢免"不勤勉"执行董事[②]

原告:金某

被告:上海某有限公司

第三人:施某

诉讼请求:判令被告办理董事、法定代表人的工商变更手续。

争议焦点:

1. 股东会是否可以"无故"罢免执行董事；
2. 执行董事在任职期间从未召集过股东会的行为是否违反勤勉义务。

基本案情:

原告与第三人系被告股东,各持股90%、10%,原告为被告监事,第三人原为被告执行董事兼法定代表人。

被告章程规定,股东会是公司的权力机构,有权选举和更换执行董事；公司执行董事任期三年,任期届满前股东会不得无故解除其职务。

第三人施某自2007年1月8日被选为被告执行董事兼法定代表人至讼争决议通过,从未按章程规定召集和主持定期或临时股东会会议。

2009年10月17日原告召集并主持股东会临时会议,在第三人缺席的情况下,撤销其执行董事兼法定代表人职务。

[①] 参见赵旭东主编:《新公司法实务精答》,人民法院出版社2005年版,第278页。
[②] 参见《法制日报》2010年12月1日第12版。

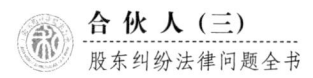

原告诉称：

被告章程规定公司股东会的提议、召集、通知、主持义务人均为执行董事，即本案第三人，但第三人从未履行相关义务，原告曾多次向第三人提议召开股东会临时会议均未果，其行为已严重损害了公司的利益，现原告已经召集股东会并作出决议变更公司法定代表人及执行董事，被告应当依此办理工商变更登记。

被告辩称：

被告章程规定，股东会不得在第三人任期届满前无故解除其执行董事职务，故该股东会决议违反章程，应属无效。

第三人同意被告的答辩意见。

律师观点：

1. 被告股东会能否"无故"解除执行董事职务。

被告章程中关于执行董事任期届满前股东会不得无故解除其职务的规定与2005年修订前的《公司法》第47条"董事在任职期届满前，股东会不得无故解除其职务"如出一辙，但现行公司法删除了该条款。

上述法律修订行为表明，在没有原因或董事（包括执行董事）没有"过错"的情况下，股东会也有权更换、罢免其职务。只是，被告章程"执行董事为公司法定代表人……任期届满前股东会不得无故解除其职务"的约定，言明不得"无故"解除，因此必须依照公司章程来任免执行董事。

2. 本案第三人履职是否"有过"。

第三人是否"有过"，主要在于是否充分履行忠实勤勉义务。本案第三人自成为被告执行董事至解职决议通过，即使在原告多次要求的情况下，亦从未召集主持过被告定期和临时的股东会议，其行为难谓"勤勉"。

综上所述，第三人不仅违反了被告章程对执行董事履职要求的有关规定，也未适当履行现行《公司法》所规定的忠实、勤勉义务，公司解除其职务的决议应认定有效。

法院判决：

被告应于判决生效之日起10日内向公司登记机关申请办理董事兼法人代表工商变更手续。

915. 哪些人不得担任非上市公司董事、监事及高级管理人员？这些职务是否只有公司股东才能担任？外国人可否担任？

有下列情形之一的，不得担任公司的董事、监事、高级管理人员：

(1) 无民事行为能力或者限制民事行为能力；

(2)因贪污、贿赂、侵占财产、挪用财产或者破坏社会主义市场经济秩序,被判处刑罚,执行期满未逾5年,或者因犯罪被剥夺政治权利,执行期满未逾5年的;

(3)担任破产清算的公司、企业的董事或者厂长、经理,对该公司、企业的破产负有个人责任的,自该公司、企业破产清算完结之日起未逾3年;

(4)担任因违法被吊销营业执照、责令关闭的公司、企业的法定代表人,并负有个人责任的,自该公司、企业被吊销营业执照之日起未逾3年;

(5)个人所负数额较大的债务到期未清偿。

公司违反上述规定选举、委派董事、监事或者聘任高级管理人员的,该选举、委派或者聘任无效。该无效系指自始无效,但是如果所选举或聘任的人员已经从事了对外的职务行为,如以公司名义签订合同或其他交易行为,从商事交易安全的角度考虑,应当保护善意的第三人。

如果董事、监事、高级管理人员在任职期间出现上述不得担任职务的情形,公司应当解除其职务。

公司的董事、监事以及高级管理人员不一定必须是公司股东。公司的经营决策需要群策群力,更需要各类智慧及力量,因此不将公司董事、监事及高管限定为股东以内的人,有利于推动公司的科学决策及发展。同样,《公司法》也并未禁止外籍人士担任公司董事、监事以及高级管理人员。

916. 哪些人不得担任上市公司的董事?

除非上市公司的董事任职条件以外,上市公司董事还不得存在以下情形:

(1)被中国证监会采取证券市场禁入措施尚在禁入期;

(2)最近36个月内受到中国证监会行政处罚,或者最近12个月内受到证券交易所公开谴责;

(3)因涉嫌犯罪被司法机关立案侦查或者涉嫌违法违规被中国证监会立案调查,尚未有明确结论意见。

917. 对于哪些人员,证监会可以采取证券市场禁入措施从而禁止相关人员担任上市公司的董事、监事、高级管理人员?

在下列情形下,证监会可以对上市公司董事、监事、高级管理人员采取证券市场禁入措施:

(1)发行人、上市公司、非上市公众公司的董事、监事、高级管理人员,其他信息披露义务人或者其他信息披露义务人的董事、监事、高级管理人员;

(2)发行人、上市公司、非上市公众公司的控股股东、实际控制人或者发行

人、上市公司控股股东、实际控制人的董事、监事、高级管理人员;

(3)证券公司的董事、监事、高级管理人员及其内设业务部门负责人、分支机构负责人或者其他证券从业人员;

(4)证券公司的控股股东、实际控制人或者证券公司控股股东、实际控制人的董事、监事、高级管理人员;

(5)证券服务机构的董事、监事、高级管理人员等从事证券服务业务的人员和证券服务机构的实际控制人或者证券服务机构实际控制人的董事、监事、高级管理人员;

(6)证券投资基金管理人、证券投资基金托管人的董事、监事、高级管理人员及其内设业务部门、分支机构负责人或者其他证券投资基金从业人员;

(7)中国证监会认定的其他违反法律、行政法规或者中国证监会有关规定的有关责任人员。

被中国证监会采取证券市场禁入措施的人员,在禁入期间内,除不得继续在原机构从事证券业务或者担任原上市公司、非上市公众公司董事,监事,高级管理人员职务外,也不得在其他任何机构中从事证券业务或者担任其他上市公司董事、监事、高级管理人员职务。

被采取证券市场禁入措施的人员,应当在收到中国证监会作出的证券市场禁入决定后立即停止从事证券业务或者停止履行上市公司、非上市公众公司董事,监事,高级管理人员职务,并由其所在机构按规定的程序解除其被禁止担任的职务。

【案例302】大股东占用资金未披露　酒鬼酒董事长被禁出局[①]

当事人:刘虹

基本事实:

当事人于2003年6月至2005年9月任酒鬼酒董事长兼总经理。

酒鬼酒在定期报告中未如实披露第一大股东成功集团及其他关联方占用酒鬼酒资金的事项。

1. 2003年年度报告未披露占用金额302,230,000元;

2. 2004年中期报告未披露占用金额226,082,800元;

3. 2004年年度报告未披露占用金额421,232,800元;

[①] 参见中国证监会[2009]6号市场禁入决定书。

4. 2005年中期报告未披露占用金额425,920,300元。

酒鬼酒在定期报告中虚假陈述货币资金数额。

1. 酒鬼酒2003年年度报告披露货币资金330,683,747.99元,虚假陈述货币资金299,013,150.54元,实有货币资金31,670,597.45元;

2. 酒鬼酒2004年中期报告披露货币资金448,944,107.15元,虚假陈述货币资金374,816,429.22元,实有货币资金74,127,677.93元;

3. 酒鬼酒2004年度报告披露货币资金411,968,167.70元,虚假陈述货币资金374,388,882.91元,实有货币资金37,579,284.79元;

4. 酒鬼酒2005年中期报告披露货币资金436,158,202.98元,虚假陈述货币资金数额420,030,281.55元,实有货币资金16,127,921.43元。

酒鬼酒2005年年度报告披露了关联方占用其资金的情况。

2006年7月14日,被占用的资金已归还。

2004年4月28日,酒鬼酒第三届董事会第三次会议,签字同意2003年年度报告的董事有当事人。

2004年8月10日,酒鬼酒第三届董事会第六次会议,签字同意酒鬼酒2004年中期报告的董事有当事人。

2005年1月27日,酒鬼酒第三届董事会第八次会议,签字同意酒鬼酒2004年年度报告的董事有当事人。

2005年7月28日,酒鬼酒第三届董事会第十一次会议,签字同意酒鬼酒2005年中期报告的董事有当事人。

当事人申辩:

成功集团占用酒鬼酒资金的原因是原酒鬼酒第一大股东在与成功集团的股权交易中有违约行为。

证监会认为:

1. 酒鬼酒在2003年年度报告、2004年中期报告、2004年年度报告和2005年中期报告未如实披露第一大股东及其他关联方占用其资金和虚假陈述货币资金数额的行为违反了《证券法》(2004年修正)第60条、61条的规定,构成原《证券法》第177条所述"依照本法规定,经核准上市交易的证券,其发行人未按照有关规定披露信息,或者所披露的信息有虚假记载、误导性陈述或者有重大遗漏的"行为。

2. 成功集团与原酒鬼酒第一大股东在股权交易中的纠纷不应成为成功集团占用酒鬼酒资金的理由。

3. 根据有关任职及勤勉尽责的事实和情节，对虚假陈述行为直接负责的主管人员是酒鬼酒时任董事长兼总经理。

证监会决定：

5年内不得担任任何上市公司和从事证券业务机构的高级管理人员职务。

918. 证监会对于禁入措施的年限依照什么标准来确定？什么情况下可以从轻、减轻或免于采取禁入措施？

违反法律、行政法规或者中国证监会有关规定，情节严重的，可以对有关责任人员采取3~5年的证券市场禁入措施；

行为恶劣、严重扰乱证券市场秩序、严重损害投资者利益或者在重大违法活动中起主要作用等情节较为严重的，可以对有关责任人员采取5~10年的证券市场禁入措施。

有下列情形之一的，可以对有关责任人员采取终身的证券市场禁入措施：

（1）严重违反法律、行政法规或者中国证监会有关规定，构成犯罪的；

（2）从事保荐、承销、资产管理、融资融券等证券业务及其他证券服务业务，负有法定职责的人员，故意不履行法律、行政法规或者中国证监会规定的义务，并造成特别严重后果的；

（3）违反法律、行政法规或者中国证监会有关规定，采取隐瞒、编造重要事实等特别恶劣手段，或者涉案数额特别巨大的；

（4）违反法律、行政法规或者中国证监会有关规定，从事欺诈发行、内幕交易、操纵市场等违法行为，严重扰乱证券、期货市场秩序并造成严重社会影响，或者获取违法所得等不当利益数额特别巨大，或者致使投资者利益遭受特别严重损害的；

（5）违反法律、行政法规或者中国证监会有关规定，情节严重，应当采取证券市场禁入措施，且存在故意出具虚假重要证据，隐瞒、毁损重要证据等阻碍、抗拒证券监督管理机构及其工作人员依法行使监督检查、调查职权行为的；

（6）因违反法律、行政法规或者中国证监会有关规定，5~6年内被中国证监会给予除警告之外的行政处罚3次以上，或者5年内曾经被采取证券市场禁入措施的；

（7）组织、策划、领导或者实施重大违反法律、行政法规或者中国证监会有关规定的活动的；

（8）其他违反法律、行政法规或者中国证监会有关规定，情节特别严重的。

有下列情形之一的,可以对有关责任人员从轻、减轻或者免予采取证券市场禁入措施:

(1)主动消除或者减轻违法行为危害后果的;

(2)配合查处违法行为有立功表现的;

(3)受他人指使、胁迫有违法行为,且能主动交代违法行为的;

(4)其他证监会认为可以从轻、减轻或者免予采取证券市场禁入措施的。

如果是共同违反法律、行政法规或者证监会有关规定,需要采取证券市场禁入措施的,对负次要责任的人员,可以比照应负主要责任的人员,适当从轻、减轻或者免予采取证券市场禁入措施。

【案例303】无证券投资咨询资格非法经营　涉嫌犯罪终身被禁从事证券业①

当事人: 王忠娟、孙胜、马勇、刘博威

基本事实:

当事人王忠娟为金股之王的执行董事兼总经理、法定代表人,当事人孙胜任监事,当事人马勇、当事人刘博威为具有证券投资咨询从业资格的员工。

2007年8月底,金股之王开始经营股票软件销售业务,代理销售"股王先锋""金股王Ⅰ""金股王Ⅱ""金股王Ⅲ""股王至尊"等股票软件产品。

自2007年8月27日起,金股之王通过将公司广告录制成财经评论节目的形式进行广告宣传。节目主持人由公司员工扮演,当事人马勇、当事人刘博威作为证券分析师轮流主讲。四名当事人对大盘、个股进行点评,公开发表证券投资咨询建议,夸大公司的研究水平,宣称将给拨打免费热线电话的前若干名观众免费提供即将大幅上涨的股票,为观众免费诊断手中的个股。

此外,金股之王还通过有关公司与网络媒体签订协议,约定在网络媒体上投放广告。金股之王通过上述方式吸引电视和网络观众拨打公司热线电话。对拨打热线电话的观众,由业务员按照公司培训的方式予以回复,着力宣扬公司推荐股票的惊人回报率,打击客户自己买卖股票的自信心,诱使客户购买公司软件和服务并签订《产品订购确认书》。

在观众出资购买公司软件和服务成为公司客户后,金股之王便通过电话和短信向其提供证券投资咨询服务,指导其买卖股票。

---

① 参见中国证监会〔2009〕11号市场禁入决定书。

当事人孙胜申辩:

1. 本人不知情,不是金股之王的实际监事,没有享受监事的收益;
2. 本人担任金股之王业务部经理时间较短,因此请求从轻处罚。

其他三位当事人均未提出申辩意见。

证监会认为:

金股之王不具有证券投资咨询业务资格,金股之王的上述行为违反了《证券法》第122条有关"未经国务院证券监督管理机构批准,任何单位和个人不得经营证券业务"的规定,构成了《证券法》第197条所述非法经营证券业务的行为,且情节严重。鉴于金股之王的行为已涉嫌犯罪,该案已依照《行政执法机关移送涉嫌犯罪案件的规定》(国务院令第310号)的规定移送公安机关。对于金股之王的前述违法行为,时任金股之王执行董事兼总经理王忠娟、监事孙胜是直接负责的主管人员。

当事人马勇、当事人刘博威具有证券投资咨询业务资格,两人参与金股之王的非法证券投资咨询活动的行为,违反了《证券、期货投资咨询管理暂行办法》第12条和第19条的规定,且情节严重。

证监会决定:

1. 认定当事人王忠娟、当事人孙胜为证券市场禁入者,自证监会宣布决定之日起,终身不得从事证券业务或者担任上市公司董事、监事、高级管理人员职务;
2. 认定当事人马勇、当事人刘博威为证券市场禁入者,自证监会宣布决定之日起,5年内不得从事证券业务或者担任上市公司董事、监事、高级管理人员职务。

919. 上市公司独立董事,除应具备担任上市公司董事的资格外,还应该具备哪些条件?

独立董事指不在公司担任除董事外的其他职务,并与其所受聘的上市公司及其主要股东不存在可能妨碍其进行独立客观判断的关系的董事。

上市公司独立董事,除应具备担任上市公司董事的资格外,还应该具备以下条件:

(1)非上市公司或者其附属企业任职的人员及其直系亲属、主要社会关系(直系亲属是指配偶、父母、子女等;主要社会关系是指兄弟姐妹、岳父母、儿媳女婿、兄弟姐妹的配偶、配偶的兄弟姐妹等)。

(2)不得直接或间接持有上市公司已发行股份1%以上或者是上市公司前十

名股东中的自然人股东及其直系亲属。

（3）不能是在直接或间接持有上市公司已发行股份5%以上的股东单位或者在上市公司前五名股东单位任职的人员及其直系亲属。

（4）最近一年内不具有前三项所列举情形的人员。

（5）为上市公司或其附属企业提供财务、法律、咨询等服务的人员。

（6）具备上市公司运作基本知识，熟悉相关法律、行政法规、规章及规则。

（7）具有5年以上法律、经济或其他履行独立董事职责所必需的工作经验。

（8）公司章程规定的其他条件。

（9）中国证监会认定的其他人员。

920. 担任股权投资企业及其受托管理机构董事、监事以及高管有何特殊任职要求？

股权投资企业及其受托管理机构的所有董事、监事以及高级管理人员应当在最近5年内没有违法记录或尚在处理的重大经济纠纷诉讼案件，且至少3名人员具备2年以上股权投资或相关业务经验。

对于股权投资企业的受托管理机构，其高管人员的要求更为严格。如天津、福建要求股权投资受托管理机构除需满足上述规定外，董事、监事以及高级管理人员中至少有1名具备5年以上股权投资或经济管理经验。

对于外商投资股权投资管理机构，上海、天津要求至少有2名同时具备下列条件的高级管理人员：

（1）有5年以上从事股权投资或股权投资管理业务的经历；

（2）有2年以上董事、监事及高级管理人员任职经历；

（3）有从事与中国有关的股权投资经历或在中国的金融类机构从业经验；

（4）在最近5年内没有违规记录或尚在处理的经济纠纷诉讼案件，且个人信用记录良好。

921. 担任期货公司董事、监事以及高管有何特殊任职要求？

除《公司法》规定的不得担任董事、监事以及高管限制情形之外，存在下列情形之一的，不得担任期货公司董事、监事和高级管理人员的任职资格：

（1）因违法行为或者违纪行为被解除职务的期货交易所、证券交易所、证券登记结算机构的负责人，或者期货公司、证券公司的董事、监事、高级管理人员，自被解除职务之日起未逾5年；

（2）因违法行为或者违纪行为被撤销资格的律师、注册会计师或者投资咨询机构、财务顾问机构、资信评级机构、资产评估机构、验证机构的专业人员，自被撤销资格之日起未逾5年；

（3）因违法行为或者违纪行为被开除的期货交易所、证券交易所、证券登记结算机构、证券服务机构、期货公司、证券公司的从业人员和被开除的国家机关工作人员，自被开除之日起未逾5年；

（4）国家机关工作人员和法律、行政法规规定的禁止在公司中兼职的其他人员；

（5）因违法违规行为受到金融监管部门的行政处罚，执行期满未逾3年；

（6）自被中国证监会或者其派出机构认定为不适当人选之日起未逾2年；

（7）因违法违规行为或者出现重大风险被监管部门责令停业整顿、托管、接管或者撤销的金融机构及分支机构，其负有责任的主管人员和其他直接责任人员，自该金融机构及分支机构被停业整顿、托管、接管或者撤销之日起未逾3年；

（8）中国证监会认定的其他情形。

二、外商投资企业董事、监事及高管任职及义务

922. 中外合作经营企业是否必须设董事会？

不是，中外合作经营企业可以设董事会或联合管理委员会中的任意一种。联合管理机构的负责人为主任及副主任。

中外合作经营企业的董事会人员或联合管理委员会委员由合作各方自行委派或者撤换，而对于董事长、副董事长或者联合管理机构主任、副主任的确定办法则由合作企业章程约定。

需要注意的是，在中外合作经营企业中，如果合作一方担任公司董事长、联合管理委员会的主任的，由另一方担任副董事长、副主任。

董事会或者联合管理机构可以决定任命或者聘请总经理负责合作企业的日常经营管理工作。董事或者委员可以兼任合作企业的总经理或者其他高级管理职务。总经理对董事会或者联合管理机构负责。

923. 中外合作经营企业的董事会或联合管理委员会委员有何人数限制？任职期限有何规定？

董事会或者联合管理委员会委员不得少于3人，其名额的分配由中外合作者参照其投资或者提供的合作条件协商确定。

董事或者委员每届任期不得超过3年，可以连选连任。董事或者委员任期届满，委派方可继续委派。

924. 中外合作经营企业的董事或联合管理委员会的委员有何义务？

由于中外合作经营企业中，经营机构的职权及责任大都由双方合作协议或章

程进行约定,因此法律并无明文规定。笔者认为,对于中外合作经营企业的董事或联合管理委员会委员的义务可参照《公司法》关于董事、监事及高管的忠实、勤勉义务确定。

925. 中外合资经营企业是否必须设立董事会？董事、董事长、副董事长如何产生及撤换？董事会人数有何限制？董事任期为几年？可否连任？

合营企业必须设董事会,其人数组成由合营各方协商,在合同、章程中确定,并由合营各方委派和撤换。

董事长和副董事长由合营各方协商确定或由董事会选举产生。

需要注意的是,如果中外合营者的一方担任董事长的,则由他方担任副董事长。董事会根据平等互利的原则,决定合营企业的重大问题。

董事会成员不得少于3人。董事名额的分配由合营各方参照出资比例协商确定。董事的任期为4年,经合营各方继续委派可以连任。

926. 中外合资经营企业的总经理由谁任免？有无国籍限制？可否兼任其他公司的高管？

总经理、副总经理的选任、解聘由董事会确定。同样,正副总经理(或正副厂长)应当由合营各方分别担任。总经理及副总经理无国籍限制。

总经理或者副总经理不得兼任其他经济组织的总经理或者副总经理,不得参与其他经济组织对本企业的商业竞争。

927. 中外合作经营企业、中外合资经营企业的监事,以及外商独资企业的董事、监事及高管在任职及义务上有何特殊规定？

根据《公司法》的规定,除非三资企业法有特殊规定,外商投资企业应适用《公司法》的规定。

三资企业法中,对于中外合作经营企业、中外合资经营企业在监事及监事会方面均无特殊规定,而对于外商独资企业的组织机构也无任何特殊规定,因此对这些内容应当适用内资企业的规定。[①]

三、损害公司利益责任纠纷的一般裁判标准

928. 损害公司利益行为的构成要件有哪些？

《公司法》并没有对损害公司利益行为的构成要件作出明确的规定,但由于

[①] 关于内资企业监事任职条件及义务的规定详见本节"一、董事、监事及高管的任职条件与职权"。

公司股东、董事、监事和高级管理人员所承担的是法定义务,违反规定损害公司利益的,应视为对公司的侵权,所以可以适用侵权行为的构成要件,即:

(1)存在违反法律、行政法规或公司章程规定的损害公司利益的行为;
(2)行为人在主观上存在过错;
(3)对公司利益造成了损害的后果;
(4)违法行为与损害后果之间存在因果关系。

【案例304】虚假陈述与损失无因果关系　请求损失赔偿被驳回[①]

原告: 美华公司

被告: 刘峰、钟澄

第三人: 刘东辉、万业隆公司

诉讼请求: 被告刘峰、钟澄赔偿原告损失 2,237,141.14 元。

争议焦点: 被告刘峰对纽约集团实力进行夸大陈述与原告业务无法通过报批是否存在直接因果关系。

基本案情:

2003年5月8日,两第三人、两被告签订股东协议书,约定联合建立原告,企业宗旨为利用国外的先进技术和产品,与中国本土医药及相关企业相互合作,建成中国乃至世界水准的医药公司;第三人刘东辉及被告钟澄负责公司项目宏观调控、项目发展调研、适时引入外资、技术及管理。

2003年7月4日,两第三人以及两被告签订原告章程,约定第三人刘东辉出资150万元、被告钟澄出资125万元、被告刘峰出资125万元、第三人万业隆公司出资100万元并共同设立了原告。

2003年5月15日,被告刘峰以帝国药业公司首席代表身份向原告出具委托书,委托原告就帝国药业公司的施宝牌活力瘦身胶囊、施宝牌美人娇胶囊、施宝牌完美营养素片办理在中国的进口保健食品批准证书的报批和销售工作。

2003年8月2日,被告刘峰以恒基实业公司首席代表身份向原告出具委托书,委托原告就恒基实业公司的施宝牌糖尿宝片、施宝牌糖必清胶囊办理在中国的进口保健食品批准证书的报批和销售工作。同日,被告刘峰以领先药业公司首席代表身份向原告出具委托书,委托原告就领先药业公司的施宝牌通便灵片办理在中国的进口保健食品批准证书的报批和销售工作。另,被告刘峰以病毒基因公

[①] 参见北京市朝阳区人民法院(2007)朝民初字第15925号民事判决书。

司亚太首席代表的身份代表研发公司、生产厂家病毒基因公司,与原告一起就TNP向国家药品监督管理局进行药品注册申请。

2003年5月23日,被告刘峰以纽约集团副总裁、亚太区首席代表的身份出具资质证明,内容为证明原告为纽约集团在中国大陆的唯一医药窗口企业,负责与中国内地的制药、批发、零售等企业、政府相关职能部门接洽、协调,并处理与上述领域相关的一切事宜。重大问题须经纽约集团亚太区代表处审核、批准。证明上述企业法定代表人第三人刘东辉被纽约集团亚太区代表处指任为企业总经理,依照董事会决议、《公司法》等行使总经理的职权。

2003年6月9日,原告与案外人中卫公司就"完美营养保健"签订委托报批协议书。该协议书记载,案外人中卫公司具有申报保健食品批准证书及进口保健食品批准证书的丰富经验,审阅了原告提供的有关"完美营养保健"产品资料,认为该产品相关资料完备,具有先进性并为中国市场所需要,认为有把握参加2003年9月卫生部评审会,并保证评审通过;鉴于上述事实,原告委托案外人中卫公司以原告的名义办理"完美营养保健"产品的进口保健食品批准证书,完成期限自2003年6月8日起至2004年2月28日止;委托事项完成标志为在规定期限内使原告获得卫生部向原告颁发"完美营养保健"产品的进口保健食品批准证书;如案外人中卫公司未按规定的时间完成委托事项,应返还原告全部已付委托费用。

2003年12月24日,原告与案外人中卫公司签订补充协议。该补充协议记载,案外人中卫公司在委托报批协议书中承诺于2004年2月28日完成委托事项,但2003年12月8日其已书面通知原告不能履约。为顾全局,原告决定暂不追究案外人中卫公司的违约责任,并与其就报批事宜的延期履行问题达成如下协议:案外人中卫公司争取2004年3月使原告获得国家食品药品监督管理局颁发的"进口保健食品完美营养素的批准证书",并承诺最迟4月一定获得批准,并在获得批准日期的一周内获得批文;如果于2004年4月未能按上述时限履约,则案外人中卫公司承诺不迟于2004年5月1日双倍退赔原告所支付的所有相关费用及与样品价值等同的现金、关税等。

原告与案外人中卫公司还签订了另外6份针对通便灵、糖必清、糖尿宝、活力瘦身灵、美人娇、维生素C的委托报批协议书,之后又签订6份补充协议,内容与"完美营养保健"基本一致。

2003年12月4日,纽约集团北京代表处致函原告,主要内容为"由于你公司在TNP产品报批工作中进展缓慢……决定暂时终止你公司关于TNP产品的报批任务"。

2003年12月9日,原告与案外人中卫公司签订解除合约协议书,主要内容为:经多次协商,中卫公司提出不能按协议进程履约并提出延期,原告考虑国际影响及对本公司信誉问题不予同意,但考虑和案外人中卫公司尚有其他合作项目,为此同意解除TNP的报批协议。原告不再追究案外人中卫公司责任……原告同意支付案外人中卫公司翻译费用1.5万元,案外人中卫公司于当日退还原告已付定金20万元及所有TNP的相关资料。

2004年2月18日,原告就施宝牌完美营养素片、施宝牌维生素C片、施宝牌美人娇胶囊、施宝牌糖尿宝片、施宝牌糖必清胶囊、施宝牌通便灵片、施宝牌活力瘦身胶囊填写进口保健食品注册申请表。

2004年4月29日,原告就施宝牌完美营养素片、施宝牌维生素C片向国家食品药品监督管理局作保健食品申报,填写了申请表,提交了申报资料及样品。

2004年8月31日,案外人中卫公司出具北京美华施宝系列产品情况说明,主要内容为施宝牌维生素C片、施宝牌完美营养素片已受理,而施宝牌活力瘦身胶囊、施宝牌糖尿宝片、施宝牌糖必清胶囊差部分试验结果、少委托书;施宝牌通便灵片差部分试验结果、少委托书及自由销售证明;施宝牌美人娇胶囊少委托书。

此外,被告刘峰为纽约集团北京办事处的首席代表,同时兼任帝国药业公司亚洲太平洋地区副主席和首席代表、领先药业公司亚洲太平洋地区副主席和首席代表、恒基实业公司中国地区的首席执行官。

根据美国证券交易委员会网站中的内容显示,纽约集团为一家处于起步阶段的公司,资产总计2883美元;截至2003年3月4日,纽约集团已经发行普通股21,256,707股,每股价值0.001美元。但是,纽约集团及被告刘峰均对外夸大纽约集团的实力,将纽约集团描述成一家具有雄厚金融及商业背景的集团公司,有众多的美国经济界、政界重要人士在纽约集团任职;主要业务涉及五大领域:金融投资、高科技产业、国际进出口贸易、医药产品的研制与销售以及信息咨询;纽约集团所属医药产业包括美国病毒基因公司、美国安氏公司、美国帝国药业、美国领先药业。

2007年8月27日,纽约集团北京办事处经工商管理部门核准予以注销。

原告诉称:

1. 两被告作为股东违反了对原告的忠实、勤勉义务。两被告的不当行为主要表现在履行对原告引进境外项目时,实施了欺诈,虚构境外公司的实力,未能提供药品项目在中国报批的相关资料,致使原告遭受经济损失。

2. 关于经济损失的金额应认定为 2,237,141.14 元。

经济损失的一部分为保健品及药品报批费用 1,484,200 元,其中除了 1.5 万元为原告支付给案外人中卫公司的翻译费用外,还有向案外人华云龙公司支付的 15 万元代理费,其余均为向案外人中卫公司支付的施宝牌 7 个系列保健品的报批费用。

经济损失的另一部分为其他损失 752,941.14 元,也是原告成立以来的所有经营费用。之所以向两被告主张所有的经营费用,是因为原告成立就是为了取得两被告所引进保健品及药品在中国的销售代理权,现保健品及药品因两被告的原因不能引入,致使原告的经营目的落空,故两被告应当承担全部经营费用。

原告为证明其观点,提交证据如下:

案外人华云龙公司出具的有关猪胸腺核蛋白注册项目的工作流程及专家预审意见,用以证明 TNP 项目缺乏报批所需的证明文件,致使申报工作无法进行。

被告均辩称:

两被告没有担任原告的董事、监事、经理职务,没有实施欺诈及损害原告利益的行为,故不应当承担责任。

第三人均述称:

两被告具有原告股东和高管双重身份,对原告有约定义务和法定义务。股东义务表现为约定义务,虽然不十分明确,但是在众多章程、文件中是有所反映的。两被告基于双重身份进行欺诈,损害了原告利益,直到诉讼之日也没有提供相关手续,致使审批义务没有完成。两被告的行为具有民事违法性,应当承担赔偿责任。两被告不履行义务的行为与原告的损害结果有必然的因果关系。原告的诉讼请求能够成立。

律师观点:

被告侵害原告利益的侵权责任认定的问题,《公司法》并没有作明确的规定,应当参照传统侵权法的构成要件,即从行为违法性、主观过错、损害后果、因果关系四个方面确定被告侵权责任成立与否。

1. 被告刘峰虚假陈述的行为具有违法性及主观恶意。

被告作为纽约集团的高管,明知纽约集团为一家发展阶段的公司,实力并不雄厚,但向原告夸大实力,致使原告在经营上作出倾向于纽约集团的选择,显然存在主观恶意。法律虽然没有明确规定股东虚假陈述的行为具有违法性,但《民法通则》第 4 条明确规定"民事活动应当遵循自愿、平等、等价有偿、诚实信用原则",被告刘峰虚假陈述的行为明显违反了诚实信用原则,具有违法性。

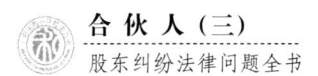

2. 本案中原告确实存在损失。

原告为了申报被告所推荐的纽约集团的药品的审批手续,共支出申报费用及其他相关费用共计 2,237,141.14 元,但终未成功。原告的损失真实存在。

3. 原告的损失与被告刘峰的虚假陈述不具有因果关系。

原告的诉称只能证明被告的虚假陈述行为是原告遭受损失的必要条件,但不能证明二者存在相当因果关系,因为在被告刘峰的行为与原告遭受损失之间,存在一个介入因素——案外人中卫公司的违约行为。在原告同意多次延期后,案外人中卫公司仍未能完成委托事项,其违约行为是严重的,该违约行为切断了被告刘峰的虚假陈述行为与原告所受损失之间的因果链条。另外,在原告和案外人中卫公司的协议中有记载,案外人中卫公司具有申报进口保健食品批准证书的丰富经验,并认为被告刘峰介绍的产品具有先进性并为中国市场所需要。而且,在报批的过程中,也有两种药品为药监部门所受理。这表明,纽约集团虽不具有被告所称实力,但不排除其有能力研发被告所推荐的药品。这进一步证明被告的虚假陈述行为不必然导致报批不通过。因此,被告的虚假陈述行为与原告遭受损失之间不存在直接的因果关系。

综上所述,被告刘峰的行为的确具有违法性,主观上也具有过错,原告也的确遭受了损失,但是因为原告无法证明被告的虚假陈述行为与原告遭受损失之间存在直接的因果关系,故原告要求其进行赔偿的诉讼请求,不应予以支持。

4. 被告钟澄不存在损害公司利益的行为。

原告没有提交证据证明被告钟澄向原告做过不实陈述,也没有提交证据证明被告钟澄违反《公司法》及原告章程的相关规定,同样没有证明由此造成的损失。所以,被告钟澄作为原告股东、副总经理,对原告不存在不当行为并使原告遭受损失。故原告要求其进行赔偿的诉讼请求,缺乏法律和事实依据,不应予以支持。

法院判决:

驳回原告的诉讼请求。

【案例305】行政处罚与经理履职无因果 合规报销未损公司利益[①]

原告: 泰迦公司

被告: 施某

---

① 参见上海市第二中级人民法院(2011)沪二中民四(商)终字第552号民事判决书。

诉讼请求：

1. 被告向原告赔偿因不合理低价销售产品所致损失 81,811 元；
2. 被告向原告返还以报销等形式支走的款项 13,401.89 元；
3. 被告赔偿原告因行政处罚所致损失 261,714.17 元。

争议焦点：

1. 公司总经理是否有权低价销售公司产品；
2. 被告的报销是否履行了公司财务审批程序，是否属于侵占行为；
3. 原告受到行政处罚是否与被告的履职行为有因果关系，是属于法人行为还是个人行为。

基本案情：

原告系由川村××（法定代表人）、日本泰迦金属工业株式会社、川村狂士及郑某某（川村××的妻子）四名股东发起设立的有限责任公司，于 2003 年 6 月 11 日经工商登记注册成立，财会主管郑某某。

被告从 2003 年 6 月 11 日起至 2009 年 9 月 24 日止在原告处工作，其中自 2004 年 3 月开始担任原告的总经理职务，至 2009 年 8 月 25 日离职。

2005 年至 2008 年，原告因税务行政违法行为，分别被上海市奉贤区国家税务局处以个人所得税罚款、企业所得税罚款、增值税罚款、行政罚款、发票罚款、征收滞纳金共计 32,360.73 元。

2007 年 10 月 12 日，原告因在加工贸易保税手册履行过程中，由于管理不善，造成保税料件高速圆钢短缺 7166 公斤，无法正常出口。奉贤海关以沪奉贤关稽查告字（2007）002 号《稽查补征税款告知书》要求原告补缴税款 165,210.31 元（关税、增值税）。同时对原告征收关税缓息、增值税缓息共计 19,143.13 元，合计 184,353.44 元，海关的行政文书上均有原告法定代表人签字。

2009 年 11 月 20 日，因原告的部分生产废水通过雨水排向外环境，违反《上海市环境保护条例》相关规定被处以 45,000 元罚款。

上述罚款原告均已缴纳。

2008 年 7 月至 2009 年 7 月之间，原告与案外人弘奕公司持续发生购销业务，此期间向弘奕公司销售的价格为 15.38 元，低于原告向其主要客户 Misumi 的销售价格（21.6 元）。

原告的《经营会议备忘录》载明"……2）每个月不定期举行经营会议（川村、郑、施、花田）关于原告的销售，由被告报告。把握每个月的经营状况。公司内部改进，经营者之间的意见交流。……6）Misumi 的销售非常重要，但是需要增加原告自有的客户,希望将销售比例设定为 Misumi30%～35%,自有客户 30%～75%。"

2010年3月16日,原告向奉贤劳动仲裁委申请仲裁[奉劳仲(2010)办字第349号],要求被告赔偿在职期间未尽勤勉义务给原告造成的损失共362,927.06元。具体如下:(1)被告对弘奕公司以实际售价不包括17%增值税的低价出售,但对董事长不报实际价格,涉及合同总金额481,238.46元,累计差价达81,811元。(2)被告对原告的日常事务疏于管理,玩忽职守,致使原告连续受到税务局、环保局、海关的行政处罚共计261,714.17元。(3)2006～2009年8月期间税务部门退给原告的个人所得税代缴手续费合计7049.89元,全部由被告个人擅自领取。(4)原告对截至2009年8月31日账面反映的现金进行了盘点,其中账面记录的"其他应收款—被告"10,000元的备用金,被告未予返还。(5)被告利用职务上的便利,报销与工作无关的发票,共计2352元。

奉贤劳动仲裁委审理后认为,"其中涉及的税务处罚、环保处罚、海关处罚等不属于本会受理范围,故本会不作处理","对于原告请求的赔偿其他损失,原告提供的印章掌管证明、审计报告(部分)、记账凭证、情况说明、价格证明、关于增值税的证明、员工手册、董事会决议、通知书等证据并不足以表明系被申请人造成了原告损失,被告对此亦不予认可,故本会难以支持",2010年4月27日,该会裁决被告于裁决书生效之日起5日内一次性返还原告1万元。现该裁决已生效。

2009年9月16日,被告因工资等纠纷与原告发生争议,遂向奉贤劳动仲裁委申请仲裁,同年12月18日奉贤劳动仲裁委作出裁决:(1)原告支付被告违法解除劳动关系的赔偿金138,264元;(2)原告支付被告2009年9月1日至23日工资14,881.84元;(3)原告支付被告2008年度5天及2009年度3天年休假工资13,638.62元;(4)对被告的其他请求不予支持。

因双方均不服该仲裁裁决,遂分别向奉贤法院提起诉讼,奉贤法院审查后并案审理。在该案中,原告称被告在担任公司总经理期间,对公司事务疏于管理、玩忽职守;利用职务上的便利侵吞公司财产;以明显不合理的低价出售公司财产并予以隐瞒,认为被告的行为严重违反公司章程及员工手册,给原告造成极大的经济损失,原告作出与被告解除劳动关系的决定并不违法,故不应支付被告违法解除劳动关系的赔偿金等,请求:(1)原告不予支付被告违法解除劳动关系的赔偿金138,264元;(2)原告不予支付被告2009年9月1日至23日的工资14,881.84元;(3)原告不予支付被告2008年度5天及2009年度3天年休假工资计13,638.62元;(4)诉讼费由被告负担。原告在该案中对其诉称的事实提供如下证据:"……(6)2005年至2008年间《税务行政处罚事项告知书》、《税务行政处罚决定书》共9份,旨在证明被告任职期间疏于管理导致原告被行政处罚的事实;(7)2009年11月由奉贤区环保局作出的行政处罚决定书一份及2007年10月奉贤海关出具的稽查、补征税款材料等,证明内容同证据(6);(8)价格证明、采购合同、情况说明等一组证据,旨在证明被告以不合理的低价向弘奕公司出售产品,造成原告经济损失的事实"。

在314号案件中,奉贤法院对原告提供的证据发表如下意见:对证据(6)、(7)认为,首先上述处罚结果是否与被告存在必然关联,难以认定;其次上述处罚结果大多发生于2008年前,如原告董事会认为需由被告承担责任的,早就可以向被告指出,但原告并未提供此前对被告进行诫勉、处罚的证据,故认为上述证据不能作为原告与被告解除劳动关系合法的依据;对证据(8),法院认为系原告单方提供,被告不予确认,故法院认为不具有证据效力。奉贤法院认为,就原告提供的证据而言,尚难以证明被告存在严重违反用人单位的规章制度或严重失职,营私舞弊,给用人单位造成重大损害的事实。该案中,奉贤法院同时查明:2009年8月20日,被告与川村××签订《确认书》一份,载明:"1. 本着和平协商的原则,如双方合意(经济补偿)的话,被告同意解除劳动关系;2. 被告从2009年8月21日起,在家休息,参与工作,工资待遇等不变。"确认书签订后,被告即离开公司。因此,奉贤法院认为原告作出解除双方劳动关系的决定,不符合法律规定的条件,属于违法解除双方劳动关系的行为,原告应向被告支付相应的经济赔偿金,故判决驳回了原告这部分的诉讼请求。该案后经上海市第一中级人民法院二审维持。

原告诉称:

1. 被告以低价出售公司产品,造成公司损失。

根据公司章程,被告作为总经理的职责是贯彻董事会的经营方针、决议,对公司的盈亏负直接责任,由于被告低报销售价格,造成原告在和弘奕公司的交易中,产生了81,811元损失。

2. 被告以报销形式从公司挪走13,401.89元。

(1)被告擅自领取2006年至2009年8月税务部门退还给原告的个人所得税总计7049.89元(具体为:2007年1月22日领取2006年度退税1323.51元,2007年12月24日领取2007年度退税1402元,2008年6月30日领取2008年上半年度退税1150.66元,同年11月19日领取下半年度退税1597.34元,2009年6月17日领取1576.38元);

(2)被告报销与工作无关的发票金额共计2352元;

（3）被告冒领原告交通费1000元；

（4）被告将自己家中的宽带费3000元在原告处报销。

上述金额合计13,401.89元。

3. 被告的严重失职行为，致使原告受到税务机关、海关、环保部门行政处罚，致原告遭受损失共计261,714.17元。

被告辩称：

1. 原告向弘奕公司出售产品的价格为优惠价，并非不合理。

原告对销售给弘奕公司的产品给予了一定优惠，但并非显著不合理。被告作为原告的总经理，销售情况均需向董事会汇报，原告董事会也始终未提出反对意见。

2. 被告从原告处报销或支取款项履行了内部财务手续。

（1）对被告领取税务部门退还原告的税款没有异议，但该款项系用于原告内部员工活动，且被告领取该款项履行了内部财务手续，领款凭证上有原告董事郑某某的签字。

（2）被告对原告给被告1000元购买交通卡及被告报销1000元通行费发票的事实无异议，但认为1000元发票发生在2006年，原告每年审计均未对此提出异议，当时因原告财务总监认为通行费要实报实销故不再购买交通卡，因此才产生通行费发票。被告作为总经理，在日常工作中为接待客户及日本来的董事，报销发票属正常行为，不存在利用职务之便报销费用的行为。此外，上述相关报销凭证上都有郑某某或原告法定代表人的签字，且原告追索2006年、2007年的账单已超过诉讼时效。

3. 原告遭受行政处罚与被告的行为之间没有因果关系。

被告对原告受到以上行政处罚的事实没有异议，但被环保部门行政处罚的违法事实发生在2009年9月14日，当时施某已经离职，故与被告无关。对于其他行政处罚，之前的生效民事判决已证明被告对原告受到的处罚不存在失职行为。

律师观点：

1. 原告未举证证明被告亏本销售损害其利益。

原告向弘奕公司销售的价格虽然低于向主要客户Misumi销售的价格，但是原告未证明这属于恶意的亏本销售，而价格存在差异并不等同于被告存在低价销售损害原告利益的行为。每个公司为维持自己的经营以及今后的发展，会有一定的销售策略，被告作为原告总经理，享有独立进行商业判断的权利，其为增加原告自有客户，开拓市场，以低于常规价格进行销售并无不当。事实上，原告的《经营会议备忘录》中也规定"需要增加原告的客户,希望将销售比例设定为 Misumi 30%～35%,自有客户30%～75%"。更何况原告与弘奕公司的购销业务均已开具增值税发票,增值税发票作为反映企业销售、经营的凭证,对于企业有着重要意义。而原告有着完整的财务制度和经营管理制度,郑某某身为董事同时兼公司财务主管,完全可以通过增值税发票等资料了解公司的业务情况,但直至双方发生诉讼前,原告未就这一销售价格提出异议,这充分表明原告实际已经认可与弘奕公司的业务往来。另外,被告2009年8月离职,而与弘奕公司的业务却持续到同年9月,故应认定原告与弘奕公司的业务往来系原告的真实意思表示,与被告滥用职务无法联系到一起。

2. 被告领取个人所得税退税及报销款项均依照财务手续,无须返还。

原告主张的个人所得税退税7049.89元、被告报销与工作无关的发票2352元、被告冒领的1000元交通费以及被告报销的3000元宽带费,上述金额的报销支出均已经过原告财务报销流程,且均由原告财会主管郑某某签字同意,虽原告认为财会主管受制于总经理,无权干涉总经理的决定,但对此原告并未提供充分证据证明。原告作为一家外商投资企业,具备完善的内部管控体系及规范的财务流程。根据法律规定,公司财务主管亦系公司高级管理人员,对原告亦负有忠实勤勉之义务,郑某某作为原告财会主管,理应秉持财会人员的职业操守,严格遵照会计准则及公司财务制度进行日常会计核算,倘若有异常财务情况以及总经理等高管有违背公司相关规定,不当收取费用,理应及时阻止或报董事会。同时,从原告的股权结构和董事会的组成情况看,郑某某要对被告的行为进行制约并不存在障碍。其作为原告法定代表人、董事长的妻子,以及股东、董事,其与丈夫(董事长)在董事会中占决定性的1/2表决权,若被告确有违规之事,即使其他董事反对,也得听从他俩的主张,何况一名聘任的总经理。另外,从商业习惯来说,一个企业的总经理,为开展经营活动报销一定应酬费用也属正常,关键是有相应财务制度制约。故对原告要求被告返还经财务主管郑某某批准报销的费用的主张不应予支持。

3. 被告作为总经理勤勉履职,行政处罚并非被告过错所致。

首先,根据原告章程规定,被告作为总经理应定期向董事会进行业务报告,定期向董事会报告各项计划执行情况和经营情况,现原告并无证据证明被告在任职期间未定期向董事会汇报,且原告董事会例会每年召开一至二次,必要时可由董事长召集临时会议,而原告缴纳的罚款中,关于海关的罚款又由董事长签字付款,故有理由相信,原告董事会知晓受到行政处罚的情况。但原告董事会并未对被告采取措施,追究相关责任人的责任,甚至于有部分罚款在被告离职时就已超过两年的诉讼时效。

其次,原告所受的行政处罚,系因违法或不当行为所致,从行为目的和结果来看,上述行为客观上为原告减少了支出,原告有利益而被告并未从中获取非法利益,原告作为既得利益者,在被有关部门查获及遭受行政处罚后并无异议,却在被告离职并与原告产生纠纷后才追究被告的责任,显然另有隐情。

最后,被告作为总经理,全面执行董事会的各项决定。在原告的组织架构中,被告为执行者,而董事会为决策机构,现原告认为被告在履职过程中疏于管理、玩忽职守致使公司受到行政处罚,但原告章程规定总经理如有营私舞弊或严重失职行为的,经董事会决议,可随时解聘,如触犯刑律的,要依法追究刑事责任。为何在被告多年任职期间不对被告的职务行为进行处理,反而继续聘任被告,直至其离职?因此,应认定原告所受行政处罚的违法行为,虽然有被告的参与,但仍属法人行为,不能归责于被告个人。故对原告要求被告赔偿经济损失的诉讼请求,不应予支持。

法院判决:

驳回原告诉讼请求。

【案例306】董事职务未被免除仍应尽忠　电子邮件存疑难证董事窃商机[①]

原告: 医药生物公司

被告: 毛某

诉讼请求: 判令被告赔偿原告经济损失人民币 3,572,820 元。

争议焦点:

1. 董事会决议是否罢免了被告董事职务;
2. 董事会是否有权改选董事长;
3. 证人证言能否证明公司员工离职系受被告影响;
4. 电子邮件能否证明被告牟取公司商业机会,违反忠实义务。

基本案情:

原告系中外合资企业。投资方为南京某公司等9位股东,注册资金2240万元。经营范围为:艾滋病药物、抗癌药增敏剂、基因工程疫苗及生物医药中间体的研发,转让自有技术成果,并提供相关技术咨询和技术服务等。

---

① 参见上海市浦东新区人民法院(2008)浦民二(商)初字第3719号民事判决书。

第十三章

损害公司利益责任纠纷

原告公司章程规定,公司设董事会,由10名董事组成,由各股东委派。董事在任期届满前,董事会不得无故解除其职务。特殊原因经董事会讨论另定。第一届监事会的监事及监事长由股东委派,以后各届监事长由监事会选举产生。

被告于2007年受委派担任原告董事,并担任公司总裁。

2008年4月27日原告第2届董事会第5次会议纪要中,董事会任命被告为监事长,继续担任公司生物部首席科学家,免去被告在公司"内部总裁"职务,撤销其行政职权。该份纪要仅有董事长签字和公司的公章,没有与会董事的签字。

2008年5月27日原告公司第2届董事会第6次会议决议中,原告董事会决定免去被告行政总裁职务,任命被告为监事长。在该决议中有8位董事签字,没有被告的签字。

2008年6月16日,被告向原告提交了辞职信。同时,原告公司生物部亦有部分员工离职。

2008年6月20日,原告的客户某国Sirtris公司与原告签署一份协议。内容为,因为原告与Sirtris公司生物技术项目相关的生物部的大部分员工以及全部领导层的离职,Sirtris公司特此暂停在原告的所有生物领域的活动,自2008年6月16日起生效。

2008年7月14日,原告委托律师向被告发律师函。律师函的主要内容如下:自即日起免去被告在原告的所有行政管理职务,被告无权以原告董事、总裁或监事长等任何名义代表原告从事任何经营、科研、管理活动。原告希望被告于2008年7月25日前至原告处办理离职移交手续,作为公司高管,被告和原告有竞业限制、保护商业秘密的约定和义务,故被告必须以书面形式告知原告离职后的工作及去向。离职后18个月内,被告不得以任何形式从事和原告业务有竞争性的商业活动,不得与原告现有客户从事任何形式的商业活动。被告的擅自离职行为已在原告公司造成重大的负面影响,对公司造成损害无可限量,必要时原告将启动司法程序追究相关责任人的所有法律责任。

2008年7月22日,被告亦委托律师发出一封律师函。主要内容如下:2008年4月下旬和5月27日形成的董事会决议明确除了监事长一职外,被告不再担任任何其他职务。从法律上,被告作为原告公司董事或总裁的职责自2008年4月底起即已终止。原告也在6月中旬停止支付被告工资。2008年6月16日,被告向原告递交辞职信仅仅是对上述既存事实的明确(同时就辞去监事长一职告知原告),并非擅自离职,也不可能对原告造成重大负面影响。原、被告之间未曾签署任何劳动合同、董事服务协议,亦未达成任何口头的关于其任职终止后竞业限制的约定,原告亦未就所谓的"竞业限制约定"支付给被告任何报酬,被告不负有任何法律或合同上的竞业限制义务。

后被告未按原告律师函中要求的时间与原告进行离职移交。

2008年8月14日,案外人某生物科技公司注册成立。注册地址为上海市张江高科技园区,法定代表人吴某,经营范围是生物医药技术的研发,自有研发成果的转让,并提供相关的技术咨询和技术服务。

2008年7月,原告曾三次通过快递公司向被告快递文件,快递的地址即某生物科技公司的注册地址。前两次由被告本人签收,第三次由吴某签收。

原告诉称:

2008年5月至6月,被告在尚未脱离原告且未与原告办理任何离职手续的情况下,煽动原告生物部的骨干技术员工离职跳槽到与原告经营范围雷同的某生物技术公司工作。被告自称其为某生物技术公司的实际经营者,并许诺予以高于原告的待遇报酬,导致原告公司生物部十多名技术骨干离开原告,严重影响原告生物部研发工作的正常开展,使原告多项正在研发的业务无法开展,客户纷纷解约并要求赔偿损失。因被告担任原告生物部总裁,其利用在原告就职期间掌握的客户信息、技术资料,以某生物技术公司名义与客户联系,导致原告的客户解除或终止与原告的项目合作。其中,原告的重要客户某国Sirtris公司已明确表示自2008年6月16日起终止和原告的合作,并宣布其已和被告所服务的某生物技术公司合作。由于被告的侵权行为,原告的客户流失和经济损失正在进一步扩大。

原告认为,被告作为原告的高级管理人员,理应恪守行业准则和法定义务,但被告却置最起码的职业道德与商业诚信于不顾,利用其担任原告生物部总裁等职务的便利,公然违反公司法规定的董事、监事、高级管理人员的忠实义务,作出了一系列侵犯原告公司合法权益的行为,导致原告的重大利益损失,被告应承担侵权责任并赔偿原告因此遭受的相关经济损失。

原告为证明其观点,提交证据如下:

1. 证人张×、汪××、袁××的证词,证明被告煽动原告职工离职;
2. ×国Sirtris公司与原告解除合作的协议书;
3. 以×国Sirtris公司为名的邮箱发送至原告的电子邮件;
4. 2008年7月17日、7月22日,原告向被告发送快递,地址为原告注册地,两份快递回单均有被告签收。

被告辩称:

被告是原告的股东美国某公司的代表,并非原告的股东。被告从未担任过原告的生物部总裁。2007年6月,被告受美国某公司委派担任原告的董事,2008年2月23日,原告任命被告为公司总裁。2008年4月27日,原告解除了被告一切行政职务同时任命被告为公司监事长。因此,2008年4月28日起,被告不再是原告董事及总裁,只是监事长。2008年6月16日,被告辞职离开公司。

《公司法》仅针对在职董事、高管规定竞业限制义务,不包括离职后的禁止,且原、被告之间也没有签订过保密协议。原告诉称被告在2008年5月、6月煽动员工跳槽到某生物技术公司缺乏事实依据,当时某生物技术公司尚未成立。原告诉称原告客户某国Sirtris公司不与原告合作转而与某生物技术公司合作,是被告将业务拉走了,也没有依据。由于原告相当部分员工离职,客户流失是必然的,与被告没有关系,这是原告自身的原因。客户有权自由选择与谁合作,被告要求法院驳回原告的诉请。

律师观点:

1. 被告董事职务未被免除,监事长任命程序存在瑕疵,被告仍为原告董事,应负忠实勤勉义务。

原告2008年4月27日的董事会决议与5月27日的董事会决议中仅提到解除被告的总裁职务、给予被告监事长的职务,并未提到解除被告的董事职务。原告章程中规定:监事长由股东委派或监事会选举产生。上述两份原告董事会决议与章程中对监事长的任命程序不符,且被告的董事职务是否免除应该在董事会决议中明确。因此,在程序上上述两份董事会决议对于任命被告监事长职务存在瑕疵,被告的董事职务亦没有被免除,被告仍为原告的董事,对原告负有忠实义务,不得利用职务便利为他人或者自己谋取属于公司的商业机会,损害公司利益。

2. 原告证据不足以证明被告利用职务便利谋取原告商业机会,原告应承担举证不能的不利后果。

原告认为被告在任职期间煽动原告公司生物部员工跳槽到某生物技术公司以及被告利用原告的客户信息让原告客户某国Sirtris公司终止与原告合作转而与某生物技术公司合作。

但原告提交的三位证人的证词不能证明原告公司生物部员工离职后跳槽到某生物技术公司以及跳槽是受到了被告的影响。

此外,原告提供的证据为其与某国Sirtris公司之间的电子邮件,但由于电子邮件未进行公证,且无法证明发出人确为某国Sirtris公司,本身的真实性无法确认,且该邮件内容也未明确说明某国Sirtris公司与原告终止合作系被告所致。同时原告提交的两份由被告签收的快递回单也不足以证明被告系某生物技术公司

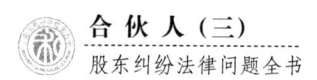

实际经营者。因此,原告无法证明被告存在谋取公司商业机会的行为,违反忠实义务。

法院判决:

驳回原告诉讼请求。

【案例307】系争账户权属与资金来源不明 主张高管挪用公款赔偿损失被驳回①

原告: 期货公司

被告: 宋某

诉讼请求: 判令被告向原告赔偿本金457.5万元,并按年利率5%赔偿自1998年8月21日起至判决生效之日止的利息损失。

争议焦点: 系争账户属于原告经营账户还是个人交易账户,账户资金是否归属于原告。

基本案情:

原告设立的经营范围为国内商品期货代理、期货业务咨询和期货人员培训,被告担任总经理。

1995年12月22日至1996年12月12日期间,乙建材、丁公司、何某某先后与原告签订《开户合同书》和《期货交易账号借用协议书》,乙建材、丁公司以及何某某在原告处开设保证金账户,委托原告代理有关期货合约买卖。

原告财务管理系统将乙建材、丁公司及何某某的保证金账户均记载为客户账户。其中,乙建材的保证金账户于1995年12月22日开户,何某某的保证金账户于1996年1月17日开户,丁公司的保证金账户于1996年12月12日开户。

1996年4月至6月,原告向常州市开发区建设银行的三产企业融资3.85亿余元,其中2.5亿余元以存入保证金形式滞留在原告账上,供乙建材及何某某等账户巨额透支使用。

同期,乙建材名下账户利用上述巨额保证金以透支交易方式累计获得期货交易净利2561余万元,何某某名下账户以相同方式累计获得期货交易净利2468余万元。

该两个账户于同年6月划入常州市开发区建设银行的三产企业2000万元资金。乙建材、丁公司以及何某某名下三个账户自开户日起至1998年12月28日

---

① 参见上海市第一中级人民法院(2011)沪一中民四(商)终字第615号民事判决书。

止,账户均由被告控制及实施透支交易,三个账户的保证金存在违规共用情形。其间,该三个账户累计产生净利润 7677 余万元。

被告于 1997 年 8 月 18 日以个人名义与戊公司签订一份《委托协议书》,约定:被告委托戊公司购买并开发坐落于上海市浦东川沙镇的别墅。

截至 1998 年 9 月 24 日,原告从乙建材和丁公司账户共向戊公司划款 2425 余万元支付委托开发的款项。

1998 年 12 月 30 日,被告取得了上述房屋。

1999 年年底,被告对上述房屋进行了装修,并占有使用。

被告因涉嫌职务侵占罪(从在原告处开设的乙建材、丁公司等三个账户上划款 1793 万余元用于建造被告个人所有的位于上海市川沙镇的别墅)于 2000 年 8 月 17 日被依法逮捕。

上海第一中级人民法院于 2003 年 3 月 20 日作出(2001)沪一中刑初字第 89 号刑事判决:(1)被告犯职务侵占罪,判处有期徒刑 5 年;(2)违法所得予以收缴。

被告上诉后,上海市高级人民法院于 2003 年 7 月 29 日裁定驳回上诉,维持原判。

被告不服,向最高人民法院申诉。最高人民法院对该案进行提审,并裁定撤销原一、二审判决和裁定,将该案发回上海第一中级人民法院重新审判。上海第一中级人民法院后立案对该案进行再审。

再审中,上海市人民检察院第一分院以事实、证据有变化为由,决定对被告撤回起诉。上海第一中级人民法院于同日作出裁定:准许上海市人民检察院第一分院撤回对被告的起诉。

原告诉称:

1. 基于原告对资金承担的义务,应推定原告对账户内资金享有权利。

系争账户无论从法律效力上,还是从实际操作上,均属于原告的自营账户,被告在原告的系争账户内并无其个人资金投入。

2. 被告利用职务行为,将账户内资金用于支付个人别墅的建造,属于侵犯公司利益。

被告作为原告的总经理,负责经办设立、操控原告的系争账户的行为,不是其独立的个人经营行为,而是原告内部的职务行为。

被告辩称:

1. 原告主张缺乏证据。

迄今为止,没有证据表明系争账户系原告的自营账户、系争账户内的资金系原告的资产,相关证据能证明系争账户是其个人账户,被告从自己的账户内提款的行为显然不构成对原告资产的侵占。

2. 被告不构成职务侵占已有刑事案件确定。

本案的系争款项均包含在已生效的刑事案件中,该刑事案件已被撤销,被告不构成职务侵占罪,故被告并无侵占原告资产的行为。

一审认为:

三个账户具有双重性质,既是原告的自营账户,也是被告的个人交易账户。

1. 从该三个账户的设立情形分析,其应属于专供被告个人使用的账户。而且,根据乙建材的证明,乙建材最初投入其保证金账户的 31,093,750 元资金也可以确认系被告投资。加之,该三个账户彼此共享保证金,并在被告独立操作下获得盈利。所以,确认该三个账户属于被告的个人交易账户。

2. 从原告向常州市开发区建设银行的三产企业融资、利用乙建材及何某某等账户透支交易以及从乙建材和丁公司账户向裕华恒银大厦项目投资等事实分析,上述三个账户又属于供原告自营的账户。

虽然本案无法厘清原告、被告在上述三个账户内的资金份额,但三个账户均属盈利账户。鉴于被告投入账户的资金本金已远远超出本案诉请,故法院确认被告未侵占原告的自营资金。

一审判决:

驳回原告的全部诉讼请求。

原告不服一审判决,向上一级人民法院提起上诉。

原告上诉称:

在现有证据不能确定乙建材账户内最初资金权属的情况下,原告对乙建材账户内的资金承担义务,故从衡平权责的角度,推定原告对该账户内的资金享有权利。

被告将属于原告的款项,用于支付其建造个人别墅,显然是对原告及其股东利益的侵犯。

故请求二审法院撤销原判,依法改判支持其原审的全部诉讼请求。

被告二审辩称:

原告并未提供充分的证据证明系争账户是自营账户,相关证据能证明系争账户是其个人账户,被告从自己的账户内提款的行为显然不构成对原告资产的侵占。

律师观点:

原告缺乏证据证明乙建材、丁公司以及何某某名下三个账户的性质应是原告的自营账户。

原告主张其假借乙建材、丁公司及何某某三个账户的名义,由被告具体经办开展自营业务,故该些账户内的资金为其公司所有,但被告将这些账户内的资金据为己有,侵犯了其公司的合法权益。对此,我们认为,原告应对此承担举证责任。根据现有证据,仅能证明乙建材、丁公司与原告间存在期货业务委托代理关系,并不存在账户的借用协议,而乙建材及丁公司却曾确认该两公司将公司账户借给被告。

同时,关于系争账户内的资金来源问题,根据现有的审计报告来看,乙建材账户内的资金来源无法进一步查证。据此,也无法确认系争账户内资金全部归属于原告。原告的起诉缺乏事实与法律依据,不应予以采信。

二审判决:

驳回原告的全部诉讼请求。

929. 公司在什么情况下可以行使归入权?

当公司的董事、高管存在以下违法行为并获得收益时,公司有权主张其获得的收益归入公司所有:

(1)挪用公司资金;

(2)将公司资金以其个人名义或者以其他个人名义开立账户存储;

(3)违反公司章程的规定,未经股东会、股东大会或者董事会同意,对外借贷或为他人提供担保所取得的个人收益;

(4)违反公司章程的规定或者未经股东大会同意,利用职务便利与本公司订立合同或者进行交易;

(5)未经股东会或者股东大会同意,利用职务便利为自己或者他人谋取属于公司的商业机会,自营或者为他人经营与所任职公司同类的业务;

(6)接受他人与公司交易的佣金归为己有;

(7)擅自披露公司秘密;

(8)其他违反对公司忠实义务的行为。

930. 公司在一个诉讼中归入权和损害赔偿请求权能否同时行使?

《公司法》对此并无明确规定。借鉴司法实践,笔者认为,该两类权利可以同时主张。

根据司法实践来看,若侵权人的确存在违反忠实义务的竞业禁止行为,其所得的收入应当归公司所有,若给公司及第三方造成其他损失(如诉讼费、律师费等费用),应当进行赔偿。

931. 如何证明董事、监事及高管等损害公司利益给公司造成的损失金额?

此问题为司法实践中的难点问题,笔者认为,公司在实践中应当注意以下三点:

(1)规范公司财务管理,尤其是重要技术、产品的独立核算:反映项目的成本费用、收入、利润等财务信息,以便审计或资产评估时准确核定损失金额。

(2)在公司一些重要项目运营过程中,尤其是在涉及商业秘密的内容时,与董事、高级管理人员等签订保密或合作协议,对违约行为给公司造成损失时的赔偿金计算方式或数额进行约定。

(3)对于董事、高级管理人员损害公司利益并获利的案件,可以直接主张归入权,从而避开对损失数额的举证责任。当然,在选择归入权或损害赔偿请求权时,也应当事先对可能存在的赔偿数额进行计算,权衡利弊。

932. 公司主张归入权时,侵权行为人取得的"收入"指的是什么收入?应当如何认定侵权行为人的收入?

首先需要明确的是,主张归入权时所提及的收入系工资收入及投资收益(侵权行为人所持股权对应的所有者权益)。

对于该收入的证明,笔者认为如果侵权行为人的收入系经营公司所得,则可通过对该公司进行司法审计确定其营业收入。如果侵权行为人的收入仅为个人收入,则一般只能通过向该收入的提供方调查的方式确定具体收入数额。

【案例308】无法否定高管同业经营亏损证据 举证不能主张归入权无功而返[①]

原告: 大珩公司

被告: 傅强、兴控公司

诉讼请求:

1. 被告傅强违法所得10万元归原告所有;
2. 被告傅强另赔偿原告损失1万元;
3. 被告兴控公司对上述第1项、2项诉讼请求承担连带责任。

争议焦点:

1. 如何认定是否系公司高管,是否必须具备董事会或执行董事任命手续才

[①] 参见上海市第一中级人民法院(2009)沪一中民三(商)终字第88号民事判决书。

能认定是否为公司高管;

2. 如何认定公司高管"同业经营";

3. 如何认定公司高管"同业经营"的营业收入。

基本案情:

2006年11月1日,原告经工商局核准成立,注册资本人民币3万元。股东王新功持股比例为40%;被告傅强持股比例为30%;刘昊持股比例为30%。王新功任法定代表人、执行董事。

公司的经营范围为机电设备(除特种设备)的安装、维修,机电设备领域内的技术开发、技术咨询、技术转让、技术服务,机电设备、化工产品(除毒危险品)、电子产品、汽车配件的销售。

原告章程第14条规定,执行董事对股东会负责,行使下列职权:……(九)决定聘任或者解聘公司经理及其报酬事项,并根据经理的提名决定聘任或者解聘副经理、财务负责人及其报酬事项……第16条规定,公司设经理一名,由执行董事决定聘任或者解聘。经理对执行董事负责,行使职权。

被告傅强自原告成立时起开始为原告工作,主要从事机电设备维修业务联系、送货、维修报价审核等工作,对王新功负责。

2006年12月31日,被告兴控公司经工商局核准设立,注册资本3万元。股东被告傅强和傅亮各出资1.5万元,持股比例均为50%,被告傅强任法定代表人、经理。公司的经营范围为机电设备(除特种设备)的安装及维修,计算机软硬件的技术开发、技术转让、技术咨询、技术服务,机电设备、电脑配件的销售,企业内部职业培训。

据上海市嘉定区国家税务局第七税务所统计,被告兴控公司2007年4月至12月的销售额为308,995元,2008年1月至3月的销售额为156,665元,合计465,660元。据被告兴控公司提供的资产负债表和利润表记载,被告兴控公司2007年亏损33,627.83元。

2008年3月3日,被告傅强出具退股声明称,自即日起自愿退出原告的30%股份,并且不再担任原告的任何职务。今收完全退股金10,130元。

原告诉称:

被告傅强作为原告的高级管理人员,其在任职期间对原告负有忠实义务和勤勉义务,但被告傅强却在其任职期间未经原告股东会同意成立被告兴控公司,自营与原告同类业务,违反了《公司法》(2005年修订)第149条第5项的有关高级管理人员的竞业禁止义务,遂被告傅强违法所得10万元应归原告所有,另需赔偿原告损失1万元,被告兴控公司应对此承担连带赔偿责任。

原告为证明其观点,提交证据如下:

1. 维修报价单一份,被告傅强在该单据的审核人一栏签名,证明被告傅强是原告高级管理人;

2. 税务机关出具材料,证明被告存在近50万元的营业额;

3. 原告为证明被告的违法所得,请求法院进行司法审计,但始终未缴纳审计费用。

被告辩称:

被告傅强未经原告执行董事聘任,其在原告主要从事送货工作,并非原告的高级管理人员。虽然被告傅强成立了被告兴控公司,但是被告兴控公司2007年全年亏损33,627.83元。因此,原告的诉请没有相应依据,请求法院予以驳回。

被告为证明其观点,提交证据如下:

被告兴控公司2007年资产负债表和利润表,证明被告兴控公司2007年亏损。

律师观点:

1. 被告傅强是原告的高级管理人员。

公司法意义上的高级管理人员是指公司的经理、副经理、财务负责人、上市公司董事会秘书和公司章程规定的其他人员。高级管理人员区别于公司普通员工,通常应当由董事会或者执行董事决定聘任和解聘,对董事会或者执行董事负责。实践中,有限责任公司对高级管理人员的聘任和解聘手续不齐全的现象普遍存在,因此,手续是否完备不应作为认定高级管理人员的唯一标准。

本案中,被告傅强是原告公司股东,从原告提供的证据——维修报价单中被告傅强在审核人一栏的签字可以看出,被告傅强享有一定的经营管理权。被告傅强的工作是对王新功负责,而王新功是原告的执行董事,符合高级管理人员的任职要求。被告傅强同时从事送货工作,只能说明原告在初创阶段人手少,为减少成本支出一人身兼数职,并不能因此否定被告傅强的高级管理人员身份。

2. 被告傅强违反其应负的竞业禁止义务,其违法所得应归原告所有,若给原告造成损失,应承担赔偿责任。

《公司法》第148条规定,高级管理人员未经股东会同意,自营或者为他人经营与所任职公司同类的业务,其所得收入应当归公司所有。

本案中,被告作为原告的高级管理人员,任职期间未经原告股东会同意另行设立了被告兴控公司,其主营范围与原告相同即为机电设备的安装维修。故被告傅强的行为损害了原告利益,其违法所得收入应当归原告所有,若给原告造成损失,应承担赔偿责任。

3. 针对被告傅强的违法收入及原告所受损失,原告应承担举证不能的不利后果。

原告请求被告傅强承担民事责任的前提是被告傅强在其自营行为中已获相应收入,根据民事诉讼证据规则,原告应对被告傅强存在违法收入负举证责任。原告提供的证据既无法否定被告兴控公司2007年全年亏损的事实,亦不能证明被告傅强的违法收入情况。原告还曾提出司法审计申请,但未缴纳审计费用,依照《最高人民法院关于民事诉讼证据的若干规定》第25条、27条的规定,对需要鉴定的事项负有举证责任的当事人,在人民法院指定的期限内无正当理由不预交鉴定费用,致使对案件争议的事实无法通过鉴定结论予以认定的,应当对该事实承担举证不能的法律后果。故原告请求被告傅强返还违法所得10万元不能得到支持。

同时,原告亦未能举证证明其因被告傅强行为遭受的损失确实存在,其要求被告兴控公司承担连带责任也缺乏相应的事实和法律依据。因此,原告的其他请求均无法得到支持。

法院判决:

驳回原告诉讼请求。

【案例309】竞业禁止义务不止于任期届满　同业收入包含未分配利润①

原告: 德坤公司

被告: 黄岳峰、某珩公司

诉讼请求:

1. 被告黄岳峰在被告某珩公司的收入归原告所有;
2. 被告某珩公司停止销售PTT产品;
3. 两被告共同赔偿原告损失100万元。

争议焦点:

1. 公司高管任期届满后仍在履职,是否仍视为公司高管,仍负有忠实义务;
2. 同业竞争的收入是否包括投资收益,公司可否主张不忠高管同业经营公司中的未分配利润;

---

① 参见上海市第二中级人民法院(2008)沪二中民三(商)终字第283号民事判决书。

3. 同业经营的公司是否应承担违反忠实义务的责任,其承担赔偿责任的前提条件是什么。

基本案情:

原告于1999年6月21日成立,注册资本为人民币300万元,股东为宝亨公司、六合公司,出资额分别为240万元、60万元;原告经营范围为国际贸易、转口贸易、商业性简单加工、商务咨询服务等。

2003年,原告开始经营涉及PTT产品业务。2003年1月30日,宝亨公司聘任被告黄岳峰为原告董事、总经理,任职期限至2005年12月31日。

被告某珩公司2005年6月16日设立,公司注册资本500万元。公司章程记载股东为被告黄岳峰与虞某先,各出资250万元,被告黄岳峰为执行董事、法定代表人。经营范围为纺织原料、纺织品、化工原料、针纺织品、电子产品、钢材、橡塑制品批发、零售。被告某珩公司设立后主要经营涉及PTT产品业务。

原告诉称:

被告黄岳峰既是原告董事也是总经理,其实际履行职务至2006年12月底。2005年被告黄岳峰设立被告某珩公司,经营与原告相同的PTT产品。被告黄岳峰利用原告投入成本所形成的成果经营被告某珩公司,使得被告某珩公司在短期内产生利润,并导致原告在PTT项目上经营不善。被告黄岳峰作为原告董事及高管,违反了其应对原告负有的竞业禁止义务,故被告黄岳峰的违法收入应归原告所有并赔偿原告因此遭受的损失100万元,被告某珩公司应停止销售PTT产品。

原告为证明其观点,提交证据如下:

自2005年12月7日至2006年5月30日止的部分财务凭证,上述凭证有被告黄岳峰作为单位主管的核准签字,以证明被告黄岳峰在2006年仍履行高管职责。

诉讼过程中,原告申请对被告某珩公司2005年7月至2006年11月底期间收入、盈利以及被告黄岳峰在该公司收入委托审计。上海沪中会计师事务所于2007年11月15日出具审计报告,结论为:被告某珩公司2005年7月至2006年11月实现净利润3,869,806.99元,期间被告黄岳峰个人收入49,500元。原告、被告黄岳峰、某珩公司对该审计报告均无异议。

被告辩称:

1. 被告黄岳峰成立被告某珩公司时,已不再担任原告董事、总经理,未违反竞业禁止义务,故不承担任何民事责任。

原告章程规定董事任期为3年,连选可以连任。被告黄岳峰自2002年1月起担任原告董事,按规定已于 2005 年 1 月任期届满,原告股东会未选举被告黄岳峰继续担任董事,《公司法》(2005 年修订前)也未对董事任期届满后未改选作出规定,故 2005 年 1 月起,被告黄岳峰已不再担任原告的董事。同时,原告章程规定总经理任期 3 年,连聘连任。被告黄岳峰于 1999 年年底至原告担任总经理,但自 2004 年年底开始,原告停发被告黄岳峰工资。被告黄岳峰于 2005 年 1 月辞职,之后原告也未再续聘被告黄岳峰担任总经理,且原告从未与被告黄岳峰订立劳动合同。综上,被告黄岳峰与原告间的劳动关系实际已解除。

2. 即使被告黄岳峰违反竞业禁止的义务,其违法所得应当是工资收入或者既得收益。审计报告中确定的被告某珩公司的利润并未分配,公司利润的分配系由股东会作出决议,法院无权裁决公司的利润分配,故此部分不应认定为被告黄岳峰的违法所得。

律师观点:

1. 被告黄岳峰任期届满后仍履行职责,视为原告高级管理人员,应负忠实勤勉义务。

《公司法》规定公司董事、监事、高级管理人员应当遵守法律、行政法规和公司章程,对公司负有忠实和勤勉义务。忠实义务要求董事、监事及高管在执行公司业务时或担任公司职位期间需全心全意为公司服务,以公司最佳利益为出发点行事,不得追求公司利益以外的利益,不得追求个人利益。因此,董事、高级管理人员对公司负有竞业禁止义务,包含禁止自营或为他人从事与公司营业有竞争性的活动,禁止利用职务便利谋取属于公司的商业机会。董事、高级管理人员以他人名义所为,但受益主体实际是董事、高级管理人员自己的隐蔽的竞业行为也在禁止范围之内。董事、高级管理人员应负竞业禁止义务的时间起始于任职之时,发生于公司营业的各个阶段,但并不终止于董事、监事、高级管理人员解任或辞任之时。因为董事、高级管理人员对企业无形财(资)产(信息、客户)的控制并不因其解任或辞任就立即失去对它们的控制力和利用力,仍可产生对原公司无形资产滞后控制力,故在董事任期届满或者辞职、被辞退后的一定期间内,仍应负竞业禁止义务。

根据原告章程,被告黄岳峰为原告董事、总经理,任期至 2005 年 12 月 31 日届满,但无相关证据证明被告黄岳峰在任职期满后已办理了离任手续,或者已督促原告为其办理离任手续,况且原告提供的财务凭证证明被告黄岳峰在任命期满后至 2006 年 5 月 30 日仍履行单位主管的职责。故被告黄岳峰设立被告某珩公司时,仍系原告高管。因此,被告黄岳峰属于竞业禁止的义务主体,对原告负有忠实勤勉义务。

2. 被告黄岳峰违反竞业禁止义务,其所得收入应当归入原告。

被告黄岳峰作为原告高级管理人员,对公司负有竞业禁止义务,包含禁止自营或为他人从事与公司营业有竞争性的活动,禁止利用职务便利谋取属于公司的商业机会。被告黄岳峰担任原告高管期间,在未经原告股东会同意的情况下设立被告某珩公司并经营与原告相同的PTT项目,客观上会发生与原告争夺商业机会的情况,故被告的行为属于违反忠实义务的竞业禁止行为,其所得应归原告所有,若造成原告损失,应当进行赔偿。

3. 被告黄岳峰与原告同业竞争的收入应包括工资收入及其投资收益。

《公司法》规定,董事、高级管理人员违反竞业禁止义务所得的收入应当归公司所有,收入应当包括工资及投资收益。对于被告黄岳峰所得收入的确定,经审计,被告某珩公司2005年7月至2006年11月实现净利润3,869,806.99元,其间,被告黄岳峰个人收入49,500元,根据被告黄岳峰在被告某珩公司的持股比例,被告黄岳峰所持股份收益为1,934,903.49元。上述被告黄岳峰个人收入以及股权收益,酌情扣除部分基本生活支出,酌情确定为190万元系其违反竞业禁止义务所得的收入,应当归原告所有。基于此确定被告黄岳峰的收入并非分配被告某珩公司的利润,仅是以此作为标准确定被告黄岳峰违反竞业禁止义务收入的参考。

4. 被告某珩公司不承担赔偿责任。

原告未能提供相关证据证明被告黄岳峰的行为对其造成的损失,原告需承担举证不能的不利后果。而被告某珩公司不是违反忠实义务的责任人,故原告要求被告某珩公司承担共同赔偿责任的诉讼请求没有法律依据。

法院判决:

1. 被告黄岳峰偿付原告190万元;
2. 驳回原告其余诉讼请求。

【案例310】公司不义董事仍需尽忠 "粤超联赛"法定代表人被判停职①

原告: 珠超公司

被告: 刘孝五、粤超公司

---

① 参见广州市白云区人民法院广州珠超联赛体育经营管理有限公司诉广东粤超体育发展股份有限公司、刘孝五损害公司利益纠纷案民事判决书。

诉讼请求：

1. 判令两被告立即停止同业竞争行为、停止被告刘孝五履行在被告粤超公司担任的董事长和总经理职务；

2. 被告刘孝五同业竞争获利10万元归原告所有，被告粤超公司承担连带责任；

3. 被告刘孝五赔偿原告经济损失30万元，被告粤超公司承担连带责任。

争议焦点：

1. 公司可否主张不忠高管停止担任同业竞争公司的法定代表人等职务；

2. 董事职权受到公司限制，名存实亡，可否据此免除忠实义务和竞业禁止义务；

3. 如何理解公司董事"利用职务之便"谋取个人利益；

4. 如何认定董事"不忠"给公司造成的损失金额和非法收入；

5. 如何认定同业经营的公司属于不正当竞争并承担连带赔偿责任。

基本案情：

原告成立于2009年5月11日，注册资本50万元，登记股东为案外人毛为民（出资24万元）、被告刘孝五（出资23.5万元）、案外人王军（出资2.5万元）。被告刘孝五为公司执行董事兼经理、法定代表人，登记的经营范围包括足球项目组织服务、体育场馆管理和销售体育用品、门票等。

2009年7月8日，原告（乙方）与案外人广东足协（甲方）签订了《新广东省室内五人制足球联赛协议书》，约定：广东足协授权原告在省内独家投资运营室内五人制足球联赛，原告每年3月31日前向广东足协支付当年度劳务费10万元等。2010年12月31日，原告向广东省足球协会交纳了10万元劳务费。

2009年8月17日，广东足协向原告作出《举办广东省室内五人制足球联赛批准书》，批准原告独家拥有广东省室内五人制足球联赛相关的知识产权和一切商业的经营开发权利，在通过该协会当年年度检验加盖公章情况下，可独家经营10年，期限为自2009年8月1日起至2019年7月31日止。

自2009年11月7日至2010年3月28日，原告经营、举办了首届珠超联赛，共有广东省8个地级市10个职业俱乐部参加。其18轮90场比赛被多家当地电视台直播及多家平面媒体报道，在社会上形成了一定的赛事影响力。

2010年5月27日，原告召开股东会，免去被告刘孝五的执行董事、法定代表人和经理职务。同年6月9日，原告办理了工商变更登记手续，案外人毛为民改任董事长和法定代表人，被告刘孝五改任董事兼经理。

2010年9月14日,国家商标局受理了原告关于第41类商标"粤超"的申请。

2011年3月7日,被告刘孝五与案外17个人共同注册成立了被告粤超公司,注册资本1000万元(其中,被告刘孝五出资200万元,占股20%),登记的经营范围包括体育比赛活动、体育场馆租赁和销售体育用品等。在该司筹备成立阶段,已以"粤超公司"名义经营、举办粤超联赛,自2010年12月25日至2011年4月24日,共在广东省内9个城市进行了18轮90场比赛,亦被多家当地电视台直播及多家平面媒体报道,在社会上形成了一定的赛事影响力。

"粤超联赛"与"珠超联赛"在赛程、赛制及参赛队伍等方面基本一致。曾经参加"粤超联赛"首届赛事的10家俱乐部或公司中,有9家曾参加了首届"珠超联赛",有7家曾于2010年8月与原告分别签订了《珠超联赛公平竞赛公约》,承诺参加"珠超联赛"的第二届赛事。

2010年9月2日,原告与案外人华山泉公司签订了《华山泉赞助珠超联赛合作协议》,约定该司取得"珠超联赛"的广告合作权,共分3期向原告支付广告费25万元,签约后15天内付5万元,2010年12月31日前和2011年2月28日前再分别支付10万元。

2011年6月21日,案外人华山泉公司向原告作出《关于停止支付广告费的函》,称该司于2010年12月发现被告粤超公司举办的"粤超联赛"的赛程、赛制和参赛队数与"珠超联赛"基本一样,严重影响了该司与原告"珠超联赛"合作的广告效益,未能给予案外人华山泉令人满意的广告宣传服务,决定停止支付余下的20万元广告费。

2011年6月23日,原告与广东恒益律师事务所签订了《委托合同》,约定原告委托该所指派律师担任本案代理人,代理费2万元。同月28日,该所收取了原告律师费2万元。

2011年8月12日,原告召开董事会并作出决议,认为被告刘孝五在被告粤超公司担任董事长兼总经理,与原告有竞争关系,决定将被告刘孝五的月薪从2100元调整为100元。

2011年2月18日,广州市越秀区人民法院对刘孝五(本案被告)诉珠超公司(本案原告)股东知情权纠纷一案作出(2011)越法民二初字第261号《民事判决书》,判决珠超公司(本案原告)在判决发生法律效力之日期15日内将自2010年9月1日至2011年2月16日止的董事会决议和会计账簿、股东会记录分别交给刘孝五(本案被告)查阅、复制。该判决已发生法律效力。

原告诉称：

2011年3月17日，被告刘孝五擅自同案外多人共同出资1000万元成立被告粤超公司，被告刘孝五任被告粤超公司董事长和总经理，其主营业务与原告的完全相同。

2010年9月，原告计划在原"珠超联赛"的基础上，推出一个全新赛事"粤超联赛"，并于同月9日在国家商标局申请注册了第41类"粤超"商标。但被告刘孝五利用掌握原告固定客户资源和大量商业信息便利，自同年10月开始，以其个人名义和被告粤超公司名义公然进行同业竞争，非法获利10万元，并造成原告损失30万元。其中原告的损失包括：

（1）因被告非法竞业行为导致"珠超联赛"无法继续正常举办，原告2010年向广东省足协交付劳务费10万元失去了原本意义；

（2）因联赛无法正常举办，鹤山市华山泉食品饮料有限公司拒付广告费，该笔损失应由被告承担；

（3）因被告违反忠实义务，原告需要追究其法律责任，因本案所涉及纠纷法律专业性较强，原告自己无法处理，为维护其合法权益，故聘请律师事务所代为处理，花费律师费2万元，这是被告刘孝五、被告粤超公司违法行为所导致的间接损失，应由二被告承担。

被告的行为符合《公司法》所规定的董事、高管竞业禁止行为的构成要件，严重侵害了原告的合法权益。

被告均辩称：

1. 被告刘孝五不是原告实际上的董事和高管，不对原告负有忠实义务，不存在利用职务之便违反忠实义务的情况。

被告刘孝五虽然在原告与被告粤超公司同时拥有董事身份，但在实质上已经不是原告的董事，其董事的身份完全是名存实亡，其仅仅存在于工商登记的档案上。被告粤超公司设立初期，全体股东都知道被告刘孝五是原告大股东，但是已经被原告现任董事长毛为民伙同另一股东王军用53%股份的微弱多数罢免了总经理职务，被告刘孝五作为原告董事仅仅是由于公司章程中约定了发起人股东自然成为董事而已，被告刘孝五在原告根本就不存在实质上的职务，更不存在利用职务便利。

《公司法》（2005年修订）第149条第1款第5项规定：未经股东会或者股东大会同意，利用职务便利为自己或者他人谋取属于公司的商业机会，自营或者为他人经营与所任职公司同类的业务。董事、高级管理人员违反前款规定所得的收入应当归公司所有。

在界定是否构成该条"同业竞争"时,应当考虑的不仅仅是身份,更重要的是看是否有职务,以及是否利用职务的便利。被告刘孝五的董事职务名存实亡,他怎么能够利用其职务之便?

以下是证明被告刘孝五的原告董事职务根本是名存实亡的事实:

(1)2010年11月8日,原告召开董事会用原告另外两名股东毛为民和王军的53%股份对被告刘孝五的47%股份,罢免了被告刘孝五的原告总经理职务,当天就在官网上发布了公告:免去被告刘孝五珠超公司CEO职务,宣布被告刘孝五的一切言行将不再代表原告,同时任命毛为民为原告总经理,全面负责原告工作(有2010年11月8日和11日的两个整版的足球报原版、有关此事件的报道证明,原告也保留有董事会原件,广东省体育局和省足协以及广东省足球传媒和球迷、粤超联赛参赛俱乐部、珠超联赛参赛俱乐部全部都知道这件事)。

(2)依据原告公司章程,原告每年应该召开12次董事会,每年应该召开4次股东会,但是原告从2010年11月8日到第二届珠超结束从未举行过股东会和董事会,被告刘孝五不仅仅是董事权利被剥夺,连股东权利也早已被剥夺,甚至被告刘孝五要求参加原告召开的联赛开幕及冠名新闻发布会,原告另外两股东都派人在门口几乎使用暴力不让被告刘孝五进入会场,这件事在广东和广州电视台新闻节目中都播放过,每一位广东的足球记者和足球工作者都了解这件事。

(3)被告刘孝五是原告的股东,不能了解自己投资的公司如何运作,被告刘孝五的股东和董事的权益已经荡然无存。于是刘孝五以"股东知情权"为诉求,向广州市越秀区人民法院起诉珠超公司,后来法院作出了(2011)越法民二初字第261号民事判决,判决珠超败诉。

这说明被告刘孝五作为公司股东连最起码的股东知情权都无法保障,更不要说行使董事权利以及利用职务之便去谋取所谓利益。

(4)原告声称被告粤超公司利用被告刘孝五所掌握的原告经营模式、价格体系、客户关系、渠道政策、商业机会等大量商业信息等职务便利,委任被告刘孝五为被告粤超公司董事长和总经理直接对外从事同业经营,与被告刘孝五共同对原告构成了侵权,这与事实严重不符,分明是为其竞争失败寻找托词。

2. 被告粤超公司系合法成立。

被告粤超公司的成立其实就是由于原告两个股东滥用自己的53%股份,拒绝参赛俱乐部提出的成立执委会和一系列对联赛有好处的建议要求,随意开除参赛俱乐部,致使俱乐部投资人不再信任原告两股东毛为民和王军而退出珠超联赛的,10家原珠超俱乐部自己投资组建成立被告粤超公司运营粤超联赛,在法律法规上面没有任何问题。

3. 被告刘孝五没有非法获利。

被告粤超公司的成立是粤超股东们为了中国足球事业进行的一次敢为人先的尝试和创举,如果成功了(其实已经成功了)将免费传授经验给其他各省市足球人,股东们拥护被告刘孝五担任董事长是因为他一心一意为了足球事业,而不是因为他拥有什么渠道和关系,其在被告粤超公司不拿工资,不报销差旅费,如何非法获利10万元?

4. 原告珠超公司两名股东注册"粤超"字号,被告刘孝五并不知情。

被告粤超公司没有侵害原告的任何权益,被告粤超公司不会像原告那样惧怕竞争,原告两个股东背着其大股东到商标局去将别的省市的桂超、湘超、鄂超、浙超、海超等统统注册了,实在让人耻笑,也在足球圈内犯了众怒,给广东足球抹黑。

5. 被告粤超公司经营模式与原告不同,成就属自己努力所得。

原告只有三个股东,任何两个人联合起来就可以把另一人排除,如果两个股东犯错误,参赛的所有俱乐部就要遭受损失。这样的足球联赛管理公司从一开始就埋下了失败的种子。被告粤超联赛的管理公司在观念、模式和企业的股份构成等很多方面在全国都是首创。

律师观点:

1. 被告刘孝五作为原告股东、经理、董事权利没有实现,不是违反忠实义务的免责条件。

在市场经济条件下,劳动者(包括公司董事、监事和高管)的竞业自由及企业的正当竞争受到法律的保护和鼓励,但不得违反诚实信用原则,不得违反公认的商业道德。

被告刘孝五作为原告的三个登记股东之一、董事兼经理,曾担任原告的执行董事兼总经理、法定代表人,明知或应当知道原告与广东省足协签订了《新广东省室内五人制足球联赛协议书》,及国家商标局已经受理了原告申请"粤超"商标的情况。

被告刘孝五因与原告的其他股东发生纠纷而被损害了股东知情权,已经通过诉讼途径获得了救济。若被告刘孝五的股东权益及履行公司职务的权利仍得不到保障而无法实现其作为股东的出资目的,因其持有原告的股份远远超过10%,可依法或依公司章程约定与其他股东协商转让股份、解散原告或提起诉讼请求法院判令解散原告,但不得以此为由滥用股东权利、违背对公司的忠实义务而损害原告的合法权益。

2. 被告刘孝五利用职务之便损害原告利益,应停止担任被告粤超公司法定代表人职务。

事实上,被告刘孝五在原告经营权合法存续期间,擅自与他人共同出资注册成立了经营范围与原告的经营范围基本相同的被告粤超公司,并担任法定代表人,在筹备设立被告粤超公司期间即利用原告的主要客户资源,经营原告的同类业务,即举办在赛程、赛制、参赛主体方面与"珠超联赛"基本一致的"粤超联赛",显然是利用其职务之便为被告粤超公司谋取了本属于原告的商业机会,损害了原告的合法权益。

此处利用职务之便,并非被告刘孝五所理解的必须发生在公司高管名义上或实质上,只要其在经营管理公司期间所接触、知晓了公司的商业秘密,不论其是否卸任或是否实际履行职务,均应遵守对公司的忠实义务,不得向原告的竞争对象泄露并加以利用和损害原告的合法权益。被告刘孝五即使作为原告的普通股东或职员,并非主要利用其在原告等用人单位工作时所掌握和积累的知识、经验、技能、人脉和行业声望等职工生存技能和劳动技能为被告粤超公司服务,而是恶意注册"粤超",抢夺原告主要客源、公然同业竞争,令原告陷于经营困境,属于明显地、严重地违反了《公司法》所规定的董事、监事和高管对公司的忠实义务及禁止同业竞争的规定,违背了公认的商业道德,并侵犯了属于原告的商业秘密,违反了《反不正当竞争法》的有关规定。从《侵权责任法》的角度,应当停止侵权,即停止担任被告粤超公司的法定代表人职务。

3. 被告粤超公司亦存在不正当竞争行为。

被告粤超公司的大多数股东明知被告刘孝五系原告股东之一且原告已经经营、举办了首届"珠超联赛",仍与被告刘孝五组建被告粤超公司开展同业竞争,其行为亦构成了不正当竞争,被告粤超公司应当与被告刘孝五承担连带责任。

4. 两被告违反忠实义务,应向原告承担损害赔偿责任。

(1)原告要求两被告赔偿其2010年所交给广东省足协的劳务费10万元,属被告非法竞业行为导致"珠超联赛"无法继续正常举办和导致的当年度直接经济损失;

(2)原告要求被告刘孝五赔偿案外人鹤山市华山泉食品饮料有限公司拒付的广告费,因该项损失尚未经生效法律文书所确定,原告可待该项损失经法定程序确定后另案起诉;

(3)原告要求两被告赔偿律师费2万元,因本案所涉及纠纷法律专业性较强,原告是不具备专业的法律知识的普通公司,委托律师代理诉讼虽非必要,但属原告为维护其合法权益所支付的合理费用,为被告刘孝五、被告粤超公司违法行为所导致的间接损失。

5. 原告向两被告主张非法经营所得的归入权,但未提供相关证据证明具体金额,由法院酌情确定。

原告要求判令被告刘孝五同业竞争非法获利归原告所有,于法有据,但原告无提供相关的事实依据,被告刘孝五辩称在被告粤超公司没有月薪也未分红不合常理,亦未提供证据证实,对此,应参照其从原告所得月薪2100元酌定被告刘孝五的非法所得额,即自粤超联赛开赛的2010年12月起暂计至2012年2月。

法院判决:

1. 被告刘孝五立即停止与原告的同业竞争行为,停止履行其在被告粤超公司担任的董事长和总经理职务,被告粤超公司须协助被告刘孝五履行本项判决;

2. 在本判决生效之日起3日内,被告刘孝五向原告返还同业竞争所得27,300元;

3. 在本判决生效之日起3日内,被告刘孝五向原告赔偿2010年度"劳务费"100,000元;

4. 在本判决生效之日起3日内,被告刘孝五向原告赔偿律师费20,000元;

5. 被告粤超公司对上述第2、3、4项判决承担连带清偿责任;

6. 驳回原告的其他诉讼请求。

四、收受贿赂及侵占、挪用公司资金民事责任的裁判标准

933. 董事、监事及高管收受贿赂及其他非法收入的构成要件有哪些?

董事、监事及高管收受贿赂及其他非法收入的构成要件包括:

(1) 董事、监事及高管收受贿赂系以为他人谋取利益为前提;
(2) 他人提供的财物系作为谋取利益的交换条件;
(3) 董事、监事及高管系利用职务条件为他人谋取利益;
(4) 董事、监事及高管的行为损害了公司利益。

934. 公司或股东起诉董事、监事及高管侵占公司财产需举证证明哪些内容?

公司或股东需证明如下内容:

(1) 公司财产系处于董事、监事及高管实际控制下;
(2) 董事、监事及高管控制公司财产无合法理由及公司的同意;

(3)董事、监事及高管主观并无归还公司财产的意思;

(4)董事、监事及高管侵占公司财产的行为造成了公司的实际损失。

【案例311】法定代表人并非保管员　主张返还公司财产被驳回①

原告: 城建三公司

被告: 段兆余

诉讼请求: 判令被告移交原告的下列财产:税控机1台、美的空调79台、海尔空调5台、松下电视1台、飞利浦电视1台、价值832,500元的机械设备、联想电脑2台、三星手机2部、海信彩电4台、海信底座4个、价值429,800元的房屋装修。

争议焦点:

法定代表人是否当然负责公司财物的保管。

基本案情:

被告系原告的法定代表人,执行董事。

2009年10月14日,法院依法受理债权人提出的对原告进行破产清算的申请,同时指定了破产管理人。

2011年1月28日,法院裁定宣告原告破产。同日,法院作出裁定认为原告未向破产管理人移交全部财务账册,且公司主要财产下落不明,现有财产账册混乱不清,无法查清企业财产状况,从而导致无法进行清算,并裁定终结原告破产程序。

原告诉称:

根据原告财务资料中被告审批签字的支出凭单、费用报销单以及发票、固定资产折旧计算表等记账凭证、银行进账单和支票付款情况来看,原告的以下资产被告尚未移交:税控机1台、美的空调79台、海尔空调5台、松下电视1台、飞利浦电视1台、价值832,500元的机械设备、联想电脑2台、三星手机2部、海信彩电4台、海信底座4个、价值429,800元的房屋装修。现原告要求被告移交上述公司资产。被告既不向破产管理人移交原告的资产、账目资料,也不参加债权人会议,严重损害了原告的利益。

被告辩称:

原告要求被告返还的资产,实际用于原告承接的工程项目,具体的管理人为相关工程的项目部门,被告只是根据原告的业务需要,进行了财务费用的签批,履

---

① 参见北京市第二中级人民法院(2011)二中民终字第19238号民事判决书。

行了相关岗位职责,并不代表财物均由被告保管。原告没有证据证明争议的资产被被告所侵占或实际控制,不应起诉被告。

律师观点:

根据《公司法》第147条的规定,董事、监事、高级管理人员应当遵守法律、行政法规和公司章程,对公司负有忠实义务和勤勉义务。董事、监事、高级管理人员不得利用职权收受贿赂或者其他非法收入,不得侵占公司的财产。《企业破产法》第36条规定,债务人的董事、监事、高级管理人员利用职权从企业获取的非正常收入和侵占的企业财产,管理人应当追回。

本案中,原告要求被告向公司移交涉案财产,但其提交的证据并不能证明涉案财产由被告侵占,故其要求被告移交财产的诉讼请求没有事实依据,不应予以支持。

法院判决:

驳回原告的诉讼请求。①

【案例312】二人公司执行董事借款不还 监事诉讼返还借款理由成立②

原告: 郝玲

被告: 汪寄燕

第三人: 柯捷美公司

诉讼请求:

1. 被告就913,608.67元提供报销票据;
2. 如被告无法提供上述票据,则返还不能提供票据部分款项及相应利息。

争议焦点:

1. 在公司只有两名股东情况下,一位股东以监事身份对执行董事提起诉讼,是否受限于"股东向监事提出书面请求"的前置程序要求;

2. 在公司财务管理混乱的情况下,如何认定实际借款金额和可冲抵借款的报销凭证,是否可通过审计的方式查清事实。

基本案情:

第三人系由原告与被告各出资25万元注册成立的有限责任公司,被告任执行董事,原告任监事。

---

① 笔者认为,债权人可提起清算责任纠纷诉讼以维护其权益。
② 参见北京市一中院(2009)一中民终字第5142号民事判决书。

2004年,被告从第三人处借款97笔,金额共计390,705元,扣除应付被告的工资2500元,剩余388,205元;被告已向第三人交付票面金额共计83,167元的报销票据,票据中有发票、收据和白条。

2005年,被告从第三人处借款95笔,金额共计345,398.10元。

2006年,被告从第三人处借款55笔,金额共计207,690元,扣除应付给被告的工资3万元,剩余177,690元;被告已向第三人交付票面金额为35,150.53元的报销票据,票据中有发票、收据和白条。

2007年,被告从第三人处借款8笔,金额共计26,970元,扣除应付给被告的工资5000元,剩余21,970元。

以上4个年度,被告从第三人借款共计933,263.10元。

同时,被告分别收取了未交还第三人的款项:属于第三人的15,000元、12,000元、2000元及6955元。

此外,被告另收有翠西阳光房改造工程的款项40,000元。

原告诉称:

从2004年2月9日至2007年2月12日,被告以买材料为借口从第三人借款,借款余额超出了购买工程材料款,也从未在第三人报销过。同时,被告还私自为他人加工、安装工程,收工程款也未交回第三人,给第三人造成经济损失。原告曾多次催被告报账,被告置之不理。

被告辩称:

原告是第三人财务负责人,管理公司的财务。被告从第三人借款用于购买工程材料,但被告在向第三人交付发票的时候,原告拒不向被告交付借款单,所以就未能把发票交给第三人。原告称被告私自为他人施工并私自接收工程款未交,与事实不符,不同意原告的诉讼请求。

诉讼中被告分3次提供了2004年至2007年的报销票据,经法院审核票据的形式及内容,确认可用于报销的票据(发票、收据和白条)共计6284张,票面金额共计676,003.54元。另有几张收据需由被告更换发票后再报销。其余票据,或字迹模糊,或无印章,或印章不符要求。

第三人对该案证据及事实未作陈述和表态。

一审认为:

1. 原告主体适格。

本案第三人是有限责任公司,原告和被告是第三人的全部股东。同时,原告任监事,被告任执行董事。《公司法》规定,董事执行公司职务过程中若违反法律、行政法规或者公司章程的规定给公司造成损失时,不设监事会的有限责任公司的监事有权根据股东的书面请求,对该董事提起诉讼。本案中,原告以监事身份对执行董事提起诉讼,考虑到原告也是公司股东,其身份上具有双重性,故其起诉无须受限于"股东向监事提出书面请求"的前置程序要求,原告的起诉合法有效,其作为本案原告适格。

2. 被告作为执行董事,对于给第三人造成的损失,应当承担赔偿责任。

被告作为第三人的执行董事,应当遵守法律、行政法规和公司章程的规定,认真履行职责。被告在2004年至2007年间,多次从第三人借款,却只交回部分报销单据;收取第三人合同相对方的合同款项,却未交给第三人。被告的行为是对第三人利益的损害,给第三人造成了财产损失。

3. 被告应当将归属于第三人的财产全部返还。

被告在2004年至2007年间,从第三人借款共计933,263.10元(388,205元+345,398.10元+177,690元+21,970元),扣减票面金额共计118,317.53元(83,167元+35,150.53元)的已报销票据,再扣减票面金额共计676,003.54元的报销票据(6284张报销票据由法院令被告向第三人返还),被告应将剩余138,942.03元交还第三人。被告收取第三人合同相对方支付的4笔合同款项15,000元、12,000元、2000元和40,000元也应当如数返还第三人。再有6955元合同款,被告为债务人,应向第三人支付,法院在本案中一并处理。

一审判决:

1. 被告向第三人交付6284张报销票据,票面金额共计676,003.54元;

2. 被告给付第三人人民币214,897.03元;

3. 被告负责将2004年6月17日3138元的收据、2004年6月18日4920元的收据、2004年9月1日2800元的收据、2004年5月28日495元的收据更换为发票后交给第三人,发票交付后相对应的款项可从第2项中扣除;

4. 驳回原告其他诉讼请求。

原告、被告均不服一审判决,向上级人民法院提起上诉。

原告上诉称:

1. 一审法院的审理程序违法。

(1)一审法院违反了《民事诉讼法》关于审理时限的规定,超期审理;

(2)在一审审理过程中,原告曾被告知该案法官予以更换,但直至最后一次庭审结束,原告也没有见到过更换的法官。

2. 一审法院的判决违反证据规则的规定。

关于一审判决第3项,一审法院规定的举证期限已届满,不应当在举证期限届满后再要求被告补交2004年票据的证据。

3. 一审法院认定事实不清,证据不足。

(1)一审法院对于被告提交票据所涉及的张数、金额从未予以确认,原告无法分清一审法院对哪些票据予以确认,对哪些票据未予确认。

(2)一审法院对部分报销票据的认定是错误的。一审法院对没有抬头的收据、部分没有证据证明的白条及不能证明是第三人工程所发生的费用的收据认定为报销票据是错误的。

被告上诉称:

1. 一审法院仅依据"票据形式及内容,并结合原告对票据的意见"认定被告提供的报销票据是错误的。

(1)第三人是经营门窗的小公司,在加工、安装过程中的购买材料多为即时的和少量的,且对应的业务方也多为规模不大的公司,由此会导致对方开出的票据存在"字迹模糊,或无印章,或印章不符要求"的现象而且不乏白条,这种现象是经常的且无法避免,并且在以前原告在公司已报销的票据中也是存在的,因此这些票据都可以作为报销票据予以认可。

(2)原告对票据的意见没有证明力。原告是案件的一方当事人,其作出的意见仅依据其个人的主观臆断,没有任何事实依据,一审法院依据原告意见对票据的确认是没有证明力的,对被告也存在明显不公。

2. 对一审法院判决的由被告返还的4笔合同款项15,000元、12,000元、2000元和40,000元,被告认为原告在一审的诉讼请求是"就913,608.67元提供报销票据,没有票据就给钱",一审法院在认定事实中也已确认了794,321.07元票据。依据相关法律规定的"不诉不审"原则,此四笔款项不应在本案中一并审理,而应当予以告知另案处理。同时其权利的主张也应当是第三人。另外,阳光房的40,000元已经购买了材料,对此也应当予以查明。

3. 被告提出的在向公司交付票据时,原告拒不向汪继燕交付借款单的事实,法院没有依法查明。原告存在没有返还借款单及少计报销票据的行为。在一审中,原告只提供了部分账簿,不能反映被告在公司财务往来的全部状况。为此,被告要求对公司会计账簿进行审计,以依法查明案件事实。

对于被告提出的审计申请,法院认为:

由于第三人的财务管理较为混乱,并且双方当事人现在均不能提供完整的会计账簿,不具有审计的基础,故法院对被告的审计申请不予准许。

二审法院经审理查明:

本案一审的立案时间为2007年4月6日,后经一审法院批准,延长审限6个月,至2008年4月6日止。后又分别经北京市第一中级人民法院批准,延长审限至2008年12月27日止。一审庭审笔录中记载的审理该案的三位合议庭成员从未更换过,也没有关于通知双方当事人变更合议庭成员的记载。

律师观点:

1. 被告作为执行董事,存在损害公司利益的行为,应承担赔偿责任。

被告作为第三人的执行董事,应当遵守法律、行政法规及公司章程的规定,忠实、勤勉地履行职责,维护公司利益。被告于2004年至2007年间,多次从第三人借款,但只交回部分报销单据;收取第三人合同相对方的合同款项,未交还给第三人的行为,已侵害了第三人的利益,并给第三人造成了财产损失,根据《公司法》第150条的规定,董事应当对公司承担相应的损害赔偿责任。

2. 一审法院对于借款金额的确认合法合理。

被告于2004年至2007年间向第三人借款金额共计933,263.10元、被告已报销票据的票面金额共计118,317.53元及被告提交的可用于报销的票据6284张,票面金额共计676,003.54元。

原告认为被告提交票据所涉及的张数、金额从未予以确认,部分报销票据认定错误,但未提供有效证据佐证,因此不应予以采信;原告关于一审法院违反法定审理程序,超审限审理,以及其从未见到过被更换的法官的理由,与查明的事实不符,且无相关证据佐证,故对此亦应不予采信;关于原告认为一审法院的判决第3项违反证据规则的规定的观点,从原告的诉讼请求及诉讼目的是要求被告提供全部可以用于第三人报销的票据凭证,最终维护第三人的利益,一审法院因此要求被告交付所有用于报销的票据既包括了提交时就能够确定的用于报销的票据,也包括了虽然提交时不能用于报销,但一旦符合某种形式要件即可予以报销的票据,一审法院判决第3项即属于后一类型的票据,故原告的该项理由无事实及法律依据,对此应不予采信。

对于可报销票据的认定,是根据法律、法规、证据认定规则以及相应的财务会计制度中关于报销凭证的规定予以确认,符合法律规定,被告关于票据认定有误的理由无事实及法律依据。

3. 法院对于被告未返还的合同款项一并处理并无不当。

原告作为公司的监事提起本案诉讼的目的是为了维护公司的合法权益,制止董事侵害公司利益的行为。被告作为公司的执行董事,在2004年至2007年间,多次从第三人借款,却只交回部分报销单据;收取第三人合同相对方的合同款项,却未交给第三人,被告的这些行为已经严重损害了公司的利益,给第三人造成了财产损失,原告根据《公司法》的相关规定,有权要求被告就其给公司造成的所有财产损失承担赔偿责任,法院要求被告将其现有的属于公司的全部财产(包括对公司的借款以及应当归还第三人的4笔合同款项)予以返还是符合法律规定的,被告认为一审判决由其返还的4笔合同款项,违反了《民事诉讼法》的"不诉不审"原则的理由于法无据,应不予采信。

法院判决:

驳回上诉,维持原判。

935. 公司董事、监事及高管、控股股东或实际控制人侵占公司财产,或利用职务受贿或收取其他非法收入,应当承担何种责任?

应当承担以下责任:

(1)向公司归还所侵占的财产,或向他方归还所收取的贿赂及非法收入;

(2)如由于上述人员的行为给公司造成损失的,应当承担损害赔偿责任;

(3)构成犯罪的,应承担贪污罪或职务侵占罪的刑事责任。

936. 董事、高管挪用公司资金的构成要件包括哪些?

董事、高管挪用公司资金的构成要件包括:

(1)董事、高管实施了挪用行为;

(2)董事、高管所控制的财产系公司资产;

(3)董事、高管的行为给公司造成了实际损失。

937. 公司董事、高管挪用公司资金,或将公司资金存入个人名义或者以其他个人名义开立的账户应当承担何种责任?

如果公司董事、高级管理人员挪用公司资金或将公司资金以个人账户进行存储,都应当承担下列责任:

(1)向公司返还存款、利息及利用所挪用资金获得的收益;

(2)如给公司造成损失的,应当承担损害赔偿责任;

(3)构成犯罪的,应承担挪用公款或挪用公司资金罪的刑事责任。

【案例313】返还存入个人账户的公司资金和利息 辩称个人垫付款冲抵公司资金不成立①

原告：科技公司

被告：高尚礼

诉讼请求：被告返还原告合同款9万元并按企业同期贷款利率计算支付2008年1月1日至2008年12月3日的利息6163元。

争议焦点：被告是否为公司垫付款项，垫付的款项能否冲抵个人账户的公司资金。

基本案情：

原告于2007年6月24日成立，法定代表人高尚胜，公司为有限责任公司，注册资金50万元，股东为高尚胜和被告。被告担任公司总经理。

2007年9月16日，原告与渤海项目部签订《制作安装合同书》。2007年12月31日，原告与渤海项目部解除合同协议书，双方确认渤海项目部退还原告9万元。当日，被告将渤海项目部上述退款存入自己的招商银行卡内。

原告诉称：

被告在收到渤海项目退还给原告的9万元合同款后，原告多次与被告协商，要求其将合同款9万元返还原告，被告均无理拒绝。

被告辩称：

原告法定代表人高尚胜当时在外出差，其授权出纳欧阳丽娟将合同款存入被告账户，后被告已经以现金方式将该款存入原告账户，全部用于原告开支。清点原告实际账目被告已垫付近10万元款，故被告并未把原告款项据为己有。

律师观点：

1. 作为原告股东，被告未归还公司合同款项，违反了法律规定。

《公司法》规定，公司股东应当遵守法律、行政法规和公司章程，依法行使股东权利，不得滥用股东权利损害公司或者其他股东的利益。公司股东滥用股东权利给公司或者其他股东造成损失的，应当依法承担赔偿责任。董事、监事、高级管理人员应当遵守法律、行政法规和公司章程，对公司负有忠实义务和勤勉义务。董事、监事、高级管理人员不得利用职权收受贿赂或者其他非法收入，不得侵占公司的财产。董事、高级管理人员不得有下列行为：(1)挪用公司资金；(2)将公司资金以其个人名义或者以其他个人名义开立账户存储。董事、监事、高级管理人

---

① 参见北京市第二中级人民法院(2009)二中民终字第10857号民事判决书。

员执行公司职务时违反法律、行政法规或者公司章程的规定,给公司造成损失的,应当承担赔偿责任。

本案中,被告作为原告的股东及高级管理人员应当遵守法律、行政法规和公司章程的规定,对原告负有忠实义务和勤勉义务。被告将应由原告收回的合同款,存入其个人账户,不符合法律、公司章程的规定。

2. 被告提供的证据不能直接证明已向原告偿还其所收取的9万元合同款。

被告辩称该款已陆续用现金方式偿还原告,且其为原告垫付的款项远远超过所收取的合同款,根本不存在把原告款项据为己有的问题。但对于被告提供的证据所反映的原告收取被告现金以及垫付其他支出款项事宜,原告只认可现金缴款单的真实性,但否认被告用个人的现金支付,同时否认与争讼的合同款9万元具有关联性,其他证据为复印件,原告均不予认可,且被告也无相关原始凭证予以佐证。因此,被告提供的证据并不能直接证明已向原告偿还其所收取的9万元合同款,被告的辩称意见难以得到法院的支持。对于在经营过程中,被告与高尚胜、原告之间是否存在借款、垫付款项等问题应该另行解决。故被告应向原告返还合同款。

法院判决:

被告退还原告9万元,并支付相应的利息。

【案例314】公款"私存"用于资金周转 挪用公司资金主张不成立①

原告: 北京某管理公司

被告: 仇某

诉讼请求: 判令被告返还原告1,109,662元。

争议焦点:

1. 被告是否具备高管身份;

2. 被告是否违反忠实义务,冒领他人工资,"公款私存"挪用公司资金。

基本案情:

原告注册资本1,100,000元,股东为吴玉惠与孙乃华。原告下属分支机构为团结湖酒店。

2005年5月至2008年10月期间,被告担任原告总经理。

2006年4月至2007年12月期间,原告向被告银行卡账户内转入57万元(金额分别为5万元、6万元、10万元、10万元、10万元、3万元、5万元、8万元)。

---

① 参见北京市第一中级人民法院(2012)一中民终字第3552号民事判决书。

至 2007 年 11 月 29 日,被告以 POS 机消费的方式向原告及其分支机构团结湖酒店转入 7 笔款项共计 57 万元。

原告诉称:

被告于 2005 年至 2008 年 10 月间在原告处任高级管理人员,并负责管理公司财务及各项事务。被告离职后,管理公司清点公司财务账目时发现,被告任职期间利用职务之便冒领原告员工孙乃华、曲在梅、周长庆工资达 539,662 元,将公司钱款存入个人银行卡账户内高达 57 万元,被告通过上述方式占有公司财产共计 1,109,662 元。

被告辩称:

原告的陈述不真实,不同意原告的诉讼请求。被告从未以他人名义冒领工资,亦不存在公款私存的行为,原告所述事实不成立。双方的争议已经经过两次诉讼,相关事实已经作出了认定,法院应当依法驳回原告的诉讼请求。

律师观点:

《公司法》规定了董事、监事、高级管理人员对公司的忠实义务和勤勉义务,并规定了董事、监事、高级管理人员执行公司职务时违反法律、行政法规或者公司章程的规定,给公司造成损失的,应当承担赔偿责任。追究董事、高管、监事的民事责任,是基于侵权的法律责任,应当适用侵权行为责任的一般构成要件来进行综合审查认定。

1. 关于被告是否具备高管身份。

被告在原告担任总经理的职务身份问题,其本人未持异议。依据所涉已生效的裁判文书作出的相关认定,2005 年 5 月至 2008 年 10 月期间,也认定了被告担任原告总经理。

2. 关于原告是否存在损失的问题。

(1)关于被告任职期间利用职务之便冒领工资问题的认定。

针对被告冒领工资问题原告向法院提交了孙乃华未实际取得管理公司工资表上虚拟工资的说明、原告财务部说明、原告 2005 年 1 月至 2005 年 12 月工资表、2006 年 1 月至 2006 年 12 月工资表、2007 年 1 月至 2007 年 3 月工资表、曲在梅未实际取得管理公司工资表上虚拟工资的说明、周长庆未实际取得管理公司工资表上虚拟工资的说明、证人吴玉惠、王硕证人证言等证据材料。但被告均对此未予确认。

对于被告是否在任职期间利用职务之便冒领工资问题,上述证据材料缺乏证明力,不应予以采信。且上述材料只能表明相关人员未能领取"应付工资"的问题,而未能佐证被告将原告所列539,662元"应付工资"冒领的事实。因此,就原告提出的此部分诉讼请求不应予以支持。

(2) 关于被告公款私存问题的认定。

针对被告公款私存问题,原告向法院提交了8份存、缴款回单等证据材料。因此,被告对此部分证据材料的真实性不持异议,但此部分款项是为了原告资金的周转问题,先行用自己的信用卡内资金在原告或团结湖酒店以POS机刷卡消费的形式,将资金转入原告账户用于现金周转,待信用卡还款日再由原告做账还款,总体账目是可以核对的。依据法院向北京银联商务有限公司调取的受理银行卡业务申请表,向中国银联股份有限公司北京分公司调取的银行卡交易查询登记表所载明的相关内容,结合被告向法院提交的招商银行股份有限公司信用卡的交易清单的记载,原告所述向被告划付的57万元,确系被告以信用卡消费的形式先行转入原告及团结湖酒店。故通过对双方当事人提交的证据材料的审查,被告以前述方式进行资金周转并未给原告造成实际损失。

法院判决:

驳回原告的诉讼请求。

938. 如果公司已经没有实际经营场地,或股东之间已经就解散清算达成决议,董事或高管可否将公司财物存于个人账户或其他处所?

可以。此时由于公司没有实际保管财物的地点,且公司也已不再准备继续经营,则董事或高管为了公司股东利益考虑将财物暂行收取保管,以待公司解散清算时进行分割并不构成损害公司利益。

【案例315】公司停业且无经营场地　董事保管财物不视为挪用[①]

原告:顾关耀

被告:王琳玲

第三人:永耀公司、石桂珍、吴荣铭、康培

诉讼请求:

1. 被告赔偿第三人永耀公司财产损失人民币38,504.60元;

---

① 参见上海市青浦区人民法院(2003)青民二(商)初字第230号民事判决书。本案原告败诉后又提起了股东知情权纠纷诉讼,详见本书第十九章股东知情权纠纷第一节【案例455】"公司停业被吊销　主张知情权被驳回"。

2. 被告赔偿第三人永耀公司罚款损失人民币 8785.08 元;

3. 被告赔偿第三人永耀公司停业损失人民币 1 万元,返还第三人永耀公司客户的带锯条 14 根。

争议焦点:

1. 公司法定代表人是否必须对公司逃税行为承担责任;

2. 在公司已停业且无办事机构及经营场所的情况下,将公司财产异地保管是否视为损害公司利益的行为。

基本案情:

1998 年 12 月 10 日,第三人永耀公司成立,该公司登记的注册资本总额为人民币 50 万元,被告为法定代表人,股东为原告、被告及第三人石桂珍(原告之妻)、吴荣铭、康培。

2001 年 10 月起,原告、第三人石桂珍与另外三位股东间为公司的经营包括股东的权益发生纠纷。被告于 2001 年 11 月 9 日,拿走第三人永耀公司电话机、传真机、锯条等财产。

2001 年 12 月初,第三人永耀公司已不再开展经营活动。

2001 年 12 月 22 日,原、被告及三位第三人股东达成了《关于催讨应收账款的决议》(以下简称《决议》),载明"一、所收到的第三人永耀公司应收款一律进第三人永耀公司的唯一账户;二、每月以对账单为准,支票进来要在本子上记录有人为证,每月对账单每(一位)股东可以询问;三、将本公司的应收账款转入他人账户(的)负一切法律责任;四、先分 2000 年红利,每股以 7 千元为准,后分本金,最后在公司所有财产清算后,还清 2001 年红利及归还债务。"

此后,第三人永耀公司的经营场所退还给房屋出租人,第三人永耀公司已无经营场所及办事机构。由于第三人永耀公司在经营过程中有偷逃税款的行为,于 2002 年 10 月被有关部门处以补税人民币 17,227.06 元,罚款人民币 8785.80 元的处罚。

原告诉称:

被告违反公司章程,损害公司利益,利用法定代表人兼会计主管于一身之大权,对第三人永耀公司业务及财务账目"暗箱操作",多次实施损害第三人永耀公司及股东权益的行为,使原告无法正常行使股东权利。被告多次抢去第三人永耀公司及其客户财产不予返还。被告在经营第三人永耀公司过程中未能依法经营,逃税金额为人民币 17,227.06 元,致第三人永耀公司被青浦区税务局罚款人民币 8785.08 元,造成了第三人永耀公司名誉及经济损失。

2001年11月,被告私自注销第三人永耀公司银行账户,公司的营业执照、财务账册、发票购买证均被被告拿走,致第三人永耀公司不能继续经营达一年之久,税务局也收缴了公司的发票,并不再向公司出售增值税发票,依第三人永耀公司前三年的平均利润,被告至少应赔偿第三人永耀公司损失人民币1万元。

被告的上述行为已损害第三人永耀公司及原告的权利,故应当赔偿。

被告辩称:

被告虽是工商登记的法定代表人,但第三人永耀公司的事务实际上由原告做主。因为第三人永耀公司各股东间产生纠纷,被告作出了相应的保护措施,被告于2001年10月15日被原告赶出第三人永耀公司,为使其他出资人的利益不受损害,拿走第三人永耀公司的锯条160根等财物。

被告的上述行为不仅是为被告本人,也是为了第三人永耀公司其他出资人的利益。至于第三人永耀公司被罚款之事,是原告的行为所致。第三人永耀公司设立后,第三人石桂珍是公司出纳,被告是会计,第三人永耀公司的公章虽由被告掌管,但被告的私章、财务专用章均由原告之妻第三人石桂珍保管,第三人永耀公司的事情由原告做主。第三人永耀公司经营的发票是第三人石桂珍开的,由于他们不开发票,并讲这些款项要还给大家的,故被告将这些款项做在应付款账目。造成公司停业,责任由谁承担,原告未能提供证据证明,且原告所主张的第三人永耀公司停业损失数额是原告单方面计算,并无事实依据。

被告不存在损害第三人永耀公司利益的行为,故不承担赔偿责任。

第三人吴荣铭述称:

由于原告先后将被告及第三人吴荣铭、康培赶离第三人永耀公司,故被告才采取了拿走公司财产的过激行为,实属无奈。关于第三人永耀公司逃税罚款之事,由于第三人永耀公司由原告做主,原告在经营过程中表示,像这种情况不用开发票,其他公司也是这样做的,故第三人永耀公司被罚款的责任在原告。第三人永耀公司的公章在原告手里,第三人永耀公司不再继续经营是原告决定的。综上,对于原告所主张的请求,被告均不应承担责任。

第三人康培述称:

第三人永耀公司设立后,业务上均是由原告及第三人石桂珍经办,原告于2001年10月将被告赶出第三人永耀公司,2001年12月又重新雇人,并要第三人康培离开公司。第三人康培认为,第三人永耀公司停业损失根本不止人民币1万元,但这是原告的原因造成的,原告将其他出资人赶出第三人永耀公司,骗取公司的公章,提空公司的现金,故原告对第三人永耀公司的损失应承担责任。

第三人石桂珍述称：

同意原告主张的事实及理由，第三人永耀公司设立后，原告一直在外地，根本不可能对第三人永耀公司实行日常管理。

律师观点：

1. 被告虽为工商登记的法定代表人，但不是第三人永耀公司日常实际经营的负责人，原告无证据证明第三人永耀公司偷税罚款及停业损失是由被告原因造成的，被告不承担赔偿责任。

原告向第三人永耀公司出资6万元，加上原告之妻第三人石桂珍出资人民币2万元，占第三人永耀公司总实际出资的大部分。第三人永耀公司在设立之前，各出资人为公司的设立达成了《股份合作制企业章程》，一致推选原告为公司董事长，该章程体现了公司五位出资人的合意；而第三人永耀公司委托有关企业登记代理机构办理企业登记设立事宜，其登记注册资本及实际股东与事实均不符，其登记所依据的章程也是有企业登记代理机构一手操办，并不能反映第三人永耀公司真正的五名出资人的共同合意，在此登记中，被告虽然是法定代表人，但其产生的程序明显有悖法律，基于五位出资人本来就达成的《股份合作制企业章程》及第三人吴荣铭、第三人康培的陈述，被告虽为工商登记的第三人永耀公司法定代表人，但并非是第三人永耀公司运作的负责人，原告提供的一系列证据也不能证明第三人永耀公司逃税被罚及停业系被告原因造成，故被告对第三人永耀公司偷税漏税的罚款及停业产生的损失不承担责任。

2. 由于第三人永耀公司现已无办事机构及经营场所，故被告保管公司财产的行为并未损害第三人永耀公司利益。

有限责任公司属社团法人，具有人合性质，即以各出资人之间的诚信为基础。现第三人永耀公司各出资人已失去诚信基础，社团关系已不能再行维系。

事实上，第三人永耀公司已不再经营一年以上，法人主要办事机构已不存在，该公司已属休眠公司，各方当事人于2001年达成的《关于催讨应收账款的决议》其真实合意即将第三人永耀公司进入到清算程序之事实已由本院生效的(2002)青民二(商)初字第1369号案的判决书所确认，被告从第三人永耀公司拿走财产的行为发生在2001年11月，这些财产包括第三人永耀公司为客户寄放的14根带锯条均应纳入公司清算、清理的财产范围内。

基于第三人永耀公司目前无办事机构及经营场所，被告所拿走的这些财产，在公司未清算、清理完毕及未涉及处理这些财产之前仍由被告保管并无不妥，如要求由被告返还也不能确定返还的处所，而原告诉讼请求要求赔偿相当于这些财

产价值于法无据,原、被告双方各自占有第三人永耀公司的财产、金钱处理应在第三人永耀公司清算程序中一并解决处理。

法院判决：

驳回原告诉讼请求。

五、擅自借贷及担保民事责任的裁判标准

939. 董事、高管未经公司决策机构同意,将公司资金借贷或担保时,该借贷或担保是否有效？

如果董事、高管以公司名义将资金借贷给公司,且公司并非金融企业的,该借贷属于企业间违法资金拆借的无效行为。

如董事、高管以公司名义将资金借贷给善意的第三人（自然人）,或为其提供担保的,应当认定借贷、担保有效。

《公司法》对于公司借贷、担保的行为进行规定的目的并非为了对抗外部第三人,而是指引控股股东、实际控制人及董事、监事及高管履行对公司的忠实、勤勉义务,否则将会因其越权行为承担损害赔偿责任。所以,未经授权以公司名义进行借贷、担保应当有效,即使公司受到利益损害,也应当遵守担保的效力,其救济途径应当是主张相关责任人员的损害赔偿责任。这也是商事主义维护交易稳定,促进市场发展原则的体现。

当然,如果能够证明接受担保或借贷的当事人非善意第三人,则该行为应认定无效。

如果董事、高级管理人员以个人名义将公司资金进行借贷与担保,则应属于挪用公司资金,应当依照挪用公司财产进行处理,将收益交归公司并承担损害赔偿责任。

【案例316】董事长擅自对外担保　造成损失应赔偿①

原告： 大兴华集团

被告： 洪清潮

诉讼请求： 被告赔偿原告损失450万元及利息。

---

① 参见北京市大兴区人民法院(2008)大民初字第1366号民事判决书。

第十三章

损害公司利益责任纠纷

争议焦点：

如何判断公司法定代表人、董事长以公司财产为他人提供担保的行为系个人行为还是经董事会决定的公司行为。

基本案情：

自1997年2月6日至1999年7月8日期间,被告任原告董事长、法定代表人。

1998年1月,案外人陈扶助与大栅栏中心签订协议,陈扶助借款80万元给大栅栏中心。借款期限自1998年1月1日至2000年12月31日,年回报率为15%,回报款项当年付清。该协议由原告为大栅栏中心作了担保。协议签订后,大栅栏中心未按时偿还借款。

2000年12月10日,北京市宣武区人民法院作出判决,认定：大栅栏中心违约,应承担违约责任；原告以其盖章行为未经董事会批准,属于个人行为,不应承担担保责任的抗辩意见不成立,并判决大栅栏中心于判决生效之日起30日内返还陈扶助借款80万元、支付1999年回报利益11万元、2000年至实际给付之日的回报利益(按每年15%的比例计算)。原告承担连带清偿责任。该判决生效后,原告实际交纳了案款共计1,477,160元。

1997年6月26日,美仁官支行与天利公司签订一份借款合同。该合同约定,借款额度为600万元,借款期限自1997年6月26日至1999年12月30日,贷款利率为月利率9.24‰。

1997年6月27日,联邦公司法定代表人吴荣泰授权被告以联邦公司所有的房产作为抵押物。同日,联邦公司与美仁官支行签订《抵押协议》,约定联邦公司自愿以其所有的房产作为抵押物,为天利公司上述借款提供担保,并办理了抵押登记手续。协议签订后,天利公司未依约偿还借款本金。

1998年9月9日,原告致函美仁官支行,承诺承担联邦公司与美仁官支行签订的抵押协议项下的义务。

2000年10月13日,福建省厦门市中级人民法院作出判决,认定被告在联邦公司授权范围内办理了相应的抵押手续,并判决如天利公司未能按期偿还借款本金及利息,美仁官支行有权对原告房产依法折价或拍卖,并以所得价款优先受偿。该判决生效后,查封了原告价值1500万元的房产。

1998年9月8日,美仁官支行与原告签订一份《最高额抵押合同》,约定原告提供其所有的北京市大兴县兴华园小区3号楼为美仁官支行在1998年9月9日至2001年9月9日期间,在800万元的贷款限额内向一佳公司发放的全部贷款的债权的实现设定抵押担保。在未经合法程序作出决议,亦未获得授权的情况下,被告在合同上签名并加盖名章。

之后,陆续与一佳公司共签订了六份《借款合同》,一佳公司共向美仁官支行借款800万元,到期未偿还本金及利息。

2000年11月30日,福建省高级人民法院作出判决,认定《最高额抵押合同》及六份《借款合同》有效,原告应当承担抵押担保责任,判决一佳公司偿还美仁官支行贷款本金800万元及利息202,486.16元,如一佳公司未能按期偿还上述款项,美仁官支行有权依法折价或拍卖、变卖原告提供的抵押物,以所得价款优先受偿。该判决生效后,查封了原告价值1500万元的房产,并最终由原告实际承担了担保责任,两案共计支付了案款16,403,982元。

原告为天利公司和一佳公司承担担保责任共计支付了16,403,982元,原告最后一次支付案款为2004年12月24日。

原告诉称:

被告曾系原告的法定代表人,其在任职期间,违反法律法规及章程的规定,擅自以原告财产为他人非法设定抵押,相关案件已经过诉讼并且已由原告实际支出承担了2000多万元的担保责任。被告不负责任的行为给原告造成了2000多万元的损失后,原告多次找被告协调此事未果,为了维护原告的合法权益,请求法院支持原告的诉讼请求。

被告未做答辩,亦未参加庭审。

律师观点:

本案中,原告起诉被告违法以公司财产为他人担保造成损失,共涉及三起担保责任。

1. 被告不应赔偿原告为天利公司担保造成的损失。

1997年6月27日,联邦公司与美仁官支行签订《抵押协议》,由该《抵押协议》引起的担保责任,虽然最终由原告承担,但在签订《抵押协议》时,被告是受联邦公司法定代表人吴荣泰委托,代表联邦公司签订《抵押协议》,且(2000)厦经初字第295号生效民事判决书明确认定被告在委托权限的范围内办理了相应的抵押手续,符合法律的规定。因此,对于原告该笔担保款项的支出,被告不承担个人责任。

2. 被告不应赔偿原告为大栅栏中心担保造成的损失。

1998年1月,原告为大栅栏中心向陈扶助借款提供担保,关于该项担保原告未能提供担保协议等证据证明该项担保协议的内容及形成过程。根据(2000)宣民初字第1853号生效民事判决书,原告在该起担保责任诉讼中即抗辩担保行为未经董事会同意,属于被告个人行为,但北京市宣武区法院以原告没有事实和法律依据为由,对其抗辩意见不予采信。本案中,原告就该起担保除民事判决书和执行缴费票据外,亦未提供其他证据,无法证实该起担保为被告的个人行为,故被告对于原告该笔担保款的支出不承担赔偿责任。

3. 被告应赔偿原告为一佳公司担保造成的损失。

1998年9月8日,原告与美仁宫支行签订《最高额抵押合同》为一佳公司借款提供担保,被告在该合同上签名并盖章,合同签订时,被告任原告的董事长、法定代表人,可以认定被告为签订《最高额抵押合同》的负责人和经办人。由于该《最高额抵押合同》设定的担保义务,原告最终仅借款本金的担保责任就支付了800万元案款,造成了巨大损失。被告作为原告的董事长、经办人,应合理、谨慎地管理原告事务和进行经营,但被告未经董事会、股东会同意或授权,私自签订该《最高额抵押合同》,违反了法律强制性规定,没有尽到基本的注意义务。因此,对于该《最高额抵押合同》给原告造成的损失,被告应予赔偿。

原告要求被告赔偿450万元的损失低于因被告责任造成原告损失的数额,利息亦为原告承担担保责任后实际发生的损失,符合法律规定,故可以得到法院的支持。

法院判决:

1. 被告给付原告赔偿款450万元;

2. 被告给付450万元的利息(自2004年12月15日起至实际给付之日止,按中国人民银行同期贷款利率计算)。

940. 公司为向股东或实际控制人借贷资金而作出股东(大)会、董事会决议时,接受借贷的股东或实际控制人控制的股东是否需要回避?如何有效防范公司的违规担保行为?

《公司法》仅规定了公司向股东或实际控制人提供担保时,关联股东必须回避,但是对借贷并未进行该项规定。

但笔者认为,此时仍应当借鉴《公司法》关于担保的相关规定,关联股东必须回避,否则大股东即可任意将公司资金借走,从而影响公司正常经营。

为有效防范公司违规担保行为,在实践中应注意如下三点:

(1)明确决议机构。由于《公司法》对公司对外担保事宜的决策机构的规定为股东(大)会或董事会,因此公司章程应该对此进行明确的约定。

(2)限定担保数额。公司章程应当具体规定每次担保的数额,从而实现公司

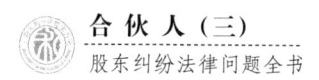

对外担保的有效管理,并便于在发生损害公司利益行为时追究行为人的责任。

(3)明确承担责任的方式。公司应当在章程细则等文件中明确损失的计算方法,以保证一旦公司董事、高管擅自担保损害公司利益时,公司可以有效证明损失的存在及数额。

941. 公司向其他企业或个人提供担保,应由谁决议?

公司向其他企业投资或者为他人提供担保,依照公司章程的规定,由董事会或者股东会、股东大会决议。如果公司章程对担保的总额及单项担保的数额有限额规定的,不得超过规定的限额。

公司为公司股东或者实际控制人提供担保的,必须经股东会或者股东大会决议。对于该项决议,被担保的股东或者被担保实际控制人支配的股东,不得参加表决。该项表决由出席会议的其他股东所持表决权的过半数通过。

六、自我交易行为民事责任的裁判标准

942. 董事、高管违法进行自我交易的构成要件有哪些?该交易是否有效?

同时具有以下情形的,可以认定为具有违法自我交易行为:

(1)董事、高级管理人员直接与公司进行交易,或由其亲属或利害关系人与公司进行交易。

(2)该种交易行为的发生将导致利益的冲突,即损害公司利益。

(3)公司章程或股东(大)会未对自我交易行为进行许可或追认。

对于该交易的效力,应区分以下情况认定:

(1)如该自我交易行为涉及善意第三人利益的,应当适用善意取得的制度,对涉及善意第三人的部分应认定为有效。

(2)未经公司章程允许,且未经股东(大)会批准或同意的情况下,交易行为应先认定为效力待定。如在一审法庭辩论终结前经公司股东(大)会追认,可认定有效。如公司股东(大)会未予追认,则交易无效。

【案例317】董事擅自受让公司债权 自我交易无效债权归还公司①

原告:陈炬

被告:东方建设公司、祝桂华

第三人:斯学江、楼玉良

---

① 参见浙江省诸暨市人民法院(2009)绍诸商初字第4057号民事判决书。

诉讼请求：被告东方建设公司与被告祝桂华之间发生的债权转让行为无效。

争议焦点：

1. 被告提供的3份会计转账凭证复印件、6份银行进账单复印件能否证明二被告之间存在合法的借贷关系；

2. 被告东方建设公司擅自将其在第三人斯学江处的731万元债权转让给被告祝桂华的行为是否属于法律禁止的自我交易行为。

基本案情：

被告东方建设公司的性质为有限责任公司，成立于1989年3月1日，由被告祝桂华、戚岳雷、石章伟、倪泽淼、郦国敏、徐永华和原告投资设立，现公司注册资金为人民币8538万元，其中被告祝桂华的投资比例为10.78%、戚岳雷的投资比例为0.14%、石章伟的投资比例为0.27%、倪泽淼的投资比例为0.3%、郦国敏的投资比例为86.8%、徐永华的投资比例为1.03%、原告的投资比例为0.68%。公司设董事会和监事会，由郦国敏任公司董事长兼总经理，被告祝桂华为公司董事。

2003年6月20日，第三人楼玉良出具借据向被告东方建设公司借款1000万元，被告东方建设公司分两次交付第三人楼玉良借款各计人民币200万元。

2004年11月，经被告东方建设公司同意，第三人楼玉良将上述债务及相应的借款利息转让给第三人斯学江。

2007年9月25日，被告东方建设公司与第三人斯学江进行结算，第三人斯学江在第三人楼玉良出具给被告东方建设公司的借据的下方书写了"实际借款肆佰万元计算，已转为2007年9月25日向被告祝桂华借款柒佰叁拾壹万元整"的内容，且被告东方建设公司在此内容处加盖了公章。

同日，第三人斯学江向被告祝桂华出具借条一份，该份借条所反映的借款数额为人民币731万元。

2009年4月10日，被告祝桂华依据2007年9月25日的借条向法院提起诉讼，要求第三人斯学江和其妻子陈冬华归还借款本金731万元及约定利息，法院于同年9月6日作出(2009)绍诸商初字第1538号民事判决，判决第三人斯学江和陈冬华归还被告祝桂华借款计人民币731万元，支付自2007年9月25日起至2008年5月31日止按月利率1.2%计算的利息，支付自2008年6月1日起至借款付清日止按月利率2.5%计算的逾期利息。第三人斯学江和陈冬华不服该判决向浙江省绍兴市中级人民法院提起上诉，该案二审法院尚在审理之中。

原告诉称：

2007年9月25日，被告东方建设公司将其在第三人楼玉良处的731万元债权转让给被告祝桂华,由第三人斯学江直接出具给被告祝桂华借据一份。后被告祝桂华依据该借据向法院起诉,要求第三人斯学江支付借款本息,现该案正在审理过程中。原告得知后认为,被告东方建设公司将其在第三人斯学江处的731万元债权转让给被告祝桂华的行为,未经公司股东会同意,属公司法规定的自我交易行为,且损害了公司股东的利益,该债权转让行为违反法律禁止性规定,应属无效。

原告为证明其观点,提交证据如下:

1. 被告东方建设公司的工商登记情况表,证明原告陈炬系被告东方建设公司的股东及被告祝桂华系董事。

经质证,两被告及两第三人均无异议。

2. 第三人楼玉良于2003年6月20日出具给被告东方建设公司的借据一份和第三人斯学江于2007年9月25日出具给被告祝桂华的借条一份,证明被告东方建设公司在第三人斯学江处享有债权731万元及被告东方建设公司将该债权转让给被告祝桂华的事实。

经质证,两被告及第三人斯学江均无异议,第三人楼玉良认为其虽出具借据,但被告东方建设公司实际未借款给其。

3. 诸暨市人民法院(2009)绍诸商初字第1538号民事判决书一份,以证明被告祝桂华以债权受让人的身份通过诉讼方式已向债务人第三人斯学江主张权利,诸暨市人民法院对该案已作出民事判决(未生效),但一审法院对债权转让的效力未作实质性审查的事实。

经质证,两第三人无异议,两被告对该证据的真实性无异议,但对原告就该证据主张的一审法院对债权转让的效力未作实质性审查的事实有异议,认为法院在审理被告祝桂华与第三人斯学江民间借贷纠纷一案中无论是程序还是实体均是符合法律规定的。

4. 被告东方建设公司的章程一份,证明被告东方建设公司的有关重大事项须经公司股东会同意。

经质证,两被告及两第三人无异议。

被告东方建设公司辩称:

1. 被告东方建设公司将其享有的731万元债权转让给被告祝桂华,不需要公司股东会同意,属于被告东方建设公司在经营过程中的正常行为,不属于违反公司法规定的自我交易行为;

2. 被告东方建设公司曾向被告祝桂华借款,故应向被告祝桂华归还借款,现用债权转让的方式履行归还借款义务,并未损害公司其他股东的权益。

被告东方建设公司为证明其观点,提交证据如下:

会计转账凭证3份(复印件)、银行进账单6份(复印件),证明被告东方建设公司因经营所需在2007年期间分6次向被告祝桂华、郦国敏夫妻借款1298.40万元,2007年9月25日,被告东方建设公司将债权731万元转让给被告祝桂华,以向被告祝桂华清偿部分债务的事实。

经质证,被告祝桂华无异议,而原告及第三人斯学江对证据的真实性无异议,但对证据的关联性提出异议,原告认为银行进账单是汇款凭证,汇款人和收款人之间产生的法律关系不仅仅是借款关系,如被告祝桂华借用被告东方建设公司的银行账户汇款,双方之间产生的法律关系为借用法律关系。如果被告东方建设公司主张的证明对象成立,其应当提供其他结算凭证进一步证明被告东方建设公司的财务账目上已作出处理的事实,退一步说,即使两被告之间存在借款关系,该借贷行为也属自我交易行为,违反了《公司法》的禁止性规定,被告东方建设公司的股东利益受到损害。而第三人斯学江认为被告东方建设公司的银行账户经常被人民法院查封,被告东方建设公司应收的工程款大部分汇入被告祝桂华或其妻子郦国敏的个人账户。第三人楼玉良认为其不清楚。

被告祝桂华辩称:

被告东方建设公司应向其支付借款本息731万元,现被告东方建设公司将其所享有的731万元债权转让给被告祝桂华,未违反法律规定,请求驳回原告的诉讼请求。

第三人斯学江述称:

被告东方建设公司转让给被告祝桂华的731万元债权,是被告东方建设公司单方计算出来的,其不予认可,其欠被告东方建设公司的借款应从被告东方建设公司尚欠其建筑工程款中扣除,请求法院依法确认两被告之间发生的债权转让行为的效力。

第三人楼玉良述称:

2003年6月30日,其曾向被告东方建设公司提出要求借款1000万元,但被告东方建设公司实际借款给第三人斯学江,没有借款给其,原告主张的事实及提出的诉讼请求与其无关。

律师观点:

1. 两被告提供的证据无法证明在债权转让行为发生时被告祝桂华在被告东方建设公司处享有731万元债权。

被告东方建设公司提供的会计转账凭证和银行进账单,只能反映被告东方建设公司与被告祝桂华之间存在资金往来的事实,但无法证明两被告之间是因借款关系而发生资金往来。6份银行进账单所反映的累计额为1298.40万元,从日常交易习惯看,借款人应向债权人出具相应的借款凭证,而两被告均未提供。同时,被告东方建设公司在收到上述6笔汇款后,应在"其他应付款"会计科目的贷方作出账面处理,而债权转让行为发生之后,应当在该会计科目的借方也作出相应的账面处理,但被告东方建设公司未提供相应的会计凭证。因此,两被告提供的证据不能证明在债权转让行为发生时被告祝桂华在被告东方建设公司处享有731万元债权。

2. 两被告间债权转让的行为未经公司董事会同意,属于法律禁止的自我交易行为,应认定为无效。

《公司法》规定了公司董事和高级管理人员的忠实义务,而忠实义务之一为禁止自我交易行为,该法第148条第1款第4项规定:董事、高级管理人员不得违反公司章程的规定或者未经股东会、股东大会同意,与本公司订立合同或者进行交易。构成违背该项义务的条件为,董事、高级管理人与本公司订立合同或者进行交易,且该行为违反公司章程的规定或者未经股东会、股东大会同意。

本案中,被告祝桂华身为被告东方建设公司的董事而与被告东方建设公司发生债权转让行为,两被告均应对债权转让行为的合法性负举证责任,即证明该债权转让行为符合公司章程的规定或者得到公司股东会、股东大会的同意,但两被告均未提供相应的证据,且被告祝桂华也未提供证据证明其与被告东方建设公司之间存在债权债务关系,故两被告应承担举证不能的法律后果。故两被告之间发生的讼争债权转让行为已违背《公司法》禁止董事、高级管理人员与本公司进行自我交易的规定,应确认债权转让行为无效。

法院判决:

被告东方建设公司于2007年9月25日将其享有的731万元债权转让给被告祝桂华的行为无效。

【案例318】未经股东会同意受让公司商标　自我交易被判无效[①]

原告: 国涌公司

被告: 孙国涌

---

① 参见四川省高级人民法院(2007)川民终字第506号民事判决书。

诉讼请求： 判令被告将原告所有的"大白鹅"注册商标转让给自己的行为无效。

争议焦点：

1. 商标转让纠纷是否属于人民法院主管；

2. 原告依法享有对第1583364号"大白鹅"商标的专用权，被告作为原告的股东，在未经股东会通过的情况下，擅自无偿将原告的注册商标转让给自己的行为是否有效；

3. 法院在认定被告将原告的注册商标转让给自己的行为无效后，是否可以直接判决被告将争议商标返还给原告。

基本案情：

1998年3月，被告、黄晓辉分别出资50万元，共计100万元注册成立原告。经营范围以糖果、食品农副产品加工为主，法定代表人为被告。

2001年6月7日，原告在国家商标局注册并取得了第1583364号"大白鹅"文字加图形商标，该商标核定使用商品为第30类，即：糖果、酥糖、怪味豆类等。

2005年9月23日，时任原告法定代表人的被告在未经公司股东会同意的情况下，私自向国家商标局申请受让上述第1583364号"大白鹅"文字加图形商标。2006年4月7日，国家商标局核准了第1583364号商标的转让，明确了受让人为被告，至此，被告无偿受让原告商标的行为完成。

原告诉称：

被告作为原告的股东，在未经股东会通过的情况下，擅自无偿将原告的注册商标转让给自己的行为无效，应将注册商标返还。

被告辩称：

1. 本案的争议是商标转让的行为本身，而不是商标权属本身。而核准确认转让行为是否有效的部门是工商行政管理部门，是行政机关，而不是司法机关，因此不应由人民法院主管。

2. 商标转让已完成，故原告不能提起转让无效主张。

一审认为：

1. 本案属于人民法院主管。

(1) 注册商标专用权系《民法通则》第96条明确规定的一项民事权利，是一种财产权；

(2) 本案所涉"大白鹅"注册商标属公司财产，原告诉求人民法院判令被告将原告所有的"大白鹅"注册商标转让给自己的行为无效，故本案涉及财产权争议，属于民事争议。平等民事主体之间就民事权利、义务转让发生的纠纷,按照《民法通则》第2条"民法调整平等主体的公民之间、法人之间、公民和法人之间的财产关系和人身关系"之规定,系人民法院主管。

故被告抗辩人民法院不能主管本案的理由不成立,其主张不予支持。

2. 被告的自我交易行为无效。

《公司法》第3条规定:公司是企业法人,有独立的法人财产,享有法人财产权。原告依法享有对第1583364号"大白鹅"商标的专用权,被告作为原告的股东,又是法定代表人,其应当谨慎履职,尽力维护公司利益,而不能进行损害公司利益的自我交易。《公司法》(2005年修订)第149条第1款对公司董事及高级管理人员的8类行为作出了禁止性规定,其中第4项为:"违反公司章程的规定或者未经股东会、股东大会或者董事会同意,与本公司订立合同或者进行交易。"被告未经公司另一股东的同意,擅自将公司财产转让给自己,且是无偿转让,明显存在恶意。转让行为首先不是原告的自由意思表示,违反了民法的自愿原则,还违反了《公司法》对公司高管要求的谨慎履职的义务,同时违反了《公司法》对公司高管上述禁止性行为的规定,故根据《合同法》第52条关于"违反法律、行政法规的强制性规定"的合同无效的规定,原告与被告对1583364号商标的转让与受让行为归于无效。

关于被告辩称商标转让已完成,故原告不能提起转让无效的主张。法院认为,国家商标局核准转让合同是依法行使行政管理职权,根据《商标法实施条例》第25条的规定,其审核的是商标转让是否产生误认、混淆或其他不良影响,而非认定商标转让的民事行为的效力,被告的抗辩实际上是将商标转让合同与国家商标局对商标转让的审核行为混为一谈,故核定转让的事实不能影响对违法行为无效的认定。法院还认为,被告未经原告股东会通过,擅自无偿将公司注册商标转让给自己的行为,割裂了商标权人同注册商标的关系,不是权利人的真实意思表示,根据《民法通则》第55条第1款第2项关于"民事法律行为应当意思表示真实"及第58条第1款第3项关于"在违背真实意思的情况下所为民事行为无效"的规定,原来的商标权人有权向人民法院提出转让无效的请求。

一审判决:

原告与被告转让及受让第1583364号"大白鹅"文字加图形商标的行为无效,被告于判决生效之日起10日内将第1583364号"大白鹅"文字加图形商标返还原告。

被告不服一审判决,向上级人民法院提起上诉。

被告上诉称：

在一审中,原告仅诉请对商标转让行为确认无效,而没有返还之诉请。虽然法律规定了无效民事行为后期处理的途径,但却不禁止其他处理方式,当事人双方除可以进行返还外,还可以补充条件,使行为合法有效。而一审法院在原告诉请之外,代替当事人为其增加诉讼请求并予以支持,该行为违背了民事诉讼"不告不理"的基本原则,显属程序违法。故请求依法撤销一审判决。

原告二审辩称：

一审法院审判程序合法,认定事实清楚、适用法律正确,故请求驳回上诉,维持原判。

律师观点：

一审法院在认定被告未经原告股东会通过,擅自无偿将原告的注册商标转让给自己的民事行为无效的前提下,依据《合同法》第58条关于无效合同取得的财产应当返还的规定,判令被告将原告所有的"大白鹅"注册商标返还原告的判决正确,应予以维持。

二审判决：

驳回上诉,维持原判。

【案例319】总监新设公司间接自我交易　协议无效法院酌定返还费用①

原告： 电子科技公司

被告： 信息科技公司

诉讼请求：

1. 支付拖欠的服务费人民币1,384,502.95元；
2. 偿付逾期付款违约金；
3. 偿付提前解除合同违约金20万元；
4. 支付诉讼保全担保费24,000元。

争议焦点：

1. 潘某的"总监"职位是否属于《公司法》规定的高管；
2. 解除自我交易签订的合同,无过错方是否要支付逾期付款违约金和解除合同违约金。

---

① 参见上海市青浦区人民法院(2012)青民二(商)初字第22号民事判决书。

基本案情：

2010年12月25日，原、被告签订《网上商店运营授权协议书》，协议中写明原告的联系人为原告法定代表人唐某某，被告的联系人为潘某。

协议约定：被告在淘宝商城开设的某官方旗舰店，委托原告代为提供在线客服咨询等服务，具体包括在线客服(9点至24点)、售后咨询(退换货、中差评跟进等)。服务费的结算方式如下：保底服务费每月8万元，每月除去退换货部分剩余的销售额若达到40万元以上70万元以下的，按此区间销售额的12%给予被告服务奖金(40万~69.9999万元的部分为12%)；销售额若达到70万元以上100万元以下的，按此区间销售额另给予1%的服务奖金(70万~99.9999万元的部分为12%+1%)；销售额若达到100万元以上140万元以下的，按此区间销售额另给予2%的服务奖金(100万~139.9999万元的部分为12%+2%)；销售额若达到140万元以上150万元以下的，按此区间销售额另给予3%的服务奖金(140万~149.9999万元的部分为12%+3%)，销售额若达到150万元以上的，服务奖金的计算比例双方另议。

被告隔月与原告结算账款，具体为每月5日，被告向原告提供截至上月的正式结算单，被告在收到对账单5日内确认无误后签字盖章后提交给被告，并出具服务费发票，被告于收到发票5日内，以转账或电汇的形式支付给原告。

合同有效期为2010年10月25日至2011年10月24日，若原告在合同有效期内完成某官方旗舰店年销售额600万元，合同到期则按相同条件自动延续一年；否则在合同到期前一个月，以书面形式通知对方是否续约，合同到期未接到对方书面回复，则视为双方未达成续约意向合同终止。被告未按时支付原告应付款项的，每延迟一天，需支付应付款1%的违约金；被告单方面提前解除本协议，需向原告支付违约金20万元。

合同签订后，原告于2010年12月20日开始提供服务，被告支付了至2011年3月25日止的服务费131,566.40元。

2011年8月10日，被告向原告发出函件，称鉴于原告实际状况(包括但不限于实际履约情况)，被告决定自2011年8月31日解除并终止双方签订的协议，该等终止包括但不限于自2011年8月31日起上述文件的终止履行以及保留对上述文件自始无效的追溯权。

原告于次日回函称不同意被告的解除要求，但被告仍于8月底收回某官方旗舰店的相关账号和密码，拒绝原告继续提供服务。

双方协商不成，原告诉至法院。

诉讼过程中,原告因申请诉讼保全需提供担保,与上海市某担保有限公司签订担保服务合同,委托上海市某担保有限公司提供担保,并因此支付了担保服务费24,000元。

原告于2007年5月设立,股东为潘某和唐某,两人系夫妻关系,潘某担任法定代表人。2010年10月20日,原告向工商行政管理部门申请变更法定代表人为唐某某,并2010年11月3日核准变更。

2009年12月28日,潘某与被告签订劳动合同,工作岗位为网站销售部销售企划人员,其填写的内部员工信息表中写明配偶为唐某,工作单位为原告。后潘某职位变更为网络销售部经理、邮购销售部经理,2010年10月1日,潘某担任被告品牌营业部总监。

原告为某官方旗舰店提供服务期间的销售业绩如下:2010年12月20日至31日为339,974元,2011年1月为648,877元,2月为857,877.31元,3月为1,289,705.82元,4月为2,865,840.04元,5月为1,745,197.86元,6月为1,153,987.10元,7月为2,332,972.62元,8月为1,059,598.31元,合计12,712,737.89元。

2011年3月及之前的服务费分别为:26,667元、91,841.36元、131,044.91元、182,013.13元,合计431,566.40元,此款被告已支付。

原告诉称:

原、被告签订《网上商店运营授权协议书》后,原告积极履行合同义务,但被告自2011年3月起开始拖欠服务费,并在2011年8月29日单方面解除合同。被告擅自解除合同的行为已构成违约。

原告诉请中的服务费数额为1,384,502.95元,具体为2011年3月26日至2011年4月25日的服务费为430,875.88元,该笔服务费的逾期付款违约金自2011年5月21日起算;2011年4月26日至2011年5月25日的服务费为262,779.58元,逾期付款违约金自2011年6月21日起算;2011年5月26日至2011年6月25日的服务费为176,558.06元,逾期付款违约金自2011年7月21日起算;2011年6月26日至2011年7月25日的服务费为350,945.83元,逾期付款违约金自2011年8月21日起算;2011年7月26日至2011年8月28日的服务费为163,343.60元,逾期付款违约金自2011年9月21日起算,均计算至判决生效之日止,按每日1%计算。

原告为证明其观点,提交证据如下:

1.《网上商店运营授权协议书》;

2. 开具给被告的服务费发票；

3. 被告付款凭证、双方往来函件。

被告辩称：

1. 原告股东潘某原系被告销售总监，但原告掩盖这一重要事实而与被告签订了合同，且约定的服务费明显过高，损害了被告合法权益，故双方签订的合同违反了公司法相关规定，应为无效；

2. 原告诉请保全担保费并非必然发生的费用，不应由被告负担，故不同意原告的全部诉讼请求。

被告为证明其观点，提交证据如下：

1. 原告工商档案材料；

2. 与潘某签订的劳动合同；

3. 潘某填写的员工信息表；

4. 潘某的员工人事变动申请表。

律师观点：

1. 潘某为《公司法》规定的被告高级管理人员。

《公司法》规定的高级管理人员是指公司的经理、副经理、财务负责人、上市公司董事会秘书和公司章程规定的其他人员。

根据潘某历任公司职务情况来看，被告设有部门经理一职，但潘某在被告公司的职务从部门经理变更为总监，可见总监与部门经理并不相同。潘某所任总监职务，直接向被告总经理负责，知悉公司的经营状况，掌握公司的重要信息，故其职务名称虽非明确为经理和副经理，也应认定为高级管理人员。

2. 潘某违反忠实义务，自我交易签订《网上商店运营授权协议书》无效。

原告系潘某夫妻设立的公司，潘某未经被告股东会同意与被告订立合同，违反了《公司法》禁止董事、高级管理人员与本公司进行自我交易行为的强制性规定，故原、被告之间签订的《网上商店运营授权协议书》应确认为无效。

3. 合同无效的，被告应将原告提供的服务折价返还。

合同无效的，因该合同取得的财产应当予以返还；不能返还或者没有必要返还的，应当折价补偿。

由于原告提供的合同标的物为服务，实际已无法返还，故被告应当折价予以补偿。

根据原告服务期间某官方旗舰店的销售业绩，法院应酌情计算服务费，同时扣除被告已支付的 431,566.40 元。

4. 由于无效合同自始没有法律效力,故原告要求被告支付逾期付款违约金和解除合同违约金的诉讼请求无法律依据。

5. 原告主张的担保服务费并非必须、合理的费用,法院不应予支持。

法院判决:

1. 被告应于判决生效之日起 10 日内支付原告服务费 585,452.63 元;
2. 驳回原告其余诉讼请求。

943. 已经履行相关决策程序的自我交易行为是否一定有效?

并非一定有效。如果该交易的内容存在无效或者可撤销的法定情形,则仍可能依据《合同法》认定其无效或撤销。

944. 公司经理给自己发放薪酬是否违反了忠实义务?

根据规定,董事的报酬由股东会决定,经理报酬由董事会决定。这是因为经理的报酬会涉及公司利益问题。因此,如果公司经理未按公司章程规定或未经董事会决议而擅自给自己发放薪酬,则属于违反忠实义务的行为,公司有权向其主张赔偿。

(1)董事兼任经理的,其薪酬如果不是由董事会决定,就会构成自我交易,潜藏利益冲突;

(2)董事的人选虽由股东会决定,但在程序上是由董事会制定董事的薪酬提案,后提交股东会审议,如果董事能够在事实上操纵股东会,就会构成自我交易,在封闭公司尤其如此。

七、谋取公司商业机会与竞业限制民事责任的裁判标准

945. 判断是否属于公司商业机会的标准是什么?

如符合下列三项条件,则可认定为公司商业机会:

(1)该机会系由公司董事或高级管理人员在履行职务过程中获取的;

(2)依照客观标准判断,董事、高级管理人员理应将该商业机会向公司披露;

(3)该机会与公司的经营领域存在一定的契合度,并可为公司所利用。

具体认定某项机会是否属于公司商业机会时,还应当注意以下两点:

(1)公司的能力,即应当判断公司是否有能力就一项机会进行开发,包括人力、财力的投入;

(2)公司的意愿,即考虑公司是否有愿望对一项机会进行利用,是否曾经以某种方式表达过对商业机会的拒绝。

【案例320】违反竞业禁止义务　董事承担损害赔偿[①]

原告：赵小平、吕刚、郭建军

被告：韩文皓

第三人：富瑞博公司

诉讼请求：被告赔偿第三人自2006年2月1日至2007年10月20日期间的经济损失46万元。

争议焦点：

1. 股东是否可以约定竞业禁止义务，原、被告在公司组建协议、退出协议中关于竞业禁止的约定是否有效，竞业范围是否明确；

2. 被告控制的颢盛公司、被告之妻控股的波瑞公司与第三人客户之间的贸易行为，是否违反了原、被告之间有关竞业禁止的约定；

3. 被告同业竞争给第三人造成的损失如何确定。

基本案情：

2004年2月15日，被告、原告赵小平、原告吕刚、原告郭建军签订公司组建协议。该协议记载，原告赵小平、被告、原告吕刚、原告郭建军经商议，一致同意共同出资组建公司，公司业务以生产销售砂浆类、黏结剂、地面保养类产品，代理国际知名建材品牌，在建材超市和装饰公司销售为主；公司总投资50万元，公司股权构成为原告赵小平持30%，被告持30%，原告吕刚持20%，原告郭建军持20%。在该协议第4条第2项"退出机制"中约定：2年内现有股东不得转让退出，2年后若有股东退出，按有形资产股份比例退出，退出者2年内不得从事与原公司经营产品相冲突的业务。该协议的补充条款为："在成立新的合资公司后本人及本人其他所有公司不再经营与新公司在同一区域内有竞争性的产品及项目。"被告在该协议上签字并将该协议传真给原告赵小平、原告吕刚、原告郭建军，原告赵小平、原告吕刚、原告郭建军签字表示同意。

2004年3月10日，第三人依法设立。第三人的注册资本为50万元，原告赵小平出资15万元，被告出资15万元，原告郭建军出资10万元，原告吕刚出资10万元。第三人的经营范围为：法律、法规禁止的，不得经营；应经审批的，未获批准前不得经营；法律、法规未规定审批的，自主选择经营项目，开展经营活动。

[①] 参见北京市第二中级人民法院(2009)二民终字第00500号民事判决书。

2005年10月21日,被告、原告赵小平、原告吕刚就被告退出第三人一事达成协议。该退出协议约定:(1)在被告退出股份后,将信守原先公司股东章程中的约束条款:"在成立新的合资公司后,本人及本人其他所有公司不再经营与新公司在同一区域内有竞争性的产品及项目","退出者2年内不得从事与原公司经营产品相冲突的业务"。(2)2004年度、2005年度北京公司的红利,被告不再享有分红权。(3)被告初始股本投资21万元,其他股东以现金形式支付。(4)在被告作为股东期间,第三人在北京和其他区域门店内各应收货款由被告负责依据百安居公司付款时间按时转付。(5)在被告作为股东期间,颢盛公司委托第三人向东方家园有限公司和百安居公司送货,第三人所送东方家园有限公司及百安居公司货物和利润归第三人所有,由颢盛公司代为收款,应在收到以上相关货款7日内支付第三人(如第三人有欠被告股本金,应先扣除后再支付),但前提是双方不再垫付相关增值税发票税金,如东方家园有限公司有欠款或产生法律纠纷,颢盛公司有义务提供必要的文件及法律支持,但不承担相关费用。如颢盛公司要第三人停止发货,需书面通知,此前所送货物所有权归第三人所有。(6)如果股东各方没有异议,4位股东尽快去北京工商机关办理股东变更手续。当日,原告赵小平、原告吕刚和被告在退出协议上签字。2005年11月5日,原告郭建军签字表示同意该协议。后工商登记显示,在2005年12月11日被告将其所持有的股权分别转让给原告吕刚、原告郭建军、周新云,并办理股权变更手续。

2005年10月21日的退出协议签订后,各方继续按照协议中所述模式进行经营,即由颢盛公司委托第三人向百安居公司送货,百安居公司将款项支付给颢盛公司,再由颢盛公司将款项转交给第三人。据双方共同确认的送货单显示,自2006年2月1日后颢盛公司便没有再委托第三人向百安居公司送货。自2006年3月起,波瑞公司向百安居公司供货,仍然使用颢盛公司的供货商编号101352,联系人为被告,联系电话也是颢盛公司的电话。

据百安居公司出具的交易汇总表显示,颢盛公司与波瑞公司的供货商编号均为101352,2005年颢盛公司与百安居公司的交易额为2,560,320.6元,2006年波瑞公司与百安居公司的交易额为2,699,710.7元,2007年波瑞公司与百安居公司的交易额为1,957,191元。

依据北京今创会计师事务所对2005年度第三人与百安居公司的业务情况出具的审计报告,审计结果为:2005年第三人销售给百安居公司的经营收入占其当年全部销售收入的47.08%,净利润220,732.89元。

颢盛公司的法定代表人为被告,目前股东为被告和周长海,分别持有80%和

20%的股权。波瑞公司的法定代表人为周长海,目前股东为周长海、黄荣强,分别持有60%和40%的股权。被告与周长海为夫妻。

通过GOOGLE进行搜索,用"颢盛公司"与"波瑞公司"所搜索到的网页是一样的。

2005年12月16日,颢盛公司曾向第三人传真财务资料,表示颢盛公司新的财务资料按照波瑞公司的名称、地址、账号进行,并要求原告赵小平将给颢盛公司的发票全部开到波瑞公司。

2006年1月16日,颢盛公司向东方家园有限公司出具证明,委托第三人处理与东方家园有限公司的善后事宜。证明上记载颢盛公司的联系方式,其中网站、地址与波瑞公司网站以及该网站所注明的地址相同。

原告均诉称:

公司组建协议第4条第2款、退股协议第1条均明确规定,退出者承担竞业禁止义务,在退出2年内本人及本人其他所有公司不得从事与原公司经营产品相冲突的业务等。但被告退股后违反协议中关于竞业禁止的约定,利用其为法定代表人的颢盛公司及其妻周长海为法定代表人的波瑞公司继续和位于北京市朝阳区来广营西路的百安居公司进行建材交易,给第三人造成巨大的经济损失,故应当承担赔偿责任。

被告辩称:

1. 被告不是竞业禁止诉讼的适格主体。退股协议是股东签订的,只能约定股东之间的权利义务,原告没有权利要求被告赔偿第三人的损失。且颢盛公司与波瑞公司是独立民事主体,其经营活动不受股东所签协议的约束。

2. 百安居公司原本就不是第三人的客户,而是颢盛公司委托第三人送货,因此不存在第三人客户的流失。

3. 公司组建协议和退股协议均没有明确约定竞业禁止的区域和内容,故该两份协议是无效的,不能以该两份协议为依据提起诉讼。

4. 没有证据证明是被告的原因导致第三人不能成为百安居公司的供货商,没有证据证明本案涉及商业秘密,也没有证据证明第三人存在损失。

第三人未做陈述。

律师观点:

1. 原、被告股东之间签订的竞业禁止约定合法有效。

《公司法》等相关法律并不禁止股东之间就竞业禁止进行约定,故股东之间自愿签订的竞业禁止协议应当受到保护。被告系自愿签订包含有竞业禁止内容的公司组建协议、退出协议,虽然协议中有关于约束其他公司的内容,但约定的是为被告所控制的公司,而且承担责任的主体是被告并不及于其他公司。故被告关于两份协议的内容因约束其他独立法人、违反公序良俗的抗辩意见,缺乏法律与事实依据,应不予采纳。因此,原告赵小平、原告吕刚、原告郭建军与被告之间竞业禁止的约定系当事人的真实意思表示,且未违反有关法律、法规的强制性规定。

需要强调的是,4位股东虽然签订公司组建协议之后又签订了章程,但在与章程不冲突的情况下,公司组建协议仍然有效。签约当事人应当按约履行义务,否则应当承担相应的违约责任。现原告赵小平、原告吕刚、原告郭建军依据公司组建协议、退出协议,以违约为由,起诉被告,当事人主体适格,予以确认。

2. 组建协议、退出协议内容明确,被告的行为属于退出协议中约定的业务范围。

原告赵小平、原告吕刚、原告郭建军主张被告违反竞业禁止约定,损害了第三人的利益。被告认为自己没有违约行为,并认为原有协议中约定的"同一区域""有竞争性的产品及项目"内容不明确。由于在签订退出协议时,第三人已运营近2年时间,其经营区域、经营项目已经明确。故应当以2005年10月21日被告签订退出协议时第三人的业务情况,对"同一区域""有竞争性的产品及项目"进行判断。在被告担任第三人股东期间,第三人与百安居公司存在业务关系。现原告赵小平、原告吕刚、原告郭建军主张被告在退出第三人后,被告及其所有公司仍然与百安居公司进行交易,没有超出2005年10月21日被告签订退出协议时第三人的业务范围。

3. 被告违反其与原告签订的竞业禁止约定,应承担违约责任,赔偿原告损失。

公司组建协议、退出协议中约定"在成立新的合资公司后,本人及本人其他所有公司不再经营与新公司在同一区域内有竞争性的产品及项目","退出者2年内不得从事与原公司经营产品相冲突的业务"。

被告为颢盛公司控制股东,被告妻子周长海为波瑞公司的控制股东。颢盛公司与波瑞公司在多种形式的资料上地址、电话、网页相同,再结合两家公司在百安居公司的供应商编号也相同、被告曾直接作为波瑞公司的联系人出现在百安居公司的订单上等情况,能够认定颢盛公司、波瑞公司属于人格混同,均为被告所控制。被告在退出第三人后,其控制的颢盛公司、波瑞公司与百安居公司发展业务关系,违反了其与原告组建协议与退出协议中有关竞业禁止的约定,侵害了第三人的交易机会,损害了第三人的利益,故被告应当承担相应的违约责任。

4. 第三人损失参照第三人与百安居公司往年交易可得利润额计算。

根据审计结果可知,2005年第三人销售给百安居公司的经营收入占其当年全部销售收入的47.08%,净利润220,732.89元。比照该利润额,可以认定第三人在2006年2月1日至2007年10月20日期间的利润损失。因此,原告赵小平、原告吕刚、原告郭建军诉讼请求中要求被告赔偿第三人相应利润损失的部分,于法有据,证据充分,予以支持。

法院判决：

1. 被告向第三人赔偿380,151.09元。
2. 驳回原告其他诉讼请求。

946. 公司董事、高管违反谋取公司商业机会限制义务的构成要件有哪些？如果董事、高管违反该义务与第三人进行了交易,该交易是否有效？

公司董事、高级管理人员违反谋取公司商业机会限制义务的构成要件如下：

(1)董事或高级管理人员的行为未经公司股东(大)会的同意。

基于对公司意思自治的保护,《公司法》仅对董事及高级管理人员谋取公司商业机会进行了限制,如果公司股东(大)会对此谋取行为表示同意,则董事及高级管理人员即可利用该机会。

(2)董事或高级管理人员实施了谋取公司商业机会的行为。

(3)公司利益(包括潜在利益)由于董事或高级管理人员谋取公司商业机会的行为受到损害。

如果董事、高管违反谋取公司商业机会限制义务与第三人进行了交易,如果第三人不存在恶意,则除非合同当事人,他人不得主张交易行为无效或可撤销。

947. 第三人出于对公司董事、高管的信任而与其合作,董事、高管是否属于违反谋取公司商业机会限制的义务？

不属于。违反对公司忠实义务的前提是董事、高管当面临个人利益与公司利益冲突时,选择牺牲公司利益而保护私人利益。但如果其在谋得商业机会时并不是出于恶意的、以损害公司利益为条件,或者第三人不愿意、不信任与公司交易,则公司无权追究董事或高级管理人员的责任。

【案例321】利用第三方谋取公司商机　收入被判归公司所有[①]

原告：谷诏公司

被告：谷某某

第三人：世蒂公司

诉讼请求：

1. 被告归还原告业务收入30,975.36美元；
2. 赔偿毛纱款90,054.94元、检品费31,368.8元。
3. 第三人承担连带责任。

争议焦点：

1. 被告委托他人加工并由第三人出口,是否是谋取原告商业机会的行为；
2. 被告使用原告资金支付毛纱款和检品费是否损害了原告利益；
3. 第三人是否与被告共同侵权,是否应当承担连带责任。

基本案情：

被告系原告总经理。2005年12月至2006年2月期间,被告在原告不知情的情况下,指派工作人员对外签订与原告主营业务相同的合同17份,并由被告通过第三人对外进行出口业务,17份合同总金额154,876.8美元,利润30,975.36美元。

被告为履行该17份合同,利用职务便利将价值人民币60,054.94元的毛纱委托原告客户加工并由第三人出口,期间又向佳桑公司及乐谊公司支付检品费31,368.8元。

原告诉称：

被告在任职期间,未尽忠实、勤勉义务,多次为第三方公司居间介绍本属原告的经营业务,并从中谋取非法利益,被告的行为严重侵犯了原告的利益,应承担相应的损害赔偿责任。

被告辩称：

原、被告系合作关系,被告系外国人,非原告董事总经理。原告不具备出口经营权,而原告诉称第三人所签合同系出口合同,与原告业务不存在竞合。被告未持有第三人股份,也未在第三人任职,故不存在自营或与他人合营的事实。

---

① 参见张海棠主编：《2009年上海法院案例精选》,上海人民出版社2010年版,第192~195页。

原告没有证据证明被告侵占原告财产,包括对毛纱款和检品费的侵占,故请求驳回原告诉讼请求。

律师观点:

1. 被告是原告总经理,应履行忠实勤勉义务。

本案被告虽非原告股东或董事,但根据其在原告处任职情况看,应当认定被告在原告处的总经理身份,属于原告的高级管理人员,应当遵守《公司法》规定履行忠实和勤勉义务。

2. 被告存在利用职务便利谋取本属于原告商业机会的行为,应承担赔偿责任。

公司高级管理人员应当遵守法律、行政法规和公司章程,对公司负有忠实和勤勉义务,在执行公司事务时,应以公司利益为最高准则,不得以损害公司利益为代价而追求自己或者他人利益,或未经股东会或者股东大会同意,利用职务便利为自己或者他人谋取属于公司的商业机会,自营或者为他人经营与所任职公司同类的业务。

本案讼争的外贸业务,从客户情况来看,系自己加工或外发加工、检验之后,委托公司出口日本。现被告将本属于原告的商业机会自己经营,通过原告工作人员进行业务联系,委托原告的协作企业进行加工或检整,并通过第三人与日本客户签约的方式完成出口业务,损害了原告利益,应当承担相应的赔偿责任。

3. 有关被告赔偿数额的认定。

根据《公司法》第 148 条的规定,公司高级管理人员未经股东会同意,利用职务便利为自己谋取属于公司的商业机会,自营与所任职公司同类的业务,其所得收入应当归公司所有,故被告应归还原告业务收入 30,975.36 美元。

《公司法》第 149 条规定,公司高级管理人员执行公司职务行为时违反法律、行政法规或者公司章程的规定,给公司造成损失的,应当承担赔偿责任。本案中,被告为履行讼争业务,通过原告支付的毛纱款和检品费,系原告直接经济损失,应当由被告赔偿。

4. 第三人不承担连带赔偿责任。

因原告未提供充分证据证明第三人存在与被告恶意串通、共同故意损害原告利益的情形,故第三人不承担连带赔偿责任。

法院判决:

1. 被告归还原告业务收入 30,975.36 美元;
2. 被告谷某某应赔偿原告谷诏公司毛纱款人民币 90,054.94 元;

3. 被告谷某某应赔偿原告谷诏公司检品费人民币 31,368.80 元;

4. 驳回原告要求第三人世蒂公司承担连带责任的诉讼请求。

948. 如何判断是否违反了竞业限制义务?

应当从以下五个方面进行判断:

(1)竞业限制义务的主体。竞业限制义务的主体必须是公司的董事或高级管理人员。

(2)竞业限制的时间范围。董事或高级管理人员违反竞业限制义务的行为必须发生在公司的营业期间,包括公司准备营业、试营业和暂停营业期间;而且董事或高级管理人员竞业限制的时间一般限于其任职期间,但是董事或高级管理人员在辞职后从事的竞争营业是利用了公司的财产、信息或者机会的,也会构成对竞业限制义务的违反。

(3)竞业限制的地域限制。竞业限制的地域限制应以董事或高级管理人员与公司可能产生实质性竞争关系的经营区域为准,不能将限制扩大到公司将来可能开展业务的地域。但是随着公司经营地域范围越来越大,竞业地域限制的必要性已经受到影响。

(4)关于自营或者为他人经营的理解。自营或者为他人经营应当理解为为自己利益而经营或者为他人利益而经营。如董事不以自己的名义,也不充任他人的代理人,但是从事竞业行为的经济效果却可以归属于自己或者他人,则视为自营或者为他人经营。

(5)关于与自己所任职公司同类业务的理解。同类的业务,必须是以营利为目的的交易或者行为,即竞业行为必须是通过该行为可以获得经济利益的行为。

业务,不仅包括持续的经营,也包括断断续续的经营或者一次性的交易,还包括担任有竞业关系企业法人的董事、高级管理人员及有竞业关系的非企业法人的负责人、合伙人等。

同类,应以该种业务是否与董事、高级管理人员所任职公司具有竞争关系为标准。如果具有,则属于同类,反之则不为同类。当然,在实际中,可以以公司的营业范围作为判断董事、高级管理人员竞业禁止义务适用范围的形式标准,如果营业范围相同的,则属于同类。①

需要说明的是,如果公司股东(大)会同意董事、高管自营或为他人经营同类

---

① 吴庆宝主编:《公司纠纷裁判标准规范》,人民法院出版社 2009 年版,第 225~227 页。

业务,则该董事或高管即无须承担责任。

949. 公司董事、高管在经营同类业务的其他公司作为股东,是否构成对竞业限制义务的违反?

构成。

《公司法》明确规定,凡未经公司股东(大)会同意,自营或为他人经营与所任职公司同类的业务即属于对竞业限制义务的违反。身为公司的董事或高级管理人员作为其他同类业务公司的股东,虽然未必参与经营管理,但是事实上已经以提供财力的方式自营了该公司,因此构成对竞业限制义务的违反。

950. 股东是否可以成为竞业禁止限制义务的主体?

在我国,股东并不是法定的竞业禁止义务主体,但法律亦未禁止对此作出约定。如果股东之间在设立公司时或在公司运营过程中,以协议的形式对作为公司股东期间的竞业禁止作出约定的,如果该约定对于合同当事人的利益而言是合理的,并且相对于公共利益而言也是合理的,则该约定就应当合法有效,如果有人违反,则应当承担竞业禁止义务所规定的相应责任。

951. 如果公司已经税务注销或被吊销但尚未注销,董事、高管另设公司与原公司同业竞争是否构成损害公司利益?

不构成。

董事、高管违反竞业限制义务之所以应当承担损害公司利益的责任,其原因在于该行为未经公司同意,并影响了公司的正常经营。但公司在已被吊销、办理税务注销或完全停止经营的情况下,董事、高管另设公司与原公司经营同类业务已不可能再对原公司的经营造成任何影响,故不需承担损害公司利益的责任。

【案例322】原公司停止经营 另设公司不构成同业竞争[①]

原告:顾光耀

被告:王琳玲

第三人:永耀公司、石桂珍、吴荣铭、康培、王乃海

诉讼请求:被告向第三人永耀公司归还被告经营迪费特公司所得收入。

---

① 参见上海市第二中级人民法院(2003)沪二中民三(商)终字第417号判决书。永耀公司发生该诉讼后,顾关耀此后向上海市青浦区人民法院提起了损害公司利益纠纷诉讼,详见本章第二节【案例315】"公司停业且无经营场地 董事保管财物不视为挪用"。

争议焦点：

1. 作为第三人永耀公司的法定代表人，实际中被告是否对公司享有控制权，是否享有相应的权利，并需承担相应义务；

2. 在第三人永耀公司处于停业状态下，被告另行投资设立经营同类业务的迪费特公司，其行为是否违反竞业禁止义务，是否构成对第三人永耀公司利益的损害。

基本案情：

1998年11月，原告、被告、第三人石桂珍、第三人吴荣铭、第三人康培五人共同制定了《股份合作制企业章程》，约定以人民币14万元设立公司，由原告投资人民币6万元、被告投资人民币3万元、第三人石桂珍投资人民币2万元、第三人吴荣铭投资人民币2万元、第三人康培投资人民币1万元。随后上述五人委托有关企业登记代理机构办理公司的注册登记事项。

1998年12月10日，第三人永耀公司成立，该公司登记的注册资本总额为人民币50万元，注册登记的股东为原告和被告，注册登记中两人各出资人民币25万元，由被告担任第三人永耀公司的法定代表人。第三人永耀公司的经营范围是：带锯床、带锯条及技术服务，销售圆锯片、开孔器、包装机器、空压机、家用电器、金属材料、机床电器、五金工具、自动控制元器件、医疗器材。

2001年10月，原告、被告以及第三人石桂珍、第三人吴荣铭、第三人康培之间为第三人永耀公司经营和股东权益等发生矛盾，使第三人永耀公司的经营活动不能正常开展，被告也于此时离开第三人永耀公司，此后该第三人永耀公司的经营活动由第三人石桂珍和第三人吴荣铭的妻子共同操作。2001年11月6日，第三人永耀公司委托上海青瑞税务师事务所办理注销税务登记的手续，至此，第三人永耀公司已不再开展经营活动。

2001年11月16日，被告与第三人王乃海共同投资设立迪费特公司，由被告担任该公司的法定代表人。迪费特公司的经营范围是：销售带锯床、带锯条、圆锯片、开空器、包装机器、空压机、家用电器、金属材料（除专控）、机床电器、日用百货、五金交电、锅炉配件、自动控制元器件、带锯条技术服务。

2001年12月22日，原告、被告以及第三人石桂珍、第三人吴荣铭、第三人康培五人共同达成了《关于催讨应收账款的决议》，明确："一、所收到的第三人永耀公司应收款一律进第三人永耀公司的唯一账户；二、每月以账单为准，支票进来要在本子上记录有人为证，每月对账单每股东可以询问；三、将本公司的应收账款转入他人账户负一切法律责任；四、先分2000年红利，每股以柒仟元为准，后分本金,最后在第三人永耀公司所有财产清算后,还清 2001 年红利及归还债务。"

2003 年 4 月 11 日,迪费特公司的股东被告和第三人王乃海以公司经营不善为由决定注销迪费特公司,并于 2003 年 4 月 17 日经工商管理部门核准同意注销。

原告诉称:

被告作为第三人永耀公司的法定代表人,在外与他人成立迪费特公司,与第三人永耀公司经营同类业务,违反了《公司法》关于董事、高级管理人员竞业禁止的规定,故其所得应归第三人永耀公司所有。

被告辩称:

原告擅自将被告从第三人永耀公司赶走,并骗取了公章和被上诉人的私章,提走了第三人永耀公司资金,后因 2002 年 3 月第三人永耀公司年检,被告才从经济区取回了印章。在原告和第三人石桂珍控制第三人永耀公司期间进行了注销税务登记,停止了第三人永耀公司的经营。原告还另行设立罗耀公司,并发出通知以取代第三人永耀公司。

因此,被告是在被赶出第三人永耀公司的情况下,才设立迪费特公司的,且迪费特公司的客户也不是第三人永耀公司的老客户,老客户都被罗耀公司拉走了,故被告未侵害第三人永耀公司的权益。现迪费特公司因经营亏损已经注销。

第三人均未作陈述。

律师观点:

1. 被告已丧失对公司的控制,无法行使相应权利。

从工商登记材料看,被告始终是第三人永耀公司的法定代表人,但在 2001 年 10 月原告、被告产生矛盾后,被告就离开第三人永耀公司,不再掌控公司的经营活动,在此后公司的经营活动都是由第三人石桂珍与第三人吴荣铭的妻子共同负责。因此,被告在设立迪费特公司时已实际丧失对第三人永耀公司的控制,无法行使法定代表人及经理的权利。根据"权利义务相一致"的原则,在被告不享有权利的同时却要求其承担义务,显然有违情理。

2. 被告另行设立迪费特公司时第三人永耀公司已停业,不构成同业竞争。

从时间上看,迪费特公司成立时,第三人永耀公司已基本处于停业状态,此后也未能开展正常的业务经营,故迪费特公司的成立、经营与第三人永耀公司的停业及停业损失没有必然的因果关系。同时,原告也未能提供证据证明迪费特公司盈利且被告从该公司获取利润,其诉讼请求无具体明确的数额,原告应承担举证不能的责任。现迪费特公司已因经营不善而注销,已不构成对第三人永耀公司的同业竞争。故被告与第三人王乃海在 2001 年 11 月 16 日共同投资设立迪费特公司时，第三人永耀公司已经处于停业清算状态，而且被告在此前已经离开第三人永耀公司，被告实际上已不再拥有对第三人永耀公司的经营权。

因此，被告另行投资设立经营同类的迪费特公司的行为并没有违反我国《公司法》中关于公司董事、经理竞业禁止的有关规定，不构成对第三人永耀公司的利益损害。

法院判决：

驳回原告诉讼请求。

八、侵害商业秘密民事责任的裁判标准

952. 如何判断公司的经营信息和技术信息是否属于商业秘密？

商业秘密，是指不为公众所知悉、能为权利人带来经济利益、具有实用性并经权利人采取保密措施的技术信息和经营信息。商业秘密具有以下法律特征：

(1)秘密性，是指有关信息不为其所属领域的相关人员普遍知悉和容易获得。具有下列情形之一的，可以认定有关信息不具有秘密性：

①该信息为其所属技术或者经济领域的人的一般常识或者行业惯例；

②该信息仅涉及产品的尺寸、结构、材料、部件的简单组合等内容，进入市场后相关公众通过观察产品即可直接获得；

③该信息已经在公开出版物或者其他媒体上公开披露；

④该信息已通过公开的报告会、展览等方式公开；

⑤该信息从其他公开渠道可以获得；

⑥该信息无须付出一定的代价而容易获得。

(2)保密性。采取了合理的保密措施，即权利人为防止信息泄露所采取的与其商业价值等具体情况相适应的合理保护措施。具有下列情形之一，在正常情况下足以防止涉密信息泄露的，应当认定权利人采取了保密措施：

①限定涉密信息的知悉范围，只对必须知悉的相关人员告知其内容；

②对于涉密信息载体采取加锁等防范措施；

③在涉密信息的载体上标有保密标志；

④对于涉密信息采用密码或者代码等；

⑤签订保密协议；

⑥对于涉密的机器、厂房、车间等场所限制来访者或者提出保密要求；

⑦确保信息秘密的其他合理措施。

（3）实用性。能为权利人带来经济利益,即有关信息具有现实的或者潜在的商业价值,能为权利人带来竞争优势。

【案例323】客户名单为经营秘密　侵权需赔偿①

原告：盛泰达公司

被告：盛杰佳鑫公司、孙兴堃、李文静

诉讼请求：

1. 判令3位被告立即停止侵犯原告商业秘密的不正当竞争行为；

2. 判令3位被告在全国性报纸上向原告公开赔礼道歉,并保证不再利用原告的业务渠道开展业务活动；

3. 判令3位被告赔偿原告经济损失5万元。

争议焦点：

1. 原告与被告孙兴堃、被告李文静签订的《离职保密协议》中第2条约定了被告孙兴堃、被告李文静的竞业禁止义务,但没有约定相应的补偿,原告也未向被告孙兴堃、被告李文静实际支付合理的经济补偿,该条款是否有效；

2. 上述条款的效力是否影响协议中其他条款的效力,被告孙兴堃、被告李文静是否仍应承担保守原告商业秘密的义务,是否可以认定原告对客户名单采取了保密措施；

3. 原告拥有的包括联通葫芦岛分公司、移动淮南分公司在内的客户名单是否属于不为公众和同行业普遍知悉的信息；

4. 3位被告违反保密协议使用原告客户名单的行为是否构成对原告商业秘密的侵犯；

5. 如何确认3位被告应赔偿原告经济损失的金额。

基本案情：

2006年3月20日,原告成立,主要从事电子技术开发及维修服务。

2007年5月14日,原告与联通葫芦岛分公司签订《维修合同书》1份。双方约定由原告为联通葫芦岛分公司提供电源模块维修服务,合同有效期自2007年5月8日至2008年5月8日。被告孙兴堃于2006年5月29日进入原告,担任市场销售业务员,其在公司任职期间曾代表原告与联通葫芦岛分公司联系业务。

---

① 参见北京市第二中级人民法院(2009)二中民终字第07575号民事判决书。

2007年12月28日,原告与被告孙兴堃解除劳动关系。同日,被告孙兴堃(甲方)与原告(乙方)签订《离职保密协议》。该协议载明:"鉴于甲方曾在乙方任职,并获得乙方支付的工资报酬,双方当事人就甲方在离职后保守乙方商业秘密的有关事项,签订下列条款共同遵守:1. 甲方离职后2年内不应向同业竞争对手透露公司的商业信息,也不应在未取得乙方同意的情况下使用该商业信息;2. 甲方承诺离职后2年内,不在其他与乙方提供同类电源模块维修服务的企业内担任任何职务或工作。"

2008年1月2日,被告孙兴堃与案外人李杰共同出资成立被告盛杰佳鑫公司。该公司与原告的经营业务基本相同。

2007年1月9日,被告李文静进入原告担任销售员。被告李文静任职期间曾代表原告与移动淮南分公司联系业务。2008年1月21日,原告与被告李文静解除劳动关系。同日,被告李文静与原告签订《离职保密协议》。该协议内容与上述被告孙兴堃与原告签订的相关协议内容基本相同。从原告辞职后,被告李文静进入被告盛杰佳鑫公司,成为该公司的员工。

2008年1月至3月间,被告盛杰佳鑫公司与联通葫芦岛分公司发生业务往来,其中有两笔业务由被告孙兴堃、被告李文静经手。

原告诉称:

由于被告盛杰佳鑫公司与被告孙兴堃的共同侵犯原告商业秘密的行为导致其与联通葫芦岛分公司的维修合同未履行完毕。而原告与移动淮南分公司的业务往来亦已停止。对此,原告参照联通葫芦岛分公司以及移动淮南分公司2007年总的业务金额标准,计算出损失金额为54,206.75元,原告因此主张损失5万元。

原告为证明其观点,提交证据如下:

1. 原告提交了多份龙成公司的《代承运契约书》、被告李文静签字的《领用发票申请单》(购货单位为联通葫芦岛分公司)、原告给联通葫芦岛分公司开具的多份发票,2007年10月11日原告签发的《差旅费报销单》等证据材料,用以证明原告在2007年6月至12月期间与联通葫芦岛分公司的业务往来情况,以及被告孙兴堃、被告李文静曾负责与联通葫芦岛分公司的业务联系;

2. 原告提交了被告李文静签字的《差旅费报销单》、多份龙成公司的《代承运契约书》、发票、被告李文静签字的《领用发票申请单》,用以证明其于2007年4月起就与移动淮南分公司建立了业务联系并发生了多次业务往来,被告李文静是业务联系人;

3. 原告还提交了1份龙成公司的《代承运契约书》,用以证明自2008年2月起移动淮南分公司开始与被告盛杰佳鑫公司发生业务往来。

被告均辩称：

1. 原告拥有的包括联通葫芦岛分公司、移动淮南分公司在内的客户名单不属于商业秘密。

原告拥有的包括联通葫芦岛分公司、移动淮南分公司在内的客户名单不符合商业秘密的基本特征,不属于商业秘密。

(1)被告孙兴堃、被告李文静在原告工作时开展业务的基本方法就是电话或上门联系业务,而所有客户公司的名称、地址、联系方式,都是可以通过公开的方式查到,所以,这些根本不构成商业秘密;

(2)原告所称的"保密措施"不具备任何实际意义。根据《劳动合同法》第23条规定,"对负有保密义务的劳动者",其保密义务的确定,就是"竞业禁止条款",没有补偿协议作为基础,让已不在职的员工承担保密义务是没有法律依据的,因此,原告没有采取法定的保密措施,不属于《反不正当竞争法》规定的商业秘密。

2. 被告盛杰佳鑫公司取得上述业务均通过合法渠道,不存在侵权行为。

即使上述客户名单属于商业秘密,原告也缺乏足够证据证明3位被告构成侵权。3位被告是通过招投标的方式争取到业务订单的,决定性的因素是竞标,而不是有了客户名单取得联系就可以。原告不能排除他人通过别的渠道、别的办法与客户取得联系。

3. 3位被告不应承担原告的损失。

原告所诉称的损失与3位被告无关,任何一次投标都有成功和失败的可能,原告不能将公司技术人员离职,人心涣散,导致不能中标的结果强加在3位被告头上。

综上,原告起诉3位被告侵犯其商业秘密,没有事实和法律依据,请法院驳回原告的全部诉讼请求。

被告孙兴堃对原告所提供的证据发表质证意见如下：

被告孙兴堃未经手过联通葫芦岛分公司的业务,上述差旅费报销单上虽写有被告孙兴堃的名字,但领款人不是被告孙兴堃,且被告孙兴堃也没去过联通葫芦岛分公司。

针对被告孙兴堃的上述观点,原告认为：

原告对此不予认可,主张被告孙兴堃一直负责东北、华北等地的业务联系,联通葫芦岛分公司正是被告孙兴堃负责的业务,在报销单上签字的人是被告孙兴堃的助手。

律师观点:

1. 原告拥有的包括联通葫芦岛分公司、移动淮南分公司在内的客户名单属于商业秘密。

《反不正当竞争法》规定，商业秘密是指不为公众所知悉、能为权利人带来经济利益、具有实用性并经权利人采取保密措施的技术信息和经营信息。商业秘密中的客户名单，一般是指由客户的名称、地址、联系方式以及交易的习惯、方式、内容、合同价格等构成的区别于相关公知信息的特殊客户信息。本案中，原告拥有的包括联通葫芦岛分公司、移动淮南分公司在内的客户名单具有以下特点：

(1) 该客户名单并非同行业普遍知悉的信息。

联通葫芦岛分公司、移动淮南分公司与原告之间的合同关系，并不为通常从事有关工作的人员所普遍了解和掌握。例如：原告与联通葫芦岛分公司签订《维修合同书》中约定由原告为联通葫芦岛分公司提供电源模块维修服务。服务模式为联通葫芦岛分公司将待维修模块包装好，运送给原告，原告从货到之日起 3 个月内免费维修。修好后将模块运送到联通葫芦岛分公司。到货后付清货款的 95%，质保期过后 7 日内付清维修费剩余的 5%。合同针对模块的不同型号约定了维修价格，往返运费双方各自承担。联通葫芦岛分公司、移动淮南分公司与原告合作经营期间所形成的联系方式、交易习惯、交易内容、合同价格等经营信息，是原告在经营过程中长期积累才形成的，且从其他公开渠道也不易获得。故原告通过自己的经营努力而形成的、特定化的客户资料等经营信息，具有秘密性。

(2) 这些信息对于原告具有实用价值。

这些经营信息蕴含了原告的营销渠道以及客户的消费习惯，是原告稳定客户群、开拓市场、增强企业竞争力的重要依据。

(3) 原告对该秘密信息采取了保密措施。

虽然原告与被告孙兴垄、被告李文静签订的《离职保密协议》中对被告孙兴垄、被告李文静的竞业禁止义务，没有约定相应的补偿，原告也未向被告孙兴垄、被告李文静实际支付合理的经济补偿，违反公平原则，剥夺了被告孙兴垄、被告李文静基本的就业权、劳动择业权，应为无效条款。但该条款无效，不影响协议中其他条款的效力。根据协议第 1 条，被告孙兴垄、被告李文静仍应承担保守原告商业秘密的义务，且上述约定构成法律意义上的保密措施。

综上，原告的客户名单等经营信息具有秘密性、实用性、保密性，属于法律保护的商业秘密。

2. 3位被告的行为构成对原告商业秘密的侵犯。

《反不正当竞争法》规定，违反约定或者违反权利人有关保守商业秘密的要求，披露、使用或者允许他人使用其所掌握的商业秘密，构成对他人商业秘密的侵犯。

本案中，被告孙兴堃、被告李文静在原告工作期间，作为销售业务员一直负责联系客户。现有证据表明被告李文静与联通葫芦岛分公司、移动淮南分公司都曾联系过业务。而被告孙兴堃虽辩称其在原告工作期间没有负责过与联通葫芦岛分公司的业务往来，但原告提交的《差旅费报销单》出差人的名字中有被告孙兴堃。该报销单表明被告孙兴堃是原告于辽宁省内相关业务的联系人之一，其不仅应当知悉原告与联通葫芦岛分公司的交易活动，而且被告孙兴堃作为销售业务员可以直接接触作为原告商业秘密的客户资料等经营信息。

被告孙兴堃、被告李文静从原告离职后，先后进入被告盛杰佳鑫公司。在此之后，联通葫芦岛分公司以及移动淮南分公司终止了与原告的有关业务而与被告盛杰佳鑫公司建立了业务关系，且被告孙兴堃、被告李文静分别参与了上述业务。可见，3位被告对侵犯原告的商业秘密，存在主观故意。3位被告虽主张被告盛杰佳鑫公司系通过招投标方式取得联通葫芦岛分公司、移动淮南分公司的业务订单，但其不能举证证明，故不应予以支持。鉴于原告与被告盛杰佳鑫公司在本案涉及的有关维修业务方面具有竞争关系，3位被告的行为，已经共同构成对原告商业秘密的侵犯，应当承担相应法律责任。

3. 3位被告应赔偿原告经济损失5万元。

原告参照联通葫芦岛分公司以及移动淮南分公司2007年总的业务金额计算出向3位被告主张的经济损失金额5万元，3位被告虽辩称与其无关，但由于3位被告的行为构成对原告商业秘密的侵犯，并且没有举出相反证据证明原告的经济损失少于5万元，因此，3位被告应赔偿原告经济损失5万元。

综上，原告要求3位被告立即停止侵犯其商业秘密的不正当竞争行为，并赔偿经济损失5万元的诉讼请求，应予以支持。原告要求3位被告公开赔礼道歉的诉讼请求，缺乏法律依据，不应予以支持。

法院判决：

1. 3位被告立即停止涉案侵犯原告商业秘密的不正当竞争行为；
2. 本判决生效之日起10日内，3位被告连带赔偿原告经济损失5万元；
3. 驳回原告的其他诉讼请求。

【案例324】侵犯商业秘密　不同职位不同责任[①]

原告：科贸公司、仪器公司

被告：某某公司、楼某某、杨某某

诉讼请求：

1. 三被告立即停止侵犯原告的商业秘密；

2. 三被告赔偿原告经济损失人民币50万元，三被告对上述赔偿数额互负连带责任；

3. 三被告赔偿原告为调查被告的不正当竞争行为而支出的合理费用84,521.97元，三被告对上述赔偿数额互负连带责任。

争议焦点：

1. 原告科贸公司2005年6月实施的《企业管理制度》是否经过全体员工学习；对被告楼某某、被告杨某某是否产生约束效果；

2. 被告楼某某、被告杨某某从两原告处离职后，如两原告客户主动找到两人及被告某某公司形成交易，三被告是否侵犯了两原告的商业秘密；

3. 被告某某公司生产的混凝土电通量测定仪、混凝土氯离子含量快速测定仪中使用的混凝土电通量测定仪的预测方法和混凝土氯离子含量快速测定仪的电势及浓度线性关系的生成方法是否属于不为公众所知悉的技术信息；

4. 被告杨某某作为原告的销售人员，就技术侵权的责任是否应当与技术人员被告楼某某同样承担连带责任。

基本案情：

原告科贸公司于2005年3月2日登记成立，经营范围为组装加工机电设备、仪器仪表等。

原告仪器公司于2006年5月9日登记成立，经营范围为法律、行政法规、国务院决定未规定许可的，自主选择经营项目开展经营活动。

2006年7月18日，原告仪器公司与原告科贸公司签订《合作生产销售协议》，协议约定，原告仪器公司正在研究开发混凝土电通量测定仪、氯离子扩散系数测定仪、氯离子含量快速测定仪、混凝土真空饱水机等检测混凝土耐久性设备系列产品，双方签订协议后，原告科贸公司的研发人员合并到原告仪器公司与原告仪器公司研发人员一起开展工作，共同对新产品的开发、旧产品的更新等事宜

[①] 参见上海市浦东新区人民法院(2009)浦民三(知)初字第173号民事判决书。

进行技术上的全面合作,原告科贸公司同意原告仪器公司对原告科贸公司原有产品进行升级开发。产品的销售工作主要由原告仪器公司负责,原告科贸公司予以积极配合。原告科贸公司的销售人员合并到原告仪器公司与原告仪器公司销售人员共同开展工作,并对双方的客户资源进行重新整合。双方互相对以往和将来开发某某产品的技术享有共同的权利。双方的合作期限为10年。若发生侵权事宜,双方都有权提起诉讼,共同维护产品的商业信誉。

被告楼某某、被告杨某某在原告科贸公司处曾分别担任销售部经理和生产部经理一职,两人在原告科贸公司处的工作期间分别为2003年9月10日至2007年4月28日和2004年4月5日至2007年4月10日。

在原告科贸公司与两人签订的《劳动合同书》中约定,劳动者违反保守商业秘密事项,给公司造成经济损失的,应依法承担赔偿责任。其中泄露公司产品研发及技术机密者,应向公司支付500万元以上的赔偿金,泄露公司非技术性机密者,应向公司支付5万元以上的赔偿金。

在原告科贸公司2005年6月实施的《企业管理制度》第5章第3条、4条中规定,所有公司职员都有义务和责任保守公司的秘密。公司机密范围包括公司产品研发及生产事项、客户及其网络的有关资料等。

被告某某公司于2007年6月18日登记成立,法定代表人为被告楼某某,股东为被告楼某某、被告杨某某,公司经营范围为仪器仪表、机电设备及配件、自动化设备等,注册资本50万元,实收资本10万元。

两原告诉称:

2007年年底两原告知悉被告楼某某、被告杨某某在原告科贸公司工作期间便在上海租赁办公用房,积极筹建设立与原告业务相竞争的企业,于2007年6月18日成立了被告某某公司。

被告楼某某、被告杨某某为该公司股东,被告楼某某担任公司的法定代表人。被告楼某某、被告杨某某将原告生产混凝土真空饱水机、混凝土电通量测定仪、氯离子含量快速测定仪等产品的技术信息和有关客户名单、价格资料、产销政策等经营信息披露给被告某某公司。

被告某某公司获得上述信息后,即开始生产与原告结构相同的产品,并向原告部分客户低价销售,致使原告许多客户减少或中断与原告的业务关系。

被告某某公司作为原告的同业竞争对手,获取并使用他人的商业秘密从事营利性活动,被告楼某某、被告杨某某知悉原告的商业秘密,却在离职后披露和使用,上述三被告所实施的行为已共同侵犯了原告的商业秘密。

原告主张三被告在经营过程中使用了原告以下客户名单：

1. 京狮公司；

2. 中泰公司、高志公司、中科公司、安昌兴达公司、罗素公司；

3. 锡建公司及中铁大桥局；

4. 浙江建科院；

5. 路建公司及江苏交规院；

6. 东南大学；

7. 三和公司。

原告主张混凝土真空饱水机计算机芯片的目标程序、混凝土氯离子含量快速测定仪的电势及浓度线性关系的生成方法、混凝土电通量测定仪的预测方法为本案的技术秘密。

原告主张以下费用：公证费17,980元、律师费2万元、委托律师查档费2000元、购买侵权产品费用2万元、交通费19,811.97元、住宿费4646元、彩扩费84元，共计84,521.97元（其中用于对被告某某公司生产的混凝土智能真空饱水机的取证费用为公证费8000元、交通费6391.97元、住宿费1975元、彩扩费84元，共计16,450.97元）。

诉讼中，原告申请撤回要求将混凝土真空饱水机计算机芯片的目标程序作为技术秘密的主张。

原告为证明其观点，提交证据如下：

1. 关于经营秘密（客户名单）。

（1）原告仪器公司与京狮公司2007年1月签订的《印制板承揽加工合同》和发货明细单，证明原告委托京狮公司按照其设计的印制线路板图加工真空饱水机所需的线路板，被告生产的真空饱水机产品里的印制线路板和原告产品的线路板均标有R0701240标识，证明被告也委托京狮公司加工生产该线路板。

（2）支出凭单、发票，证明被告杨某某在原告科贸公司处工作期间作为经办人从中泰公司、高志公司、中科公司、安昌兴达公司、罗素公司分别购买了7310板卡（该板卡是原告比较后选择的与原告产品最相容的配件）、真空泵、VJA机箱、PER夹具、含量电极。被告生产的氯离子含量测定仪中使用了7310板卡，7310板卡是中泰公司自行命名的型号，由此可推断上述板卡系被告从中泰公司处购买。对于被告从其余公司处购买相关产品的主张，原告未能举证。

（3）原告科贸公司与锡建公司签订的设备购销合同、销售发票、产品销售出库单、产品质保单、(2009)青市中证民字第001781号公证书、(2009)青市中证民字第001782号公证书。上述单据、凭证系用以证明原告曾将混凝土渗透性电测仪和混凝土真空饱水设备各一台出售给该公司,上述设备的最终用户是中铁大桥局,该笔业务负责人为被告楼某某。两份公证书系用于证明某某公司将2007年6月20日生产的混凝土渗透性电测仪通过锡建公司出售给中铁大桥局。

(4)圆通速递详情单、(2009)京求是内民证字第2172号、(2009)京求是内民证字第2173号公证书及原告自行从客户处拍摄的现场照片。证明2006年时原告曾与浙江建科院有业务上的接触,该院同意向原告购买混凝土电通量测定仪和混凝土真空饱水机各一台,但购买经费审批程序需要半年以上时间。一年后该研究院没有向原告购买,而是向被告楼某某购买了这两台机器,两台机器显示生产厂家系被告某某公司。

(5)原告与路建公司之间的设备购销合同、产品销售出库单、产品质保单。证明2006年7月路建公司向原告仪器公司购买氯离子含量快速测定仪一套,该产品的最终用户为江苏交规院。被告某某公司于2007年12月向南京路建公司出售了混凝土电通量测定仪和混凝土氯离子扩散系数测定仪各一套。

(6)原告仪器公司与东南大学的购销合同、销售发票、中铁物流有限公司的委托书。证明2006年11月28日,东南大学向原告仪器公司购买了混凝土渗透性电测仪和真空饱水饱盐设备(混凝土真空饱水机)各一台。但原告无法提供东南大学与被告之间存在业务往来的证据。

(7)原告仪器公司与三和公司签订的设备销售合同和销售发票各三份。证明双方之间存在持续的业务关系,即2006年6月至同年11月期间,原告仪器公司三次分别向该公司出售混凝土渗透性电测仪、真空饱水饱盐设备(混凝土真空饱水机)、砼快速冻融循环机、混凝土动弹模量测定仪、混凝土渗透性电测仪各一台。上述三笔业务均由被告楼某某负责签订。

2. 关于技术秘密。

(1)2008年11月12日,上海市闵行公证处公证员仇天昀和工作人员章建新与原告仪器公司委托代理人高建成共同来到被告某某公司处,由高建成向该公司购买SDL-6电通量测定仪和CL-U氯离子含量测定仪各一台,并取得发票(其中SDL-6电通量测定仪价格为6000元、CL-U氯离子含量测定仪价格为14,000元)、名片各一张及名为"混凝土结构耐久性试验与检测设备成套方案书"一本。因售货方称所购之两台仪器中的一台仪器尚未到货,故高建成只提到一台仪器及配件。高建成将提到的混凝土电通量测定仪及配件运回公证处后,公证员和工作人员对该仪器进行拍照后予以封存,并出具了(2008)沪闵证经字第3658号公证书。

(2)2009年7月14日,山东省青岛市市中公证处公证员肖常季与公证处工作人员段磊及原告仪器公司的委托代理人张晶至中铁大桥局青岛海湾大桥第十一合同项目部,在项目部工作人员夏玉良的引领下,进入标有"耐久室"字样的房间,取出标有"混凝土智能真空饱水机"字样的设备后进行拍照、装箱和封存,公证处对上述公证过程出具了(2009)青市中证民字第005070号公证书。

原告申请对以下内容进行鉴定:

(1)混凝土真空饱水机计算机芯片的目标程序是否相同或实质相同;

(2)混凝土电通量测定仪的预测方法是否相同或实质相同;

(3)混凝土氯离子含量快速测定仪的电势及浓度线性关系的生成方法是否相同或实质相同。

原告主张上述三项技术均系机器的核心技术。

针对原告的鉴定申请,被告认为:

被告确认混凝土真空饱水机计算机芯片的目标程序是该机器的核心技术,认为原、被告生产的混凝土电通量测定仪的预测方法和混凝土氯离子含量快速测定仪的电势及浓度线性关系的生成方法均已公开,故申请对上述两种方法是否不为公众所知悉进行鉴定。

法院依法进行司法鉴定的过程及结果:

法院依法委托上海市知识产权司法鉴定中心对上述申请进行鉴定,鉴定中心在拆封了由山东省青岛市市中公证处、上海市闵行公证处分别封存的被告某某公司生产的混凝土智能真空饱水机、混凝土电通量测定仪、混凝土氯离子含量快速测定仪及原告提供的相关产品、资料和被告提供的相关资料后,组成鉴定组进行了鉴定,经鉴定,鉴定中心认为:

(1)被告某某公司与原告科贸公司、原告仪器公司的混凝土真空饱水机计算机芯片的目标程序实质相同。

(2)原告科贸公司、原告仪器公司主张的混凝土电通量测定仪的预测方法属于不为公众所知悉的技术信息。被告某某公司与原告科贸公司、原告仪器公司主张的混凝土电通量测定仪的预测方法相同。

(3)原告科贸公司、原告仪器公司主张的混凝土氯离子含量快速测定仪的电势及浓度线性关系的生成方法属于不为公众所知悉的技术信息。被告某某公司与原告科贸公司、原告仪器公司主张的混凝土氯离子含量快速测定仪的电势及浓度线性关系的生成方法相同。

原告针对以下事实申请证据保全,并由相关部门出具公证书:

2007年11月14日、2009年5月7日原告仪器公司的委托代理人张某分别向北京市求是公证处申请对被告某某公司的网站(www.cntorrent.com)办理证据保全公证,两次公证的内容显示上述网站的产品介绍中均有关于混凝土真空饱水机、混凝土氯离子含量快速测定仪、混凝土电通量测定仪等产品的介绍。对上述公证过程,北京市求是公证处分别出具了(2007)京海民证字第5086号公证书、(2009)京求是内民证字第1455号公证书。

三被告均辩称:

两原告主张的技术信息和经营信息非商业秘密,上述信息完全可以从公开渠道获得,被告楼某某、被告杨某某也未披露原告主张的上述信息,故不构成侵权。

对于原告主张的公司管理制度,被告楼某某、被告杨某某并不知晓。

针对经营秘密(客户名单),被告发表质证意见并提交证据如下:

(1)被告否认曾委托京狮公司加工线路板,提供了其与旭滔公司签订的《电路板供货合同》复印件,证明其产品的线路板系委托该公司加工。

(2)被告确认其生产的氯离子含量测定仪中使用的7310板卡系从中泰公司处购买,但被告表示其系通过百度搜索,搜索结果第一项就是中泰公司,进入该公司网站,有详细的产品、型号、功能介绍,被告因此向该公司购买了7310板卡。经当庭演示,进入INTER网后,在百度中键入"数据采集卡"进行搜索,出现的搜索结果第一页第一项显示"北京中泰研创 数据采集卡"及相关内容介绍,点击进入,显示北京中泰研创公司网站主页。

(3)被告表示系锡建公司通过互联网搜索到被告公司信息后主动与被告联系洽谈购买事宜的,被告并未向该公司推销过任何产品。对上述抗辩意见,被告出具了锡建公司的证明。

(4)被告确认其向浙江建科院出售了上述两台机器,但认为原告与浙江建科院之间并无业务往来。

(5)被告确认向路建公司出售上述产品,提供了该公司证明,证明系路建公司自行联系被告某某公司,向其购买相关产品。

(6)被告表示,其未向东南大学销售过原告所主张的产品,其曾于2008年1月向东南大学出售混凝土氯离子扩散系数测定仪(简称RCM)一台。被告提供了其于2008年1月与东南大学签订的设备销售合同,以证明上述抗辩意见。

(7)被告表示其确曾向三和公司出售过产品,但非原告所主张的产品。被告提供了其与三和公司于2007年12月签订的设备销售合同,证明其向三和公司出售的系混凝土 RCM 测定仪。

针对被告的上述证据及观点,原告认为:

(1)原告对被告与旭滔公司之间的《电路板供货合同》的真实性不予确认,但未能提供被告委托京狮公司加工线路板的证据;

(2)原告对锡建公司的证明真实性无异议,对证明的内容不予确认,但未能提供证据;

(3)原告对路建公司的证明所陈述的购买过程不予确认,但未能提供证据予以反驳;

(4)原告对被告于2008年1月与东南大学签订的设备销售合同无异议,认为该合同能够证明被告实施了侵权行为,因原告公司也销售混凝土氯离子扩散系数测定仪;

(5)原告对被告与三和公司于2007年12月签订的设备销售合同予以确认,认为该合同能够证明被告实施了侵权行为,因原告公司也销售混凝土 RCM 测定仪。

律师观点:

经营者违反约定或者违反权利人有关保守商业秘密的要求,披露、使用或者允许他人使用其所掌握的商业秘密以及第三人明知上述行为违法仍获取、使用或者披露他人的商业秘密的行为均为侵犯商业秘密的行为。本案原告主张三被告实施了侵犯商业秘密的行为,故争议焦点在于原告主张的经营信息和技术信息是否属于原告的商业秘密;三被告的侵权行为是否成立。

1. 两原告诉权问题

两原告2006年7月签订的《合作生产销售协议》约定,对于原告仪器公司正在研究开发的混凝土电通量测定仪、氯离子扩散系数测定仪、氯离子含量快速测定仪、混凝土真空饱水机等检测混凝土耐久性设备系列产品,原告科贸公司的研发人员合并至仪器公司,两公司研发人员共同开展工作,产品的销售也由两公司的销售人员共同开展,两公司的客户资源重新整合。对于产品的技术,两公司享有共同的权利,若发生侵权事宜,两公司均有权提起诉讼。因此,就上述产品而产生的技术信息和经营信息的侵权行为两原告有权共同提起诉讼。

2. 两原告对其主张的技术信息和经营信息是否采取了保密措施

商业秘密,是指不为公众所知悉、能为权利人带来经济利益、具有实用性并经权利人采取保密措施的技术信息和经营信息。

在原告科贸公司与被告楼某某、被告杨某某签订的《劳动合同》中,约定了泄露公司产品研发及技术机密和泄露公司非技术性机密者需承担的违约责任。

原告科贸公司颁布的《企业管理制度》中明确规定对于公司产品研发及生产事项和客户及其网络的有关资料等机密内容，公司所有职员都有保守公司秘密的义务和责任。

被告楼某某、被告杨某某虽否认公司曾组织其学习上述《企业管理制度》，但确认该管理制度系2005年起实施，当时仅组织新员工学习。

在该管理制度颁布实施时，被告楼某某、被告杨某某尚在原告科贸公司处工作，即便公司仅组织新员工学习，两人作为销售部经理和生产部经理，对于本部门新人的学习资料，两人不可能不知晓。况且对于企业而言，一个新的规章制度实行之初，其不可能仅组织新员工学习，而免除其他员工的学习义务。否则，颁布规章制度用于规范全体职工行为规范的目的就不能实现，此有违企业人事管理制度。故对于被告楼某某、杨某某不知晓该管理制度的主张不应予采信。

现《企业管理制度》明确了企业职工的保密责任和保密范围，原告科贸公司与被告楼某某、被告杨某某签订的《劳动合同》中也约定了泄露公司产品研发及技术机密等行为应承担的违约责任。上述证据足以证明两原告对其主张的技术信息和经营信息采取了保密措施，该技术信息和经营信息显然能为两原告带来经济利益，应作为两原告的商业秘密予以保护。

3. 三被告是否实施了侵犯经营秘密的行为

商业秘密中的客户名单，一般是指客户的名称、地址、联系方式以及交易的习惯、意向、内容等构成的区别于相关公知信息的特殊客户信息，包括汇集众多客户的客户名册，以及保持长期稳定交易关系的特定客户。客户基于对职工个人的信赖而与职工所在单位进行市场交易，该职工离职后，能够证明客户自愿选择与自己或者其新单位进行市场交易的，应当认定没有采用不正当手段，但职工与原单位另有约定的除外。

本案中原告需对以下事实承担举证责任：

(1) 其主张的公司属于商业秘密中的客户名单范畴；

(2) 被告楼某某、被告杨某某在职期间接触了客户名单；

(3) 三被告在经营中使用了客户名单。

因被告楼某某、被告杨某某与原告科贸公司之间的劳动合同并无特别约定，故即便原告完成了上述举证责任，只要被告楼某某、被告杨某某能够提供证据证明系客户自愿选择与自己或其新单位进行市场交易的，应当认定没有采用不正当手段。

原告主张的客户名单中,原告对于被告与京狮公司、高志公司、中科公司、安昌兴达公司、罗素公司之间存在业务往来的主张未能提供证据,法院对于原告的该项主张不应予以采信。

被告确认其确与锡建公司、路建公司之间存在销售涉案产品的行为,但认为系上述公司主动与被告某某公司联系购买。被告提供了上述公司的证明。原告对上述证明的真实性无异议,对证明中的内容予以否认,但未能举证,法院应采纳被告的意见。

被告某某公司与锡建公司、路建公司之间的业务往来系客户的自愿选择,不能认定三被告采用了不正当手段。对于浙江建科院,原告并无证据证明其与该单位存在正式的业务往来,故不能作为原告的客户名单保护。对于中泰公司、东南大学和三和公司,"保持长期稳定交易关系"系将客户作为商业秘密中的客户名单保护的主要举证责任,但原告在上述三公司与原告业务往来的举证中,对中泰公司和东南大学仅提供了一笔业务,原告与三和公司之间虽存在三笔业务,但间隔时间较短,业务量不大,不能认定原告与上述三公司之间存在长期稳定交易关系,故无法将上述公司作为原告的客户名单予以保护。

因此,对于原告认为被告实施了侵犯经营秘密的主张,原告或不能证明被告与相关客户存在业务往来,或未能举证证明其与客户之间存在长期稳定交易关系,并且被告也提供了部分客户证明证明系出于客户的自主选择而与其存在业务关系,故对于原告认为被告实施了侵犯经营秘密的主张,法院不应予以支持。

4. 三被告是否实施了侵犯技术秘密的行为

(1)就原告主张的技术秘密,上海市知识产权司法鉴定中心出具的司法鉴定意见书中明确规定,两原告与被告某某公司的混凝土真空饱水机计算机芯片的目标程序实质相同;

(2)两原告主张的混凝土电通量测定仪的预测方法属于不为公众所知悉的技术信息,被告某某公司与两原告主张的混凝土电通量测定仪的预测方法相同;

(3)两原告主张的混凝土氯离子含量快速测定仪的电势及浓度线性关系的生成方法属于不为公众所知悉的技术信息,被告某某公司与两原告主张的混凝土氯离子含量快速测定仪的电势及浓度线性关系的生成方法相同。

被告虽然对上述鉴定报告提出异议,但未能提供证据,法院不应予以采纳,对上述鉴定意见书的鉴定结论法院应予以确认。

现原告申请撤回要求将混凝土真空饱水机计算机芯片的目标程序作为技术秘密的主张,系当事人对自己民事权利的自主处分,法院应予以准许。

就原告认为被告在其生产的混凝土电通量测定仪、混凝土氯离子含量快速测定仪中使用了原告技术秘密的主张,现鉴定机构出具的鉴定报告能够证明原告主张的混凝土电通量测定仪的预测方法和混凝土氯离子含量快速测定仪的电势及浓度线性关系的生成方法属于不为公众所知悉的技术信息,为原告的技术秘密,现被告某某公司在生产的产品上使用了原告的上述技术秘密。

被告杨某某在原告科贸公司工作期间担任生产部经理一职,对原告主张的技术秘密,被告杨某某完全有条件掌握。其离职后,违反与原告科贸公司之间签订的保密协议,将相关技术秘密提供给被告某某公司使用,为被告某某公司实施侵权行为创造了条件。

就侵犯原告技术秘密的行为,被告杨某某理应与被告某某公司共同承担责任,因此造成原告损害的,应承担连带赔偿责任。

关于被告楼某某,其在原告科贸公司就职期间担任销售部经理一职,原告虽然主张销售部也掌握相关技术秘密,但表示告知销售部人员技术秘密的意图是为了让其更好地了解机器,在销售过程中也不需要运用相关技术秘密,也不能将技术秘密透露给客户。

从被告楼某某在原告科贸公司处所任职务的性质分析,其从事的系产品销售工作,在销售过程中其并不需要运用上述技术秘密,原告科贸公司没有必要将产品生产过程中的技术秘密告知销售人员,这样也不利于公司技术秘密保密工作的执行,故原告认为被告楼某某知悉技术秘密的主张,不符合常理,也与企业的运营模式相悖,法院不应予以采信。因并无证据证明被告楼某某知晓原告主张的技术秘密,对被告某某公司使用原告技术秘密的行为,被告楼某某无须承担相应的责任。

5. 被告某某公司、被告杨某某应承担的赔偿金额

原告对上述两被告的侵权行为造成原告的损失和两被告的获利情况未能举证,被告某某公司、被告杨某某应承担的赔偿金额应由法院根据被告某某公司的经营期间、经营规模、被告某某公司和杨某某的主观过错等因素予以酌定。

原告主张的合理费用中,其中公证费8000元、交通费6391.97元、住宿费1975元、彩扩费84元,共计16,450.97元系原告用于对被告某某公司生产的混凝土智能真空饱水机的取证费用,现原告在本案中不再主张将混凝土真空饱水机计算机芯片的目标程序作为技术秘密来保护,则相关取证费用不应在本案中主张。

扣除上述费用后,其中(2009)京求是内民证字第2172号、(2009)京求是内民证字第2173号公证书系原告用于主张浙江建科院作为原告客户名单保护的证

据,因法院对原告的上述主张不应予支持,故相关公证费不应由被告承担。

原告主张的其余公证费、购买侵权产品费用、交通费、住宿费属本案合理费用范畴,应由被告某某公司和被告杨某某承担。

原告主张的律师费和委托律师查档的费用过高,可由法院根据相关律师收费办法和原告律师的工作量予以酌定。

法院判决:

1. 被告某某公司、被告杨某某于本判决生效之日立即停止侵犯原告科贸公司、仪器公司的技术秘密至该技术秘密已为公众知悉时为止;

2. 被告某某公司、被告杨某某于本判决生效之日起10日内连带赔偿原告科贸公司、仪器公司损失人民币10万元、合理费用人民币63,000元;

3. 驳回原告科贸公司、原告仪器公司的其余诉讼请求。

953. 侵犯商业秘密的表现形式有哪些?

以下行为被认为是侵犯了权利人的商业秘密:

(1)以盗窃、利诱、胁迫或者其他不正当手段获取的权利人的商业秘密;

(2)披露、使用或者允许他人使用以前项手段获取的权利人的商业秘密;

(3)与权利人有业务关系的单位和个人违反合同约定或者违反权利人保守商业秘密的要求,披露、使用或者允许他人使用其所掌握的权利人的商业秘密;

(4)权利人的职工违反合同约定或者违反权利人保守商业秘密的要求,披露、使用或者允许他人使用其所掌握的权利人的商业秘密;

(5)第三人明知或者应知前款所列违法行为,获取、使用或披露他人的商业秘密,视为侵犯商业秘密。

954. 实践中公司应如何注意保护商业秘密?

实践中,保护公司商业秘密的措施如下。

(1)建立公司的保密制度

①对信息进行分级,确保信息权限与各级业务部门负责人进行密切匹配;

②对信息进行分类,确保从产品设计图纸、产品配方、制作工艺及流程,到客户资料、货源情报、产销策略、定价方案、招投标标书、财会报表等各方面信息都有负责人把关;

③对信息的储存、提取采取相应的保护措施,包括物理措施、技术措施。

(2)与员工签订保密合同和竞业限制

同涉及企业保密范围的员工签订保密合同,约定员工离开企业后的竞业限制补偿费,以及员工不遵守竞业限制所应承担的责任和补偿费。

与此同时,与员工保持和谐的雇佣关系。不可忽视员工对于公司的不满,更不可忽视员工对公司的集体诉求,维持和谐的劳资关系,建立员工对企业的忠诚度,才是保护商业秘密最根本的举措。

(3)加强商业秘密保护培训

企业还要向本单位的干部、职工进行保密教育,提高保密观念,增强保密意识,知悉保密制度和厂规厂法,使其为自觉地保守本单位的商业秘密尽义务,自觉地履行竞业限制义务。

(4)技术转让中的保密

企业可以进行技术转让,但必须约定对方应承担保密义务。

(5)适时申请专利

企业可以权衡利弊,把商业秘密的技术秘密申请专利,用《专利法》予以保护起来。

(6)规范公司财务,有效主张损害赔偿

当公司发生被侵犯商业秘密的情况时,会遭受巨大的经济损失,但很多企业由于无法提供证据证明其遭受的损失数额,无法主张赔偿从而给企业的生存和发展带来了严重的困难,甚至可能导致企业倒闭。根据相关法律法规的规定,商业秘密的损失可以有以下三种计算方式:

①以侵权人获得的利益计算;

②以权利人遭受的经济损失计算;

③以市场公允价值来计算。

而这三种方式中,只有第②种是权利人可控的,而且也容易举出证据。因此,要规范财务,将与该商业秘密有关的财务信息单独核算,如开发费用、营业收入、利润等情况,当遭受侵权时可以有效地提供证据证明自己的损失。

同时,如果损失计算准确,还可以依法追究侵权人的刑事责任(立案标准是给权利人造成损失超过50万元),这样会给侵权人带来更严厉的处罚,从而有效保护企业的商业秘密。

九、其他损害公司利益责任的裁判标准

955. 公司对外进行投资应当经过怎样的决策程序?公司董事会或总经理是否有权决定?

公司对外进行投资,根据投资金额的大小、项目的规模以及公司章程的规定,

应当经董事会、股东(大)会决议或总经理决定。实践中,公司应对不同项目规模的决策机构在章程中进行明确约定。

如果董事、高级管理人员未经公司决策程序,擅自将公司资金对外进行投资并给公司造成损失,或者私自收取收益的,公司或股东可以对其提起损害公司利益责任纠纷之诉。

【案例325】擅自对外投资　赔偿公司损失850万①

原告：同创公司

被告：民丰公司、吕士林、商人龙

第三人：德丰公司、开发公司

诉讼请求：被告民丰公司、吕士林、商人龙赔偿第三人德丰公司损失9,880,688.81元、应得利益损失4,641,624元,合计14,522,312.81元。

争议焦点：

1. 针对《公司法》2005年修订前发生的董事损害公司利益的行为,本案原告是否有权提起股东代表诉讼;

2. 三被告未经股东会、董事会决议擅自投资项目是否属于滥用股东权利,项目投资得到政府审批即投资项目的合法性能否免除三被告在公司内部应当承担的责任;

3. 原告及其董事未在合理期限内对三被告投资项目提出异议,是否认定为原告对第三人德丰公司的损失存在过失;

4. 第三人德丰公司的损失除审计报告确认的项目亏损外,是否还包括第三人德丰公司的应得利益。

基本案情：

2002年3月18日,原告、被告民丰公司及第三人开发公司3方共同出资成立第三人德丰公司,注册资本2000万元,其中被告民丰公司出资980万元占总股本的49%,原告出资600万元占总股本的30%,第三人开发公司出资420万元占总股本的21%。公司成立后,通过了股东会决议,制定了公司章程,选举了被告吕士林、被告商人龙等组成董事会,被告吕士林担任董事长,陈建群担任监事,被告商人龙为总经理。

2003年8月,三被告在未召开股东会、董事会的情况下,上报总投资近2亿元

---

① 参见嘉兴市中级人民法院(2008)嘉民二初字第67号民事判决书。

的热电项目,通过第三人德丰公司进行运作,并对外支付了1916.2万元电厂设备定金。与此同时,与之配套的给水、码头、道路也进入前期建设阶段。

2005年12月,被告民丰公司支付了300万元电厂土地定金。2006年8月,因被告民丰公司未按规定付清土地款,土地管理部门通知被告民丰公司退回土地定金,并取消了热电项目用地指标,该热电项目停止。此外,三被告还决定开工一号原料仓库及热敏纸项目。

2006年11月24日,被告民丰公司书面通知原告,被告吕士林、被告商人龙不再担任第三人德丰公司董事,委派盛军、沈忠荣担任第三人德丰公司董事。

2006年12月18日,应被告民丰公司要求,第三人德丰公司召开股东会,议程为选举新董事、通报经营状况、讨论解决对策及对公司进行清算注销等事宜,最终因意见不一致未形成决议。后经委托浙江东方会计师事务所有限公司嘉兴分所进行专项审计,该所出具的专项审计报告显示,第三人德丰公司至2008年4月30日亏损额为9,880,688.81元。

2008年8月19日,原告以第三人德丰公司损失系三被告违反《公司法》及公司章程规定所造成为由,向第三人德丰公司公司监事陈建群发出律师函,要求其对被告民丰公司及其委派的董事、高级管理人员提起赔偿之诉,但陈建群收到请求后未提起诉讼。

原告诉称:

被告民丰公司违反《公司法》及公司章程规定,滥用股东权利,擅自决定第三人德丰公司投资热电项目及一号原料仓库、热敏纸等项目,而这些项目与第三人德丰公司经营无任何关联,完全是被告民丰公司生产所需的配套设施。被告吕士林、商人龙亦违反《公司法》及公司章程规定,擅自决定的上述重大经营事项与第三人德丰公司无关,同时在决定公司经营及投资计划等重大事项中,未召开股东会及董事会。三被告的行为给第三人德丰公司及其他股东利益造成重大损失,故应承担赔偿责任。

原告为证明其观点,提交证据如下:

1. 被告民丰公司基本情况表、被告吕士林身份情况证明、被告商人龙身份情况证明,证明三被告主体及身份情况。

2. 第三人德丰公司营业执照、基本情况表、章程、验资报告、出资凭证、董事经理监事会成员表、总经理聘任书,证明第三人德丰公司各股东的出资及高管人员的情况。

3. 2002年3月12日股东会决议及董事会决议、2003年11月6日股东会决议及章程修正案、2003年11月27日股东会决议及章程修正案、2006年11月24日调整董事通知、2006年12月18日董事会议程表、2006年12月18日拟通过的股东会决议及清算公告,证明三被告未按《公司法》、公司章程的规定就重大经营事项召开过股东会或董事会。

4. 第三人德丰公司截至2006年11月30日资产状况、2008年5月7日第三人德丰公司专项审计报告、省经贸委浙经贸能源〔2004〕636号文件、省国土厅浙土资预〔2005〕2304号文件,证明第三人德丰公司亏损状况及造成亏损的原因在于三被告。热电联产项目无论从其实施用途和投资规模,都跟第三人德丰公司没有关联性,第三人德丰公司的全部注册资金只有2000万元,即使该项目属于第三人德丰公司的经营内容,但对此种达到注册资金近十倍的重大投资,必须得到股东会、董事会的同意。

5. 原告发给被告民丰公司的律师函、被告民丰公司律师回函、原告发给第三人德丰公司监事陈建群的律师函及交寄凭证、原告发给被告民丰公司的律师函及交寄凭证,证明原告主张权利的情况。

被告均辩称:

1. 2005年修订后的《公司法》不具有溯及既往的效力,在《公司法》修订前发生的民事行为或事件,应当适用当时的法律法规及司法解释,但当时的法律法规、司法解释并没有规定股东代表诉讼,故原告的起诉于法无据。

2. 三被告不存在滥用股东权利侵害第三人德丰公司利益的行为。第三人德丰公司的投资决策已经过政府相关部门的批复,并没有违反法律法规和公司章程的规定,也没有超出公司的经营范围;第三人德丰公司章程对决策程序没有明确规定,属于公司内部制度不完善,但其投资热电项目及一号原料仓库、热敏纸等决策符合公司设立时的宗旨;第三人德丰公司的其他股东也负有必须的注意义务,对公司的决议情况应当知晓,但原告怠于行使自己的权利,并未作出明确的反对决定。

3. 被告吕士林、商人龙作为第三人德丰公司的董事、高管在进行投资经营判断时为善意且无过失。第三人德丰公司的亏损是受政府宏观调控的影响,纯属商业风险,董事、高管所作出的决定,出发点是为了第三人德丰公司的利益,经营判断失误在公司经营过程中无法避免,要求董事、高管承担责任是不公平的。

被告对原告所提供的证据发表质证意见如下:

1. 2006年12月18日拟通过的股东会决议及清算公告,上面没有盖章,对其真实性不予认可,且不能证明原告的主张,原告认为第三人德丰公司没有就重大经营事项召开股东会、董事会,应当承担举证责任;对其余证据的真实性没有异议,但不能证明原告的主张。

2. 第三人德丰公司截至 2006 年 11 月 30 日资产状况、2008 年 5 月 7 日第三人德丰公司专项审计报告,对其真实性没有异议,但只能证明公司的亏损状况,不能证明公司的亏损原因;省经贸委浙经贸能源〔2004〕636 号文件、省国土厅浙土资预〔2005〕2304 号文件,系复印件,对其真实性不予认可。

3. 邮件详情单,只是注明了名称,但所寄内容不清楚;被告民丰公司律师回函,对其真实性予以认可,但关联性不予认可,被告民丰公司仅就清算的后续问题进行商议,没有提到前期责任划分问题。

被告为证明其观点,提交证据如下:

1. 市经贸委及秀城区政府嘉经贸投资〔2002〕382 号文件、市经贸委嘉经贸能源〔2003〕294 号文件、省经贸委浙经贸能源〔2003〕1214 号文件,证明德丰科技工业园开发有限公司是民丰高科技工业园的项目运作公司,对工业园区的热电、热敏纸等工业项目进行开发,并享受政府相关优惠政策。

2. 收寄挂号函件登记清单,证明第三人德丰公司每年都将经营状况报告送达给股东,履行了勤勉尽责的通知义务。

3. 2008 年临时股东会会议记录,证明第三人德丰公司全体股东同意聘请会计师事务所对公司进行审计。

针对被告的上述证据,原告认为:

1. 对证据 1 其真实性没有异议,但无法证明三被告的主张。文件是给德丰工业园一个初步规划的批复,并不能说明在重大经营方面的立项可以不通过股东会、董事会。第三人德丰公司根本没有该经营项目,其实是被告民丰公司的经营项目,无法证明与第三人德丰公司有关。

2. 对证据 2 的真实性不予认可,所寄内容不清楚。

3. 对证据 3,如有原件,予以认可。

第三人开发公司述称:

1. 向政府相关部门报批项目都是以被告民丰公司而不是第三人德丰公司的名义,第三人德丰公司的损失完全是由作出决策的三被告造成,应由三被告承担相应的责任;

2. 即使政府相关部门许可立项,也必须召开董事会或股东会形成决议,而第三人德丰公司的实际经营人擅自决定重大投资项目,应承担由此造成的损失。同意原告的诉讼请求以及相关的事实与理由。

第三人开发公司为证明其观点,提交证据如下:

1. 工商登记材料,证明其主体变更情况;
2. 原告及三被告对第三人开发公司提供的证据没有异议。

第三人德丰公司未进行陈述或答辩。

律师观点:

1. 原告诉讼主体适格。

本案为股东代表诉讼,《公司法》修订前的法律法规和司法解释对此没有明确规定,根据《最高人民法院关于适用〈中华人民共和国公司法〉若干问题的规定(一)》第2条的规定,本案可参照适用《公司法》的有关规定。原告认为第三人德丰公司出现的巨额亏损系由被告民丰公司及其委派的董事、高级管理人员违反《公司法》及公司章程造成,故向第三人德丰公司监事陈建群发函要求其提起赔偿之诉,在陈建群收到请求之日起30日内未提起诉讼的情况下,根据修订后《公司法》第152条的规定,原告有权以自己的名义直接提起诉讼。

2. 三被告滥用股东权利,违反公司章程擅自作出决策,应对第三人德丰公司因此造成的损失承担赔偿责任。

公司在经营过程中决策失误在所难免,根据风险和收益对等原则,其后果一般也应当由公司而不是由决策者承担,但前提是决策者在履行职责时未违反法律、行政法规和公司章程的规定。但第三人德丰公司章程规定,股东会决定公司的经营方针和投资计划,董事会执行股东会的决议,决定公司的经营计划和投资方案,《公司法》第37条第1款第1项和第46条第2项、3项也有同样的规定。

三被告作为第三人德丰公司的控股股东、董事及高级管理人员,利用其对公司的实际控制地位,在未召开股东会、董事会的情况下,擅自决定总投资达注册资本近十倍的热电及其配套项目、一号原料仓库及热敏纸项目,显然未尽到勤勉、谨慎的义务。虽然第三人德丰公司的投资决策已报政府相关部门批准,但该投资决策本身应当按照《公司法》及公司章程的规定经股东会、董事会决议,投资项目的合法性并不能免除决策者在公司内部应当承担的责任,至于三被告是否存在损害公司及其他股东利益的主观恶意,并不影响其滥用股东权利的认定。故三被告应对第三人德丰公司的损失承担赔偿责任。

3. 原告作为第三人德丰公司的股东,与其委派的董事也未尽到勤勉、注意义务,存在一定的过失,应当相应减轻三被告所应承担的责任。

第三人德丰公司的章程规定,股东有权查阅有关会议记录和公司财务会计报告;股东会会议一年召开一次,当公司出现重大问题时,代表1/4以上表决权的股东,可提议召开临时会议。《公司法》第33条第1款、第39条也有类似规定。原告在第三人德丰公司成立时委派了董事,也参加过股东会、董事会,其作为股东应当主动了解第三人德丰公司的经营状况,对经营事项的合理性进行审查。第三人德丰公司从2002年起即开始对热电项目进行投资,配套项目进入前期建设阶段,原告对此情况应当是明知的,但其在此后数年时间里从未对第三人德丰公司的经营活动提出质疑,也未要求召开临时股东会,采取了消极放任的态度,对第三人德丰公司造成巨额亏损也存在一定过失,可以相应减轻三被告的赔偿责任。

4. 关于赔偿金额的确定。

浙江东方会计师事务所有限公司嘉兴分所出具的专项审计报告结果显示,至2008年4月30日第三人德丰公司亏损达9,880,688.81元。其中除116,409.71元系日常经营亏损外,其余均是与热电及其配套项目、一号原料仓库及热敏纸项目相关的亏损,三被告对此应承担赔偿责任。同时,鉴于原告存在一定的过失,故可以适当减轻三被告的责任,由法院酌情确定三被告对第三人德丰公司的赔偿金额。至于原告要求三被告赔偿第三人德丰公司应得利益损失,缺乏法律依据,无法得到法院支持。

法院判决:

1. 被告民丰公司、吕士林、商人龙赔偿第三人德丰公司损失850万元;
2. 驳回原告的其余诉讼请求。

956. 擅自以公司资产对外投资所形成的股权是否属于法律规定的应归公司所有的收入?

不属于。

根据规定,应归公司所有的收入,是指董事、高管自营或者为他人经营与其任职公司同类的业务或者从事损害本公司利益的活动所得的"收入"。而通过擅自将公司资产投入到其他公司形成股东权利的,并不代表已经获得了收入,且该股权本身也不属于收入性质,因此,公司不能行使归入权。

957. 如果公司董事、高管拒不履行公司决议,应当承担何种责任?

公司决议,除非已经人民法院判决撤销、无效,或由公司决议撤销,否则即为公司内部的"最高命令",公司董事、高级管理人员皆应当依照忠实义务执行。

如果公司董事、高级管理人员拒不执行公司决议,则公司可以向其主张损害赔偿责任。

【案例326】拒不执行董事会决议　损害公司利益赔偿60万[①]

原告：艺苑公司

被告：薛雯

诉讼请求：被告赔偿原告损失50.35万元。

争议焦点：

1. 原告是否有权直接以被告行为侵害原告合法权益为由提起诉讼；

2. 被告拒不执行原告董事会决议，其行为是中方代表的职务行为还是不履行原告高管义务的行为；

3. 被告未按董事会的指示将相关文件送交交行北京分行，后又致函原告董事长邓国强不参与董事会会议，其行为与原告损失之间是否存在因果关系。

基本案情：

原告由艺苑服务中心(中方)与安业公司(港方)出资成立。

原告合资经营企业章程约定：合资企业实行董事会领导下的总经理负责制，董事会是合资企业的最高权力机构；总经理直接对董事会负责，执行董事会的各项决定，组织领导合资企业的日常经营管理工作；董事会由7名董事组成，其中中方委派3名董事、港方委派4名董事，董事长由港方委派的董事担任，副董事长2名，分别由中方和港方委派，董事会聘任中方董事担任公司总经理；董事会会议由董事长召集并主持，出席董事会会议的法定人数为全体董事的2/3，不够2/3人数时，其通过的决议无效。

2005年3月8日，原告形成董事会决议，聘任被告为董事兼任原告总经理。

2005年7月29日，交行北京分行与原告签订编号为02510346借款合同，合同约定，交行北京分行向原告发放贷款4000万元，贷款期限自2005年8月3日至2006年8月3日。年利率5.58%，逾期贷款的罚息利率按合同约定利率上浮30%；原告未按时足额偿还贷款本金、支付利息，交行北京分行按逾期贷款的罚息利率计收利息，并对应付未付利息计收复利；原告有到期应付的贷款本金、利息、罚息、复利或其他费用时，授权交行北京分行扣划原告在交通银行开立的任一账户中的资金用于清偿。

2006年7月28日，原告的全体董事(包括被告)一致同意通过并形成董事会决议，决议内容如下，致：交行北京分行，鉴于原告在该行的编号为02510346《借

[①] 参见北京市第二中级人民法院(2008)二中民终字第03331号民事判决书。

款合同》项下4000万元贷款将于2006年8月3日到期,因临时资金周转困难无法按期归还,原告拟向该行申请4000万元人民币贷款用于归还编号为02510346《借款合同》项下所欠贵行贷款,贷款期限为一年;上述贷款以原告自有房产北京国际艺苑皇冠假日饭店为申请贷款提供抵押担保;(1)向交行出具承诺函;(2)董事会授权公司法定代表人邓国强代表公司在《借款合同》和《抵押合同》及其他相关法律文件上签字,由此产生的全部经济和法律责任由原告公司承担。包括被告在内的原告的7名董事在该董事会决议上签字,之后原告的法定代表人邓国强代表公司在《借款合同》和《抵押合同》等法律文件上签字。

同日,原告亦拟定了向交行北京分行出具的不可撤销承诺函,该函所承诺的内容与董事会决议上承诺的内容一致。

2006年7月30日,被告认为,原告董事会决议存在与原告中方股东利益冲突的问题,遂将上述董事会决议及《不可撤销承诺函》从公司财务处取出并交给了原告的副董事长孙玉栋。

2006年7月31日,原告董事长邓国强发现上述情况立即下发紧急通知,暂停了被告总经理职务及其所有权力。

当日,针对董事长邓国强下发的紧急通知,3名中方董事(被告、孙玉栋、陈鹤彪)共同向董事长邓国强致函,回函大致内容为:邓国强的这一决定违反公司章程和法律规定,不具有法律约束力,被告作为总经理继续履行总经理职权,中方全力支持总经理的工作。

2006年8月4日,原告收到交行北京分行的催收通知书及扣划通知,扣划通知载明,交行北京分行从原告的4个账户内扣划了贷款本金163.0775万元;截至2006年8月3日,尚欠贷款本金3836.9225万元及利息27.28万元。

原告董事长邓国强发出召开紧急董事会的通知,内容为:致董事会全体成员,鉴于被告没有按照合资公司董事会7月28日董事会指示,如期于7月31日早上将所有已签署好的决议及有关文件送达交行北京分行,而导致交行已正式通知原告该4000万元贷款已成为不良贷款,并已开始依照合同及有关法律法规追讨公司,建议于2006年8月8日下午2点30分在国际艺苑皇冠假日饭店8层会议室召开紧急董事会会议,会议内容为:(1)命令被告立即交出擅自扣押的7月28日经董事会全体成员已签署过的董事会决议及不可撤销承诺函等相关文件正本,基于上述文件属原告产物;(2)命令被告向董事会提交书面报告,对其违规行为作出必要的解释。

8月7日,中方三名董事共同给邓国强并安业控股有限公司回函,部分内容

第十三章

损害公司利益责任纠纷

为:8月4日邓国强董事长签署的召开紧急董事会通知,已经收悉。合资公司的重要经营文件在被告的保管之下,正是其职责所在,在未经合资公司董事会合法程序解聘被告总经理职务情况下,合资公司董事会商议命令被告交出经营文件,不仅是完全不符合合资公司的章程规定,同时也是对被告履行职务的非法干涉,如此作为,我们不能参与。

同日,原告再次收到交行北京分行发出的扣划通知,扣划金额11.668万元。

2006年11月7日,交行北京分行向原告出具一份告知函,告知原告02510346号借款合同已发生逾期,再次要求原告务必即刻出具合法合规的用于办理逾期贷款转期的董事会决议,并着手办理贷款转期手续,请原告于2006年11月14日以前函告银行进展情况;在此期间,银行将加大扣收力度,进一步限制原告账户资金支出;如期满仍未取得实质性进展,交行北京分行将冻结原告名下所有账户并扣收账户中全部资金。

后因原告未向交行北京分行出具用于办理逾期贷款转期的董事会决议,亦未按时还款交行北京分行遂提起诉讼,北京市第一中级人民法院判决书认定,交行北京分行共从原告账户中扣划贷款本金3348.23万元,原告已偿还了2006年9月20日前的利息,故法院判决原告偿还交行北京分行借款本金651.77万元及复利、罚息。

2007年5月31日,原告将4000万元贷款全部还清,实际支付利息124.79万元,复利2万元。

此外,正基宏业公司曾向法院起诉要求原告给付欠款,正基宏业公司诉称,2006年1月6日其与原告签订付款协议书,原告承诺2006年7月30日前付清欠款,并承诺如未按期付款,按千分之一支付违约金,后法院出具调解书,内容为原告于2006年11月10日前给付欠款21.94076万元并支付违约金2万元。为此案,原告支付执行费0.1197万元。

新兴公司曾向法院起诉要求原告给付欠款,新兴公司诉称,2006年11月13日其与原告审定结算金额,原告给付新兴公司部分工程款后,尚欠新兴公司工程款123.012738万元,故起诉要求原告给付工程款并支付违约金。2007年1月30日,法院出具调解书,内容为原告于2007年2月1日前给付工程款123.012738万元并支付违约金8万元。为此案,原告支付执行费0.3311万元。

原告诉称:

原告拟向交通银行股份有限公司北京分行申请4000万元贷款,以偿还于2006年8月3日到期的该行等额借款,该事宜已取得包括被告在内的全体董事一致同意,并形成了董事会会议。原告制作了《不可撤销承诺函》,并签署了《借款合同》和《抵押合同》。但被告身为原告董事兼总经理,拒不执行董事会决议,且私自藏匿上述文件致使原告无法向银行申请贷款,导致银行因原告逾期还款而加收罚息、强制扣收贷款、限制原告对外支付款项。被告的行为给原告造成了巨额经济损失,故应当承担赔偿责任。

被告辩称:

1. 根据《公司法》规定,本案应由原告的董事会或股东提起诉讼,原告的主体不适格。

2. 2006年7月30日,被告根据中方股东的要求和《公司法》有关股东有权查阅、复制董事会决议的规定提取原告的续贷文件,由于原告是合资公司,被告是合资公司中方股东的法定代表人,故被告调取原告有关文件是职务行为,应由中方股东企业负责,故被告的主体不适格。

3. 被告是2006年7月30日上午从原告会计处调取的文件,当天下午就将该文件交给原告副董事长孙玉栋,当时距离向交行北京分行提交文件的最后期限即2007年8月2日还有3天,并不影响原告向银行提交续贷手续。

4. 2007年7月31日,被告被公司董事长停职,此后续贷的事项与被告无关。

5. 被告与原告劳动争议纠纷一案的判决中也认为原告申请银行贷款展期未能实现及被银行扣款、罚息之后果不是被告的过错造成。

律师观点:

1. 本案原告主体适格。

《公司法》第151条规定的股东代表诉讼条款是针对当公司权益受到侵害,公司怠于行使诉权时,赋予符合法定条件的股东以自己名义为公司利益对侵害人提起诉讼的权利。故本案原告有权自行提起诉讼,主张权利,不需采取股东派生诉讼的救济方式维护公司权益,原告具有诉讼主体资格。

2. 本案被告主体适格。

被告虽是原告中方股东的法定代表人,但被告也是原告董事会聘用的总经理,根据相关法律规定,公司的高级管理人员应当遵守法律、行政法规和公司章程,对公司负有忠实义务和勤勉义务。本案中,被告作为原告的总经理,应按公司章程的规定,组织领导原告的日常经营管理工作,直接对董事会负责,执行董事会的各项决定。2006年7月28日原告董事会作出决议、原告给交行北京分行出具《不可撤销承诺函》后,被告未按董事会的指示,未将董事会决议及其他文件送交交行北京分行,其行为应认定为不履行高管义务,而非中方股东代表的职务行为,故本案被告主体适格。

3. 被告的行为与原告损失之间存在因果关系,故应对原告的损失承担赔偿责任。

《公司法》规定,公司高级管理人员执行职务时违反法律、行政法规或者公司章程的规定,给公司造成损失的应当承担赔偿责任。2006年7月28日原告董事会作出决议、原告给交行北京分行出具《不可撤销承诺函》后,被告未按董事会的指示,将董事会决议及其他文件送交交行北京分行,致使未能与交行北京分行重新办理贷款事宜。原告董事长邓国强得知被告的不作为情况后,曾发送召开紧急董事会的通知,但包括被告在内的3名中方董事共同致函邓国强,表示不能参与。中方3名董事均不出席董事会时,原告无法通过命令被告交出董事会决议或重新形成新的董事会决议的途径,达到与交行北京分行签订新贷款合同以偿还已到期贷款的目的。被告虽称其将文件拿出后即交给了副董事长孙玉栋,但2006年8月7日中方三名董事共同给邓国强的回函中已明确表示合资公司的重要经营文件在被告的保管之下,正是其职责所在。因被告未执行董事会决议,原告又无其他救济途径,致使交行北京分行对原告逾期还款加收罚息和复利,并通过诉讼向原告主张权利,由此给原告造成的支付复利及支付诉讼费等经济损失,被告应承担赔偿责任。

虽然被告与原告劳动争议纠纷一案的生效判决认为被告的行为与原告的损失间不存在因果关系,但此认定是基于劳动争议纠纷,并不影响本案经过庭审质证后对侵权行为与损害后果之因果关系的认定,故被告应赔偿原告损失。

法院判决:

被告赔偿原告罚息损失241,519.69元、复利损失19,969.27元、其他经济损失180,544元。

958. 如何判断公司董事、高管的决策行为是否符合正常的商业目的及操作习惯?

对公司董事、高级管理人员的决策行为进行判断应当从以下三个方面出发:

(1)商业行为是否经过公司内部必要的决策程序及是否尽到谨慎义务;

(2)董事、高级管理人员的决策行为是否符合公司的内部操作习惯;

(3)董事、高级管理人员的决策行为导致的结果是否符合公司运营计划,是否对公司实际利益造成损失。

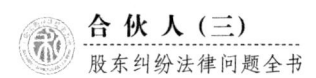

【案例327】商业决策符合公司利益 未造成损失董事无责[①]

原告：湖广商会株式会社

被告：姚仁均、劳防用品厂、南桥镇农工商联合社

第三人：宁惠公司

诉讼请求：三被告共同赔偿因侵害第三人财产权益而造成的经济损失人民币500万元，并由三被告承担连带赔偿责任。

争议焦点：

1. 第三人清算期间，原告以董事损害第三人利益为由向清算委员会而非第三人监事会或董事会提出书面申请，是否能认定为已履行股东派生诉讼的前置程序；

2. 在第三人即将解散的情况下，被告未经原告同意，擅自代表第三人转让购买土地使用权，其行为属于符合常理的商业决策还是违反董事忠实义务的损害公司利益；

3. 被告南桥镇农工商联合社取得奉贤区南桥镇轿行工业区58号房地产的行为是否给第三人造成经济损失；

4. 被告劳防用品厂、被告南桥镇农工商联合社是否构成对第三人共同侵权。

基本案情：

第三人由原告与被告劳防用品厂共同投资设立。被告姚仁均受被告劳防用品厂的委派，担任第三人的法定代表人、董事长。被告南桥镇农工商联合社系被告劳防用品厂的股东。

2006年9月12日，第三人董事会作出决议，决定依法对公司进行提前清算，并分别于2006年10月18日和12月19日召开了清算组会议形成注销清算的董事会决议。其中2006年10月18日的《第一次清算组会议纪要》，该纪要第6条规定：自清算组成立后原第三人的公章必须用于原正常经营业务之用，并且做好用章登记，在业务之外其他需要使用公章的，须经过清算组多数成员同意；第7条规定：涉及目前第三人的土地及厂房，需要中方及外方股东再次开会明确操作方案。

2006年10月30日，上海市奉贤区南桥镇人民政府向上海市奉贤区人民政府提交《关于上海宁惠皮制品有限公司清算的请示》，2006年12月7日，上海市奉贤区人民政府作出《上海市奉贤区人民政府关于提前终止"上海宁惠皮制品有限

---

① 参见上海市第一中级人民法院(2008)沪一中民五(商)初字第181号民事判决书。

公司"合同、章程的批复》，同意宁惠公司提前终止，进入清算程序。另查明，2008年5月15日，宁惠公司将宁惠公司公章一枚移交给宁惠公司清算委员会。2006年10月30日，上海市奉贤区南桥镇人民政府向上海市奉贤区人民政府提交《关于上海宁惠皮制品有限公司清算的请示》，2006年12月7日，上海市奉贤区人民政府作出《上海市奉贤区人民政府关于提前终止"上海宁惠皮制品有限公司"合同、章程的批复》，同意第三人提前终止，进入清算程序。2008年5月15日，第三人将公章一枚移交给第三人清算委员会。

2001年，被告南桥镇农工商联合社购置了位于奉贤区南桥镇轿行工业区58号的上海市多棱金属制品厂的1881.06平方米的厂房和上海多棱建筑装潢安装处的1593.64平方米的厂房，转让价为人民币210万元。土地为集体土地，性质不变，租赁使用，当时并未签订书面协议，并由南桥镇集体资产管理委员会分4次陆续支付了厂房转让款共计人民币210万元。后第三人迁入并一直使用该厂房。

2006年10月25日，上海市奉贤区人民政府发布《关于批准"上海宁惠皮制品有限公司"投资主体变更基建项目有偿使用土地的批复》，第三人获得购买位于奉贤区南桥镇轿行工业区58号、面积为6376平方米的土地使用权的指标。随后第三人分别与上海市奉贤区房屋土地管理局、奉贤区征地事务管理所签订了《上海市国有土地使用权出让合同》《上海市奉贤区房屋土地管理局批租征地等承包合同》《征地费包干协议》，并由被告南桥镇农工商联合社支付了土地出让金165,776元，合同前期费1,268,824元，包干费136,426元。

2007年年初，第三人与被告南桥镇农工商联合社签订了《上海市房地产买卖合同》，由第三人转让其位于奉贤区南桥镇轿行工业区58号的房地产，其中房屋建造面积3474.7平方米，土地使用面积6376平方米，转让的价款为人民币150万元。后被告南桥镇农工商联合社获得相应的房地产权证。第三人与被告南桥镇农工商联合社均承认，转让款150万元并未实际支付。

2008年5月14日，原告委托代理人向第三人清算委员会发出了《关于请求对上海奉贤区南桥镇农工商联合社、上海和安皮制品有限公司和姚仁均等人提起民事诉讼的函》，要求第三人清算委员会对侵害公司合法权益的相关行为人提起民事诉讼。但第三人清算委员会自收到原告的请求函之日起30日内未提起诉讼。

原告诉称：

在第三人清算期间，清算委员会会议已明确由第三人清算委员会控制第三人印章，若涉及第三人的土地及厂房问题需中方及外方股东再次开会明确操作方案，但被告姚仁均未经董事会和相关合法程序，未征求原告意见，无视第三人清算委员会通过的工作规程,违反作为高管应尽的忠实义务,利用其实际控制第三人的便利,与被告南桥镇农工商联合社签订买卖合同,擅自以非正常价格买卖第三人房地产的行为,严重侵害了第三人的合法权利,使第三人遭受了巨额的财产损失。

被告南桥镇农工商联合社曾以委派书的形式将被告姚仁均委派至第三人,其恶意指使被告姚仁均低价出售第三人的房地产,其主观上有侵占第三人财产的故意,客观上已经严重侵害了第三人的资产。而被告劳防用品厂作为被告姚仁均代表的中方股东,在明知己方的代表人存在损害第三人合法权益的行为而采取默认态度,其主观上存有过错,亦导致第三人合法权益严重受损。

被告辩称：

1. 原告诉讼主体不适格。

根据《公司法》相关规定,股东派生诉讼只适用于正常运营期间的公司,但本案诉讼发生在第三人清算期间,不符合法律规定,原告无权起诉。

2. 被告南桥镇农工商联合社不存在侵权事实。

2001年左右,被告南桥镇农工商联合社向上海市多棱金属制品厂、上海多棱建造装潢安装处购得奉贤区南桥镇轿行工业区××号的厂房,并无偿提供给第三人使用。由于土地为租用,故第三人向土管部门提出购置土地使用权申请,并于2006年10月获得购置土地使用权的指标。但此时,第三人已进入清算程序,其决定放弃购买该指标,遂由被告南桥镇农工商联合社出资购买,故被告不存在违背第三人意志的恶意行为。

3. 第三人不存在损害结果。

第三人搬迁至被告南桥镇农工商联合社为其购置的位于轿行工业区××号的厂房内生产经营,只缴纳土地使用费,不缴纳房屋使用费,分明是获利而非损失。后被告南桥镇农工商联合社也是自己出资获得奉贤区南桥镇轿行工业区××号的土地使用权,第三人并未出资,因此第三人根本不存在利益受损的事实。

律师观点：

1. 原告符合提起股东代表诉讼的条件,主体适格。

根据《公司法》第151条规定,当公司的董事侵害了公司权益,而公司怠于追究其责任时,符合法定条件的股东可以自己的名义代表公司提起诉讼。本案原告作为第三人的外方股东,在提起本案诉讼前,曾向第三人清算委员会发出请求函,要求其对侵害第三人合法权益的相关行为人提起民事诉讼,但第三人清算委员会在收到请求函之日起30日内并未提起诉讼。此时的第三人已处于清算阶段,依法成立的清算委员会已经取代原第三人的执行机关,行使清算中第三人执行机关的职能,因此,原告选择向第三人清算委员会提出书面申请并无不妥,并且清算委员会在复函中也未对此提出异议。故原告有权以自己的名义提起诉讼。

2. 被告代表第三人转让购买土地使用权的行为是符合常理的商业决策。

根据《公司法》(2013年修订)第147条第1款、第149条的规定,公司董事依法对公司负有忠实和勤勉义务,即公司董事在履行公司赋予其职权时,应最大限度地维护公司利益,否则因此给公司造成损害的,应当承担赔偿责任。第三人曾在《第一次清算组会议纪要》中明确约定,涉及第三人的土地及厂房,需要中方及外方股东再次开会明确操作方案。

本案中,被告姚仁均代表第三人向被告南桥镇农工商联合社转让购买土地使用权机会的行为未获得外方股东的同意。但是第三人在获得购买奉贤区南桥镇轿行工业区××号土地使用权的指标时,其经营状况已发生变化,计划在依法核实财产、处理债权债务之后予以解散。在此情形下,被告姚仁均在未经中外方股东开会明确操作方案的基础上,代表第三人作出转让购买土地使用权机会的决定虽有不妥,但符合第三人即将解散的实际情况,因此,不足以认定被告姚仁均违反了董事的忠实和勤勉义务。

虽然第三人在清算组会议纪要中约定,清算委员会应于2006年年底接管公章,并且做好公章使用登记,在业务之外其他需要使用公章的须经过清算组多数成员同意。但第三人的公章直至2008年5月才移交,该规定并未实际执行,因此,被告姚仁均在签署房地产买卖合同等协议时,使用第三人公章的行为符合通常商业做法,不存在违反公章使用规定的情形。

3. 三被告的行为未给第三人造成任何经济损失。

被告南桥镇农工商联合社于2001年左右购置了位于奉贤区南桥镇轿行工业区××号的厂房,支付对价人民币210万元。2006年,第三人获得购置奉贤区南桥镇轿行工业区××号土地使用权指标之后,虽然由第三人与相关土管部门签订了《上海市国有土地使用权出让合同》等协议,但第三人在此过程当中并未支付任何费用,而是由被告南桥镇农工商联合社实际支付土地出让金人民币165,776元,合同前期费人民币1,268,824元,包干费人民币136,426元。据此,被告南桥镇农工商联合社取得奉贤区南桥镇轿行工业区××号房地产的行为,并没有给第三人造成任何经济损失。

4. 原告无证据证明被告劳防用品厂、南桥镇农工商联合社存在共同侵权。

原告主张被告劳防用品厂、南桥镇农工商联合社共同承担侵权责任,但原告并未提供相应证据证明两者在南桥镇农工商联合社取得奉贤区南桥镇轿行工业区58号房地产的过程中存有侵权故意及侵权事实。

法院判决:

驳回原告的诉讼请求。

【案例328】未分配利润奖励员工　损害公司利益判决返还[1]

原告: 林某

被告: 赵某

第三人: 华晨公司

诉讼请求:

1. 判令被告向第三人返还被侵占的资金1,320,300元;

2. 被告向第三人偿付以1,320,300元为基数,自2007年5月30日至判决生效日止,按照中国人民银行规定的同期贷款利率标准计算的银行利息。

争议焦点:

1. 第三人通过被告签发的《关于第三人奖酬金发放的决定》(以下简称《奖酬金发放决定》)是否有效,该决定的效力是否影响本案的判决,是否可与本案合并审理;

2.《奖酬金发放决定》中"毛利""净利润"的概念应如何理解,是否为《公司法》或会计法上的概念,被告是否将第三人的"毛利"与"净利润"作为奖酬金进行了分配;

3. 被告因执行《奖酬金发放决定》而获得的报酬是履行董事职责的报酬还是作为技术人员取得的报酬,该分配是否损害了第三人及原告的利益。

基本案情:

第三人成立于2002年9月,注册资本为100万元,现股东为原告和被告,原告出资60万元,任监事,被告出资40万元,任法定代表人及执行董事。

2003年10月15日第三人的《章程》第15条规定,公司设立股东会并由全体股东组成,股东会行使选举和更换董事,决定有关董事的报酬事项、审议批准公司

---

[1] 参见上海市第一中级人民法院(2010)沪一中民四(商)终字第1292号民事判决书。本案发生前,原告林某已陆续向上海市松江区人民法院提起公司解散纠纷——详见本书第十六章公司解散纠纷【案例395】"知情权、盈余分配权受侵害有途径解决　请求解散公司被驳回",以及股东知情权纠纷——详见本书第十九章股东知情权纠纷【案例464】"知情权目的已实现　查阅原始凭证请求遭驳回"。本案诉讼后,原告林某再一次于2011年向上海市松江区人民法院提起公司解散纠纷,经法院调解各方同意自行解散华晨公司。

的年度财务预算方案和决算方案、审议批准公司的利润分配方案和弥补亏损方案。第19条规定,本公司因投资人数少,所以不设立董事会和监事会。公司设执行董事(兼公司经理)1名,监事1名。执行董事为公司法定代表人。第20条规定,执行董事由选举产生,其有聘任或者解聘公司副经理、财务负责人(包括其他雇佣人员),决定其报酬、制定公司的基本管理制度及其具体规章。执行董事行使职权时,不得违反法律、法规和公司章程的规定。第26条规定,董事、监事、经理执行公司职务时,违反法律、行政法规或者公司章程的规定,给公司造成损害的,应当承担赔偿责任。

2007年3月20日,被告出具《奖酬金发放决定》,该决定注明了公司资金来源明细、主要项目、收入明细、项目引入主要贡献人。第4条"分配原则"还注明:参照第三人的前身即洛阳鸿博石化技术开发服务有限公司奖酬金分配原则及操作惯例指定奖酬金分配原则;对引入项目及回收合同款作出主要贡献的人员给予该项目毛利30%的提成奖励:在股东分配红利之前,将可供分配利润的60%用于奖励对项目运作有贡献的人员。项目提成数分别为被告提成204,100元,奖金318,400元,合计522,600元;原告提成0元,奖金173,700元,合计173,700元;余某提成0元,奖金144,700元,合计144,700元;朱某提成0元,奖金115,800元,合计115,800元;李某提成336,700元,奖金246,100元,合计582,800元。

同年3月22日,被告出具《奖酬金发放清单》,注明被告奖酬金522,600元,扣除鸿博退款11,400元,含税实得511,208.10元;原告奖酬金173,700元,扣除鸿博退款51,900元、上海分院项目92,825.60元、上海分院项目房租等176,980元、喷嘴亏损46,000元,含税实得-194,044元;余某奖酬金144,700元,扣除鸿博退款11,400元,含税实得133,379.20元;朱某奖酬金115,800元,扣除鸿博退款11,400元,含税实得104,431.70元;李某奖酬金582,800元,鸿博退款11,400元,含税实得571,416.50元。

2007年5月8日,第三人出具《关于第三人奖酬金和劳务费发放纳税情况说明》,明确:由于工程项目跨年度较多,无法按照年度进行结算,按照公司行政管理文件《奖酬金发放决定》LAMP-002-2005,公司决定对2003年以来的项目薪酬进行结算,结算分配为(含税实得)被告511,200元、余某133,300元、朱某104,400元、李某571,400元。

同年5月18日,第三人向上述4人发放了上述款项。第三人于2007年5月31日的《记账凭证》将上述款项记载"摘要"为奖酬金、劳务费,"会计科目"为管理费用、现金。

2008年5月,原告曾向上海市松江区人民法院提起股东知情权纠纷,该院(2008)松民二(商)初字第763号民事判决书判决第三人应向原告提供自2003年10月至判决生效日止的财务会计报告和会计账簿供原告查阅。此外,2003年9月6日,李某曾代表第三人和案外人山东东明石化集团有限公司签订《工程设计合同书》,由山东东明石化集团有限公司委托第三人对重油催化裂解联合装置的烟气轮机、主风机能量回收机组总成设计,设计及现场服务收费总额为28万元。

2003年8月17日,余某曾代表第三人和山东东明石化集团有限公司签订《工程设计合同书》,由山东东明石化集团有限公司委托第三人对直馏汽油改质装置扩能改造工程项目的工程设计,设计及现场服务收费总额为10万元。

2003年12月16日,被告曾代表第三人和中国石油集团庆阳炼油化工有限责任公司签订《技术服务合同》,由第三人为中国石油集团庆阳炼油化工有限责任公司提供催化裂化装置提高处理量操作调整项目的技术服务,项目报酬为80万元。

原告诉称:

2002年9月19日,原告和原告父亲共同出资成立第三人,注册资金为人民币100万元,其中原告出资60万元,原告父亲出资40万元,原告为第三人的法定代表人。2003年10月15日,第三人股东发生变更,原告父亲将自己持有的40%股份全部转让给被告,同时第三人的法定代表人变更为被告,被告任第三人的执行董事,并兼任财务负责人,原告任监事。第三人变更法定代表人为被告后,第三人的全部经营管理事宜及所有财务工作均由被告实际掌管和控制。2007年5月31日,被告在未召开第三人股东会,未与占公司股份60%并身兼公司监事的原告协商的情况下,以发放奖酬金和劳务费的名义,擅自私分并侵占第三人财产1,320,300元,致使第三人财产遭受重大损失。原告对上述侵占公司财产之事一直不知晓,在2008年8月执行(2008)松民二(商)初字第763号知情权生效判决时,原告经查账才得以知晓。

原告为证明其观点,提交证据如下:

1. 第三人的档案机读材料,证明第三人的注册资本为100万元,法定代表人为被告,占有40%股份,原告占60%股份;

2. 2002年8月26日第三人的《公司股东会出资决议书》《股东会决议》、验资报告、注册资本实收情况明细表;进账单、银行询证函、验资证明表、专职技术人员表、房屋租赁合同、产权证明、任职证明,证明第三人设立之初的股东情况和登

记情况;

3. 企业变更登记申请书、任职证明、承诺书、公司变更登记申请书、股东会决议、股权转让协议书、收条,证明第三人原股东原告父亲将股权转让给被告,并办理了工商变更登记手续,同时被告担任第三人的法定代表人,原告任监事的事实;

4. 2003年10月15日第三人的章程,证明第三人章程约定的内容;

5. (2008)松民二(商)初字第763号民事判决书,证明原告在行使了知情权纠纷的诉讼后,才发现系争事实;

6. 第三人的《关于第三人奖酬金和劳务费发放纳税情况说明》,证明被告利用控制第三人的地位,擅自以发放奖酬金和劳务费的名义私分并侵占第三人的财产;

7. 第三人的记账凭证,证明2007年5月31日被告以发放奖酬金的方式侵占了第三人的资产;

8. 审计报告、2003年至2008年费用抽查记录、2003年至2007年银行存款抽查记录,证明第三人的注册资金为100万元,但提取的资金为1,320,300元用于发放奖酬金,且审计报告中李某、朱某和余某向第三人各自所缴纳的20万元系借款性质,并非投资款,且借款已经归还给他们;

9. (2008)松民二(商)初字第544号民事判决书,证明原告曾欲通过解散公司的方式解决纠纷,但被告却私分第三人的财产;

10. 余某的证词,证明余某并非第三人的股东,20万元系借款性质,从而印证李某、朱某也不是第三人的股东,第三人也已经将借款归还给他们。

审理中,原告确认李某、余某和朱某为第三人的工作人员。

被告辩称:

1. 本案的背景

被告、李某、朱某、余某与原告均原为某国有石化公司员工。原告主要负责市场经营工作,其余4人均为资深工程师。2001年2月27日,5人在洛阳投资成立了一家公司,即第三人前身。2002年9月19日,被告、李某、朱某、余某委托原告在上海注册成立了第三人,约定5人各占20%股权。但原告在工商登记时,将股东登记为自己和其父,其中原告持股60%,其父持股40%。2003年10月15日,在被告等人一再要求下,原告父亲才将自己持有的40%股份全部转让给被告。同月,上述5人约定共同承包中国石油天然气华东勘察设计院上海分院,但原告在未得到另4人同意下,以个人名义签订了承包合同。截至2005年12月底,上海分院利润621.93万元,均由原告1人占有,其余4人分文未取。2007年3月20

日,被告作出《奖酬金发放决定》,对第三人成立5年以来5人的劳务报酬进行了结算。其后,原告陆续提起解散公司之诉、知情权诉讼。为了解决矛盾,被告将相应凭证交予原告查阅并同意原告对第三人进行审计。2008年10月14日,上海华夏会计师事务所有限公司出具的华夏会审[2008]第1020号审计报告的"关于工资和劳务费支出"中也注明了在2007年5月31日6号凭证中支付了1,320,300元。至此,原告得知被告发放奖酬金的事实。

2. 第三人的执行董事决议合法合理

(1)执行董事决议于法有据。

首先,我国《公司法》(2005年修订)规定第47条规定执行董事有权决定公司员工的报酬,并制定公司的基本管理制度。第51条规定,执行董事的职权由公司章程规定。同时,第三人的《章程》第20条规定,执行董事的职权包括:聘任或者解聘公司副经理、财务负责人(包括其他雇佣人员),决定其报酬;制定公司的基本管理制度及其具体规章。故被告有权决定李某、余某、朱某和自己的劳务报酬。

其次,被告、李某、朱某与余某实际参与了公司的生产经营活动,有权获得报酬。且原告在庭审中对上述四人为第三人提供了劳务的事实予以了承认,故根据《劳动法》第3条规定,劳动者有获得报酬的权利,被告发放奖酬金给上述案外人是有理有据的。

(2)被告作出的执行董事决议是合理的。

首先,该决定确立的发放标准适用于公司所有人员,一视同仁,包括原告。

其次,奖酬金发放的数额是根据各人在项目运作中所作出的贡献大小作为权重,然后根据在不同项目服务中的权重加总,并以总权重数乘以项目提成和奖金分红确定所得的奖酬金数额。被告、李某、余某与朱某在第三人对外签订的各项技术服务合同履行过程中,以各自的专业所长提供劳务,有权获得报酬。

再次,石油化工技术服务行业是一个对技术要求非常高的行业,技术人员掌握的技术对于项目的运作成功与否起着至关重要的作用,相对于其他行业来说,石油化工技术服务行业技术人员的报酬普遍要高得多。故第三人确定的分配比例相对于这个行业来说是合理的。

最后,本案争议的奖酬金发放后,第三人的利润率高于行业平均水平,公司利益并没有受到侵害。

除此之外,公司自成立以来,连办公地点都未租赁,第三人的主要运营成本就是劳务费用。朱某、被告、李某与余某为第三人提供劳务的几年内都未领取过报酬,2007年领取的报酬与他们的贡献是极其不匹配的。

(3)法院在审理公司决议纠纷原则上应仅审查合法性,合理性不在其审查范围之内。

根据《公司法》(2005年修订)第22条规定,法院在审理执行董事决议效力纠纷案件时应坚持合法性审查原则,即仅对执行董事决议的作出程序以及决议内容的合法性进行审查,对其程序和内容的合理性一般不予审查。因此,对于合理性与合法性两者之间的取舍,合法性是正当的选择。

3. 即使执行董事决议存在瑕疵,原告并没有提出确认执行董事决议效力问题的诉讼请求,故需另案诉讼,不应在本案中一并处理。

(1)合并审理有悖于《民事案件案由规定》的立法宗旨。

根据《最高人民法院关于印发〈民事案件案由规定〉的通知》(法发〔2008〕11号),科学完善的民事案件案由体系有利于当事人准确选择案由,有利于人民法院在民事立案和审判中准确确定案件诉讼争点和正确适用法律,有利于提高民事案件司法统计的准确性和科学性,有利于对受理案件进行分类管理。若将董事高管损害公司利益责任纠纷案与董事决议效力纠纷合并审理,由于两类纠纷适用的法律与事实理由不同,这必然不利于法院在庭审中准确确定案件诉讼争点和正确适用法律,不利于准确地、科学地进行司法统计工作,不利于受理案件的分类与管理工作。

(2)合并审理与法理相违背。

首先,二诉能否合并审理关键在于诉讼性质是否相同。而董事会决议效力纠纷与董事、高管损害公司利益诉讼主体、标的、判断诉的理由均不相同,两者明显属于不同性质的诉讼。

其次,合并审理有违民事诉讼不告不理基本原则。《民事诉讼法》第13条规定,当事人有权在法律规定的范围内处分自己的民事权利和诉讼权利。本案中,原告并未提出执行董事决议效力的确认之诉,法院擅自将其纳入裁判范围有违民事诉讼不告不理的基本原则。

最后,合并审理有违公司法纠纷案件审理私法自治、竭尽公司内部救济等基本原则。本案中,被告作出的执行董事决议属于第三人内部的自治行为,原告并未以股东身份对公司提起执行董事决议效力确认之诉,即原告并未对公司的自治机制提出异议,法院自主介入该纠纷的处理当中有违公司法纠纷案件审理原则。

(3)合并审理于法无据。

董事高管损害公司利益责任纠纷与董事会决议效力纠纷不符合诉的合并审

理规定。最高人民法院已经将董事会决议效力纠纷列为独立的案由,原告对执行董事决议效力有异议,应当另案起诉。

(4)合并审理可能损害第三人的诉讼权利,有违公平正义原则。

本案中,若执行董事决议效力纠纷与董事高管损害公司利益责任纠纷案件合并审理,由于原告并未提起对第三人的执行董事决议效力确认的诉讼请求,根据法律规定,法院自然无法在判决书中直接裁决第三人作出的执行董事决议是否存在瑕疵,只会在"经审理查明"与"法院认为"中作出判定。所以,若第三人对判决结果有异议,但由于其在　审中并非适格的被告,将无法提起上诉,这严重损害了第三人的诉讼权利。故法院合并审理有违公平正义原则。

4. 奖酬金发放决议中所述"利润""毛利"并非公司法和会计准则所指的"利润"。①

该决议第4.2条、第4.3条分别规定,"对引入项目及回收合同款作出主要贡献的人员给予该项目毛利30%的提成奖励";"在股东分配红利之前,将可供分配利润的60%用于奖励对项目运作有贡献的人员"。该条提到的"毛利""利润"只是为了表述方便,本身并不具备公司法和会计规范所赋予的含义。

《公司法》规定用于股东分配的利润指净利润。根据《企业会计准则》规定,毛利润=营业收入(主营业务收入与其他业务收入之和)-营业支出(主营业务成本与其他业务成本之和)。净利润=毛利润-费用(包括销售费用、管理费用、财务费用)-资产减值损失+投资收益+公允价值变动损益+营业外收入-营业外支出-所得税费用。其中,华晨公司主营业务为技术服务,其劳务人员的报酬应当计入主营业务成本,也就是说这部分成本应当在计算净利润时扣减。换句话说,只有在扣除上述各类成本与费用(包括劳务报酬)得到的财务数据才是股东参与分配的净利润。

从本案争议的奖酬金计算方法上可以看出,本案争议的奖酬金是以220.53万元利润或毛利为计算基数,但这所谓的"毛利""利润"并非公司法与会计规范所指的股东应分配的利润。截至奖酬金发放前(2007年3月20日),华晨公司已收款项为674.9034万元,减去已经发生的费用支出454.3734万元,剩余220.53万元。扣除的费用支出包括办公费用、手续费等,但并不包括本案争议的应支付奖酬金。综合上述分析可以得出,决议中作为计算奖酬金基数的220.53万元未

---

① 本案奖酬金发放决议中所述的"利润""毛利"确系当事人缺乏法律专业知识所导致的笔误,如法院在该案诉讼过程中对第三人进行司法审计,即能清晰判断此处"利润"及"毛利"的真实表意。

扣除主营业务支出,并非法定意义上的毛利概念,更谈不上净利润了。

5. 被告所取得的报酬是其作为技术人员取得的报酬,而不是董事报酬。

董事报酬是指为履行董事职责所领取的薪酬。董事报酬的确须股东会决定,但本案中,被告领取的是其作为项目技术负责人所应当取得的劳务报酬。同时,参照奖酬金发放说明可以看出奖酬金发放决定具有普遍性,所有报酬的发放都是一视同仁,即按照各人在项目中作出的贡献来确定应获得的数额,包括原告的奖酬金也是如此。据此,被告根据奖酬金发放决定所取得的报酬是项目奖金与项目提成,并非董事报酬,无须股东会决议。

被告对原告所提供的证据发表质证意见如下:

1. 被告对上述证据1~7真实性无异议;
2. 被告对证据8真实性无异议,但认为审计部门不能确认股东构成情况;
3. 被告对证据9无异议,该判决也认定原告、被告对第三人股东结构存在争议;
4. 被告对证据10无异议,但认为该20万元就是投资款。

被告为证明其观点,提交证据如下:

1. 《奖酬金发放决定》和奖酬金发放清单,证明结合第三人的章程,被告有权作出奖酬金发放的决定,李某等为第三人作出了贡献,故向他们发放奖酬金是有依据的。
2. 工程设计合同书2份和技术服务合同1份,证明李某、朱某和余某为第三人作出了贡献,有权利取得奖金。
3. 收据3份,证明被告已经将奖酬金发放给了李某、朱某和余某,不存在被告侵占公司财产的状况。
4. 洛阳鸿博石化技术开发服务有限公司的章程,证明该公司的股东有原告、被告、李某、朱某和余某,从而可以印证5人系多年的合作伙伴,第三人的股东实际也为该5人。
5. 第三人出具的股东名册,证明第三人的股东实际为5人。
6. 固定资产购置协议书,证明原告、被告、李某、朱某和余某均为第三人的股东。
7. 上海石油天然气华东勘察设计院上海分院利润表,证明该公司和第三人系两块牌子,一套班子,由第三人的5个股东承包该分院,分院的收益由5个人按照第三人的投资比例进行分配,原告将该分院的资产全部占为己有。
8. 山东东明石化集团有限公司出具的证明,证明李某、余某和朱某均参与了第三人和该公司签订的合同项目,并提供了相应的劳务,从而印证余某等有权获得劳动报酬和奖金。

9. 余某、朱某和李某出具的证人证言,证明该三人证实均参与了第三人的相关工程的工作,和第三人建立了劳务关系。

10. 中国石油天然气华东勘察设计研究院上海分院行政管理文件及第三人出具的五份借条,证明第三人的实际股东为原告、被告、朱某、李某、余某五人,第三人注册资本亦由上述五人各出资人民币20万元组成。

11. 第三人解散决算决议,证明原告已认可奖酬金分配方案。

12. 《奖酬金发放决定》的修正决定,证明被告发放的奖酬金系劳务报酬。

针对被告的上述证据,原告认为:

1. 原告对证据1不清楚,并认为发放如此巨额的费用,应经过股东会通过;

2. 原告对证据2无异议,但原告认为他们仅在合同上进行了签名,不能证明他们为第三人作出了贡献;

3. 原告对证据3无异议,原告还认为这正好证明被告损害公司利益,擅自发放奖酬金的事实;

4. 原告对证据4无异议,但原告认为该证据与本案无关;

5. 原告对证据6不予认可;

6. 原告认为证据6不能证明李某、朱某、余某的股东身份;

7. 原告对证据7不予认可,并认为与本案无关;

8. 原告对证据8的内容有异议,但确认李某、余某和朱某系第三人的工作人员,但不清楚他们做了多少工作;

9. 原告认为证据9中三人与本案有直接的利害关系,对该证据有异议;

10. 证据10中管理文件的出具单位非本案当事人,也不能证明本案事实,故与本案欠缺关联性;借条反映的法律关系与本案案由无关,也不能达到证明目的;

11. 证据11决议内容不能反映原告已认可奖酬金分配方案;

12. 原告对证据12不予认可。

被告在审理中申请追加李某、朱某、余某作为本案第三人参加诉讼。

针对被告追加第三人的申请,原告认为:

1. 作为原告,其诉请内容是被告违反《公司法》、公司章程的规定,违反执行董事的注意义务和忠实义务而给公司造成重大损失,应当承担赔偿责任,并不涉及需要其他案外人承担责任的问题;

2. 据被告称,被告已经以相关名义向李某、朱某、余某分配80.91万元,由于被告系第三人执行董事、总经理、法定代表人和财务负责人,被告的行为即代表第三人。从维护交易秩序稳定考虑,其他案外三人当然不会同意返还,即便是第三人的赠与行为亦当如此;

3. 本案已审结,被告此举目的就是恶意拖延,以增加原告诉累。

原告据此表示不同意上述三人作为第三人承担本案的赔偿责任。

法院认为,因原告对于被告向上述三人发放奖酬金的事实亦没有提出异议,且原告又不要求上述三人在本案中承担责任,故法院未同意被告的申请。

第三人述称:

同意被告的答辩意见。被告为第三人的项目技术总负责人,李某为项目经理,余某为机械设计负责人,朱某为设备设计负责人。原告诉称的款项中的809,100元已分别支付给了陈首刨、朱某和余某,被告并未私自侵占。另外的511,200元是被告作为员工所取得的奖酬金。上述人员所获得的关酬金是他们作为员工应得的员工报酬,并不需要召开股东会进行决议。综上,请求驳回原告的诉讼请求。

律师观点:

1. 原告有权提起本案诉讼。

《公司法》第149条规定,董事、监事、高级管理人员执行公司职务时违反法律、行政法规或者公司章程的规定,给公司造成损失的,应当承担赔偿责任。《公司法》第151条规定,董事、高级管理人员有本法第150条规定的情形的,有限责任公司的股东可以书面请求监事会或者不设监事会的有限责任公司的监事向人民法院提起诉讼。本案中,原告为第三人的股东,同时作为第三人的监事,在认为被告的行为损害了公司的情况下,履行监事职责对被告提起诉讼,符合法律和章程的规定。

2. 对于"毛利""利润"含义的理解,一般并不存有歧义,应当指公司收入减去相关费用后的净额。

被告认为系争奖酬金发放决议中所述的"利润""毛利"并非公司法和会计准则所指的"利润",亦即并非是法律或众所周知所理解的利润和毛利,那么没有严格的标准来确定利润和毛利,即完全由被告按照自己的标准进行确定,本身也会损害第三人的利益。且从该决定中分配原则的内容来看,并未对其中的"毛利""利润"作出有别于一般理解的约定或解释。被告所作的单方解释及相应计算方式,并不足以证明决定中的"毛利""利润"有别于股东应分配的利润,故被告及第三人的上述观点无事实及法律依据,法院应不予采信。

3. 被告以毛利作为奖酬金进行分配,可能损害公司利益和股东利益。

被告作为第三人的执行董事,在第三人的公司章程中赋予了执行董事有聘任或者解聘公司包括雇聘人员在内的人员,并决定其报酬。被告认为其正是基于被告的该执行董事的特殊身份和公司章程赋予的权利作出了2007年3月20日的《奖酬金发放决定》。

然而,被告虽然有决定公司雇聘人员报酬的权利,且余某等三人也确实为第三人的工作人员,但被告作出的相关决定并不能损害公司和股东的利益为前提。现从上述决定第4条"分配原则"的内容看,其对职工的提成按照项目毛利的30%提成,而毛利本身还包含公司一定的成本,在公司对于所做项目是否盈利或亏损没有核算之前,就以毛利的30%进行提成,可能损害公司利益和股东利益,即在股东没有作出决议前,被告无权对毛利作出决定和分配。

而作为公司的股东,本身具有对公司利润是否进行分配或如何分配作出决定的权利,但根据分配原则中的上述内容,在股东分配红利之前,被告即将公司可供分配的利润以奖励的方式进行发放,且也无证据证明已经征得作为第三人的另一股东即原告的同意,显然损害了原告作为股东的利益。况且被告也无证据证明上述系争决定已经得到原告的认可或原告对此决定的内容予以确认的事实。

综上,应当认定《奖酬金发放决定》中的"分配原则"内容无效。

4. 执行董事决议效力问题可以合并审理。

被告认为《奖酬金发放决定》是否有效的问题,应当另案诉讼,不应在本案中一并处理。但该决定的效力问题,是认定本案事实的基础,其效力及于第三人,第三人也已经对该决定作出了相应的抗辩,并未剥夺其相应权利故该决定的效力可在本案中直接审查认定。被告坚持要求原告就此另案诉讼的主张,法院应不予采信。

综上,由于系争的决定中分配原则无效,且实际已经发放的奖酬金和提成的计算也是被告自行计算得出,相应计算的"利润"和"毛利"基数也未得到原告的认可,再加上审理中被告也确认其所计算的利润和向相关部门所提交的会计报表中所体现的利润不一致,故被告基于系争决定和其计算所发放的奖酬金应当予以返还。

5. 原告主张直接要求被告对另二人款项向第三人进行赔偿,有所不当。

现被告实际收取了第三人的钱款511,200元,被告应当返还给第三人。原告主张的相应的利息损失亦于法无悖,法院可予支持。由于系争决定是被告基于其特殊身份和职务所作出,案外人领取款项也是基于系争决定从第三人处领取,被告系代表第三人向案外人发放,这虽是由于被告履行职务不当所造成,但由于这些钱款实际并非被告领取,被告应仅对余某等人不能返还部分承担赔偿责任,故原告现主张直接要求被告对此款项向第三人进行赔偿,有所不当。即809,100元实际是由案外人领取,审理中,原告又明确表态不同意要求余某、朱某、李某向第三人承担返还责任,并坚持要求被告对上述三人所领取的款项进行赔偿,对此难以支持。

法院判决:

1. 被告应于判决生效之日起10日内返还第三人511,200元。

2. 被告应于判决生效之日起10日内赔偿第三人以511,200元为基数,自2007年5月30日至判决生效日止,按照中国人民银行规定的同期贷款利率标准计算的银行利息。

959. 董事、高级管理人员在执行公司职务时,违反法律、行政法规而使公司遭受税收滞纳金和罚款的,公司可否请求其承担责任?

可以。但需要注意的是,公司董事及高级管理人员的该行为,系违反勤勉义务的行为,其本身也不存在因此而获得的收益,因此不能对其适用归入责任,只能要求其承担损害赔偿责任。

【案例329】公司偷税漏税 高管仅对惩罚性款项担责①

原告: 章剑华等11人

被告: 黄嘉玮

第三人: 科达经营部

诉讼请求: 被告赔偿第三人损失30,578.72元。

争议焦点:

1. 股份合作制企业股东能否提起派生诉讼。

2. 第三人违反经营损失的税务损失包括哪些?第一,因虚开增值税发票、虚列成本、将应付款转入营业外收入而补征的税款是否属于第三人的损失;第二,对于第三人原能够享受先征后返优惠政策的所得税额无法返还金额、税收滞纳金及罚款,被告是否均应赔偿。

基本案情:

第三人系股份合作制企业,原告与被告均系第三人企业股东,被告于1997年

---

① 参见上海市第二中级人民法院(2002)沪二中民三(商)终字第333号民事判决书。

至1999年9月期间担任经理,企业改制后担任董事长。

在1997年至1998年期间,被告以虚开增值税发票、虚列成本、应付款转入营业外收入等方式套取现金,作为企业小金库,被上海市税务局静安分局处罚。其中虚开发票补税3987.69元,虚列成本补征所得税10,659元,无法支付的应付款转营业外收入补征所得税14,050.05元,缴纳补税滞纳金2869.67元,虚开发票罚款3000元。

原告诉称:

在1997年至1998年期间,被告侵占第三人资金,通过虚假进货、虚列成本、提高进货价格,以应付款名义提取现金,余款挪做小金库,共计8万多元。上海市静安区地方税务局稽查中队对第三人作出处罚,开出4张处罚单,其中一张为补缴增值税3987.69元,系第三人应纳税额,不作为第三人损失。第三人作为享受静安区政府所得税先征后返政策的企业,因被告违法经营导致其余三张税单的税款24,709.05元(10,659元+14,050.05元)无法返还,并被处滞纳金及罚款共5869.67元。这些处罚是第三人额外的、不应发生的经济损失,应由被告赔偿。

被告辩称:

1. 被告从未实施侵占行为,当然未因此造成企业或股东损失。原告举证的编号为5178937的税单明白无误地写着是企业所得税,而企业缴纳所得税是履行应尽义务,并非第三人的损失;

2. 对于24,709.05元所得税的返还问题,被告认为能否返税,应由第三人领导与税务机关交涉,并取决于税务机关是否准予退税的决定,不构成第三人损失,而且被告在担任第三人法定代表人期间并未收到有关第三人税收优惠的任何文件;

3. 关于增值税的滞罚款,税收缴款书未明确是哪一笔税收的滞罚;

4. 原告只能为自身的损失主张权利,原告作为股东不能主张企业的损失,股东不享有索赔的权利。

第三人述称:

被告非法经营导致的损失应由被告赔偿,滞纳金及罚款也是被告违法经营导致的。

一审认为:

1. 原告诉讼主体适格。

原告作为股份合作制企业的股东,在企业利益受到损害,且企业又未向侵权人主张权利时,原告有权为了企业利益以股东的名义提起诉讼,要求侵权人赔偿企业损失,以保护企业利益不受侵犯。故原告起诉是股东派生诉讼。

2. 作为第三人董事长,被告在任职期间损害了公司利益,应赔偿损失。

被告作为企业董事长,在其任职期间由于违法行为造成企业损失,应对企业损失承担赔偿责任。因被告虚开增值税发票、虚列成本及将应付款转入营业外收入,被税务机关处罚,其中罚款3000元、缴纳滞纳金2869.67元,该两笔费用系企业的额外支出,应作为企业损失。至于被告辩称借款收益与滞纳金冲抵,法院认为,企业收益理应归企业所有,与滞纳金的支出属不同的性质,不存在相互冲抵问题,被告的辩称缺乏依据。至于补税款24,709.05元系企业应缴纳的税款,由于原告未提供第三人享有返税政策的依据,故原告称该笔税款系损失缺乏依据,法院不予支持。

一审判决:

1. 被告赔偿第三人经济损失人民币5869.67元;
2. 驳回原告其他诉讼请求。

原告、被告均不服一审判决,向上级人民法院提起上诉。

原告上诉称:

第三人作为股份合作制企业在成立之时,根据国家政策,可以享受三免二减半的优惠政策,但被告作为企业的法定代表人却不向有关部门提出申请和办理有关手续,使第三人丧失了应当可享受的优惠待遇。而被告在担任法定代表人期间,以虚假进货、虚列成本、抬高进货价格和虚开增值税发票等方式违法经营,致使第三人被上海市税务局静安分局处罚人民币30,578.72元,这些处罚是企业额外的、不应发生的经济损失,应由被告承担。故请求撤销原判,判令被告赔偿第三人经济损失人民币30,578.72元。

针对原告的上述观点,被告认为:

税收减免问题应由国家税法而不是政策调整,而且被告在担任第三人法定代表人期间并未收到有关税收减免的文件。上海市税务局静安分局虽对被告担任第三人法定代表人期间的违法经营行为进行过处理,但其中只有人民币5869.67元是处罚款,另外的人民币24,709.05元是补征的税,这些税无论是先征还是后征,都是企业应该缴付的,不属于违法经营造成的损失。

被告上诉称:

根据《上海市股份合作制企业暂行办法》的规定,股份合作制的企业及其股东能且只能为自己所受的损失主张权利,而不能相互交叉、相互替代。原审判决将有限责任公司的股东派生诉讼不适当地类推适用于股份合作制企业,属于适用法律不当。故请求撤销原判,驳回原告的诉讼请求。

针对被告的上述观点,原告认为:

被告的行为侵害了第三人的利益,原告作为股东,有权维护第三人的利益,这并不违反股份合作制企业的相关规定。

第三人二审述称:

被告在担任第三人法定代表人期间,擅自以虚开增值税发票、抬高进货价格等方式违法经营,理应对由此给第三人造成的损失承担赔偿责任。但第三人对此不主张,由原告代为主张。

律师观点:

1. 作为第三人的股东,原告有权代表第三人要求被告赔偿损失。

股份合作制企业的董事、经理必须忠实履行自己的义务,维护企业的利益。被告在担任第三人法定代表人期间,违法经营,给企业造成了经济损失,理应向企业承担赔偿责任。在第三人没有就此主张权利的情况下,原告作为第三人的股东向被告提起诉讼,要求被告赔偿企业经济损失,这是维护企业和其他股东利益的正当行为,于法不悖。而且第三人对此不持异议,并表示不再另行向被告主张,因此被告所提股份合作制企业及其股东能且只能为自己所受的损失主张权利的理由于法、于理无据,法院应不予采信。

2. 税收滞纳金及罚款属于第三人损失,被告应予赔偿。

在上海市税务局静安分局以被告违法经营为由对第三人进行的处理中,只有缴纳补税滞纳金人民币2869.67元和虚开发票罚款人民币3000元为第三人的额外开支,属于第三人损失,应由被告承担赔偿责任。另外因虚开增值税发票、虚列成本、将应付款转入营业外收入而补征的税款人民币24,709.05元均是第三人原本应交的税收,只是由于被告在经营时采取了不正当手段而少交,因此这些税款不具有惩罚性质,不属于因被告违法经营造成的损失,不应由被告赔偿。本案中,原告还诉称因被告没有向有关部门提出申请和办理有关返税手续,致使第三人不能享受相关税收优惠待遇,由于原告并无证据证明被告在担任第三人法定代表人期间知晓或应当知晓股份合作制企业可享受有关税收优惠政策,故对于补征税款人民币24,709.05元被告不应赔偿。

法院判决:

驳回上诉,维持原判。

【案例330】总经理开支严重超常　违反忠实义务须赔偿[①]

原告：永信公司

被告：孙浩

诉讼请求：被告赔偿原告549,165.48万元。

争议焦点：被告作为原告的总经理，严重超标准支付日常开支费用是否属于高级管理人员违反忠实义务的行为，原告是否可主张被告返还相应款项。

基本案情：

永祥公司、中信公司于1993年8月签订中外合资经营公司合同，约定双方共同出资50万美元在中国境内合资建立原告，其中由永祥公司出资15万美元，中信公司出资35万美元。被告自1996年起担任原告总经理。

2000年原告的审计报告指出，被告任公司总经理期间，总经理的日常开支费用占管理费用比例较大，特别是一些国内国际电话费、差旅费、招待费共计713,792.64元，占管理费用的14.55%。

原告诉称：

被告作为原告总经理，对原告应当尽忠实、勤勉义务。但被告在任职期间各种开支过高，已经给原告造成了较大损失，应予赔偿。

被告辩称：

该管理费用均为与原告业务活动相关的支出，被告没有《公司法》（2005年修订）第149条所列举的各项侵害公司利益的行为，故不承担赔偿责任。

律师观点：

《公司法》（2013年修订）第148条第1款第8项"违反对公司忠实义务的其他行为"属于一种兜底条款，在司法实践中主要包括以下行为：公司高级管理人员浪费公司资产的不当职务消费行为；高级管理人员在公司经营亏损时仍然购买或者更换高档交通工具、对办公室进行豪华装修；利用公司资金进行高档消费；严重超标准支付差旅费、业务招待费等。

本案中，被告作为原告总经理在其管理公司事务时，应当对原告负有忠实义务，即要求公司高级管理人员在行为时不得追求个人利益，若违反了上述义务，应当承担一定的法律责任。显然，被告在原告的开支已经严重超过了原告以往的总经理开支，且在原告经营状况未发生巨大变化的情况下，这种开支的激增是不合

---

① 参见褚红军主编：《公司诉讼原理与实务》，人民法院出版社2007年版，第214~215页。

常理的。因此，被告未尽到作为原告高级管理人员所应负的忠实义务，应当对原告的损失加以赔偿。

法院判决：

被告赔偿原告 549,165.48 万元。

第三节　损害公司利益刑事责任

一、一般刑事犯罪

960. 何为侵犯商业秘密罪？其立案追诉标准以及量刑标准分别是怎样的？

侵犯商业秘密罪，是指采取不正当手段，获取、披露、使用或者允许他人使用权利人的商业秘密，给商业秘密权利人造成重大损失的行为。给商业秘密的权利人造成重大损失的，处 3 年以下有期徒刑或者拘役，并处或者单处罚金；造成特别严重后果的，处 3 年以上 7 年以下有期徒刑，并处罚金。

(1) 追诉标准

侵犯商业秘密，涉嫌下列情形之一的，应予追诉：

①给商业秘密权利人造成直接经济损失数额在 50 万元以上的。

"直接经济损失"，是指行为人侵犯他人商业秘密的行为给商业秘密权利人造成的直接财产损毁、实际的价值的减少，但不包括间接经济损失。

给商业秘密权利人造成损失数额在 50 万元以上的，属于"给商业秘密的权利人造成重大损失"；给商业秘密权利人造成损失数额在 250 万元以上的，属于"造成特别严重后果"。

②致使权利人破产或者造成其他严重后果的。

"致使权利人破产"，是指由于行为人侵犯商业秘密的行为导致享有商业秘密所有权、使用权的企业破产的情形。这里的破产，是根据《破产法》的规定而进入破产程序。而"其他严重后果"，要根据案件的具体情况来确定，是指使商业秘密权利人的经营等情况出现了严重困难的情形。

(2) 量刑标准

①给商业秘密的权利人造成重大损失，判处 3 年以下有期徒刑或者拘役，并处或单处罚金。

②造成特别严重后果，判处 3 年以上 7 年以下有期徒刑，并处罚金。

【案例331】力拓案——四名员工侵犯商业秘密

犯罪嫌疑人： 胡士泰、王勇、葛民强、刘才魁

基本案情：

近年来，我国在铁矿石价格谈判上采取长期供货协议的方式，实行年度集体议价机制，[①]目前谈判格局是巴西淡水河谷和澳大利亚必和必拓、力拓代表供方，中国宝钢、日本钢厂、欧盟钢厂代表需方。

2009年1月9日，中钢协负责年度铁矿石谈判事宜并提出了降价40%以上的降幅要求，且谈判形势对中方相当有利。但由于中钢协涉及铁矿石价格谈判策略的会议信息、中国钢铁企业购买铁矿石的价格信息、中国钢铁企业的财务数据等谈判机密被胡士泰、刘才魁、葛民强、王勇四名力拓矿业集团驻华员工以不正当手段获得，并将上述信息全部传给力拓公司，由此让对方掌握了我国国内铁矿石谈判团队的底线。

2009年6月10日，巴西淡水河谷公司宣布，已与日本新日铁公司、韩国浦项公司达成2009年度铁矿石价格协议，粉矿合同价格下调28.2%。对于上述降幅，中钢协拒绝接受。中钢协强调铁矿石长期合同价格应降到2007年的水平，即澳洲矿石降价45%，巴西矿石降价40%，[②]中国与三大铁矿石巨头的谈判因此陷入僵局。且在此情况下，中国钢铁企业被迫接受力拓提出的按2008年价格的预付款开立信用证的条件，而该预付款价格高于日本新日铁公司与力拓公司达成的2009年度铁矿石价格，为此，中国20余家钢铁企业多预付货款达10.18亿元。

2009年7月5日，胡士泰、刘才魁、葛民强、王勇四人由于在2009年中外进出口铁矿石谈判期间，采取不正当手段刺探窃取了中国国家秘密，对中国国家经济安全和利益造成重大损害，被上海市国家安全局刑事拘留。2009年8月11日，上述四人被正式批捕。2010年2月10日，上海市人民检察院第一分院向上海市第一中级人民法院提起公诉。

律师观点：

犯罪嫌疑人胡士泰、王勇、葛民强、刘才魁利用职务便利，为他人谋取利益，分别索取或非法收受他人财物，数额巨大，其行为均已构成非国家工作人员受贿罪；

---

① 铁矿石谈判机制，是由世界主流铁矿石供应商与其主要客户进行谈判，决定下一财政年度铁矿石价格（离岸价格），按照谈判惯例，任意一对谈判对手率先达成协议，其他各方均接受此结果。具体内容参见徐向春："2009年铁矿石谈判变数变数仍多"，载《商务周刊》2009年第5期。

② 武亮："铁矿石谈判：为何中国话语权一失再失"，载《新财经》2009年7月。

胡士泰作为单位直接负责的主管人员,王勇、葛民强、刘才魁作为单位其他直接责任人员,采取利诱及其他不正当手段获取商业秘密,造成特别严重后果,其行为均又构成侵犯商业秘密罪,依法应予数罪并罚。

法院判决:

犯罪嫌疑人胡士泰等人的行为构成非国家工作人员受贿罪、侵犯商业秘密罪,分别被判处7年至14年有期徒刑,并处没收财产和罚金,违法所得均予以追缴。

961. 何为挪用资金罪?其立案追诉标准以及量刑标准分别是怎样的?

挪用资金罪,是指公司、企业或者其他单位的人员,利用职务上的便利,挪用本单位资金归个人使用或者借贷给他人,数额较大、超过3个月未还,或者虽未超过3个月,但数额较大、进行营利活动的,或者进行非法活动的行为。

(1)追诉标准

挪用资金罪具有下列情形之一的,应予立案追诉:

①挪用本单位资金数额在1万元至3万元以上,超过3个月未还的;

②挪用本单位资金数额在1万元至3万元以上,进行营利活动的;

③挪用本单位资金数额在5000元至2万元以上,进行非法活动的。

(2)量刑标准

构成挪用资金罪的,处3年以下有期徒刑或者拘役;挪用本单位资金数额巨大的,或者数额较大不退还的,处3年以上10年以下有期徒刑。

【案例332】挪用侵占公司资金 "真功夫"老总被判14年①

被告人: 蔡达标、李跃义、蔡亮标、洪人刚、丁伟琴

基本案情:

1. 职务侵占罪

2009年9月和12月,被告人蔡达标利用职务之便,指使被告人洪人刚、被告人丁伟琴虚构广州真功夫公司与金培中心的合同,将广州真功夫公司的500万元转至金培中心,其中460万元由被告人李跃义套取现金后存入被告人蔡达标的个人银行账号供其使用,或用于偿还被告人李跃义的银行贷款利息等。

---

① 参见21世纪网 http://biz.21cbh.com/2013/12-12/zMNDE4Xzk4MjIzMA.html,2014年1月15日访问。

2010年2月,被告人蔡达标指使被告人洪人刚等四名被告人,在真功夫公司停止安装思远公司管理系统,更换新系统的情况下,安排深圳真功夫公司与被告人蔡亮标控制的思远公司签订合同(合同金额为350万元),以收购思远系统源代码为名,将深圳真功夫公司的350万元转至思远公司,其中300万元由被告人李跃义套取现金之后用于归还私人借款。2010年11月,被告人蔡达标指使被告人洪人刚、被告人蔡亮标等人,虚构深圳真功夫公司与被告人蔡亮标控制的思远公司签订合同(合同金额共计370万元),将深圳真功夫公司的370万元转至思远公司,由被告人蔡亮标控制使用。

2010年9月和12月,被告人蔡达标利用职务之便,以其为公司垫付公关费用为借口,指使被告人丁伟琴及赖伟丰(真功夫公司公共事务总监)等人先后虚构深圳真功夫公司与姜玲好所签订的《寻找华南地区新店店址协议书》(合同金额为人民币95万元)、与蕾诺公司所签订的《研发真功夫厨房设备、新一代厨房优化设计方案》(合同金额为人民币200万元),将深圳真功夫公司人民币95万元转给姜玲好,200万元转给蕾诺公司,由赖伟丰套取、提取现金后交给蔡达标。

2. 挪用资金罪

2009年9月,被告人蔡达标利用职务之便,指使被告人洪人刚、被告人李跃义等人,虚构厨具开发等项目支出,以预付款的方式,将广州真功夫公司、深圳真功夫公司800万元转到被告人李跃义控制的科普达公司在东莞银行长安富昌支行的账户,再由被告人李跃义套取现金后将780万元存入蔡达标的私人账户供其使用,扣除手续费后余款18.4万元被李跃义用于偿还银行贷款利息。2010年12月29日,被告人蔡达标、被告人李跃义使用上述科普达公司银行账户归还800万元给广州真功夫公司、深圳真功夫公司。

2009年9月,被告人蔡达标指使被告人洪人刚、李跃义等人,虚构装修工程项目支出,以预付款的方式,将广州真功夫公司、深圳真功夫公司500万元转至被告人李跃义控制的逸晋公司账户,由被告人李跃义提取现金后存入蔡达标的私人账户供其使用。

2010年1月,被告人蔡达标指使被告人洪人刚、李跃义等人,虚构装修工程项目支出,以预付款的方式,将广州真功夫公司、深圳真功夫公司500万元转至被告人李跃义控制的逸晋公司,其中313.2万元由李跃义提取现金后用于归还私人借款,余款由李跃义控制使用。

2010年11月、12月,真功夫公司以应付逸晋公司装修丽景店、繁华路店等门店的装修工程款冲抵已支付逸晋公司的预付款1050万元(包括上述预付款1000

万元及其他预付款 50 万元)中的 7,334,971.41 元。

公诉机关指控：

五名被告人采用虚构合同、交易成本等形式侵占、挪用真功夫资金,数额巨大,构成侵占罪、挪用资金罪。

被告人蔡达标辩称：

虚构合同套现 500 万元的控罪中,涉案公司金培中心是真功夫公司为处理没有发票的公关费用而成立,成立该公司是被告人洪人刚的提议。

与思远公司虚构合同侵占 720 万元的控罪中,被告人蔡达标对其中金额为 370 万元的合同并不知情,而购买思远公司软件的源代码价值 350 万元的合同,他曾经听过汇报,认为公司虽然准备使用美国 NEWPOS 系统收银软件,仍认为有必要把正在使用的思远软件源代码买下来。

侵占和挪用总裁备用金的指控中,被告人蔡达标称是为了弥补给上市重组小组主要负责人在各地出差联络的开支。

被告人李跃义控制的科普达公司套现 800 万元的指控中,被告人蔡达标承认有挪用一事,称当时急需用钱,被告人洪人刚出主意说从该公司调动 800 万元出来用,只要及时归还便不违法。本来可以早些还款,但自己忘了此事。

指控一笔 500 万元其是为了归还逸晋公司的债务,后面的 500 万元其不清楚。

其他四名被告人基本同意被告人蔡达标的答辩意见。

法院认为：

1. 被告人构成职务侵占罪以及挪用资金罪。

五名被告人结伙利用公司人员职务上的便利,将公司财物非法占为己有,数额巨大,其行为均已构成职务侵占罪。

被告人蔡达标、被告人洪人刚、被告人李跃义结伙利用公司人员职务上的便利,挪用公司资金归个人进行投资营利活动,数额巨大,其行为均已构成挪用资金罪。

2. 被告人犯数罪应数罪并罚,结合自首、立功表现,从轻处罚。

被告人蔡达标、被告人洪人刚、被告人李跃义均犯数罪,应数罪并罚。

在共同犯罪中,被告人蔡达标指使、策划他人作案,应当认定为主犯,按照其所参与、组织、指挥的全部犯罪处罚;其余四名被告人受被告人蔡达标指使、指挥参与作案,均起次要、辅助作用,为从犯,应当减轻处罚。

被告人蔡达标、被告人洪人刚、被告人李跃义在案发前已退还其挪用的大部分资金,对其挪用资金犯罪可酌情从轻处罚。

被告人洪人刚、被告人丁伟琴均如实供述犯罪事实,自愿认罪,且获得被害单位谅解,因此可以酌情从轻处罚。

被告人洪人刚归案后揭发同案人共同犯罪事实,有悔罪表现,可以从轻处罚。

被告人蔡达标、被告人李跃义、被告人蔡亮标的违法所得应予追缴并发还被害单位。

法院判决:

1. 被告人蔡达标犯职务侵占罪,判处有期徒刑10年,并处没收财产人民币100万元;犯挪用资金罪,判处有期徒刑6年。数罪并罚,决定执行有期徒刑14年,并处没收财产人民币100万元。

2. 被告人李跃义犯职务侵占罪,判处有期徒刑4年;犯挪用资金罪,判处有期徒刑3年零6个月。数罪并罚,决定执行有期徒刑6年零6个月。

3. 被告人蔡亮标犯职务侵占罪,判处有期徒刑4年。

4. 被告人洪人刚犯职务侵占罪,判处有期徒刑2年零10个月;犯挪用资金罪,判处有期徒刑1年零6个月。数罪并罚,决定执行有期徒刑3年零6个月。

5. 被告人丁伟琴犯职务侵占罪,判处有期徒刑2年零9个月。

【案例333】北京一高尔夫俱乐部老总挪用200万 获刑5年①

被告人: 朱杉

基本案情:

被告人系北京北湖国际高尔夫俱乐部法定代表人、董事长、总经理,同时其还担任海口馨叶工程有限公司法定代表人。

2002年4月间,被告人利用职务之便,将北京北湖国际高尔夫俱乐部账户内的人民币200万元划入海口馨叶公司在广东发展银行北京分行亚运村支行开立的账户内,用此款偿其妻刘某对其的投资款,并以此为条件与刘某解除了婚姻关系。

后北京北湖国际高尔夫俱乐部的其他股东通过查账发现上述问题,并向公安机关报案。后被告人被抓获归案。

法院认为:

被告人身为北京北湖国际高尔夫俱乐部有限公司的主要负责人,应依法经

---

① 参见北京市朝阳区(2005)朝刑初字第01429号刑事判决书。

营,但其利用职务之便挪用单位的巨额资金归个人使用,其行为侵犯了公司财产的所有权,已构成挪用资金罪。

法院判决:

被告人行为构成挪用资金罪,判处有期徒刑5年,追缴被告人人民币200万元,返还北京北湖国际高尔夫俱乐部有限公司。

962. 何为职务侵占罪？其立案追诉标准以及量刑标准分别是怎样的？

指公司、企业或者其他单位的人员,利用职务上的便利,将本单位财物非法占为己有,数额较大的行为。

(1)追诉标准

公司、企业或者其他单位的人员,利用职务上的便利,将本单位财物非法占为己有,数额在5000元至1万元以上的,应予立案追诉。

(2)量刑标准

构成职务侵占罪,数额较大的,处5年以下有期徒刑或者拘役;数额巨大的,处5年以上有期徒刑,可以并处没收财产。

963. 职务侵占罪与侵占罪的区别是什么？

职务侵占罪与侵占罪的区别如下:

①职务侵占罪的主体是公司、企业或者其他单位的工作人员,且非国家工作人员,为特殊主体;而侵占罪的主体为一般主体,即达到刑事责任年龄、具有刑事责任能力的自然人。

②职务侵占罪在主观方面表现为明知是单位的财物而决意采取侵吞、窃取、欺诈等手段非法占为己有;而侵占罪的主观方面表现为明知是他人的代为保管的财物、遗忘物或埋藏物而决意占为己有,拒不交还。

③职务侵占罪在客观方面表现为利用职务之便将单位财物非法占为己有,即化公为私,但行为人必须利用职务上的便利,采取的是侵吞、窃取、骗取等手段,财物是否先已为其持有则不影响本罪成立;而侵占罪则必先正当、善意、合法地持有了他人的财物,再利用各种手段占为己有且拒不交还,行为不必要求利用职务之便。

④职务侵占罪所侵犯的对象是公司、企业或者其他单位的财物,其中既有国有的,也有集体的,还有个人的;侵占罪所侵犯的仅仅是他人的3种特定物,即系为自己保管的他人财物、遗忘物或者埋藏物。他人仅是指个人,而不包括单位。

⑤职务侵占罪侵犯的客体是公私财物的所有权;而侵占罪所侵犯的仅是他人

财物的所有权。

⑥职务侵占罪不属于告诉才处理的案件;而侵占罪则只有告诉才处理。

【案例334】老总打白条320万进腰包　职务侵占获刑9年①

被告人: 马某

基本案情:

被告人的表亲李某是台湾某企业老板,1994年年底,李某投资20万美元在天津建厂,任命为天津公司法定代表人、董事长兼总经理。

2000年,天津公司有员工寄信向李某反应,怀疑被告人将10万元公司财产中饱私囊。李某询问,被告人坚决否认,李某顾念亲情没有追究。后被告人频称市场不景气、生意难做,上报的业绩亏损连连。

2006年,李某让留学回来的儿子和被告人共同参与管理天津公司,被告人坚决不同意。李某觉已无法控制天津公司,2006年年底与被告人签订"公司解散同意书",但被告人一直未离开该公司,也拒绝交出公章账簿等公司财物。后李某将被告人诉至法院,经法院查明被告人经营该家外商独资企业时间长达10年之久,掌管公司全部财物和事务,因其怠于履行交接义务,已构成对公司利益的损害,应承担停止侵害的民事责任。后经法院调解,被告人最终交出其管理的财务账册、原始会计凭证、公章等公司财物。后李某查账发现,天津公司存在数目巨大的亏空,遂向公安机关报案,被告人因涉嫌职务侵占犯罪落网。

公诉人指控:

2000年至2006年,被告人利用职务便利,以支付投资人李某及其台湾公司货款、偿还业务客户厦门某公司欠款的名义,指使天津公司工作人员及其亲信,制作假冒李某签字或打印的"白条"收据,被告人先后分多笔从天津公司提出现金人民币320余万元后据为已有。其行为已构成职务侵占罪。

被告人辩称:

其未占有公司一分钱,"白条"所支出现金均为公司生产经营,及李某购房、买车、买字画等所用。公司还有一本"内部账"记载所控现金去向。

法院认为:

经审计部门针对公诉机关指控犯罪数额进行审计,证明不存在所谓"内部

---

① 参见北方网 http://news.enorth.com.cn/system/2009/11/30/004297567.shtml,2011年5月15日访问。

账",320余万元均为"白条"形式列支,无原始票据及载明用途。公安机关委托司法鉴定证实"白条"不是李某签字收款,通过调取李某入境记录,证实其入境时间与被告人所称将公司现金交给李某的时间均不吻合。因此,被告人利用职务上的便利,将本单位财物非法占为己有,且数额巨大,其行为已构成职务侵占罪。

法院判决:

判处被告人有期徒刑9年。

【案例335】伪造材料变更股东　侵占股权获刑10年①

被告人: 栗强华

基本案情:

2003年3月,周合昌、郑万朝、朱朝云3人共同出资100万元注册成立了天源公司,3人各持公司40%、40%、20%的股份。

2005年11月,经协商3人所持股份分别变更为70%、10%、20%,并在阿克苏垦区公证处进行公证。

2005年11月,该公司聘任被告人为副经理。

2006年1月,被告人利用掌管公司公章等职务之便,未经公司股东郑万朝、朱朝云的同意,伪造了《股东会议纪要》《股权转让协议》等文件,在阿克苏地区工商行政管理局办理变更登记,将股东郑万朝、朱朝云的全部股份变更到其妻周惠娟、其岳父周合昌名下。

后来,郑万朝、朱朝云二人的经营权、求偿权等权利被完全剥夺。经新疆方夏资产评估事务所评估,天源公司净资产为4,074,591.73元,被告人非法侵占天源公司股东郑万朝、朱朝云的股份价值为1,222,377元。

该案在侦查期间,检察机关将天源公司的资产进行了审计,审计报告显示,被告人将郑、朱二人的股份变更转移后,将许多资金用于个人支出,如审计报告中记载其中有一笔27万元,被告人用于个人缴纳经营性水费。

另外,周合昌在担任天源公司董事长期间,伙同被告人,在其他股东不知情的情况下,将天源公司账户中的50万元资金打入公司会计于金玲个人建行卡中,后又倒出并打入筹建中的吉利公司临时账户,用于吉利公司的注册验资。

2005年12月吉利公司成立,企业类型为私营有限责任公司,出资人为周合昌、张保仓(被告人的姐夫),法定代表人为张保仓。

---

① 参见新疆生产建设兵团五家渠垦区人民法院(2007)五刑初字111号刑事判决书。

2007年3月26日,被告人被新疆生产建设兵团五家渠垦区人民检察院批捕,后以职务侵占罪和挪用资金罪被公诉至新疆生产建设兵团五家渠垦区人民法院。

周合昌在逃。

公诉机关指控:

1. 被告人被天源公司聘任为副经理,利用职务便利,以伪造文件、变更登记等手段,非法占有他人股份价值122.2377万元,数额巨大,其行为已构成职务侵占罪;

2. 被告人在担任天源公司副经理期间,伙同他人,利用职务上的便利,挪用天源公司资金50万元进行营利活动,数额巨大,其行为已构成挪用资金罪。

公诉机关为证明被告人犯罪事实,提供证据如下:

1. 关于职务侵占罪。

(1)报案材料、立案决定书,证实了案件来源及公安机关受理案件等情况。

(2)天源公司营业执照、股东会议纪要、公司章程等,证明了天源公司的注册资本、企业性质、经营范围等情况。

(3)天源公司发放的聘任书,证明被告人于2005年11月6日被聘任为天源公司副经理。

(4)协议书、公证书,证明在2005年11月4日周合昌、郑万朝、朱朝云三人经协商,将股份变更并到阿克苏垦区公证处进行公证的事实。

(5)婚姻状况证明,证明被告人与周惠娟系夫妻关系。

(6)被害人郑万朝、朱朝云的陈述,证实了天源公司设立、经营情况,并且证实2005年11月4日三人是协商变更股份并公证,但并不知道自己持有股份已全部转让给周惠娟、周合昌的事实。

(7)证人周合昌的证言,证实了天源公司的设立、经营情况,并证实2005年11月4日与郑万朝、朱朝云协商变更股份并公证的事实。

(8)证人刘栓领、于金玲、张春芳的证言,证实了天源公司的经营状况、财务管理等情况。

(9)证人周惠娟的证言,证实周合昌将名下70%的股份转让给自己50%,并在阿克苏地区工商局签过名的事实。

(10)证人杨丽的证言,证实被告人栗强华曾找自己办理过股权变更登记,且自己按被告人栗强华的口述打印了《股权转让协议》《股东会议纪要》等文件,并且证实公安机关提取的复印件与其打印内容一致。

(11) 证人王子凤、瞿美菊、方护仓、郑建功的证言,证实2006年11月公安机关曾到阿克苏地区工商局复印过天源公司档案变更卷,后公安机关再次复印时,变更卷原卷不在了,经查找未能找到的事实。

(12) 证人马力田、昌新州的证言,证实2006年11月22日二人去阿克苏地区工商局调取天源公司档案变更卷时,工商局工作人员告知卷已不在的事实。

(13) 证人程卫、陆军的证言,证实二人曾参与被告人案件的侦破工作,并于2006年11月到阿克苏地区工商局查档时,发现变更卷中《股权转让协议》《股东会议纪要》等文件,郑万朝、朱朝云的股份已全部转至周惠娟、周合昌名下,且郑、朱的签名不像本人所写,引起二人怀疑后,对变更卷原卷进行复印,并加盖了阿克苏地区工商局骑缝章。

(14) 兵团公安局物证鉴定中心出具的文检鉴定书,认定2006年1月12日的《股权转让协议》《股东会议纪要》等文件,郑万朝、朱朝云的签名不是本人所写,而是被告人所写。

(15) 新疆方夏资产评估事务所出具的评估报告,确认天源公司净资产为4,074,591.73元。

(16) 被告人的供述,其供述是曾到阿克苏工商局办理过变更登记,但其否认是2006年1月12日《股权转让协议》《股东会议纪要》的内容。

2. 关于挪用资金罪。

(1) 吉利公司法人营业执照、股东会议纪要、章程及设立的相关法律手续,证明了吉利公司是以周合昌、张保仓二人分别以25万元出资组建,张保仓为法定代表人,周合昌为总经理,以及吉利公司的企业类型、经营范围等情况。

(2) 天源公司、吉利公司的记账凭证、电汇凭证及现金交款单等证据,证明天源公司50万元以周合昌、张保仓个人名义挂账,并于2005年12月9日打入会计于金玲账户,同日该款以周合昌、张保仓出资款名义进入吉利公司临时账户。

(3) 新疆方夏会计师事务所出具的审计报告、确认天源公司以50万元投资成立了吉利公司。

(4) 被害人郑万朝、朱朝云的证言,二人均证实并不知道吉利公司成立的事实。

(5) 证人周合昌的证言,证实被告人提议成立吉利公司,在得到自己同意后,由被告人具体办理了吉利公司的注册登记手续。同时证实,天源公司、吉利公司的财务各自独立,吉利公司的财务由其主管,张保仓只是挂名的事实。

（6）证人刘栓领的证言，证实在2005年11月4日股权变更后，郑万朝便离开天源公司，并委托自己代其参与天源公司的经营。吉利公司何时成立自己也不知道，只是事后看见了吉利公司的营业执照。

（7）证人于金玲的证言，证实2005年12月被告人和周合昌说过要成立一个公司，后周合昌安排自己将天源公司50万元打入自己建行卡中，又于当日转入吉利公司开设的账户中，被告人具体办理吉利公司注册登记手续，吉利公司实际控制人是周合昌。

（8）证人张保仓的证言，证实对吉利公司何时成立、资金来源等情况都不知道，也未在任何文件上签过字，自己只是负责回收废料。

（9）证人余俊霞的证言，证实自己作为出纳，周合昌安排自己将于金玲建行卡中50万元转入吉利公司用于验资，并证实吉利公司的财务管理现金支出都由周合昌负责。

（10）被告人的供述，证明吉利公司注册登记手续由其经办，注册资金50万元来源于天源公司，吉利公司成立时郑万朝、朱朝云都不在，张保仓只是挂名。

被告人辩称：

将郑万朝、朱朝云的股份变更至其妻周惠娟、岳父周合昌名下，不是自己所为；用天源公司50万元成立吉利公司，其他股东全知道，其行为不构成犯罪。

1. 本案无证据证明天源公司的不动产物权被登记在被告人栗强华名下或被被告人栗强华非法占有。即使伪造的股权变更协议存在，被告人栗强华也不是被变更股权的受益人，股权和公司财物属两个不同的法律范畴，本案属股东之间的股权纠纷。

2. 周合昌作为天源公司的股东之一，占有天源公司70%的股权，也是公司董事长，其有权决定出资组建吉利公司，吉利公司是天源公司投资组建的下属企业，不是周合昌的个人私营公司。公司股东不是公司工作人员，周合昌不属于挪用资金罪的主体范围。

因此，被告人栗强华建议投资成立吉利公司的行为，不是共谋犯罪行为。请求宣告被告人栗强华无罪。

被告人为证明其观点，提交证据如下：

公安机关扣押天源公司白条的清单，天源公司托管协议及工资发放清单、完税证等证据，以证明新疆方夏资产评估事务所出具的审计报告、评估报告不客观、不全面。

法院认定：

1. 关于被告人提出，其并未实施将郑万朝、朱朝云的股份变更至其妻周惠娟、岳父周合昌名下的行为，不予采信。

经查，证人杨丽证实了被告人曾找其办理变更登记手续，其根据被告人口述帮助打印了《股权转让协议》《股东会议纪要》等文件，并办理了变更登记，以上文件与公安机关调取的文件内容一致，公安机关通过文检鉴定，确认上述文件郑万朝、朱朝云签名均为被告人所签，被告人的辩解理由不能成立，不予采信。

2. 职务侵占罪中的财产权包括股权。

关于被告人的辩护人提出，天源公司的不动产物权登记在被告人名下或被其非法占有，被告人也不是被变更股权的受益人，股权和公司财物属不同的法律范畴，本案属股东之间的股权纠纷。

《物权法》明确规定：不动产物权的设立、变更、转让和消灭，经依法登记，发生效力；所有权人对自己的不动产或者动产，依法享有占有、使用、收益和处分的权利。

股权中最根本的权利就是财产权，被告人以伪造的文件在工商行政管理机关办理了变更登记手续，使股东郑、朱二人丧失了对其持有股份的所有权，且其将股权变更至其亲属名下，已为其实际掌控、非法占有，故上述辩护意见及理由不能成立，不予采纳。

3. 侵犯股权即为侵犯公司财产权。

按现代公司法理论及法律规定，股东个人将资产交给公司后，该财产与股东个人脱离，股东个人不再对该财产享有支配权，而公司作为具有虚拟人格的法人实体，对股东的财产享有独立的支配权。

所以，作为非天源公司股东的被告人，其非法侵占郑万朝、朱朝云 30% 的股份，直接侵害了公司的财产权（亦当然侵犯了郑、朱二人的股权），损害了公司的利益。

4. 被告人的行为符合法律规定的"非法占为己有"的主观构成要件。

（1）依照有关立法解释，"归个人使用"，是指将公款供本人、亲友或其他自然人使用；以个人名义将公款供其他单位使用；个人决定以单位名义将公款供其他单位使用谋取个人利益的。

所以，这里的占有既可以是本人的直接占有，也可以是由他人代管等形式的间接占有，而不应将"非法占为己有"机械地理解为被犯罪人本人占有。

（2）即使被告人将公司股份转至其妻子名下，而在被告人与其妻子婚姻关系存续期间,除非特别约定,该部分股份系二人共有。

(3)以诈骗方式非法将他人股权转移到自己或近亲属名下,在侵权人不能操控公司的情况下,并不必然导致对公司财产的侵占。然而本案中,由于合法股东郑万朝、朱朝云被剥夺了股东权而不能正常行使权利,公司处于被非法操控状态,不仅被被告人非法转移的财产,而且公司的所有财产实际上被周合昌、被告人个人占有并使用,也即周、栗二人通过非法将他人股权转移到自己或近亲属名下的途径,非法占有了这部分"抽象的"股权所代表的相应比例的公司财产,这从被告人以公司资金为自己所用也可得到证明。

所以,作为非公司股东的公司管理人员,本案中天源公司的财产仍然是被被告人"非法占为己有"。

5. 被告人应承担刑事责任。

(1)被告人不是股东,而只是公司高级管理人员。

(2)《刑法》第271条规定:"公司、企业或其他单位的人员,利用职务上的便利,将本单位的财物非法占为己有,数额较大的,构成职务侵占罪。"

《公司法》(2005年修订)第216条规定:"违反本法规定,构成犯罪的,依法追究刑事责任";第217条第1款规定:"高级管理人员是指公司的经理、副经理、财务负责人,上市公司董事会秘书和公司章程规定的其他人员。"

结合本案,可以认为,被告人为公司副经理,是高管人员,其身份属于《刑法》规定的公司、企业和其他单位的工作人员。

(3)本案中被告人侵占的财产数额巨大,行为具有严重的社会危害性,已超出《公司法》规定的一般违规、违章(程)行为,而是构成犯罪的行为,故应依法定罪处罚。

6. 被告人的行为应认定为职务侵占罪,而非诈骗罪。

诈骗罪的客观表现为隐瞒真相,使相对人信以为真,而"自愿"地将财物交给犯罪人。该案中,被告人虽具有隐瞒真相的行为,采取了伪造股权转让协议及股东会议纪要等手段,但并没使受害人郑万朝、朱朝云陷于错误认识并"自愿"将其股份转入他人名下,也就是说,其行为不符合受害人基于错误认识而作出处分财物的诈骗罪表现形式。

该案中工商局只是被告人实施侵占行为的一个工具,并非本案中的受害人,工商局的财物并没有受到任何损失;同时,工商局也无权处分公司股东郑万朝、朱朝云的股份,其在本案中也没有处分两股东的股份,只是依职权作出了变更登记的行为。

职务侵占罪的典型特征是犯罪行为人利用职务上的便利进行侵占,主体是特殊主体,这与诈骗罪、侵占罪有显著不同。

本案中,被告人利用自己在天源公司担任副经理、掌管公司公章的便利,携带盖有公章的《股东会议纪要》《股权转让协议》等文件,在工商管理机关将郑、朱二人股份变更转移,亦符合职务侵占罪构成要件的客观表现。被告人如不担任天源公司的副经理,则没有这种职务上的便利条件,也不会取得工商机关的信任而随意变更登记股权。因此,被告人的行为应认定为构成职务侵占罪。

7. 周合昌亦为挪用资金罪的犯罪主体。

关于被告人的辩护人提出,周合昌作为占有天源公司股份70%的股东,也是公司董事长,其有权决定出资组建吉利公司,吉利公司是天源公司投资组建的下属企业,周合昌作为股东不属于挪用资金罪的主体范围,被告人栗强华的行为亦不构成犯罪。郑万朝、朱朝云作为公司股东,依法对公司发展享有表决权、知情权等权利,周合昌不能因控股比例高而私自挪用公司资金进行营利活动,且吉利公司为私营有限责任公司,注册登记出资人为周合昌、张保仓,实际控制人为周合昌(已为本案证据所证实)。周合昌虽为股东,同时也是公司法定代表人、管理人员,其身份符合《刑法》规定的挪用资金罪的犯罪主体。因此,辩护人的此项辩护意见及理由不能成立,不予采纳。

法院判决:

被告人犯职务侵占罪、挪用资金罪,数罪并罚,决定执行有期徒刑10年。

964. 职务侵占罪与贪污罪的区别是什么?

两者最主要的不同在于犯罪主体。职务侵占罪的犯罪主体为公司、企业或者其他组织的人员,不包括国有企业或者其他国有单位中从事公务的人员,也不包括国有公司、企业及国有单位委派到非国有公司、企业、单位中从事公务的人员,即不具有国家工作人员身份的人。贪污罪的主体则是国家工作人员。

由于犯罪主体的不同,因此在犯罪客体上,职务侵占罪所侵犯的是职务行为廉洁性和本单位财产所有权;贪污罪侵犯的是职务行为廉洁性和公共财产所有权。

965. 何为非国家工作人员受贿罪?其立案追诉标准以及量刑标准分别是怎样的?

指公司、企业或者其他单位的工作人员利用职务上的便利,索取他人财物或者非法收受他人财物,为他人谋取利益,或者在经济往来中,利用职务上的便利,违反国家规定,收受各种名义的回扣、手续费,归个人所有,数额较大的行为。

(1) 追诉标准

公司、企业或者其他单位的工作人员利用职务上的便利,索取他人财物或者非法收受他人财物,为他人谋取利益,或者在经济往来中,利用职务上的便利,违反国家规定,收受各种名义的回扣、手续费,归个人所有,数额在 5000 元以上的,应予立案追诉。

(2) 量刑标准

构成非国家工作人员受贿罪的,处 5 年以下有期徒刑或者拘役;数额巨大的,处 5 年以上有期徒刑,可以并处没收财产。

【案例 336】非国家工作人员周弼正受贿 246 万 一审获刑 11 年①

被告人: 周弼正

基本案情:

被告人案发前任上海海基物业发展有限公司董事长。2005 年至 2007 年间,被告人利用其职务之便,在与重庆际龙企业管理有限公司共同出资购买中国华融资产管理公司重庆办事处出售的债权业务过程中,多次收受重庆际龙公司负责人刘某、冯某给付钱款共计人民币 246 万元。据此,检察机关以非国家工作人员受贿罪对被告人提起公诉。

公诉人指控:

被告人作为上海海基物业发展有限公司董事长,在重庆际龙公司准备购买资产包的过程中,以单位名义将上海海基物业的资金提供给重庆际龙公司,帮助该公司谋取利益,并在该资产包的处置过程中收受该公司人员给付的钱款,其行为构成非国家工作人员受贿罪。

被告人辩称:

被告人对其收受刘某、冯某给予的 246 万元不持异议,但其辩称该钱款不是好处费,而是其参与重庆际龙公司处置资产包获得的劳动报酬。

法院认为:

即使被告人在处置资产包过程中付出过劳动,但由于中国华融资产管理公司重庆办事处出售的债权是以上海海基物业的名义购买,也是利用上海海基物业负责人的身份参与对资产包的处置,从而为重庆际龙公司谋取利益,其收取重庆际

---

① 参见搜狐网 http://news.sohu.com/20110414/n305766739.shtml,2011 年 5 月 15 日访问。

龙公司相关负责人给付的钱款应当认定为受贿而非劳动报酬。

法院判决：

被告人构成非国家工作人员受贿罪，判处有期徒刑11年，其没收其受贿所得人民币246万元。

966. 非国家工作人员受贿罪与收取合理报酬行为的界限是什么？

公司、企业人员在法律、法规、政策以及公司、企业章程允许的范围内，以自己的劳动换取合理报酬的行为不同于受贿行为。例如，公司、企业人员在企业与市场的中介活动中，经国家有关主管部门批准或本单位同意，从事正当的业务活动及技术、信息咨询服务为企业的生产发展解决各种技术难题，而获取合理的报酬是劳动所得，是一种合理的劳务报酬，不是受贿行为。

区别非国家工作人员受贿罪与获取合理报酬的界限，关键在于看行为人获取的财物是否为劳动收入，如果行为人不是用劳动换取的报酬，而是利用职务之便，为他人谋利益，以各种名义上的"劳动报酬"索取或收受他人财物，且数额较大，应认定为非国家工作人员受贿罪。

967. 非国家工作人员受贿罪与请客送礼、接受馈赠行为的界限是什么？

人们在现实的交往活动中，公司、企业人员与亲友间出于联络感情、表达情谊，进行请客送礼，接受馈赠的行为，一般都以公开的方式进行，而且礼物的数额价值一般不大，行为人没有明显的、直接的谋利目的，这与以权谋私的受贿行为有着根本的区别。区别的关键在于公司、企业人员接受财物是否为他人谋取利益，是否利用了职务之便，接受财物的价值大小以及送礼人与受礼人之间的关系，是否是以公开的方式进行，等等。

968. 非国家工作人员受贿罪与其他索取、收受提成、回扣、手续费等行为的界限是什么？

公司、企业人员在经济往来中，违反国家规定，收受各种名义的回扣、手续费、归个人所有的，应以非国家工作人员受贿罪论处；而如果收受的回扣、手续费不是归个人所有，或单位收受回扣、手续费，即使违反国家规定，也不构成本罪。对此，区别的关键在于索取、收受回扣、手续费，是否归个人所有，是否符合国家及有关主管部门的规定或同意。

969. 非国家工作人员受贿罪与受贿罪的区别是什么？

非国家工作人员受贿罪与受贿罪在主观和客观上都具有犯罪故意及利用职务之便索取或收受贿赂、为他人谋取利益的特征，但两者的区别表现在：

(1) 犯罪客体不同。

非国家工作人员受贿罪侵犯的是公司、企业的正常管理活动和信誉。而受贿罪所侵犯的是国家机关的正常管理活动和信誉。

(2) 犯罪主体不同。

非国家工作人员受贿罪的主体是公司、企业人员。而受贿罪的主体是国家工作人员,对于国有公司、企业中从事公务的人员,包括具有国家工作人员身份的人和没有国家工作人员身份的,在国有公司、企业、事业单位、人民团体中利用职务之便索贿、受贿,或者在经济往来中,违反国家规定收受各种名义的回扣、手续费归个人所有,构成犯罪的,应以受贿罪论处。

970. 何为违规披露、不披露重要信息罪？其立案追诉标准以及量刑标准分别是怎样的?

指依法负有信息披露义务的公司和企业,向股东和社会公众提供虚假的或者隐瞒重要事实的财务会计报告,或者对依法应当披露的其他重要信息不披露或者不按规定披露,严重损害股东或者其他人的利益,或者有其他严重情节的行为。公司向股东和社会公众提供虚假的或者隐瞒重要事实的财务会计报告,严重损害股东或者其他人利益的行为。

(1) 追诉标准

违规披露、不披露重要信息,涉嫌下列情形之一的,应予追诉:

①造成股东、债权人或者其他人直接经济损失数额累计在50万元以上的;

②虚增或者虚减资产达到当期披露的资产总额30%以上的;

③虚增或者虚减利润达到当期披露的利润总额30%以上的;

④未按照规定披露的重大诉讼、仲裁、担保、关联交易或者其他重大事项所涉及的数额或者连续12个月的累计数额占净资产50%以上的;

⑤致使公司发行的股票、公司债券或者国务院依法认定的其他证券被终止上市交易或者多次被暂停上市交易的;

⑥致使不符合发行条件的公司、企业骗取发行核准并且上市交易的;

⑦在公司财务会计报告中将亏损披露为盈利,或者将盈利披露为亏损的;

⑧多次提供虚假的或者隐瞒重要事实的财务会计报告,或者多次对依法应当披露的其他重要信息不按照规定披露的;

⑨其他严重损害股东、债权人或者其他人利益,或者有其他严重情节的情形。

(2) 量刑标准

依法负有信息披露义务的公司和企业,向股东和社会公众提供虚假的或者隐瞒重要事实的财务会计报告,或者对依法应当披露的其他重要信息不披露或者不按规定披露,严重损害股东或者其他人的利益,或者有其他严重情节的,对其直接负责的主管人员和其他直接责任人员,处 3 年以下有期徒刑或者拘役,并处或者单处 2 万元以上 20 万元以下罚金。

【案例337】民营石油大亨龚家龙违规披露重要信息获刑19个月[①]

被告人: 龚家龙、陈蜀葵

基本案情:

被告人龚家龙曾任天发集团法人代表、荆州市人大代表,因其担任全国工商联石油业商会首任会长,被称为"民营石油大亨""中国民营石油第一人",其妹被告人陈蜀葵,曾任天发集团总裁。

二被告人任职期间共挪用公司资金 5 笔共计 595.302 万元,其中 2001 年 7 月,被告人龚家龙指使财务人员挪用公款 241.702 万元,用于购买平安世纪理财投资连接保险,受益人是其女儿龚某。

2003 年 11 月,被告人陈蜀葵与被告人龚家龙商议后,将公款 200 万元转到个人账户,其中 150 万元作为被告龚家龙女儿出国留学的资金证明。

2002 年 12 月,被告人陈蜀葵提取 100 万元公款,在上海南汇区购买房产。

2003 年 6 月和 7 月,被告人陈蜀葵提取公款 93.6 万元,在上海浦东新区购买房产,后将此房以 129 万元卖给他人。

2003 年,被告人陈蜀葵提取公款 10 万元用于个人房屋装修。

公诉人指控:

1. 被告人陈蜀葵涉嫌职务侵占。

被告人陈蜀葵受上海远望计算机公司网络系统公司委托代其炒股,2006 年 5 月,被告人陈蜀葵以向上海远望计算机公司网络系统公司支付收益为名,从公司提取 18.4 万元,后被告人陈蜀葵只用了其中 10 万元作为投资收益支付给对方,余款 8.4 万元据为己有。

2. 被告人龚家龙涉嫌违规披露、不披露重要信息罪。

在天颐科技公司亏损的情况下,为骗得中国证监会批准获取增发配股资格,作为该公司大股东的天发集团董事长被告人龚家龙,指使天颐科技采取虚列销售

[①] 参见网易网 http://news.163.com/08/0817/10/4JHS7EG3000120GU.html,2011 年 5 月 21 日访问。

收入、虚增营业利润的手段,将亏损做成盈利,制作公司虚假的中报、年报,并提交上海证券交易所对外公布。经查证,2001年到2003年,天颐科技虚增主营业务收入5.84亿元,虚增支出4.71亿元,虚增主营业务利润1.13亿元。中国证监会披露该公司财务报告含有虚假信息后,股价暴跌,给股东造成重大损失。

3. 两被告人涉嫌挪用资金罪。

被告人辩称:

被告人龚家龙作为天颐科技一般董事,没有权力指使公司造假;股价暴跌给股民造成损失发生在2006年4月以后,而天颐科技已于2004年10月被荆州市政府接管,且2004年该公司继续提供虚假财务报告,2005年全面停止生产,不应由被告人龚家龙个人承担责任。

被告人陈蜀葵称其买房经过被告人龚家龙同意并有批示。其本意是将卖房赚的钱交公司,但办事人员没听清,才将多余的钱打到其个人卡上,因此不构成职务侵占罪。

法院认为:

1. 被告人龚家龙构成违规披露、不披露重要信息罪。

被告人龚家龙作为天颐科技控股公司的董事长,对天颐科技重大事项有决策权。其对提供虚假财务报告,给股民造成重大损失,负有不可推卸的责任。但鉴于给股民造成损失系一果多因,对被告人龚家龙量刑时应酌情从轻处罚。

被告人龚家龙不构成挪用资金罪。被告人龚家龙动用董事长基金购买保险,符合有关文件规定,且得到董事会授权。被告人龚家龙购买该险既是工作需要,也是建立助学帮困基金的公司投资。被告人龚家龙与陈蜀葵一起为龚家龙女儿办出国留学资金证明,符合公司惯例,目的是为公司发展储备人才,不具社会危害性。

2. 被告人陈蜀葵构成挪用资金罪。

被告人陈蜀葵是接受上海远望计算机公司网络系统公司的委托代其炒股,盈利18.4万元,其股本金均为远望公司提供,盈利应归远望公司所有,因此其侵占远望公司8.4万元,不构成职务侵占罪。但被告人陈蜀葵用公款购买和炒房,并将盈利归个人所有的行为,已构成挪用资金罪。

法院判决:

1. 被告人龚家龙构成违规披露、不披露重要信息罪,判处其有期徒刑1年零7个月,并处罚金20万元;

2. 被告人陈蜀葵犯挪用资金罪,判处有期徒刑3年,缓刑3年。

971. 何为非法经营同类营业罪？其立案追诉标准以及量刑标准分别是怎样的？

指国有公司、企业的董事、经理利用职务便利，自己经营或者为他人经营与其所任职公司、企业同类的营业，谋取非法利益、数额巨大的行为。

(1) 追诉标准

国有公司、企业的董事、经理利用职务便利，自己经营或者为他人经营与其所任职公司、企业同类的业务，获取非法利益，数额在 10 万元以上的，应予立案追诉。

(2) 量刑标准

犯本罪的，处 3 年以下有期徒刑或者拘役，并处或者单处罚金；数额特别巨大的，处 3 年以上 7 年以下有期徒刑，并处罚金。

【案例338】私设民企赚"差价" 非法经营同类营业被判刑①

被告人： 沈观明、干克勤、陈纪珍

基本案情：

1999 年 3 月，被告人沈观明受国有新上广公司委派，任下属国有万盛公司董事兼总经理。被告人陈纪珍受被告人沈观明口头聘用任职于万盛公司，负责采购、资金平衡和技术、质量等管理工作。被告人干克勤，系万盛公司业务单位林克公司副总经理。

2001 年上半年，3 位被告人共谋以被告人沈观明之妻张某某投资 20 万元、被告人干克勤投资 30 万元的名义，虚假出资注册成立经营电子元器件等业务的纪敏公司，由被告人干克勤负责以纪敏公司名义从原先直接向万盛公司销售节能灯元器件的供货单位采购节能灯元器件，再加价后利用被告人沈观明的职务便利销售给万盛公司，共同赚取原本应当由万盛公司所得的元器件采购利润。获利按被告人沈观明、被告人陈纪珍得 40%，被告人干克勤得 60% 的比例分配。2001 年 7 月纪敏公司成立后，其主要业务是向万盛公司销售节能灯元器件。至 2002 年 3 月，纪敏公司共获净利 103.9 万元。其间，被告人干克勤分利 27.36 万元，被告人沈观明和被告人陈纪珍共同分利 18.24 万元，余额未及分配。

3 位被告人在被采取强制措施前，均主动供认经营纪敏公司并获利的事实，并分别退缴了赃款。

---

① 参见上海市高级人民法院沈观明非法经营同类营业案。

公诉机关指控:

3 位被告人利用纪敏公司非法经营了与万盛公司同类的业务,以纪敏公司作为中间销售渠道,恶意加价向万盛公司销售产品,从中获取暴利归个人所有,其行为构成了非法经营同类营业罪。

3 位被告人辩称:

1. 被告人沈观明否认其构成非法经营同类营业罪,其辩护人认为被告人沈观明与非法经营同类营业无关,且纪敏公司与万盛公司经营的并非是同类产品;

2. 被告人干克勤认为其不构成非法经营同类营业罪;

3. 被告人陈纪珍否认自己构成非法经营同类营业罪,其辩护人以被告人陈纪珍有自首情节、系从犯、能积极退赃为由,建议对被告人陈纪珍从轻处罚。

一审认为:

被告人沈观明系国有万盛公司董事兼总经理。被告人沈观明伙同被告人干克勤、被告人陈纪珍,以被告人沈观明亲属和被告人干克勤名义,利用被告人沈观明担任万盛公司总经理的职务便利,共同经营与万盛公司同类的营业,被告人沈观明从中获取非法利益数额巨大,已构成非法经营同类营业罪。被告人陈纪珍、被告人干克勤不是国有公司、企业的董事、经理,不具有非法经营同类营业罪的法定主体身份,公诉机关指控被告人陈纪珍、被告人干克勤犯非法经营同类营业罪,依法不能认定。

被告人沈观明在庭审中否认其构成非法经营同类营业罪,依法不能认定自首。

一审判决:

1. 被告人沈观明犯非法经营同类营业罪,判处有期徒刑 2 年;

2. 被告人干克勤、被告人陈纪珍无罪。

被告人沈观明及公诉机关均不服一审判决,向上级人民法院提起上诉及抗诉。

公诉机关抗诉称:

原判认定被告人干克勤、被告人陈纪珍不构成非法经营同类营业罪及被告人沈观明非法经营同类营业数额巨大,属适用法律不当,请求二审法院依法改判。

二审认为:

原判认定被告人沈观明利用担任国有万盛公司总经理的职务便利,伙同被告人干克勤、被告人陈纪珍成立纪敏公司,非法经营与万盛公司同类的营业、获取非法利益的事实清楚,审判程序合法。

根据《刑法》规定,非法经营同类营业罪的主体是国有公司、企业的董事、经理。被告人干克勤、被告人陈纪珍均非国有公司、企业董事、经理,其行为依法不能以经营同类营业罪论处。检察机关对原判认定被告人干克勤、被告人陈纪珍不构成非法经营同类营业罪所提出的抗诉意见,应予支持。

关于本案非法经营同类营业罪的犯罪数额,被告人沈观明经营与万盛公司同类的营业的非法获利数额共计 103.9 万余元,应该认定为数额特别巨大。原判根据被告人沈观明个人所得认定其非法经营同类营业罪数额巨大确属不当,检察机关关于数额的抗诉意见应予支持。

二审判决:

被告人沈观明犯非法经营同类营业罪,改判有期徒刑 2 年为 3 年。

972. 何为签订、履行合同失职被骗罪？其立案追诉标准以及量刑标准分别是怎样的？其构成要件是什么？如何确定立案追诉标准及量刑标准？

指国有公司、企业、事业单位直接负责的主管人员,在签订、履行合同过程中,因严重不负责任而被诈骗,致使国家利益遭受重大损失的行为。

(1) 追诉标准

签订、履行合同失职被骗,涉嫌下列情形之一的,应予追诉:

①造成国家直接经济损失数额在 50 万元以上的;

②造成有关单位破产、停业、停产 6 个月以上,或者被吊销许可证和营业执照、责令关闭、撤销、解散的;

③其他致使国家利益遭受重大损失的情形。

金融机构、从事对外贸易经营活动的公司、企业的工作人员严重不负责任,造成 100 万美元以上外汇被骗购或者逃汇 1000 万美元以上的,应予立案追诉。

此处规定的"诈骗",是指对方当事人的行为已经涉嫌诈骗犯罪,不以对方当事人已经被人民法院判决构成诈骗犯罪作为立案追诉的前提。

(2) 量刑标准

犯本罪,致使国家利益遭受重大损失的,处 3 年以下有期徒刑或者拘役;致使国家利益遭受特别重大损失的,处 3 年以上 7 年以下有期徒刑。

【案例339】国企老总涉嫌签订　履行合同失职被骗罪被公诉[①]

被告人：唐某

基本案情：

2002年4月，被告人上任北京市一国有建筑公司总经理。当时，公司有许多项目组没有施工项目。被告人在梳理公司施工项目时，发现公司一个名为华夏艺术学校建筑工程久久未动工，工人们早已进驻该工程的建筑工地，公司也花费了200多万元在工地搭建基础设施，但2年时间都还没动工建楼。

被告人后了解得知，2000年华夏艺术学校的经营方北京得利开源商贸有限公司总经理朱笑东，跟建筑公司达成一个协议：如果他帮助建筑公司成功向银行贷款6000万元，建筑公司就借给他3000万元作为华夏艺术学校工程的前期启动资金。通过朱笑东的运作，建筑公司成功地向银行申请到6000万元贷款，但建筑公司却只借给朱笑东1700万元。

被告人为盘活公司项目，答应朱笑东，若建筑公司补齐剩余的1300万元借款，工程即可开工。后朱笑东称他可以找其他公司向银行贷款来筹集此1300万元，但需要建筑公司为这笔贷款做担保。对此，被告人也欣然同意。

2002年9月，朱笑东与大连中盈生物科技发展有限公司、广东发展银行股份有限公司大连分行的工作人员找被告人，办理贷款担保事宜。但当时贷款合同显示，中盈科技向广发银行大连分行申请的贷款金额是3000万元。与建筑公司相关人员集体商议后，在未对中盈科技进行资信考察的情况便签下了这笔贷款的担保协议。同时，被告人与朱笑东约定，中盈科技所借的3000万元贷款中，必须有1650万元打入得利开源公司账户，且必须用于华夏艺术学校工程。2002年9月底，贷款到账后，朱笑东却一直找借口，没有启动工程。

截至2004年4月，被告人调离岗位时，该工程一直未开工。后中盈科技公司破产，建筑公司被迫承担保证责任，清偿银行3500万元（含利息）。

2005年4月，接替被告人的新任经理要求公司财务人员找朱笑东询问3000万元贷款的流向。财务人员四处联系朱笑东期间，得知华夏艺术学校建筑工程从未办理过立项手续。后经调查，这笔3000万元贷款无一用在华夏艺术学校的建设中，大多被朱笑东挪作他用。

[①] 参见中国职务犯罪预防网 http://www.yfw.com.cn/shownews.asp?id=99259，2011年5月21日访问。

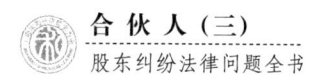

被告人因在工作中疏于监管导致公司被骗3500万元,被北京市东城区检察院以涉嫌签订、履行合同失职被骗罪提起公诉。2011年4月7日,北京市东城区人民法院开庭审理此案。

973. 何为背信损害上市公司利益罪?其构成要件、立案追诉标准以及量刑标准分别是怎样的?

上市公司的董事、监事、高级管理人员违背对公司的忠实义务,利用职务便利,操纵上市公司损害上市公司利益,致使上市公司利益遭受重大损失的行为。

(1)追诉标准

背信损害上市公司利益,涉嫌下列情形之一的,应予追诉:

①无偿向其他单位或者个人提供资金、商品、服务或者其他资产,致使上市公司直接经济损失数额在150万元以上的;

②以明显不公平的条件,提供或者接受资金、商品、服务或者其他资产,致使上市公司直接经济损失数额在150万元以上的;

③向明显不具有清偿能力的单位或者个人提供资金、商品、服务或者其他资产,致使上市公司直接经济损失数额在150万元以上的;

④为明显不具有清偿能力的单位或者个人提供担保,或者无正当理由为其他单位或者个人提供担保,致使上市公司直接经济损失数额在150万元以上的;

⑤无正当理由放弃债权、承担债务,致使上市公司直接经济损失数额在150万元以上的;

⑥致使公司发行的股票、公司债券或者国务院依法认定的其他证券被终止上市交易或者多次被暂停上市交易的;

⑦其他致使上市公司利益遭受重大损失的情形。

(2)量刑标准

行为人触犯本罪的,处3年以下有期徒刑或者拘役,并处或者单处罚金;致使上市公司利益遭受特别重大损失的,处3年以上7年以下有期徒刑,并处罚金。

【案例340】划拨上市公司1.7亿资金　背信损害公司利益获刑2年①

被告人:张杰

基本案情:

被告人原系上海科技公司董事长。

---

① 参见上海市浦东新区人民法院张杰挪用资金罪一案。

第十三章

损害公司利益责任纠纷

2003年7月、8月间,在上海科技公司大股东斯威特集团实际控制人严晓群的要求下,被告人未经公司董事会同意,也未告知财务经理胡良资金最终去向,指使胡良先后两次将上海科技公司账外账户中的人民币1亿元资金和6800万元资金划至上海科技公司下属南京宽频账户,南京宽频出纳刘琼瑶按被告人指令没有将该两笔钱款入账,而是将其中1亿元划至上海科技公司下属控股子公司南京图博,后经严晓群签字确认将该人民币1亿元划至斯威特集团指定的南京凯克。

嗣后,严晓群指使斯威特集团出纳王振亚将该1亿元用于投资设立新楚视界;另6800万元会同南京宽频的人民币200万元按严晓群要求划至严实际控制的南京罗佛。斯威特集团得款后,严晓群指使王振亚将该7000万元会同南京信发和斯威特集团的2300万元用于收购小天鹅公司的股权。

2003年8月29日,南京信发通过南京罗佛将7000万元划回南京宽频账户。刘琼瑶经被告人同意和严晓群审批,将该7000万元划至南京和远账户,该账户将7000万元连同南京口岸划入的2000万元合计人民币9000万元电汇至上海证券有限责任公司临平路证券营业部,以广州安迪名义开设账户进行股票买卖。

2006年8月24日,被告人因涉嫌挪用资金罪被逮捕,上海市浦东新区人民检察院以挪用资金罪向法院提起公诉。

公诉机关指控:

被告人的行为属于挪用资金罪。根据《刑法》第272条的规定,挪用资金罪是指公司、企业或者其他单位的人员,利用职务上的便利,挪用本单位资金归个人使用或者借贷他人,数额较大,超过3个月未还的,或者虽未超过3个月,但数额较大,进行营利活动的,或者进行非法活动的行为。

控方认为,"归个人使用"的理解,可参照《全国人大常委会关于〈刑法〉第三百八十四条第一款的解释》的相关规定。其中,全国人大常委会讨论了刑法第384条第1款规定的国家工作人员利用职务上的便利,挪用公款"归个人使用"的含义问题,解释如下:1. 将公款供本人、亲友或者其他自然人使用的;2. 以个人名义将公款供其他单位使用的;3. 个人决定以单位名义供其他单位使用,谋取个人利益的。

为进一步明确第2款中"以个人名义"的含义,《全国法院审理经济犯罪案件工作座谈会纪要》指出:对于行为人逃避财务监管,或者与使用人约定以个人名义进行,或者借款、还款都以个人名义进行,将公款给其他单位使用的,应当认定为"以个人名义"。

本案中被告人挪用资金的行为从形式上看没有表现出明显的"以个人名义"

的特征,但实质上被告人个人决定、没有向公司财务人员讲明资金具体用途,隐瞒真相的行为,逃避了本公司的财务监管,可以认定为"以个人名义",张的行为构成挪用资金罪。

被告人辩称:

1. 被告人的行为不构成挪用资金罪。

挪用资金罪的本质特征是公款私用,本案中是单位之间的民间借贷,资金往来且有审批手续,被告人的行为不符合挪用公款罪关于"个人名义"含义问题的立法解释,虽然在经济审判工作会议纪要中提到对于逃避财务监管的行为以"个人名义认定",但对于逃避财务监管的行为,目前没有相关论述,实践中也没有此类案例,且此点也没有归入司法解释,仅仅是份会议纪要,对于本案中被告人没有跟财务讲明资金具体用途的行为,是否就能认定为逃避财务监管、以个人名义借款也难以把握。本案中公款私用的特征不明显,被告人的行为不能以挪用资金罪定罪。

2. 被告人的行为不构成背信损害上市公司利益罪。

按《刑法修正案(六)》的规定,被告人的行为构成背信损害上市公司利益罪,但是由于被告人的行为发生在《刑法修正案(六)》施行之前,《刑法》尚未将此种行为规定为犯罪,被告人的行为不能认定为背信损害上市公司利益罪。

法院认为:

1. 本案是否成立背信损害上市公司利益罪。

背信损害上市公司利益罪是《刑法修正案(六)》新增设的罪名,为了维护社会主义市场经济秩序,保护上市公司合法权益,我国按照现代法治国家的惯例对公司高层管理人员背信损害公司利益的行为作了刑法规制。

《刑法修正案(六)》第9条规定:上市公司的董事、监事、高级管理人员违背对公司忠实义务,利用职务便利,操纵上市公司从事下列行为之一,致使上市公司利益遭受重大损失的,处3年以下有期徒刑或者拘役,并处或者单处罚金;致使上市公司利益遭受特别重大损失的,处3年以上7年以下有期徒刑,并处罚金:(一)无偿向其他单位或者个人提供资金、商品、服务或者其他资产的……

背信损害上市公司利益罪可以从以下四个方面认定:

(1)背信损害上市公司利益罪的犯罪主体是特殊主体。

只有上市公司的董事、监事、控股股东或实际控制人能够构成本罪。本案中的被告人系上海科技公司董事长,该职务是由股东大会选举产生的,被告人主体身份符合此罪。

(2)本罪侵犯的客体是公司董事、监事等高级管理职务的廉洁性和上市公司的经济利益。

行为人违背对公司的忠实义务是构成本罪的本质特征。公司高层管理人员依法对公司有忠诚义务。根据《公司法》(2005年修订)第148条的规定:董事、监事、高级管理人员应当遵守法律、行政法规和公司章程,对公司负有忠实义务和勤勉义务。第149条规定:董事、高级管理人员不得有下列行为:挪用资金;违反公司章程的规定,未经股东会、股东大会或者董事会同意,将公司资金借贷给他人或者以公司财产为他人提供担保。这里的"忠实义务",是指董事、监事、高级管理人员对公司事务应忠诚尽力、忠实于公司;当其自身利益与公司利益相冲突时,应以公司的利益为重,不得将自身利益置于公司利益之上;他们必须为公司的利益善意地处理公司事务、处置其所掌握的公司财产,其行使权力的目的必须是为了公司的利益。尤其不得受大股东或者关联企业的支配"掏空"公司财产、损害公司利益。

上海科技公司也明确将此点纳入本公司章程中。本案中的被告人个人决定将本公司资金挪用给斯威特集团使用的行为即违背了对公司的忠实义务。

(3)本罪的客观方面表现为行为人利用职务便利,实施了操纵上市公司进行不正当关联交易,侵害上市公司利益的行为。

《刑法修正案(六)》规定的背信损害上市公司利益罪列举了具体五项行为,其中之一为无偿向其他单位或个人提供资金、商品、服务或者其他资产的行为。无偿,即向对方提供资金、商品、服务或者其他资产而不要求对方提供对价,严重侵害了上市公司对公司财产的占有、处分和收益权。

本案中的被告人作为上海科技公司的董事长,与上海科技公司的大股东斯威特集团的实际控制人严晓群利用对上市公司的影响力,在无任何交易基础的情况下,双方之间也没有约定利息等条件,无偿将上市公司资金划拨到关联公司斯威特集团供其使用。这是一种最常见的直接占用上市公司资金的行为,直接侵害了上海科技公司对公司财产的占有、处分和收益权。

(4)本罪须有损害后果的实际发生。

重大损失的具体标准,尚待司法解释予以明确规定。具体标准可以参照挪用资金罪的成罪标准,因为后者也是公司人员利益职务之便挪用公司资金的行为,两罪在犯罪客体、犯罪客观方面相近。审判实践中,对于损害后果发生的时间截点一般指立案侦查时。

公安机关于2006年7月13日对被告人挪用资金案予以立案侦查时,斯威特集团占用上海科技公司的1.7亿元资金未归还已达3年之久,致使上海科技公司无法正常占有、处分和获得收益,正当利益遭受重大利益损失,可以认为达到该罪的损害后果。

综上,被告人构成背信损害上市公司利益罪。

2. 本案是否构成挪用资金罪。

(1)认定是否构成旧法的挪用资金罪是判断法条适用的时间效力与竞合关系的前提。

罪刑法定原则的含义之一是法不溯及既往,即对《刑法》生效以前的行为没有溯及力。由于本案发生在背信损害上市公司利益罪的刑法修正案出台之前,所以只有在依照原有《刑法》也能够追溯被告人挪用资金罪的情况下才能按照从旧兼从轻的原则,认定背信损害上市公司利益罪的罪名。

(2)根据检方的指控的挪用资金罪的罪名,双方争议的焦点在于被告人的行为是否属于挪用资金罪中的"归个人使用"和"以个人名义"。

①被告人的行为属于"以个人名义"将公款供其他单位使用,可认定为挪用单位款项归个人使用,符合挪用资金罪的犯罪构成要件。

虽然从形式上看,被告人将上海科技公司的资金借给斯威特集团使用,资金支出均通过财务部门予以操作,有上海科技公司的审批单和斯威特集团的借款凭证,内部手续齐备,款项往来均是单位之间进行的,不符合挪用资金罪所要求的"以个人名义"进行和"归个人使用"的特征。但认定是否属于"个人名义",不能只看形式,要从实质上把握。从实质上看,被告人对于这两笔资金的支出没有召开董事会告知有关人员,对于资金实际用途是给斯威特集团使用的情况也没有向财务经理胡良讲明而予以隐瞒,钱款的支出由被告人个人决定,张随意支配公司资金,将上海科技公司的资金通过下属子公司层层流转,最终转入大股东账户,由于被告人隐瞒真相的行为,导致本公司的财务制度形同虚设,不能起到相应的监督、制约作用,逃避了财务的监管,实际上就是被告人以个人名义将本单位资金借给其他单位使用的行为,符合挪用资金罪的法律特征。

②挪用资金罪侵害的客体是单位对财产的占有权、使用权和收益权。

"归个人使用"最本质的特征就是使公款进入流通领域,从而使用人借以谋利。本案被告人私自指使财务人员将单位资金以借款形式转移到其他单位账户,然后投资建立公司或进行股票交易,均侵犯了公司对资产的占有权、使用权和收益权,符合挪用资金罪的犯罪构成要件。

3. 挪用资金罪与背信损害上市公司利益罪竞合时的处理方式。

被告人的行为同时符合挪用资金罪和背信损害上市公司利益罪的犯罪构成要件。两罪竞合时应判断其法条适用的时间效力与竞合关系。

(1) 依据从旧兼从轻原则,在一个行为同时符合新旧刑法规定的时候,应该适用处罚较轻的新刑法条文。

被告人的挪用行为发生在《刑法修正案(六)》之前,由于该修正案是2006年6月29日公布施行的新法,且背信损害上市公司利益罪处刑相对挪用资金罪较轻,故按照从旧兼从轻原则,对于被告人的犯罪行为应以背信损害上市公司利益罪定罪。

(2) 仔细比较两罪的犯罪构成,背信损害上市公司利益罪所规定的第1款行为,即公司高管人员无偿向关联企业挪用单位资金的行为系挪用资金罪的具体规定,包容于挪用资金罪的犯罪构成,二者属于特别法与一般法的法条竞合关系,仅在本案中应按照特别法优于一般法的规定处理。从本案犯罪性质来看,被告人作为上市公司的董事长,无论是主体身份还是犯罪的行为表现客观方面等均更为符合背信损害上市公司利益罪,对被告人按照此罪定罪处罚更准确。

法院判决:

被告人构成背信损害上市公司利益罪,判处有期徒刑2年,罚金人民币2000元。

974. 何为欺诈发行股票、债券罪?其立案追诉标准以及量刑标准分别是怎样的?

指在招股说明书、认股书、公司、企业债券募集办法中隐瞒重要事实或者编造重大虚假内容,发行股票或者公司、企业债券,数额巨大、后果严重或者有其他严重情节的行为。

(1) 追诉标准

欺诈发行股票、债券,涉嫌下列情形之一的,应予追诉:

①发行数额在500万元以上的;

②伪造、变造国家机关公文、有效证明文件或者相关凭证、单据的;

③利用募集的资金进行违法活动的;

④转移或者隐瞒所募集资金的;

⑤其他后果严重或者有其他严重情节的情形。

(2) 量刑标准

在招股说明书、认股书、公司、企业债券募集办法中隐瞒重要事实或者编造重大虚假内容,发行股票或者公司、企业债券,数额巨大、后果严重或者有其他严重情节的,处 5 年以下有期徒刑或者拘役,并处或者单处非法募集资金金额 1% 以上 5% 以下罚金。

单位犯该罪的,对单位判处罚金,并对其直接负责的主管人员和其他直接责任人员,处 5 年以下有期徒刑或者拘役。

【案例341】我国首例上市公司被判欺诈发行股票罪案①

被告单位: 红光实业公司

被告人: 何行毅、焉占翠、刘正齐、陈哨兵

基本案情:

被告单位前身为国营红光电子管厂,始建于 1958 年。

1997 年 5 月 23 日,经中国证监会批准,被告单位向社会公众发行 A 股股票 7000 万股,每股发行价 6.05 元。此次新股发行实际募集资金 41,020 万元。根据招股说明书披露,这笔资金拟主要用于扩建彩色显像管生产线项目。公司在招股说明书中承诺:彩色显像管生产线 1998 年建成投产后,公司资产总额将达到 38 亿元,销售收入较 1996 年新增 22.92 亿元,税后利润增加 2.85 亿元。故预期 1997 年全年将实现净利润 7055 万元,每股税后利润 0.307 元(发行后摊薄)。

在招股书中,被告单位披露发行前的 1996 年、1995 年、1994 年的业绩分别是 0.38 元、0.491 元和 0.339 元,发行市盈率为 15 倍。该公司聘用的蜀都会计师事务所出具了审计意见,认定被告单位前三个会计年度的会计报表合法、真实。

1997 年 6 月 6 日,被告单位在上海证券交易所挂牌交易,股票简称"红光实业",股票代码 600083。

1997 年 8 月 20 日,被告单位公布 1997 年中期业绩为 0.073 元,并称"公司生产经营面临困难"。1998 年 1 月 8 日,被告单位发布董事会公告,称公司对彩管玻壳池炉进行必要的停产大修及技术改造。

1998 年 4 月 30 日,被告单位披露了亏损 1.984 亿元的 1997 年度年报,并因巨额亏损申请特别处理,开了中国证券市场有史以来上市公司上市不到一年即告亏损的先河。

1998 年 5 月,上海证券交易所对该公司股票交易实行特别处理,股票简称变为"ST 红光"。与此同时,中国证监会开始对被告单位立案调查。

---

① 参见成都市中级人民法院红光实业公司欺诈发行股票案。

1998年11月19日,中国证监会向社会公布了《关于成都红光实业股份有限公司严重违法违规案件的通报》,揭露了被告单位在股票上市过程中和上市后的六个方面的违法违规及犯罪行为:

(1)编造虚假利润,骗取上市资格。

为了获取上市资格,被告单位在股票发行上市申报材料中称1996年度盈利5000万元。经查实,被告单位通过虚构产品销售、虚增产品库存和违规账外处理等手段,虚报利润15,700万元,1996年实际亏损10,300万元。

(2)少报亏损,欺骗投资者。

被告单位上市后,继续编造虚假利润。在1997年8月公布的中期报告中,将亏损6500万元虚报为净盈利1674万元,虚构利润8174万元;在1998年4月公布的1997年年度报告中,将实际亏损22,952万元披露为亏损19,800万元,少报亏损3152万元。

(3)隐瞒重大事项。

自1996年下半年起,被告单位的关键生产设备彩玻池炉就已出现废品率上升、不能维持正常生产等严重问题。被告单位在申请股票发行上市时,申报材料中对这一重大事项未做任何披露,故意隐瞒。

(4)未履行重大事件的披露义务。

经查实,被告单位上市后,仅将发行新股募集的41,020万元中的6770万元(占募集资金的16.5%)投入招股说明书中所承诺的项目,其余大部分资金被改变投向,用于偿还境内外银行贷款和填补公司亏损。改变募集资金用途属于重大事件,但被告单位却未按规定对此进行披露。

(5)挪用募集资金买卖股票。

1997年6月,被告单位将募集资金中的14,086万元(占募集资金的34.3%)违法投入股市买卖股票。其中被告单位通过开立217个个人股票账户自行买卖股票,动用9086万元;以委托投资名义由其财务顾问中兴发企业托管有限公司利用11个个人股票账户买卖股票,使用5000万元。被告单位在上述股票交易中共获利450万元。

(6)涉嫌犯罪。

按被告单位与中介机构签订的协议,应支付发行上市费用1496万元,占募集资金总额的3.53%,比公开披露需支付的发行上市费用1330万元多出166万元。这166万元中白条入账等非正常开支13万元,从账外支付100万元,存在涉嫌犯罪问题。

中国证监会认为,被告单位的上述行为违反了《股票发行交易管理暂行条例》《禁止证券欺诈行为暂行办法》《证券市场禁入暂行规定》和国家其他有关规定。为此,中国证监会对被告单位及其他涉案机构作出了相应的行政处罚,没收被告单位非法所得450万元,并罚款100万元。同时认定被告人何行毅、被告人焉占翠和被告人陈哨兵为证券市场禁入者,对冉慧敏和被告人刘正齐处以警告。

1998年11月23日,检察机关批准逮捕了被告人何行毅、被告人焉占翠和被告人陈哨兵。1999年12月23日,又批准逮捕了被告人刘正齐。

公诉机关指控:

被告单位及4位被告人犯欺诈发行股票罪。

被告单位于1997年2月21日在本公司召开主要领导人会议,会上被告人何行毅(原董事长)、被告人焉占翠(原总经理)、被告人刘正齐(原常务副总经理)和冉慧敏(原副总经理,主管财务)等人明知1996年度公司亏损,不符合《公司法》第152条之规定,即股份有限公司申请其股票上市必须符合最近3年连续盈利才能上市的要求,为了股票上市,决定调整财务、虚增利润;1997年3月9日被告人陈哨兵(原财务部副部长)整理了《关于公司股票上市财务资产调整情况的报告》,经被告人何行毅、被告人焉占翠、冉慧敏和谢××签字同意,被告人刘正齐、冉慧敏、被告人陈哨兵具体组织实施,采用改变折旧方法(将1995年的"双倍余额递减折旧法计提折旧"改变为"直线法计提折旧")、虚开增值税专用发票(共计2604.2万元,没有抵扣税款)等手段,在1997年5月23日被告单位招股说明书概要中隐瞒1996年公司实际亏损5377.8万元的事实,虚增1996年公司净利润5428万元,虚报利润10,805.8万元,骗取了股票上市,欺骗了股民。

被告单位辩称:

被告单位发行股票是为了企业的生存和发展,在犯罪主观方面是善意的,请求法院对被告单位免予刑事处罚。

被告人刘正齐辩称:

其并非上市公司领导小组成员,签字虚开增值税发票是公司主要领导决定实施的,请求法院免除刑事责任。

被告人何行毅和被告人焉占翠辩称:

之所以造假上市,就是因为不愿意看到被告单位在自己的手中败落,他们并没有为己牟利。

法院认为:

被告单位及4位被告人的行为均已构成欺诈发行股票罪,且骗取股民资金的数额达人民币 4 亿余元,严重扰乱了证券市场管理秩序,造成了严重后果。由于被告单位及 4 位被告人欺诈发行股票犯罪的行为发生在《刑法》(1997 年修订)施行之前,加之全国人大常委会《关于惩治违反公司法的犯罪的决定》[现已被《刑法》(1997 年修订)废止]对被告单位判处罚金比《刑法》规定轻,故应当适用全国人大常委会的规定对被告单位及 4 位被告人处以刑罚。此外,被告单位在司法机关正式介入本案前,即向有关部门报送了自查报告,供述了本公司在招股说明书中虚增利润的事实,本应认定为自首;但《刑法》并无被告单位自首及从轻处罚的规定,可按照自首的立法本意对 4 位被告人从轻处罚。

法院判决:

被告单位及 4 位被告人犯欺诈发行股票罪,分别判处被告单位罚金人民币 100 万元;被告人何行毅、被告人焉占翠有期徒刑各 3 年;被告人刘正齐有期徒刑 2 年,缓刑 3 年;被告人陈哨兵有期徒刑 1 年零 6 个月,缓刑 2 年。

975. 何为妨害清算罪?其立案追诉标准以及量刑标准分别是怎样的?

指在公司、企业进行清算时,违反公司、企业管理法律、法规,隐匿财产,对资产负债表或者财产清单做虚伪记载或者在未清偿债务前分配公司、企业财产,严重损害债权人或者其他人利益的行为。

(1)追诉标准

妨害清算,涉嫌下列情形之一的,应予追诉:

①隐匿财产价值在 50 万元以上的;

②对资产负债表或者财产清单做虚伪记载涉及金额在 50 万元以上的;

③在未清偿债务前分配公司、企业财产价值在 50 万元以上的;

④造成债权人或者其他人直接经济损失数额累计在 10 万元以上的;

⑤虽未达到上述数额标准,但应清偿的职工的工资、社会保险费用和法定补偿金得不到及时清偿,造成恶劣社会影响的;

⑥其他严重损害债权人或者其他人利益的情形。

"虽未达到上述数额标准",是指接近上述数额标准且已达到该数额的 80% 以上的。

(2)量刑标准

公司或企业触犯本罪的,对其直接负责的主管人员或其他直接责任人员,处 5 年以下有期徒刑或者拘役,并处或者单处 2 万元以上 20 万元以下的罚金。

【案例342】隐匿、转移清算财产43万 被判妨害清算罪获刑1年半①

被告人： 杨德茂、陈漪华

基本案情：

被告人杨德茂从1995年起担任双爱公司的总经理至该公司进入破产程序止，被告人陈漪华则在上述期间担任该公司的办公室主任。该公司于2000年7月向法院提出破产申请，法院于同年9月1日裁定双爱公司进入破产程序并向双爱公司发出破产人须知。

同时，双爱公司经依法指定成立了破产清算组。同年12月6日，法院裁定认可双爱公司破产清算组提出的财产分配方案，并裁定终结破产程序。

被告人杨德茂曾在担任申新电机厂（双爱公司前身）厂长期间，于1992年6月22日，动用该厂小金库资金46,400元委托申江纸箱厂以该厂的名义购买了500股华联法人股票。1997年7月4日，上述股票经卢湾区公证处公证，股权由申江纸箱厂转入双爱公司。由于购买该500股股票并未列入双爱公司账目，故于2000年6月29日在被告人杨德茂的授意下，由被告人陈漪华虚构上述股票购买资金由被告人陈漪华个人垫付的事实，并以此为由向双爱公司财务部门"索回"了46,400元现金后，又以被告人陈漪华的名义存入上海银行自忠支行，存折则由双爱公司办公室内勤林德美保管。双爱公司进入破产程序后，被告人杨德茂欲将该款转移至卢湾客车厂，被告人陈漪华明知被告人杨德茂的目的，仍于同年9月29日向财务人员提供存折密码，致使该款存入卢湾客车厂的财务账。

1998年8月，双爱公司委托荣城公司以荣城公司的名义为双爱公司购买了一辆桑塔纳牌轿车，该车的购买款项则从荣城公司应支付给双爱公司的场地租金中予以抵扣。双爱公司进入破产清算程序期间，被告人杨德茂未将该车列入资产申报范围。2001年3月13日，上述车辆通过荣城公司以58,000元出售后，所得款项转给了卢湾客车厂。

2000年10月23日，林德美（原系双爱公司办公室内勤，后在双爱公司破产期间系破产清算组下属工作人员）在被告人杨德茂的授意下，将其原保管的双爱公司先前出售废旧电机所得的部分款项41,000元现金移交给了卢湾客车厂。

1998年4月，被告人杨德茂为解决双爱公司干部职工奖金来源困难而求助于中城公司与双爱公司共同投资设立的市政设备公司，市政设备公司考虑到被告人

---

① 参见上海市第一中级人民法院杨德茂、陈漪华妨害清算案。

杨德茂的身份而同意。1998年4月至2000年8月,被告人杨德茂采用各种名义从市政设备公司套取现金共计175,700元,此款由被告人陈漪华保管。双爱公司进入破产程序后,两被告人故意不将该笔资金剩余的116,052元申报。同年10月,被告人陈漪华明知该款会被被告人杨德茂挪作他用或转移至卢湾客车厂,仍根据被告人杨德茂的意思,将该116,052元移交给了林德美。此外,1999年7月,双爱公司销售分公司将其小金库现金26,807.14元移交给了林德美。该款至2000年9月尚余12,804.14元。双爱公司进入破产清算程序后至2001年3月间,被告人杨德茂将此款连同上述116,052元与卢湾客车厂厂长吴志华一同以工作补贴等名义发放给相关人员共计118,149元,并让受领人将款项发放的时间填写至双爱公司进入破产清算程序之前。余款被转移至卢湾客车厂。

公诉机关指控:

2000年9月至12月间,被告人杨德茂在担任双爱公司破产清算组下设工作组组长,负责该公司破产清算、资产申报清理工作期间,隐匿、转移双爱公司计人民币29万余元的资产。其中被告人陈漪华帮助隐匿上述资产中的16万余元。公诉机关据此认为两被告人的行为均构成妨害清算罪,依法均应予惩处。鉴于被告人陈漪华在共同犯罪中系从犯,可依法从宽处罚。

被告人杨德茂辩称:

妨害清算所涉及的资产在公司进入破产清算程序之前属于账外资产,已不在清算之列,即使被告人杨德茂不予申报,其行为亦未达到《刑法》就构成妨害清算罪所规定的严重损害债权人或者其他人利益的程度,故认为其行为不构成犯罪。

被告人陈漪华辩称:

其不具备妨害清算罪的主体资格,公诉机关的指控不能成立。

一审认为:

双爱公司在进入破产清算程序期间,由被告人杨德茂将该公司274,256.14元的资产予以隐匿、转移或挪作他用,严重损害了债权人的利益,被告人陈漪华参与其中162,452元的隐匿、转移,作为双爱公司直接负责的主管人员被告人杨德茂和直接责任人员被告人陈漪华,两人的上述行为均已构成妨害清算罪,依法应予惩处。公诉机关指控两被告人犯妨害清算罪的罪名成立,依法应予支持。由于公司资产不以有无列入财务账册而改变其性质,且有关司法解释规定,造成债权人或者其他人直接经济损失在10万元以上已构成立案标准,所以两被告人的辩解不能成立。

一审判决：

1. 被告人杨德茂犯妨害清算罪，判处有期徒刑1年零6个月，并处罚金人民币5万元；
2. 被告人陈漪华犯妨害清算罪，单处罚金人民币2万元。

两被告人均不服一审判决，向上级人民法院提起上诉。

被告人杨德茂上诉称：

其将27万元转入卢湾客车厂是为了职工利益，且其中有部分款项是其他单位资助双爱公司的，何况这27万元的转移也未达到严重损害债权人利益的程度，故其行为不构成犯罪。

被告人陈漪华上诉称：

其主体身份不属妨害清算罪的范畴，交出原保管钱款属正常移交手续，不存在虚构情节和隐匿、转移资金的行为，故其行为不构成犯罪。

公诉机关述称：

原判认定两被告人犯妨害清算罪的事实清楚，证据确实、充分，定性准确，量刑适当，且审判程序合法，建议二审法院驳回上诉，维持原判。

二审认为：

1. 根据我国法律有关规定，破产企业财产用于职工和债权人的分配有严格的法律程序，被告人杨德茂作为破产清算组下属的工作组成员，同时也作为破产企业领导，无权为了小团体的利益，自行决定破产企业的财产分配，事实上此款进入卢湾客车厂也并非以优先清偿的名义转入，且上述27万元的资产已达到妨害清算罪立案标准规定的严重损害债权人利益的程度，故对被告人杨德茂提出的上诉理由，因缺乏事实和法律依据而不予采纳。

2. 根据我国法律规定，妨害清算罪的处罚对象是直接负责的主管人员和其他直接责任人员。本案被告人陈漪华在其主观上明知将款项转移到卢湾客车厂且不属正常工作移交的情况下，仍参与隐匿、转移16万余元的财产，使债权人利益受到严重损害，故原审认定其属于本案的直接责任人员而构成妨害清算罪并无不当，被告人陈漪华提出的上诉理由不能成立。

综上，两被告人的行为均已构成妨害清算罪，原审的判决并无不当，且审判程序合法。

二审公诉机关建议驳回上诉，维持原判的出庭意见依法有据，应予采纳。

二审裁定：

驳回上诉，维持原判。

976. 何为内幕交易、泄露内幕信息罪？其立案追诉标准以及量刑标准分别是怎样的？

指证券、期货交易内幕信息的知情人员或者非法获取证券、期货交易内幕信息的人员，在涉及证券的发行，证券、期货交易或者其他对证券、期货交易价格有重大影响的信息尚未公开前，买入或者卖出该证券，或者从事与该内幕信息有关的期货交易，或者泄露该信息，或者明示、暗示他人从事上述交易活动。

(1) 追诉标准

内幕交易、泄露内幕信息，涉嫌下列情形之一的，应予立案追诉：

①证券交易成交额累计在50万元以上的；
②期货交易占用保证金数额累计在30万元以上的；
③获利或者避免损失数额累计在15万元以上的；
④多次进行内幕交易、泄露内幕信息的；
⑤其他情节严重的情形。

(2) 量刑标准

犯本罪的，处5年以下有期徒刑或者拘役，并处或者单处违法所得1倍以上5倍以下罚金；情节特别严重的，处5年以上10年以下有期徒刑，并处违法所得1倍以上5倍以下罚金。

单位犯前款罪的，对单位判处罚金，并对其直接负责的主管人员和其他直接责任人员，处5年以下有期徒刑或者拘役。

对于本罪中违法所得的认定，系指通过内幕交易行为所获利益或者避免的损失。内幕信息的泄露人员或者内幕交易的明示、暗示人员未实际从事内幕交易的，其罚金数额按照因泄露而获悉内幕信息人员或者被明示、暗示人员从事内幕交易的违法所得计算。

【案例343】内幕交易、泄露内幕信息　黄光裕等被判刑并罚数亿[①]

被告人：黄光裕、杜鹃、许钟民

基本案情：

被告人黄光裕在以鹏泰公司名义参股中关村上市公司后，鹏泰公司成为中关村上市公司的第一大股东，被告人黄光裕作为董事，由其决策中关村上市公司的重大事项。2006年10月，被告人黄光裕以鹏泰公司名义收购了凯利公司持有的

[①] 参见北京市高级人民法院黄光裕等非法经营、内幕交易、泄露内幕信息、单位行贿案。

48%的中关村建设股权,并拟将这部分股权转让给中关村上市公司。2007年5月、6月,中关村上市公司承诺以资金方式收购鹏泰公司所持中关村建设股权,但由于中关村上市公司存在资金困难,被告人许钟民、段永基向其提出用中关村上市公司持有的33%的启迪公司股权进行置换。资产置换文件经被告人黄光裕和被告人许钟民签字,上报证监会审批。

自形成意向到公告前,被告人黄光裕决定并指令他人借用龙某、王某等人的身份证,开立个人股票账户并由其直接控制。2007年4月27日至6月27日,被告人黄光裕使用以上龙某、王某等6人的股票账户,累计购入中关村股票(股票代码000931)976万余股,成交额共计人民币9310万余元。至6月28日该信息公告日时,以上6人股票账户的账面收益额为人民币348万余元。

2007年7月、8月,中关村上市公司拟收购鹏润控股公司全部股权进行重组。在该信息公告前,被告人黄光裕指使他人以曹楚娟、林家锋等79人的身份证开立相关个人股票账户,并由被告人黄光裕控制,同时安排被告人杜鹃协助管理以上股票账户。被告人杜鹃于同年8月13日至9月28日间,按照被告人黄光裕的指令,指使杜薇、杜非、谢某(均另案处理)等人使用上述股票账户,累计购入中关村股票1.04亿余股,成交额共计人民币13.22亿余元,至2008年5月7日该信息公告日时,上述股票账户的账面收益额为人民币3.06亿余元。

其间,被告人许钟民明知被告人黄光裕利用上述内幕信息进行中关村股票交易,仍接受被告人黄光裕的指令,指使许伟铭(另案处理)在广东借用他人身份证开立个人股票账户或直接借用他人股票账户共计30个。上述股票账户于2007年8月13日至9月28日间,累计购入中关村股票3166万余股,成交额共计人民币4.14亿余元,至2008年5月7日该信息公告日时,上述30个股票账户的账面收益额为人民币9021万余元。

2006年6月,公安部经侦局北京总队成立专案组,查办鹏房公司开发鹏润家园项目过程中虚假按揭贷款问题,相怀珠担任专案组长。同年7月、8月的一天,吴某为相怀珠介绍了被告人许钟民,被告人许钟民说他和被告人黄光裕是老乡,请相怀珠在办案中关照被告人黄光裕。后相怀珠作为案件负责人,在办案方式、催促案件进度等方面给予被告人黄光裕、被告人许钟民关照。2007年8月、9月,被告人许钟民向相怀珠提出中关村上市公司要进行重组,股票肯定要涨,可以借给其100万元买股票。过了一个多星期,被告人许钟民在相怀珠单位附近的路边,将装有100万元现金的箱子交给相怀珠,其带回家交给了妻子李善娟,并告知这100万元是被告人许钟民借给其炒股的。同年9月21日至25日,李善娟使用其个人股票账户分7笔买入中关村股票12万余股,成交额共计人民币181万余元。

公诉机关指控：

被告人黄光裕犯内幕交易罪;被告人杜鹃犯内幕交易罪;被告人许钟民犯内幕交易、泄露内幕信息罪。

3位被告人作为证券交易内幕信息的知情人员,在涉及对证券交易价格有重大影响的信息尚未公开前,买入该证券,情节特别严重,被告人许钟民还向他人泄露该信息,情节严重,应当以内幕交易罪追究被告人黄光裕、被告人杜鹃的刑事责任,以内幕交易、泄露内幕信息罪追究被告人许钟民的刑事责任。被告人杜鹃、被告人许钟民系内幕交易罪的从犯。

被告人黄光裕辩称：

1. 被告人黄光裕是鹏润控股公司的法定代表人,可以代表该公司作出购买中关村股票的意思表示,且购买中关村股票的部分资金来源于鹏投公司,部分涉案股票资金账户中的资金亦流回到鹏投公司,因此买卖中关村股票是鹏投公司的行为,而非被告人黄光裕的个人行为。

2. 虽然证监会和公安部认定中关村上市公司收购鹏润控股公司事项的价格敏感期为2007年8月13日至2008年5月7日。但公安部及证监会并不是法定鉴定机构,两单位出具的材料不能作为认定本案价格敏感期起算时间的依据。中关村上市公司收购鹏润控股公司全部股权进行重组的内幕信息形成于2007年9月28日,价格敏感期起算点应不早于该日。

3. 内幕交易的目的在于获利或止损,被告人黄光裕买入股票的目的在于长期持有而非套现获利,其买入中关村股票后并未抛售,因此不能认定被告人黄光裕利用内幕信息进行内幕交易。

被告人杜鹃的辩称：

被告人杜鹃参与内幕交易犯罪的程度不严重,且系从犯,请求法庭对其判处缓刑。

被告人许钟民辩称：

1. 被告人许钟民在内幕交易的事实中,没有为自己谋取利益,没有任何非法所得,系内幕交易犯罪的从犯;

2. 其所犯泄露内幕信息罪具有自首情节;

3. 被告人许钟民在对外宣传、音像行业作出过贡献,积极从事慈善事业并为家乡建设作出过贡献,且被告人许钟民系初犯,案发前一贯表现良好,请求法庭对被告人许钟民从轻处罚。

法院认为:

1. 关于被告人黄光裕辩称买卖中关村股票是鹏投公司的行为,而非被告人黄光裕的个人行为。

在购买中关村股票时,被告人黄光裕并未与鹏投公司其他决策层管理人员讨论研究,有关人员仅是按其指令开立账户,调拨资金,并不知道实际意图目的,虽然被告人黄光裕是鹏投公司的法定代表人,但其个人实施的行为并不能完全代表公司意志。虽然购买中关村股票的部分资金来源于鹏投公司,并有一部分资金回流到鹏投公司,但这并不能说明被告人黄光裕购买中关村股票是为使单位获利,被告人黄光裕所提该项辩护意见不能成立,法院不予采纳。

2. 对于被告人黄光裕辩称公安部及证监会不是法定鉴定机构,两单位出具的材料不能作为认定本案价格敏感期起算时间的依据。

证监会作为对全国证券市场进行统一监管的国家机构,对上市公司涉及内幕信息有关问题进行认定属于其法定职能范围,证监会在职权范围内对中关村上市公司内幕信息价格敏感期起算时间出具的认定意见,可以作为证据采用。故被告人黄光裕所提该项辩护意见不能成立,法院不予采纳。

3. 关于中关村上市公司收购鹏润控股公司全部股权事项价格敏感期的确认。

鹏投公司为运作鹏润控股公司借壳中关村上市公司在境内上市于2007年8月10日召开会议,确定成立地产重组工作小组。2007年8月13日拟定的成立地产重组工作小组的报告经修改,增加了设立中关村组的内容。且被告人黄光裕实际控制的79人的股票账户于2007年8月13日出现了集中买入大量中关村股票的情况。公安部、证监会将2007年8月13日作为该公司内幕信息价格交易敏感期起算时间的理由充分。

4. 对于被告人黄光裕辩称买入股票的目的在于长期持有而非套现获利,其买入中关村股票后并未抛售,因此不能认定被告人黄光裕利用内幕信息进行内幕交易。

内幕交易罪侵犯的客体是国家对证券市场交易的管理制度和投资者公平交易、公开交易的合法权益。无论被告人黄光裕在买卖中关村股票时所持何种目的,只要作为内幕信息的知情者,在内幕信息价格交易敏感期内买卖该特定证券,无论是否获利,均不影响对内幕交易犯罪性质的认定。故被告人黄光裕所提该项辩护意见不能成立,法院不予采纳。

综上,3位被告人作为证券交易内幕信息的知情人员,在涉及对证券交易价格有重大影响的信息尚未公开前,买入该证券,且内幕交易成交额及其所控制的股票账户在内幕信息公告日的账面收益额均特别巨大,情节特别严重;被告人许钟民还向他人泄露该信息,情节严重,被告人黄光裕、被告人杜鹃的行为已构成内幕交易罪,被告人许钟民的行为已构成内幕交易、泄露内幕信息罪,3位被告人系内幕交易犯罪的共犯,其中被告人黄光裕系主犯,被告人许钟民、被告人杜鹃在内幕交易共同犯罪中起帮助、次要作用,系从犯。

鉴于被告人杜鹃在内幕交易共同犯罪中为从犯,且认罪悔罪,依法予以减轻处罚。但由于被告人杜鹃在参与内幕交易共同犯罪中,接受被告人黄光裕的指令,不仅指使有关人员买卖中关村股票,还积极协助被告人黄光裕管理股票账户和资金账户,决定资金调拨等重要事项,其所犯内幕交易罪情节特别严重,具有严重的社会危害性,不符合适用缓刑的条件。

被告人许钟民在对外宣传、音像行业作出过贡献,积极从事慈善事业并为家乡建设作出过贡献的事实与本案事实无关,不符合法定或酌定从轻处罚的条件。但鉴于被告人许钟民被采取强制措施后,如实供述了司法机关不掌握的泄露内幕信息的犯罪事实,具有自首情节,且系内幕交易共同犯罪的从犯,依法对被告人许钟民所犯内幕交易、泄露内幕信息罪减轻处罚。

法院判决[①]:

1. 被告人黄光裕犯内幕交易罪,判处有期徒刑9年,并处罚金人民币6亿元;

2. 被告人杜鹃犯内幕交易罪,判处有期徒刑3年6个月,并处罚金人民币2亿元;

3. 被告人许钟民犯内幕交易、泄露内幕信息罪,判处有期徒刑3年,并处罚金人民币1亿元;

4. 追缴3位被告人的违法所得。

---

① 本案中,黄光裕还因非法经营被判非法经营罪,判处有期徒刑8年,并处没收个人部分财产人民币2亿元。除此之外,黄光裕还犯单位行贿罪,判处有期徒刑2年。以上三项罪名法院决定执行有期徒刑14年,并处罚金人民币6亿元,没收个人部分财产人民币2亿元。一审判决后,黄光裕等提出上诉,北京市高级人民法院认为,杜鹃在一审宣判后积极筹借资金,全额缴纳了人民币2亿元罚金,确有悔改,根据相关刑事政策及本案具体情节,对杜鹃可依法再予减轻处罚并宣告缓刑。同案其他人则维持原判。

【案例344】保荐人内幕交易第一案　夫妻双双被判刑[①]

被告人：谢风华、安雪梅

基本案情：

在2008年12月17日至2009年5月25日，被告人谢风华作为厦门大洲收购、重组兴业房产内幕信息的知情人，在内幕信息尚未公开前，自己购买并叫妻子被告人安雪梅购买ST兴业股票。被告人谢风华通过其控制的账户买入ST兴业股票共计115,000股，累计成交金额500,684元，获利767.52元；被告人安雪梅在明知有关信息系内幕信息的情况下，仍利用该内幕信息通过其控制的账户买入ST兴业股票共计208,500股，累计成交金额1,520,678元，获利人民币136,705.5元。法院认定涉及ST兴业重组的内幕信息敏感期分别为2008年11月3日至12月24日以及2009年5月24日至5月26日。

2009年5月18日上午，被告人谢风华在制作天宝矿业借壳万好万家的重组方案期间，作为该内幕信息的知情人，在内幕信息尚未公开前，自己购买并叫妻子被告人安雪梅购买万好万家股票共计1,210,600股。其中，被告人谢风华通过其控制的账户买入930,600股，累计成交金额6,671,961元，获利5,853,915元；被告人安雪梅在明知有关信息系内幕信息的情况下，仍利用该内幕信息，通过其控制的账户买入28万股，累计成交金额2,047,133.84元，获利1,685,066.16元。法院认定天宝矿业借壳万好万家重组上市这一内幕信息的价格敏感期为2009年5月12日至5月19日。

公诉机关指控：

两被告人的行为构成内幕交易罪。

被告人谢风华辩称：

在买卖万好万家这次股票时，其保荐代表人资格与指控没有关联性，证券公司作为中介机构在重组中的作用有限，不是构成内幕交易罪的"知情人"。

被告人安雪梅辩称：

在买卖万好万家股票时，主观上没有进行内幕交易的故意，客观上是接受被告人谢风华的建议买卖该股票，并且在买入时也不知任何内幕信息，是被动的信息接受者，也从未使用过任何非法手段或者途径主动从被告人谢风华获取过内幕信息。

[①] 参见上海市浦东新区人民法院作出(2011)浦刑初字第2738号刑事判决书。

法院认为：

《证券法》第 74 条规定证券交易内幕信息的知情人包括：1. 发行人的董事、监事、高级管理人员；2. 持有公司 5% 以上股份的股东及其董事、监事、高级管理人员，公司的实际控制人及其董事、监事、高级管理人员；3. 发行人控股的公司及其董事、监事、高级管理人员；4. 由于所任公司职务可以获取公司有关内幕信息的人员；5. 证券监督管理机构工作人员以及由于法定职责对证券的发行、交易进行管理的其他人员；6. 保荐人、承销的证券公司、证券交易所、证券登记结算机构、证券服务机构的有关人员；7. 国务院证券监督管理机构规定的其他人。

根据此规定，无论是因为身份关系还是工作职责，无论是通过合法途径还是通过非法手段在内幕信息公开前获取《证券法》规定的内幕信息的人，都可以认定为证券内幕信息知情人。被告人谢风华从撮合天宝矿业与万好万家见面，到最终两家公司就重组达成一致，始终参与了天宝矿业借壳万好万家重组上市的项目，其所在的中信证券还与万好万家签订了《财务代理协议》，被告人谢风华以财务顾问身份为该重组项目提供各项服务，属于因工作职责获取内幕信息的内幕信息知情人。而被告人谢风华在天宝矿业与万好万家就重组事宜商谈期间，将该内幕信息告诉被告人安雪梅，被告人安雪梅也明知该信息为尚未公开的内幕信息，因此，被告人安雪梅与谢风华均为内幕信息的知情人。

被告人谢风华为内幕信息的知情人，在涉及证券的发行交易、对证券价格有重大影响的信息尚未公开前，利用该信息买入该证券，且以明示的方式叫被告人安雪梅买入相关证券，情节严重，构成内幕交易罪。被告人安雪梅明知被告人谢风华将内幕消息泄露给自己，仍利用该信息进行股票交易，情节严重，其行为已构成内幕交易罪。

法院判决：

1. 以内幕交易罪判处被告人谢风华有期徒刑 3 年，缓刑 3 年，罚金 800 万元人民币；

2. 以内幕交易罪判处被告人安雪梅有期徒刑 1 年，缓刑 1 年，罚金 190 万元人民币；

3. 追缴被告人谢风华、安雪梅违法所得共计 767 万余元。

【案例345】中电员工泄露内幕消息炒股获刑6年①

被告人：杜兰库、刘乃华

基本案情：

2009年3月23日,被告人杜兰库与中电集团财务部主任案外人张登洲到下属的十四所等单位考察。

案外人十四所所长罗群、十四所副总经济师鲍卫平向被告人杜兰库、案外人张登洲两人汇报了十四所准备收购南京地区股份制企业借壳上市的内容。

2009年3月29日,被告人杜兰库回北京后,根据案外人罗、鲍等人汇报的借壳公司的概况,通过互联网检索,得出唯一符合借壳条件的公司是高淳陶瓷。

2009年3月31日,被告人杜兰库陪同中电集团领导参加十四所搬迁仪式期间,南京市政府领导就十四所收购重组事宜出面协调,使其确信十四所拟借壳公司为高淳陶瓷公司。

次日回到北京后,被告人杜兰库将十四所欲重组高淳陶瓷公司的信息告知其妻被告人刘乃华,双方均同意购买高淳陶瓷股票。

2009年4月2日,被告人杜兰库通过其个人账户买入21,000股高淳陶瓷股票,后逐步将个人账户中的资金分别转入其所操控的亲属的股票交易账户。

2009年4月2日至4月20日间,被告人杜兰库单独操作买入高淳陶瓷股票累计223,000股,交易金额1,542,185.52元,获利2,470,351.38元;被告人杜兰库、案外人刘乃华共同操作买入高淳陶瓷股票累计137,100股,交易金额966,946.91元,获利1,739,692.46元。

被告人刘乃华获悉信息后,还将高淳陶瓷公司计划重组的信息泄露给案外人赵丽梅等人(均另案处理),案外人赵丽梅等人先后买入高淳陶瓷股票累计784,641股,获利12,019,744.91元。

法院认为：

因履行职责获取内幕信息的,将认定为内幕信息知情人员;此类人员从事与内幕信息有关的股票交易的,将构成内幕交易罪;将与内幕信息相关信息泄露给他人的,构成泄露内幕信息罪。

被告人杜兰库因履行工作职责获取了内幕信息,系内幕信息知情人员;被告

---

① 参见最高人民法院网 http://www.court.gov.cn/xwzx/xwfbh/fbhsl/201205/t20120522_177155.html,2012年6月4日访问。

人刘乃华从其配偶处获悉内幕信息,系非法获取内幕信息人员。在内幕信息尚未公开前,被告人杜兰库、刘乃华从事与该内幕信息有关的股票交易,且成交金额与获利数额均为巨大,两被告人构成内幕交易的共同犯罪。被告人刘乃华还将内幕信息泄露给他人,导致他人从事与该内幕信息有关的股票交易,且情节严重,还构成泄露内幕信息罪。

被告人杜兰库在内幕交易共同犯罪中起主要作用,是主犯;被告人刘乃华起次要作用,是从犯,依法应当减轻处罚。鉴于二被告在案发后已退缴全部赃款,均可酌情从轻处罚。

法院判决:

1. 被告人杜兰库犯内幕交易罪,判处有期徒刑 6 年,并处罚金 425 万元;

2. 被告人刘乃华犯内幕交易、泄露内幕信息罪,判处有期徒刑 3 年,并处罚金 425 万元。

二、涉税刑事犯罪

977. 何为抗税罪?其立案追诉标准以及量刑标准分别是怎样的?

指负有纳税义务或者代扣代缴、代收代缴义务的个人或者企业事业单位的直接责任人员,故意违反税收法规,以暴力、威胁方法拒不缴纳税款的行为。

(1)立案追诉标准

涉嫌下列情形之一的,应予立案追诉:

①造成税务工作人员轻微伤以上的。

②以给税务工作人员及其亲友的生命、健康、财产等造成损害为威胁,抗拒缴纳税款的。

③聚众抗拒缴纳税款的。

④以其他暴力、威胁方法拒不缴纳税款的。

(2)量刑标准

对于抗税罪的处罚,根据情节轻重,有两档处罚:

①对于情节轻的,处 3 年以下有期徒刑或者拘役,并处拒缴税款 1 倍以上 5 倍以下的罚金。

②有下列严重情节的,处 3 年以上 7 年以下有期徒刑,并处拒缴税款 1 倍以上 5 倍以下的罚金:

a. 聚众抗税的首要分子;

b. 抗税数额在 10 万元以上的；

c. 多次抗税的；

d. 故意伤害致人轻伤的；

e. 具有其他严重情节的。

978. 抗税罪与逃税罪有何区别？

抗税罪与逃税罪的区别如下。

(1) 主体要件不同

抗税罪只能由个人和单位的直接责任人员构成；而逃税罪的主体则包括单位和个人，也包括单位的直接主管人员和其他直接责任人员。

(2) 客观方面不同

抗税罪表现为以暴力、威胁方法拒不缴纳税款的行为；逃税罪则表现为采取伪造、变造、隐匿、擅自销毁账簿、记账凭证，在账簿上多列支出或者不列、少列收入，经税务机关通知申报而拒不申报或者进行虚假纳税申报，不缴或者少缴税款的行为。

(3) 犯罪标准不同

抗税罪只要行为人实施了以暴力、威胁方法拒不缴纳税款的行为就可构成；而逃税罪必须是偷税行为情节严重的才构成犯罪。

979. 抗税罪与妨害公务罪的区别是什么？

妨害公务罪与抗税罪在客观方面都表现为以暴力、威胁方法的手段，主观上都出于故意，其不同之处如下。

(1) 主体要件不同

妨害公务罪的主体要件是一般主体，凡达到刑事责任年龄且具有刑事责任能力的自然人都可以构成；抗税罪的主体要件是特殊主体，只有负有纳税义务或者代扣代缴、代收代缴税款义务的个人或单位的直接责任人员才可以构成。

(2) 主观目的不同

妨害公务罪目的在于使国家工作人员不能依法执行职务；抗税罪目的在于逃避缴纳税款而非法获利。

(3) 犯罪对象的范围不同

抗税罪侵害的对象是执行税收征管任务的税务人员；而妨害公务罪侵害的对象则是执行职务的国家工作人员，后者范围较广，前者属于后者的一种。

(4) 侵犯的客体不同

妨害公务罪侵犯的是国家机关的公务活动；抗税罪侵犯的是国家的税收管理

制度。在实践中,纳税人以暴力、威胁方法阻碍税务人员依法征税的,都应以抗税罪论处。只有不负有纳税义务的个人以暴力、威胁方法阻碍税务人员征税,且事先与纳税人无通谋的,才构成妨害公务罪。

980. 何为逃避追缴欠税罪?其立案追诉标准以及量刑标准分别是怎样的?

指纳税义务人欠缴应纳税款,采取转移或者隐匿财产的手段,致使税务机关无法追缴欠缴税款的行为。

(1)追诉标准

纳税人欠缴应纳税款,采取转移或者隐匿财产的手段,致使税务机关无法追缴欠缴的税款,数额在1万元以上的,应予立案追诉。

(2)量刑标准

逃避追缴欠税,税款数额在1万元以上不满10万元的,处3年以下有期徒刑或者拘役,并处或者单处欠缴1倍以上5倍以下罚金;数额在10万元以上的,处3年以上7年以下有期徒刑,并处欠缴税款1倍以上5倍以下罚金。

单位犯逃避追缴欠税罪的,对单位判处罚金,并对其直接负责的主管人员和其他直接责任人员,依照上述规定处罚。

【案例346】"示范店主"逃避欠税获刑三年①

被告人: 万一兵

基本案情:

被告人原系银川市川府名店"海底捞"示范店业主。

2007年5月30日因涉嫌犯偷税罪被银川市公安局兴庆区分局刑事拘留,同年6月18日被取保候审。

2008年4月17日由银川市兴庆区人民法院决定依法逮捕,现羁押于银川市看守所。

公诉机关指控:

被告人逃避追缴欠税罪成立。

2006年1月至2007年3月,被告人在经营银川市兴庆区"海底捞"示范店期间,未在税务机关核定的纳税期限向税务机关指定的银行缴纳税款,而将每日的营业款挪作他用,致使税务机关无法追缴税款288,165.76元。案发后,公安机关追缴税款200,015.94元,其行为已构成逃避追缴欠税罪。

---

① 参见宁夏回族自治区银川市兴庆区人民法院万一兵犯逃避追缴欠税罪一案。

公诉机关为证明其观点,提交证据如下:

1. 被告人的供述,证实其 2006 年 1 月至 2007 年 3 月,在经营"海底捞"示范店期间欠税 288,165.76 元的事实;

2. 证人万某某的陈述,证实在经营"海底捞"示范店期间欠税的事实;

3. 税务稽查报告及欠税通知书,证实被告人欠税的事实;

4. 欠税明细表,证实 2006 年 1 月至 2007 年 3 月,累计欠税 288,165.76 元;

5. 催缴通知书,证实 2007 年 3 月 1 日分别催缴 2006 年 9 月、2006 年 11 月、2006 年 12 月、2007 年 2 月所欠税款的事实;

6. 银行开户情况,证实被告人在经营"海底捞"示范店期间分别在商业银行、农村信用社、农业银行开户的事实;

7. 户籍证明,证实被告人犯罪时系成年人。

被告人辩称:

案发后被告人表示愿意缴纳税款,有悔罪表现,希望法庭从轻处罚。

法院认为:

被告人在其经营银川市兴庆区个体经营川府名店"海底捞"示范店期间欠缴应纳税款 288,165.76 元,采取转移财产的手段,致使税务机关无法追缴欠缴的税款达到 1 万元以上的,其行为已构成逃避追缴欠税罪,应予刑事处罚。

经查被告人逃避追缴欠税的行为,有被告人的供述、证人证言、税务稽查报告、欠税通知书、欠税明细表、催缴通知书等证据相互印证,足以认定。

法院判决:

被告人犯逃避追缴欠税罪,判处有期徒刑 3 年零 6 个月,并处罚金人民币 29 万元整。

981. 逃避追缴欠税罪与抗税罪的区别是什么?

两者的区别如下。

(1) 客体要件不同

逃避追缴欠税罪为简单客体,即侵犯了国家的税收管理制度;而抗税罪则为复杂客体,即不仅侵犯了国家的税收管理制度,同时还侵犯了依法从事税收征管工作的税务人员的人身权利。

(2) 犯罪客观方面不同

逃避追缴欠税罪在客观上表现为采取转移或者隐匿财产的手段致使税务机关无法追缴欠缴的税款的行为;抗税罪则表现为以暴力、威胁方法拒不缴纳税款的行为。前者的行为方式是秘密的,而后者则是公开的。

(3)对税款数额要求不同

妨碍追缴税款数额较大的才构成前罪,而抗税罪不要求数额较大,只要以暴力、威胁方法拒不缴纳税款的,就构成本罪。

982. 何为骗取出口退税罪?其立案追诉标准以及量刑标准分别是怎样的?

指故意违反税收法规,采取以假报出口等欺骗手段,骗取国家出口退税款,数额较大的行为。

(1)追诉标准

以假报出口或者其他欺骗手段,骗取国家出口退税款,数额在5万元以上的,应予立案追诉。

(2)量刑标准

以假报出口或者其他欺骗手段,骗取国家出口退税款,数额较大的,处5年以下有期徒刑或者拘役,并处骗取税款1倍以上5倍以下罚金;数额巨大或者有其他严重情节的,处5年以上10年以下有期徒刑,并处骗取税款1倍以上5倍以下罚金;数额特别巨大或者有其他特别严重情节的,处10年以上有期徒刑或者无期徒刑,并处骗取税款1倍以上5倍以下罚金或者没收财产。

【案例347】三青年一软件骗取退税3000余万被判无期[①]

被告人: 李炜、章扬侃

基本案情:

2002年,被告人章扬侃创立维珍通信科技公司,此后与被告人李炜相识。

被告人李炜在对国家软件行业的税收政策进行全面研究后,发现一条"掘金"之道,即在香港注册一家离岸公司,在沪开设一家信息技术公司,购买他人开发的软件改换成自家的软件产品,享受到该行业的税收优惠政策后,接着以虚假交易方式将这些板卡"出口"到自家在香港开的公司,并循环利用这些板卡。利用这套严密骗术,预计扣除成本后将可赚取1/3左右的退税款。

2004年8月,被告人李炜的妻子刘晔委托一家专为提供注册香港公司服务的深圳公司以被告人李炜的名义在香港注册了星顺公司。

[①] 参见中国青年报网 http://zqb.cyol.com/content/2009 - 11/19/content_2943221.htm,2011年5月15日访问。

2005年2月,以刘晔为法定代表人的竹川公司在上海注册成立。而后,被告人李炜委托一名软件工程师开发一个能够申请软件著作权的软件。

2005年8月,被告人李炜取得软件的最终版本。这套名为"竹川票据打印软件V1.0"的软件价值在千元上下,但无法装入硬件板卡。被告人李炜为此支付了1.5万元,并于同年10月取得了该软件的著作权,由此开始得以享受增值税超过3%部分即征即返的优惠政策。

已将法定代表人刘晔变更为被告人李炜的竹川公司,以单价4.3万元到5.6万元的价格"销售"给被告人章扬侃的维珍公司4200余套上述软件,销售金额高达1.93亿余元,在子虚乌有的业务往来同时开给维珍公司增值税发票,此举为被告李炜等获取了14%的退税。

刘晔又自行制作了若干虚假的咨询合同、设备租赁合同等以摊薄竹川公司运作的成本。此后,被告人章扬侃在深圳电子产品市场的摊位购得了100余块板卡,这些普通板卡摇身一变成为带软件存储功能的板卡,成为可以享受国家全额退税的出口板卡。

被告人章扬侃找到两家进出口贸易公司,贸易公司名义上是买断经营,实际是提供外贸代理出口业务,收取1%左右的代理费。这两家外贸公司根据被告人章、李的指令将板卡出口到被告人李炜在香港的星顺公司,此次退税机会再次为他们赢得了丰厚的利益。二人分工配合,被告人李炜在上海发货,被告人章扬侃在香港收货,再将板卡带回深圳并快递至上海。之后,这些板卡一直被循环"出口"。

竹川公司、维珍公司有悖常理的转账方式,引起了相关部门的注意。经侦查,被告人李炜等人骗取国家高额退税款的行径浮出水面。公诉机关以涉嫌虚开增值税专用发票罪与骗取出口退税罪提起公诉。

法院认为:

二被告人在没有真实交易的情况下,共同利用国家的出口退税政策与对软件行业的税收优惠政策骗取国家税款,虚开增值税专用发票税额3400余万元,骗取出口退税款3400余万元,且给国家税款造成特别重大损失,其行为均已构成虚开增值税专用发票罪与骗取出口退税罪,由于李、章骗取国家税款数额特别巨大,情节特别严重,给国家利益造成特别重大损失,应从重处罚。

法院判决:

1. 被告人李炜构成虚开增值税专用发票罪、骗取出口退税罪,判处无期徒刑,剥夺政治权利终身,并处没收财产50万元;

2. 被告人章扬侃构成虚开增值税专用发票罪、骗取出口退税罪,判处无期徒刑,剥夺政治权利终身,并处没收财产40万元。

983. 骗取出口退税罪与诈骗罪的区别是什么?

诈骗罪是指以非法占有为目的,用虚构事实或者隐瞒真相的方法,骗取数额较大的公私财物的行为,欺骗性是该罪的本质特征。骗取出口退税罪是指单位或个人以骗取国家出口退税款为目的,采用虚开增值税专用发票、搞假货物报关出口骗取货物出口报关单、内外勾结提供出口收汇单证等欺骗手段,在根本未缴纳税款的情况下,从税务机关或出口企业骗取出口退税款的行为。

因此,骗取出口退税行为实质上是一种诈骗的行为。近些年来,诈骗犯罪的手段越来越多,诈骗的对象也越来越广,如信用证诈骗、金融票据诈骗、保险诈骗、合同诈骗、骗取出口退税等,为了有效地惩治这些犯罪行为,《刑法》分别单独规定了罪名和法定刑。按照特别规定优于普通规定的原则,凡符合骗取出口退税犯罪构成要件的,直接以骗取出口退税罪定罪处罚,不再以一般诈骗罪定罪处罚。

984. 骗取出口退税罪与虚开增值税专用发票罪的异同是什么?

虚开增值税专用发票罪是指单位和个人违反国家税收征管和发票管理制度,为他人虚开、为自己虚开、让他人为自己虚开、介绍他人虚开增值税专用发票的行为,骗取出口退税罪与虚开增值税专用发票罪同属危害税收征管类犯罪,两罪既有区别,又有联系。

(1)其区别主要表现在客观方面,即犯罪手段不同。虚开增值税专用发票的客观方面,表现为行为人在商品的国内生产、销售环节实施为他人虚开、为自己虚开、让他人为自己虚开、介绍他人虚开增值税专用发票的行为;骗取出口退税罪的客观方面,则表现为行为人在商品的出口环节实施假报出口或者其他骗取出口退税款的行为。

(2)其联系主要表现在,虚开增值税专用发票本身是行为人实施骗取出口退税的重要手段之一,骗取出口退税的实施又以行为人实施虚开增值税专用发票为必要的环节。可见,骗取出口退税罪与虚开增值税专用发票罪之间存在着密切的牵连关系,当行为人将虚开的增值税专用发票用于向税务机关申请出口退税,数额较大时,该行为人就同时触犯了骗取出口退税罪和虚开增值税专用发票罪两个罪名;但在处理时应按其中的一个重罪定罪,从重处罚,不适用数罪并罚。

当然,如果行为人未将虚开的增值税专用发票用于申请出口退税,而是用于申请抵扣税款或者非法出售,则不能构成骗取出口退税罪,而应当按照虚开

增值税专用发票罪、偷税罪或非法出售增值税专用发票罪之中的一个重罪从重处罚。

985. 何为虚开增值税专用发票、用于骗取出口退税、抵扣税款发票罪？其立案追诉标准以及量刑标准分别是怎样的？

指违反国家税收征管法规，为他人虚开、为自己虚开、让他人为自己虚开、介绍他人虚开增值税专用发票或者用于骗取出口退税、抵扣税款的其他发票的行为。

(1) 追诉标准

虚开增值税专用发票或者虚开用于骗取出口退税、抵扣税款的其他发票，虚开的税款数额在1万元以上或者致使国家税款被骗数额在5000元以上的，应予立案追诉。

(2) 量刑标准

犯本罪的，处3年以下有期徒刑或者拘役，并处2万元以上20万元以下罚金；虚开的税款数额较大或者有其他严重情节的，处3年以上10年以下有期徒刑，并处5万元以上50万元以下罚金；虚开的税款数额巨大或者有其他特别严重情节的，处10年以上有期徒刑或者无期徒刑，并处5万元以上50万元以下罚金或者没收财产。

单位犯本罪的，实行双罚制，即对单位判处罚金，并对其直接负责的主管人员和其他直接责任人员，处3年以下有期徒刑或者拘役；虚开的税款数额较大或者有其他严重情节的，处3年以上10年以下有期徒刑；虚开的税款数额巨大或者有其他特别严重情节的，处10年以上有期徒刑或者无期徒刑。

犯本罪被判处罚金或者没收财产的，在执行前，应当先由税务机关追缴税款和所骗取的出口退税款。

【案例348】行贿、虚开增值税专用发票、挪用资金　周正毅再获刑16年①

被告人：周正毅

被告单位：农凯集团

基本案情：

2004年6月1日，被告人因犯操纵证券交易价格罪被判处有期徒刑2年零6

---

① 参见上海市第二中级人民法院(2007)沪二中刑初字第123号刑事判决书。

第十三章
损害公司利益责任纠纷

个月,犯虚报注册资本罪被判处有期徒刑1年,决定执行有期徒刑3年。① 2006年5月26日刑满释放。2006年10月22日被监视居住,2007年1月21日被逮捕。

从1997年起,被告人为被告单位及其控制下的关联企业筹措资金进行股票交易,与黄锡熊约定拆借资金。由黄锡熊利用担任上海商品交易所副总会计师、上海期货交易所结算部负责人、经理,具体负责交易所资金运作的职务便利,将上述交易所资金以"国债回购"的名义,投入西南证券定西营业部等证券公司,不进行任何实际交易,在资金到账后直接划转至被告单位控制下的金凯物资公司等机构资金账户进行股票交易。2001年5月至8月,金凯物资公司共计非法拆借资金1.7亿元。1999年3月,被告人送给黄锡熊价值9390元的"雷达"牌手表一对。2000年5月,被告人又送给黄锡熊港币2万元(折合人民币20,712元)。2001年3月,被告人与黄锡熊到杭州市,由被告人支付现金104万余元为黄锡熊购买上城区万安城市花园·南苑2幢1201室商品房一套,另送给黄锡熊现金20万元用于装潢。

2001年春节前夕,被告单位直接负责的主管人员被告人送给时任福建兴业银行上海分行行长助理兼国际业务部总经理、信用审查委员会委员的王沪军现金40万元。2001年3月至12月,被告人为谋取不正当利益,在与王沪军商议后,用其上市关联企业海鸟发展公司名义,以收购企业和增发新股为由违规向福建兴业银行上海分行贷款,并通过提前还贷、转贷等方式掩盖贷款由被告单位使用的事实,被告单位将获取的9亿元贷款中的4.6亿元划入证券公司账户,用于股票交易。

2003年9月至2004年6月,被告人因涉嫌操纵证券交易价格罪和虚报注册资本罪被羁押在上海市看守所。其间,黄健利用担任上海市看守所所长,负责对被告人监管的职务便利,多次为被告人非法传递信件,并给予被告人特殊照顾。2004年6月,被告人委托其姐周雅珍于2004年7月1日晚,在上海市江宁路188号兴业大厦被告单位办公室,送给黄健夫妇现金20万元。

被告人为达到融资目的,采取在其控制下的关联企业、农投公司和利源公司之间反复进行电解铜虚假交易的方式,虚开增值税专用发票,借此虚增被告单位及其控制下的企业业绩,获取银行授信额度,并将部分虚开的增值税专用发票用于向银行贴现商业承兑汇票、银行承兑汇票,获取巨额资金。1999年1月至2003

---

① 周正毅所犯虚报注册资本罪、操纵证券交易价格罪详见本书第一章公司设立纠纷。

年5月,被告人安排被告单位有关人员徐青、丁天民、戴南奇、王路等人按照汇票贴现的需要,确定电解铜购销的双方、数量、金额等,虚构购销合同并以此开具增值税专用发票及商业承兑汇票、银行承兑汇票用于向银行申请贴现。为使虚假购销过程中销售方取得进项增值税专用发票,虚增公司业绩,又选择被告单位控制下的企业作为交易方,以原先开票的电解铜数量、金额为基础,继续虚开增值税专用发票,采取将"电解铜"由最初销售方"购进"的方式,使虚假交易形成循环。循环交易形成的应收、应付款则由被告单位专人负责利用贴现得款或其他款项进行划转或冲抵,贴现得款最终由被告单位统一调拨使用。

经审计,被告单位及其控制公司等16家企业在实际购销电解铜14.86万余吨的情况下,共计形成账面购销电解铜199.7万余吨。被告单位等16家企业之间,以及与利源公司之间,共计虚开电解铜增值税专用发票4.02万余份,涉及电解铜虚假交易161.87万余吨,价税合计260.01亿余元,税额37.78亿余元。其中,直接用于申请贴现商业承兑汇票、银行承兑汇票的增值税专用发票8400余份,价税合计86.29亿余元,税额12.53亿余元。被告单位及其控制下的企业利用上述手段向银行贴现84.22亿余元,扣除贴现利息1.91亿余元,实得贴现款82.3亿余元。经查,贴现款直接用于归还到期票据款及支付新开票据应交纳的保证金23.55亿余元;投入证券公司账户19.58亿余元,内有0.96亿余元用于炒作"徐工科技"股票;用于归还贷款9.98亿余元;归被告单位关联企业及控制下的企业内部使用22.1亿余元;划入其他企业7.07亿余元。

2001年11月,被告人安排农产化、农投公司与轻工控股签订了《关于英雄股份股份转让及资产转让之协议书》,协议中约定,农产化受让轻工控股在英雄股份所持52.91%股份中的15%,农投公司向轻工控股支付3000万元股份转让收益金,农产化如未按期完成收购,轻工控股已经收取的3000万元股份转让收益金不再返还。2002年12月,被告人为了完成农产化对英雄股份15%股份的收购,同时为了避免损失已经支付给轻工控股的3000万元股份转让收益金,凭借农产化和农投公司在收购期间对英雄股份的股份托管条件,指使农投公司总经理唐海根以及农投公司委派到英雄股份的总经理翟世强、财务部经理陈训明,并经共同策划,由翟世强、陈训明利用职务便利,虚构"英雄股份购买土地使用权需要支付预付款"的事实,背着英雄股份董事会,擅自决定将英雄股份资金1亿元以英雄股份名义划至金山亭林公司,然后转至农产化,农产化将该1亿元连同向英雄实业借取的1.065亿余元,用于向轻工控股支付购买英雄股份相应股份的受让款。

2003年4月,被告人与唐海根、翟世强、陈训明为了归还农产化向英雄实业的借款1.065亿余元,再次策划,由翟世强、陈训明利用在英雄股份的职务便利,背着英雄股份董事会,擅自决定将英雄股份资金1.065亿余元划至农产化,用于归还英雄实业。被告人伙同唐海根、翟世强、陈训明等人,共计挪用英雄股份资金2.065亿余元,至案发前未退还。

在本案审理期间,被告人通过其辩护人向法院退出人民币2.065亿余元。

公诉机关指控：

被告单位为谋取不正当利益,由被告人给予国家工作人员黄锡熊、宋赤球财物,共计价值229万余元,情节严重;给予企业人员王沪军财物40万元,数额较大;被告人为谋取不正当利益,给予国家工作人员黄健20万元,情节严重,应当分别以单位行贿罪、对企业人员行贿罪、行贿罪追究刑事责任。被告人系被告单位所犯单位行贿罪、对企业人员行贿罪中直接负责的主管人员,应依法追究其刑事责任。鉴于被告人在被追诉前,能主动交代上述行贿行为,对被告单位、被告人可以分别减轻或者免除处罚。被告单位虚开增值税专用发票,虚开的税款数额巨大,构成虚开增值税专用发票罪;被告人系直接负责的主管人员,应依法追究其刑事责任。被告人经与唐海根、翟世强、陈训明共谋,由翟世强、陈训明利用在英雄股份的职务便利,个人决定将英雄股份资金共计2.065亿余元以英雄股份名义给农产化使用,谋取个人利益,数额巨大,应以挪用资金罪追究其刑事责任。被告单位、被告人犯数罪,应予数罪并罚。被告人有检举他人犯罪的立功表现,可以从轻处罚。

被告人辩称：

被告单位在各大银行有授信额度,不需要通过行贿黄锡熊、宋赤球、王沪军获取资金,未谋取任何不正当利益,故被告单位不构成相关的行贿罪。黄健系索贿,故本人不构成行贿罪。被告单位电解铜交易的经营行为合法,也缴付了所有的税款和银行利息,对社会没有危害;挪用资金系唐海根、翟世强、陈训明所为,自己并不知情,因此不构成虚开增值税专用发票罪和挪用资金罪。自己有主动交代、立功情节,开庭前又退出了2.065亿余元,请求从宽处理。

被告单位辩称：

被告单位和被告人未通过黄锡熊、宋赤球、王沪军谋取不正当利益,不构成相关的行贿罪;检察机关无权侦查虚开增值税专用发票案,其所收集的证据均属无效;且被告单位进行的电解铜交易有真实贸易背景,不以偷逃税款为目的,客观上也未偷逃税款,不构成虚开增值税专用发票罪。

法院认为：

1. 关于被告单位及其直接负责的主管人员被告人给予黄锡熊、王沪军、宋赤球财物,是否谋取了不正当利益以及应否定罪的问题。

经查,黄锡熊明知被告单位将商品交易所、期货交易所投资"国债回购"的结算资金用于炒作股票,仍然违反国务院颁布的《期货管理暂行条例》第15条关于"期货交易所不得从事信托投资、股票交易、非自用不动产投资等与其职能无关的业务"和财政部《关于商品期货交易财务管理暂行规定》第6条关于"对会员投入的资本以及其他属于会员的资产,不得用于其他经营目的的投资"的规定,同意出借。在被告单位及其控制下的关联企业向王沪军所在单位福建兴业银行上海分行贷款中,王沪军明知贷款将被用于收购企业和增发新股等违规用途,仍违反中国人民银行《贷款通则》第20条关于"不得用贷款从事股本权益投资"的规定,予以放贷,为被告单位及其关联企业谋取了不正当利益。因此,被告单位和被告人向黄锡熊、王沪军行贿的行为构成犯罪,依法应当追究刑事责任。

此外,宋赤球利用职务便利为被告单位及其关联企业向农行上海分行贷款提供帮助,被告单位违规将其中部分贷款、票据贴现款用于验资、股票交易等的事实清楚,但是,被告单位及其关联企业从农行上海分行贷款经由农行上海分行贷款审查委员会按规定审批,属于正常的信贷活动。至于被告单位将贷款违规用于验资、股票交易等,宋赤球事先并不知情。因此,指控被告单位及其直接负责的主管人员被告人给予宋赤球财物是为了谋取不正当利益的证据不足,对被告人和辩护人关于起诉指控被告单位和被告人向宋赤球行贿的罪名不能成立的辩护意见,予以采纳。

2. 关于被告单位及其关联企业是否实施了虚开增值税专用发票的行为以及是否构成虚开增值税专用发票罪的问题。

经查,现有证据已经证实了被告单位及其关联企业实际购销电解铜仅14.86万余吨,但通过循环交易形成账面购销电解铜高达199.7万余吨,被告单位及其关联企业之间循环交易的电解铜数量,与被告单位实际仓储量差额巨大,且与被告单位有进口仓单为凭据的实物购销电解铜交易互不关联。被告单位及其关联企业为了虚增销售业绩便于向银行贷款,循环虚开增值税专用发票,使"电解铜"由最初的销售方购进,形成封闭的电解铜循环交易,完全服从于贴现融资的需要,并无真实交易的目的;参与交易的各关联公司以及农投公司、利源公司实际上为被告单位所利用,被告单位与这些企业之间最终完成的封闭型交易,其实质是自我交易,亦反映出其交易的虚假性。据此,对被告单位和被告人的辩护人关于被告单位及其关联企业等单位之间循环开的增值税专用发票并非虚开的辩护意见,不予采信。

被告单位及其直接负责的主管人员被告人在被告单位控制下的16家企业和

利源公司没有真实贸易的情况下,循环虚开增值税专用发票 4.02 万余份,虚开税额 37.78 亿余元,其中直接用于票据贴现的增值税专用发票 8435 份,虚开税额 12.5379 亿元,尽管被告单位缴纳了相应税款,没有造成国家税款损失,但被告单位及其关联企业将虚开的增值税专用发票用于汇票贴现,非法套取银行资金高达 82.3 亿余元,并将贴现资金中的 19 亿余元违规投入证券业务,其中 9600 余万元用于操纵"徐工科技"股票价格,其行为不仅违反了国家关于禁止银行资金流入股票市场和增值税专用发票管理的规定,破坏了国家金融管理秩序,而且部分资金直接用于从事违法犯罪活动,具有严重的社会危害性。据此,被告单位及其直接负责的主管人员被告人的行为符合虚开增值税专用发票罪的主客观构成要件,应当定罪处罚。

3. 关于被告人是否参与唐海根、翟世强、陈训明挪用英雄股份 2.065 亿余元资金犯罪的问题。

经查,被告人与轻工控股洽谈并决定由农产化出面收购轻工控股在英雄股份中的股份,与轻工控股商定向轻工控股支付股份转让收益金 3000 万元。之后,被告人为完成收购和避免损失 3000 万元股份转让收益金,与唐海根、翟世强、陈训明共同策划挪用英雄股份的资金向轻工控股支付股份受让款及由此形成的欠款。被告人为此先后两次听取了唐海根、翟世强共同或单独对具体收购方案的汇报并决定实施。此外,被告人还亲自调拨资金 6000 万元给农产化,为唐海根、翟世强、陈训明等人完成挪用英雄股份资金创造条件,最终由翟世强、陈训明利用在英雄股份中的职务便利,未经英雄股份董事会研究,个人决定将英雄股份 2.065 亿余元资金给农产化使用,被告人系挪用资金罪的共犯。庭审还查明,唐海根、翟世强关于先后两次共同或单独向被告人汇报具体收购方案的陈述,分别得到了陈金才、蒋东亮、陈训明等证人证言的印证,证据确实、充分。被告人关于未参与唐海根等人挪用英雄股份资金及其辩护人关于指控被告人犯挪用资金罪证据不足的辩护意见,不能成立。

此外,关于检察机关侦查本案虚开增值税专用发票罪和挪用资金罪的合法性问题,经查,检察机关对上述两罪的侦查符合法律规定,所收集的证据合法有效。

被告单位及其直接负责的主管人员被告人为谋取不正当利益,给予国家工作人员黄锡熊财物,共计价值人民币 127 万余元,情节严重,已构成单位行贿罪。为谋取不正当利益,给予企业人员王沪军人民币 40 万元,数额较大,已构成对企业人员行贿罪。被告人为谋取不正当利益,给予国家工作人员黄健人民币 20 万元,情节严重,构成行贿罪。被告单位及其直接负责的主管人员被告人虚开增值税专用发票 8435 份,虚开税额 12.5379 亿元,数额巨大,已构成虚开增值税专用发票罪。被告人经与唐海根、翟世强、陈训明共谋,由翟世强、陈训明利用在英雄股份的职务便利,个人决定将英雄股份资金共计 2.065 亿余元以英雄股份名义给农产化使用,谋取个人利益,挪用资金数额巨大,构成挪用资金罪。被告人作为被告单位直接负责的主管人员,在被追诉前主动交代上述行贿行为,对被告单位所犯单位行贿罪、对企业人员行贿罪依法可以减轻或者免除处罚;辩护人建议对被告人所犯单位行贿罪、对企业人员行贿罪免予处罚的辩护意见,予以采纳;公诉机关要求对被告人所犯行贿罪减轻处罚的意见,予以支持。鉴于被告人在法院审理期间退出人民币 2.065 亿余元,对被告人所犯挪用资金罪可以酌情从轻处罚。被告单位、被告人犯数罪,依法应当数罪并罚。被告人有检举他人犯罪的立功表现,对被告人所犯数罪,依法可以从轻处罚。

法院判决:

1. 被告单位犯单位行贿罪,判处罚金人民币 25 万元;犯对企业人员行贿罪,判处罚金人民币 10 万元;犯虚开增值税专用发票罪,判处罚金人民币 300 万元,决定执行罚金人民币 335 万元(罚金应在本判决生效后的 3 个月内一次性向法院缴纳)。

2. 被告人犯单位行贿罪,免予刑事处罚;犯对企业人员行贿罪,免予刑事处罚;犯行贿罪,判处有期徒刑 3 年;犯虚开增值税专用发票罪,判处有期徒刑 10 年;犯挪用资金罪,判处有期徒刑 6 年,决定执行有期徒刑 16 年。

3. 违法所得予以追缴。

986. 何为非法购买增值税专用发票、购买伪造的增值税专用发票罪?其立案追诉标准以及量刑标准分别是怎样的?

指违反国家发票管理法规,非法购买增值税专用发票,或者购买伪造的增值税专用发票的行为。

(1)追诉标准

非法购买增值税专用发票或者购买伪造的增值税专用发票 25 份以上或者票面额累计在 10 万元以上的,应予立案追诉。

(2)量刑标准

犯本罪的,处 5 年以下有期徒刑或者拘役,并处或者单处 2 万元以上 20 万元以下罚金。单位犯本罪的,对单位判处罚金,并对其直接负责的主管人员和其他直接责任人员,依照个人犯罪的规定处罚。

【案例349】未实际交易　非法买卖增值税发票100万获刑3年[①]

被告人： 赵万奇、季爱国

基本案情：

2008年8月至2009年2月，被告人赵万奇在与郑州亚兴工贸有限公司没有实际货物交易的情况下，以增值税专用发票价税合计6%～8%的价格，从该公司非法购买增值税专用发票7份（票号：250772、264956、264957、250782、250775、250774、250773），金额共计555,732.99元，税额共计94,474.61元，价税合计650,207.6元。后被告人赵万奇将上述发票以价税合计9.5%的价格卖给李某某（已判刑），李某某又以价税合计10%的价格卖给孙某（已判刑），孙某为结算货款将上述发票交给郑州市宝翔石墨制品有限公司抵扣税款。现税款已追回。

2008年8月至2009年2月，被告人赵万奇在与郑州亚兴工贸有限公司没有实际货物交易的情况下，以增值税专用发票价税合计6%～8%的价格，从该公司非法购买增值税专用发票4份（票号：161274、154037、161273、247704），金额共计273,204.78元，税额共计46,444.82元，价税合计319,649.6元。后被告人赵万奇将上述发票以价税合计9.5%的价格卖给李某某（已判刑），李某某又以价税合计10%的价格卖给王某某（已判刑），王某某为结算货款将上述发票交给河南宇晖炭素制品有限公司抵扣税款。现税款已追回。

2008年2月，被告人赵万奇同样在与郑州亚兴工贸有限公司没有实际货物交易的情况下，以增值税专用发票价税合计6%～8%的价格，从该公司非法购买增值税专用发票2份（票号：71037、71038），金额共计171,213.68元，税额共计29,106.32元，价税合计200,320元。后被告人赵万奇将上述发票以价税合计9%的价格卖给被告人季爱国，被告人季爱国为结算货款将上述发票交给郑州远邦炭素实业有限公司抵扣税款。现税款已追回。

被告人赵万奇于2011年3月30日14时许到郑州市上街区公安局经侦大队投案自首。

公诉机关指控：

被告人赵万奇构成非法出售增值税专用发票罪；

被告人季爱国构成非法购买增值税专用发票罪。

[①] 参见河南省郑州市上街区人民法院(2011)上刑初字第79号刑事判决书。

被告人认罪。

法院认为：

被告人赵万奇违反国家发票管理法规，明知增值税专用发票不得私自买卖而予以非法出售，票面额累计达 1,000,151.45 元，其行为已构成非法出售增值税专用发票罪。被告人季爱国违反国家发票管理法规，明知增值税专用发票不得私自购买而予以非法购买，票面额累计达 171,213.68 元，其行为已构成非法购买增值税专用发票罪。

鉴于赵万奇犯罪以后自动投案，如实供述自己的罪行，系自首。对于自首的犯罪分子，依法可从轻处罚。季爱国自愿认罪，可酌情从轻处罚。

二被告人积极缴纳罚金且所出售、购买的增值税专用发票所抵扣的税款均已追回，亦可酌情从轻处罚。

公诉机关指控被告人赵万奇、季爱国犯非法出售增值税专用发票罪、非法购买增值税专用发票罪的事实清楚，证据确实、充分，罪名成立。

法院判决：

1. 被告人赵万奇犯非法出售增值税专用发票罪，判处有期徒刑 3 年，缓刑 4 年，并处罚金人民币 6 万元。

2. 被告人季爱国犯非法购买增值税专用发票罪，判处有期徒刑 10 个月，缓刑 1 年，并处罚金人民币 2 万元。

第四节 董事、高管、监事收入的税务问题

987. 个人担任董事职务在公司取得的收入应如何缴纳个人所得税？

如果个人仅担任公司董事、监事，未在公司任职、受雇，因此取得的收入属于劳务报酬所得性质，依照劳务报酬所得项目按照 20% 税率征收个人所得税。

如果个人不仅在公司（包括关联公司）担任董事、监事，而且还在公司任职、受雇，应将董事费、监事费与个人工资收入合并，统一按工资、薪金所得项目缴纳个人所得税。

988. 在中国境内同时担任外商投资企业的董事（长）与直接管理职务，或者名义上不担任企业的直接管理职务，但实际上从事企业日常管理工作的个人，对其取得的董事费或工资薪金应以何种税目计征个人所得税？

应判定其在该企业具有董事（长）和雇员的双重身份，分别就其以董事（长）身份取得的董事费收入和以雇员身份应取得的工资、薪金所得征收个人所得税。

其工资、薪金收入额由个人主动申报,或者由主管税务机关参照同类地区、同类行业和相近规模企业中类似职务的工资、薪金收入水平核定其每月应取得的工资、薪金收入额。

由个人所得税主管税务机关核定上述个人的工资、薪金收入额,需要相应调整外商投资企业应纳税所得额的,对核定的工资、薪金数额,应由个人所得税主管税务机关会同外商投资企业所得税主管税务机关确定。

前述中国境内企业高层管理职务,是指公司正、副(总)经理、各职能总师、总监及其他类似公司管理层的职务。

989. 如何确定在中国境内担任董事、高层管理人员的纳税义务以及应纳税额?

具体如下:

(1)担任中国境内企业董事或高层管理职务的个人,其取得的由该中国境内企业支付的董事费或工资薪金,而应自其担任该中国境内企业董事或高层管理职务起,至其解除上述职务止的期间,不论其是否在中国境外履行职务,均应申报缴纳个人所得税。应纳税额计算公式如下:

应纳税额=(当月境内外工资薪金应纳税所得额×适用税率-速算扣除数)×(当月境外支付工资额÷当月境内外支付工资总额)×(当月境外工作天数÷当月天数)

(2)前述人员取得的由中国境外企业支付的工资薪金,分情况对待:

①在中国境内无住所而在一个纳税年度中在中国境内连续或累计工作不超过90日或在税收协定规定的期间中在中国境内连续或累计居住不超过183日的个人,由中国境外雇主支付并且不是由该雇主的中国境内机构负担的工资薪金,免于申报缴纳个人所得税。

对前述个人应仅就其实际在中国境内工作期间由中国境内企业或个人雇主支付或者由中国境内机构负担的工资薪金所得申报纳税。凡是该中国境内企业、机构属于采取核定利润方法计征企业所得税或没有营业收入而不征收企业所得税的,在该中国境内企业、机构任职、受雇的个人实际在中国境内工作期间取得的工资薪金,不论是否在该中国境内企业、机构会计账簿中有记载,均应视为该中国境内企业支付或由该中国境内机构负担的工资薪金。

应纳税额计算公式如下:

应纳税额=(当月境内外工资薪金应纳税所得额×适用税率-速算扣除数)×(当月境内支付工资额÷当月境内外支付工资总额)×(当月境内工作天数÷

当月天数)

②在中国境内无住所而在一个纳税年度中在中国境内连续或累计工作超过90日或在税收协定规定的期间中在中国境内连续或累计居住超过183日但不满1年的个人,其实际在中国境内工作期间取得的由境外企业或个人雇主的工资薪金所得,应申报缴纳个人所得税;其在中国境外工作期间取得的工资薪金所得,不予征收个人所得税。

其中,取得的工资薪金所得是由境外雇主支付并且不是由中国境内机构负担的个人,事先可预定在一个纳税年度中连续或累计居住超过90日或在税收协定规定的期间中连续或累计居住超过183日的,其每月应纳的税款应按税法规定期限申报纳税;对事先不能预定在一个纳税年度或税收协定规定的有关期间中连续或累计居住超过90日或183日的,可以待达到90日或183日后的次月7日内,就其以前月份应纳的税款一并申报纳税。

应纳税额计算公式如下:

应纳税额=(当月境内外工资薪金应纳税所得额×适用税率-速算扣除数)×(当月境内工作天数÷当月天数)

③在中国境内无住所但在境内居住满1年而不超过5年的个人,其在中国境内工作期间取得的由中国境外企业或个人雇主支付的工资薪金,应申报缴纳个人所得税;临时离境工作期间的工资薪金所得,仅就由中国境内企业或个人雇主支付的部分申报纳税,凡是该中国境内企业、机构属于采取核定利润方法计征企业所得税或没有营业收入而不征收企业所得税的,在该中国境内企业、机构任职、受雇的个人取得的工资薪金,不论是否在中国境内企业、机构会计账簿中有记载,均应视为由其任职的中国境内企业、机构支付。

上述个人,在一个月中既有在中国境内工作期间的工资薪金所得,也有在临时离境期间由境内企业或个人雇主支付的工资薪金所得的,应合并计算当月应纳税款,并按税法规定的期限申报缴纳。

应纳税额计算公式如下:

应纳税额=(当月境内外工资薪金应纳税所得额×适用税率-速算扣除数)×(当月境外支付工资额÷当月境内外支付工资总额)×(当月境外工作天数÷当月天数)

(3)不满一个月期间的工资薪金所得申报纳税的,均应按全月工资薪金所得计算实际应纳税额。实际应纳税额计算公式如下:

应纳税额=(当月工资薪金应纳税所得额×适用税率-速算扣除数)×(当

月实际在中国天数÷当月天数)

如果属于上述情况的个人取得的是日工资薪金,应以日工资薪金乘以当月天数换算成月工资薪金后,按上述公式计算应纳税额。

【案例350】外籍个人在华取得工资薪金的所得税计算

基本案情:

某人为一家外国公司雇员,在2012年度中受派在中国境内外商投资企业担任总经理,工作天数累计为300天,每月工资为40,000元。其工资、薪金是由境外公司支付的,且不是由该公司在中国境内的机构负担的。2012年10月其一直在华工作,这段时间其取得的工资、薪金所得应如何缴纳个人所得税?

律师观点:

由于其在华工作时间超过了90天,其实际在中国境内工作期间取得的由境外企业支付的工资薪金所得,均应申报缴纳个人所得税。

应纳税额计算公式如下:

应纳税额=(当月境内外工资薪金应纳税所得额×适用税率−速算扣除数)×(当月境内工作天数÷当月天数)

应纳税额=[(40,000−3500)×45%−13,505]×(22÷30)=2141元

990. 如何确定工资、薪金的来源地?

属于来源于中国境内的工资薪金所得应为个人实际在中国境内工作期间取得的工资薪金,即个人实际在中国境内工作期间取得的工资薪金,不论是由中国境内还是境外企业或个人雇主支付的,均属来源于中国境内的所得;个人实际在中国境外工作期间取得的工资薪金,不论是由中国境内还是境外企业或个人雇主支付的,均属于来源于中国境外的所得。

991. 如何判定在中国境内无住所的个人在中国境内居住天数?如何界定个人实际在中国境内、外的工作期间?

对在中国境内无住所的个人,需要计算确定其在中国境内居住天数,均应以该个人实际在华逗留天数计算。上述个人入境、离境、往返或多次往返境内外的当日,均按一天计算其在华实际逗留天数。

个人实际在中国境内工作期间,应包括在中国境内工作期间在境内、外享受的公休假日、个人休假日以及接受培训的天数;其在境外营业机构中任职并在境外履行该项职务或在境外营业场所中提供劳务的期间,包括该期间中的公休假

日,为在中国境外的工作期间。税务机关在核实个人申报的境外工作期间时,可要求纳税人提供派遣单位出具的其在境外营业机构任职的证明,或者企业在境外设有营业场所的项目合同书及派往该营业场工作的证明。

不在中国境内企业、机构中任职、受雇的个人受派来华工作,其实际在中国境内工作期间应包括来华工作期间在中国境内所享受的公休假日。

在其境内工作期间,对其入境、离境、往返或多次往返境内外的当日,均按半天计算为在华实际工作天数。

992. 个人在中国境内、外企业、机构兼任职务取得的工资、薪金如何确定纳税义务?

个人分别在中国境内和境外企业、机构兼任职务的,不论其工资、薪金是否按职务分别确定,均应就其取得的工资薪金总额,按其实际在中国境内的工作期间确定纳税义务。

993. 如何计算在境内工作不满全月的个人由境内、外雇主分别支付工资、薪金的应纳税额?

在中国境内居住满1年而不超过5年的个人,以及在中国境内企业担任高层管理职务的个人,凡其工资是由境内雇主和境外雇主分别支付的,并且在1个月中有境外工作天数的,对其境外雇主支付的工资中属于境外工作天数部分不予征税。在具体计算应纳税额时,按下述公式计算:

当月应纳税额=按当月境内外工资总额计算的税额×(1-当月境外支付工资÷当月工资总额×当月境外工作天数÷当月天数)

994. 个人应当提交哪些凭据证明其个人工资薪金及实际在中国境内的工作期间?

个人应提供支付工资证明及必要的公证证明和居住时间的有效凭证,以证明其个人工资薪金及实际在中国境内工作期间。

居住时间的有效凭证,包括护照、港澳同胞还乡证、台湾同胞提供"往来大陆通行证"以及主管税务机关认为有必要提供的其他证明凭据。

995. 港澳税收居民在内地受雇取得的报酬,如何计征个人所得税?

具体如下:

(1)港澳税收居民在内地受雇取得的报酬,应仅就归属于内地工作期间的所得,在内地缴纳个人所得税。

应纳税额=(当期境内外工资薪金应纳税所得额×适用税率-速算扣除数)×(当期境内实际停留天数÷当期公历天数)

(2) 港澳税收居民在内地受雇取得的报酬,可就同时符合以下3个条件的部分在内地免予征税:

①收款人在有关纳税年度开始或终了的任何12个月中在内地停留连续或累计不超过183日;

②该项报酬由并非内地居民的雇主支付或代表该雇主支付;

③该项报酬不是由雇主设在内地的常设机构所负担。

内地征税部分应纳税额=(当期境内外工资薪金应纳税所得额×适用税率-速算扣除数)×(当期境内实际停留天数÷当期公历天数)×(当期境内支付工资÷当期境内外支付工资总额)

(3) 港澳税收居民一次取得跨多个计税期间的各种形式的奖金、加薪、劳动分红等(以下统称奖金,不包括应按每个计税期间支付的奖金),按照第(1)、(2)款所列公式计算个人所得税应纳税额。在适用上述公式时,公式中"当期境内实际停留天数"指在据以获取该奖金的期间中属于在境内实际停留的天数;"当期公历天数"指据以获取该奖金的期间所包含的全部公历天数。

(4) 港澳税收居民作为在境内企业担任董事取得的董事费和其他类似款项,可以在内地征税。有关公式项目或用语的解释如下:

"当期":指按国内税收规定计算工资薪金所得应纳税所得额的当个所属期间;

"当期境内外工资薪金应纳税所得额":指应当计入当期的工资薪金收入按照国内税收规定计算的应纳税所得额;

"适用税率"和"速算扣除数"均按照国内税收规定确定;

"当期境内支付工资":指当期境内外支付工资总额中由境内居民或常设机构支付或负担的部分;

"当期境内外支付工资总额":指应当计入当期的工资薪金收入总额,包括未做任何费用减除计算的各种境内外来源数额;

"当期境内实际停留天数"指港澳税收居民当期在内地的实际停留天数,但对其入境、离境、往返或多次往返境内外的当日,按半天计算为当期境内实际停留天数;

"当期公历天数"指当期包含的全部公历天数,不因当日实际停留地是否在境内而做任何扣减。

996. 港澳税收居民按有关所得避免双重征税和防止偷漏税的安排享受相关待遇时,应当提交哪些备案资料?

应提交如下备案资料:

(1)《非居民享受税收协定待遇备案报告表》。

(2)由税收协定缔约对方主管当局在上一公历年度开始以后出具的税收居民身份证明。

(3)税务机关要求提供的与享受税收协定待遇有关的其他资料,包括:支付工资证明及必要的公证证明和居住时间的有效凭证。居住时间的有效凭证,包括护照、港澳同胞还乡证以及主管税务机关认为有必要提供的其他证明凭据。

997. 内地居民在港澳受雇取得的报酬,如何缴纳个人所得税?

具体如下:

(1)内地居民在港澳受雇取得的报酬,可以在港澳征税。

(2)内地居民在港澳受雇取得的报酬,同时具有以下三个条件的,应仅在内地征税:

①收款人在有关纳税年度开始或终了的任何12个月中在港澳停留连续或累计不超过183日;

②该项报酬由并非港澳居民的雇主支付或代表该雇主支付;

③该项报酬不是由雇主设在港澳的常设机构所负担。

(3)内地居民在港澳企业经营运输的船舶、飞机或陆运车辆上从事受雇的活动取得的报酬,应仅在该企业总机构或实际管理机构所在的一方征税。

998. 香港特别行政区居民从内地取得的受雇所得和董事费,是否允许在对该居民征收的香港特别行政区税收中抵免?

除香港特别行政区税法给予香港特别行政区以外的任何地区缴纳的税收扣除和抵免的法规另有规定外,香港特别行政区居民从内地取得的受雇所得和董事费,按照《内地和香港特别行政区关于对所得避免双重征税和防止偷漏税的安排》规定在内地缴纳的税额,允许在对该居民征收的香港特别行政区税收中抵免。但是,抵免额不应超过对以上所得按照香港特别行政区税法和规章计算的香港特别行政区税收数额。

999. 澳门特别行政区居民从内地取得的受雇所得和董事费,是否允许在对该居民征收的澳门特别行政区税收中抵免?

澳门特别行政区居民从内地取得的受雇所得和董事费,根据《内地和澳门特别行政区关于对所得避免双重征税和防止偷漏税的安排》规定可以在内地征税时,以上所得在澳门特别行政区免予征税。

1000. 内地居民从香港或澳门特别行政区取得的受雇所得和董事费,是否允许在对该居民征收的内地税收中抵免?

内地居民从香港或澳门特别行政区取得的所得,按照有关所得避免双重征税和防止偷漏税的安排的规定在香港或澳门特别行政区缴纳的税额,允许在对该居民征收的内地税收中抵免。但是,抵免额不应超过对该项所得按照内地税法和规章计算的内地税收数额。

第五节 衍生问题——夫妻忠实义务

一、违反夫妻忠实义务的民事法律责任

1001. 何为夫妻之间的忠实义务?

《婚姻法》规定,夫妻应当互相忠实,互相尊重。司法实践中,夫妻一方有婚外情常被认为是违反夫妻忠实义务的典型。

1002. 如何证明男女之间关系为婚外情?收集婚外情相关证据应注意哪些问题?

理论上认为,婚外情根据程度不同可划分为四个层次:①

(1)关系暧昧,即男女关系超越一般朋友程度,但具体已到何种程度证据不足;

(2)婚外性行为,即男女关系有性行为;

(3)同居,男女双方已以共同生活形式在一起居住;

(4)重婚,指男女双方已以夫妻名义或夫妻表像在一起稳定居住。

"婚外情"证据在收集难度上是很大的。一般在证据收集时需要注意如下三个问题:

(1)证据合法性。

实践中,部分案件当事人为了获取"捉奸"的证据,甚至直接侵入他人住所、宾馆等处,结果不仅导致证据不合法从而不被采纳,并且构成了对他人的侵权,要承担不必要的经济损失。因此,在他人住宅或宾馆取证并不合理,而如果在自家取证则往往较易被采信。

---

① 马忆南:"婚姻法第32条实证研究",载《金陵法律评论》2006年春季号。

(2)取证成本。

如上所述,"婚外情"取证难度较大,因此"私家侦探"代为取证的业务应运而生。实践中,这些"私家侦探"往往收费不菲,我们认为,对于一般财产标的不高,生活条件并不太过优越的当事人而言,由于"私家侦探"所收集的证据在证明效力上还有待于法院认定,风险较大,因此代为取证往往显得成本过高,当事人没有必要为了"赢官司"而不计代价。

(3)常见的较为妥当的证据。

"婚外情"证据中较为妥当,相对易于收集的往往有如下两种:

①书面证据及录音证据。

如果夫妻一方尚有悔改之意,其往往可能在百般懊恼下签下类似"检讨书"、"承诺书"等书面材料,其中可能存有对其"婚外情"情形的自认,如果有这样的书证,则主张离婚的一方必须妥善保存,以作为认定事实的重要证据。

而现实中,直接以书面形式承认"罪行"的情况毕竟只是少数,更多情况下,当事人往往只是口头对所犯错误认错,因此,主张离婚的一方有必要通过录音证据来保留另一方对"婚外情"行为的自认。

②照片、录像。

比如夫妻一方与婚外一方存有过分亲密举动的照片,或可以证明夫妻一方与婚外一方长期出入某住所的录像等。但是,该类证据存在两个比较明显的问题:

a. 介于合法性的考虑,除非在自家住宅,否则照片或录像所拍摄的亲密举动限于在公共场所的原因,往往只是一般的牵手、拥抱、接吻等行为,尚难以直接证明两者的亲密程度达到足以令法院判决离婚的状态。

b. 录像证据的真实性鉴定成本较高,其鉴定费用往往并非一般诉讼当事人所能承担,特别是在录像用以证明夫妻一方在外与他人长期同居的情况下,由于录像时间非常长,因此该录像的鉴定费用也会"水涨船高"。

1003. 什么是离婚损害赔偿责任纠纷?

离婚损害赔偿责任,是指夫妻一方因法定的严重过错行为而导致离婚,并对无过错方造成精神或物质损害,无过错方有权请求损害赔偿。

值得注意的是,因夫妻一方的过错行为导致夫妻双方离婚,另一方才可请求离婚损害赔偿。如果夫妻一方存在过错,但这过错并不是导致双方离婚的原因,那么另一方无权请求离婚损害赔偿。

1004. 离婚损害赔偿责任纠纷由何地法院管辖?

对于在离婚诉讼时即提出离婚损害赔偿诉请的案件,应由受理该离婚诉讼的法院,通常是被告住所地法院管辖,但在被告不在国内居住、下落不明或被宣告失踪,在被劳动教养、被监禁等特殊情况下,离婚诉讼及损害赔偿诉讼也会由原告住所地的法院管辖。

对于在离婚诉讼后就离婚损害赔偿单独起诉的案件,依据"原告就被告"的一般原则,应由实施损害行为一方住所地法院管辖。

1005. 什么情况下可以请求离婚损害赔偿?

满足下列条件导致离婚的,无过错一方可以请求损害赔偿:

(1)相对方具有法定的严重过错行为,而请求方无过错,此为构成离婚损害赔偿的必要条件。根据《婚姻法》的有关规定,严重过错行为限于以下四项:重婚、有配偶者与他人同居、实施家庭暴力和虐待、遗弃家庭成员。此为限制性的列举规定,实践中不能对法定的过错行为作任意的扩大化解释。

(2)请求方须为无过错,如双方均有过错,则根据过错相抵原则,任何一方均不能以对方有过错为由要求赔偿。

(3)因严重过错行为而导致夫妻离婚。只有当因夫妻一方的过错而导致双方离婚的,才需追究过错方的损害赔偿责任。在婚姻关系存续期间,无过错一方不得以对方有过错为由提起损害赔偿之诉。人民法院判决不准离婚的,对当事人提出的损害赔偿请求,也不予支持。

1006. 无过错方行使离婚损害赔偿请求权的方式与期限如何确定?

对此,区分三种情况确定:

(1)无过错方作为原告提起损害赔偿请求的,必须在离婚诉讼提出时或在离婚诉讼中经人民法院书面告知其权利后随即提出,逾期提出,人民法院不予支持。

(2)无过错方作为被告的离婚诉讼案件,如果被告不同意离婚也不提起损害赔偿请求的,可以在离婚后1年内就此单独提起诉讼。无过错方作为被告的离婚诉讼案件,一审时被告未提出损害赔偿请求,二审期间提出的,人民法院应当进行调解,调解不成的,告知当事人在离婚后1年内另行起诉。

(3)当事人在婚姻登记机关办理离婚登记手续后向人民法院提出损害赔偿请求的,人民法院应当受理。但当事人在协议离婚时已经明确表示放弃该项请求,或者在办理离婚登记手续1年后提出的,不予支持。

1007. 夫妻一方存在过错,离婚时另一方有权请求损害赔偿。如果双方都有过错,是否都可以请求对方赔偿?

不可以。

该离婚损害赔偿制度的制定是为了保护无过错方的利益,有填补损害、精神抚慰及制裁、预防违法的功能。若双方都存在法定的过错情形,违法性质相同,只是数量上有"五十步笑百步"的差别,违法行为的数量和性质都难以明确,此时一方或双方提出要对方承担离婚损害赔偿,以功过相抵的方式判定赔偿数额显然是不合理的。

所以,若夫妻双方都存在法定的过错,一方或者双方向对方提出离婚损害赔偿请求的,人民法院不予支持。

1008. 受到损害的未成年子女或其他家庭成员能否行使离婚损害赔偿请求权?

不能。

婚姻案件的民事主体应仅以夫妻双方为宜。离婚案件常常是因为家庭成员间矛盾引起,矛盾本身就很激烈,婚姻案件中加入其他家庭成员更易激化矛盾。而且,子女请求赔偿和配偶请求赔偿的理由明显不同,不适宜用同一法律调整。若未成年子女或其他家庭成员因家庭暴力或虐待、遗弃行为等受到损害的,可以按照《民法通则》的有关规定另外寻求救济途径解决。

1009. 离婚后,一方主张精神损害赔偿金,在没有约定的情况下如何确定赔偿数额?

司法实践中,在精神损害赔偿的具体数额确定上主要依靠法官的自由裁量权。因此,精神损害赔偿金的具体数额可结合多种因素酌定。这些因素主要包括以下四个方面:

(1)精神损害程度,即受害人遭受精神伤害和精神痛苦的程度;

(2)过错方的过错程度,包括过错方实施过错的种类、动机、情节等;

(3)具体的侵权情节,可以根据过错方侵权行为方式、侵权行为的具体情节等综合考虑其情节之轻重;

(4)其他情节,如双方结婚的年限、过错方对家庭贡献的大小、过错方的经济状况以及当地的平均生活水平等。

值得注意的是,离婚损害赔偿应以过错一方的个人财产承担赔偿责任。

【案例351】配偶与第三者同居　法院酌定精神赔偿金3万[①]

原告:李某

被告:潘某

---

① 参见上海市杨浦区人民法院(2012)杨民一(民)初字第1207号民事判决书。

诉讼请求：

1. 判决原、被告离婚；
2. 依法分割共同财产。

争议焦点：

1. 原、被告之间是否确为感情破裂；
2. 被告是否有权向原告主张精神损害赔偿。

基本案情：

原、被告于1988年10月29日登记结婚,1989年6月10日双方生育一子名李某。

后因双方为家庭琐事引发夫妻矛盾,致夫妻关系不睦。原告曾多次起诉至法院,要求与被告离婚,未果。嗣后,夫妻感情仍未得到改善。原告遂再次诉至法院,诉请与被告离婚。

审理中,由于双方对离婚未达成一致意见,致调解不成。

原告诉称：

原、被告婚后初期感情尚可,后因被告对原告冷漠,长期实施冷暴力,严重伤害了原告的感情,致夫妻感情不睦。

2010年1月原告在忍无可忍之下离家,在外与其他异性共同居住至今。

其间原告多次起诉离婚未果。现双方感情已彻底破裂,原告遂再次诉至法院,要求与被告离婚。

离婚后,双方夫妻共同财产依法予以分割,各自居住问题自行解决。

被告辩称：

被告不同意离婚,原、被告夫妻感情一直较好,造成夫妻关系目前现状系由于原告与其他异性长期关系暧昧,甚至于2010年起与该异性非法同居,但被告仍愿意原谅、接受原告,故被告不同意离婚。

此外,上海市杨浦区某路298号房屋产权系登记于原告父亲李某某名下,因李某某已死亡,故被告在该室房屋明确权属且能依法分割该房屋中属于夫妻共同财产的份额后,再同意离婚。

如判决离婚,被告要求现在上海市杨浦区某路298号房屋内的财产要求归自己所有；因原告在婚后未履行忠实义务,故要求原告赔偿被告精神损害抚慰金人民币10万元。

律师观点：

1. 原、被告感情确已破裂,法院应当判决其离婚。

原、被告双方虽系自由恋爱、自主婚姻，但婚后未建立起真挚的夫妻感情。原告曾多次起诉离婚，虽未果，但夫妻感情仍未改善且长期分居，致夫妻感情彻底破裂。现原告坚持要求离婚，法院应予准许。

2. 关于共同财产应依法分割。

关于夫妻共同财产分割问题，因原告放弃主张上海市杨浦区某路298号房屋内的夫妻共同财产，故该室房屋内的夫妻共同财产可归被告所有。

其余现在原、被告各处及各人名下的财产归原、被告各自所有。

至于不动产的分割，因上海市杨浦区定海港路某号房屋权利登记人系原告父亲，因原告父母均已死亡，故该房屋权属尚不明确，故该房屋分割在本案中不作处理，原、被告双方可待今后权属确认后另行主张。

3. 原告应对被告进行精神损害赔偿。

因原告在庭审中自认其与其他异性长期非法同居，违反了法律规定的婚姻忠实义务，被告作为无过错方，有权请求原告给予相应的损害赔偿，法院应根据原告的过错程度、被告的受伤害程度等因素考虑，酌情确定精神损害赔偿数额。

法院判决：

1. 准原告与被告离婚；

2. 离婚后，现在上海市杨浦区定海港路某号房屋内的夫妻共同财产归被告所有；其余现在原、被告各人处及各人名下的财产归原、被告各自所有；

3. 离婚后，原、被告居住问题自行解决；

4. 原告李某应于本判决生效之日起10日内赔偿被告潘某精神损害抚慰金人民币3万元。

【案例352】丈夫家暴　法院酌定精神赔偿金2万①

原告：邱欣

被告：哲辉

诉讼请求：

1. 解除原、被告婚姻关系；

2. 被告赔偿原告精神损害抚慰金5万元；

3. 被告赔偿原告人身损害伤害费10,320.7元（医疗费7420.7元，交通费2600元，法医鉴定费300元）；

---

① 参见广东省广州市中级人民法院(2005)穗中法民一终字第2851号民事判决书。

4. 被告赔偿原告即期手术治疗费 1 万元及性病治疗费 5 万元；
5. 分割被告养老保险金 6829 元和公积金 4998 元；
6. 由被告承担夫妻债务 3 万元。

争议焦点：
1. 被告造成原告面部创伤，是否对尚未发生的治疗等费用承担赔付责任；
2. 被告已经因故意伤害罪受到刑事处罚，原告是否有权要求精神损害赔偿。

基本案情：

原、被告 2000 年 10 月 9 日自愿登记结婚，婚后未生育子女。被告曾多次对原告实施了家庭暴力，造成原告身体受伤，共花费医疗费 7420.7 元及交通费 2600 元、法医鉴定费 300 元。

2004 年 3 月 22 日，广东省口腔医院出具诊断证明书，证明原告需要住院手术治疗右侧髁状骨折，大约需费用 1 万元。

2004 年 8 月 2 日，广州天河区人民检察院就被告殴打原告的行为向一审法院提起公诉，指控被告犯故意伤害罪。该案审理期间，原告提起了附带民事诉讼。2004 年 9 月 21 日，一审法院作出 (2004) 天法刑初字第 1019 号刑事判决，认定被告故意伤害他人身体、致人轻伤的行为已构成故意伤害罪，决定判处其有期徒刑 9 个月。同日，一审法院作出 (2004) 天法刑初字第 1019 号刑事附带民事裁定，认定原告在婚姻存续期间提出损害赔偿请求没有法律依据，裁定驳回原告的起诉。

原、被告确认的夫妻共同财产有：被告的养老保险金 6829 元、住房公积金 4998 元。

原告诉称：

被告在婚后以各种借口不回家而与第三者同居，并变本加厉地对原告谩骂毒打和性虐待，手段残忍，并故意将性病传染给原告。

2001 年 12 月 8 日，原告被打至右耳鼓膜穿孔。

2002 年 6 月，原告不堪殴打而割腕自杀，被案外人龚文芳救了，而被告对此置之不理，并没有停止对原告的折磨和虐待。由于被告的长期毒打和折磨，原告得了心脏病和其他疾病，以致不能正常地生活和工作。

2003 年 6 月底，原告更被打至右髁状突骨折。

2003 年 8 月，为了取得加拿大的移民身份，被告以为原告治病为名将原告带到加拿大，不仅拒绝给原告治疗疾病，而且继续毒打和折磨原告。

2004 年原告回国之后，分别在 2004 年 1 月和 2 月两次自杀。

被告的行为导致夫妻感情完全破裂。

婚姻存续期间,因生活所需原告向案外人彭凤军借款3万元应属夫妻共同债务。

原告为证明其观点,提交证据如下:

1. 证人彭凤军证言,证明存在夫妻共同债务3万元;

2. 为治疗面部及性病而支出治疗费和交通费的单据。其中,面部治疗的金额为3088.7元,性病治疗费金额为4332元,交通费金额为2600元。

被告辩称:

1. 被告与原告争执是由于钱的问题,被告没打过原告,大部分都是原告先打被告。

2. 被告否认有第三者。

3. 对于原告请求判令离婚的诉讼请求,被告同意。

4. 被告不同意支付精神损害赔偿5万元。

5. 人身损害费10,320.7元、手术治疗费1万元,如属实被告全部同意赔偿。

6. 因为被告不确定原告的性病是否由被告传染给她的,被告不同意支付性病治疗费5万元。

7. 被告同意将养老保险金依法分割给原告。

8. 对于夫妻债务,被告不清楚是什么债务。并且,现有笔记本电脑、数码相机、手动相机,及1万元加币在原告处。

一审认为:

1. 同意原、被告双方离婚。

原、被告虽然是经过自由恋爱而登记结婚,但是在婚后的生活中因双方性格不合等原因产生了矛盾,并发生了争执,使夫妻感情日益淡薄。现双方夫妻感情确已破裂,原告要求离婚,被告表示同意,法院予以确认。

2. 关于家庭暴力而产生的费用认定。

关于原告要求被告赔偿因被告对其实施家庭暴力而产生的医疗费、交通费、法医鉴定费共计10,320.7元,被告同意赔偿,法院予以确认。

广东省口腔医院出具证明,证明原告要施行治疗右侧髁状骨折手术,约需费用1万元,法院予以确认,被告应予以赔偿。

至于原告要求被告赔偿治疗性病的费用5万元,因被告否认原告的性病是由其传染,因此,原告提出的该项请求,法院不予支持。

3. 关于精神损害赔偿数额认定。

被告的暴力行为给原告的身心造成了一定的伤害,结合原告所受到的伤害后果以及被告的经济状况,被告应酌情赔偿原告精神损害抚慰金2万元。

4. 关于其他共同财产的分割问题。

关于原、被告的夫妻共同财产问题,原告有权依法分割夫妻关系存续期间被告应当取得的养老保险金和住房公积金,可以取得数额的一半即5913.50元。

被告提出还有笔记本电脑、数码相机、手动相机及1万加拿大元等共同财产在原告处,原告予以否认,被告未提交相关证据予以证实,法院不予认定。

原告提出的夫妻共同债务3万元,被告予以否认,原告提出的该项主张依据不足,法院不予采纳。

一审判决:

1. 准许原、被告离婚;
2. 被告赔偿原告医疗费、交通费、鉴定费损失10,320.7元;
3. 被告赔偿原告手术治疗费1万元;
4. 被告赔偿原告精神损害抚慰金2万元;
5. 被告支付原告5913.50元。

被告不服一审判决,向上级人民法院提起上诉。

被告二审诉称:

1. 原审判决被告赔偿原告精神损害抚慰金违反法律规定。原告在被告的刑事案件结束后,再以被害人的身份提起精神损害赔偿诉讼,不符合《最高人民法院关于人民法院是否受理刑事案件被害人提起精神损害赔偿民事诉讼问题的批复》的规定。

2. 原审判决被告赔偿原告医疗费1万元不当。原告的手术并未发生,还没有医疗费的支出。而且,医院诊断证明书只是证明大约需要的费用,并不是确切的数额,法院不应当根据尚未确定的数字进行判决。

3. 原审认定被告同意赔偿原告的医疗费和交通费有误。被告只是同意承担其中属实的部分,但原告的医疗费和交通费并非全部属实。而且,由于原告委托的广州法医学会不具备司法鉴定资格,法医鉴定费也不应由被告负担。

原告二审辩称:

同意原审判决。

律师观点:

1. 法院应判决原、被告二人离婚。

原告起诉要求离婚,被告表示同意,表明双方的夫妻感情确已破裂,故原审判决准予两人离婚并无不当。

2. 被告应支付原告精神损害赔偿。

由于被告对原告实施家庭暴力,并导致双方离婚,根据《婚姻法》第46条第3项的规定,原告有权请求损害赔偿。

被告的暴力行为不仅给原告造成了物质损失,同时也使原告的身心受到了伤害。对此,根据《最高人民法院关于适用〈中华人民共和国婚姻法〉若干问题的解释(一)》第28条的规定,原告有权请求物质损害赔偿和精神损害赔偿。因此,原审判决被告向原告赔偿精神损害抚慰金并无不当。被告依据《最高人民法院关于人民法院是否受理刑事案件被害人提起精神损害赔偿民事诉讼问题的批复》,主张其无须赔偿精神损害抚慰金给原告的理由不成立。

3. 被告应当赔偿原告面部受伤后,因治疗已经发生和必然发生的费用。

被告的行为造成原告面部受伤,而原告已举证证明其为治疗面部支出医疗费3088.7元,故被告应予以赔偿。关于面部的后续治疗费,原告已提交广东省口腔医院出具的医学证明,证明其属于必然发生的费用,故被告应一并予以赔偿。被告对此提出异议,但未提出相反证据加以反驳,其主张依法不能成立。

4. 关于原告性病治疗费,主张证据不足,被告无须赔付。

至于原告请求的其他医疗费,经审查,均属为治疗性病支出的费用。由于原告并无证据证明其性病是由被告传染的,而被告又表示不同意赔偿该费用,原审判决被告向原告赔偿性病治疗费欠妥,被告无须赔付。

5. 被告应赔付原告的法医鉴定费。

关于原告支出的法医鉴定费,因该费用的发生是由被告的伤害行为直接引起的,被告理应予以赔偿。被告上诉认为其不应负担该费用的理由不成立。

6. 被告没有证据否认交通费的真实性,应予以赔偿。

关于原告支出的交通费,被告表示如果属实则同意赔偿,而诉讼过程中,被告并无提出证据否认该费用的真实性,故其亦应予以赔偿。

法院判决:

1. 维持原审判决第1项、3项、4项、5项;

2. 变更原审判决第2项为:被告赔偿原告医疗费、交通费、鉴定费损失共5988.7元。

1010. 夫妻双方离婚后,一方发现另一方在婚姻关系存续期间与他人同居,可否以对方过错造成婚姻破裂为由请求精神损害赔偿?

可以。离婚后,若一方有证据证明对方在双方婚姻关系存续期间与第三人同居,则可以向法院起诉,以对方过错造成婚姻破裂为由请求精神损害赔偿。精神损害赔偿的数额,法院一般会综合子女抚养情况,对方当事人的经济状况以及离婚时财产分配情况等多种因素综合考量。

1011. 婚外情对离婚诉讼有何影响?

实践中,人们往往最为关心的就是,当夫妻一方存在"婚外情"时,另一方主张离婚的成功率有多高?其对于离婚诉讼的影响究竟有多大?

根据《婚姻法》的规定,由于"婚外情"可能导致夫妻间产生法定判决离婚的情形主要是"重婚或有配偶者与他人同居"。

重婚系指有配偶者或明知他人有配偶者而与之到婚姻登记机关登记结婚,或虽不登记结婚,但以夫妻名义持续、稳定地居住、生活。同居系指有配偶者与他人共同居住一处较长时间,通常至少为 2 至 3 个月。

因此,如果夫妻一方虽然存在"婚外情"的情况,但是没有满足法定必须判离的条件,则往往难以直接以"婚外情"作为请求法院判离的理由,而只能结合其他法定必须判离或者法定可以判离的事项进行主张。如夫妻一方可在经人民法院判决不准离婚后以分居满 1 年、互不履行夫妻义务为由诉请离婚。

【案例353】著名主持人出轨　妻子携保证书主张赔偿①

原告:于甲

被告:方乙

诉讼请求:判决双方离婚并分割夫妻共同财产。

争议焦点:

1. 原告提供的关于被告存在不正当关系行为的《保证书》是否真实;

2. 原告是否可以主张就被告拥有的 3 处房产作为夫妻共同财产进行分割;

3. 被告是否持有药业公司的股权,该部分股权是否属于夫妻共同财产,原告是否可以主张进行分割;

4. 被告曾向浙江某公司借款 200 万元,是否属于夫妻共同债务,原告是否可以主张由被告个人进行偿还;

5. 原告主张女儿的抚养费为每月 1 万元,该数额是否合理。

基本案情:

原告与被告于1992 年相识,1994 年结婚,1995 年生下一女。

---

① 参见新浪网 http://ent.sina.com.cn/f/s/fhjyhwxblh/,2012 年 6 月 26 日访问。

2006年6月13日,被告曾给原告写下一份《保证书》,内容为:"我于2006年6月6日、7日早上在瑞泰宾馆901房间与复旦大学学生×××已经发生不正当性关系,以前也发生过,被妻子出现。我保证今后不再和任何其他女人发生不正当的关系,忠于妻子和家庭。如果我再和该人或其他女人发生不正当关系,无论我妻子作出任何过激的行为,和一些不该做的事情。都与我妻子于甲无关。如果发生上述不该发生的事情,我死后也与于甲无关,由此引发其他人产生任何后果,也与于甲无关,所有后果由我承担。"被告曾于2007年年底离家出走,长时间杳无音信,导致夫妻感情出现问题。

原告诉称:

原告与被告1994年结婚之时,被告有意隐瞒自己的婚姻状况,并不知道被告之前有过一段婚姻。后于1995年在女儿出生后,原告在天津的公公婆婆家坐月子时,发现被告与一个女人的照片以及一份离婚协议书。被告曾出具的保证书,也证明他有外遇,违反了夫妻间的忠实义务。被告2007年离家出走,失踪四年,也一直没有给过女儿生活费和教育费。

被告对于婚姻存在过错,因此应将位于海淀区北洼西里的一处房屋作为与被告婚后唯一的共同住房,以及天津市河西区被告父亲的一套住房,都归原告所有。而在婚姻存续期间曾共同购买朝阳区崔各庄奶西村的一处住房,被告还取得了哈尔滨某药业公司的股权,上述财产属于夫妻共同财产,应依法进行分割。

女儿方某因就读于上海私立学校,生活学习费用远高于普通高中,因此每月1800元抚养费过低,请法院将抚养费提高至每月1万元。

被告辩称:

被告与原告于1994年结婚,婚后原告经常过度猜疑、无理取闹,导致他无法正常工作和生活。后因夫妻感情急剧破裂,没办法继续生活下去,2007年11月底被告离开了家,没有带走任何贵重物品。但被告留下丰厚的钱足够原告和女儿的生活,并且回去看过女儿,送了一些小礼物。原告所称被告出轨一事并不属真实情况,被告在婚姻期间并未作出任何违反《婚姻法》的行为。

被告对原告提供的《保证书》的真实性没有异议,但被告书写《保证书》是因为不堪原告的猜疑、臆断以及对当时直播重要工作和生活的严重干扰,出于无奈,由原告口述、被告书写而成。《保证书》后半段的内容也可以充分反映被告是在受到生命威胁的情况下被迫写下的。因此,被告在婚姻存续期间并不存在过错。同时被告向法院递交了原央视同事证言,以证明保证书中所写的,他与复旦女生在宾馆发生性关系的时间,他正在做三峡直播。

被告认为,原、被告之间夫妻感情确已破裂,无法继续生活下去,被告同意解除双方婚姻关系。

律师观点:

1. 关于财产分割问题

对于房屋分配方面,北洼西里的房屋尚处在查封状态暂不宜处理,被告父亲住房目前无法确定被告对这套房屋的占有份额,因此目前也无法处理。而朝阳区奶西村的房屋属集体土地性质,被告夫妇无法提供房产证明,故无法处理。而对于被告实际持有药业公司的股权,原告并不能提供有效证据证明,因此对于此部分的分割要求也被拒绝。

2. 关于子女抚养费问题

法院对于子女抚养费的确定,一般根据子女的实际需要、父母双方的负担能力和当地的实际生活水平确定。有固定收入的,抚养费一般按月总收入的20%至30%的比例给付。无固定收入的,抚养费的数额可依据当年总收入或同行业平均收入,参照上述比例确定。原告声称女儿方某因就读于上海私立学校,生活学习费用远高于普通高中,请法院将抚养费提高至每月1万元无法律依据。

3. 关于200万元债务的承担问题

对于在婚姻存续期间的200万元债务系被告单方面所借,没有经过原告的同意,也没有用于家庭支出或理财,因此应当认定为个人债务,由被告独立承担。

法院判决:

1. 原被告因感情破裂准予离婚,二人婚姻存续期间财产暂不分割;

2. 离婚后女儿方某判由原告抚养,被告每月支付抚养费1800元,直至方某年满18周岁;

3. 被告有过错行为,所欠债务系个人债务,全部由被告承担。

二、违反夫妻忠实义务的刑事法律责任

1012. 何为重婚罪?其构成要件、立案追诉标准以及量刑标准分别是怎样的?

重婚罪是指有配偶而重婚的,或明知他人有配偶而与之结婚的行为。

(1)立案追诉标准

存在下列情况的,应当立案进行追诉:

①与配偶登记结婚,与他人又登记结婚而重婚,也即两个法律婚的重婚。有

配偶的人又与他人登记结婚,有重婚者欺骗婚姻登记机关而领取结婚证的,也有重婚者和登记机关工作人员互相串通作弊领取结婚证的。

②与原配偶登记结婚,与他人没有登记确以夫妻关系同居生活而重婚,此即为先法律婚后事实婚型。

③与配偶和他人都未登记结婚,但与配偶和他人曾先后或同时以夫妻关系同居而重婚,此即两个事实婚的重婚。

④与原配偶未登记而确以夫妻关系共同生活,后又与他人登结婚而重婚,此即先事实婚后法律婚型。

⑤没有配偶,但明知对方有配偶而与已登记结婚或以夫妻关系同居而重婚。

(2)量刑标准

犯重婚罪的应处两年以下有期徒刑或拘役。

1013. 重婚罪需被害人提起自诉还是由人民检察院提起公诉?

重婚罪属于"被害人有证据证明的轻微刑事案件",也就是可选择的自诉案件,并非完全意义上的自诉案件。

(1)自诉

被害人如果有证据证明重婚的事实,可以直接向人民法院提起诉讼,人民法院应当依法受理。但是,被害人的地位更接近于公诉案件的控告人而非真正意义上的自诉人,案件随时可能转化为公诉案件。因此,被害人无权自由选择被告(是重婚者还是相婚者),不能自行和解,不能自行撤诉。

(2)公诉

对于证据不足、可由公安机关受理的重婚罪,应当移送公安机关立案侦查。被害人向公安机关控告的,公安机关应当依法侦查,人民检察院应当依法提起公诉。

【案例354】事实婚姻又与他人同居生子　重婚获刑1年①

自诉人: 王女士

被告人: 陈某

基本案情:

被告人和自诉人1977年插队时恋爱,未办结婚登记就于1979年起共同生活并生育一女。

---

① 参见东方早报网 http://www.dfdaily.com/html/3/2012/8/24/849367.shtml,2012年8月29日访问。

几年后两人先后回沪,彼此的户口簿、单位档案及独生子女证上均标明双方是配偶关系。

1993年起,被告人分别与两名妇女先后以夫妻名义同居,分别生育一子。

自诉人诉称：

自诉人与被告人之间存在事实婚姻关系,在婚姻关系存续期间,被告人明知已有配偶仍然与他人公然已夫妻名义共同生活,并育有子女,其行为符合重婚罪的构成要件。

被告人辩称：

自诉人与被告人没有办理结婚登记,不能认定被告人为"有配偶的人",故被告人并未犯有重婚罪。

律师观点：

1. 自诉人和被告人之间存在事实婚姻关系。

自诉人与被告人自1979年即相恋同居,育有一女;回沪后自诉人以被告人妻子的名义将户籍迁入以被告人父亲为户主的房屋内;自诉人与被告人以夫妻名义申领了女儿的独生子女证;被告人单位基于被告人、自诉人婚后无房增配住房一套。根据婚姻法司法解释规定,以上事实足以认定自诉人与被告人之间存在事实婚姻关系。

2. 被告人与自诉人婚姻关系存续期间与他人以夫妻名义同居生活,应认定为重婚罪。

我国法律承认事实婚姻,既然事实婚姻是合法婚姻,理应对其加以法律保护,重婚者的行为侵犯的是社会主义婚姻家庭制度中的一夫一妻制,重婚罪中的"配偶"应包括事实婚姻形成的夫妻双方。根据最高人民法院的有关批复规定:新的《婚姻登记管理条例》发布实施后,有配偶的人与他人以夫妻名义同居生活或者明知他人有配偶而与之以夫妻名义同居生活的,按重婚罪定罪处罚,而在本案中,被告人与自诉人存在事实婚姻关系,又与他人以夫妻名义同居生活,应认定为重婚罪。

法院判决：

被告人构成重婚罪,判处有期徒刑1年。

1014. 重婚罪受害人可否主张损害赔偿?

因重婚的或有配偶者与他人同居的,导致离婚的,无过错方有权请求损害赔偿。

关于提出损害赔偿的时间,有如下规定:

(1)无过错方作为原告基于该条规定向人民法院提起损害赔偿请求的,必须在离婚诉讼的同时提出。

(2)无过错方作为被告的离婚诉讼案件,如果被告不同意离婚也不基于该条规定提起损害赔偿请求的,可以在离婚后1年内就此单独提起诉讼。

(3)无过错方作为被告的离婚诉讼案件,一审时被告未提出损害赔偿请求,二审期间提出的,人民法院应当进行调解,调解不成的,告知当事人在离婚后1年内另行起诉。

(4)当事人在婚姻登记机关办理离婚登记手续后,向人民法院提出损害赔偿请求的,人民法院应当受理。但当事人在协议离婚时已经明确表示放弃该项请求,或者在办理离婚登记手续1年后提出的,不予支持。

因重婚提起的损害赔偿包括物质损害赔偿和精神损害赔偿。精神损害的赔偿数额根据以下因素确定:

(1)侵权人的过错程度,法律另有规定的除外。

(2)侵害的手段、场合、行为方式等具体情节。

(3)侵权行为所造成的后果。

(4)侵权人的获利情况。

(5)侵权人承担责任的经济能力。

(6)受诉法院所在地平均生活水平。

三、夫妻"忠诚协议"的效力

1015. 何为夫妻之间的"忠诚协议"?其效力如何认定?

"忠诚协议"系男女双方在婚前或婚后自愿签订的在婚姻存续期间遵守夫妻忠实义务,如一方违反忠实义务,则需要对无过错方支付违约金、赔偿金等责任的协议。

从目前司法观点来看,尚无统一定论,上海法院对"忠诚协议"的效力目前不予认定。

上海市高级人民法院民一庭审委会讨论认为:

(1)严格执行《婚姻法司法解释(一)》,对当事人仅以夫妻一方违反忠实义务为依据提起诉讼的,人民法院不予受理;已经受理的,裁定驳回起诉;

(2)对夫妻双方签有"忠诚协议",现一方仅以对方违反"忠诚协议"为由,起诉要求对方履行协议或支付违约金及赔偿损失的,人民法院不予受理。

需要注意的是,如果"忠诚协议"中约定"出轨"一方无须承担赔偿责任,但无权分得共同财产的,此属于夫妻间真实意思表示所达成的协议,一般应认定有效。

【案例355】忠诚协议约定道德义务　无法律依据被判无效①

原告:邱某

被告:包某

诉讼请求:

1. 原告与被告离婚;

2. 离婚后双方所生之女包某某随原告共同生活,被告每月支付抚育费人民币5000元,直至女儿年满18周岁止;

3. 要求被告按照双方所签订的婚前协议的约定,判令被告婚前婚后所得财产均归原告所有,被告另须支付原告精神损害抚慰金20万元;

4. 被告一次性补偿原告7万元;

5. 被告名下车牌号码为苏EXX的别克凯越轿车一辆归原告所有,被告所保管的美的牌柜式空调一台归原告所有;

6. 被告承担原、被告夫妻共同债务的一半39,300元。

争议焦点:

1. 本案中的《婚前协议》是否系"忠诚协议",该协议是否有效;

2. 原告主张20万元精神损害赔偿是否有依据;

3. 原告主张离婚后一次性赔偿是否有依据。

基本案情:

原、被告2008年12月15日登记结婚,2009年7月10日双方生育一女,名包某某。

2009年12月4日起被告离家赴北京工作,双方分开生活至今。

双方女儿包某某自2009年12月起一直随原告一起生活。

原告至北京寻找被告期间,双方因故发生矛盾。

2011年年初,被告曾起诉要求与原告离婚,后被告撤回了起诉。

原、被告于2008年12月13日签订婚前协议一份,约定:"双方结婚后,被告自动放弃婚后财产处理权,若日后双方任何一方提出离婚,被告愿意将其所有财产及资金全部赠与原告……被告在其有过婚史的问题上曾对原告进行欺瞒……

---

① 参见上海市黄浦区人民法院(2011)黄民一(民)初字第2838号民事判决书。

若日后被告提出离婚,无论什么原因,则被告需补偿原告精神安抚金20万元……日后若任何一方提出离婚,则被告必须赡养原告,每月支付原告生活费3000元,直至原告再婚。"

车牌号码为苏EXX的别克凯越轿车一辆、美的牌柜式空调一台由被告保管,归原告所有。被告名下有自1996年至今的住房公积金共计149,307.15元。被告在2009年12月至2011年12月的税后工资收入为525,000元,扣除被告已经支付原告的生活费87,600元以及被告的个人生活开销10万元,余额为337,400元。

原告诉称:

2009年12月4日起,被告独自前往北京工作,并与其他异性有不正当关系,此后开始对原告及女儿不尽抚养义务。

原告去北京寻找被告,也被其拒之门外。

原告认为双方夫妻感情已经彻底破裂,法院应当准予原、被告双方离婚,并按照婚前协议分割财产。

被告辩称:

1. 对于原告陈述双方相识、结婚、生育的事实并无异议。

2. 被告同意在合理分割财产的情况下,与原告离婚。

2009年12月4日被告到北京工作,原告一直不同意到北京与被告共同生活。原告擅自发消息给被告的亲戚、同事等人,导致双方发生矛盾。

原告曾至北京寻找被告,双方发生矛盾,进而在北京进行诉讼。

2011年,被告曾起诉原告,要求与原告离婚,后被告撤回了起诉。

被告认为,原、被告之间和好的可能性很小,在合理分割夫妻共同财产的前提下,被告同意与原告离婚。

3. 被告不同意按照婚前协议分割财产。

关于财产问题,被告认为,双方确实签订了婚前协议,但那是在得知原告已经怀孕的情况下,当时被告比较冲动,也没有想过要和原告离婚,故在签订该协议的时候没有给自己留后路。被告现不同意按照该婚前协议的约定分割夫妻财产,同意一次性给予原告经济补偿5万元。

被告同意每月给付女儿的抚养费5000元,同时将自己名下公积金的一半给原告。

律师观点:

1. 双方皆希望离婚,法院应予准许。

婚姻的维系应以夫妻感情为基础。原、被告双方未能妥善解决生活中所产生的纠纷,以致发生矛盾。原、被告都曾起诉要求离婚,可见双方的夫妻关系事实上难以延续,双方的夫妻感情已经彻底破裂,原告要求离婚的诉讼请求符合法律规定,法院应予以准许。

2. 女儿应跟随原告生活,被告支付相应抚养费。

双方女儿年龄较小,且长期随母亲一起生活,故双方离婚后,女儿随原告一起生活对其健康成长更为有利。关于抚育费,被告同意每月支付抚育费5000元,并无不当,法院应予以准许。

3. 对原、被告无争议的财产,法院应依其主张分割。

关于原告主张的车辆以及空调问题,被告同意上述财产归原告所有,并不要求原告给予补偿,并无不可,法院应予以认定。

关于被告名下的公积金,被告认可将其名下自1996年至今的全部公积金作为夫妻共同财产进行分割,并主张被告名下的公积金归被告所有,由被告给予原告一半的经济补偿,并无不当,法院应予以认可。

4. 本案中的《婚前协议》惩罚性过强,且约束的仅为道德义务而非法律义务,因此不应予以认可。

对于原告所提交的婚前协议,夫妻可以约定婚姻关系存续期间所得的财产以及婚前财产归各自所有、共同所有或者部分各自所有,部分共同所有。但原、被告之间所签订的协议中约定被告将自己婚前婚后所有财产归原告所有,是一方以自己对婚姻的忠诚义务作为对价与另一方所签订的协议,该协议完全剥夺另一方在财产上的权利,有非常严厉的惩罚性质。

《婚姻法》上的忠实义务,是一种道德上的义务,并非法律上的义务,原、被告所签订的婚前协议并非真正的财产协议,而是一种忠诚协议,该协议不应作为确定双方具体民事权利义务的协议,也不应作为双方夫妻共同财产分割以及原告所主张的精神损害赔偿、经济补偿的依据。

5. 关于被告在2009年12月至今的工资收入扣除其生活开销以及所支付原告生活费之后的余额,应作为夫妻共同财产予以分割。

考虑到双方女儿随原告生活,以及对于女方的照顾,对于这部分财产由原告适当多分。

6. 原告主张精神损害赔偿证据不足。

原告主张被告与其他异性有不正当关系,但其所提供的证据不足以证实上述主张,故对此法院不应予以采信,原告要求被告给予20万元的精神损害抚慰金,缺乏依据,不予支持。

7. 原告主张离婚后一次性补偿费用缺乏依据。

原告主张被告在离婚后一次性补偿原告 7 万元,因原告自己的收入足以维持其正常生活,故原告的主张缺乏依据,法院不应予以支持。

但被告自愿在离婚后一次性补偿原告 5 万元,于法无悖,法院应予以认定。

法院判决:

1. 原告与被告离婚;

2. 原、被告离婚后,双方所生之女包某某随原告共同生活,被告应于 2012 年 1 月起按月支付女儿抚育费人民币 5000 元,至女儿年满 18 周岁止;

3. 被告名下车牌号码为苏 EXX 的别克凯越轿车一辆归原告所有,现由被告保管的美的柜式空调一台归原告所有;

4. 被告名下的住房公积金余额归被告所有,被告应于本判决生效之日起 10 日内补偿原告人民币 74,653.58 元;

5. 被告补偿原告人民币 235,570 元;

6. 原告的其他诉讼请求,不予支持。

【案例 356】配偶出轨　约定 101 万精神损害赔偿获法院支持①

原告: 巫某

被告: 关某

诉讼请求:

1. 判决原、被告离婚;

2. 判决原、被告按照 2004 年 7 月 3 日签订的《婚内财产约定》,女儿由原告抚养,被告每月给付抚养费 5000 元,至孩子年满 18 周岁时止;华清嘉园的住房、室内全部物品及 POLO 牌小轿车归原告所有,被告补付女儿抚养费人民币 12.6 万元,并给付原告精神损害赔偿金人民币 101 万元。

争议焦点:

《婚内财产约定》关于女儿抚养费用、精神损害赔偿费用的约定是否有效。

基本案情:

原告与被告于 1993 年结婚,1997 年生有一女。

2000 年,被告投资 200 万元,创办起一家科技公司。

2003 年,为方便女儿就近上学,原告以自己名义贷款购买了一套华清嘉园

---

① 参见"101 万元的精神损害赔偿金",载《杭州日报》数字报纸 2007 年 12 月 12 日。

100多平方米的住房。此后,每月归还银行住房贷款近3000元,由原告一人承担。不久,原告以自己名义购买了一辆POLO车接送女儿。

2004年5月1日,原告翻看被告手机,发现其中一条短信:"老公,你能来陪我吗?我想你!"

其后,原告告知被告父母事情经过。被告父亲调查表明:被告在外面确有一个同居情人,且已同居3年,系被告公司的副总——案外人郑某,从2000年开始,被告就与案外人郑某合伙开了现在这家公司,由案外人郑某担任副总,2001年开始与案外人郑某同居。

原告提出要被告让案外人郑某离开公司,否则就起诉离婚。被告对自己的行为表示后悔,但同时他表示,案外人郑某暂时还不能离开公司,因为自己投资了100万元建立了一个网站,而这个网站需要她打理。如果现在让她离开,这100万元投资势必付诸东流。原告只好退一步:限定半年内,被告重新找到网站负责人,辞退案外人郑某。原告与被告签订《婚内财产约定》,约定如果被告不能跟案外人郑某分手,那么原告就要求离婚,被告则要作相应补偿。内容包括:

1. 位于华清嘉园的居室一套及室内全部物品归女方所有,男方在婚姻存续期间具有使用权。

2. POLO轿车一辆归女方所有,男方在婚姻存续期间具有使用权。

3. 女儿全部抚养费(包括生活费、医疗费、教育费),至孩子能够独立生活时止的全部费用由男方承担。由于多年来女方独自承担女儿的所有费用,因此离婚时男方应偿还全部费用12.6万元。

4. 由于男方在2001~2004年的3年多时间与该公司副总案外人郑某有不正当男女关系,令外界误以为该二人为夫妻,其行为严重损坏女方名誉。男方为此向女方赔偿精神损失费101万元,离婚时还清。

此后一日,原告进入被告公司网站,在论坛里发现一篇文章,被告的情人竟然贴出了自己和被告的合影,并把自己与被告的交往过程写了出来,斥责原告枉然是著名学府的硕士生,不愿意和老公离婚,是一个自私自利的女人等。原告下载了文章和照片。

2006年3月,原告向人民法院起诉离婚。

原告诉称:

《婚内财产约定》系原、被告双方自愿签署。

《婚姻法》对夫妻财产约定有明文规定,就是夫妻双方应有共同财产。本案原、被告双方夫妻生活期间存有共同财产,所以双方所签订的婚内财产约定应视

为有效。

此外,《婚姻法》对婚内精神赔偿也有保护,无过错方可向有过错方提出精神损害赔偿的主张,而赔偿额虽然法律无明确规定,但由于本案双方在共同财产范围内有可支付能力,故双方关于精神赔偿数额的约定应视为有效。

原告为证明其观点,提交证据如下:

1. 被告公司网站案外人郑某写的文章及照片;
2. 提交关于《婚内财产约定》被告签名的司法鉴定结果,经公安部鉴定,结论是"约定人签名处的签字与样本上被告签字是同一人所写";
3. 被告父亲出庭作证,证明女儿系原告一手带大;
4. 被告父亲提交的其调查儿子婚外情时的录音。

被告辩称:

被告与原告婚后感情平淡,要求取得女儿的抚养权,否认两个人有感情基础;否认自己有"第三者",原告所述他与其他女人有不正当关系,没有事实依据。

被告同意离婚,但对原告出示的《婚内财产约定》持有异议,并否认自己的签字。

被告称女儿过去一直由其父母抚养。

根据《婚姻法》规定,夫妻可以约定婚姻关系存续期间所得的财产及婚前财产归各自所有、共同所有或部分各自所有、部分共同所有。婚内财产约定对于所约定的财产的对象是婚姻关系所得的财产及婚前财产,而原告所出具的《婚内财产约定》所约定的不仅包括财产,还包括孩子的抚养费、家庭以往的开支以及精神损害赔偿金,约定的范围远远超出财产范围,不符合法律规定。因此不同意给付原告要求的女儿出生后7年的抚养费等;住房及轿车可归原告所有,但不同意给付精神损害赔偿金。

律师观点:

1. 关于《婚内财产约定》效力问题

本案当事人双方于2004年7月3日签订了《婚内财产约定》,虽然涉及财产分配、孩子抚养、精神损害赔偿等多项内容,但该约定系双方当事人真实意思表示,不违反相关法律规定,应为有效,并对双方均有约束力。

2. 关于精神损害赔偿问题

因被告在婚姻生活中确与别的女人同居,导致夫妻感情破裂,系过错方,原告有权请求被告给予精神损害赔偿。具体数额因双方在协议中已有约定,该约定不违反法律法规的强制性规定,故应判决按照约定数额给付。

法院判决：

1. 准许原告与被告离婚；
2. 女儿由原告抚养，被告每月给付抚养费 5000 元至孩子年满 18 周岁时止；
3. 华清嘉园住房及室内全部物品归原告所有，房屋贷款由原告偿还；
4. POLO 轿车归原告所有；
5. 被告于判决生效后 7 日内补付女儿抚养费 12.6 万元；
6. 被告向原告支付精神损害赔偿金人民币 101 万元。

【案例357】富翁签"忠诚协议"若离婚部分房产股权归妻　法官判有效①

原告：金甲

被告：刘乙

诉讼请求：请求法院依法解除双方婚姻关系并对夫妻双方共同财产进行分割。

争议焦点：原、被告在婚姻关系存续期间对部分财产进行公证，约定该部分财产不作为夫妻共同财产进行分割，若离婚，该部分财产归原告所有，该约定是否有效。

基本案情：

原告与被告于 1994 年结婚，未生育子女。结婚之后夫妻生活一直很和谐。

自 2008 年开始，被告与他人在外同居。与此同时，被告经常因为公司经营问题与原告吵架，并辱骂原告娘家人。

婚姻存续期间，被告曾于 2009 年 2 月 25 日写过一份保证书给原告。夫妻在 2009 年 3 月在市公证处作出过一份夫妻财产公证。

原告诉称：

原告于 1994 年与被告结婚，自 2008 年开始被告有出轨行为。后于 2009 年 2 月 25 日为了向原告承诺不再有出轨行为，写下保证书。后被告并未改正，经常因为琐事与原告争吵并辱骂原告娘家人。现由于夫妻双方感情破裂，无法继续生活。

为证明其观点，原告提交证据如下：

1. 由被告亲笔所写的保证书一份，内容为："被告和郭利（原告眼中的第三

---

① 参见雅虎网 http://news.cn.yahoo.com/ypen/20101227/141931_2.html, 2012 年 6 月 26 日访问。

者)继续再交往,以此条为据,被告愿意与原告离婚。保证书:被告。时间:2009年2月25日。"

2. 财产公证书一份,内容为:"被告和原告在我市主城区有8套房屋,每套面积从30多平方米到230平方米不等,平均每套面积超100平方米。经双方协商一致,自愿约定这些夫妻共同财产归原告个人所有,属原告的个人财产。今后若双方离婚,上述房产不作为夫妻共同财产分割。"

被告辩称:

被告与妻子结婚后生活一直很和睦,他没有外遇,也没有骂妻子娘家人。只是在公司投资中,因妻子娘家人参股,存在矛盾。但这些并没有导致夫妻双方感情破裂,为了表达对妻子的信任和爱护,被告才写下了一份保证书并对夫妻财产进行了公证。

律师观点:

根据《婚姻法》第19条的规定,夫妻可以约定婚姻关系存续期间所得的财产以及婚前财产归各自所有、共同所有或部分各自所有、部分共同所有。约定应当采取书面形式。因此本案中夫妻对于公证书中涉及的财产进行约定是有效的。而且没有证据证明被告是被胁迫的,所以约定这部分财产并不影响其他财产的分配,不应计入夫妻共同财产进行分割。

法院判决:

1. 准予原被告离婚;

2. 对于起诉分割的共同财产(6套住房、1个车位、3辆车、3个公司股权),分予原告3套住房、1个车位、1辆宝马和1个半公司股权。

【案例358】长期出轨　忠诚协议迫使净身出户[①]

原告:巫女士

被告:关先生

诉讼请求:与被告解除婚姻关系并分割夫妻共同财产。

争议焦点:作为夫妻,原、被告双方是否可以就夫妻共同财产的分割方式进行约定,原、被告签订的《婚内财产约定》是否有效。

---

① 参见深圳新闻网 http://www.sznews.com/news/content/2008-01/24/content_1809823_2.htm,2012年6月26日访问。

基本案情：

原告与被告于1993年结婚并有一女,被告于1999年开始有外遇。

原告无意间发现被告有外遇后,被告表示愿意痛改前非,因此于2004年7月签订了《婚内财产约定》。但之后被告一直未中断与第三者的来往,仍与其同居。

原告诉称：

在婚姻存续期间,被告长期存在出轨行为,伤害了夫妻感情。后来被告虽然写下《婚内财产约定》并保证不会再出现违反夫妻忠实义务行为。但被告未中断与第三者的来往,仍与其同居。现夫妻双方感情却以破裂,请求法院依法判决双方解除婚姻关系并根据双方约定分割夫妻共同财产。

被告辩称：

在婚姻存续期间,被告确实发生过出轨行为,应当承担一定的责任。同意原告申请,请求法院依法解除婚姻关系,并合法分割夫妻共同财产。

律师观点：

《婚姻法》第2条第1款中规定了男女平等这一婚姻基本原则,因此在处理离婚财产分割时,双方当事人对夫妻共同财产平等的享受分割权。根据《婚姻法》第39条第1款的规定,夫妻共同财产的分割方式有协议分割和判决分割两种。

本案中夫妻双方签订的《婚内财产约定》可以作为本案判案依据,对于夫妻共同财产可以按照约定内容全部分给原告。

法院判决：

原告获得全部财产。

1016. "第三者"可否在双方分手后主张已婚一方承担损害赔偿责任？

从目前司法实践来看该主张难以被支持。由于婚外情系违背夫妻之间忠实义务的行为,同时也违背社会公序良俗,因此婚外情一方在分手后向已婚一方索要损害赔偿的请求不应被法院支持。

【案例359】婚外情"转正"不成　女方诉请补偿遭驳回①

原告： 杨君

被告： 胡文

诉讼请求： 赔偿婚姻破裂导致的精神损失费、疾病医药费以及相关护理费共

---

① 参见 http://www.gstvb.com/zhouKan/zk19img/gs_19S006.html,2012年6月3日访问。

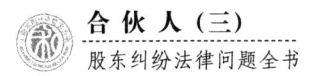

计 100 万元。

争议焦点： 婚外情导致婚姻破裂的，出轨方能否请求法院判决第三者赔偿相关"损失"，包括精神损失费、婚外情期间女方流产导致的各类费用等。

基本案情：

原告不仅年轻貌美，更兼夫家资产数千万元，在深圳拥有多家公司、多处房产。

2009 年年初，有钱又有闲的原告决定进一步提高自身素质，报考了西南某高校的成人教育培训班，并顺利入学。

丈夫为使原告在学习期间得到更好的关照，通过生意上的朋友介绍，认识了在该高校负责招生的副教授被告。入学之初，被告的确为原告解决了很多学习和生活上的难题，原告对被告心存感激。

2009 年 9 月的一个晚上，被告因宴请外地朋友，叫上了原告作陪至凌晨一点多，回学校之时，因宿舍大门已关闭，被告为原告在学校附近宾馆开了房，并在当晚发生了关系。

自此，原告两次流产，并留下了严重的妇科疾病。原告的丈夫终于知道了妻子出轨的事，于是，将原告赶出了家门。无家可归的原告想到被告在两人甜蜜相处期间的种种许诺，就去找被告。但被告表示，继续保持亲密关系可以，如要结婚则不行。

原告诉称：

被告导致原告婚姻破裂，精神遭受巨大的打击，家庭破裂，精神恍惚。另外，在与被告"恋爱"期间，两次流产导致落下了诸多疾病，医药费、护理费花费巨大，故要求被告赔偿上述损失 100 万元。

被告辩称：

原告所诉没有法律依据，原告所谓的精神损失并不存在，原告婚姻破裂与被告并无直接关系，系原告自身原因导致的。原告所称的身体上落下很多疾病产生的费用，被告已经竭尽所能支付医药费、护理费，因此并不存在另外需要支付的相关费用。综上，请求法院驳回原告的诉讼请求。

律师观点：

原告与被告结识时，双方均为有家室之人，二者之间的婚外情显然违反了《婚姻法》夫妻忠实义务。作为成年人，原、被告双方均充分了解自己行为的性质及可能导致的后果，依然从之，应当各自承担由此造成的各自损失。现原告要求被告赔偿经济损失的诉讼请求违背公序良俗，也没有法律依据，应驳回其诉讼请求。

法院判决：

驳回原告的诉讼请求。

【案例360】胁迫立下借条40万 "小三"要求"分手费"遭驳回[①]

原告： 田莉

被告： 许杰

诉讼请求： 请求被告返还借款40万元。

争议焦点： 原告所提供的40万元借条是否真实，是否系其为达到结婚的目的逼迫被告签下，该借条是否有效，原告是否能依据其主张被告返还相应款项。

基本案情：

被告是本市一家合资企业的白领，婚后与妻子产生矛盾。

2011年1月，被告与同事原告开始关系暧昧。后被告和原告感情纠葛的事情，在单位同事间被传得沸沸扬扬，被告无奈只好自行另谋出路。

其间，原告要求被告签下借条，借条上申明，被告因为生意需要，向原告借款40万元。

2011年8月底，原告找到被告新的公司，双方矛盾再次激化。其间，原告把被告的车辆开走。在派出所民警调解下，被告写了一份承诺书，承诺三天之内解决感情事情，并在承诺书下方写了"承诺人：许杰（被告）"。被告新单位的负责人尹某在承诺书担保人处签名。

原告诉称：

2011年1月16日，被告因做生意缺少资金，向自己借款40万元，承诺于2011年9月30日之前全部归还。借款到期后，被告借故拖欠不还，自己催讨无果，故向法院提起诉讼。

被告辩称：

原告所称并不属实，原告要挟被告为其离婚。原告为了达成目的，要求被告签下40万元巨额欠款，被告被要挟无奈，只能签下40万元欠款，其实根本子虚乌有，请求法院驳回原告诉讼请求。

律师观点：

原告声称其曾借款40万元给被告，却无法说明40万元支付的方式以及40

[①] 参见凤凰网 http://news.ifeng.com/gundong/detail_2012_05/15/14526324_0.shtml，2012年6月3日访问。

万元的来源,加上被告对此予以否认,原告声称的事实不成立。

法院判决：

驳回原告的诉讼请求。

四、"婚外情"所涉子女抚养问题

1017. 如果在诉讼过程中拒绝做亲子鉴定的,可否推定亲子关系不存在?

夫妻一方向人民法院起诉请求确认亲子关系不存在,并已提供必要证据予以证明,另一方没有相反证据又拒绝做亲子鉴定的,人民法院可以推定请求确认亲子关系不存在一方的主张成立。

当事人一方起诉请求确认亲子关系,并提供必要证据予以证明,另一方没有相反证据又拒绝做亲子鉴定的,人民法院可以推定请求确认亲子关系一方的主张成立。

1018. 诉讼过程中如何确定亲子鉴定机构?

由于我国法律并没有禁止民间亲子鉴定机构的设立,其作出的鉴定也有可能成为诉讼中的鉴定。《最高人民法院关于民事诉讼证据的若干规定》指出,当事人申请鉴定经人民法院同意后,由双方当事人协商确定有鉴定资格的鉴定机构、鉴定人员,协商不成的,由人民法院指定。这说明只要双方当事人认可,是可以找民间亲子鉴定机构进行鉴定的。但应注意,即使是民间亲子鉴定机构,也应当是国家卫生行政主管部门批准或者认可的医疗鉴定机构。

1019. 亲子鉴定前应当做好哪些准备工作?提供哪些资料?

亲自鉴定的准备包括人员、资料及费用三方面：

人员准备内容如下：

(1)被鉴定人应由"母—子—可疑父亲"或"父母—子"组成,只要求父子或母子二人鉴定者一般要求说明鉴定理由；

(2)成年被鉴定人均应自愿同意鉴定,14岁以上的青少年应适当征求其对鉴定的意见；

(3)被鉴定人应了解自己或近亲属有无遗传病史,为鉴定提供参考(有遗传病史的易于基因变异)；

(4)被鉴定子女年龄一般在半岁以上为好。

资料准备内容如下：

(1)被鉴定人的身份证(或工作证)、结婚(离婚)证明、孩子出生证(或户口)

等证明身份及其相互关系的证件;

(2)如系公检法机关委托的鉴定,出具由法院、检察院、公安部门或律师事务所签发的亲子鉴定委托书,注明父母和孩子的姓名、地址、身份证以及申请原因等。

按照司法鉴定的有关规定,一家三口往往要抽取一定数量的血液。一般1~2毫升,理论上一滴血即可。在特殊情况下也可取口腔脱落细胞、毛发、胚胎等组织为检材。

司法亲子鉴定的费用一般是4000~5000元人民币(各鉴定机构收费有差异)。

【案例361】婚内所生子女并非亲生　请求损害赔偿39万获支持[①]

原告:周如章

被告:郑宁

诉讼请求:判令被告给付原告代为抚育周某某的抚育费5万元,赔偿经济损失费5万元,赔偿精神损失费20万元,返还离婚时分割财产的9万元,共计39万元。

争议焦点:原、被告离婚后,原告发现被告所生之女并非原告亲生,在此情况下,原告给付的抚育费、被告延误原告生育子女给原告造成的经济损失、原告的精神损失费、原告庭外一次性给予被告的9万元应如何处理。

基本案情:

原告与被告于1988年相识,1992年12月结婚,1995年9月9日生育一女周某某。

双方于2000年7月19日经宜宾市翠屏区人民法院调解离婚,周某某由其父原告抚育。原告庭外一次性给付被告9万元。

2000年8月8日,原告因他人散布其女周某某不是自己的亲生女而委托华西医科大学法医技术鉴定中心作亲子鉴定。后经鉴定,原告确实不是周某某之生父。

2001年4月16日,原告提起诉讼,要求被告给付代为抚育周某某的抚育费5万元,赔偿经济损失费5万元,赔偿精神损失费20万元,返还离婚时分割财产的9万元,共计39万元。

---

① 参见四川省宜宾市中级人民法院(2001)宜民终字第402号民事判决书。

原告诉称：

1. 原告已经给付周某某的抚育费（包括生活费、教育费、医疗费）的构成是：被告怀小孩所需的营养费，每月按1000元计算，10个月为1万元。1995年9月至1998年2月，带小孩所需的保姆费，每月按350元计算，30个月为10,500元。1995年9月至2000年9月，小孩所需的生活费，每月按1000元计算，60个月为6万元。1995年9月，被告生小孩所需住院费3000元。1997年7月，将小孩户口从翠屏区南广迁到翠屏区市中区，所需迁移费2600元。1998年2月至2000年9月，小孩入托儿所，所需费用7500元。上述6项共计93,600元，原告只要求返还5万元；

2. 被告延误原告生育子女给原告造成了经济损失。原告主张自己已经供养了周某某5年，现在又不是自己亲生的女儿，如果重新生育供养小孩，以后的费用要比原来的费用更高，高出的这部分费用，被告应予赔偿5万元；

3. 原告的精神遭受了巨大的打击，被告应赔偿20万元；

4. 9万元是离婚时给付小孩的抚养费，现在小孩不是自己亲生的，被告应该返还这9万元。

被告辩称：

被告承认自己在婚内与他人有不正当的男女关系，认可鉴定结论，但鉴定前不知道原告不是周某某的生父，同意赔偿原告抚育周某某的抚育费25,000元，赔偿原告的精神损失费25,000元。具体依据为：

1. 原告已经给付周某某的抚育费构成是：怀小孩10个月的营养费，抚养小孩60个月的生活费，共计70个月，每月按500元计算为35,000元；生小孩的住院费3000元；带小孩的保姆费10,500元；小孩的户口迁移费2600元；小孩入托儿所的费用7500元；共计58,600元。同意返还原告25,000元。

2. 自己不是有意欺骗的，法医鉴定前自己不知道原告不是周某某的生父，因此被告不应对延误原告生育子女给原告造成的经济损失进行赔偿。

3. 被告只同意对原告的精神损失赔偿25,000元。

4. 9万元是离婚时原告给付自己夫妻共同财产中应得份额的财产折价款，不应退还给原告。据被告2000年7月21日出具给原告的收条记载是：今收到原告付离婚财产费计9万元。

一审认为：

由于给付子女的抚育费是夫妻共同财产，对原告主张被告返还抚育费5万元的诉讼请求，只予以部分支持，故只应返还50%；关于原告主张被告赔偿经济损失费5万元的诉讼请求，由于原告未举证，且无法律依据，不予支持；对原告主张被告赔偿精神损失费20万元的诉讼请求,予以部分支持,依据被告的认可,认定为25,000元;对原告主张被告返还离婚时分割财产的9万元的诉讼请求,由于此9万元属夫妻共同财产的分割款,不应予以返还。

一审判决:

1. 原告不是周某某的生父,周某某由被告抚养;
2. 被告返还原告代为给付周某某的生活费、教育费、医疗费26,000元;
3. 被告赔偿原告精神损害抚慰金25,000元;
4. 亲子鉴定费3000元,由被告承担。

以上款项共计54,000元,限于本判决生效后10日内一次性付清。

律师观点:

1. 关于原告已经给付周某某的生活费、教育费、医疗费等抚育费的认定问题

依据双方当事人各自的陈述,被告怀小孩周某某10个月,原告抚育小孩5年,共计70个月,所需各种费用,每月按1000元计算,应为7万元。

依照《婚姻法》第17条之规定和《最高人民法院关于夫妻关系存续期间男方受欺骗抚养非亲生子女离婚后可否向女方追索抚育费的复函》之批复,该7万元抚育费,不论原告给付了多少,即使被告一分钱都未给付,首先应属夫妻共同财产。被告作为周某某的生母,负有无条件的法定抚养义务。原判认定原告所给付的抚育费属夫妻共同财产,被告应返还50%给原告正确。但原判返还25,000元不符合本案实际情况,应变更返还为35,000元。

2. 关于被告延误原告生育子女给原告所造成的经济损失的认定问题

随着今后生活水平的不断提高,抚育小孩的费用无疑要比原来抚育小孩所需的费用要高。原告原已抚育了周某某5年,借鉴当地历年来审理有关抚育费金额认定的司法实践,原告今后重新生育小孩,每月酌情按120元计算,全年为1440元。被告应赔偿原告5年的经济损失费为7200元。

3. 关于原告的精神损失费的认定问题

被告在与原告的夫妻关系存续期间,又与他人发生不正当的男女两性关系,导致所生子女不是原告的亲生子女,其过错在被告,这是我国的社会主义法律和道德所不允许的,给原告的精神打击是巨大的,侵害了原告的人格尊严权,被告依法应赔偿原告精神损失费。根据当地审理有关精神赔偿损失金额认定的司法实践,可酌情确定35,000元。

4. 关于被告应否返还离婚时原告给付的9万元的问题

原告给付被告的9万元被告是否应予归还原告,取决于9万元究竟是给付小

孩的抚育费还是原、被告的财产分割款,依据被告 2000 年 7 月 21 日出具给原告的收条,结合全案分析,应认定为被告在夫妻共同财产中应得份额的财产分割款。

二审判决:

1. 维持一审判决的第 1 项和第 4 项。

2. 变更一审判决的第 2 项和第 3 项,第 2 项变更为被告返还原告代为给付周某某的生活费、教育费、医疗费 35,000 元;第 3 项变更为被告赔偿原告精神损害抚慰金 35,000 元。

3. 被告赔偿原告延误生育子女的经济损失费 7200 元。

上述款项共计 80,200 元,限被告于本判决书送达之日起 10 日内付清。

1020. 通过性行为发生的"借夫生子"所生子女法律地位如何?"借夫生子"协议是否有效?"借夫生子"中的女性是否违反忠实义务,男方是否可以请求损害赔偿?

由于我国法律对"借夫生子"方面并无明文规定。对此,只能根据现行法律根据个案具体情况作出个案处理。

判断"借夫生子"的子女法律地位,首先需要判断其与男方是否存在亲子关系。亲子关系主要分为自然血亲与拟制血亲。拟制血亲包括养子女关系、继子女关系以及人工授精生育子女。"借夫生子"所生子女显然与男方非自然血亲,同时又不归属于任何一种拟制血亲关系,据此,"借夫生子"所生子女非婚生子女,男方自然对其没有抚养义务。

"借夫生子"协议由于违反《婚姻法》规定的夫妻间的忠实义务,不受法律保护。

由于男方对于"借夫生子"的事实是认可的,且一直未追究,且女方的行为不属于《婚姻法》所规定的可以请求损害赔偿的情形,因此,男方请求损害赔偿不会得到支持。

【案例 362】夫妻协商"借夫生子" 离婚请求损害赔偿不支持[①]

原告: 陈倩

被告: 徐达

诉讼请求:

1. 判决原被告双方离婚;

---

① 参见朱和庆:《婚姻家庭法案例与评析》,中山大学出版社 2005 年版,第 105 页。

2. 判决原告抚养孩子,被告每月支付 200 元的抚养费。

争议焦点:

1."借腹生子"协议是否违反忠实义务,是否合法有效,被告以孩子非婚生请求损害赔偿能否得到支持;

2. 依据借夫生子协议生育的孩子是否为婚生子。

基本案情:

1993 年,原告和被告登记结婚。婚后,被告发现自己患有不育症,于是和妻子原告协商办法。最后,被告建议由原告和他人发生性关系而受孕生子。原告本坚决不同意,但是抵不住丈夫的再三乞求而勉强同意,就这样,两人达成了借夫生子的协议。1996 年,原告与他人发生性关系怀孕并生一子,取名徐小达。之后,夫妻决口不提此事,被告对妻儿也十分照顾,一家三口生活美满。2004 年,因为种种原因,双方感情恶化,最终破裂。两人协商离婚不成,于是原告起诉要求离婚。

原告诉称:

原被告双方感情已经破裂,请求法院判决离婚。徐小达虽非被告亲生,但是多年来被告已经承认其婚生子身份,请法院判决被告承担每月 200 元的抚养费。

被告辩称:

被告同意离婚,但不同意支付抚养费。原告在婚姻期间与他人生子,对其不忠,导致其精神上遭受到痛苦和折磨,具有严重过错,因此请求原告支付精神损害赔偿金 10,000 元。

律师观点:

1."借夫生子"协议违反忠实义务,应属无效,被告明知原告"借夫生子"的行为,请求损害赔偿不予支持。

国内目前尚无关于借夫生子协议效力的明文规定。结合《婚姻法》中规定的基本原则,我们认为,借夫生子协议违反了夫妻应当相互忠实的基本义务,以发生婚外性行为为基础的,应属违反法律的强制性规定,应属无效。

本案中,原告与他人发生性行为是得到被告认可的,且一直未追究,并且原告的行为不属于法律规定的可以请求损害赔偿的情形,所以,被告请求损害赔偿不能得到支持。

2. 依据借夫生子协议生育的孩子为非婚生子。

亲子关系包括自然血亲和拟制血亲。本案徐小达与被告不存在任何血缘关系,这是双方都承认的。拟制血亲有三种:养子女关系、继子女关系、人工授精子女。徐小达不属于以上任何一种,因此亦不存在拟制血缘关系。由此,徐小达和被告之间不存在亲子关系,不属于婚生子。因此,被告不需要对徐小达支付抚养费。

法院判决：

1. 准予离婚；
2. 原告抚养小孩并独立承担抚养费用；
3. 驳回被告要求原告承担精神损害赔偿金的请求。

【法律依据】

一、公司法类

（一）法律

❖《公司法》第16条、21条、22条、35条、37条、44～54条、56条、66～69条、78条、83条、90条、108～119条、147～151条、216条、217条

❖《中外合作经营企业法》第12条、13条

❖《中外合资经营企业法》第6条、7条

（二）行政法规

❖《中外合作经营企业法实施细则》第24～35条

❖《中外合资经营企业法实施条例》第30～39条、83条

（三）地方司法文件

❖《上海市高级人民法院关于审理股东代表诉讼纠纷案件的若干意见》第1～7条

（四）部门规章

❖ 中国证券监督管理委员会《证券市场禁入规定》第2～12条

（五）地方性规章

❖《天津股权投资企业和股权投资管理机构管理办法》第15条

❖ 天津市发展和改革委员会、天津市人民政府金融服务办公室、天津市商务委员会、天津市工商行政管理局《关于本市开展外商投资股权投资企业及其管理机构试点工作的暂行办法》第10条

❖ 上海市金融服务办公室、上海市商务委员会、上海市工商行政管理局《关于本市开展外商投资股权投资企业试点工作的实施办法》第9条

二、税法类

（一）法律

❖《税收征收管理法》第4条、32条

❖《企业所得税法》第 10 条

(二) 部门规范性文件

❖《国家税务总局关于印发〈征收个人所得税若干问题的规定〉的通知》(国税发〔1994〕089 号) 第 8 条

❖《国家税务总局关于在中国境内无住所的个人取得工资薪金所得纳税义务问题的通知》(国税发〔1994〕148 号) 第 2～5 条

❖《国家税务总局关于在中国境内无住所的个人计算缴纳个人所得税若干具体问题的通知》(国税函发〔1995〕125 号) 第 4～5 条

❖《国家税务总局关于外商投资企业的董事担任直接管理职务征收个人所得税问题的通知》(国税发〔1996〕214 号) 第 1 条

❖《国家税务总局关于印发〈内地和澳门特别行政区关于对所得避免双重征税和防止偷漏税的安排〉文本并生效执行的通知》(国税发〔2003〕154 号) 第 15 条、16 条、23 条

❖《国家税务总局关于在中国境内无住所的个人执行税收协定和个人所得税法若干问题的通知》(国税发〔2004〕97 号) 第 4 条

❖《国家税务总局关于在中国境内担任董事或高层管理职务无住所个人计算个人所得税适用公式的批复》(国税函〔2007〕946 号)

❖《内地和香港特别行政区关于对所得避免双重征税和防止偷漏税的安排》第 14 条、15 条、21 条

❖《国家税务总局关于执行内地与港澳间税收安排涉及个人受雇所得有关问题的公告》(国家税务总局公告 2012 年第 16 号) 第 1～4 条

三、婚姻家庭法类

(一) 法律

❖《婚姻法》(2001 年修正) 第 4 条、45 条、46～48 条

(二) 司法解释

❖《最高人民法院关于适用〈中华人民共和国婚姻法〉若干问题的解释 (一)》第 28～31 条

❖《最高人民法院关于适用〈中华人民共和国婚姻法〉若干问题的解释 (二)》第 27 条

❖《最高人民法院关于确定民事侵权精神损害赔偿责任若干问题的解释》第 10 条

❖《最高人民法院关于夫妻关系存续期间男方受欺骗抚养非亲生子女离婚

后可否向女方追索抚养费的复函》

(三)地方司法文件

❖《上海市高级人民法院民一庭民事法律问题适用选登(二)》

❖《上海市高级人民法院婚姻家庭纠纷办案要件指南》第10条、11条

四、民法类

❖《民法通则》第39条、106条

❖《合同法》第60条、107条

五、刑法类

(一)法律

❖《刑法》第180条、258条

❖《刑事诉讼法》第170条

(二)司法解释

❖《最高人民法院、最高人民检察院关于办理内幕交易、泄露内幕信息刑事案件具体应用法律若干问题的解释》第1～10条

❖《最高人民检察院、公安部关于公安机关管辖的刑事案件立案追诉标准的规定(二)》第35条、73条

❖《最高人民法院、最高人民检察院关于办理侵犯知识产权刑事案件具体应用法律若干问题的解释》第7条

❖《最高人民法院关于适用〈中华人民共和国刑事诉讼法〉的解释》

❖《最高人民法院、最高人民检察院、公安部、国家安全部、司法部、全国人大常委会法制工作委员会关于实施刑事诉讼法若干问题的规定》

六、证券法类

(一)法律

❖《证券法》第67～69条、73～76条

(二)行政法规

❖《期货交易管理条例》第79条

(三)部门规章

❖ 中国证券监督管理委员会《关于在上市公司建立独立董事制度的指导意见》

❖《上市公司信息披露管理办法》第30条

(四)地方性法规

❖《上海市股份合作制企业暂行办法》第37条

❖《上海证券交易所关于发布〈上海证券交易所上市公司董事选任与行为指引(2013年修订)的通知〉》

七、其他

(一)法律

❖《民事诉讼法》第64条

❖《反不正当竞争法》第10条、20条

❖《劳动法》第22条、99条、102条

❖《劳动合同法》第23条

❖《电子签名法》第2条、3条、7条、8条

❖《劳动合同法实施条例》

(二)司法解释

❖《关于禁止侵犯商业秘密行为的若干规定》第2条、3条

❖《最高人民法院关于适用〈中华人民共和国民事诉讼法〉的解释》第3条、4条

❖《最高人民法院关于民事诉讼证据的若干规定》第27条、69条

❖《最高人民法院关于审理不正当竞争民事案件应用法律若干问题的解释》第18条

❖《最高人民法院关于审理专利纠纷案件适用法律问题的若干规定》第23条

第十四章　损害股东利益责任纠纷

【宋律师释义】

> 损害股东利益责任纠纷，是指公司股东、董事、高管、实际控制人等违反法律规定，损害了股东利益，受侵害的股东诉请承担损害赔偿责任的纠纷。
>
> 实践中，应注意区分与损害公司利益责任纠纷的不同，对于后者，权益受到侵害的股东仅能行使股东代位权，不能行使直接诉讼权利；同时应注意与一般侵权行为的区别，前者的民事赔偿责任以董事、高管违反法律、行政法规或公司章程为前提。

【关键词】*股东直接诉讼*

❖ **股东直接诉讼**：指股东基于其股份持有人的地位直接以维护自身利益为由，而对公司或者公司有关人员损害其股东利益向人民法院提起诉讼的法律制度。

一、立　　案

1021. 如何确定损害股东利益责任纠纷的诉讼当事人？

原告为利益受到侵害的股东，被告为违反法律、行政法规或公司章程并实施侵害股东利益的相关人员。

1022. 受到侵害的多个股东是否必须同时提起诉讼？不起诉的股东应如何处理？

不是。如果相关人员的违法行为侵害的不仅仅是单个股东的利益，而是多个股东，此时，并不是当然的共同诉讼，任何一个股东可以单独提起诉讼。当然，如果当事人一方或者双方为二人以上，其诉讼标的是共同的，或者诉讼标的是同一种类，此时，当事人同意并且经人民法院认可的，可由当事人作为共同原告提起诉讼。不起诉的股东对于是否起诉具有自主权。

【案例363】股东涉嫌侵占罪　法院移交公安机关[①]

原告：广信公司

被告：闫文山

诉讼请求：判令被告返还原告私自侵占公司的款项，共计1,464,639.94元。

争议焦点：

1. 2008年8月至2009年6月，被告担任原告经理期间，原告的账面余额的具体金额应为多少，该笔款项是否作为分红款分配给了原告股东，被告是否存在私自侵占公司资产的情形；

2. 被告的行为是否涉嫌刑事犯罪。

基本案情：

被告系原告股东，占有公司30.86%的股权，并在2008年8月至2009年6月期间担任公司总经理职务，掌管公司印章及账册。

2009年6月，原告对公司财务进行审计时发现公司货款未入账，经查，被告利用职务便利，将公司货款全部转移至被告个人名下。原告要求其交回时，被告将全部货款100多万元及公章、账册、营业执照、支票、税务登记证等财务全部卷走。

2009年6月22日，原告在法院对被告提起诉讼，要求被告返还公章、会计账簿。法院于2009年9月22日判决支持了原告的请求，后被告上诉，二审法院维持原判。

被告在诉讼期间，又利用其私自卷走的公司支票，于2009年9月11日和2009年9月16日，分三次将股东退回的分红款和其他款项共250,800元，盗支转移。

在被告担任总经理期间，原告一共收到货款7,978,781元，而在2008年8月到2009年5月期间，公司一共支出的款项为6,298,307.06元。2008年8月至2009年9月，公司又支付股东分红款466,634元，原告账面余额应为1,213,839.94元。

原告诉称：

被告利用职务便利，将原告股东分红款、货款及其他款项转入个人名下，公司发现后，被告拒不返还，同时扣留原告公章及会计账簿，被告的行为严重侵犯了原

[①] 参见北京市大兴区人民法院(2010)大民初字第2964号民事判决书。

告的权益。

被告辩称：

原告诉称被告占有公司的股权与事实不符，实际上被告占有公司47%的股权，名义上是总经理，但被告主要负责生产、技术还有记账，公司所有的货款全部在郝兵(法定代表人)个人账户上，公司的支出是将案外人郝兵的一个银行卡交给被告，该农业银行银行卡的卡号是：955958001420035××××，被告花多少钱全部由这张卡支出，支出的款项全在郝兵的监督之下，被告不存在侵占公司货款和财产的行为；原告诉称被告将货款250,800元盗支，与事实不符，这一款项的支出是原告与北京山腾仪器仪表公司签订的技术开发合同应当支付的款项；其他的121万余元，公司作为分红款已分给各股东，并不是被告私吞，请求依法驳回原告的诉讼请求。

律师观点：

被告担任原告总经理期间，原告的账面余额应为1,213,839.94元，被告述称该笔款项已作为分红款分配给各股东，没有相应证据证明，其主张股东签收分红款的收据大部分被撕毁，亦无相应证据证实。由于该笔款项数额巨大，去向不明，本案已涉嫌刑事犯罪。

根据《最高人民法院关于在审理经济纠纷案件中涉及经济犯罪嫌疑若干问题》第11条之规定，"人民法院作为经济纠纷受理的案件，经审理认为不属经济纠纷案件而有经济犯罪嫌疑的，应当裁定驳回起诉"，本案应当裁定驳回起诉，相关当事人可以就本案事实依法向公安机关进行举报。

法院裁定：

驳回原告的起诉。

【案例364】公司被吊销　要求赔偿红利损失被驳回①

原告： 黄志铨

被告： 甄小媛、林菲、德安公司、素资龙公司、金祥田、殷威祥、许静娴、安通公司

第三人： 徐乃积、梁宝霞、徐俊东、徐俊威

诉讼请求： 8位被告共同赔偿原告红利30,000元及利息损失。

---

① 参见广东省广州市中级人民法院(2010)穗中法民二终字第1946号民事判决书。

第十四章
损害股东利益责任纠纷

争议焦点：

1. 2003年7月15日，被告素资龙公司将持有的被告安通公司的60%的股权转让给被告金祥田、被告殷威祥、被告许静娴的价款为2800万元还是3360万元，被告素资龙公司是否因此取得红利30万元；

2. 被告素资龙公司已被吊销，若确实存在30万元红利损失，原告是否可直接要求8位被告支付，该请求是否符合法定的公司分配盈余的程序。

基本案情：

被告素资龙公司于2001年5月16日成立，注册资本500万元，公司现股权结构为被告甄小媛持有30%股权，被告林菲持有20%股权，原告持有10%股权，案外人徐惠雄持有40%股权（案外人徐惠雄已于2006年1月5日去世）。

2005年11月1日，被告素资龙公司被工商行政管理部门吊销营业执照。

2005年10月19日，案外人徐惠雄向法院提起诉讼，起诉被告甄小媛、被告林菲、被告金祥田、被告殷威祥、被告许静娴及被告素资龙公司、被告安通公司股权转让侵权。案外人徐惠雄主张被告甄小媛、被告林菲操纵被告素资龙公司与被告金祥田、被告殷威祥、被告许静娴恶意串通，签订股权转让协议将被告素资龙公司所持有的以2600万元竞买购进的被告安通公司60%股权以300万元转让给被告金祥田、被告许静娴、被告殷威祥，两个价格相差巨大，且被告安通公司还持有出租车牌等增值财产，转让行为严重违背等价有偿、公平合理的基本原则，上述股权转让协议严重侵害案外人徐惠雄的合法权益，请求确认上述股权转让协议无效，被告金祥田、被告许静娴、被告殷威祥所取得的被告安通公司60%股权属于被告素资龙公司所有。因案外人徐惠雄在该案诉讼过程中去世，其继承人第三人徐乃积（案外人徐惠雄的父亲）、案外人陈香兰（案外人徐惠雄的母亲，后于2007年6月8日去世）、第三人梁宝霞（案外人徐惠雄的妻子）、第三人徐俊东（案外人徐惠雄的长子）、第三人徐俊威（案外人徐惠雄的次子）共同作为该案原告参加诉讼。

2007年9月18日，法院对该案作出判决，认为被告素资龙公司与被告金祥田、被告殷威祥、被告许静娴2003年7月15日签订了转让价格为300万元的《股东转让出资合同书》，和转让价格为2800万元的《股权转让合同》《补充协议》，《补充协议》约定《股权转让合同》与提交工商行政机关的《股东转让出资合同书》相冲突之处，以《股权转让合同》为准，认定被告素资龙公司转让被告安通公司60%股权的价格为2800万元，转让价格为300万元的合同是因工商登记需要而签订；被告素资龙公司与被告金祥田、被告殷威祥、被告许静娴在签订合同时均知晓被告安通公司的主要资产为其拥有的出租汽车经营权证和85辆蓝牌轿车，评估机构的资产评估报告显示被告安通公司无形资产的价值为6390万元;虽然被告素资龙公司收到2800万元股权转让款,但实际由被告安通公司承担,被告金祥田、被告殷威祥、被告许静娴未支付股权转让款,三人取得安通公司股权的对价明显低于被告素资龙公司竞买该股权所支付的对价,因此上述合同侵害被告素资龙公司的权益。遂判决上述《股东转让出资合同书》《股权转让合同》《补充协议》无效,被告金祥田、被告殷威祥、被告许静娴将被告安通公司60%股权返还给被告素资龙公司并协助办理工商变更登记手续。被告甄小媛、被告林菲、被告金祥田、被告殷威祥、被告许静娴、被告素资龙公司不服判决,向上一级人民法院提起诉讼。

2008年1月10日,二审法院对上述案件作出了终审判决。

此外,2002年6月17日,被告素资龙公司通过拍卖以2730万元取得被告安通公司60%的股权。同年6月25日,被告素资龙公司与被告德安公司签订《借款合同》,约定被告素资龙公司因收购被告安通公司股权向被告德安公司借款3000万元,借款期限为3个月,从2002年6月25日至2002年9月25日,按月利率8‰计息。

2003年7月5日,被告素资龙公司召开股东会并通过决议,决定以被告素资龙公司所占有被告安通公司60%股权的全部,作为偿还所欠被告德安公司3000万元到期债务;同意将被告安通公司以部分汽车经营权证作为被告素资龙公司向银行或第三方借款的抵押。被告甄小媛、被告林菲参加会议并表决,原告未参加会议亦未行使股东表决权。

2003年7月15日,被告素资龙公司作为转让方与受让方被告金祥田、被告殷威祥、被告许静娴分别签订《股东转让出资合同书》,约定被告素资龙公司将其在被告安通公司的出资300万元(占被告安通公司注册资本的60%)中的175万元(占被告安通公司注册资本的35%)、100万元(占被告安通公司注册资本的20%)、25万元(占被告安通公司注册资本的5%)股权分别以等值价转让给被告金祥田、被告殷威祥、被告许静娴。

同日,被告素资龙公司作为转让方与受让方被告金祥田、被告殷威祥、被告许静娴分别签订《股权转让合同》,约定被告素资龙公司将其拥有的被告安通公司35%、20%、5%的股权分别转让给被告金祥田、被告殷威祥、被告许静娴、被告金祥田、被告殷威祥、被告许静娴分别向被告素资龙公司支付1633.34万元、933.33万元、233.33万元作为股权转让价款,并应在本合同签订之日分别支付327万元、187万元、46万元作为定金。

同日,被告素资龙公司与被告金祥田、被告殷威祥、被告许静娴分别签订《补充协议》,约定鉴于双方就股权转让事宜分别于 2003 年 7 月 15 日在广州订立《股权转让合同》和《股东转让出资合同书》,被告素资龙公司同意将所持有被告安通公司 60% 股权人民币 300 万元其中的 175 万元、100 万元、25 万元分别以等值价转让给被告金祥田、被告殷威祥、被告许静娴,转让金分别为 175 万元、100 万元、25 万元,《股权转让合同》与提交工商行政管理机关的《股东转让出资合同书》相冲突之处,以《股权转让合同》为准。

2003 年 7 月 31 日,被告金祥田、被告殷威祥、被告许静娴向被告素资龙公司出具《付款通知》,委托广州祥骏出租汽车有限公司代为支付 2800 万元的股权转让款。

2003 年 8 月 4 日,广州祥骏出租汽车有限公司以"往来款"的名义向被告素资龙公司支付 2800 万元。

审理该案的二审法院认为,上述合同约定股权作价的基础为被告安通公司净资产价值,仅以公司资产而不考虑负债认定股权价值不当;两家会计师事务所先后在 2001 年和 2003 年评定被告安通公司当时的净资产评估值分别为 42,736 元、138.40 元和 40,816,309.90 元,以两项净资产评估值的 60% 计算,被告安通公司 60% 股权转让价款 2800 万元属于合理范围,不存在恶意低价转让公司股权的情形;该股权转让价款 2800 万元与 2002 年 6 月 17 日拍卖价款 2730 万元相当,而股权拍卖已经充分体现市场价值,被告安通公司无重大资产变动,股权转让价款 2800 万元合理体现了当时的市场价值;被告甄小媛、被告林菲以该 2800 万元偿还德安公司到期债权,该债权本系被告素资龙公司为购买被告安通公司 60% 股权向被告德安公司的借款,上述行为未损害被告素资龙公司合法利益,没有证据证明被告甄小媛、被告林菲恶意决议转让被告素资龙公司所持有的被告安通公司股权;被告金祥田、被告殷威祥、被告许静娴与被告素资龙公司订立股权转让合同并支付股权转让款,已经尽到合理的注意义务,无证据证明存在被告金祥田、被告殷威祥、被告许静娴与被告甄小媛、被告林菲恶意串通转让股权,损害社会公共利益及第三人利益的情形,遂终审判决撤销一审判决,驳回第三人徐乃积、陈香兰、第三人梁宝霞、第三人徐俊威、第三人徐俊东的诉讼。

除上述诉讼外,2004 年 5 月 25 日,原告、案外人徐惠雄向另法院提起诉讼,要求撤销与被告甄小媛签订的《股东转让出资合同书》,判决被告甄小媛持有的被告素资龙公司 70% 股权,其中 40% 和 23.34% 股权分别归案外人徐惠雄和原告所有。法院判决驳回原告、案外人徐惠雄的诉讼请求,二审法院维持一审判决。该案查明,被告德安公司实际提供资金2800万元给被告素资龙公司,被告素资龙公司购得被告安通公司60%股权后又将该股权转让,所得转让款用于归还所欠被告德安公司的借款。

此外,2005年9月13日,原告还向法院提起诉讼要求确认被告甄小媛、被告林菲转卖被告素资龙公司持有的被告安通公司60%股权的行为无效,两审法院均驳回了原告的诉讼请求。

原告诉称:

因被告素资龙公司转让被告安通公司60%股权所得为3360万元,减去应缴的增值税245万元,再减去应还给被告德安公司的2800万元借款本金和268万元利息,被告素资龙公司应有红利30万元。基于原告持有被告素资龙公司10%的股权,故有权按持股权额获得30,000元红利。因被告甄小媛、被告林菲、被告素资龙公司隐瞒该笔收入,且被告德安公司、被告金祥田、被告殷威祥、被告许静娴和被告安通公司故意隐瞒事实,损害了原告的利益。

被告均辩称:

股权转让款为2800万元而非原告所称的3360万元,560万元为定金而非股权转让款。原告的诉讼请求没有任何依据,请求法院予以驳回。

第三人均同意原告意见。

律师观点:

1. 原告没有提供证据证明被告素资龙公司通过转让其持有的60%被告安通公司股权取得了30万元红利。

根据《最高人民法院关于适用〈中华人民共和国民事诉讼法〉若干问题的意见》第75条的规定,下列事实,当事人无须举证:已为人民法院发生法律效力的裁判所确定的事实……结合本案实际,已经发生法律效力的民事判决认定,被告素资龙公司将其持有的60%安通公司股权以2800万元的价格转让给被告金祥田、被告殷威祥和被告许静娴三人。

由于生效判决书中认定的转让价格与原告主张的转让价格存在560万元的差距,因此,仅凭原告的主观判断,无法认定被告素资龙公司在转让其所持有的被告安通公司60%股权过程中有30万元的红利,故应当认定,原告没有提供充分的证据证明被告素资龙公司转让其持有的60%被告安通公司股权取得了30万元红利。

2. 原告不能直接向被告素资龙公司等被告要求赔偿红利损失。

即使被告素资龙公司转让其持有的60%被告安通公司股权确实有30万元红利,依法该30万元也属于被告素资龙公司所有,由于被告素资龙公司的股东会没有决议分配该30万元红利,因此原告亦无权要求获得其中的3万元红利。另外,由于被告素资龙公司已经在2005年11月1日被吊销营业执照,依法应由各股东组成清算组清算公司的债权债务,并分配公司的剩余财产,从这一角度看,原告无权要求素资龙公司等各个被告赔偿红利损失。

法院判决:
驳回原告的诉讼请求。

1023. 董事依董事会决议实施侵害股东利益行为的,应以谁为被告?

应以全体董事为共同被告。

根据法律规定,董事应当对董事会的决议承担责任。如果董事会决议违反法律、行政法规或者公司章程、股东大会决议,致使股东遭受严重损失的,参与决议的董事对股东负赔偿责任。除非能够证明在通过该表决时,该董事曾表示异议并记载于会议记录,才可以免除责任。

1024. 损害股东利益责任纠纷按照什么标准缴纳案件受理费用?

该类案件应当依照原告主张的损害赔偿费用依比例收取受理费。

1025. 损害股东利益责任纠纷由何地法院管辖?

该纠纷属于一般侵权民事案件,应适用原告就被告原则,但作为侵权责任,也可以适用侵权行为地原则。

1026. 损害股东利益责任纠纷是否适用诉讼时效?

适用。根据《民法通则》的规定,除法律另有规定外,向人民法院请求保护民事权利的诉讼时效期间为2年,股东从知道或者应当知道其权利被侵害时起2年内向人民法院提起诉讼,其权利都可以获得合法有效的保护;但是,从权利被侵害之日起超过20年的,人民法院不予保护。

因此,股东在知道自己的利益被损害后,应当及时提起诉讼,保护自己的合法权益。

1027. 损害股东利益责任纠纷中,股东胜诉,判决结果能否直接适用于其他未参加诉讼的股东?

不能。损害股东利益责任纠纷,是股东享有的直接诉权,股东可以选择行使,且被告股东、董事、高管、实际控制人的侵权行为未必损害全体股东的利益,因此不适宜直接适用。

当然,如果其他股东因同样的理由提起诉讼,该份判决书中确定的事实可以作为定案依据。

二、损害股东利益责任纠纷的裁判标准

1028. 公司股东可否约定转让公司主要资产的决策条件及违约责任?

《公司法》并不禁止股东之间对权利义务进行除章程以外的约定,尤其是关于转让资产的约定,本就属于公司内部决策的重要范畴。

股东之间可以通过内部协议的方式约定公司对资产的转让、使用条件及决策程序,并同时约定违约金,在有股东违约的情况下,对其他股东承担赔偿责任。

【案例365】擅自转让公司商标　赔偿其他股东损失20万[①]

原告: 蔡某

被告: 石某某、零线公司

第三人: 零线技术公司

诉讼请求:

1. 判令被告零线公司停止单独使用"零线"字号;
2. 判令被告零线公司停止使用注册商标"EF-ACS";
3. 判令两被告连带赔偿原告经济损失500万元。

争议焦点:

1. 作为第三人的股东,原告与被告石某某双方签订的关于设立公司、无形资产继承及过渡期业务运营等内容的注销解体协议是否有效,其效力与股东会决议是否相同;

2. 被告石某某在未经原告同意的情形下,以第三人名义收购其他公司股权,同意他人使用"零线"字号,并转让属于第三人所有的商标的行为是否系违约行为;

3. 原告是否有权要求两被告依据注销解体协议中的约定,向其赔偿500万元违约金,该违约金数额是否过高。

基本案情:

第三人于2006年3月28日成立,注册资金为人民币100万元。原告与被告石某某为公司股东,各出资50万元,分别持有公司50%股权。被告石某某为公司执行董事兼经理,并担任公司法定代表人,原告为公司监事。

2009年4月27日,原告和被告石某某签订了第三人注销解体协议,双方确定

[①] 参见上海市第二中级人民法院(2010)沪二中民四(商)终字第748号民事判决书。

自即日起到 2009 年 12 月 30 日止作为内部处理期,年底向工商局书面正式提交注销公司。协议约定:

1. 自即日起双方确定可设立自己控制的或关联公司,但该自己控制的或利益关联公司名称不可单独采用"零线"两字,任何一方控制或利益关联公司名称单独使用"零线"两字均视为侵权而必须向另一方支付不低于 500 万元的赔偿损失;

2. 2009 年 5 月 1 日起第三人任何一方使用单方掌管的法人签字、公章、合同章未经双方签字出现的文件、合同签订、法人授权书等均视为侵权而必须向另一方支付不低于 500 万元的赔偿损失。

对于无形财产承继的约定:

1. 自即日起双方设立的控制或关联公司可共享使用第三人创立的品牌、商标、业绩等;

2. 在适当时间采用适当方法向外公开第三人调整的信息并出示双方控制或关联公司接替第三人业务的信息;

3. 在双方控制或关联公司注册之后,由第三人给双边公司的法律授权文件,载明南北两个公司接替第三人业务的权利,由双方签字发出。

对过渡期业务运作约定:

1. 在 2009 年 4 月 30 日之后第三人的法人章、公章、合同章及财务章均委托共同受委托人肖某某保管;

2. 自 2009 年 5 月 1 日起第三人的任何一项支出均出具单据由两股东签字后方可付款发出;

3. 自 2009 年 5 月 1 日起所有需第三人出具的文件、法人授权书等均需由两股东签字后方可盖章发出;

4. 自 2009 年 5 月 1 日起需第三人签订的合同均需由两股东签字后方可盖章发出。

协议另对办公的生产场地、员工、债权债务及公司资产的清理等作出约定。

协议签订后,原告即离开第三人,并于 2009 年 5 月收购了北京崇盛东方电子技术有限公司 90% 的股权,出任该公司法定代表人,同时将该公司名称变更为北京零线之芯电气技术有限公司。

2009 年 5 月,第三人以 25,000 元的价格收购了上海庞达机电设备安装有限公司 5% 的股权,成为该公司股东。同时,上海庞达机电设备安装有限公司向工商管理部门申请变更名称为"零线公司"(被告之一)。第三人向工商管理部门出具同意使用承诺书,表示对于上海庞达机电设备安装有限公司使用"零线"作为企业名称中的字号没有异议。工商管理部门核准了上海庞达机电设备安装有限公司企业名称变更申请,上海庞达机电设备安装有限公司遂变更名称为零线公司。

2009年6月,第三人又将其持有的被告零线公司5%股权以25,000元的价格转让于案外人石忠昌,第三人不再为被告零线公司股东。

2009年7月28日,第三人与被告零线公司签订商标转让协议,约定第三人正在向国家有关部门申请的商标"EF-ACS"转让给被告零线公司,转让价为2万元,目前尚在向商标局申请办理过程中。

经查,被告零线公司、第三人、北京零线之芯电气技术有限公司的经营业务均包括生产销售电气火灾监视控制系统。同时,被告石某某确认第三人的公章由其保管。原告和被告石某某均确认原告在第三人期间每年的收入为30万至40余万元。

原告诉称:

被告石某某违反协议约定及第三人章程规定,在未经股东会决议的情况下,擅自以第三人的名义购买被告零线公司5%的股权,并授权被告零线公司使用"零线"字号,将第三人的注册商标"EF-ACS"转让给被告零线公司,后又未经合法程序将股权转让,被告石某某的行为违反了两股东签订的注销解体协议和第三人章程,被告零线公司与其共同以违法手段取得"零线"字号和第三人的商标并予以使用,侵害了原告的合法权益。

被告石某某辩称:

注销解体协议生效的必要条件是其与原告要形成注销第三人的决议,且加盖法人章才能生效。现未形成股东会决议,故该注销解体协议是无效的。此外,从该协议签订之日起至原告诉至法院时间不足半年,未对原告造成实际损失,且原告也存在违背注销解体协议的行为,请求法院驳回原告的诉讼请求。

被告零线公司未作答辩。

第三人同意被告石某某的意见。

律师观点:

1. 原告和被告石某某签订的关于被告零线技术公司注销解体协议即为股东会决议,协议合法有效,双方均应按该协议履行。

第三人章程规定,对公司合并、分立、解散、清算或者变更公司形式作出的决议,股东以书面形式一致表示同意的,可以不召开股东会会议,直接作出决定,并由全体股东在决定文件上签名(法人股东盖章)。

第三人的股东仅为原告和被告石某某,无法人股东,因此,原告、被告石某某作出的有关第三人注销解体的协议依据公司章程即为股东会决议,且未违反法律、行政法规,应认定为有效协议。

2. 被告石某某的行为明显违反了注销解体协议的约定,应承担相应的违约责任。

根据第三人章程,对外投资需由股东会作出决议,注销解体协议中亦约定所有第三人所出具的文件需两股东签字后方可盖章发出,而被告石某某利用其保管的第三人公章,擅自以第三人名义收购原上海庞达机电设备安装有限公司5%股权,同意原上海庞达机电设备安装有限公司使用"零线"字号,转让属于第三人所有的商标,明显属于违约行为,应承担相应的违约责任。

3. 注销解体协议约定的违约金过高,应依据实际损失进行计算。

我国相关法律对承担侵权的民事责任方式有详尽规定,作为侵权赔偿损失,须以受害人的实际损失计算赔偿数额,而非以双方当事人事先约定的数额计算。

本案中,原告未提供确实、充分的证据证明其实际损失。因此,原告以侵权损害赔偿为其请求权基础,并以双方约定的侵权数额要求被告石某某赔偿损失缺乏事实和法律依据,本院难以采信。从原告的诉请及依据的证据来看,其是以注销解体协议为依据要求赔偿,该协议是原告与被告石某某作为第三人股东身份所签协议,因此诉讼法律基础仍是违约之诉,是以股东身份提起的诉讼,并以被告石某某有违反协议的行为为前提。从本案事实看,被告石某某擅自以第三人的名义收购原上海庞达机电设备安装有限公司5%股权,并同意该公司使用"零线"字号,违反了注销解体协议的约定,属违约行为,被告石某某应承担相应的违约责任。在未提供任何实际损失依据的前提下,原告提出500万元赔偿数额显属过高,应进行相应调整。

法院判决:

1. 被告石某某应于判决生效之日起10日内赔偿原告经济损失20万元;
2. 驳回原告其余诉讼请求。

1029. 公司部分股东可否直接商定部分高管、董事的待遇?

根据《公司法》该规定,董事待遇由公司股东会决定,高管待遇由董事会决定。部分股东直接商定高管、董事待遇,显然违反《公司法》规定,显属无效。

【案例366】大股东私下约定待遇　侵犯小股东利益被判无效①

原告：车建华、杨晨耕、严志明、张国军、李海波、李向阳、王冀、谢世亮

被告：宋佳城、曹榆、曾军、彭开臣、徐邵文、于万喜

诉讼请求：确认6位被告签订的《关于徐邵文、于万喜二位股东待遇的保证承诺》无效。

争议焦点：

1.《保证承诺书》系股东会决议、董事会决议还是个人之间的民事协议；

2.《保证承诺书》所涉内容是否需经公司股东会作出决议，是否侵犯了公司其他股东的权益；该《保证承诺书》是否有效；

3.8位原告是否为本案的适格主体，是否有权提起诉讼。

基本案情：

海湾科技集团有限公司(以下简称海科公司)于2000年4月5日成立，公司注册资本8000万元，法定代表人为被告宋佳城。

2004年2月27日，海科公司对公司的股东及其出资进行了变更，确认海科公司的股东为22人。其中，8位原告共出资315.216万元，占公司股权比例为3.9402%。6位被告共出资7370.592万元，占公司股权比例为92.1324%。

海科公司定章程中规定股东大会行使下列职权：

……

1. 选举和更换董事，决定有关董事的报酬事项；

2. 选举和更换由股东代表出任的监事，决定有关监事的报酬事项；

……

确定海科公司的董事会对股东大会负责，行使下列职权：

……聘任或解聘总经理，根据经理的提名，聘任或解聘公司的副经理、财务负责人，决定其报酬事项。

海科公司的章程还规定，公司设董事会，董事由股东大会选举和更换，董事每届任期三年，可连选连任。公司设监事会，监事由股东大会选举产生和更换。监事任期三年，可连选连任。海科公司董事、监事、经理或者其他高级职员必须按公司赋予的权利行使职权，不得利用在公司的地位和职权为自己谋取私利、不得侵占公司的财产。董事、经理不得挪用公司资金或将公司资金借贷给他人等。

---

① 参见北京市第一中级人民法院(2009)一中民终字第6907号民事判决书。

2004年11月25日,6位被告签订了一份《保证承诺书》。其主要内容是,随着海科公司规模日益扩大,海外BVI1公司的设立及合资上市工作的开展,6位被告的工作环境及相应职务也将发生变化和调整,出于对公司今后融资和海外上市过程中只有全体股东意见一致才能谋求股东利益最大化的考虑,被告宋佳城、被告曾军、被告彭开臣、被告曹榆4位大股东发起了关于BVI1公司全体股东锁定及托管的倡议,考虑到被告徐邵文、被告于万喜两位股东在公司的历史地位及贡献,4人同意在今后的锁定期内从以下方面保证被告于万喜、被告徐邵文二人的股东权益:

1. 在海科公司及BVI1公司股权不发生变化的前提下,保证被告于万喜、被告徐邵文二人在海科公司的董事和监事席位;

2. 在锁定期内,无论被告于万喜、被告徐邵文二人在海科公司、BVI1公司及两家公司控股的其他相应公司内担任何种职务,保证满足被告于万喜、被告徐邵文二人一定的工作和生活待遇;

3. 本承诺完全以签署人的个人信誉担保,但由于本承诺的参与方同时也是海科公司的全体董事,本协议可视为海科公司的董事会决议执行;

4. 协议生效后只有在股权锁定及托管解除后才可进行修订和解除。

全体股东于签订《保证承诺书》的次日,即2004年11月26日签订了《股权锁定契据》。其主要内容是,鉴于海科公司的22位股东同时也是BVI1公司的全体股东,现上述22位股东同意将其持有的在BVI1公司的股权锁定10年,在锁定期内,除非持有公司80%股权的股东书面同意,其不得出售、转让其股权。上述22位股东在股权锁定期内,将股权交付给独立托管代理人,所有股东同意按被告宋佳城、被告曾军共同要求就该托管与托管代理签署有关文件。在本协议签订后10周年的前6个月内,全体股东讨论股权的处理方式,全体股东按不低于80%的公司股东的意见处理其股权,如果不能形成80%的股东意见,则被告宋佳城及被告曾军有权共同决定上述股权的处理方式。

2008年8月1日海科公司因逾期未参加年检,被依法吊销了企业法人营业执照。后北京市工商行政管理局作出《撤销行政处罚决定书》,国家工商总局经复议作出《复议决定书》,恢复了海科公司的企业法人资格。

原告均诉称:

2004年11月25日,6位被告私下签订《保证承诺书》并没有及时向包括8位原告在内的其他股东披露该《保证承诺书》的具体内容,直到最近8位原告才知道该《保证承诺书》。而该《保证承诺书》严重违反了国家相关法律法规以及海科公司的公司章程,严重侵害了8位原告以及其他股东的利益。

被告宋佳城辩称：

同意8位原告的诉讼请求,《保证承诺书》应当确认无效。因为该保证承诺严重违反了《公司法》和海科公司章程的规定,亦不具有公司股东决议的性质。《保证承诺书》的内容存在诸多违法之处,如有限责任公司的董事和监事应当是选举产生,而不是个别股东任命。公司股权应当同股同权,个别股东不应当享有超级特权。对个别股东薪酬的承诺亦存在违法,海科公司作为在香港上市的公司,应该受与上市公司有关的法律及薪酬委员会的约束,明显违法的承诺应属无效。当时签署《保证承诺书》的主要意思是,用个人信誉担保努力促成被告徐邵文、被告于万喜的董事身份,至于能不能当公司董事还应当由股东会决定;同时对被告徐邵文、被告于万喜能否得到相应的报酬也只能起到促成的作用,而无权代替公司决定,更不可能用自己的财产为此担保。

被告曾军辩称：

当时海科公司为在香港上市需要签订股东锁定协议,被告徐邵文、被告于万喜二人是公司的创始人及公司高级管理人员,签订《保证承诺书》是为保护创始人的利益。协议中涉及的只是经济利益问题,公司高级管理人员内部有权处理,不需经过股东会决议,也未侵害其他小股东的利益。

被告彭开臣答辩意见与被告曾军一致。

被告曹榆辩称：

签订《保证承诺书》是为了保证创始人控股股东的地位。海科公司把这种待遇给被告徐邵文、被告于万喜,没有意识到会侵害其他股东的权益,请求法院依法处理。

被告徐邵文辩称：

《保证承诺书》是股东个人作出的承诺,与海科公司及其他小股东没有关系。6位被告作为控制公司90%股权的大股东,有权签订《保证承诺书》,该行为没有向小股东披露的义务。

被告于万喜辩称：

原告车建华不具有原告身份。8位原告提供的章程不是海科公司现在的章程,是旧的章程。6位被告拥有公司股权的90%,公司另外的10%股权是刘明被告作为奖励奖给8位原告的,这是公司的事情,也不需要股东会讨论决定,属于内部行政事务。被告徐邵文、被告于万喜对公司有重大贡献,签订承诺书是大股东及公司可以决定的,不需要和小股东说明。这是为了解决公司以后发展的问题而签订的,不侵害8位原告的权利。

一审认为:

1. 保证承诺书的性质非公司股东会决议。

判定民事行为的效力,应首先判定民事行为的性质。

本案中,8位原告认为保证承诺中关于保证被告徐邵文、被告于万喜二人董事、监事席位、待遇等的内容违反了《公司法》的强制性规定及公司章程,侵害了包括8位原告的股东权益,请求确认保证承诺无效。根据法律规定,公司股东大会或股东会、董事会的决议内容违反法律、行政法规的无效;股东会或者股东大会、董事会的会议召集程序、表决方式违反法律、行政法规或者公司章程,或者决议内容违反公司章程的,股东可以自决议作出之日起60日内,请求法院撤销。故本案先应界定保证承诺的性质,而后再对其效力进行审查。

根据保证承诺的内容、参会人员的身份以及庭审中双方当事人的陈述,不难看出该承诺是6位被告当时的真实意思表示,实际上为4位大股东个人对被告徐邵文、被告于万喜两位股东作出的承诺,虽有"本协议可视为海科公司的董事会决议执行"的字样,但该承诺并非公司股东会或董事会决议。

2. 6位被告签订的《保证承诺书》不构成对法律强制性规定的违反。

既然是股东个人签订的协议,仅应约束协议当事人,不能按照公司章程或《公司法》对股东会、董事会职能及权限的规定予以评价。至于《保证承诺书》是否会在公司管理、利益分配的落实层面构成对其他小股东利益的侵害,尚无法确知。6位被告作为持有公司90%以上股权的股东为公司发展而对公司利益的选择,应属于商业价值的判断,不构成对《公司法》强制性规定的违反。

一审判决:

驳回8位原告的诉讼请求。

原告均不服一审判决,向上级人民法院提起上诉。

原告均上诉称:

1.《保证承诺书》未经公司股东会决议通过即擅自处分公司利益,侵害了公司其他股东的合法权益,应当无效。

《保证承诺书》系对被告徐邵文、被告于万喜作为海科公司股东待遇的承诺。作为出资人,公司股东的权益应当由《公司法》和公司章程决定,而《保证承诺书》增加了上述两位股东在海科公司所享有的特殊待遇,上述特殊待遇并未经过海科公司全体22名股东的同意。因此侵害了海科公司的利益,也侵害了其他股东的选举权、被选举权和相应的经济利益。

2.《承诺书》是海科公司4名股东以公司权益为标的对其他个别股东所做的承诺,是对海科公司的经济利益和其他权益的处分。

《保证承诺书》因未得到有权处分人的追认而不发生法律效力。一审判决以《保证承诺书》仅仅是股东个人签订的协议,仅应约束协议当事人从而有效的观点是错误的。

3.《保证承诺书》本身已经侵害了海科公司其他股东的权益。

其中《保证承诺书》第1条剥夺了海科公司其他股东关于公司董事、监事的选举权和被选举权。《保证承诺书》第2条给予被告徐邵文、被告于万喜享有的特殊待遇,全部由海科公司承担,显然直接侵害了海科公司的利益。而且,海科公司的利益就是全体股东的利益,一审判决认为《保证承诺书》是否会在公司管理、利益分配的落实层面构成对其他小股东利益的侵害,尚无法确知的观点没有任何依据。

4. 根据《公司法》的规定,公司控股股东、董事、监事、高级管理人员不得利用公司的关联关系损害公司的利益,本案的《保证承诺书》是一种关联交易行为,这种行为侵害了公司和其他小股东的合法权益,是公司控股股东滥用公司权力的行为。

被告宋佳城二审辩称:

不同意一审法院判决,同意8位原告的请求及理由。其主要理由是:

1. 从本案的事实出发,大股东承诺的事实无效。股东个人决定不等于股东会的决议,保证承诺不具有股东会决议的性质。公司董事、监事是选举产生的,而不是承诺的。股东的权利应当是同股同权,并不能承诺任何一个股东享有超级特权。海科公司是在香港上市的公司,薪酬待遇应该由薪酬委员会决定。

2. 从法律上看,《保证承诺书》无效。被告宋佳城本人是公司的法定代表人,但他签字的行为只能代表自己,是被告宋佳城作为公司的股东的承诺,不是作为公司的代表。本案保证承诺约定的事项也不能作为董事会决议。海科公司并没有承诺任何一位股东,也没有盖章,不是承诺的一方当事人。

被告曹榆二审辩称:

不同意一审法院判决,同意8位原告的请求及理由,并且同意被告宋佳城的答辩意见。

1. 签订《保证承诺书》的背景是基于大股东的身份,是大股东希望利用其在公司的控制权而给被告徐邵文、被告于万喜的承诺。这个承诺是想从公司层面实现;

2.《保证承诺书》即便被法院认定是6个大股东的个人行为,但《保证承诺书》的内容仍应当受《公司法》、公司章程的规范,公司大股东不应当通过规避法律、章程的规定限制其他股东的权益;

3. 对《保证承诺书》的效力判断不应当等《保证承诺书》已经落实,损害后果发生后再行判断。

被告曾军、被告彭开臣、被告于万喜、被告徐邵文二审辩称:

同意一审法院判决。

1. 从合同性质来看,《保证承诺书》是股东个人签订的协议,不是股东会决议,也不是董事会决议。是大股东的真实意思表示,协议可以约束当事人。协议签订的背景是6个股东都是公司的创始股东,为了补偿被告徐邵文、被告于万喜在公司的历史贡献而签订的。不应当用《公司法》和公司的章程来约束《保证承诺书》的当事人。

2. 从保证承诺的履行上看,《保证承诺书》没有侵害海科公司其他股东和债权人的利益。《保证承诺书》要履行必须召开股东会和董事会,这些股东完全可以进行表决,事实上《保证承诺书》一条也没有履行,没有损害其他股东的利益。

律师观点:

1.《保证承诺书》因未得到有权处分人的追认而不发生法律效力。

从《保证承诺书》签订的主体看,签订《保证承诺书》的4位承诺人和两位被承诺人共持有海科公司92%股权系海科公司的大股东。而《保证承诺书》的主要内容是被告宋佳城等4位大股东对被告徐邵文、被告于万喜两位股东在海科公司的工作和生活待遇等事项进行的承诺。

《保证承诺书》的第1条是保证被告徐邵文、被告于万喜二人在海科公司的董事和监事席位。第2条是保证被告徐邵文、被告于万喜在海科公司的工作和生活待遇,包括其收入、配车、从业及借款等优厚待遇。

上述协议的签订并未经过股东大会及董事会的表决,并非建立在全体股东意思表示的基础之上,亦非全体董事意思表示,究其性质该协议既不是股东会决议亦非董事会决议,而仅为海科公司的大股东之间代表其本人进行的民事行为进而达成的协议,但该协议是公司的大股东以海科公司的权益为标的对其他个别股东所作的承诺,是对海科公司的经济利益和其他权益的处分。

按照《公司法》和海科公司章程的规定,对公司有关股东在公司享有的待遇以及公司其他重大利益的处置,只能召开股东大会作出决议,因此,海科公司的大股东在未召开股东大会作出决议的情况下擅自签订《保证承诺书》,对海科公司权益的处分仅能代表签订协议的股东的意思表示,而不能代表海科公司的全体股东,更不能代替海科公司的股东大会决议或董事会决议对海科公司的实体权益作出处分。海科公司大股东的上述行为是一种无权处分行为。且《保证承诺书》也未得到其他股东的追认,未取得海科公司股东大会的确认,被告徐邵文、被告于万喜对4名股东无权处分公司利益的事实也是明知的,亦未要求召开全体股东大会对保证承诺的效力予以确认。因此,《保证承诺书》因未得到有权处分人的追认而未发生法律效力。

2.《保证承诺书》的内容违反了法律及公司章程的规定,应为无效。

该承诺涉及海科公司董事、监事席位的确定,高级管理人员的薪酬的确定,海科公司对外借贷等问题,是关于被告徐邵文、被告于万喜两位股东在海科公司享有特殊待遇的承诺。从保证被告徐邵文、被告于万喜两位股东的经济利益上讲,不论两位股东在公司担任何种职务,甚至即使两位股东不在公司担任职务,却仍然可以从公司获得高额的年收入、无偿使用公司车辆、无条件从公司拆借巨额资金。

按照《保证承诺书》的约定,被告徐邵文、被告于万喜上述待遇均由海科公司承担,而非由4位承诺人个人承担。特别是未经股东大会或董事会的同意,大股东就同意两位股东从公司拆借资金的行为实际是一种抽逃出资的行为,不仅会侵害其他股东的利益,同时也会侵害公司债权人的权益。

从确认被告徐邵文、被告于万喜的公司身份待遇上讲,大股东承诺被告徐邵文、被告于万喜在长达10年的时间里担任海科公司的董事和监事,违反了《公司法》关于公司董事、监事的选举的任期的规定,也违反了海科公司章程中确认的"海科公司的股东平等享有被推选担任董事长、副董事长、董事、监事及高级管理人员的权利"的规定。

大股东之间的上述私下承诺剥夺了小股东的选举权与被选举权,侵害了小股东的利益。依照《公司法》及海科公司章程的规定,上述事项的确定应当经过股东大会及董事会的讨论形成决议确定,但公司的大股东没有采取召开股东大会及董事会的形式确认上述事项,而是采取隐瞒公司的小股东,大股东私下达成协议的方式来确定了一部分大股东的利益。

海科公司的章程中明确规定:"公司董事、监事、经理或者其他高级职员必须按公司赋予的权利行使职权,不得利用在公司的地位和职权为自己谋取私利、不得侵占公司的财产。董事、经理不得挪用公司资金或将公司资金借贷给他人。"显而易见海科公司的大股东违反了《公司法》及海科公司章程的上述规定,利用其大股东(包括董事、高级管理人员)的身份和权力,通过个人之间签订的协议来规避《公司法》和公司章程对股东会、董事长会职能的限制,最终通过公司层面、以公司的资产实现大股东的利益均衡,保障个别大股东在公司的额外利益,上述行为是对公司利益和小股东利益的侵害。

需要特别指出的是,海科公司的大股东对被告徐邵文、被告于万喜两位大股东的利益作出保证承诺的第2天,在大股东向小股东隐瞒了上述利益让步的背景下,海科公司的全体股东签订了《股权锁定协议》。作为股权锁定的对价,被告徐邵文、被告于万喜通过与大股东签订协议的方式满足了对其利益的保障,但对其他小股东来讲,在不知情的情况下签订了《股权锁定协议》。此时,大股东所持股权体现的利益与小股东所持股权体现的利益出现了失衡,出现了同股不同利的矛盾,由此亦侵害了公司小股东的利益。

因此,海科公司的大股东没有尽到对海科公司及公司小股东忠实诚信的义务,在明知无权处分海科公司资产的情况下,签订协议越权处分海科公司的资产,侵害了海科公司及其小股东利益,依照《合同法》第52条第2款之规定,海科公司大股东签订的《保证承诺书》应当依法确认无效。

3. 8位原告主体适格,有权提起本案诉讼。

虽然《保证承诺书》系海科公司的大股东个人承诺的行为,但由于其承诺的内容主要是针对海科公司的经营管理权及资产的处置,而大股东对海科公司的经营管理权及资产的直接处置损害了海科公司及其小股东的利益,8位原告作为公司的小股东,有权提起本案诉讼,被告徐邵文等人辩称,大股东签订《保证承诺函》的行为系股东个人的承诺,与海科公司与小股东无关,大股东没有义务向其披露之理由不能成立。

二审判决:

1. 撤销一审判决;
2. 确认6位被告于2004年11月25日签订的《保证承诺书》无效。

1030. 公司经营管理不善,股东可否主张返还出资款,并要求公司董事、高管赔偿?

公司成立后,股东不得抽回出资,即便是公司经营管理不善出现亏损,股东也不得主张返还出资款。

当然,如果公司经营管理问题系董事、高管违背忠实、勤勉义务所致,股东可通过提起损害公司利益责任纠纷之诉或损害股东利益责任纠纷之诉主张董事、高管等对公司或股东承担赔偿责任;若经营管理不善仅是因管理人员的能力问题或正常商业风险所致,股东无法诉讼主张赔偿。

【案例367】总经理承诺盈利 公司亏损主张赔偿股东被驳回①

原告: 李福根

被告: 卢新胜

诉讼请求:

1. 被告赔偿原告股金损失10万元;

2. 被告支付原告股金利息损失88,968元(从2001年12月27日至2010年2月27日,按月利率6‰计算)。

争议焦点:

1. 被告以公司总经理身份承诺如造成公司生产经营停顿,则承担一切责任并赔偿其他股东损失,该承诺是否有效;

2. 原告在被告承诺后成为公司股东,且公司实际控制人由被告变更为案外人,被告是否应履行承诺赔偿的义务;

3. 被告是否履行了忠实、勤勉义务;公司出现亏损后,原告是否能直接向被告主张赔偿责任。

基本案情:

天绿公司于2001年12月27日设立,股东为原告的妻子案外人龚英妹和被告。被告出资60万元,占注册资金的60%,案外人龚英妹出资40万元,占注册资金的40%。被告担任公司执行董事兼总经理。公司成立后制定了生产筹备工作计划书,对相关工作任务作了分工。

2002年1月31日,被告书面承诺:若不能在2002年3月10日前生产成批可供包装的粉丝,或不能与贝因美公司续签代销合同,或与天鹰公司的10万元预付款产生纠纷造成天绿公司资金困难,由以上问题造成公司生产经营停顿,所产生的后果由总经理承担一切责任,并赔偿其他股东的损失。

2002年5月,天绿公司开始批量生产,但与贝因美的代销合同到2002年6月尚未达成协议。公司正常生产1个月后停产。当时考虑对公司实行承包经营,被告草拟了一份承包方案,但该承包方案未成为公司的正式文件,被告也未与公司签订承包合同。

---

① 参见浙江省淳安县人民法院(2009)杭淳商初字第1212号民事判决书。

2002年7月4日,天绿公司召开股东会,形成股东会纪要。该纪要主要内容为:

1. 截至2002年6月15日,被告投入公司的票面金额为311,903.70元,其中10万元为原告出借款;案外人龚英妹投入的票面金额为589,872.40元;

2. 若被告到期不能返还原告的借款,则用公司股权抵偿;

3. 成立清查小组,对票据进行核实,确认各股东实际投入金额;

4. 关于被告未能兑现承诺的处理意见为,若后续承包方案能顺利实施,可暂不追究责任,否则被告按其承诺承担相应责任;

5. 若被告在7月5日起10日内60万元出资到位,保持章程规定的股权比例,否则按股东实际投入调整股权。

2002年7月15日,经清查小组核实,被告除原告出借的10万元外,实际投入163,017.87元,案外人龚英妹实际投入478,879.22元。为此被告与龚英妹、原告达成股权转让协议。股权调整后,案外人龚英妹占注册资金的64.55%,被告占注册资金的21.97%,原告占注册资金的13.48%。当日公司召开股东会,作出同意股权转让的决定,选举案外人龚英妹为公司执行董事,并对公司章程进行了修改。

2002年8月28日办理了工商变更登记,公司法定代表人由被告变更为案外人龚英妹。

天绿公司在完成了上述增加股东、变更出资比例和法定代表人后未能恢复生产。

2005年12月13日,原告向法院起诉,要求被告返还借款及利息。法院审理查明,其中10万元借款已与被告转让给原告的股权价款抵消。因此,法院最终判决驳回原告的诉讼请求。

原告诉称:

依据已生效的判决书认定,被告于2001年12月27日向原告借人民币10万元,投资天绿公司,该款已转为原告的投资款,所以判决驳回原告要求被告返还借款的诉讼请求。而由于被告的原因,天绿公司停止了经营,因此原告要求被告履行赔偿其他股东的股金及其利息的承诺。

原告为证明其观点,提交证据如下:

1. 承诺书复印件一份,用于证明被告承诺不能实现预定的生产经营目标,赔偿其他股东的损失;

2. 股东会纪要复印件一份,用于证明原、被告之间的股权转让是有条件的。如果后续承包方案能顺利实施,就不追究被告的责任;如果不能实施,被告按照承诺承担责任;

3. 关于股权调整说明复印件一份,用于证明被告用13.48万元出资抵偿原告借给被告的10万元债务;

4. 借条复印件一份,用于证明被告向原告借款10万元的事实;

5. 承包方案复印件一份,用于证明被告在承包方案中承诺利润达到30%以上的事实;

6. 计划书一份复印件,用于证明被告承诺在2002年2月28日之前安装好设备,投入正常生产的事实。

被告未作答辩。

律师观点:

1. 公司是股东出资设立的企业法人,有独立的财产和组织机构,在无法定的减资或回购条件下,股东不得抽回出资。

2. 被告作为公司总经理如果履行职责存在重大过失的,应当对公司承担责任,而非对股东承担责任。

股东的出资在公司成立时即成为公司的财产,股东因其出资取得股东身份,享受股权。公司的经营活动由公司机关组织实施,其中股东会为公司的权力机关,决定公司的经营方针和投资计划,执行董事为执行机关,负责执行股东会的决议。总经理受聘于公司,属于公司雇员,处于辅助业务执行机关的地位,对内负责公司日常生产经营活动,对外以公司名义与第三人进行法律行为,法律后果归公司承受。总经理作为雇员,依据《劳动法》和劳动合同行使权利、履行义务。当总经理不能有效实施公司决策及经营计划,公司可以解聘。另外总经理为公司高级管理人员,对公司负有忠诚义务和勤勉义务,当其执行职务时存在重大过失给公司造成损失,应当对公司承担赔偿责任。

3. 公司盈亏是股东固有的风险。

《公司法》第4条规定,公司股东依法享有资产收益、参与重大决策和选择管理者等权利。有限责任公司股东的资产收益权包括股利分取请求权、剩余财产分配请求权、出资转让权及有条件限制的退股权。股东行使上述权利的义务主体是公司。股东的财产权益能否实现取决于公司的经营效益,如果公司经营亏损以致资不抵债,那么股东不能从公司取得红利和剩余财产分配,更不能退股,连其出资转让也难以实现。这是股东固有的投资风险。

4. 被告作为公司总经理,其行为本身也并不存在损害股东利益的行为。

《公司法》第152条规定,董事、高级管理人员违反法律、行政法规或者公司章程的规定,损害股东利益的,股东可以向人民法院起诉。但是,原告在本案诉讼中没有举证证明,被告在经营中实施违法或违反公司章程的行为损害股东财产利益的事实。被告在经营中尽其最大的能力和努力仍然不能使公司生产、销售延续,公司有权解聘被告的总经理职务。依据经营判断规则,因为被告尽到了勤勉义务,即使公司未能实现经营计划,被告也不须对公司承担赔偿责任,更不必向股东承担赔偿责任。

5. 被告作出承诺时,原告尚不是公司股东,而原告成为股东时,被告已经不再经营管理公司。

原告要求被告承担赔偿责任的依据是2002年1月31日被告以公司总经理身份签字确认的书面承诺。承诺三种情况造成公司生产经营停顿,由总经理承担一切责任,并赔偿其他股东损失。但是,被告承诺时原告还不是天绿公司的股东,该承诺不能在原、被告之间产生民事权利义务关系。2002年7月15日,原、被告达成股权转让协议,被告以天绿公司的部分股权抵偿原告借给被告的10万元债务。股权调整后,原告妻子龚英妹担任天绿公司执行董事,而且原告夫妻的出资占公司注册资金的78.03%,处于绝对控股地位。此时被告不再是控股股东、执行董事,其作出承诺的基础已发生改变。天绿公司在原告夫妻控制下不能恢复生产,却要求被告赔偿原告的出资及其利息,明显不合逻辑。而且承诺中对总经理承担责任的形式及赔偿损失的范围不明确、不具体,不能当然解释为赔偿股东的出资(股金)及其利息。如果那样解释,那么股东的投资风险完全由公司总经理承担,这不符合有限责任公司制度。

法院判决:

驳回原告要求被告赔偿的诉讼请求。

1031. 何为企业承包经营合同纠纷?

企业承包经营合同纠纷系指承包人通过向公司股东支付"管理费"等,承包经营公司获取收益而引起的合同纠纷。实践中关于企业承包经营合同效力的争议很大,但目前司法实践一般认定有效。

【案例368】承包经营不赚反赔　协议无效但款项难回[①]

原告:张晓明

被告:南市综贸

---

① 参见上海市第二中级人民法院(2001)沪二中经初字第75号民事判决书。

第三人：天成典当行

诉讼请求：判令被告返还原告承包费及承包投入款项,共计人民币 800 万元。

争议焦点：

1. 双方签订的承包协议是否具有法律效力;

2. 被告是否阻碍了原告承包经营;

3. 原告承包经营期间给第三人带来盈利还是亏损;如果亏损原告是否能够要求被告及第三人返还其投入的资金及支付的管理费。

基本案情：

1995 年 9 月 20 日,原、被告签订一份《经营风险承包合同书》,由原告个人承包经营第三人。该合同书规定:第三人实行自负盈亏、独立核算、定额上交的个人风险承包的经营方式;原告第一年每月向被告交纳网点管理费人民币 4 万元,第二年每月为人民币 5 万元,第三年每月为人民币 6 万元,应于每月 20 日前一次付清;承包期自 1995 年 10 月 1 日起至 1998 年 9 月 30 日止为期三年。

1996 年 9 月,根据中国人民银行文件精神,第三人必须完成清理整顿及转制工作,第三人由原上级主管部门和投资者即被告一方投资改制为有限责任公司,注册资金由原人民币 250 万元增加到 600 万元。

因此,1996 年 9 月 5 日,沪银审计所根据中国人民银行下发文件对第三人清产核资,并出具审核报告。该报告载明:至 1996 年 7 月 31 日止,第三人总额为 11,042,714.54 元,全部为流动资产;流动负债为 8,535,266.45 元;所有者权益为 2,507,448.09 元。

1997 年 9 月 19 日被告与原告又签订一份《风险承包合同》,该合同首先明确了第三人的改制经过及入股企业全权委托被告管理第三人一切活动,第三人的风险承包经营方式不变。同时,该合同另约定:(1)此前由原告承包第三人经营期间的财务账面价值经沪银审计所清产核资后转入改制后的第三人,但这部分资产及债权、债务等的盈亏继续由原告承担,并入本次承包年限内并与本合同承包年限终止时一并清算。(2)原告同意被告派 8 人参与第三人的经营活动,工资费用包括各项基金的提取由原告承担。原告每月支付被告网点租金 37,500 元(每月 20 日前结算)并保证被告及入股企业每年按投入资本金总额的 17% 获利。(3)本次承包经营期限为三年,自 1996 年 10 月 1 日起至 1999 年 9 月 30 日止。(4)原告负责筹集的 120 万元个人股必须是货币资金并作为该合同的抵押金。嗣后,原告等 4 名第三人自然人股东履行了 120 万元的出资义务。

1998 年年底,第三人为加强对公章的管理,将公章统一交由第三人董事薛雪飞保管(之前由原告保存),使用公章需在登记簿上登记、编号。

1999年3月26日、4月21日,原告先后通过案外人博达公司和金筷子公司向第三人投入150万元。

1999年4月6日,原告为向光大信托出具还款承诺书,在公章使用登记簿上进行了使用公章的登记。

1999年七八月,西门集团为审计需要,取走了第三人的账册,后未再交于原告。

1999年9月6日,原告在第三人报销了旅差费、业务招待费等人民币66,278.20元。

原告诉称:

1. 被告阻碍了原告正常的承包经营。

1999年3月,被告擅自收取第三人的公章及账目,并将原告赶出经营场所,造成原告无法正常承包第三人。承包到期后,被告未按约与原告续签合同,亦未归还原告承包期间投入的资金。

2. 原、被告签订的承包协议无效,被告应返还原告承包费及承包投入款项。

根据中国人民银行规定,第三人不得由个人经营,况且原告仅与被告签署了第三人承包协议,未征得第三人其余股东的认可,故原告与被告签订的承包合同书应属无效,被告依法应返还原告上交的承包费300万元、承包投入的款项250万元,共计550万元。

此外,经审计第三人改制前应转入第二次承包的资产为250万元,上述费用累计为800万元。

原告为证明其观点,提交证据如下:

(1)2000年8月,原告委托代理人对第三人法定代表人、原副经理、被告财务人员作的三份调查笔录,旨在证明第三人核资审核后价值人民币250万元的资产归承包人原告所有,原告上交了不少于150万元的网点管理费及被告在承包届满前收取了第三人的公章及财务账册;

(2)1995年10月20日,上海南市拍卖行与上海万康实业公司终止联营第三人的协议,旨在证明第三人在原告承包前经营是亏损的;

(3)第三人2000年12月31日的资产负债表,旨在证明第三人在2000年经营是盈利的。

被告辩称:

1. 承包协议有效,原告要求返还承包费于法无据。

被告接受第三人其余法人股东的委托与原告签订了承包第三人的协议,且该协议未违反法律禁止性规定,故承包协议合法有效,原告要求被告返还承包费的诉讼请求缺乏法律依据。

2. 目前第三人亏损已将近850万元,原告要求返还资产缺乏事实依据。

根据第二份承包协议的约定,原第三人清产核资后确有250万元资产转由原告承继,但该部分资产应并入第二次承包年限内并待承包终止时一并清算。现原告承包第三人期间已亏损近人民币850万元,故原告要求被告返还该部分250万元资产及由博达公司投入的人民币250万元的诉讼请求显然缺乏法律依据。

3. 不存在被告驱赶原告、原告无法承包经营第三人的事实。

1998年年底,为加强对公章的管理,第三人的公章由其董事保管,但原告经过登记仍可使用公章。1999年七八月,为对第三人进行财务审计,上级单位调取了第三人的账册。同年9月6日,原告还在第三人报销了有关费用。

综上,原告诉称的被告将其赶出第三人、其无法继续承包经营的事实并不存在。对于原告的诉讼请求应当予以驳回。

被告对原告所提供的证据发表质证意见如下:

被告对原告证据材料(1)即调查笔录有异议,认为三份调查笔录均只有原告的委托律师一人在场,违反律师的取证规定,证据有瑕疵;对于其余证据材料的真实性无异议。

被告为证明其观点,提交证据如下:

(1)第二人的上级单位于1999年11月9日出具的关于第三人财务状况的审计报告,旨在证明原告承包期间经营亏损近人民币800万元;

(2)(2000)黄浦经初字第539号、(2001)沪二中经终字第73号民事判决书各一份及第三人加盖公章记录一份,旨在证明1999年4月6日原告仍在使用第三人公章;

(3)1999年9月,原告仍在报销有关费用的凭证,旨在证明原告直到1999年9月仍在正常行使承包经营权;

(4)被告委托代理人任金刚、许世锋对陈家振、薛雪飞作的调查笔录,旨在证明收取第三人公章是为了加强监管,收取账册为了审计需要以及第三人股东投资到位。

第三人同意被告对原告诉讼请求及证据材料的意见。

法院依职权查明:

由于各方当事人对原告承包经营期间第三人的盈亏情况存有争议,法院委托光华会计所对原告承包经营期间(1995年10月至1999年9月)第三人的财务状

况进行审计,并委托东洲评估公司对部分存有争议的典当物的价值进行评估,经综合分析确定结论为:

1. 原告承包经营期间,实现利润人民币 −702.67 万元。

2. 原告承包期间向被告上交网点管理费 1,755,000 元、股利 75,600 元、股息 18 万元、弥补亏损用的投资款 250 万元,共计 4,510,850 元。

律师观点:

1. 双方签订承包协议无效。

根据 1996 年 4 月 3 日中国人民银行颁布的《典当行管理暂行办法》的规定,当时典当行属特殊的金融企业,禁止个体设立。据此,原告与被告于 1995 年、1997 年分别签订的两份风险承包第三人的协议书,其约定违反了上述规定,原告个人承包第三人应属无效行为,两份承包协议书应确认为无效。

2. 原告无法返还被告提供的"经营机会",被告也不应返还原告承包费。

原告在承包经营期内的盈亏与承包合同是否有效,两者之间并无直接的因果关系。原告与被告签订的风险承包协议,实际系承包费与"经营机会"的交换,即被告的签约目的在于固定收益、避免第三人经营风险,原告的签约目的则在于通过支付承包费获得第三人的经营权。由于"经营机会"所带来的后果具有不确定性,在通常情况下,"经营机会"的价值主要取决于当事人的自身判断和评估。根据双方签订的承包协议书可以推定,被告在签约时认定的"经营机会"价值,应与原告约定交付的承包费金额基本相当(承包费由网点租金及入股企业按投入资本金 17% 获利组成)。如按照处理无效合同所应遵循的返还原则,被告应将承包费返还给原告,但由于"经营机会"已经事实上不能返还,故原告对于被告的"经营机会"丧失也负有折价补偿(或为赔偿损失)的责任。从金钱角度加以量化后,上述两者金额基本相当,故对原告要求被告返还承包费的诉讼请求,不应予以支持。

3. 被告调取账册、保管公章的行为并没有妨碍原告承包经营。

第三人的单位公章原为原告使用、保管,后第三人为加强管理将公章于原告承包经营期限届满前统一交由其董事保管,并规定使用公章需在登记簿上编号、登记。虽然该公章的使用规定给原告行使承包经营权带来了不便,但从统一保管公章的行为并不能得出原告不能再行使经营权的结论。况且,公章统一管理后,原告为向光大信托提供担保仍使用了单位公章,原告亦未能向法院提供其在公章统一保管后就承包经营权受到影响事宜曾向第三人或被告提出异议或无法使用公章的相关证据,故对于原告认为第三人提前收取公章,承包关系为强行终止的主张,难以采信。

财务账册是反映单位经营活动的一种记账凭证,调取账册本身并不直接影响单位经营权的行使。仅根据上级单位于原告承包经营期限届满前调取第三人财务账册的行为,并不能得出原告据此不能再行使经营权的结论。

4. 由于第三人亏损,返还的承包费及投资费无法支持。

经沪银审计所清产核资后,原第三人(改制前)所有者权益为人民币2,507,448.09元。根据原告与被告1997年9月19日签订的承包合同(第二份承包合同)约定,上述资产应转入改制后的第三人,但由原告继续负责经营,盈亏应并入第二次承包年限内一并清算。据此,原第三人(改制前)价值人民币2,507,448.09元资产仍应属第三人所有,原告仅是负责继续经营。原告提出上述资产应由其所有的主张,缺乏必要的事实与法律依据,不应予以采信。

原告在承包经营期间通过博达公司共计向第三人投入资金人民币250万元,但上述投入的款项目前尚不足于弥补其在承包经营第三人期间造成的亏损,故对原告要求被告返还人民币800万元的诉讼请求,不应予以支持。

法院判决:

1. 确认原告与被告签订的两份承包经营协议无效;
2. 驳回原告其他诉讼请求。

【案例369】享管理权不等于承包公司　无书面合同诉请承包所得被驳回①

原告: 常某某

被告: 常某某(与原告系亲兄弟)

诉讼请求: 被告返还原告承包收入50万元。

争议焦点:

1. 对公司承包经营是否违反《公司法》规定;合同是否有效;

2. 承包经营合同是否实际履行;掌握公司管理权是否意味着承包经营了公司;

3. 被告与国旅公司间属何种法律关系。

基本案情:

2002年1月20日,被告与原告签订《承包协议书》,约定:

1. 国旅公司原有办公场所租赁给原告使用,租赁第一年暂定年租金22,000元,按月支付每月2000元。

---

① 参见上海市普陀区人民法院(2012)普民二(商)初字第47号民事判决书。

2. 原告年缴国旅公司管理费4万元,按季缴纳,每季1万元,如未按时缴纳,被告有权终止协议。

3. 国旅公司治理保证金10万元,暂不做变动,但原告在承包期间发生意外事故所发生的保证金费用,原告应如数及时返回国旅公司。

4. 国旅公司注册资金50万元。承包时年检的资金由原告负责落实,被告可以协助原告落实年检资金。

5. 被告有权监督原告的业务经营状况及财务收支情况,会计由被告委派。出纳由原告自行决定,但所聘人员需持证上岗。

6. 原告人员在承包期间的水、电、电话及业务管理涉及的有关费用由原告自理。

7. 协议执行时间从2002年2月1日起至2003年1月31日止。

1998年11月18日,国旅公司召开股东会,选举被告等人为公司首届董事,法定代表人为被告。

1999年10月21日,常某某、陈某某与案外人丁某某签订股权转让协议,由丁某某受让陈某某所持国旅公司的股权,国旅公司股东变更为常某某和丁某某。

2003年9月8日,国旅公司召开股东会,决议常某某将其持有的80%股权转让给张某某,股东变更为张某某、丁某某。

2003年9月22日,国旅公司召开股东会,决议选举张某某为法定代表人,同时免去被告执行董事(法定代表人)兼总经理。

2006年5月10日,丁某某与被告签订股权转让协议,由被告受让丁某某所持国旅公司全部股权。同日,国旅公司召开股东会,决议委派被告为公司执行董事,委派庄某某为公司监事。

原告诉称:

《承包协议书》签章生效后,被告清空国旅公司原有资产,将账面为零的企业交于原告承包经营。承包协议一年履行期届满时,双方没有终止承包协议并办理移交手续,而是口头同意续展,为此原告实际经营并支付承包费用直至2009年10月。

2009年11月,被告突然终止《承包协议书》,收回国旅公司的经营权,但却拒绝原告要求提取承包经营成果以及将账面清零后解除《承包协议书》的要求,非法占有原告全部承包经营成果(原告估计约有70万元)。原告认为,国旅公司解除双方的承包经营关系,依法应返还原告的经营成果。

原告为证明其观点,提交证据如下:

1. 工商档案机读材料,证明被告系国旅公司股东。

2. 付款凭单两份,证明原告系国旅公司实际承包人,在经营过程中原告个人出资给公司进行运营。

3. 收条,证明国旅公司账上还有原告应得的经营成果以及原告暂借给公司及为公司垫付的业务费用。

4. 2008年、2009年费用汇总表,证明原告并非一般打工者,双方基于承包关系,在承包结束后进行对账,若原告仅是受托的管理人员,双方无须形成对账文件。

5. 原、被告对账文件,证明内容同证据4,该份证据来源系原告从国旅公司账簿中摘录。

6. 案外人平某某出具的情况说明,证明原告的身份是总经理,并非是一般的经理。被告在2009年11月底接手公司,说明之前是原告在承包。原告主导国旅公司利润分配、日常管理、资金使用,反映出原告实际承包经营的事实。

7. (2011)普民二(商)初字第××号案谈话笔录三份,证明在笔录中被告已确定双方存在书面承包合同,仅提出是否合法有效,没有否认过实际履行。笔录中被告称有上海某某会计师事务所介入过双方的账目问题,说明双方曾为解决承包期间的收益有过多次协商,仅对金额有不同意见。

8.《关于国旅公司有关人员变更的通知》,证明被告承认原告、案外人庄某某为正、副总经理。

被告辩称:

不同意原告诉讼请求。

1. 承包协议确实是被告所签,但该协议并未实际履行。

原告作为承包人没有缴纳相应的承包金,国旅公司也未让原告实际经营。该份协议没有自动延展的约定,2003年之后双方之间也不存在承包关系。从2003年2月开始,原告一直在被告某某公司工作,担任管理者,但仅仅是劳动合同关系。

2. 现被告某某公司的主要股东是张某某,但张某某并未与原告签订过任何承包协议,张某某和原告是舅舅和外甥的关系。被告2006年退休后,受让股权成为被告某某公司的股东,但被告作为股东不应该承担责任,两被告并非共同债务人,原告要求两被告共同还款缺乏法律依据。

被告对原告所提供的证据发表质证意见如下:

1. 对证据工商档案机读真实性无异议。

2. 对 2009 年 8 月 3 日付款凭单，无法反映是向原告借款。2009 年 6 月 22 日的付款凭单上记载的是向常总借备用金，未明确是向原告借款，即便是向原告借款，也与承包协议无关。依照承包协议的约定，原告除了支付承包费之外，公司盈亏由个人承担，所以不存在借款的说法。原告与国旅公司之间只是雇佣的劳动合同关系。

3. 对证据费用汇总表，无法确认由谁制作，故不认可其真实性。

4. 对证据对账文件，因证据上并无双方签字，故无法确认真实性。

5. 对平某某的情况说明不予认可，此属于证人证言，平某某应出庭作证但实际未到庭。

6. 对证据(2011)普民二(商)初字第××号案谈话笔录的真实性无异议，但从笔录中无法得出被告确认 2002 年至 2003 年合同实际履行以及 2003 年之后仍有承包关系的结论。

7. 对证据《关于国旅公司有关人员变更的通知》的真实性无异议，对原告及案外人庄某某的职务并无明确说法，但原告确实是以总经理名义对外招揽业务，庄某某是副总经理。

被告为证明其观点，提交证据如下：

1. 工商变更登记材料及股权转让协议、建行现金缴款单，证明被告于 2006 年退休后受让国旅公司股权，并担任公司法定代表人，被告为获得股权支付了相应对价；

2. 工资领取凭证，证明原告始终在公司领取工资报酬；

3. 国旅公司 2006 年度至 2009 年度的利润表及资产负债表，证明原告担任国旅公司经理期间，公司的净利润分别为 25,697.82 元、7848.83 元、17,193.59 元、19,133.98 元。

针对被告的上述证据，原告认为：

1. 对工商变更登记材料及股权转让协议、建行现金缴款单的真实性无异议，但与本案无关联性。

2. 对工资领取凭证无异议，但反而可以证明原告承包的事实，领取费用的人都是原告团队的工作人员，从领取的金额来看，无法反映是高级管理团队的工资收入。事实上，原告团队成员每个月的工资收入都有好几万元。

3. 对国旅公司 2006 年度至 2009 年度的利润表及资产负债表真实性无异议，但账目上反映的利润与实际利润有差别。

律师观点：

1. 2002年至2003年原、被告间存在合法有效的承包关系。

根据查明的事实，原、被告双方确实在2002年签订过书面承包协议。同时，我国法律、法规未明确禁止公司实行承包经营，承包经营可以视为股东会、董事会的对承包人的概括性授权，真实有效。被告没对此没有否认，且已经实际结清相关款项，不存在争议。

2. 2003年至2009年原、被告间不存在合法有效的承包关系。

（1）从承包合同形式要件判断

公司承包经营的核心是获得公司股东会的概括性授权。而在被告予以否认的情况下，原告不清楚国旅公司的股东构成，更无从谈起获得股东会的授权。同时，原告也未能提供形式完备的证据表明双方之间存在建立承包关系的意思表示。

（2）从原告履约情况判断

原告并未提供其支付承包费的依据，仅提供了其对被告行使管理权的证据，而行使管理权并不能等同于承包经营。

（3）从被告掌控公司情况判断

能否任命出纳进而掌握财务是承包经营的一项重要权利。依照承包协议书的约定，出纳可由原告自行决定。但是自2007年起，被告在受让股权后即行使权利，任用平某某担任出纳。这间接说明被告已经完全收回了国旅公司的财务管理权。故出纳更换的事实，实际将承包协议书中任用出纳的约定予以废除。而原告在丧失出纳任用权的情况下，很难让人相信其仍在继续承包经营国旅公司。

（4）对于原告在国旅公司行使权利的性质分析

①从2002年进入国旅公司直至2009年离开公司，原告一直担任国旅公司总经理，但拥有管理权并不能等同于建立了承包关系。被告在经历多次股权变更后，已经转变为带有家族企业性质的私营企业，作为法定代表人兼董事长的被告，委任自己的亲弟弟即原告担任总经理，确实可以使得原告在被告拥有相当的话语权，但正是这种不规范且带有亲情色彩的组织架构模式，替代了正规的、法律关系明晰的管理模式，导致双方权责不明，以致产生了本案的纠纷。

②被告系旅游行业内的企业，相关的行业习惯决定了总经理可以自主支配团款、进行业务提成，这在一定程度上模糊了管理权与控制权的边界。而公司其他员工平时只领取基础工资，在年底时结算提成的做法，也说明了该旅游企业与大多公司是有很大不同的。故原告在管理国旅公司期间的诸多做法并不能当然得

出其实际承包国旅公司的结论。原告实际是对被告进行特殊的、可提成的管理。

综上所述,原、被告之间曾有承包合同关系,但未续签书面合同。依照已经认定的证据判断,也不能证明存在事实履行承包合同的情形,故而认定承包经营关系不成立。

法院判决:
驳回原告的诉讼请求。

三、离岸公司不公平损害的股东权益保护[1]

1032. 何为香港私人公司或 BVI 公司中的不公平损害行为？不公平损害行为包括哪些情形？

根据香港公司条例(香港法例第 622 章)第 724 条[2],若公司的事务,正以或曾以不公平地损害众成员[3]或某名或某些成员(包括该成员)的权益的方式处理,或该公司某项实际作出或没有作出的作为(包括任何代表该公司而作出或没有作出的作为),或该公司某项拟作出或不作出的作为(包括任何代表该公司而作出或不作出的作为),具有或会具有上述的损害性(统称为"不公平损害行为"),则法庭可应公司有关成员提出的呈请,作出它认为合适的命令,以就上述的事宜提供救济。

至于 BVI 方面,根据 BVI《商务公司法例》第 1841 条,也有关于不公平损害行为的条文,与香港公司条例大同小异。

事实上,何谓"不公平损害行为",香港公司条例并未作出进一步的诠释,但根据有关案例[4],所谓不公平损害行为,是根据衡平法的原则,构成不公平、不符合公义的行为,包括(但不限于)以下情况:

(1)各股东对于公司事务的处理方式,除章程细则的条文外,另外有达成共

---

[1] 此部分由韦业显律师执笔完成,韦律师为香港韦业显律师行创办人和资深合伙人,具有英国、香港律师资格。擅长处理股东纠纷、不公平损害行为申索、衍生诉讼等案件,办理大量涉港诉讼和仲裁,涉及中国与离岸地区的跨境案件,包括在英属维尔京群岛、百慕大等离岸地区的案件。在非诉讼方面亦精于处理企业融资并购、企业重组(包括债务重组)、商业借贷及抵押文件等。
中国企业家采用香港或离岸地区(主要为 BVI)作为最终控股公司或中外合资企业的控股公司的情况日益普遍,究竟作为这些公司的少数股东,若受到多数股东或董事局的不公平对待,在法律上有什么保障？其中最有效的保障之一,就是对"不公平损害行为"的申索。

[2] 2014 年 3 月 3 日前为香港公司条例(香港法例第 32 章)第 168A 条。

[3] "成员"即股东。

[4] 最权威的案例为英国上议院 O'Neill v. Phillips(奥纽尔对菲腊斯)[1999] 2 BCLC 1。

识或协议(此种协议是广义的协议,而无须为根据合约法有效的协议),以作为投资于该公司或成为该公司的股东的交易基础的一部分。

(2)其中一个常见和重要的例子,就是所谓"类似合伙"的公司,即一些私人公司,其股东之间的合作是基于一种互信的个人关系,大家通常都有一种共识,各股东都有权参与公司的管理(包括不被排除于董事局之外),对于公司重大决定有被咨询权,甚至否决权,而对于股东转让其股权亦有限制(如不能转让于现有股东以外的人)。

(3)在这些"类似合伙"的公司,若股东之间互信已受到破坏或不再存在,而某些股东被排除于管理层外,其权益将被锁在公司里面,而处于非常不利的地位。如电影"中国合伙人"里面的主角,即成东青(黄晓明饰演)、孟晓骏(邓超饰演)与王阳(佟大为饰演)。在电影里,成与王先成立公司,孟回国后加入。他们大学时代已是好友,之后共同创业,各自负责不同范畴的管理。如若他们当中持多数股权/投票权的股东,将小股东(如孟)摒除于董事局或管理层之外,则受损害的股东就可以提出"不公平损害"的诉讼,要求法庭干预[假设他们的公司是在香港或其他普通法国家和地区(如BVI)成立]。

(4)除了"类似合伙"的公司外,若公司的董事(或董事局的多数派)为不当之目的而行使其权力,或违反他们作为董事的受信责任(fiduciary duties),而令致股东受到不公平损害,亦可以构成"不公平损害"行为。

【案例370】BVI 股东非类合伙关系　不存在不公平损害请求解散 BVI 被驳回①

原告:王新安、夏慧、朱庆、张玉、高云台、吕益民、朱明星、丁佳君

被告:连城公司、范萧云、温玉、蔡国姝

诉讼请求:请求法庭判令由原告收购连城公司的股份,或根据香港《破产法》第169(1)条颁令,将连城公司解散。②

争议焦点:

1. 原告与被告之间是否具有类合伙关系;
2. 子公司控股股东的行为能否被视为对母公司股东间关系的破坏;
3. 将连城公司解散是否公平公正。

---

① 参见维尔京群岛东加勒比高等法院判决。
② 为便于中国内地读者阅读,此判例的结构、措辞均按照内地习惯进行了调整。

第十四章
损害股东利益责任纠纷

基本案情：

本案由被告连城公司的 8 名股东提起，其他 3 名股东（共持有 56.7% 股份）同为被告。

连城公司于 2004 年在维尔京群岛成立，是美国河达公司的控股股东（51.94%），美国河达公司的其他股东分别为拓尔公司（31.296%）及公众股持有者（16.764%）。

美国河达为尔乐公司（注册于维尔京群岛）的 100% 股东，尔乐公司是上海河达公司（注册于中国）的唯一股东。上海河达公司的设立目的及其直至 2011 年的主要活跃领域都为生物制药。

本案原告为连城公司的小股东，间接控制上海河达公司及其主要子公司。

范萧云为范兵之子，2009 年 7 月 14 日范兵意外去世。另两名被告分别是范萧云的妻子及其母亲。

至诉讼时，各公司股权状况如图 14-1 所示：

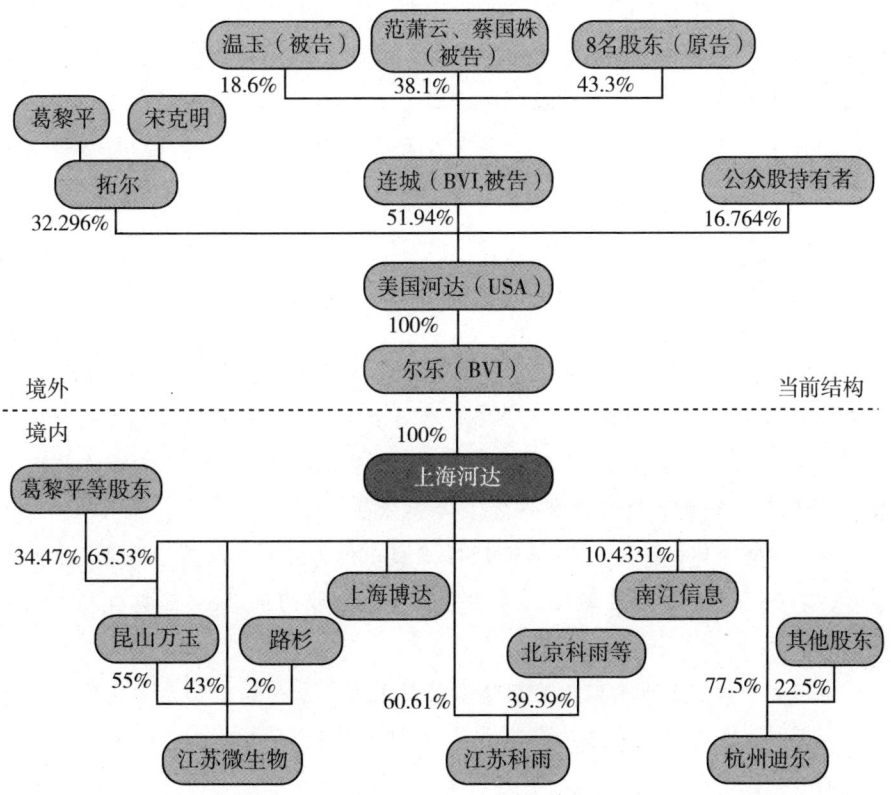

图 14-1 本案至诉讼时各公司股权结构

· 1521 ·

2003年左右,范兵掌控着上海河达公司,并决心让这家公司成为外商独资企业,从而把全部管控抽离到国外并把运作资产留在中国大陆,再让上海河达公司在国外的股票交易所上市。因此设立了被告连城公司,并在尔乐公司和连城公司植入一个"上市"媒介,这个媒介就是美国河达公司。美国河达公司有权或被给予了在内部交易的市场上交易未上市股票的权利,但这个市场就是场外交易电子版(以下简称OTCBB),OTCBB并不是交易所,这个市场的股票(任何在美国证监会下登记过的股票)由做市商交易,并不能被认定为"上市",因OTCBB除要求为在美国证监会下登记外并无其他上市股票的要求。美国河达公司的股份曾于2005年12月及2008年某段时间在OTCBB交易,当美国河达公司已经因费用原因停止在美国证监会的存档。

上海河达的公司章程规定,公司董事由5人组成,其中两人由拓尔公司委任。商业目标由上海河达公司内部设定,但如没有统一意见,拓尔公司有权重新委任或者增加(没有明确用哪一种方式)管理人员。拓尔公司被明确赋予了监督上海河达公司运营的权利,在适当的情况下,可委任独立的会计师。第一、第二原告积极参与上海河达公司的管理。所有的这些协议都受香港法律管理,在不排除其他司法管辖的情况下优先适用香港特别行政区法律。

2009年7月,范兵过世,范兵之子范萧云等与拓尔公司的股东葛黎平等发生纠纷。

拓尔公司的股份由葛黎平、宋克明以相同比例持有。葛黎平有着制药业方面的背景,是范兵生前的朋友及偶尔的商业伙伴。

原告诉称:

本诉讼程序始于2011年,原告依据2004年香港《商业公司法》第1814条提出若干诉讼请求,理由为连城公司事务的执行并未公平对待他们作为连城的一员的职责。此外,原告依据2003年香港《破产法》第169(1)条之规定,请求法庭任命破产清算人,理由为这样才是公正、公平的做法。

原告根据香港《商业公司法》第1841条提出的诉讼请求是为了请求法庭基于香港《破产法》委任破产清算人,或判令由原告强制收购第二、第三被告在连城公司的股份。

原告提出如上请求的依据为以连城公司为首的系列公司都是为了每一位原告能与范兵以类似合伙人的身份共同工作,并积极投身于公司运作、对公司负责的共同目的。

原告请求称在2004年连城公司成立之时或不久,各原告与范兵曾达成共识,他们共同管理连城公司集团;有关集团运作的主要商业决定要经过每个人的商榷;每个人都有影响集团的重要商业决定的投票权。在此基础上,原告认为连城公司应被视为类合伙公司。此外,上海河达公司是由所有涉及投资者共同所有,因此也应被视为类合伙公司。

原告诉称,在范兵死后,范萧云和原告之间也达成了协议:范萧云如果要加入上海河达公司的管理层也必须基于上述原告与范兵之间的共识,然而范萧云却违反了这一共识,将原告排除在集团各个方面的业务之外。但这一控诉忽略了在范兵死后,范萧云被委任之时,原告或其中间的某一些人,与拓尔公司的所有者一起,把范萧云排除在管理层之外,直到范萧云在中国法院的帮助下重新复职的情况。

原告提出请求法庭依据香港《破产法》委任清算人的依据为,连城公司是基于为最终实现美国河达公司在美上市提供投资平台的目的设立,但这个目的在范兵死后变得不可能实现。在这样的情况下,原告称让连城公司解散是公平公正的。

被告辩称:

原告声称的被告与范兵达成了共同管理连城公司及其子公司的合意是不成立的,同理适用于每一位原告都有权就连城公司或其子公司商业活动投票这一言论。作为原告,没有办法证明他们所辩称的合意的存在,其对不公平损害行为的请求从一开始就不能成立。同时,被告援引清楚的论据指出原告所称的对公司成员之一的不公平损害行为应该仅限于其申请书或起诉书中。

法院认为:

1. 关于类似合伙关系。

众所周知,为了要规范联合公司股东之间的行为,互相间的合意应该是发生在2004年7月连城公司成立之前。法庭基本同意被告关于不公平损害行为基础的观点,但是法庭不认为要像被告提出的要有如此严格的界限。规定是用来保护诉讼原告,例如,在一方违反了双边管理协议的情况下,可以在诉讼中向违反协议的控权大股东人要回合理的分红。在法庭看来,这不是用来要求原告,就如本案的原告,去证明笼统协定中关于每位股东都有权参加公司的管理的一字一句。

法庭支持被告之处在于该合意的关键要素在本案中禁不起推敲,因而法庭有权在如上要素被剥离后判断合意的剩余内容。在本案中,一个合意的外表是由几个原告联合陈述的。这并不意味着,法庭就要否认这一合意。但在法庭看来,若其中一些重要因素一开始就不成立,法庭必须确保剩下的合意是各方的真实意思表示,并且规范着他们在涉及公司管理时的行为。

法庭认为,至少在最初设立连城公司的时候,各方没有很明显的共同参与公司管理的合意,更遑论连城公司及其子公司。一个惊人的事实是连城公司的公司章程除了普通章程应有的条款之外,没有更多关于双方共同参与及控制公司管理的条款。

就算在"连城/尔乐"结构中有那么一种合意存在,也已被葛黎平的行为打破,其在范兵死后的系列行为与任何形式的特殊关系都相违背。

以法庭的判断,从此案所有的证据看来,连城的股东之间除了章程中规定的条款之外,并不存在什么特殊的协议或合意达成。

总的来说,范萧云在 2009 年 9 月成为上海河达公司的董事时不可能与原告产生合意。

因此,法庭不支持原告基于香港《商业公司法》第 1814 条提出的关于类似合伙关系的请求。

2. 关于公正公平地解散公司。

当然,如果不公平损害行为成立,或者说法庭认为存在不公平损害行为触发了第 1841(2)条第(f)款下的救济,那么法庭根据第 1841 条可选择的救济途径就是解散连城公司。而原告律师代表原告寻求的是在第 1841 条下的以公平和公正为理由解散公司的救济途径。

原告律师认为连城设立的目的及其管理结构被扭曲了。他认为连城小股东被挤出了公司,且上海河达公司的运营出于混乱状态。事实上,小股东并未被挤出连城,被开除出公司的只有丁佳君和夏慧。法庭认为若原告不能说明为什么范萧云将丁佳君和夏慧开除出上海河达公司是不公平的,那这就不能作为请求解散连城公司的基础。而且,从法庭的角度看,在范萧云已提供了他意图使用新供应商使得上海河达公司恢复运营的证据使得法庭无法否认的情况下,原告所谓连城现在不在生产的所谓事实就不构成解散公司的基础。

原告律师还提出了一个不同观点,他认为当初连城公司的设立目的就是为集团上市提供投资平台。既然集团未能上市,那么设立目的就已相应地无法实现,这使得原告有权发出解散公司的请求,这样他们才能收回他们的投资。

首先需要判断的是,美国河达公司在 OTCBB 上的交易能不能算上市,如果按照对上市的常规定义来判断的话,法庭认为它不算上市。没有人会在描述美国河达公司的时候说,这是在场外柜台交易版上市的上市公司。

既如此,连城公司设立的目的是否就无法实现了呢?

无疑,公司在成立时的目的是经营某一特定的产业,而大股东却计划利用公司的资金去经营其他的产业,那么这时小股东是有权申请解散命令的。但是连城公司完全不可以被称为投资平台或者工具,它只是为原告和范兵公司在上海河达所有的60%股份代持而已。

因此此案与解散的原则不符。

在此案中,连城已经或者必然已经被视为是用来控制原告和范兵在美国河达公司和其子公司中的股份的。连城最终没有如预想的那样成为一个上市公司并不能等同于原告的资金被使用到了事先约定的不能涉及的业务上。公司的重组不能如期望的那样(且不论这样的期望现不现实),它造成的是商业上的失败,而不是违反了合作的企业家之间的协议。

因此,原告提出的基于公平和公正而解散联盟的理由不成立。

法院判决:

原告败诉。

1033. 香港法庭对于不公平损害行为,可以作出什么命令以保障受损害的股东?

根据香港公司条例,法庭有很广泛的权力颁发不同的命令[①],包括:

(1)禁制令,禁制继续以某些方式处理有关公司的事务;

(2)强制令,规定作出某些有关公司没有作出或拟不作出的作为;

(3)规定以有关公司的名义,针对法庭所命令的任何人,提起合适的法律程序;

(4)委任接管人或经理人,接管/或管理有关公司的财产/或业务或其任何部分;

(5)任何规管有关公司的事务在日后的处理方式的命令(包括修改公司的章程细则[②]);

(6)有关公司的任何成员购买该公司另一成员的股份的命令(可以强制被告人收购原告人,也可以强制被告人的股份被原告人收购);

(7)有关公司购买其任何成员的股份,并相应地减少其资本的命令;

(8)可命令该公司或任何其他人向该成员支付法庭认为合适的损害赔偿,以及原讼法庭认为合适的该等损害赔偿的利息。

---

① 香港《公司条例》第725条。
② 香港《公司条例》第726条。

1034. 香港法庭如何评定何为"公平的价值"？

按照一般做法，法庭会要求双方呈交由估值专家作出的估价报告，评估股权的价值。若收购方有作出损害公司或原告股东的行为，则收购价格亦会适当地向上调整。

1035. 香港私人公司或 BVI 公司董事职务被撤销应如何救济？

根据香港与其他普通法地区的公司法，公司的管治基本上是根据公司的章程细则，若根据公司的章程细则多数股东有权撤换任何董事，则基本上多数股东按照公司的章程细则，通过股东决议撤换某位董事（以下简称 A）的职位是可以的，但当其他股东的行为构成不公平损害行为除外。

因此，如果被撤销公司董事职务，而多数股东/董事将 A 摒除于董事局和管理层之外，各股东之间的关系又是"类似合伙"关系，很可能已经违反各股东之间的共识或协议，故此，法庭很可能会认为该作为董事的股东权益已经受到不公平损害。

至于法庭会作出的命令，很可能是要求对方股东，以公平的价值，收购股权。由于双方之间的互信已经破裂，很难今后在一起合作，通常法庭一般都会作出此命令。但在上述情况下，法庭很少会作出由少数股东收购正在营运公司的多数股东股权。

1036. 除将小股东摒除于董事局或管理层外，实际经营管理中还有什么其他可以构成不公平损害行为的例子？

最常见的例子，包括：

（1）未向受影响股东咨询他对于公司重大的事宜或交易的意见，或向该股东提供重要资讯；

（2）借由发行新股或供股的方式，以冲淡受影响股东的股权，而并非真诚地为公司的最佳利益着想（如公司真正需要集资或增资）；

（3）支付过多的董事酬金；

（4）未有分派及支付合理的股息；

（5）挪用公司的业务或资产。

上述不同的情况，法庭会作出不同的命令，以保障受影响股东的权益。

但如果只是牵涉公司管理不善，除非是非常严重的管理不善，否则一般不足以构成不公平损害，因法庭难以就公司管理或商业决定问题作出裁决，而且任何股东都要蒙受管理不善的风险。

1037. 如香港控股公司在中国内地子公司出现支付过多董事报酬、资产被挪用等情况,香港控股公司股东是否可以提出不公平损害行为的诉讼?

可以。

香港《公司条例》第 724 条所述的"公司的事务",是可以包括有关公司的子公司的事务。① 因此,内地企业的拥有人,如果是透过香港或 BVI 母公司持有国内的企业,在处理内地企业事务时,也有可能构成对于香港或 BVI 母公司股东的不公平损害行为,后果可能非常严重和重大,这点不能不知道。当然,要视乎根据各股东合作的历史与关系,在事实和证据上能否证明有"类似合伙"的存在,或有其他法庭接受为不公平损害的情况。②

1038. 若各股东之间仅是关系与互信破裂,难以确定任何一方过错,是否可以不公平损害为由,要求法庭颁令由其中一方收购另一方的股权?

不可以,法庭是不会如婚姻案一样,颁布纯粹因关系破裂的"无错无疚离婚",原告方必须证明被告方构成不公平损害行为。

1039. 不公平损害行为是否适用于上市公司?

香港(及 BVI)公司法例的有关不公平损害行为的条文,并非只限于私人公司,亦涵盖上市公司。一般来说,上市公司的股东,较少需要引用不公平损害的条文,因他们可以在市场上将股份出售,而无须法庭判令强制收购。当然,也有例外的情况,若多数股东或董事局处理公司事务的方式,令公司蒙受损失,以致股价下跌,则需要由法庭颁令被告方(或公司)以公平的价格收购原告方的股权。

此外,上市公司的本质,是不容许股东之间有对公司事务如何处理的私人共识或协议,因为香港或世界其他主要证券交易所,都要求公司的管治有足够的透明度,而且资讯的公开是根据平等的原则。因此,上市公司并不容许"类似合伙"的存在。

但是,若上市公司部分股东或董事局的行为,将致公司违反上市规则而危害到公司的上市地位,则仍可以构成不公平损害行为,法庭有权干预,以确保损害公司和股东的行为会终止并不会再发生,因为对于一家上市公司,股东投资于该公司或成为该公司的股东的交易基础的一部分,是公司必须为上市公司,及不能作

---

① 参见香港终审庭 Waddington v. Chan Chan Hoo Thomas and others, FACV No. 15 of 2007, Lord Millet 判词第 77 段。

② 如 BVI 案件:Wang Zhongyong(王忠勇)and others v. Union Zone Management Limited and others [Claim No. BVIHC (Com) 0126 of 2011, Judgment of Mr. Justice Bannister Q. C. dated 16/10/2013.]

出危害其上市公司地位的行动。①

1040. 除了不公平损害行为外,少数股东受到不公平或不合理的对待,或公司利益受到损害时,有没有其他要求法庭保障的诉因?

有。受影响的股东其他诉因主要有以下两项(但不是每一个案件都适用,要视乎案情而定):

(1)根据香港公司(清盘及杂项条文)条例(香港法例第32章)第177(1)(f)条,向法庭呈请将公司以公正公平的理由清盘;

(2)代表公司,向控制公司而且又损害公司利益的人,提出所谓"衍生诉讼"(derivative action)。

上述两种诉因都牵涉相当复杂的法律,择其要者如下:

A. 以公平公正的理由清盘。②

(a)以公平公正的理由清盘与不公平损害行为的关系比较密切,也可以说是不公平损害行为条文的先驱者。

(b)以公平公正的理由清盘一般是适用于"类似合伙"公司(但不一定是),而且很多情况都是部分股东被排除于董事局或管理层外,或出现本节第5问的例子,或出现僵持不下的情况。因此,很多时候,在向法庭呈交的不公平损害行为的呈请中,也会申请以公平公正的理由将公司清盘,作为交替性的申索(alternative claim)。

(c)其他以公平公正理由清盘的情况,主要为:公司成立的目的,已完全挫败或无法达成,或公司的基础已经完全丧失。

(d)公平公正理由清盘与不公平损害行为两者不同的地方主要为:以公平公正的理由清盘,法庭只可以颁令清盘或不清盘,不能像呈请对不公平损害行为作出其他不同的济助,而且,很多时候未必对受影响股东最有利。所以,可以说,不公平损害行为,是公平公正理由清盘的改良版。但保留公平公正理由清盘也有用途,因为针对某些案件,颁令清盘则是比较合适的。③

B. 衍生诉讼。

(a)虽然衍生诉讼与不公平损害行为,在不少情况会有重叠,但两者的性质

---

① 参见香港上诉庭案件:Luck Continent Ltd.(瑞洲有限公司)v. Cheng Chee Tock Theodore Cheng(成之德)、Leonora Yung(荣智丰)and others[2013]5 HKC 442。(案件正在进一步上诉到香港终审庭)

② 最重要的案例为英国上议院案件 Ebrahimi v. Westbourne Galleries Ltd. [1973] AC 360。

③ 在BVI,将公司清盘是不公平损害行为其中一种救济,参见 BVI Business Companies Act(《商务公司法例》)第1841(2)(f)条。

和概念是大有分别的。

（b）衍生诉讼是针对控制公司的人，违反他们对公司所负的责任，作出损害公司利益的行为。因涉及控制公司的人违反他们对公司所负的责任，故唯一能够向违反责任的人提出申索的，只有公司自己本身，才可作为正确的原告①。

（c）但由于公司受违反对公司责任的人控制，所以公司并不会通过决议案，向做了坏事的公司控制人提出申索。故此，为克服此问题，普通法允许一种例外情况，就是如果公司控制人，对少数股东有"诈骗"行为②，则少数股东可以代表公司，向违反对公司责任的控制人提出申索：此为普通法的衍生诉讼。

（d）而香港与BVI的公司法例③，亦分别另有条文制定法定的衍生诉讼，涵盖的范围基本上比较广，不限于违反受信责任，还包括违反其他董事对公司的责任及对公司作出的不当行为（包括疏忽）。

（e）另一方面，不公平损害行为的申索，是针对股东的不公平损害行为，故原告方应为受影响股东，不是公司。

（f）但实际上，如果董事违反对公司的受信责任，令公司受损，也会令股东受到损害，在这种情况下，受影响的股东，的确是可以选择提出衍生诉讼，或提出不公平损害的申索，甚至两种诉讼都进行。那么，应根据什么原则来作出抉择？答案是视乎需要何种济助。

（g）例如，若因违反受信责任的董事，促使公司与第三方达成对公司造成严重损害的交易，而需要将有问题交易作废的话，则只有公司才可以作为原告，故此，只可以展开衍生诉讼才能将交易作废。

（h）对于公司蒙受损失的金钱赔偿，也是只有公司才可以作为原告，故此，也只可以展开衍生诉讼才能申索公司损失的金钱赔偿。④ 而且，从衍生诉讼所得的

---

① 此规则为普通法系的公司法中一个最基本的原则：Foss v. Harbottle（1843）Hare 461。
② 此"诈骗"并非一般刑事的诈骗，而是违反受信责任，一方面为私己利益，另一方面也损害到公司的利益。
③ 香港《公司条例》第732条；BVI《商务公司条例》第184C条。香港的法定衍生诉讼，是与普通法衍生诉讼并存；BVI方面，一般的意见是法定衍生诉讼，已取代了普通法衍生诉讼，但亦有不同的意见：见 Waddington Ltd. v. Chan Chun Hoo Thomas（陈俊豪）and others [2013] HKCU 2899（但此判决对BVI法院是无约束力）。
④ 对于公司的损失，虽然是影响到股份的价值，间接令到股东也蒙受损失，但对于这种从公司的损失反映出来的股东损失，成为"反映性损失"（reflective loss），普通法并不容许股东直接申索赔偿，以防止双重赔偿，及防止绕过公司令到公司的债权人受损：香港终审庭在 Waddington Ltd. v. Chan Chun Hoo Thomas（陈俊豪）and others（FACV No. 15 of 2007）日期为2008年9月8日的判词。而且，法庭是不允许股东透过不公平损害诉讼，直接申索这种赔偿。

赔偿,也归公司所有。

(i)因此,股东提出衍生诉讼,因为是为公司的利益而行,所以有权要求法庭判令,由公司向他弥偿有关的讼费。

(j)总结衍生诉讼与不公平损害行为申索的分别,简言之,就是:

(Ⅰ)衍生诉讼主要是针对向公司的违反责任和不当的行为,为公司寻求补救和济助,如对于有关行为造成损失的金钱赔偿,或作废有关交易,或制止某些对公司不利的行为或交易;

(Ⅱ)而不公平损害的申索,是要法庭干预公司的事务,防止不公平损害行为的出现或延续,甚至以强制收购方式,作为股东之间纠纷的终极解决方案。

(k)此外,两者程序上有一重要分别,即衍生诉讼是需要法庭许可才可以进行①,以确保是符合公司的利益,而不公平损害则不需要法庭许可。

1041. 如果各股东持有股份的公司是 BVI 公司,是否意味着上述的法律程序需要在 BVI 进行?

是。除非该 BVI 公司另外在其他地区(如香港)登记为一家海外公司,或本身有实质的存在或业务在另一个地区。但若只是其子公司有业务在其他地区,一般来讲,BVI 母公司股东对于不公平损害行为的申索,都需要在 BVI 当地提出。

若想避免需要在 BVI 法院审讯,可以在公司章程细则加上仲裁条文,规定任何关于公司事务或股东之间或与董事之间的纠纷,皆以仲裁方式解决,仲裁地点可以设在香港(因是相近的普通法地区,也有不少常驻的 BVI 律师)。

【案例371】控股公司在 BVI 香港法庭无管辖权②

呈请人:KAM KWAN SING(甘琨胜)

答辩人:KAM KWAN LAI(甘琨礼)、KAM LIN WANG CARREL(甘连宏)、LEGCO INC.、EVERWAY HOLDINGS LIMITED、YUNG KEE HOLDINGS LIMITED(镛记控股)

诉讼请求:请求法庭命令甘琨礼收购甘琨胜在镛记控股的股份,或根据香港《公司条例》第 327(3)条颁令,将 YUNG KEE HOLDINGS LIMITED(镛记控

---

① 简言之,法定衍生诉讼需要在提出诉讼前申请法庭许可,普通法衍生诉讼,是在展开诉讼后有程序处理法庭许可的申请:参见 Waddington 案上述终审庭的判决。

② 参见 KAM LEUNG SUI KWAN, PERSONAL REPRESENTATIVE OF THE ESTATE OF KAM KWAN SING(甘琨胜),THE DECEASED V KAM KWAN LAI(甘琨礼)&ORS[2014]HKCU562 判决。

股)清盘。①

争议焦点：

1. 香港法院是否具有司法管辖权；

2. 呈请人能否根据香港《公司条例》第168A条，以不公平损害为由申请将镛记控股清盘；

基本案情：

镛记酒家于20世纪40年代始由甘穗辉先生在香港中环创办，是香港的知名老字号。创办人甘穗辉先生于2004年逝世，把酒家业务留给两个儿子，即大哥甘琨胜及弟弟甘琨礼。

镛记酒家业务的控股投资公司是在英属维京群岛(BVI)注册的Yung Kee Holdings Limited(镛记控股)，弟弟甘琨礼为大股东，大哥成为小股东。

镛记控股于1994年在BVI登记注册，其成立目的是作为镛记酒家的控股投资公司，旗下资产包括市值超过10亿港元的中环威灵顿街镛记大厦、柴湾自置货仓及食品生产中心，8.8亿港元现金，以及净资产1.27亿港元的镛记酒家。镛记控股还持有另一家Long Yau Ltd. 的全部股权。Long Yau Ltd. 最初是已故甘穗辉先生为其家庭成员在BVI设立的信托公司，也是一个BVI控股投资公司。

其后二代掌舵人兄弟闹不和，导火线是大股东甘琨礼获其他弟、妹赠送母公司股份成为大股东后，被指逐步削弱大哥的权力，又"空降"儿子甘连宏加入董事局，致使兄弟反目，大哥遂于2010年3月诉至香港高等法院。

大哥甘琨胜指甘琨礼以不公平损害其利益的方式经营镛记控股，因而提出诉讼，要求法院根据香港法例第32章《公司条例》②，命令弟弟甘琨礼收购大哥甘琨胜在镛记控股的股份，或根据旧的香港《公司条例》第327(3)条颁令，将镛记控股清盘是公平、公正的。

提出清盘申请的甘家大哥甘琨胜，未等及法官案件的宣判，因气管道细菌感染于2012年10月5日突然撒手人寰，令镛记前景更添变数。

呈请人诉称：

母公司的业务是投资控股公司，办公室在中环镛记大厦五楼，是整个镛记集团的"大脑"，Long Yau Limited是"身体"，镛记酒家是"脚"，而现在股东关系不和，意味着大脑、身体和脚无法协调工作，因此呈请人的请求是合法合理的。

---

① 为便于中国内地读者阅读，此香港判例的结构、措辞均按照内地习惯进行了调整。
② 该条例于2014年3月3日被取代为香港法例第622章《公司条例》第168A条。

答辩人辩称：

母公司 Yung Kee Holdings Limited 是海外注册公司，唯一资产是子公司 Long Yau Limited 的 100% 股份，在香港无实际业务，故此法庭无司法管辖权令大哥或弟弟收购对方的股份。

初审认为：

根据香港《公司条例》第332条，"非香港公司"是指"在香港以外成立为法团并……在香港设立营业地点"的公司。法庭因此审视何谓"香港的营业地点"，亦即确定一间非香港公司能否在香港清盘。

在考虑一家公司怎样才被视为在香港设有营业地点时，法官引用 Singamas Management Services Ltd. v. Axis Intermodal (UK) Ltd.，[2011]5 HKLRD 145 一案 Sakhrani 法官的判词，当中强调："应谨记的是，'公司在香港设立的营业地点'并不等于公司在香港经营业务的地点"。因此，法院在本案指出，"在香港设立的营业地点"反映该公司在香港有充分的实质业务活动，以致须在香港设有永久机构。公司仅在香港设有经营业务的地点并不足够，因为外国公司的职员也可经常来港公干，在同一家酒店或商务中心工作，这类地点当然不算是营业地点。因此，法官采用较严格的标准定义何谓"在香港的营业地点"。

法官提出多项因素，以支持法庭认为镛记控股在香港并无设立营业地点的观点：

首先，镛记控股是在英属维京群岛注册的控股投资公司，其唯一资产是全权拥有另一间英属维京群岛公司 Long Yau 的 100% 股份，而 Long Yau 则持有负责经营镛记酒家业务的香港公司。法官认为，这可能是在 2006 年 2 月遗产税废除前，为尽量减少遗产税而设置的企业架构。实际上，这两层控制权架构减弱了镛记控股与香港的关系。且镛记控股及 Long Yau 两间 BVI 公司均没有根据香港《公司条例》第 XI 部注册为在香港设有营业地点的非香港公司。

其次，镛记控股在香港没有办事处或租赁物业，没有财务交易，因此亦无财务纪录、资产、流动或持续负债或债权人，没有雇员，除 Long Yau 派发的股息外亦无收入。镛记控股的董事会职能仅限于更改董事会成员及支付股息，没有证据显示镛记控股的董事（以镛记控股董事身份，而非镛记控股的香港附属公司董事身份）曾经讨论镛记控股旗下集团公司的业务策略。

综观上述因素，法院认为镛记控股在香港并无实质业务活动，因而没有在香港设立营业地点。因此，法院以没有司法管辖权为由拒绝将镛记控股清盘。

一审判决(仅为部分结论要点):

法庭在处理本案是否涉及不公平损害前,首先审视法庭是否具有司法管辖权,可根据香港《公司条例》第168A条将镛记控股清盘。香港《公司条例》第168A条适用于"指明法团",而根据第2(1)条,"指明法团"是指"公司"或"非香港公司"。由于镛记控股是在英属维京群岛注册的公司,最后法官裁定法庭无权将镛记控股清盘。

同时法官也认为,如果香港法庭有司法管辖权,便可基于弟弟不公平地损害大哥的利益,而下令弟弟收购大哥的股份。

呈请人不服判决,向上诉庭提起上诉。

甘琨胜在法官颁下判词前不久去世,现时的上诉是其遗产代理人提出的。

甘琨礼(及其他答辩人)亦就法官指其作出不公平损害的行为而提出上诉。

呈请人一方上诉称:

呈请人上诉的事项包括法官指法庭没有第168A条下的司法管辖权,以及决定不行使第327(3)(c)条下的酌情权将镛记控股清盘的裁决。诉指母公司通过子公司营办镛记业务,员工上下皆在本港工作,与香港有紧密联系,而镛记控股虽然在BVI注册,没有业务,只持有镛记业务与资产,并借众子公司营运镛记酒家的生意。镛记业务全在香港运作,甘琨胜与甘琨礼为主要决策者,皆为香港居民。他们在中环威灵顿街镛记大厦办公及开会决策,由本港员工执行董事会决定。律师强调母公司控制镛记一切子公司及在港业务,与外界的通信地址亦为镛记大厦内,母公司派发股息亦在香港进行。

综上,香港法庭有权处理清盘呈请。

上诉庭认为:

1. 关于司法管辖权的问题。

关于法庭根据第327(3)(c)条将外国公司清盘的酌情司法管辖权,上诉法庭确认了Re Real Estate Development Co. [1991] BCLC 210 一案中订立的三个核心原则及核心要求(并于香港采用):

(1)有关公司必须与香港有充分关联,但未必须在本司法管辖区内拥有资产;

(2)清盘令必须有合理的可能性会令申请者受惠;

(3)法院必须能够对在公司资产分配中有利益的一人或多人行使司法管辖权。

上诉法庭指第327条赋予的司法管辖权过大,因为将外国公司清盘的适当诉讼地,是在该公司的注册地有司法管辖权的法院。除非法庭信纳就公义及适合性而言,承担司法管辖权是合乎情理的,否则不会承担司法管辖权。

此外,债权人因公司无力偿债而提出的清盘呈请,与股东以公平公正为由而提出的清盘呈请,亦应作出区分。在前一种情况,债权人与外国公司的注册国未必有联系,如果他们只可倚赖该注册国的法律和程序,利益便可能受损。相反,外国公司的股东必定已自愿采纳注册国的法律来管限公司的法律地位,因此股东要求不按照注册国的法律而在另一司法管辖区将公司清盘的理由薄弱得多。

在本案中,上诉法庭注意到镛记控股在香港并无资产,而且它所有离岸中间公司都没有根据旧的香港《公司条例》第 XI 部注册,是故意令最终控股公司(镛记控股)与香港保持距离,因此就行使将公司清盘的司法管辖权而言,很难说镛记控股与香港有充分关联。

关于呈请人争辩称,"作为控股投资公司,镛记控股的业务是管理负责集团主要业务的附属公司的事务,而镛记控股的决定在香港作出,会议亦在香港举行,因此与香港有充分关联。"

上诉法庭注意到,呈请人所指的决定及决议案,大多数来自甘琨礼重组镛记控股董事会的行动,难以视为镛记控股的正常业务。此外,单凭股东及董事在香港作出内部行政决定这一点,并不足以证明镛记控股与香港有实质关联。因此,上诉法庭确认初审法官行使酌情权,不承担将镛记控股清盘的司法管辖权。

2. 关于是否存在不公平损害行为:第 168A 条。

至于初审法官认为如果有司法管辖权,便可基于弟弟不公平地损害大哥的利益,而下令弟弟收购大哥的股份,上诉庭并不认同,因为二人过去经营镛记的方式,不能证明他们有共识在董事会的投票取向必须一致,致使弟弟不能利用占大比数股权的权力,去行使投票权变更董事局的成员,而父亲甘穗辉去世后,无可避免公司的最终控制权会出现变化。

上诉法庭在附带意见中推翻初审法官的裁断,理由大致如下:

首先,上诉法庭注意到初审法官接纳甘琨胜和甘琨礼有共识两人对镛记控股的事务有相同决定权,因此初审法官认为,甘琨礼采取控制镛记控股的行动(委任额外董事加入董事会,从而改变董事会的组成),是与两人先前经营业务的方式不符,以及没有顾及甘琨胜的合理期望。上诉法庭也质疑初审法官基于什么证据裁断两人有共识。

上诉法庭批评初审法官在裁断甘琨礼的行为是否公平时以甘琨胜的合理期望为参考的做法。正确的做法是审视甘琨胜能否获得任何衡平法救济,来限制甘琨礼行使大多数表决权委任额外董事加入董事会。若不能获得上述衡平法救济，即使不符合甘琨胜的期望或兄弟间失去信任，也无关紧要。甘穗辉的另外两名子女也是镛记控股的股东，他们也可以就其认为适当的任何事情行使表决权，这一点双方没有争议。没有证据显示甘琨胜和甘琨礼有任何默契或协议，在股东或董事持不同意见时必须作出一致表决。既然甘琨胜在衡平法下无权否决应以投票决定的事情，上诉法庭裁定，双方并无共识限制甘琨礼行使大多数表决权改变董事会的组成。

1042. 若集团的主体业务和资产都在中国内地，但母公司是 BVI 公司，中国内地股东应如何聘请律师在 BVI 诉讼？

由于跨境性质，需要组织由不同国家（地区）的律师所组成的律师团队。除 BVI 律师外，最好也包括内地和香港的律师作为成员，由于法制、文化与语言的分别，BVI 律师难以充分了解案情的背景与细节；至于香港律师，因为比较了解中国的文化背景与国情，也熟悉普通法，所以可以担当颇为重要的角色，协助内地背景的股东与内地的律师处理这类案件。

【法律依据】

❖《公司法》第 152 条

第十五章 请求公司收购股份纠纷

【宋律师释义】

> 请求公司收购股份纠纷，是指因异议股东股东行使异议评估权、股份回购请求权而引发的纠纷，即在特定的情形下，公司股东对公司重大决议事项持反对态度，股东要求公司以合理、公平价格将自己持有的股权予以回购，股东与公司就是否符合回购条件、回购价款、回购期限等发生的纠纷。
>
> 股份收购请求权纠纷与一般的股权转让纠纷不同，一般股权转让纠纷的股权受让方是公司之外的其他主体，而股份收购请求权的股权受让方是公司。

【关键词】股份回购　股份收购请求权

❖ **股份回购：** 指公司为减少注册资本而购买本公司股份并依法予以注销的行为。

❖ **股份收购请求权：** 有限责任公司与股份有限公司的股东行使股份收购权利的法定情形有所不同。

符合下列情形之一的，股东可以行使股份回购请求权：

（1）公司连续5年不向股东分配利润，而公司该5年连续盈利，并且符合《公司法》规定的分配利润条件的；

（2）公司合并、分立、转让主要财产的；

（3）公司章程规定的营业期限届满或者章程规定的其他解散事由出现，股东会会议通过决议修改章程使公司存续的。

股份有限公司股东对股东大会作出的公司合并、分立决议持异议，可以行使股份回购请求权。符合下列情形之一，股份有限公司可以主动回购其股份：

（1）公司减少公司注册资本；

(2)公司与持有本公司股份的其他公司合并；

(3)公司将股份奖励给本公司职工。

第一节 立 案

1043. 如何确定请求公司收购股份纠纷的诉讼当事人？

原告为异议股东，被告为公司。

1044. 可否以控股股东为被告或第三人？

不可以。控股股东对于异议股东所持股权既无独立的请求权也无法律上的利害关系，不能成为被告或第三人。

1045. 请求公司回购股份纠纷由何地法院管辖？

股东以公司为被告提起请求公司回购股份纠纷诉讼，由公司住所地人民法院管辖。公司的住所地是指法人的主要营业地或者主要办事机构所在地。公司办事机构所在地或主要营业地不明确的，由其注册地人民法院管辖。

1046. 请求公司回购股份纠纷按照什么标准缴纳案件受理费用？

按照财产标的额收取，即以拟收购股份的价值确定受理费。

1047. 请求公司回购股份纠纷是否适用诉讼时效？

不适用。异议股东请求公司收购其股份应当自决议作出之日起 90 日内提起。该 90 日既不同于除斥期间只需法定期间经过，也不同于诉讼时效要求权利人在一定时间内不行使权利即丧失胜诉权。这一权利并非基于既存的债权产生，而是为了在股东和公司之间创设债权，90 日期满后，股东既丧失了请求法院保护的权利，也丧失了要求公司收购其股权的实体权利。因此，笔者认为该"90 日"既非诉讼时效，亦非除斥期间。一旦股东超过 90 日才提起请求公司收购股份纠纷诉讼，法院不予受理；如果受理，应当裁定驳回起诉。

【案例372】逾期起诉 股份收购请求权被驳回[①]

原告：李保华

被告：石海公司、圆通公司

诉讼请求：两被告按照合理的价格收购原告名下的股权。

争议焦点：原告于 2008 年 11 月 24 日提起诉讼是否超过了法定的请求回购

---

① 参见昆明市中级人民法院(2009)昆民五初字第 1 号民事判决书。

股权的期限。

基本案情：

原告为被告石海公司股东，享有1%的股权。

在招商引资过程中，被告石海公司原控股股东张荣将其股权出让给被告圆通公司，被告圆通公司成为被告石海公司99%的控股股东，原告仍持股1%。

被告圆通公司成为被告石海公司99%的控股股东后，停止了原告及其工作团队的工作，实际控制人毕成从社会上找寻"董事"，要求原告同意公司的一切重大事项及处置权由其找寻的"董事"决策。发生该事项争议后，被告石海公司的任何会议及任何事项均未通知原告。

被告石海公司于2008年8月21日决议将被告石海公司名下的项目及土地使用权已经转移由被告圆通公司享有。被告石海公司名下的国有土地使用权430亩全部转移至被告圆通公司名下，有关应依法取得的国有土地权属也由被告圆通公司享有并取得。

2008年11月24日，原告向人民法院提起本案诉讼。

原告诉称：

由于被告石海公司的转让行为，本属于其的项目、权益、土地使用权已全部转移至被告圆通公司名下，被告石海公司已经成为一个空壳，原告的股东权益，财产权益完全被违法侵占，严重损害了原告的利益。由于被告石海公司在召开股东会前从未通知过原告，原告现以诉讼的方式行使了股东的否决权，同时要求被告石海公司回购原告股权。

被告辩称：

原告起诉要求回购其股权已经超过了90日的法定期限，不应被法院受理。

律师观点：

本案中原告起诉所依据的股东会决议是2008年8月21日作出的，而原告向法院递交起诉状时间及法院立案的时间在2008年11月24日，故原告起诉已超过90日的法定期限，其退股权已灭失。

法院判决：

驳回原告的起诉。

1048. 异议股东是否必须自股东会决议通过之日起满60日才能向法院起诉？

不是。《公司法》第74条规定的60日是股东与公司之间就股权收购协议进行协商的最长期限而非必经期限。在这60日内，股东可以随时与公司进行协商，协商不成后，股东可以从次日起，在自股东会决议通过之日起90日的期限内向法院起诉,而不必等到 60 日届满。

第二节 请求公司收购股份纠纷的裁判标准

一、请求公司收购股份的主体

1049. 无表决权股东是否享有股份收购请求权?

法律并无明文规定。笔者认为,无表决权的异议股东,应当享有股份收购请求权。因为无表决权股东对公司同样具有期待权,当对公司的状况表示失望时,也应享有请求退股的权利。

1050. 享有请求公司收购股份权的股东将其股份转让给第三人,该第三人作为继受股东是否享有股份收购请求权?

公司法并无明文规定。笔者认为,股份收购请求权不得转让,继受股东除因继承而取得该股份外不享有股份收购请求权。

因为受让人受让股份的行为发生在股东会或董事会决议之后,无权就决议事项发表意见,也就无权行使股份收购请求权,异议股东将其股份转让给第三人,股份收购请求权应当因股份的转移而消灭。

1051. 出资瑕疵的股东是否享有股份收购请求权?

法律并无明文规定。笔者认为,异议股东的股份收购请求权,派生于股权,瑕疵出资的股东若享有股权,就应当享有股份收购请求权。

1052. 股份有限公司的股东是否可以诉讼方式请求公司收购股份?

股份有限公司的资合性决定其股份转让较为自由,尤其是上市公司的异议股东可以随时通过证券市场卖出股份。因此,股份有限公司股东对公司决议有异议时的救济方式较为灵活。即便如此,《公司法》还是规定了股份有限公司的股东因对股东大会作出的公司合并、分立决议持异议,有权请求公司收购其股份。虽然法条本身未明确公司不收购时股东可否向法院提起诉讼,但为了发挥法条的价值,应当赋予股份有限公司股东进行司法救济的权利。

二、上市公司回购股份的程序

(一)股份回购的一般规定

1053. 上市公司股份回购有哪些方式?

目前,实践中有三种方式:

(1)交易所集中竞价交易方式,即在交易所通过公开交易方式购回;

(2)要约方式,即向全体股东发出回购要约;

(3)中国证监会认可的其他方式。

1054. 上市公司回购的股份应如何处理?

公司因减少注册资本而收购本公司股份的,应当自购之日起10日内将该部分股份注销;公司因与其他公司合并以及因股东行使回购请求权而收购本公司股份的,应当自收购之日起6个月内转让或者注销;公司为推行职工持股计划而收购本公司股份的,应当在1年内转让给职工。

公司为奖励职工而收购本公司股份的,只是公司经营计划的一部分,不应对公司的股份构成况以及公司运营情况产生大的影响。因此公司为将股份奖励给职工而收购本公司股份的,收购的股份数额不得超过已经发行股份总额的5%。同时,为了不影响公司的正常经营和资金使用,规定公司用于收购的资金应当从公司的税后利润中支出。

1055. 上市公司回购股份应当符合哪些条件?

上市公司回购股份应当符合以下条件:

(1)公司股票上市已满1年;

(2)公司最近1年无重大违法行为;

(3)回购股份后,上市公司具备持续经营能力;

(4)回购股份后,上市公司的股权分布原则上应当符合上市条件;公司拟通过回购股份终止其股票上市交易的,应当符合相关规定并取得证券交易所的批准;

(5)中国证监会规定的其他条件。

1056. 回购的股份自何时失去其权利?

回购的股份自过户至上市公司回购专用账户之日起即失去其权利。上市公司在计算相关指标时,应当从总股本中扣减已回购的股份数量。

1057. 上市公司回购股份应当遵循哪些基本程序?

应当遵循如下程序:

(1)上市公司董事会作出回购股份决议。

(2)董事会在决议后的两个工作日内公告董事会决议、回购股份预案,并发布召开股东大会的通知。

回购股份预案至少应当包括以下内容:

①回购股份的目的;

②回购股份方式;

③回购股份的价格或价格区间、定价原则;

④拟回购股份的种类、数量及占总股本的比例;

⑤拟用于回购的资金总额及资金来源;

⑥回购股份的期限;

⑦预计回购后公司股权结构的变动情况;

⑧管理层对本次回购股份对公司经营、财务及未来发展影响的分析。

(3) 在股东大会召开前3日,将董事会公告回购股份决议的前一个交易日及股东大会的股权登记日登记在册的前10名社会公众股股东的名称及持股数量、比例,在证券交易所网站上予以公布。

(4) 独立财务顾问应当就上市公司回购股份事宜进行尽职调查,出具独立财务顾问报告,并在股东大会召开5日前在中国证监会指定报刊公告。

独立财务顾问报告应当包括以下内容:

①公司回购股份是否符合相关法规的规定;

②结合回购股份的目的、股价表现、公司估值分析等因素,说明回购的必要性;

③结合回购股份所需资金及其来源等因素,分析回购股份对公司日常经营、盈利能力和偿债能力的影响,说明回购方案的可行性;

④其他应说明的事项。

(5) 上市公司股东大会对回购股份作出决议,须经出席会议的股东所持表决权的2/3以上通过。股东大会应当对下列事项逐项进行表决:

①回购股份的方式;

②回购股份的价格或价格区间、定价原则;

③拟回购股份的种类、数量和比例;

④拟用于回购的资金总额;

⑤回购股份的期限;

⑥对董事会实施回购方案的授权;

⑦其他相关事项。

上市公司在公告股东大会决议时,应当载明"本回购方案尚需报中国证监会备案无异议后方可实施"。

(6) 上市公司作出回购股份决议后,应当依法通知债权人。

(7) 上市公司依法通知债权人后,可以向中国证监会报送回购股份备案材料,同时抄报上市公司所在地的中国证监会派出机构。

(8)证监会受理备案材料后10个工作日内未提出异议的,可以开立回购专用账户,实施回购方案。回购专用账户仅可用于回购公司股份,已回购的股份应当予以锁定,不得卖出。

采用集中竞价方式回购股份的,上市公司应当在收到中国证监会无异议函后的5个工作日内公告回购报告书;采用要约方式回购股份的,上市公司应当在收到无异议函后的2个工作日内予以公告,并在实施回购方案前公告回购报告书。

(9)回购期届满3个月时仍未实施回购方案的,董事会应当就未能实施回购的原因予以公告;回购期届满或回购方案已实施完毕的,公司应当停止回购,撤销回购专用账户,两个工作日内公告公司股份变动报告,并在10个工作日内依法注销所回购的股份。

(10)办理工商变更登记手续(见图15-1)。

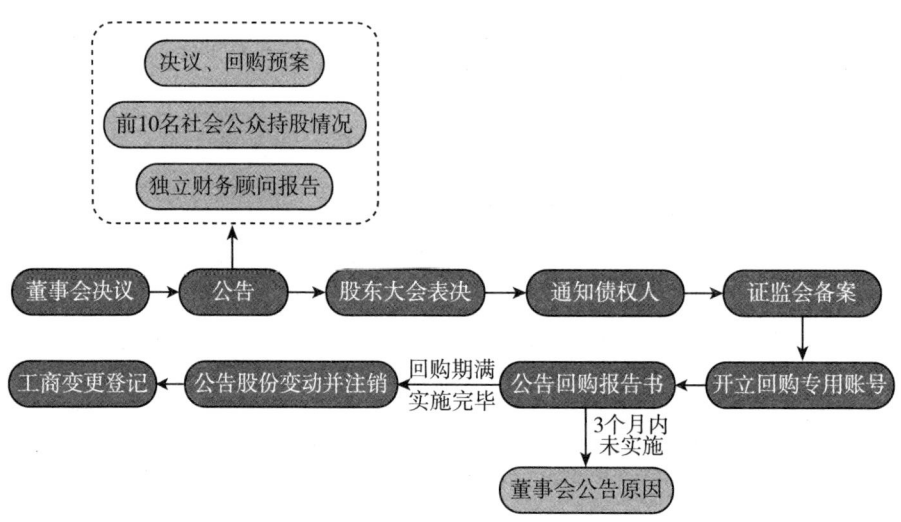

图 15-1　上市公司回购股份示意

【案例373】长安汽车股份公司独立董事回购意见书[①]

《重庆长安汽车股份有限公司独立董事关于B股回购事项意见书》

根据中国证监会《关于在上市公司建立独立董事制度的指导意见》《深圳证

---

① 参见巨潮资讯网 http://www.cninfo.com.cn/finalpage/2011-12-06/60287365.PDF,2012年10月17日访问。

券交易所股票上市规则》《重庆长安汽车股份有限公司章程》《重庆长安汽车股份有限公司董事会议事规则》《重庆长安汽车股份有限公司独立董事工作制度》等有关规定赋予独立董事的职责,作为重庆长安汽车股份有限公司(以下简称公司)的独立董事,对公司2011年10月19日召开的第五届董事会第二十三次会议审议的《关于回购公司境内上市外资股(B股)股份的议案》中有关事项,在审阅文件及尽职调查后,基于独立判断立场,发表如下意见:

一、公司本次回购合法合规。公司回购部分境内上市外资股(B股)股份方案符合《上市公司回购社会公众股份管理办法(试行)》(证监发〔2005〕51号)、《中国证券监督管理委员会关于上市公司以集中竞价交易方式回购股份的补充规定》(证监会公告〔2008〕39号)、《深圳证券交易所上市公司以集中竞价方式回购股份业务指引》的相关规定,会议表决程序合法、合规。

二、公司本次回购十分必要。目前公司价值被显著低估的市场情形下,公司回购B股反映了管理层和大股东对公司内在价值的肯定,不仅向市场传递了公司内在价值信号,而且将提升公司每股净资产及每股收益,对公司和全体股东有利;公司本次回购股份符合国务院国资委关于中央企业通过增持回购股份加强对上市公司控制力的政策导向,有利于做强做好上市公司;公司本次回购对维护公司股价和在资本市场的良好形象,增强公众投资者对公司的信心,并进一步提升公司价值,实现股东利益最大化,都将起到积极作用。

三、公司有能力以自有资金支付本次回购的全部价款。公司本次回购所需资金不超过6.1亿港元,约折合5.0亿元人民币,公司将以人民币购汇后支付收购价款。此外,公司最多支付折合5.0亿元人民币的回购资金对公司的日常经营能力影响不大,理由是:从公司最近一期财务报告(2011年半年报)来看,2011年6月30日公司总资产、净资产和流动资产分别为358.91亿元、150.76亿元和192.05亿元,回购资金所占的比重分别为1.39%、3.32%和2.60%,对公司不形成重大影响;截至2011年6月30日,公司货币资金合并口径为82.20亿元,母公司口径为61.55亿元(未经审计),足以支付不超过5.0亿元的回购价款;根据本次回购方案,回购资金将在回购期间择机支付,并非一次性支付;公司2011年上半年经营性活动现金流净额为23.78亿元,显示公司经营活动正常,有能力以自有资金择机支付回购价款;公司的长期负债较少,资产负债率较低,具有较大的财务杠杆利用空间,如果在回购期间发生更大的生产经营资金需求,公司有条件通过外部融资的方式补充流动资金。

基于以上理由,我们认为公司本次回购部分境内上市外资股(B股)股份合法、合规,既是必要的,也是可行的,符合公司和全体股东的利益,以上事项需提交公司2011年度第一次临时股东大会表决通过。

独立董事:

……

欧阳明高　　陈重　　王志雄　　彭韶兵　　董扬

2011年12月6日

【案例374】宝山钢铁股份有限公司回购报告书①

《宝山钢铁股份有限公司回购报告书》

本公司董事会及全体董事保证本公告内容不存在任何虚假记载、误导性陈述或者重大遗漏,并对其内容的真实性、准确性和完整性承担个别及连带责任。

特别提示:

本次回购已经于2012年9月17日召开的宝山钢铁股份有限公司2012年第2次临时股东大会决议通过。

为维护广大股东利益,增强投资者信心,维护公司股价,公司分析比较了分红和回购等回馈股东的方式,综合考虑投资者建议和公司的财务状况,公司将以不超过每股5.00元的价格回购公司股份,回购总金额最高不超过人民币50亿元。

一、回购方案

1. 回购股份的方式

回购股份的方式为上海证券交易所集中竞价交易方式。

2. 回购股份的用途

回购的股份将注销,从而减少注册资本。

3. 回购股份的价格区间

公司本次回购价格不超过每股5.00元,即以每股5.00元或更低的价格回购股票。

4. 用于回购的资金总额以及资金来源

用于回购的资金总额最高不超过人民币50亿元,资金来源为自有资金。

5. 回购股份的种类

回购股份的种类为本公司发行的A股股票。在回购资金总额不超过人民币

---

① 参见巨潮资讯网http://www.cninfo.com.cn/finalpage/2011-12-06/60287365.PDF,2012年10月17日访问。

50亿元、回购股份价格不超过5元的条件下,预计回购股份约10亿股,占公司总股本约5.7%,占社会公众股约22.8%。

具体回购股份的数量以回购期满时实际回购的股份数量为准。

6. 回购股份的期限

自股东大会审议通过本回购股份方案之日起12个月内。

二、预计回购后公司股权结构的变动情况

如按回购数量为10亿股至12亿股测算(见表15-1):

表15-1

	总股本(股)	宝钢集团有限公司持股比例
回购前	17,512,048,088	74.97%
回购10亿股	16,512,048,088	79.51%
回购12亿股	16,312,048,088	80.49%

三、管理层关于本次回购股份对公司经营、财务及未来发展影响和维持上市地位等情况的分析

根据公司经营情况和财务情况,公司认为可以承受50亿元的股份回购金额,且不会对公司的经营、财务和未来发展产生重大影响。

如前所述,以回购数量10亿股至12亿股测算,回购后公司总股本为16,512,048,088股至16,312,048,088股,宝钢集团有限公司持股比例79.51%至80.49%,不会影响本公司的上市地位。

四、上市公司董事、监事、高级管理人员在董事会作出回购股份决议前六个月是否存在买卖本公司股份的行为,是否存在单独或者与他人联合进行内幕交易及市场操纵的说明

为维护公司股价,体现对公司发展的信心,公司董事、总经理马国强先生,董事诸骏生先生,副总经理李永祥先生,副总经理王静女士,副总经理周建峰先生于2012年5月至7月期间分别买入5万股、3万股、2.85万股、4万股和2.5万股本公司股票,公司已按相关规则于上海证券交易所网站披露相关信息。

上市公司董事、监事、高级管理人员不存在单独或者与他人联合进行内幕交易及市场操纵的行为。

五、债权人通知情况

公司已就本次回购相关的债权人通知履行了必要的法律程序,并作出了必要的安排。

公司董事会已于 2012 年 9 月 18 日在《中国证券报》《上海证券报》《证券时报》及上海证券交易所网站(http://www.sse.com.cn)披露《宝山钢铁股份有限公司董事会关于召开 2012 年第一次"08 宝钢债"债券持有人会议的通知》,会议将于 2012 年 10 月 10 日召开,审议《关于不要求公司提前清偿债务及提供额外担保的议案》。

宝钢集团有限公司已为"08 宝钢债"提供了不可撤销的连带责任保证担保。如果根据相关法律法规及《债券持有人会议规则》等规定,"08 宝钢债"债券持有人会议决议要求公司提前清偿债务,宝钢集团有限公司将履行其担保责任。

公司董事会已于 2012 年 9 月 20 日在《中国证券报》《上海证券报》《证券时报》及上海证券交易所网站(http://www.sse.com.cn)披露《宝山钢铁股份有限公司关于回购股份的债权人通知》,对公司所有债权人(不含"08 宝钢债"持有人)进行公告通知。截至 9 月 20 日,尚无公司债权人要求本公司清偿债务或提供担保。

六、回购账户

根据《上市公司回购社会公众股份管理办法(试行)》《中国证券监督管理委员会关于上市公司以集中竞价交易方式回购股份的补充规定》及《上海证券交易所上市公司以集中竞价交易方式回购股份业务指引》的规定(以下简称相关规定),公司已申请在中国证券登记结算有限责任公司上海分公司开立了股票回购专用账户,未来所有的股票回购将在专用账户进行。专用账户接受证券交易所和登记结算公司的监督,只能买进不能卖出。公司将在回购期届满或者回购方案实施完毕后撤销回购专用账户。

公司已委托华宝证券有限责任公司为本次回购的经纪券商,实施本次回购事宜。

七、相关规则

根据相关规定,公司在下列情形下需进行公告回购股份进展情况,公告内容至少包括公告前已回购股份数量、购买的最高价和最低价、支付的总金额。

1. 每个月的前三个交易日内;

2. 各定期报告中;

3. 首次回购股份事实发生的次日;

4. 回购股份占上市公司总股本的比例每增加 1% 的事实发生之日起三日内,公告期间无须停止回购行为。

在计算已回购股份占公司总股本的比例时,总股本以公司最近一次公告的总股本为准,不扣减已回购的股份。在计算回购股份占总股本比例每增加1%的指标时,以公司最近一次公告披露的回购比例为基准累计计算。

根据相关规定,公司在下列期间不得回购股份:

1. 上市公司定期报告或业绩快报公告前十个交易日内;

2. 自可能对本公司股票交易价格产生重大影响的重大事项发生之日或者在决策过程中,至依法披露后两个交易日内;

3. 中国证监会、上海证券交易所规定的其他情形。

根据相关规定,公司不得在开盘集合竞价、收盘前半小时内及股票价格无涨跌幅限制的交易日内进行股份回购的委托申报。回购股份的价格不得为公司股票当日交易涨幅限制的价格。

特此公告

宝山钢铁股份有限公司董事会
2012年9月21日

1058. 上市公司回购股份应当向证监会报送哪些备案材料?

上市公司回购股份备案材料应当包括以下文件:

(1)回购股份的申请。

(2)董事会决议。

(3)股东大会决议。

(4)上市公司回购报告书。

上市公司回购报告书应当包括以下内容:

①前述回购股份预案所列事项;

②上市公司董事、监事、高级管理人员在股东大会回购决议公告前六个月是否存在买卖上市公司股票的行为,是否存在单独或者与他人联合进行内幕交易及市场操纵的说明;

③独立财务顾问就本次回购股份出具的结论性意见;

④律师事务所就本次回购股份出具的结论性意见;

⑤其他应说明的事项。

以要约方式回购股份的,还应当披露股东预受要约的方式和程序、股东撤回预受要约的方式和程序,以及股东委托办理要约回购中相关股份预受、撤回、结算、过户登记等事宜的证券公司名称及其通信方式。

(5)独立财务顾问报告。

(6)法律意见书。

法律意见书应包括以下内容：

①公司回购股份是否符合本办法规定的条件。

②公司回购股份是否已履行法定程序；涉及其他主管部门批准的，是否已得到批准。

③公司回购股份是否已按照本办法的规定履行相关的信息披露义务。

④公司回购股份的资金来源是否合法合规。

⑤其他应说明的事项。

(7)上市公司最近一期经审计的财务会计报告。

(8)上市公司董事、监事、高级管理人员及参与本次回购的各中介机构关于股东大会作出回购决议前6个月买卖上市公司股份的自查报告。

(9)中国证监会规定的其他文件。

（二）集中竞价交易方式回购股份的特殊规定

1059. 上市公司以集中竞价交易方式回购股份的，应当履行哪些报告、公告义务？

应当在下列情形履行报告、公告义务：

(1)上市公司应当在首次回购股份事实发生的次日予以公告；

(2)上市公司回购股份占上市公司总股本的比例每增加1%的，应当自该事实发生之日起3日内予以公告；

(3)上市公司在回购期间应当在定期报告中公告回购进展情况，包括已回购股份的数量和比例、购买的最高价和最低价、支付的总金额；

(4)回购期届满或者回购方案已实施完毕的，上市公司应当停止回购行为，并在3日内公告回购股份情况以及公司股份变动报告，包括已回购股份总额、购买的最高价和最低价以及支付的总金额等内容。

1060. 在哪些期间，上市公司不得进行股份回购的委托？

上市公司不得在以下交易时间进行股份回购的委托：

(1)开盘集合竞价；

(2)收盘前半小时内；

(3)股票价格无涨跌幅限制。

1061. 在哪些期间，上市公司不得回购股份？

上市公司在下列期间不得回购股份：

(1)上市公司定期报告或业绩快报公告前10个交易日内；

(2) 自可能对本公司股票交易价格产生重大影响的重大事项发生之日或者在决策过程中,至依法披露后两个交易日内;

(3) 中国证监会规定的其他情形。

1062. 上市公司以集中竞价交易方式回购股份的,确定回购价格时有何特殊要求?

回购股份的价格不得为公司股票当日交易涨幅限制的价格。

(三) 要约方式回购股份的特殊规定

1063. 上市公司以要约方式回购股份的,如何确定要约价格?

上市公司以要约方式回购股份的,要约价格不得低于回购报告书公告前30个交易日该种股票每日加权平均价的算术平均值。

1064. 上市公司以要约方式回购股份的,回购资金应置于何处?要约期限是多久?

上市公司以要约方式回购股份的,应当在公告回购报告书的同时,将回购所需资金全额存放于证券登记结算机构指定的银行账户。

要约的期限不得少于30日,并不得超过60日。

1065. 上市公司以要约方式回购股份,股东预受要约的股份数量超出或不足预定回购的股份数量的,应如何处理?

上市公司以要约方式回购股份,股东预受要约的股份数量超出预定回购的股份数量的,上市公司应当按照相同比例回购股东预受的股份;股东预受要约的股份数量不足预定回购的股份数量的,上市公司应当全部回购股东预受的股份。

三、请求公司收购股份的条件

1066. 公司可否主动回购股份或股权?

有限责任公司仅能依异议股东请求被动地回购其股权;股份公司不仅能被动地实施股份回购,还能基于减资、公司合并、奖励公司职工等情形主动地回购其股份。公司主动收购的用来奖励职工的股份,不得超过本公司已发行股份总额的5%;用于收购的资金应当从公司的税后利润中支出;所收购的股份应当在一年内转让给职工。

1067. 有限责任公司回购股权应当遵循哪些程序?

程序如下:

(1) 基于公司不分配红利的原因,异议股东可随时提出回购请求;因反对公司合并、分立、转让重大资产、延长经营期限等原因,异议股东应自股东会决议通过之日起60日内向公司提出回购请求。

（2）双方达成回购协议，包括回购时间、价款等。

（3）公司办理减资变更登记手续。

1068. 有限责任公司股东行使回购请求权应当满足哪些条件？

如果异议股东是基于公司不分配红利提起回购请求，应当满足以下条件：

（1）该股东实体上具备股东资格；

（2）公司连续五年盈利且符合利润分配条件，却一直未分配红利。

如果异议股东是因反对公司合并、分立、转让重大资产、延长经营期限等原因提起回购请求，应当满足以下条件：

（1）该股东实体上具备股东资格且对股东会相关决议投反对票；

（2）该股东符合行使股份收购请求权的条件，如公司就合并、分立、转让重大资产、延长经营期限等事宜进行决议；

（3）程序上投反对票的股东自股东会决议通过之日起60日内与公司协商以合理价格收购其股权，因双方未达成一致意见，股东自股东会会议决议通过之日起90日内向人民法院提起诉讼；

（4）提供"合理"价格的确定依据。

【案例375】股东反对公司延长经营期限　请求回购股份获支持①

原告：侯××

被告：普惠公司

诉讼请求：判令由被告以1300万元资产总额为基数回购原告持有的24%股权。

争议焦点：

1. 被告制定的《关于公司股东借款购房规定》中有关"借款必须以股权作为抵押"以及"如借款人退股或转股，以及调离本公司时，必须一次性还款，必须用股金折算"的规定，是否有效；

2. 原告对被告股东会关于延长公司经营期限的决议持有异议，在请求被告收购其股权期间向他人转让其中1%的股权，是否意味着同意延长公司经营期限，是否会导致其丧失了股权购买请求权；

3. 被告拒绝提供公司所有的财务账册及记账凭证，导致无法按照正常程序

---

① 参见江苏省无锡市中级人民法院（2011）锡商终字第0159号民事判决书。

第十五章
请求公司收购股份纠纷

进行资产审计的情况下,应如何确定被告的资产状况。

基本案情:

原告系被告股东,其出资额为12.5万元,占被告注册资本25%。被告章程载明的经营期限为10年,即自1998年12月1日起至2008年12月1日止。2008年12月2日,除原告之外的代表被告75%股权的股东通过股东会决议,变更被告经营期限至2018年12月30日。

被告制定了普惠制度9902号文件,即《关于公司股东借款购房规定》。该文件规定,股东可以向公司借款,借款用途仅限于股东本人购房,且只享受一次;借款须以股权作为抵押;借款额度不得超过5万元,且不得超过公司注册时借款人股金的80%;如借款人退股或转股,以及调离公司时,必须一次性还款,必须用股金折算;借款须经公司董事会批准,且按范本与公司签订借款合同。

2000年2月2日,原告向被告借款10万元。2000年9月25日,原告向被告借款5万元。

原告诉称:

2009年2月20日,原告致函被告,表示其不同意延长公司经营期限,诉讼中,原告已向他人转让1%的股权,因此,被告应按资产总额1300万元来计算其24%股权的价值并予以收购。

被告声称原告借款15万元用于购房,应以其原出资的股金12.5万元予以折抵,故其现已不持有公司股权。原告对此认为,公司的借款购房规定违反法律关于禁止流质契约的规定,属于无效规定。而且,该规定明确借款的用途系用于股东购房,也规定了借款的次数、金额及程序限制,而其向公司的借款在用途、金额及程序上均与规定不符,因此其借款行为与公司借款购房规定的借款无关。同时,该15万元的借款已超过诉讼时效。

原告为证明其观点,提交证据如下:

1. 2008年12月被告的资产负债表一份,证明截至2008年12月公司账面净资产为982,421.45元。

2. 拆迁补偿协议一份,证明被告取得拆迁补偿费金额为11,056,747元。

3. 被告的现金账册,证明至2001年11月14日被告的现金为2,431,030.14元。

4. 银行卡的流水账、银行卡的存取记录及被告客户的传真订单,证明被告另有2,398,628元的账外资金存在其法定代表人龚×林个人名下,应属于公司资产。

5. 2003年1月28日被告股东龚×珍、陈×榜与被告签订的借款购房协议一份,证明原告的借条内容与借款购房规定的内容并不一致。龚×珍、陈×榜与被告签订的借款购房协议与借款购房规定的内容一致。

6. 另外其还提供九张银行存款单及九份收条,与上述第3、4项证据互相印证。

被告辩称:

1. 根据被告《关于公司股东借款购房规定》,原告借款15万元用于购房,应以其原出资的股金12.5万元予以折抵,故其现已不持有公司股权;

2. 即便原告仍持有股权,其在诉讼期间向外转让1%股权的行为也证明其事实上已接受公司继续经营的决议;

3. 原告离开公司时带走了被告所有财务凭证,现原告提供的仅为其中的一部分,不能证明公司的真实资产状况,故其对账外资金部分不予认可。

综上,请求驳回原告的诉讼请求。

一审认为:

1. 被告《关于公司股东借款购房规定》不符合法律规定,应为无效文件。

(1) 该规定明确由抵押物直接用于还款,违反了《担保法》关于禁止流质的规定。

(2) 该规定违反了《公司法》关于股东不得抽回出资的规定。

(3) 该规定系由被告董事会制定,但无论是被告的公司章程还是《公司法》都没有赋予董事会制定该类文件的权利。且即使该规定有效,原告的借款在数量、次数、借款程序等方面均不符合该规定的要求,不应认定为该规定项下的借款。

故对于被告辩称原告的借款应折抵股金,原告现已不持有公司股权,也无权要求公司回购其股权的意见,法院不予采信。

2. 关于原告股权的收购价格。

原告系因不同意延长公司经营期限而要求公司回购其股权,故应以2008年12月1日被告的资产状况为基础计算原告股权的价值。因被告拒绝提供公司财务凭证,无法进行审计,故只能以现有材料确定被告的资产状况,以此作为计算原告股权金额的依据。因原告与被告均认可2008年12月被告的资产负债表与拆迁补偿协议,故法院依据该两项证据酌情确定2008年12月1日被告的净资产总额。因2008年12月被告资产负债表载明的净资产982,421.45元中包含房屋建筑物的200万元,该部分资产系与拆迁补偿协议中11,056,747元的资产价值部分重复,在计算时应予扣除。同时,拆迁补偿协议中所涉及的一次性补助费、二次搬迁停工停产费、过渡费、奖励等费用不能作为确定2008年12月1日被告资产的依据,故应予以扣除。依据上述证据法院酌定被告 2008 年 12 月 1 日的净资产为 9,003,907.45 元。

关于原告举证的被告的账外资金部分,因原告未能提供充足的证据证明其离开被告时已向被告移交了所有财务账册及凭证,现其向法院提交的部分财务账册及凭证不具有完整性,无法证明被告的真实财务状况,故对该部分证据不予支持。

3. 关于原告在诉讼过程中向外转让了 1% 的股权是否导致其丧失股权购买请求权的问题。

关于被告辩称公司收购股权应当是整体收购,因原告在诉讼过程中向外转让了 1% 的股权,故原告现不应要求其收购剩余股权的意见,没有法律依据,法院不予采信。根据《公司法》的规定,股东对公司章程规定的营业期限届满,股东会会议决定修改章程使公司存续的决议持反对意见的,可以要求公司按照合理的价格收购其股权。

综上,根据法院认定的被告 2008 年 12 月 1 日的资产状况,对于原告要求按照被告的资产总额 1300 万元来回购其 24% 股权的诉讼请求,部分予以支持。

一审判决:

被告于判决发生法律效力之日起 10 日内回购原告所持有的被告 24% 的股权,并支付原告股权收购款 2,160,937.79 元。

原、被告不服一审判决,向上级人民法院提起上诉。

原告上诉称:

原审法院未能正确确定被告的资产总额,具体表现在:

1. 九份收条总计 130 余万元未计入资产总额。

这九份收条均系被告法定代表人龚×林出具,证明被告有 130 余万元存在龚×林处。被告也认可这 130 余万元属于公司资产,但并无证据证明此款已归还或用于何处,故依法应由其承担不利后果。

2. 239 万余元银行卡资金未计入资产总额。

原告提交的银行卡存取明细账、客户订单传真及汇款记录等证据可以证明被告另有 239 万余元资金存在龚×林个人的银行卡上,也属于公司资产。被告虽辩称卡上资金均已用于公司经营,但对此未能提供相应证据。

本案系被告拒不提供财务账册而导致资产无法查清,原审反而作出对被告有利的判决,明显与法律规定相悖,请求二审法院撤销原判,依法改判由被告以 1300 万元资产总额为基数回购原告持有的 24% 的股权。

被告二审辩称：

原告的上诉理由不能成立，九份收条中的资金 130 余万元以及银行卡上的 239 万元均已用于公司经营。

被告上诉称：

原审判决认定事实不清，适用法律不当。

1. 原告无权要求被告收购其股权。

（1）异议股东请求公司收购的股权应当是其持有的全部股权，且一旦异议股东转让其股权，也就丧失了股权购买请求权，故原告要求被告收购其部分股权，不符合法律规定。

（2）原告在原审期间转让 1% 股权，说明其已认可了公司延长经营期限的决议。

（3）股权购买请求权只属于对股东会决议投反对票的股东，原告并未出席股东会，未对该项决议投反对票，故而不享有股权购买请求权。

2. 根据《关于公司股东借款购房规定》及原告的借款事实，原告已不持有公司股权。

3. 原审认定的公司净资产数额有误，系明显多算。

请求二审法院撤销原判，依法改判驳回原告的诉讼请求。

原告二审辩称：

1. 原告没有参加 2008 年 12 月 2 日股东会的原因是被告根本没有通知其参加，在原告对此提出异议后，为了弥补程序缺陷，被告特地在 2009 年 4 月 16 日再次就是否同意公司延续经营问题召开股东会，原告在这次股东会上投了反对票，故原告要求被告收购其股权完全符合《公司法》规定。

2. 原告将其原持有的 25% 股权中的 1% 予以转让，不违反《公司法》的规定，且已履行通知义务，转让程序合法。该股权转让与要求公司回购股权的目的指向是一致的，都是退出公司的行为，没有任何理由表明股权转让即为同意公司延续经营。原告要求被告收购的是其目前持有的全部股权，不存在部分收购问题。

3. 被告的借款购房规定要求以股权归还借款，这等同于抽逃出资，应认定为无效文件。

4. 原审对被告资产数额的认定不是多算而是少算。

律师观点：

1. 原告持有的股权并不因其向被告借款 15 万元未还而丧失。

（1）被告制定的《关于公司股东借款购房规定》中有关"借款必须以股权作为

抵押"以及"如借款人退股或转股,以及调离本公司时,必须一次性还款,必须用股金折算"的规定,既违反《担保法》第40条关于禁止流质契约的规定,亦违反《公司法》第35条关于禁止股东抽逃出资的规定,应认定为无效条款。

(2) 上述借款购房规定中明确借款只限于股东本人购房,且要求借款人与被告按范本签订借款合同。被告股东龚×珍、陈×榜借款时即与被告签订《借款购房协议》,且协议中载明"遵守《关于公司股东借款购房规定》",而原告的两次借款均以借条形式出现,也无证据证明借款用途为购房,故这两次借款均无法认定是上述借款购房规定项下的借款。

综上,被告依据上述《关于公司股东借款购房规定》主张原告借款15万元未还,已不再持有公司股权的意见,于法无据,不应予以采纳。

2. 原告有权请求被告收购其现持有的24%的股权。

被告于2008年12月2日召开股东会,并通过延长公司经营期限的决议,是在未依法通知原告出席的情况下进行的,原告事后对股东会召开程序以及决议内容均明确表示反对,也正因此,被告于2009年4月16日又再次召开股东会就相同问题进行表决,由此可见2008年12月2日的决议对原告没有约束力。被告以原告未出席2008年12月2日的股东会,未投反对票为由,主张其不享有异议股东的股权购买请求权,缺乏法律依据,不应予以采纳。

原告在请求被告收购其股权期间向他人转让其中1%的股权,不违反法律禁止性规定,故原告现持有的被告股权份额为24%。原告因不同意延长公司经营期限而要求被告收购其目前所有股权,符合《公司法》第74条之规定,应予支持。鉴于股权转让与同意延长公司经营期限之间不存在逻辑关联性,又原告行使股权购买请求权所针对的既非已转让的1%股权,亦非其所持有的24%股权中的部分,而是整体24%股权,故被告认为原告转让股权即表示同意延长公司经营期限以及原告请求收购其部分股权不符合法律规定的上诉意见,不应予以采纳。

3. 原审依据资产负债表与拆迁补偿协议酌定被告2008年12月1日的净资产总额并无不当。

原告主张其除保留了1999年至2001年期间的两本现金日记账册以及2003年至2005年期间的两本银行卡流水账册以外,其余账外财务资料均已移交被告,但对此仅举证了交接清单复印件,且一则其中载明的截至2006年3月18日的现金余额与原告举证的同期账页复印件记载余额不一致,二则其中载明交接了2003年至2006年3月的账册,这与原告现仍持有这一时期内的部分银行卡流水账册的事实也不相符,故不能证明原告已向被告移交了2006年3月之前其所持有的全部财务资料。况且,原告亦认可部分账外资金在日常经营中已转入公开账,基于上述两点,即便九张收条及 239 万余元的银行卡资金是真实的,因目前缺乏完整的财务资料,亦不能认定这两部分资金至 2006 年 3 月仍属于账外结余资金,从而将此后资金使用的举证责任转移至被告。

被告拒绝向原审法院提供其所持有的财务资料,原审法院由此按双方确认的资产负债表与拆迁补偿协议酌情确定被告 2008 年 12 月 1 日的净资产总额,并无不当。其中,采纳拆迁补偿协议中的房地产实际评估价值而扣除资产负债表中的账面价值,并扣除拆迁补偿协议中与资产无关的奖励、搬迁停工停产费等补偿费用,符合公平合理原则,而被告虽上诉称原审法院确定的净资产总额明显偏高,但在限定期限内仍拒绝提供相应财务资料,故结合本案实际情况,原审法院所酌定的被告净资产总额符合客观实际,应予以维持。

二审判决:

驳回上诉,维持原判。

【案例376】设立子公司疑分立　未转移财产难回购[①]

原告: 翁×凡

被告: 长运公司

诉讼请求: 判令被告按入股价 10 倍的价格即 90 万元收购原告在被告的股份,150 万元收购唐×忠在被告的股份。

争议焦点:

1. 被告设立全资子公司长渡公司,并将约占公司四分之一资产的 74 辆出租车的经营权与所有权转入该子公司,被告这一行为是否视为公司分立、转让主要财产;

2. 原告在被告 2005 年 3 月 25 日作出的有关股份变动的决议上签字认可,现原告要求被告以入股价 10 倍的价格收购其在被告的股份的请求是否违反了相关股东会决议的约定。

基本案情:

原告系被告股东之一,自 2004 年 9 月 28 日起至今,被告均以公司章程、工商登记等形式确认原告对被告的投资额为 9 万元,占被告注册资本的 1.33%。

2005 年 3 月 25 日,被告股东会召开二届六次股东会会议通过关于进一步明

---

① 参见浙江省杭州市中级人民法院(2011)浙杭商终字第 742 号民事判决书。

确公司股东股份变动相关问题的决议。该决议主要内容为:"1. 同意出资经营新一轮公司的股东限于本公司编制内的中层以上干部。2. 同意本公司股东发生职务变动,职务股同时作相应调整。免职或降职的股东,保留基础股3万元,减持的职务股股份必须转让给公司。3. 同意股东到达法定年龄退休的,其基础股3万元在公司经营期内(2014年11月2日前)保留3年。4. 同意劳动人事关系调出本公司或公司解除劳动关系的股东,在调出或解除的同时,公司返还全部股金(基础股和职务股),不再享有股东权利和义务。5. 同意发生上述1、2、3条的情况,股东在变动发生之日起,仍拒绝将股份转让给公司的,不再享受分红,并不计利息。"原告作为股东签字赞成该决议。

因公司经营所需,被告于2010年3月16日向余杭工商分局申请设立由被告独资的长渡公司,经余杭工商分局核准,长渡公司于2010年4月8日成立,经营范围为出租车客运。

为此,被告经杭州市余杭区公路运输管理所及杭州市公安局交通警察支队车辆管理所许可后将约占公司四分之一资产的74辆出租车的经营权与所有权转入长渡公司,同时被告于2010年5月14日向余杭工商分局申请注销了原经营汽车出租业务的被告出租汽车分公司。

2010年6月24日,被告董事会向原告等公司股东发出定于2010年7月6日上午9时在被告办公楼召开股东大会的通知,以对被告经营范围变更涉及的章程修改等进行表决。

经原告及被告另一股东唐×忠授权后,徐×明代表原告、唐×忠参加了被告于2010年7月6日召开的四届三次股东大会,并就在该股东大会上进行表决的《关于变更公司经营范围修改公司章程的提案》投了反对票,该提案内容为"根据区地税局要求,从6月起公司下属非独立核算部门不能单独领取发票,必须由公司统一申领。为维持公司正常生产经营,公司的经营范围需要增加'设计、制作、发布国内广告;室内装潢'的内容。由于出租公司已注册为独立核算部门,在公司的经营范围中需注销'客运出租'的内容。现提请公司四届三次股东会,对公司章程的经营范围进行变更修改,请审议通过。"因表决同意该提案的股东占96.45%,故被告股东大会决议通过了该提案。

后被告根据该股东会决议至余杭工商分局办理了相应的变更登记手续。

原告诉称:

被告设立长渡公司并将被告所有的74辆出租车的所有权与经营权转让给长渡公司的行为已构成公司分立及转让主要财产,原告有权要求被告按照合理的价格收购其在被告的股权,请求支持原告的诉讼请求。

被告辩称:

被告组建出租车全资子公司,没有影响股东权益,不违反《公司法》的规定,是公司发展战略、产业结构和组织结构的调整行为,不是公司的分立行为,原告的理由不成立,恳请依法驳回其诉讼请求。

一审认为:

1.《公司法》(2005年修订)第14条规定"公司可以设立分公司。设立分公司应当向公司登记机关申请登记,领取营业执照。分公司不具有法人资格,其民事责任由公司承担。公司可以设立子公司,子公司具有法人资格,依法独立承担民事责任。"第176条规定:"公司分立,其财产作相应的分割。公司分立,应当编制资产负债表及财产清单。公司应当自作出分立决议之日起十日内通知债权人,并于三十日内在报纸上公告。"故本案中被告设立全资子公司长渡公司而将原被告出租汽车分公司注销的行为系其正常投资经营行为,而非被告的公司分立行为。

2. 被告因经营所需而将74辆出租车的所有权与经营权过户给长渡公司,由于长渡公司系由被告独资,且原告与被告均确认该部分资产约占被告资产的四分之一,故该行为亦不属于被告转让主要财产。

3. 本案中,原告于2010年7月6日所投反对票的股东会决议内容为被告因经营范围的修改与变更而引起的公司章程的变更,并无被告公司分立或转让主要财产的相关内容,原告亦无其他证据证实有其作为被告股东对被告关于公司分立、转让主要财产的股东会决议投反对票的情形存在。

综上,原告的诉讼请求无事实与法律依据,不予支持。

一审判决:

驳回原告的诉讼请求。

原告不服一审判决,向上级人民法院提起上诉。

原告上诉称:

1. 原审法院认定事实有误。

原审法院将2010年7月6日对方召开的股东会议的行为定性为变更公司章程。但实际上,该股东会议是对方在将之前一次除原告及唐×忠之外的股东表决结果交由工商部门时,被工商部门告知应当通知原告及唐×忠两位股东后,才再次召开的。对方在2010年的年初开始对其主要资产及经营项目客运出租业务进行公司分立行为,该分立行为的最后法律手续是将被告的客运出租业务从原有的经营项目当中进行剥离,以达到公司分立的最终结果,其损害的是包括原告在内小股东的对公司的实际控制及利益,因为该资产在被告是优质资产,剥离后其他股东处于间接控制状态,而大股东特别是最大股东根据长渡公司章程的规定,享有的权利是巨大的,《公司法》(2005年修订)之所以要设立第75条的股权回收制度的目的就是为了防止大股东滥用权力,侵害小股东的利益而设立的一个退出机制。但在实际应用过程当中公司分立这种法律行为在工商部门实际操作极少,《公司法》本身也未对公司分立确定一个准确的法律概念,只是在法学教材当中才有公司分立的概念及分类,其中在中国政法大学出版的公司法教材当中是这样定义派生分立的,"派生分立,是指一个公司按照法律规定的条件和程序,将其部分资产或营业进行分离,另设一个或数个新的公司或分支机构,原有公司继续存在的公司分立形式"。因此,本案中虽然对方从表面上来讲只是设立一个公司,并由全体股东对被告与新设立公司相冲突的经营项目注销进行表决,但实际上被告已完成了全部的分立法律手续。原告也只有在这么一次唯一正规的机会表达自己的意愿,这当然符合《公司法》(2005年修订)第75条的立法精神,不然会造成一种不按法律程序走、钻法律空子的人会得到利益,而守法的人反而会遭受实际损失的错误导向。

2. 原审法院适用法律有误。

原审法院认定实际上被告的行为性质是设立子公司的法律行为。原告认为,首先,设立子公司本身与公司分立的法律概念之间并不存在矛盾,公司的派生分立并不排斥公司设立子公司,两者可以兼容。其次,一般来讲设立子公司是母公司在开发新项目、寻找新的增长点过程当中的一种投资行为。而本案中,原审法院的认定是设立子公司的行为,但该子公司的资产及利润按对方所说的占公司三分之一,是公司的一个优质资产,将其分离出去,形成一个所谓的子公司,再制定一个章程规定该子公司的掌控权的归属,而且将被告原有的该经营项目进行注销,是不同于一般意义上的"设立子公司",因此,原审法院援引《公司法》(2005年修订)第14条、176条适用于本案并据此定性,系适用法律错误。

综上,被告通过一系列规避法律的行为将其一分为二,并将主要资产转让给长渡公司的事实清楚,被告该行为已构成公司分立行为,故原告于2010年7月6日的表决构成《公司法》(2005年修订)第75条规定的公司回购异议股东股权的法律理由。

被告二审辩称:

1. 被告组建全资子公司出租车公司,是公司调整发展战略经营行为,不是公司分立。

2. 组建出租车公司没有损害公司股东的利益。股东权益有无变化,是公司分立和公司设立全资子公司的一个区别。

3. 组建出租车全资子公司,不存在公司转让主要财产。

4. 被告是公有制企业转制为由中层以上管理人员参股的股份制企业,为维护公司经营的连续性和管理队伍的稳定性,股东持股比例和股东免职、退休、离职后应将股份转让给新任管理人员作了明确的约定,并由首批股东签字认定,存在几年来多名股东顺利转让股权的先例。

律师观点:

1. 被告设立全资子公司长渡公司并将原被告出租汽车分公司注销的行为系其正常投资经营行为,而非被告的公司分立行为。

被告出资设立全资子公司长渡公司,并将其74辆的出租车经营权与所有权转入长渡公司,还注销了原经营出租车业务的长运出租汽车分公司。但长渡公司的注册资金为50万元,并未包含上述出租车的经营权和所有权在内,而出租车的经营权和所有权具有相应的市场价值和营利性,属于公司资产及营业项目,长渡公司作为具有独立法人资格的有限责任公司,获得出租车的所有权及经营权,并以此经营获益,应当认定被告转让出租车所有权与经营权的行为形式上虽然没有按照公司分立的法定程序,但实质上对其部分资产及营业范围进行了分离,产生了转移公司资产的结果。

2. 被告转入长渡公司资产的行为不能认定为转让公司主要财产。

原告所投反对票的2010年7月6日的被告股东会决议内容不仅仅是关于公司经营范围变更引起的对公司章程的修改,也涉及公司资产变动的相关内容,被告仅是将出租车客运业务及相关资产转由长渡公司运营管理,其余相关客运业务及对应的车辆等资产仍由被告在经营掌管,原告亦确认转入长渡公司的资产占被告资产的四分之一,因此被告转入长渡公司资产的行为不能认定为转让公司主要财产。

3. 原告的回购请求违反了2005年3月25日股东会决议的约定。

被告2005年3月25日股东会会议上通过的关于明确公司股东股份变动相关问题的决议上也对股东股份变动的有关情况作出了规定,原告也在该决议上签字认可。现原告要求被告以入股价10倍的价格收购其在被告的股份,该主张违反了相关股东会决议,所提价格依据不足,不应予以支持。

二审判决:

驳回原告的诉讼请求。

【案例377】不具备股东资格　请求回购股权被驳回[1]

原告: 邱连华

被告: 华宁公司

诉讼请求: 依法判令被告以100万元的价格收购原告股权。

争议焦点: 原告与郑玉鹏签订的《投资合作协议书》是否意味着原告已经获得了被告15%的股权。

基本案情:

2004年5月28日,毛俊与郑玉鹏签订《投资合作协议书》,约定双方共同出资设立被告,两人分别持有被告55%和45%的股份。被告章程载明,毛俊和郑玉鹏为被告的股东;股东之间可以相互转让出资,股东向股东之外的人转让其出资时,需以全体股东半数同意,不同意转让的股东,应当购买该股东转让的出资,否则视为同意。

2004年8月6日,郑玉鹏向毛俊出具股权转让通知书一份,告知毛俊其欲转让被告15%的股权,转让金额为100万元,并告知毛俊如逾期不接受其转让的股份,其将转让给原告。该股权转让通知书由被告工作人员收执后在该通知书的左下角记载了"本件壹份转交毛总根据指示,该份公司财务存档,郑总股份公司不变,邱连华(原告)股份挂郑总名下,公司不单列。经办人:唐良胜2004年8月10日"的文字内容。

2004年9月26日,原告与被告股东郑玉鹏签订一份《投资合作协议书》,约定郑玉鹏出资的股金为270万元,其中原告出资100万元,占被告注册资本的15%,郑玉鹏占被告注册资本的30%,双方还对其他有关事项作出了特别约定。协议签订当日,郑玉鹏向原告出具了金额为100万元的收条一份,并具明所收款项为"股金款"。

2006年9月,原告以其同郑玉鹏之间签订的《投资合作协议书》未经被告许可以及其他股东追认等为由,以郑玉鹏为被告向宣城市中级人民法院提起诉讼,要求郑玉鹏返还100万元投资款。宣城市中级人民法院于2007年1月8日作出(2006)宣民二初字第43号民事判决,认为,被告没有为原告办理股东名册变更登记,原告不享有被告的股权。原告同郑玉鹏签订的名为《投资合作协议书》实为股权转让合同,合同有效;郑玉鹏转让股权书面通知了股东毛俊并经毛俊同意

---

[1] 参见安徽省高级人民法院(2009)皖民二终字第0011号民事判决书。

且原告无权单方解除合同,故判决驳回原告要求郑玉鹏返还投资款的诉讼请求。原告和郑玉鹏在法定的上诉期限内没有提起上诉,该判决已发生法律效力。

2008年3月24日,被告因拖欠土地出让金等原因,与宁国市项目服务中心以及姜庆志经协商订立《协议书》一份,约定由宁国市项目服务中心收回被告的项目用地,同时约定被告资产作价371万元转让给姜庆志实施机械加工等。被告的两名股东毛俊、郑玉鹏在该协议书上签署了本人姓名。

原告诉称:

被告自2008年3月24日后数次转让公司主要财产,但被告的转让行为均未告知原告,更未取得原告的同意,其一系列的行为严重侵犯了原告的合法权益,在原告提出请求后,被告应当依法回购原告股权。

被告辩称:

原告虽然与郑玉鹏之间签订了《投资合作协议书》,但原告尚未成为被告的股东,其对被告不享有股权,也自然无权要求公司回购其股权。

律师观点:

1. 提起股份收购请求权诉讼必须同时具备实体和程序两方面的要件。

提起股份收购请求权诉讼必须同时具备实体和程序两方面的要件,即实体上必须具备股东资格且对股东会相关决议投反对票的股东,才能提起该项诉讼;程序上公司股东应在法定期限内先行与公司协商以合理价格收购其股权,协商不成后再提起诉讼。

2. 生效判决认定原告不具备被告股东资格。

发生法律效力的(2006)宣中民二初字第43号民事判决审查并确定原告因被告没有为其办理股东名册变更登记而不享有的股权,该判决不论正确与否,在原告没有提起上诉且判决书已生效的情况下具有羁束力,对该生效判决的既判力应予尊重。

3. 原告未积极履行变更登记义务。

原告在2004年9月26日同被告股东郑玉鹏签订股权转让合同后,既未及时将其已经实际、全面履行了出资义务的情况以及其本人的身份证明情况告知被告,以便于被告依照当时《公司法》(1999年)第36条的规定为其办理股东名册变更登记,也未在(2006)宣中民二初字第43号民事判决作出其不享有被告股权的确定性结论后的合理期限内,依照《公司法》等相关法律法规的规定向被告提出为其办理股东名册变更登记和工商变更登记的明确主张或在被告无正当理由拒绝办理变更登记手续的情况下,依法诉诸法院责令被告履行办理变更登记的法定义务或依法提起确认股东资格的确认之诉。因此,原告受让郑玉鹏15%公司股份并实际出资100万元后,未再继续履行股权转移过户的法律义务属实,其依法尚不能成为被告股东,不能承继转让方郑玉鹏在被告的股东权益。

4. 原告股东资格的取得不因其与郑玉鹏订立的股权转让合同的生效而自动发生股权变动的法律后果。

股权转让合同的生效与股权转让的权属变动生效实属两个不同的法律范畴,前者对合同当事人原告和郑玉鹏具有法律约束力并在双方之间形成合同上的权利义务关系,后者则涉及股权何时发生转移即原告何时取得股东身份并继受股东资格的法律问题。原告在股权转让合同生效及履行出资义务后,仍需履行通知被告办理股东名册变更登记和工商变更登记手续的法定义务,原告股东资格的取得不因其与郑玉鹏订立的股权转让合同的生效而自动发生股权变动的法律后果。

综上所述,原告以被告转让主要财产损害其权益为由提起股份收购请求权诉讼,不具备公司法规定的实体条件,不应得到支持。

法院判决:

驳回原告的诉讼请求。

1069. 有限责任公司的股东行使股份回购请求权是否必须以股东在公司决议中投反对票为前提?

请求公司回购股份主要是赋予对公司决议持异议,即持反对票的股东的救济权,使异议股东免受"多数决"形成的决议约束,以此公司因合并、分立、转让重大资产、修改公司章程使公司存续而召开股东(大)会的,股东请求公司回购股份必须以股东对公司决议投反对票为前提。如果股东在会上未明确表示反对,或投赞成票事后反悔的,则不享有股份回购请求权。

但如果股东是因为公司长期不分配红利而请求公司收购股份的,无须以对公司决议投反对票为前提。因为《公司法》并未规定公司不分配红利应当召开股东会。例如,山东省法院的司法实践做法是,"如果公司连续5年未召开股东会对分配利润进行决议的,持有公司不足1/10表决权的股东可以请求公司按照合理的价格收购其股权"。

1070. 如果公司决议未获通过,或通过后在未实施前被撤销或归于无效时,异议股东可否请求公司收购其股份?

股份收购请求权行使的前提条件是法定事由已经股东会决议通过。如果法定事由未经股东会决议通过,则公司的组织机构、经营决策并未发生重大变化,没有必要赋予股东股份收购请求权。若决议作出后，未经实施，中途撤销决议，则股东亦没有继续行使股份收购请求权的权利。

1071. 如果股东未参加公司有关事项的股东会决议并表决，但对公司的决议内容持反对态度，能否请求公司收购其股份？

区分两种情况确定：

（1）如果公司在召开股东（大）会之前未通知股东，导致股东未能到会参加会议并进行表决。异议股东可自其知道或应当知道股东会决议内容的90日内提起请求公司收购其股份的诉讼。异议股东也可以向法院提起撤销股东（大）会决议纠纷，①在公司决议被撤销后，股东也就无须提起请求公司收购股份的诉讼了。

（2）如果公司就股东（大）会召开事宜以合法的方式通知了该股东，由于股东自身原因未能到会参与表决，应由该股东自己承担责任，不能以反对决议内容为由请求公司收购其股份。

1072. 异议股东对股东会决议内容投反对票后，事后又履行该决议内容的，能否请求公司收购其股份？

不能。因为股东行使公司股份回购请求权的前提是股东反对公司的决议内容。如果股东对股东会决议内容投反对票，事后又履行该决议内容的，该股东以实际行为表明赞同公司决议内容，自然不具备股份回购请求权的程序要件。

1073. 异议股东对公司股东会决议内容投反对票后，是否必须与公司就股份回购进行沟通但达不成协议后，方可向法院提起诉讼？

是的。异议股东在向法院提起诉讼前，应当就股份收购事宜与公司进行协商，在协商不成的情况下，再向法院提起诉讼。

1074. 公司恶意规避退股条件，如隐瞒公司实际经营情况，制作虚假的财务报表，或在五年期间里仅象征性地分配一次红利，该股东能否行使公司收购股权？此时，股东应当如何维护合法权益？

法律赋予股东退股权的本意是为了避免控股股东和公司管理层利用资本多数决损害中小股东的利益。然而，异议股东请求公司收购股权的前提条件很容易被规避。比如，公司财务会计报告中显示，公司在前四年皆盈利，但第五年亏损，股东就无权请求公司回购股权。这样，一些股东就故意将第五年的财务报表做成亏损，以阻止股东退股，或者在第五年象征性地只分配很少的红利给股东。对此，

---

① 关于股东请求撤销股东（大）会决议的纠纷详见本书第二十章公司决议纠纷。

股东能否行使股份回购请求权,立法规定不明确,司法实践亦无统一意见。仅从字面意思解读,由于不符合"公司连续五年不向股东分配利润"的条件,股东不得请求公司收购股权。

笔者建议,在此种情形下,如果无法请求公司收购股份,股东可以向公司提起盈余分配请求。如果股东有合理理由怀疑公司财务报表有不实记载,可以向法院提起股东知情权诉讼,视具体情况,请求查阅公司的会计账簿、原始凭证以及进行财务审计。

为了避免冲突,可在公司章程中明确"不分配红利"的具体概念,如约定"不分配红利"为分配的红利低于应分配红利的5%,使该条具备可操作性,同时也保护小股东利益。

【案例378】连续6年不分红　股东请求回购获支持①

原告:上海徐汇某有限公司

被告:上海某药品经营有限公司

第三人:北京某健康药品经营有限公司

诉讼请求:要求判令被告收购原告持有的被告10%股权,并向原告支付股权转让款10,300,000元。

争议焦点:股份回购价款如何确定。

基本案情:

被告前身上海徐汇中药贸易经营部于1993年6月19日成立。

2003年年底,上海徐汇某厂(原告前身)和第三人在上海徐汇中药贸易经营部基础上改制成立被告,其中,上海徐汇某厂以存量资产出资50万元,占被告10%股权,第三人以货币出资450万元,占被告90%股权。

2005年年底,上海徐汇某厂改制成为原告。

2006年4月18日,被告股东由上海徐汇某厂更名为原告。

被告自成立后连续6年盈利。截至2008年12月31日,被告未分配利润累计26,056,583元。但该6年中,被告从未召开过股东会,原告和第三人也从未就利润分配事宜进行协商。

2009年6月16日,原告致函被告,提请被告董事会召集股东会临时会议,讨论决定历年累积利润的分配方案,但被告未予答复。

---

① 参见上市徐汇区人民法院(2009)徐民二(商)初字第1744号民事判决书。

其后,原告提请被告监事召集股东会临时会议。2009年7月16日,被告监事陆梅琴发出通知,召集原告和第三人于同年8月10日召开被告股东会临时会议,讨论被告历年累积利润的分配方案。

同年8月4日,监事陆梅琴将原告提交的利润分配方案的提案转发给第三人并抄送被告。之后,第三人未能出席该次股东会临时会议,该次会议也未能就有关利润分配方案付诸表决并形成决议。

原告于2009年8月18日委托律师致函被告,要求与被告展开股权收购协商。但被告拒绝就股权收购进行协商,且回函对原告拥有股权的事实予以否认。

原告诉称:

被告连续6年不分红,且大股东无正当理由拒绝参加股东会临时会议,致双方股东无法就利润分配形成股东会决议,严重损害了原告的股东权益,故原告有权要求被告按合理价格收购原告股权。

原告要求与被告展开股权收购协商,但被告非但拒绝就股权收购进行协商,反而回函对原告拥有股权的事实予以彻底否决,遂至协商破裂。

其后,原告又多次与被告和第三人协商,但均未果。据此,原告遂提起诉讼并委托相关机构对被告进行资产评估。

原告为证明其观点,提交证据如下:

1. 被告工商材料;
2. 《关于请求召开董事会和股东会会议的函》;
3. 《关于召开上海某药品经营有限公司股东会会议的通知》;
4. 《关于转发上海某药品经营有限公司利润分配提案的函》;
5. 原告律师函;
6. 被告回函;
7. 原告企业改制材料;
8. 审计报告、评估报告。

被告辩称:

1. 原告对被告的出资未到位,被告不承认原告股权。

2. 根据原告和第三人2003年9月2日签署的《补充条款》的约定,场地占用费、水电等费用由双方各半负担,故原告应承担被告垫付的房租、水电费、物业费共计1,034,153.23元。

3. 被告确实6年未召开过股东会及进行利润分红。但原告6年来也从未提过分红这件事。如果原告在之前的6年中提出召开股东会,第三人未必不参加。

4. 鉴于原告单方委托评估公司出具的评估结论有失公允，被告请求法院另聘资产评估公司对被告资产重新进行评估。

第三人同意被告辩称意见。

法院依被告申请对被告进行审计和评估。

法院通过上海市高级人民法院委托上海申洲大通会计师事务所有限公司对被告净资产进行审计，并委托上海上会资产评估有限公司对被告在3个基准日的资产价值进行评估。其中，上海上会资产评估有限公司就基准日为2008年12月31日的评估结论如下：评估基准日为2008年12月31日，被告净资产评估值为46,817,142.13元。

报告出具后，原告就基准日为2008年12月31日的评估结论表示：若法院按照该评估结论作出判决，且被告能完全履行判决，则原告愿意接受该评估结论，且不对报告上存在的瑕疵要求重新评估或追究被告及第三人的有关责任。

此外，若判决履行过程中需要办理工商变更手续的，原告愿意全力配合。

被告及第三人表示：本案诉讼期间已很长，被告和第三人不愿再纠缠下去。被告同意确认基准日为2008年12月31日的评估结论，也同意以该评估结论作为法院判决的依据。

律师观点：

原告系持有被告10%股权的股东，依法享有分红权。

现被告自成立后连续6年盈利却不向股东分配利润，该行为侵害了原告股东权利。原告据此请求被告收购原告所持10%股权，符合法律规定。

鉴于原、被告间已不能就上述股权的收购事宜达成协议，故法院应当依据各方当事人确认的被告资产评估价值判定被告应支付的股权收购金额。

法院判决：

1. 原告持有的被告10%股权于本判决生效之日即归被告所有。

2. 被告应于本判决生效之日起六个月内支付原告上海徐汇某有限公司股权收购款人民币4,681,714元。

3. 被告应于本判决第2项履行时将本判决第1项确定之股权予以转让或注销，并办妥变更工商登记所需手续。原告和第三人应协助被告履行。

1075. 公司股东(大)会通过了盈余分配方案，事后公司迟迟不分配红利，股东能否请求公司收购其股份？

不能。公司已经通过了盈余分配方案，不符合公司连续5年不向股东分配利润而公司该5年连续盈利并且符合《公司法》规定的分配利润条件的回购法定条件。因公司迟迟不实施已作出决议的盈余分配方案,股东可以向法院提起盈余分配纠纷之诉。①

【案例379】未实际取得已分配红利　股东请求回购被驳回②

原告:任秀江

被告:森林公司

诉讼请求:判令被告以659,090.57元回购其在该公司的0.94%股份。

争议焦点:被告已作出决议分配,但迟迟未进行实际分配,原告是否可因此请求公司回购股份。

基本案情:

被告系经企业改制成立于1998年4月30日的有限责任公司,原告为该公司的股东,占0.94%股份。

至今,被告未通知原告参加过股东大会,也未向原告分红。

从2004年至2008年被告的《资产负债表》显示,公司均有盈利,且均向股东分配过红利,但原告并未收到被告分配的红利。

2009年4月24日,原告向被告发出《律师通知函》,要求于5月12日召开临时股东大会,讨论关于原告2000年至2008年的红利,回购原告股权的问题。被告收函后未予答复。

原告诉称:

被告每年分红但均未分配给原告,已经严重损害了原告作为公司股东的利益,现原告要求被告回购其股权,以避免继续损害原告利益。

被告辩称:

不同意原告的诉讼请求。

原告作为该公司拥有0.94%股份的股东,实际并未出资,其于2000年因侵占公司财产被辞退,离职时签署了股权转让协议,但未实际办理工商变更登记手续。

2009年7月26日,上海市浦东新区人民法院以(2009)浦民二(商)初字第4815号民事判决,对于原告向被告追讨2000年至2008年的公司红利分配纠纷,作出了判令被告支付原告2007年度和2008年度红利共计19,080.89元的判决。

---

① 关于股东盈余分配权内容详见本书第二十二章公司盈余分配纠纷。
② 参见上海市第一中级人民法院(2009)沪一中民三(商)终字第765号民事判决书。

其股东身份在(2008)浦民二(商)初字第1299号案件之前并不明确,所以没有通知原告参加公司股东大会;在法院另案判决确认其股东身份之后,被告从未召开过股东大会,并已在(2009)浦民二(商)初字第4815号公司盈余分配纠纷案件中,确认了应将公司2007年、2008年的红利分给原告的事实,公司对红利分配的金额存有异议,故尚未执行该判决。现原告要求被告回购其股权的主张没有法律依据,且该公司对于原告提出的回购价格也不予认可。

该公司自2000年至2008年每年都进行过分红,原告的股份所对应的红利已经由该公司法定代表人凌惠明以股权受让人的身份领取。

律师观点:

1. 原告不符合请求公司收购股份的条件。

当事人对自己提出的诉讼请求所依据的事实,有责任提供证据加以证明。现原告并无关于被告存在法定可以收购其股份的证据。即使如原告所述存在被告连续五年以上盈利的事实,由于该公司实际已经确认向股东分配红利,至于原告没有收到相应的红利,可以另案主张。原告还认为被告未通知其参加股东大会、未向其披露公司经营状况等情况,其均可通过另案诉讼的方式维护其股东权利。

2. 生效判决确认被告应向原告支付红利,原告请求与此矛盾。

(2009)浦民二(商)初字第4815号民事判决书已经作出了判令被告支付原告2007年度和2008年度红利共计19,080.89元的判决。该判决已生效,现正在执行中。原告在法院认定被告应向其支付部分红利的同时,仍坚持要求公司回购其股份,其主张自相矛盾,且并无公司章程约定及相关法律规定所支持,缺乏事实依据和法律依据,其诉讼请求难以被支持。

法院判决:

驳回原告的诉讼请求。

1076. 公司终止或破产清算时,股东是否享有股份回购请求权?

不享有。若许可异议股东行使股份回购请求权,将使异议股东在清偿债务前先期取得出资返还,从而损害债权人的利益。

1077. 如果公司转让主要财产,异议股东有权请求公司收购其股权,那么判断"主要财产"的标准是怎样的?

我国《公司法》、相关司法解释、地方性法规均未对此作出解释,但结合司法实践,判断公司转让的是否为"主要财产"应当从以下三个方面综合考虑:

(1)转让财产的行为是否实质性影响了公司设立之目的及公司存续;

(2)转让的财产是否为公司进行日常经营活动中的核心业务资产;

(3)转让财产价值在公司净资产中所占的比例(如高达净资产的30%以上)。

【案例380】公司出售固定资产 属主要财产应回购①

原告:郭新华

被告:华商公司

诉讼请求:判令被告以人民币501万元收购原告持有的股权。

争议焦点:

1. 标准厂房两栋、T/F房屋是否属于被告的主要财产;

2. 在被告转让上述财产时,原告是否在关于转让上述财产的股东会会议上投出反对票。

基本案情:

原告系被告的股东,持有被告12%的股权。被告的经营范围为房地产开发、房屋出售,注册资本3500万元。

截至2007年12月31日,被告固定资产为标准厂房两栋5348.11平方米,T/F房屋8229.45平方米,西楼2737.98平方米等,总资产约为4600万元。

2007年11月21日,被告大股东北京市大兴经济开发区开发经营总公司和北京生物工程与医药产业基地开发经营中心召开股东会,并盖章签署了(2007)字第03号《北京华商职业有限公司股东会决议》,决议"出售部分厂房偿还贷款以缓解资金压力;关于出售厂房的价格应为:TOWNFACTORY 厂房3200元/平方米,标准厂房2800元/平方米,销售价格在上述价格标准以上即可出售"。

2007年11月22日,被告与北京金海虹氮化硅有限公司签订了厂房租售合同,约定北京金海虹氮化硅有限公司购买被告开发的标准厂房北楼,房屋建筑面积5248.11平方米,单价为3300元/平方米。

2008年1月4日,原告自北京京辰房地产投资有限公司处得知上述事宜。

2008年1月9日,原告根据《公司法》(2005年修订)第75条的规定向被告提出合理的价格收购其持有的股权的要求,但被告拒绝。

原告诉称:

出售作为公司主要资产的厂房,是大股东滥用资本多数便利、漠视处于弱势地位小股东权益的行为,严重损害了原告的利益。

---

① 参见北京市第一中级人民法院(2008)一中民初字第02959号民事判决书。

被告辩称：

原告的诉讼请求不符合我国《公司法》(2005年修订)第75条规定的法定适用条件，对其诉请法院应予以驳回。

1. 原告不是行使股份回购请求权的适格主体。

根据《公司法》(2005年修订)第75条的规定，享有股份回购请求权的权利主体，第一必须参加了股东会，第二必须在股东会上对相关股东会决议投了反对票，而原告根本没有参加股东会，更谈不上对股东会的决议投反对票，其不符合《公司法》(2005年修订)第75条对权利主体的要求。

2. 被告在本案中转让财产的行为不是《公司法》(2005年修订)第75条规定的"转让主要财产"行为。

首先，《公司法》(2005年修订)第75条及相关司法解释均未明确"公司主要财产"的具体衡量标准。被告转让的房产不是公司主要财产。从数量上看，被告转让的房产占公司总资产的比例不足16%（截至2007年12月31日），不构成公司的主要财产。

其次，从《公司法》(2005年修订)第75条规定的立法本意来分析，被告转让财产的行为不属于"转让主要财产"的行为。该条关于"转让主要财产"的立法本意是看转让财产的行为是否属于公司常规经营活动，是否实质性影响了公司设立之目的及公司存续，是否威胁公司存在的基础，是否损害了公司和股东的利益等。但本案被告的转让房产行为既属于公司的常规经营范围，又没有影响公司的存续，相反，还在最大限度上维护了公司、股东利益，表现在：

（1）被告与建行前门支行签订了借款合同、抵押合同，约定被告贷款2300万元，还款日为2007年11月26日，用于抵押担保的房产建筑面积19,000余平方米，土地面积18,000余平方米，抵押财产评估价值为6000余万元，如被告不能按期偿还贷款，则其向银行抵押的财产将面临被查封、拍卖的风险，而且会给公司信用带来严重影响，今后向银行融资会更加困难，这势必将对公司持续经营带来不利影响。

（2）根据以往被告被查封、拍卖的房产的司法执行程序看，不按期偿还借款会使公司遭受更大损失，例如，2005年2月被告被拍卖房产因三次流拍，最后作价仅2619.80元/平方米，本案被告转让房产单价3300元/平方米，实际所得1700余万元，不仅缓解了贷款压力，维持了公司正常运转，而且避免了更大损失，在最大限度上维护了公司、股东利益。

综上，被告认为原告主张不能成立，请求法院依法驳回其诉讼请求。

律师观点：

1. 被告未通知原告参加股东会，原告有权通过诉讼方式表示其反对此次股东会决议内容。

现有证据表明，被告通知其股东于2007年11月21日参加股东会会议时，没有有效地通知原告，原告在被告股东会决议作出后，才得知股东会决议的内容，原告无法在股东会会议上行使自己的权利，故原告在其知道或应当知道股东会决议内容的法定期间内有权向被告主张权利。

2007年11月21日被告股东会会议决议是由被告出资比例占85.14%的股东表决通过的，由此表明被告的大股东依据其章程中有关"股东会决议由股东按照出资比例行使表决权，股东会决议应由代表2/3以上表决权的股东表决通过"的约定而作出的出售厂房的决议，由于占被告出资比例12%的股东原告未能参加此次会议，原告可以通过诉讼方式表示其反对此次股东会决议内容。

2. 标准厂房两栋、T/F房屋是被告进行日常经营活动所必需的物质基础，应属于被告的主要财产。

依据被告公司章程的约定，被告经营范围为房地产开发、房屋租售。原告起诉前，被告固定资产包括建筑面积为10,496.22平方米标准厂房两栋、T/F房屋8229.45平方米、4辆汽车和地下配电设备等。根据公司章程的约定和被告资产的现状，标准厂房两栋、T/F房屋是被告进行日常经营活动所必需的物质基础，应属于被告的主要财产。

3. 原告有权要求被告按照合理的价格收购其股权。

2007年11月22日，被告依据2007年11月21日作出的被告股东会决议，将被告标准厂房北楼（房屋建筑面积为5248.11平方米）出售给北京金海虹氮化硅有限公司，表明被告依据原告投反对票的股东会决议将其公司主要财产中的一部分进行了转让，异议股东原告丧失了继续留在公司的理由，其有权以此为由要求被告按照合理的价格收购其股权，故对被告有关"被告转让的房产不是公司主要财产，亦不属于公司法规定的转让主要财产的行为，转让的财产不会影响公司设立的目的及存续，是最大限度地维护公司和全体股东利益"的答辩理由不予采纳。

原告退出公司的行为实际上造成被告注册资本减少，应受公司减资制度的约束。现有证据表明，原告有关"被告以人民币501万元收购原告持有的股权"的诉讼请求缺乏证据支持，故对该诉讼请求不应予以支持。

法院判决：

1. 被告应按照合理价格收购原告股权；

2. 驳回原告其他诉讼请求。

【案例381】未证明转让股权系"主要财产" 主张回购被驳回①

原告: 薛峰

被告: 京卫公司

诉讼请求: 判令被告以人民币23,158,287.72元的价格收购原告持有的被告9%的股权。

争议焦点:

1. 原告向被告提出回购请求,但最终未能与被告达成股权收购协议,原告是否有权向法院提起诉讼,要求被告回购股权;

2. 被告转让持有的国康公司60%的股权是否影响公司的正常经营和盈利,是否会导致公司发生了根本性变化。

基本案情:

被告于2010年12月13日设立,公司注册资本7128万元。

依据章程约定,股东为曹建强、董建强、耿晓乐、景大勇、李洪波、李铁军、宋耕福、孙冯俊、原告、周仁富、崔本山11人,其中曹建强、董建强、耿晓乐、景大勇、李洪波、李铁军、宋耕福、孙冯俊、原告、周仁富10人分别出资641.52万元,分别占出资比例的9%,崔本山出资712.8万元,占出资比例的10%。

公司经营范围为销售医用高分子材料及制品、卫生材料及敷料、医用电子仪器设备、包装食品,自营和代理各类商品及技术的进出口业务等。

公司股东会由全体股东组成,行使决定公司的经营方针和投资计划等职权;股东会会议由股东按照出资比例行使表决权,召开股东会会议,应当于会议召开7日以前通知全体股东,股东会会议作出修改公司章程、增加或者减少注册资本的决议,以及公司合并、分立、解散或者变更公司形式的决议,必须经代表2/3以上表决权的股东通过;董事长为公司的法定代表人,行使法律规定的法定代表人职权。

国康公司是被告对外投资设立的企业。2009年10月12日国康公司章程及2010年4月20日国康公司章程修正案约定,被告、崔本山、李洪波、孙冯俊、董建强、宋耕福、耿晓乐、曹建强、周仁富、原告、李铁军、景大勇等共同出资设立国康公司,公司经营范围包括销售中成药、化学药制剂、化学原料药、生化药品、医用高分

---

① 参见北京市第二中级人民法院(2012)二中民终字第02333号民事判决书。

子材料及制品、医用电子仪器设备、医用卫生材料及敷料等。公司注册资本8000万元,其中被告出资4800万元,占出资比例的60%。

2010年12月13日,被告召开股东会会议,会议讨论通过变更二级公司股权投资的决议,即转让被告持有的国康公司51%的股权。原告代理人齐亮在股东会决议上签字表示不同意该项决议,其余股东均表示同意该项决议。会议现场,被告向全体股东送达了《关于认购国康公司股权事宜的函》。

2011年1月26日,原告通过EI420458167CS号特快专递向被告法定代表人扈本山发出股权回购请求函,要求被告按照合理价格收购原告所持有的被告的全部股权。特快专递收件人地址记载为"北京市丰台区星火路9号",收件人单位记载为"京卫医药科技集团有限公司",收件人姓名记载为"扈本山",相应特快专递查询单记载该特快专递的签收时间为2011年1月29日,收件人一栏盖有"宏峰物业收发章"。

此外,被告2010年度审计报告记载,被告资产合计1,095,090,616.36元,营业收入1,630,384,155.16元,归属于母公司所有者权益合计257,314,308.03元,归属于母公司所有者的净利润26,067,512.54元;国康公司2010年度审计报告记载,国康公司资产总计786,825,028.49元,营业总收入1,510,795,357.44元,归属于母公司所有者权益合计135,438,233.56元,归属于母公司所有者的净利润32,540,217.30元。

原告诉称:

原告系被告的股东,被告持有国康公司60%的股份,是国康公司的控股股东,被告每年的收益绝大部分是通过作为国康的股东分红获得的收益,被告持有的国康公司的股份系被告的主要财产。2010年12月13日,被告召开了临时股东会,临时股东会大部分股东同意将被告持有的国康公司51%的股份按比例转让给被告的自然人股东,原告对此持有异议,并不同意该决议的内容。

根据《公司法》(2005年修订)第75条的规定,对转让公司主要财产的股东会决议投反对票的股东可以请求公司按照合理的价格收购其股权。

现根据被告和国康公司2010年度的审计报告,国康公司的资产总额、营业收入、归属于母公司所有者权益、归属于母公司所有者的净利润分别占被告资产总额、营业收入、归属于母公司所有者权益、归属于母公司所有者的净利润的72%、93%、53%和125%,国康公司51%的股份相对应的资产总额、营业收入、归属于母公司所有者权益、归属于母公司所有者的净利润分别占被告(不含少数股东权益)资产总额、营业收入、归属于母公司所有者权益、归属于母公司所有者的净利润的51%、75%、27%和127%,因此,被告转让其持有的国康公司51%的股权系被告的主要财产,请求法院支持原告的诉讼请求。

被告辩称:

1. 原告没有在股东会会议决议通过之日起60日内提出回购要求或与公司进行协商,故原告无权起诉。

被告并未收到原告所称的股权回购请求函,且EI420458167CS号特快专递系寄给扈本山个人,与公司无关。被告提供的宏峰物业公司出具的情况说明证明,宏峰物业公司仅有责任代收驻京卫大厦单位之对公邮件,扈本山从未要求宏峰物业公司代收个人邮件,故其无权代收。宏峰物业公司值班员粟波认可收到该特快专递,后因特快专递系个人邮件,无法转交他人处理,最终导致该特快专递遗失。

2. 被告转让的股权并非被告主要财产。

国康公司51%股权的价值体现为归属于母公司所有者的净利润的51%,其仅占被告资产总额的6%左右,故被告转让其持有的国康公司51%的股权并非被告的主要财产。

3. 涉案股东会会议决议并未损害原告权益,原告涉嫌恶意诉讼。

律师观点:

1. 原告有权依据《公司法》(2005年修订)第75条的规定提起诉讼。

《公司法》(2005年修订)第75条规定,公司股东会决议转让主要财产的,对该项决议投反对票的股东可以在决议通过之日起60日内请求公司按照合理价格收购其股权,与公司不能达成股权收购协议的,可以在决议通过之日起90日内向法院提起诉讼。

原告在被告关于出售对国康公司51%股权的股东会会议决议通过之日起60日内,以特快专递的方式,向被告法定代表人扈本山发出股权回购请求函,并在邮件中同时记载收件人单位为被告,且该邮件有负责收发被告邮件的宏峰物业公司的收发章,上述证据表明,原告的股份回购请求函已经送达被告。而对于该股份回购请求函被告未予答复,据此,原告作为被告的股东,在被告作出出售对国康公司51%股权的股东会决议中投反对票,且在股东会会议决议通过之日起60日内,未能与被告达成股权收购协议,故原告有权在股东会会议决议通过之日起90日内向法院提起诉讼。

2. 转让国康公司股权并未影响公司的正常经营和盈利,原告亦没有证据证明被告转让其持有的国康公司51%的股权系被告的主要财产。

公司转让的财产是否为主要财产,取决于公司转让该财产是否影响了公司的正常经营和盈利,导致公司发生了根本性变化。

被告的经营范围为销售医用高分子材料及制品、卫生材料及敷料、医用电子仪器设备、包装食品,自营和代理各类商品及技术的进出口业务等,从现有证据表明,被告转让其持有的国康公司51%的股权的行为并未影响公司的正常经营和盈利,亦没有证据表明公司发生了根本性变化,故应当认为被告转让其持有的国康公司51%的股权不能视为被告的主要财产。

原告主张国康公司51%股权属于被告主要财产,但并未提交充分证据加以证明,此外,原告亦不能证明其股东权益在转让后将受到损害,因此,可以认为被告持有的国康公司股权不是被告的主要财产。

法院判决:

驳回原告的诉讼请求。

1078. 如股东与公司董事会达成协议退股,并经董事会决议、股东会决议通过,股东是否能够退股?

不能。为了保护公司资本充实和债权人利益,《公司法》对股东退股进行了严格的限制,即使股东已经与董事会达成协议,但如果该协议不能满足《公司法》第74条规定的条件,同时章程亦未约定回购的其他条件,股东均不允许退股。

【案例382】擅自达成退股协议　因违法被认定无效①

原告: 张保建

被告: 信康公司

诉讼请求:

1. 被告依法退还原告股本金36万元;

2. 被告依法支付原告自2006年9月至2008年3月底36万元股本金应分得的利润43万元;

3. 被告依法支付原告股本金36万元自2008年4月13日至实际给付之日的人民银行同期贷款利息约5000元。

争议焦点:

1. 原告与吴志文之间的《股权转让协议书》是否系原告与吴志文就股权转让所达成的真实意思表示。

---

① 参见广东省广州市中级人民法院(2008)穗中法民二终字第2130号民事判决书。

2. 董事会及股东会关于同意原告退出被告并将原告的股本金退回给原告的决议是否有效。被告是否存在增资的计划,原告是否对该计划在股东会会议上投反对票。

3. 被告未支付原告利润是否应当承担违约责任;被告的违约金额如何计算;在原被告都未提供2008年1月1日至2008年3月31日的财务报表的情况下,这段时间的利润应当如何计算。

基本案情:

被告于2006年9月15日成立,当时股东有郝正民、蓝明新、刘克平、许建辉和原告,其中原告出资18万元,占注册资本的18%。

2007年8月被告增资至100万元同时变更股东,被告股东变为吴文志、蓝明新、刘克平和原告,其中原告仍占18%的股份,并由吴文志、蓝明新、原告三人担任公司董事。原告称被告曾拟再次增加注册资本,原告表示反对。此外,原告打算移民国外,因此,原告向被告提出辞去董事并退出公司的请求。原告对其主张提供了2008年3月13日被告董事会成员吴文志、蓝明新、原告签名的被告董事会决议复印件,该董事会决议内容如下:

就原告辞去公司董事职务及退出公司作出决议,董事会原则上同意原告的撤资要求,接受原告的辞呈;原告继续作为质量技术部主管担负其职责。撤资时间如下:

1. 董事会同意将原告投入的资本金36万元自今日起1个月内(本年度4月13日前)一次性退回给原告。

2. 自本公司于2006年9月至2008年3月31日前所产生的利润按原告所持18%进行分配,并于2008年12月31日前分三次分配给原告,具体时间第一次为2008年5月30日前,比例35%;第二次为2008年7月30日前,比例35%;第三次为2008年12月31日前,比例30%;如因原告移民需提前进行第三次利润分配(以移民签证日期为准),原告能信守承诺,董事会同意提前第三次利润分配。

被告对该董事会决议的真实性不予确认,表示还有2008年3月13日的另一份决议,但未提交。

上述董事会召开当日,被告董事会的成员吴文志、蓝明新、原告均在一份《信康包装损益表》及一份《信康包装资产负债表》上签名确认。该两表显示:2007年12月的利润为205,254.86元,截至2007年12月31日,被告不含负债的资产值6,522,071.25元,利润1,928,099.84元。被告对上述《信康包装损益表》《信康包装资产负债表》吴文志、蓝明新、原告签名的真实性予以确认。

2008年3月18日,被告召开股东会,全体股东到会,并作出以下决议:

1. 接纳原告提出辞去董事会董事职务,同意新增股东刘克平为董事会董事。

2. 接纳同意原告提出退出本人全部股本及股权,同意由股东吴文志受让原告退出转让的全部股权。

3. 全部股东同意在本年度4月13日前将股东原告的股本金全部合共36万元以现金退回原告。

4. 全体股东同意将被告自2006年9月起至2008年3月31日止所产生的利润按其本人所占比例(18%)分三笔于本年度7月31日前提前分配给原告(具体时间为5月31日前35%,6月30日前35%,7月31日前30%);被告2006年9月至2007年12月31日的利润以2008年3月13日董事会通过的财务报表为准,2008年1~3月所产生的利润以前三个月的财务报表为准。

同日,原告与吴文志共同签订一份《股权转让协议》,该协议载明:原告股东将被告原出资36万元(占公司注册资本18%)的全部36万元转让给吴文志,转让金36万元;2008年4月13日前,受让方需将转让金36万元全部支付给转让方;2008年3月18日止,本公司债权债务已核算清楚,无隐瞒,双方均认可;从2008年3月18日起吴文志成为本公司股东;自本协议签订之日起,原告股东之红利仍计算至2008年3月31日止(按其原占有的股本比例18%进行分配);本协议自转让方和受让方签字之日起生效。

被告将该协议交吴文志在受让方栏签名,并由另外两名股东蓝明新、刘克平签名确认同意上述股权转让并放弃行使优先购买权后,交原告签名。原告在转让方栏签名时特别注明:本协议自本人收到股本金之日起生效。该协议的签署时间栏则空白未作记载。

诉讼中,被告及原告均未能提供2008年1~3月的财务报表及该三个月的利润数据。主张按2007年被告的盈利水平计算,该三个月的其应分配利润为9万多元。

此外,2008年5月28日,被告发出一份通告,通告内容如下:根据本公司经营情况及党松芳(原告妻子)个人表现,公司已于2008年4月30日通知其本人解除劳动关系,但其本人拒不配合办理工作交接等有关手续。为严肃公司纪律,现就解除与党松芳工作事宜通告如下:

1. 自本通告发出即日起,即刻解除党松芳劳动关系。

2. 党松芳的工资发放到2008年5月31日止。

3. 自2008年6月1日起,党松芳不再是被告员工,其所作的一切行为与被告无关。特此通告。

2008年5月31日,被告发出一份通告,通告内容如下:由于原告先生已向法院提出起诉被告,鉴于原告是起诉人,同时又是本公司的员工,考虑到其身份与公司有冲突,经公司研究决定,从2008年6月1日起,对原告作停薪留职处理,直至诉讼纠纷解决为止,再作另行处理,特此通告。

原告诉称:

原告因反对公司增资计划,且也拟移民国外而与被告形成协议由被告回购其股权,系双方真实意思表示,被告应当守约履行。

被告辩称:

原告系与吴志文之间存在股权转让关系,被告不是本案的适格被告。退一步而言,被告不存在《公司法》(2005年修订)第75条规定的收购事项,故不同意原告要求退股的诉讼请求。

一审认为:

1. 被告是本案的适格被告。

原告请求被告退还股本金、利息及支付至2008年3月31日止的利润,其依据的事实和理由就是被告的董事会决议和股东会决议。很显然,由被告起草后再交由吴文志、原告及另外两名股东签名的《股权转让协议书》并非真正由原告、吴文志就股权转让进行协商而达成的合意,而仅系被告为将回购原告的股份过户到吴文志名下而由各方签名协助所形成的形式文件。在吴文志、原告之间并不存在直接的股权转让的交易关系。关于原告在被告的股份的流转是由被告回购后再由被告安排转让给吴文志。正因如此,原告才会在上述《股权转让协议书》上签名特别注明:本协议自本人收到股本金之日起生效。该处的股本金显然指股东会决议中被告应退回给原告的股本金而非《股权转让协议书》中载明的转让金。因此,被告作为本案被告不存在不适格的问题,也不存在原告将受让方义务错误认知为被告义务的问题。

2. 《公司法》并不禁止股东以合法的方式退股离开公司。

《公司法》规定,公司成立后,股东不得抽逃出资,但《公司法》并不禁止股东在公司成立之后以合法方式退出公司,包括以公司回购的形式退出公司。

《公司法》第74条规定的股东回购请求权是法定的股东回购请求权,于该条规定的情形,股东可以请求公司按照合理价格收购其股权,股东与公司不能达成协议的,股东可在法定期限内向人民法院提起诉讼。除该条规定的情形股东可行使法定的回购请求权,《公司法》上仍有股东与公司于其他情形通过协议而由公司回购股东股权的余地。《最高人民法院关于适用〈中华人民共和国公司法〉若干问题的规定(二)》第5条即规定,人民法院审理解散公司诉讼案件,当事人协商同意由公司或者股东收购股份,或者以减资等方式使公司存续,且不违反法律、行政法规强制性规定的,人民法院应予支持。显然,股东通过公司回购退出公司,并不仅限于《公司法》第74条规定的情形。公司的成立本身就是股东意思表示一致的结果。公司存在的意义不在于将股东困于公司中不得脱身,而在于谋求股东利益最大化。在股东之间就公司的经营发生分歧,或者股东因其自身原因不能正常行使股东权利时,股东与公司达成协议由公司回购股东的股权,既符合有限责任公司封闭性和人合性特点,又可打破公司僵局、避免公司解散的最坏结局,使得公司、股东、公司债权人的利益得到平等保护。《公司法》允许公司与股东在公司解散诉讼案件中协商由公司回购股东股份,以打破公司僵局,使公司保持存续而免遭解散,那么允许公司与股东在公司僵局形成之初、股东提请解散公司之前即协商由公司回购股份以打破公司僵局、避免走向公司解散诉讼,这自是《公司法》应有之义。通过公司回购股东股份,使公司继续存续,可以保持公司的营运价值,并不必然导致公司债权人利益受损。而公司回购股东股份之后,《最高人民法院关于适用〈中华人民共和国公司法〉若干问题的规定(二)》第5条即规定,或者将该股份通过减资程序注销,或者转让。无论注销或转让,均符合《公司法》关于保护公司债权人的相关规定。

3. 本案原告从公司退股并不会影响公司的合法利益。

在原告因对公司拟增资的计划表示反对,且其本人也拟移民国外而不能正常行使股东权利的情形,被告董事会及股东会关于同意原告退出被告并将原告的股本金退回给原告的决议并不违法。被告在回购原告的股份后,自应按决议内容将股份再转让给吴文志,或者通过减资程序予以注销。2008年3月18日被告的股东会决议实际即为被告与原告就股份回购达成的协议。被告应按协议内容向原告支付回购股份的对价,包括股本金36万元及自2006年9月至2008年3月31日止的利润,而不得以未完成减资程序或再转让手续而拒绝履行。

4. 被告始终未向原告退还股本金,应当承担违约责任。

根据协议内容,被告应在2008年4月13日前将36万元股本金退回给原告,被告至今拒付,构成违约,除应支付该36万元外,还应按中国人民银行规定的同期同类贷款利率计付自2008年4月13日起的利息。根据被告股东会决议,被告应在2008年7月31日前付清原告自2006年9月至2008年3月31日止的应得利润,被告至今未付,原告于本案请求支付,法院依法应予处理。被告董事会的成员吴文志、蓝明新、原告2008年3月13日董事会召开的当日签名确认的《信康包装损益表》及一份《信康包装资产负债表》显示,截至2007年12月31日,被告利润1,928,099.84元。2008年3月18日的股东会决议则约定被告2006年9月至2007年12月31日的利润以2008年3月13日董事会通过的财务报表为准,2008年1~3月所产生的利润以前三个月的财务报表为准。因此,原告应分配的2006年9月至2007年12月31日的利润为1,928,099.84元×18%即347,058元。

由于被告及原告均未能提供2008年1月1日至2008年3月31日的财务报表及该三个月的利润数据,因此宜按该三个月之前的月份即2007年12月的盈利水平确定该三个月的利润。2007年12月的利润为205,254.86元,则2008年1月1日至2008年3月31日的利润为615,764.58元,原告分配利润为110,837.6元。2006年9月至2008年3月31日,原告应分配利润共计457,896元。原告认为按2007年被告的盈利水平计算,该三个月的其应分配利润为9万多元,并因此请求被告支付2006年9月至2008年3月31日的利润共计43万元,其请求的数额不超过前述的457,896元,法院予以支持。被告应向原告支付2006年9月至2008年3月31日的利润43万元。

一审判决:

1. 被告在该判决发生法律效力之日起10日内向原告退还股本金36万元,并按中国人民银行规定的同期同类贷款利率标准计付自2008年4月13日起至该判决发生法律效力之日止的利息;

2. 被告在该判决发生法律效力之日起10日内向原告支付2006年9月至2008年3月31日止的应分配利润43万元。

被告不服一审判决,向上级人民法院提起上诉。

被告上诉称:

1. 原审判决对本案的基本事实认定存在错误。

(1)原审判决书在"经审理查明"部分称"后被告拟再次增加注册资本,原告则表示反对,此外,原告也打算移民国外"事实根本不存在。

被告于2006年9月15日注册成立,目前注册资本为200万元(人民币),在原告第一次依法增资后,被告从未再次增加注册资本,原告在原审过程中,也未提出过被告再次增加注册资本的证据;原告也未提出其办理移民国外的任何证据。原审判决对该部分事实认定缺乏依据。

(2)原审判决认定被告应向原告支付2008年1月至3月利润9万多元系事实认定错误。原告既然要求被告支付2008年1月至3月的利润,就应当承担举证责任,否则就应当承担举证不能的后果。何况,被告从事的是塑料包装行业,所用原材料是塑料颗料,2008年以来,随着原油价格的攀升,公司的原材料成本不断上升,公司自2008年1月起就连续亏损,因此原审判决认定2008年1月至3月被告应向原告"支付应分配利润9万多元"错误。

2. 被告不存在法定的回购事实。

被告经营时间不足两年,且经营状况良好,股东会、董事会等各机构均正常运作,也没有进行合并、分立及转让主要财产,没有出现《公司法》(2005年修订)第75条第3项规定股东行使回购请求权的情形,也没有出现《最高人民法院关于适用〈中华人民共和国公司法〉若干问题的规定(二)》所称公司解散诉讼情形。《公司法》(2005年修订)第36条规定,"公司成立后,股东不得抽逃出资"。因此,公司除法律规定的特定情形外,是不能购买自己股份的,否则将导致股东非法撤回出资,使公司资产减少,影响公司的清偿能力。股东只有符合法定情形,才有权向公司提出回购股权请求,目前只有《公司法》(2005年修订)第75条及《最高人民法院关于适用〈中华人民共和国公司法〉若干问题的规定(二)》第5条规定解散诉讼情形时,才可以公司名义回购股权。但本案并不存在这样的法定情形,原告无权要求被告回购其所持有的被告股权。

3. 被告股东会依《有限责任公司章程》(以下简称《章程》)规定讨论通过原告向被告大股东吴文志转让股权事宜,与被告回购股权是两码事,被告从未就回购原告股权事宜进行过任何讨论,根据被告的《章程》第10条约定,股东转让出资由股东会讨论通过。《章程》是经全体股东制定通过的,对被告、股东会及全体股东具有法律约束力。原告与吴文志就股权转让签订协议依《章程》第10条约定提交股东会讨论,被告股东会依据《章程》约定对其股权转让及《股权转让协议书》中的转让价格予以讨论并通过作出决议,被告股东会决议中既没有以被告名义对原告股权进行回购的作出意思表示,也没有以被告名义支付股权转让对价的意思表示。原审判决在没有任何客观证据证明情况下,将被告股东会依《章程》对股权转让作出决议臆断为回购决议。被告股东会决议中明确说明"同意由股东吴文志受让原告退出转让的全部股权",原审判决竟将此认定为被告回购股权后再由被告安排转让给吴文志,更是无视客观事实。

4. 原审判决对原告与被告大股东吴文志依法签订的《股权转让协议书》以所谓"形式文件"而不予审理,不仅掩盖了本案股权转让的真相,也侵犯了案外人吴文志在股权转让中的合法权益。原告与吴文志之间就股权转让所签订的《股权转让协议书》是双方的真实意思表示,没有违反法律强制性规定,协议双方契约关系已成立,应受法律保护。被告其他股东在《股权转让协议书》中就放弃股权转让优先权作出明确意思表示"同意上述股权转让,并放弃行使优先购买权"并签名。原审判决以《股权转让协议书》文本由被告提供为由,认定原告与吴文志签订的《股权转让协议书》为所谓"形式文件"而不予审理,不仅与事实不符,也侵犯了作为股权受让方的案外人吴文志的合法权益。

综上所述,原审判决依据并不存在"原告因对公司拟增资的计划表示反对,且其本人也拟移民国外而不能正常行使股东权利的情形"作为股权回购的基本事实,从而导致错判。请求二审法院在查明事实的基础上,依法撤销原审判决并发回重审或依法改判。请求撤销原审判决,依法发回重审或改判。

原告二审辩称:

1. 原审判决认定事实清楚。

(1)关于公司是否拟再次增资的问题。

被告在2008年年初拟再次增资,并数次召开公司董事会讨论增资问题。原告也是公司董事之一,对公司拟增资问题的证据,原告在原审时已向法院提交了原告与公司总经理蓝明新的谈话录音资料刻制的光盘。同时,还提交了根据录音资料整理的文字资料。该证据足以证明公司拟再次增资到1000多万元、原告对公司拟再次增资有异议的事实存在。

(2)关于原告是否有打算移民国外的事实。

2008年3月13日公司董事会决议书中有明确的记载,在董事会决议第2页第5行:"另:如原告因移民国外需提前进行第3次利润分配(以移民签证时期为准)而原告能信守承诺,董事会同意提前原告的第3次利润分配。"对这份董事会决议,被告在原审庭审中多次明确确认没有异议。

(3)关于被告是否应向原告支付2008年1~3月利润9万多元的问题。

从2006年9月15日被告成立到2007年12月31日,公司利润在2008年3月13日的董事会决议所附《信康包装损益表》中确认为1,928,099.84元。2008年3月18日公司股东会决议约定:2008年1~3月所产生的利润以1~3月的财务报表为准。被告制作并持有1~3月的公司财务报表,并拒绝向原告提供,原告依据公司自成立以来的平均利润率,结合1~3月的销售额计算出1~3月原告应得利润为9万多元。原告的请求并未违反我国法律的禁止性规定,应得到人民法院的支持。另外,对2008年1~3月的公司利润数额,原告曾在2008年6月2日向原审法院申请进行司法鉴定,是被告拒绝提供1~3月财务报表,导致该司法鉴定无法进行。

2. 被告存在回购事实,原审法院适用法律正确。

2008年3月13日原告向被告董事会提出辞呈,请求辞去董事职务、退出公司股东会。被告董事会接受原告的辞呈并经2008年3月18日的股东会确认,同意了原告的请求。原告提出退股符合《公司法》(2005年修订)第75条第3项规定的股东行使回购请求权的情形。根据《最高人民法院关于适用〈中华人民共和国公司法〉若干问题的规定(二)》的相关规定,原审法院适用法律并无不当。

2008年3月13日的公司董事会决议、2008年3月18日的公司股东会决议与股权转让协议的形成、作用及三者的关系。原告和被告达成的股权回购协议由两份公司文件组成:2008年3月13日的公司董事会决议、2008年3月18日的股东会决议。

(1)2008年3月13日,原告向被告董事会提出辞呈,请求辞去公司董事职务,退出公司股东会,董事会接受了原告的辞呈,并以董事会决议的形式对原告退出股东会后股本金及利润的退回给付方式、时间作出了决定。

(2)2008年3月18日,被告股东会对原告退股后的股本金及利润的退回给付方式、时间又进行了确认,并作出了新的决定,公司董事会和股东会一致同意,原告退出公司股东会,公司在2008年4月13日前退回其36万元的股本金,原告自公司成立以来的应得利润分三次按其股本占注册资本金的比例在2008年7月31日前给付原告。

(3)被告对回购原告的股权采取的处理方案是公司股东会决定以股权转让的形式,保持公司注册资本金不变。

(4)股权转让协议的作用是应被告的要求,为公司进行股权变更工商登记准备的文件,这份股权转让协议与公司2008年3月18日的股东会决议是同时形成的。但与原告和公司达成的回购协议不存在任何关系。

(5)原告在2008年3月18日签署该协议时已明确备注,本协议自本人收到股本金后生效。原告特别备注的股本金显而易见不是股权转让协议中载明的转让金。而是董事会决议和股东会决议中明确的由公司退还他的股本金,是公司履行股东会决议的决定内容。被告在本案中反复单独强调股权转让协议的存在,否认公司董事会决议和公司股东会决议的内容,恶意不履行两份决议中公司同意退回原告股本金36万元并提前分配利润的承诺,侵害了原告的利益。

被告的行为违反了法律的规定,侵害了原告的合法权益。原告请求二审法院驳回被告的无理诉求。

律师观点：

1. 关于被告是否应当支付原告利润，是否存在违约的问题。

原告要求被告支付其 2006 年 9 月起至 2008 年 3 月 31 日止的利润，依据是被告 2007 年 3 月 13 日的董事会决议和 2007 年 3 月 18 日的股东会决议。虽然被告不认可原告提供的上述 2007 年 3 月 13 日董事会决议的真实性，但由于 2007 年 3 月 18 日的股东会决议中已经明确利润分配方式以 2007 年 3 月 13 日董事会通过的财务报表为准。而被告未提供相反的证据证明 2007 年 3 月 13 日的董事会决议不是上述原告所提供的决议，而是另外一份决议，因此，原审判决确认上述董事会决议的真实性正确，法院应予以支持。

2008 年 3 月 13 日被告董事会的成员吴文志、蓝明新、原告共同在被告的《信康包装损益表》及《信康包装资产负债表》上签名，确认截至 2007 年 12 月 31 日被告的利润为 1,928,099.84 元。2008 年 3 月 18 日股东会决议订明被告 2006 年 9 月至 2007 年 12 月 31 日的利润以 2008 年 3 月 13 日董事会通过的财务报表为准，2008 年 1~3 月所产生的利润以 2008 年 3 月的财务报表为准。因此，原告应分配的 2006 年 9 月至 2007 年 12 月 31 日被告的利润为 1,928,099.84 元×18% 即 347,058 元。原审判决对此认定正确，应该予以维持。由于被告作为被告财务报表的持有者至今都未向法院提供从 2008 年 1 月 1 日起至 3 月 31 日止的财务报表及该三个月的利润数据，因此，原审判决根据查明的事实以这三个月之前的月份即 2007 年 12 月的盈利水平确定这三个月的利润为 615,764.58 元（205,254.86 元×3），原告应分配利润为 110,837.6 元并无不当，应该予以维持。

综上，原告应分配被告 2006 年 9 月至 2008 年 3 月 31 日的利润共计 457,896 元。原审判决根据原告的请求认定应由被告应向原告支付 2006 年 9 月至 2008 年 3 月 31 日的利润 43 万元正确，法院应该予以维持。被告承诺于 2007 年 7 月 31 日前将上述 2006 年 9 月至 2008 年 3 月 31 日属于原告的利润支付给原告的情况下却违背承诺未予支付，被告违约。

2. 关于原告要求被告退回其 36 万元股本金的请求是否应予支持的问题。

原告要求被告将 36 万元的股本金退回给其本人，是认为基于上述董事会及股东会决议其与被告已达成了股权回购协议，在协议中被告已同意退回其股本金 36 万元。

对此，虽然被告的全体股东在董事会及股东会决议中均承诺由被告退回原告在被告的股本金 36 万元，但由于根据《公司法》（2013 年修订）第 74 条的规定，只有以下情形对股东会该项决议投反对票的股东才可以请求公司按照合理的价格收购其股权：

（1）公司连续五年不向股东分配利润，而公司该五年连续盈利，并且符合本法规定的分配利润条件的；

（2）公司合并、分立、转让主要财产的；

（3）公司章程规定的营业期限届满或者章程规定的其他解散事由出现，股东会会议通过决议修改章程使公司存续的。

本案中原告及被告均未提供证据证明被告存在上述三种情况。且从2007年3月18日的股东会决议内容来看，被告全体股东同意退回原告股本金36万元的前提是原告将其在被告的18%股份转让给吴文志，而非由被告回购原告的股份。因此，原告以已与被告达成股权回购协议为由，要求被告退回其36万元股本金的请求缺乏依据，法院不应予以支持。

至于原告与吴文志基于股权转让协议引起的纠纷，因非本案审理范围，故本案中不应予调处；原告与吴文志如不能协商达成一致意见，原告则仍可通过法律途径解决。

二审判决：

1. 撤销一审判决主文第1项；

2. 维持一审判决主文第2项；

3. 驳回原告的其他诉讼请求。

1079. 异议股东请求公司收购股权的价格应当如何确定？

上市公司的股票价值随时可以确定，因此上市公司股东可要求公司直接参酌股票的市场价格支付退股对价。但对于有限责任公司股权收购的价格如何确定，《公司法》并没有给出明确的规定，司法实践处理方式亦不统一。

借鉴山东省的司法实践，股东应首先就收购价格与公司进行协商；不能协商一致的，股东可主张以评估方式估价，由法院委托相关有资质的评估机构对股份进行评估并确定价值。

除山东省的做法，还可以考虑以经过审计的净资产确定股权回购的价格，异议股东对审计报告予以认可，可以审计报告确定的净资产确定回购股权。若异议股东不认可审计报告，异议股东与公司都不能提供其他有效证据证明公司的净资产，该种情况下回购价格如何确定，司法实践认识并不一致，有观点认为应当支持原告回购请求，但驳回原告主张价格回购的诉讼请求，有观点认为可以参考股份原值确定收购价格。笔者赞同第二种观点。

【案例383】异议股东未举证净资产数额　法院以原值确定回购价格[①]

原告：罗日成

被告：第三建筑公司

诉讼请求：被告按评估价格收回原告的全部股份（暂计价格为479,000元）。

争议焦点：

1. 在原告未能将其股份转让给被告职工的情况下，可否由被告收购股份。

2. 原告主张被告回购股份的价格应当如何确定；审计报告的用途为仅供内部述职，可否以《审计报告》上的净资产金额作为计算依据。

3. 在原告无法举证证明公司净资产状况的情况下，应当如何认定股权回购的价格。

基本案情：

原告曾是被告的职工和股东，持有被告股份976股，每股100元，股权经工商部门依法进行了登记。

2003年10月，原告向被告提出辞职申请，被告予以同意，并办理了解除劳动关系的有关手续。

2002年8月5日，吕青等12人以不是被告的员工为由向被告提出《要求退回股金的报告》，要求按所持股份的股金全额退回。

2002年12月21日，被告召开董事会、监事会会议，讨论关于吕青等12名不在职股东提出申请报告将各自所持金额股份转让给被告董事会暂时托管的问题，会议决议："同意吕青等12名不在职股东递交给公司董事会的转让申请书要求，将其各自所持金额股份转让给公司董事会暂时托管，并以公司董事长江常灿的名义暂接收转让的全部股份，待公司董事会把转让回来的股份以董事会成员个人名义认购后，再召开全体股东大会向全体股东公布此方案。"

2003年4月9日，董事会决议决定："凡因多种原因已离开本公司，已不是本公司员工的所有持有本公司内部职工股权的持有人，在本公司股东大会表决通过之日起已不再是本公司的股东。需在15个工作日内前来本公司办理退股手续，否则由个人承担一切经济责任。"

2003年4月11日股东大会对2003年4月9日的决议表决，股东54人同意，5人反对，原告当时弃权。

[①] 参见广州市中级人民法院(2005)穗中法民二终字第2136号民事判决书。

2003年11月7日,原告因被告向其发出关于股权问题的通知作出《通知回复》:"本人严正声明:本人只要持有股份,股东大会无权剥夺本人的股东权力。请收到后15个工作日内答复。"

2004年8月27日,被告向原告发出《律师函》一份,主要内容是:"由于阁下已不具备被告股东资格,故将不能享受相应的股东权利。"

原告于2004年9月10日向法院提起诉讼,请求确认其股东身份及判令被告定期向其提供被告的财务会计报告,召开股东会时提前15天通知其参加。原告此后撤回该案件的起诉。

2004年12月8日,原告向法院提起本案诉讼,2005年1月20日法院通知原告在3天内预交评估费50,000元。原告于2005年1月24日以无法在短期内筹集资金为由作出了放弃评估的决定,并请求根据被告提供的《审计报告》及其他证据材料认定收回股份的价款数额。被告在诉讼期间提供了其委托广州华都会计师事务所出具的《关于广州市花都第三建筑工程有限公司(本部)2001年8月1日至2004年6月30日资产状况及经营成果的专项审计报告》。该报告注明,"本专项审计报告仅作为贵公司本届董事会述职之目的使用,不得用作任何其他目的"。《审计报告》确认,2003年12月31日的所有者权益是9,139,887.18元,负债及所有者权益合计323,380,141.66元,实收资本4,072,500元。

此外,2004年9月28日起执行的被告章程中第7条规定:"本公司的股东是由本公司在职的并已认购出资股金的员工组成。"第10条第2款规定,"凡因退休、调离、辞职或企业辞退除名、开除、死亡等多种原因,已离开本公司的原持有本公司内部职工股权的持有人,不再是本公司的股东,其股份可在本公司内部进行股份转让,同等条件下,董事会成员有优先购买权",公司章程还对股东的权利等作出了规定。

原告诉称:

原告作为曾经的被告员工及股东,在离开被告时,依据被告章程理应获得股权的赔偿,现被告的行为已经严重损害了原告的利益。

被告辩称:

被告在公司内部明确规定,员工离职的,其股权仅能在内部转让而没有规定应当由公司回购。进一步来说,原告从被告离职系在2003年10月,因此其主张的回购金额也不符合当时被告的资产状况。

一审认为:

原告的诉讼请求是判令被告按评估价格收回原告的全部股份。当法院要求原告预交评估费时，原告又以短期内无法提供评估费为由，表示放弃评估，并变更请求按被告提供的《审计报告》计算。被告提供的《审计报告》是被告董事会向股东大会述职所使用的，客观地反映了被告2001年8月1日至2004年6月30日资产状况及经营成果，该《审计报告》合法有效，尽管原告、被告双方均对《审计报告》的部分内容提出了异议，但双方都同意采用该《审计报告》，因此，予以采用。

根据《关于广州市城镇股份制企业试行意见的请示》第3条第8项的规定，"职工入股后不能退股，但遇有职工调离、退休或辞职的，由职工持股管理委员会根据当年股值依据企业章程规定收购职工持有的股份"。由于被告没有设立职工持股管理委员会，原告所持股份由被告按照原告辞职当年（2003年）及被告在本案提供的《审计报告》确定的资产净值计算退还股款给原告为宜。被告提供的《审计报告》第11页显示，2003年度的资产净值为323,380,141.66元，实收资本为4,072,500元，以资产净值323,380,141.66元除以实收资本4,072,500元计算，股值为79.4元/股，与原告持股数976股相乘，原告所持股股款为77,494.4元，应由被告退还给原告。

一审判决：

1. 被告在判决生效之日起10日内退还股款77,494.4元给原告；
2. 驳回原告的其他诉讼请求。

原告不服一审判决，向上级人民法院提起上诉。

原告上诉称：

对于一审判决被告按照原告所持股份的股值退还股款给原告，原告没有异议，但一审判决计算股值的方法错误，应予以纠正。

1. 以原告辞职的日期作为计算股值的时间是错误的。

虽然原告自2003年10月辞职后，已不具有公司职工的身份，但作为公司股东的身份并未因此丧失，原告仍然持有公司的股份。而原告是在2004年12月向法院起诉要求被告按评估价收回股份，结合本案的有关证据材料，为方便计算股份的价值，原告请求按《审计报告》最后的评估基准日，即2004年6月30日，作为计算股值的日期，是合理的。

2. 一审以《审计报告》显示的2003年公司资产值323,380,141.66元除以实收资本4,072,500元，再乘以原告所持股数976股，得出原告所持股款为77,494.4元，这一计算方式是完全错误的。资产的单位是元，实收资本的单位也是元，"元"除以"元"再乘以976股，计算出的单位怎么可能是"元"？这样的算法在逻辑上显然是不通的。323,380,141.66元是公司的资产总值，并非资产净值。

正确的计算方法应当是用公司的净资产乘以原告所占公司的股权比例,而原告占的股权比例为 97,600/4,072,500(每股面值是 100 元)。按原告根据现有的证据材料估计,公司在 2004 年 6 月 30 日止的净资产数额应在 2000 万元以上,因此原告请求按 2000 万元计算,得出所持股份的价值为 479,000 元。

3. 原告在庭审中提供了花城路 22 号综合楼、公园前路 10 号商铺用于抵押贷款时的评估报告,评估报告对上述房产的估值与《审计报告》显示净值相比有较大差距,足以证实上述房产是升值的,但由于《审计报告》是按历史成本计算,所以未能反映房产的应有价值。被告的房产众多,除上面的房产外,还有松园大道 14 号 1~39 号商铺、松园东街 5 号首二层商铺,及新区购买的 3993.14 平方米的办公用地。因此,在计算公司的净资产时,应当综合考虑房产的升值问题,这样对原告才是公平的。

被告二审辩称:

原告所主张的事实缺乏应有的依据,应予以驳回。

被告认为原告要求按 2004 年 6 月 30 日为基准日计算不恰当,因为原告在 2003 年已经辞职离开公司,根据有关规定,原告至辞职之日起已经丧失股东资格,对此,被告在董事大会、股东大会都已通过,原告也是清楚的。根据有关的文件规定,原告辞职后,其股份应在公司内部转让,而不存在要被告退回原告股份的说法,所以原告要求被告退回原告的股份,该情况也是缺乏法律依据的。

因此,请求法院驳回原告诉讼请求。

律师观点:

1. 股份合作制公司应当依照章程约定收购离职职工的股份。

根据职工股的性质及其设立的目的,如果职工辞职后仍持有公司的股份,将有悖于职工持股制度设立的目的,不利于公司及其职工的利益及公司正常的经营管理。《关于广州市城镇股份合作制企业试行意见的请示》第 3 条第 8 项规定:"职工入股不能退股。但遇有职工死亡、退休、调离、辞职或企业辞退、除名、开除等情况,由职工持股管理委员会根据当年股值依据企业章程的规定收购这些职工持有的股份。"由于被告未设立职工持股管理委员会,应暂由被告收购原告的股份,购回的股份留下转让给被告在职的职工,故原告要求被告收购其股份是有依据的。被告在原审判决其收购原告股份后未提出上诉,其二审答辩中又认为不承担收购原告股份的责任。对此,对被告的抗辩理由不予采信。

2. 异议股东未能提供证据确定回购股份的价值,以股东取得时确定的股份价值确定回购价格。

原告持有被告股份的价值随着被告的经营状况而变化,原告于2003年10月辞职,根据权利义务对等原则及上述文件的规定,被告应按照2003年每股净资产值将职工货币出资形成的股权购回。由于股权净资产的认定属于专业性较强的专门性问题,必须经过法定鉴定部门作出鉴定结论予以确定。原告在起诉后也向原审法院提出了审计评估申请,在原审法院决定进行审计评估后,原告又放弃审计评估的申请,根据《最高人民法院关于民事诉讼证据的若干规定》第25条第2款"对需要鉴定的事项负有举证责任的当事人,在人民法院指定的期限内无正当理由不提出鉴定申请或者不预交鉴定费用或者拒不提供相关材料,致使对案件争议的事实无法通过鉴定结论予以认定的,应当对该事实承担举证不能的法律后果"的规定,原告主张其持有976股价值为479,000元的股份的依据不足,不予认定。被告向原审法院提供的《关于广州市花都第三建筑工程有限公司(本部)2001年8月1日至2004年6月30日资产状况及经营成果的专项审计报告》,该报告已经注明"本专项审计报告仅作为贵公司本届董事会述职之目的使用,不得用作任何其他目的",且双方当事人在诉讼过程中对于该报告的理解也不尽相同,存在较大争议,故原审法院采用该报告的部分数据认定原告持有股份的价值欠妥。在双方当事人均未提交2003年被告每股净资产值证据的情况下,现只能按照原告持有被告《股东持股证》所记载的股值共97,600元的股份由被告予以收购。原告上诉有理部分,予以采纳。原判认定事实基本清楚,但认定原告股份的价值有误,应予以调整。

二审判决:

1. 维持一审判决主文第2项;

2. 变更一审判决主文第1项为:被告在判决书送达之日起10日内退还股款97,600元给原告。

【案例384】被告拒绝回购　价款不符合约定请求被拒[①]

原告:徐锐敏

被告:杭挂公司

诉讼请求:被告以312万元的价格回购原告在被告所持的股份。

争议焦点:

1. 被告章程中约定股东欲转让股权,在其他股东无意收购的情形下,可要求

[①] 参见浙江省杭州市中级人民法院(2010)浙杭商终字第1526号民事判决书。

公司进行回购的约定是否系股东抽回出资的表现,该内容约定是否因违反我国《公司法》的强制性规定而无效;

2. 原告提出的回购请求得到无人愿意受让股份的答复,原告可否要求被告予以回购;

3. 原告提交的《股权回购申请》是否符合被告2006年章程的要求,被告可否拒绝原告的回购申请。

基本案情:

原告为被告的股东,持有被告1.96%的股份。被告在2006年4月22日修订的章程的第5.3条"股权转让"条款的第2款中规定:"公司注册资本中的权益可以而且只能转让给公司现有股东。除现有股东外,任何人不得受让公司股权……股东要求转让股权但无任何现有股东愿意受让股权的,由公司回购,回购价款按回购日上一年度经审计机构审计确定的公司净资产计算。"第5.3条还在第3款、4款中规定了股东间转让股权的程序及大股东享有股份购买优先权等内容。

2008年12月1日,原告向被告董事长、最大股东陈永兴发出《股权转让通知书》,内容如下:"本人是杭州杭挂机电有限公司的股东,现向您提出股权转让的要约,本人将持有的杭州杭挂机电有限公司1.96%股权全部转让,转让价为400万元整,如您有受让意愿,请您在7日之内予以答复,如您本人无受让的意愿,请将本股权转让通知书转通知其他股东,如其他股东亦无受让的意愿,请公司按公司章程的相关规定予以回购。"

2008年12月9日,被告董事会秘书处向原告发出《关于原告股东来函的复函》一份,回复如下:"1. 根据《公司法》和公司章程有关规定,请你与各位股东接洽明确出资转让价格及其他股东收购意向,如能达成意向,按章程规定(大股东优先收购)。如无股东愿意收购你的股份,请你提供要求回购申请报告及股东拒绝收购你的股份征求回复书。2. 在无任何股东愿意收购而依章程规定应由公司回购,为保护全体股东利益,公司董事会将在收到你的回购申请报告及没有股东愿意收购你的股份征求意见回复书后讨论确定回购具体方案,办理股份回购所涉相关法律关系。3. 出资转让、股份回购等所涉款项交割税费由公司代扣代缴。特此复函,请及时按公司章程规定办理。"

2008年12月10日,原告向邵关洪等被告的其余16名股东发出《股权转让通知书》,以400万元整的转让价格询问16名股东是否有股权受让意愿。后邵关洪等16名股东均在《股权转让通知书》的"无受让意愿股东签名"栏中签字。

2008年12月29日,原告向被告董事会递交《股权回购申请书》一份,申请公司对其所持有的股份进行回购,原告在该申请书上提出:"申请人认为,回购价格不宜按照公司2007年的审计报告确定的净资产额计算。该审计报告按照成本法进行的审计不能客观反映公司的真实净资产数额且不符合现行公司财务法律制度。申请人认为,依照目前公司现有的土地及厂房设施及即将获得的拆迁补偿,回购价格不低于400万元,同时要求公司按照权益法对公司的净资产进行审计,如审计确定的实际净资产对应的股价高于400万元的,则按照实际净资产确定的股价进行收购。"

同日,被告董事会秘书处向原告出具《材料签收单》一份,载明已收悉《股权回购申请书》、陈永兴股东的股权受让意向回复书复印件、邵关洪等16名股东的股权受让意向回复书复印件。

2009年2月4日,原告通过特快专递邮件向被告董事会发函,请公司董事会将如下三方面提议作为股东会内容之一在股东会上予以反应:"1. 请公司对本人于2008年按照公司章程提出的要求公司回购股份的请求作出明确答复。2. 就公司的对外投资的盈亏情况向股东会作出说明及一并提供所有对外投资企业的2007年度的审计报告。特别请求公司在2008年度审计时对公司的对外投资按照权益法进行审计以体现公司准确的、动态的对外投资状况而不是以成本法进行计。……"此后被告未就原告的回购申请及发函作出书面答复,也未实际回购原告的股权。

2009年2月9日,被告对原2006年的公司章程进行修订,对原2006年章程中的第5.3条"股权转让"条款进行了修改,删除了原第2款中"如无股东愿意受让股权则由公司回购股权"的相关内容,并在该条项下增加了第7款,规定:"如果一方希望将其在公司的全部或部分股权转让,但根据以上程序实施后无任何其他股东愿意单独受让的,则由其他股东按各自在公司的股权比例分别受让,受让价格按公司上年度审计报告确认的净资产的80%计算。"

2009年4月16日,原告为与被告股东会决议效力确认纠纷一案诉至法院,要求确认被告于2009年2月9日通过的《关于同意修改公司章程的决定》的股东会决议无效。经审理,法院于2009年7月15日作出一审判决,驳回原告的诉讼请求,该判决经上诉维持原判后现已依法生效。

此外,被告于2009年、2010年所召开的股东会会议,原告均出席参加。2010年4月23日召开的被告股东会会议形成股东会决议一份,记明:会议讨论通过第三届董事会工作报告和2009年企业运行情况汇报,换届选举产生第四届董事会和监事会成员,讨论通过2009年度按股东出资额的10%分配红利。原告未在该股东会决议上签字。

同日,会议还形成董事会选举证明一份,选举方灯贵任第四届董事会董事,原告作为表权同意股东在该证明上签字。

2010年4月29日,原告收到2009年度被告分配的红利30,400元。

关于审计报告,被告2007年、2008年、2009年的审计报告均由浙江瑞信会计师事务所出具。

浙瑞审字(2008)第283号《审计报告》对被告2007年期间的财务报表进行了审计。《审计报告》在第3项"导致保留意见的事项"中指出:"……2. 对持股超过20%具有控制或重大影响的被投资企业未采用权益法核算;对全资子公司未纳入合并报表……4. 无形资产土地使用权38,691,250元,其中:购入成本412,470.98元,土地资产评估增值34,563,779.02元,本年度未摊销,评估增值入账理由不充分……"2007年12月31日的《资产负债表》显示:在资产中,长期股权投资的年末数为51,200,000元,无形资产的年末数为38,691,250元;在负债和所有者权益中,所有者权益合计的年末数为65,852,342.67元。

浙瑞审字(2009)第139号《审计报告》对被告2008年期间的财务报表进行了审计,在该《审计报告》中未载明有"导致保留意见的事项",2008年12月31日的《资产负债表》显示:在资产中,长期股权投资的年末数为45,799,976.53元,无形资产的年末数为3,584,020.63元;在负债和所有者权益中,所有者权益合计的年末数为3,708,549.25元。

浙瑞审字(2010)第221号《审计报告》对被告2009年期间的财务报表进行了审计。《审计报告》在第3项"导致保留意见的事项"中指出:"……2. 长期股权投资本年度未按权益法核算。"2009年12月31日的《资产负债表》显示:在资产中,长期股权投资的年末数为45,799,976.53元,无形资产的年末数为3,501,470.48元;在负债和所有者权益中,所有者权益合计的年末数为23,494,856.25元。

原告诉称:

1. 被告章程约定,"股东要求转让股权但无任何现有股东愿意受让股权的,由公司回购,回购价款按回购日上一年度经审计机构审计确定的公司净资产计算"。作为被告的股东,在被告其他股东表示不愿受让原告股份后,原告于2008年12月29日向被告递交了《股权回购申请书》。

2. 关于回购价格,不宜按照公司2007年的审计报告确定的净资产额计算。该审计报告按照成本法进行的审计不能客观反映公司的真实净资产数额且不符合现行公司财务法律制度。依照目前公司现有的土地及厂房设施及即将获得的拆迁补偿,回购价格为不低于400万元,同时公司应按照权益法对公司的净资产进行审计,如审计确定的实际净资产对应的股价高于400万元的,则按照实际净资产确定的股价进行收购。

3. 被告2006年章程明确规定,只要满足"股东要求转让股权但无任何现有股东愿意受让"这个条件,被告就应当回购该股东的股权。而本案中,至2010年12月10日为止,被告其他现有股东均表示无意受让股权,此时章程约定的前述条件已成就,故回购行为于该日起即生效。在此情况下,原告其后向被告所发的回购申请从客观上讲就不可能影响到此前已生效的回购行为的效力。

被告辩称:

1. 原告提出的回购申请并不符合2006年章程的规定,其要求的400万元以上回购价款没有任何事实依据,甚至原告自己也早已否定。

2. 原告在2009年、2010年继续行使股东权利,可以反证前述回购申请不符合章程而受到被告拒绝的事实。

3. 回购成立的条件,首先是股东要求转让股权但无任何现有股东愿意受让,其次是股东要求公司回购,最后是股东的回购申请符合公司章程的规定。关于章程规定的回购价款应当是固定的、唯一的,如果双方对回购价款的计算还存在争议,回购行为无法生效。对于原告的要约,因为不符合章程的规定,被告予以拒绝,显然不存在承诺,回购合同当然也就没有达成。

综上,请求驳回原告的诉讼请求。

律师观点:

1. 原告依据被告原2006年章程的规定要求公司回购股权的做法没有违背《公司法》的相关规定。

《公司法》第142条第1款规定,"公司不得收购本公司股份",对股份有限公司的股份回购作了明确禁止,而相比之下,《公司法》(2005年修订)第74条则并未对有限责任公司除三种法定事由外的其他回购予以排除或禁止。可见,由于有限责任公司具有人合性和封闭性的特征,《公司法》(2005年修订)第143条所确立的股份有限公司"原则禁止,例外允许"的回购规则不适用于有限责任公司,我国公司立法对有限责任公司不存在"禁止回购自身股权"的规定。被告2006年章程中之所以规定公司可回购股东股权,目的在于保障少数异议股东在无人受让股权情形下仍有退出公司的实现途径,并不含有股东抽回出资的意思表示,该内容约定也未违反我国《公司法》的强制性规定,应当认定有效。在被告2006年章程的效力期间之内,章程对公司及股东均具有约束力,原告有权依据该份章程的规定,在符合相关条件的前提下要求被告回购其持有的1.96%的股权。

2. 原告提出的回购申请符合被告原2006年章程的要求。

原告于2008年12月1日、12月10日分别向被告大股东陈永兴和其他股东发出股权转让通知书,以转让价400万元整的价格征询这些股东是否愿意受让其股权,均得到无人愿意受让股份的答复。据此,根据被告2006年公司章程关于"股权转让"的条款,原告可要求被告予以回购。

3. 原告提出《股权回购申请》中回购价款的确定与被告2006年章程的要求并不相符,双方在股权回购事宜上并未达成合意。

章程规定了"回购价款按上一年度经审计机构审计确定的公司净资产计算",而原告于2008年12月29日递交的《股权回购申请书》中,首先认为回购价格不宜按照公司2007年的审计报告确定的净资产额计算,对审计报告提出异议,并要求公司按照权益法对公司的净资产进行审计;其次认为根据现有土地及厂房设施及即将获得的拆迁补偿,自己计算认为回购价格不低于400万元;最后明确如果重新审计后的实际净资产对应的股价高于400万元,则按实际股价收购。从原告的上述申请内容意思表示看,原告对2007年的公司审计报告是不予认可的,而其自己所计算的依据也包括了即将拆迁部分的补偿等。

同时,原告所提出的回购价款存在矛盾:一方面,其要求被告按权益法对公司净资产进行审计,在被告同意进行审计的前提下,则如果审计确定的实际净资产对应的股价高于400万元,原告的回购价格即按照重新审计后对应的股价。另一方面,从原告的申请内容表述意思看,如果重新审计后确定的实际净资产对应的股价低于400万元,可以推断出其仍要求被告按照400万元予以回购,这与其向其他股东征询的转让价格及在申请中表示回购价格不低于400万元的意思表示均是统一的,而对于这400万元的价格确定,是原告自己根据计算所估算的,由此也表明无论公司是否同意重新审计,原告当时提出的回购价款最低价400万元是明确的,显然,该份《股权回购申请》与被告2006年章程的要求并不相符,被告认为回购价格过高而未作出答复和承诺,应视为双方在股权回购事宜上并未达成合意。

2009年2月4日至今,原告仍以股东身份参加股东会会议、领取分红,亦未再行要求公司回购其股权,可以说明原告明知公司拒绝以其报价回购股份的事实,并继续行使着股东权利。

2009年2月9日,被告对原2006年公司章程中关于公司回购条款进行了修改,因此,原告现以2008年不符合章程规定的回购申请为依据,要求被告以312

万元的价格回购其所持股份,缺乏依据。

法院判决:

驳回原告的诉讼请求。

1080. 若采用评估方式确定异议股东的股权价格,评估费用应当由谁承担?

对于此问题,实务中有三种处理方法:

(1)由股东与公司双方均摊;

(2)由公司负担;

(3)由股东负担。

由于异议股东退股的法定情形均是公司单方行为所致,退股股东的退股行为并无过错,为了公平起见,公司净资产的评估费用由公司承担。

1081. 公司回购股份,应如何确定评估基准日?

原则上,收购价格应当以召开股东会的时间为基准日进行评估确定,但是如果异议股东在召开股东会之前就对相关事项表示明确反对的,那么评估基准日应为其明确表示反对之日。

【案例385】以股东提出异议时间为评估基准日确定股份回购价款[①]

原告:华夏银行

被告:海南乐普生

诉讼请求:被告按照2004年10月24日,被告净资产评估值所计算的价格,收购原告持有的被告9.75%的股权。

争议焦点:被告经营期限届满后,原告请求回购的价格应以哪个时间点为准,是经营期间届满的时间,还是决定延长经营期限的临时股东会召开时间。

基本案情:

2002年7月16日,原告成为被告股东,出资额为32,490,431元,占被告总股本的9.75%。

2004年10月24日,被告经营期限届满,公司未召开股东大会延长经营期限,但照常经营。

2006年1月27日,被告召开临时股东大会,在原告出席且表示反对的情况下,大会通过了将被告经营届满的期限从2004年10月24日延长至2024年10月

[①] 参见海南省高级人民法院(2008)琼民二终字第37号民事判决书。

20日的决议,后原告请求被告收购其股权,经双方协商未果。

原告诉称：

被告经营期限原定于2004年10月24日届满,在此之前被告未依法召开股东会就是否延长经营期限作出决议,违反了《公司法》的规定,严重损害了原告作为小股东的权益。

迟至2006年1月27日,被告才召开股东会,在原告明确表示不同意延长经营期限的情形下作出延长经营期限的决议,故原告要求被告回购原告持有的股权。

关于股权回购的价款,应按照2004年度的经营情况确定,即应为人民币16,700,081.63元。因为被告原应于2004年10月24日经营期限届满前召开股东会,就是否延长经营期限作出决议,被告却未依法召开股东会,从而致使原告不能依法行使股权回购请求权;被告在未依法办理延长经营期限情形下继续经营,且因经营不善,连年亏损,股权价值因而大幅缩水,对该项损失原告对此并无过错,不应承担亏损贬值的后果。

被告辩称：

被告公司召开临时股东大会延长经营期限是在2006年1月27日,原告也是在临时股东大会上才提出对经营期限延长的反对意见,故被告认为收购价格应当以2006年1月27日的被告公司净资产评估值确定。

律师观点：

原告请求被告收购其股权,符合法定条件,应当得到法院的支持。但关于收购的股权价格问题,被告于2006年1月27日召开股东会对经营期限延长进行表决时,虽然已超过经营期限,但客观上已经进行了延长,原告对此应该知情,其应承担客观延长到表决延长这段时间的风险和收益。在没有证据表明其在之前就已经提出过反对客观延长的情况下,原告股权定价的基准日期只能根据其正式提出反对延长的日期来确定。

法院判决：

被告以2006年1月27日作为基准日确定的9.75%股权评估值,收购原告的股权。

1082. 公司回购股份后,应当如何处理？

对于有限责任公司而言,公司回购股份后有两种处理方式：

(1)由其他股东收购该股份；

(2)公司履行减资程序。

股份公司回购股份后分三种情形处理：

(1)公司因减资回购的股份应在十日内注销；

(2)公司因合并、奖励职工或股东提起回购请求权而收购的股份,应在六个月内转让或注销；

(3)公司注销股权的,应履行减资程序,通知债权人并公告。

1083. 法院判决公司应当在一定期限回购股东的股份,公司不予执行,异议股东应如何救济?

对此,立法与司法实践都没有明确。如果法院判决公司应当在一定期限内以一定的价格与股东达成股份收购协议,那么在公司与异议股东之间就形成了债权债务关系。如果公司不履行判决,异议股东可以判决结果为依据向公司主张债权,如果公司拒不执行的,可以申请协助执行令。

四、公司章程有关股份回购条款的效力

1084. 公司章程可否限制或剥夺股东的股份收购请求权?

不得加以限制。股份收购请求权是股东在与多数资本持有者因对公司重大决定发生意见分歧时,为了维护自身利益,要求公司支付其持有股份的公平价格从而退出公司的权利,从权利行使的目的和结果来看,具有明显的自益权属性,是股东固有的权利,公司章程不得加以限制。

1085. 公司章程关于法定情形之外公司可以主动回购股份的约定是否有效? 职工与持股会签订协议,在章程中约定退股条件,可否按约定退股?

判定章程约定是否有效的准则在于该约定是否违反法律的强制性规定。公司章程是股东之间的协议,是公司的组织准则与行为准则,只要不违反法律、行政法规的强制性规定,公司章程即具有法定约束力。公司章程与《公司法》条款规定不一致时,应当结合具体案件判定所涉法条的性质是否属于强制性规定,凡所涉法条不属于强制性规定的,即不影响公司章程的效力。因此,只要公司章程作出的特殊回购事由不违反法律的强制性规定,即合法有效。

我国《公司法》第74条规定了有限责任公司中异议股东的股权回购请求权及其行使的三大法定事由。在对该条的理解上,有人认为,我国《公司法》上允许有限公司持有本公司股份的情形仅限于第74条所规定的异议股东请求回购的情形,只有在第74条所列举的事由发生时,由异议股东提出请求,公司才得进行回购。其他情况下,有限责任公司一概不得进行股权回购。从《公司法》(2005年修

订)第143条也可见,我国对于股份回购采取的态度是"原则禁止,例外允许"的原则,这一原则也应当适用于有限责任公司。因此,公司章程对于股份回购的约定超出了《公司法》所列事项,应属无效。

对此,笔者不敢苟同。笔者认为,上述观点对于《公司法》第74条的理解混淆了"异议股东得行使回购请求权的事由"和"公司得进行回购的事由"这两个概念。

法律规定了异议股东回购请求权主要是赋予异议股东在其权益得不到保护的前提下救济的手段。《公司法》第74条所规定的情形,并不是公司通过股份回购的方式令股东退出公司的条件,而是公司有义务接受异议股东回购请求的法定情形,有限责任公司请求公司回购股份的权利不同于股份有限公司股份回购的禁止性规定。

我国立法之所以不禁止有限责任公司股份回购,根源于有限责任公司的人合性与封闭性特征。有限责任公司的这一特征使得股东不能像股份有限公司的股东那样可以自由转让股份。当一名股东与其他股东发生冲突,在不影响有限公司人合性的基础上,该名股东的股权由公司或其他股东回购是最好的方式,尤其是在股权激励制度实施过程中。如果不允许股东之间就股权回购作出另外约定,股东之间讨价还价的过程可能耗时耗力,影响公司人合性。

由此可见,法律并未禁止公司章程对股份回购作出另外约定。只要该约定没有限制或剥夺股东的股份收购请求权或存在其他违法行为,应属合法有效。

持股职工虽然在实质上与公司股东是一样的,但实际和公司股东之间还是存在一定的差别。因为一般而言,持股职工是不登记在公司工商登记材料中的,不存在对交易安全的危害问题,主要是持股职工和公司之间的关系问题,属于公司内部的关系,应以职工与公司之间的约定为标准。且参照《定向募集股份有限公司内部职工持股管理规定》,"内部职工持有的股份,在持有人脱离公司、死亡或其他特殊情况下,可以不受转让期限限制,转让给本公司其他内部职工,也可以由公司收购"。

1086. 有限责任公司章程约定,因实施股权激励取得股权的股东,在持有股权期间,如果其与公司终止了劳动合同关系,应当将所持股权转让给公司其他股东或由公司回购,这种约定是否有效?

基于前述分析,笔者认为只要公司章程有关股份回购的约定不违反法律的规定,应属有效。公司可以依据公司章程解除该股东资格,收购其股份。

【案例386】公司依章程特别约定回购离职员工股份①

原告: 某投资公司

被告: 曲某某

诉讼请求: 判令被告以138,103元价格（净资产60,704,431.07元×被告持股比例0.455%×50%）将其所持有的原告247,498元出资额由原告回购。

争议焦点:

1. 原告是否属于系争章程所规定的离职人员，其是否适用系争章程；

2. 系争章程的内容是否违反法律强制性规定，是否系抽逃出资，其效力如何。

基本案情:

原告于2003年5月30日经四川省工商行政管理部门核准成立。被告是原告的股东，并担任原告的副总经理。

2004年4月2日，根据原告第九次股东大会决议，公司章程第16条修改为，公司股东由于因公司需要外派除外的其他原因自愿离职或被公司辞退等原因而离开公司（离开公司之日以公司批准离职之日为准），离职股东所持股份应转让给公司的其他股东或由公司进行计价回购，转让或回购的价格为离职股东离开公司的上月月末公司资产负债表所载明的净资产为基础，以离职股东持有出资比例所对应权益的75%计算；股份回购或转让的协议应于股东离职后的15日之内签署，如果由于离职股东本人的原因致使协议没有在规定的15日之内签署，股东股份的回购或转让价格改为离职股东离开公司的上月月末公司资产负债表所载明的净资产为基础，以离职股东持有出资比例所对应权益的50%计算。该章程修正案由包括被告在内的公司股东签名，并向工商行政管理部门进行备案登记。

2005年12月4日，被告将在其处的原告的相关资料进行了交接。

2006年5月15日，原告补开了上海市单位退工证明，明确被告自2005年7月1日进原告单位工作，现于2005年11月30日合同解除。原告并将被告的劳动关系材料转至上海市浦东新区人才交流中心。此后，就被告对原告的实际出资额，原告另外三名股东分别对原、被告提起股权确认诉讼，生效裁判文书最终确认被告的实际出资为247,498元，占原告0.455%股权。

---

① 摘自上海浦东新区法院网 http://www.pdfy.gov.cn/pditw/web2011/xxnr_view.jsp? pa = aaWQ9 MzExMzgmeGg9MQPdcssPdcssz，2011年3月2日访问。

此外,原告2005年10月31日的资产负债表载明,截至此时,其净资产即所有者权益(或股东权益)合计60,704,431.07元。

原告诉称:

2007年3月30日,原告其他股东一致确认,其无受让被告股权的意向,要求公司依照章程修正案尽快完成对被告股权的回购手续,但被告一直拒绝按照公司章程的有关规定将其实际真实持有的原告股权予以转让或回购。

被告辩称:

被告与原告的劳动关系并没有解除;原告提供的章程修正案内容涉及公司回购股东股权,违反了《公司法》的规定,应属无效;公司现有股东名录中许多股东与公司没有劳动关系,但都保留了股东身份,故请求驳回原告的诉讼请求。

律师观点:

1. 原告是否属于系争章程所规定的离职人员,其是否适用系争章程。

原告已经提供了被告的上海市单位退工证明,证明双方的劳动关系已经在2005年11月30日解除,被告实际也已经在2005年12月4日向原告办理了相关资料的交接手续。被告虽然认为其没有与原告解除劳动合同关系,但在法院向其释明该抗辩属于劳动争议范畴,其可以另行提起相关主张的情况下,其仍然表示不另行提起相关主张,故对于被告的这一抗辩应不予采信。至于被告提出原告其他股东与原告没有劳动关系,却保留了股东身份,被告对此没有提供证据,也与本案无关。

2. 系争章程的内容是否违反法律强制性规定,是否系抽逃出资,其效力如何。

首先,从公司章程的性质上看,公司章程是规定公司组织及行为的基本规则的重要文件,订立公司章程是股东的共同行为。系争章程修正案由包括原告在内的公司全体股东签字,是全体股东的共同行为。其次,有限责任公司的性质兼有资合性与人合性特征,股东间的相互信任和股东人员组成的稳定对公司至关重要,股东的加入与退出均建立在公司全体股东相互信任的基础上。系争章程修正案中"离职股东所持股份应转让给公司的其他股东或由公司进行计价回购"的含义为,离职股东应以股权转让方式退股或由原告计价回购。从原告提供的证据看,目前原告其他股东无受让被告股权的意向,在此情况下,原告只能主张对被告的股权进行计价回购。如此,原告回购的股权将处于待转让的状态或由原告依照法定程序进行减资,这正是有限责任公司人合性特征的体现。因此,上述章程条款内容并不含有股东抽回出资的意思表示,且此类约定并不违反《公司法》的强制性规定,应当认定有效。

3. 回购价格如何确定。

此处的退股系采取股东主动转让股权的方式,应当充分考虑股东的权益保障。就系争章程中强制回购的价格约定,即"转让或回购的价格为离职股东离开公司的上月月末公司资产负债表所载明的净资产为基础,以离职股东持有出资比例所对应权益的 75% 或 50% 计算",由于其将退股与被公司辞退的事实相挂钩,因而实质上完全剥夺了作为公司雇员的股东对其股权的处分权。依照股东权平等原则,股东退股公司应以合理的价格向其支付对价。因此,回购的价格应按照离职股东离开原告的上月月末原告投资资产负债表所载明的净资产为基础并以离职股东持有出资比例所对应权益的 100% 计算,即 60,704,431.07 元乘以被告的股权比例 0.455%,所得被告应得的回购款为 276,205 元。

法院判决:

被告应于判决生效后 10 日内以 276,205 元价格将其所持有的原告 247,498 元出资额由原告回购。

【案例387】员工离职后申请退还股金　回购方式应以章程规定为准[①]

原告: 陈放

被告: 云都公司

诉讼请求: 要求被告按沪体改委(1994)156 号《关于公司设立职工持股会试点办法》(以下简称 156 号办法)规定收回认购股金,其最终持股数应包括已退出会员转出的,以其原持股比例分享的份额。

争议焦点:

1. 被告处离职后是否因与职工持股会之间发生的纠纷对被告提起诉讼要求被告回购其股权;

2. 被告是应该按照 156 号办法还是章程回购原告的股份;

3. 原告实际出资额为 21,450 元,登记金额为 42,900 元,若被告回购其股权应以哪个金额比例为准。

基本案情:

2002 年 12 月 30 日,被告经报上海市闸北区经济体制改革办公室批复,按 156 号办法在其企业内设立职工持股会。持股会会员对象为被告在职职工,持股

[①] 参见上海市第一中级人民法院(2009)沪一中民三(商)终字第 967 号民事判决书。

会向职工筹集的资金定向投入被告购买被告内部职工股。

2003年1月22日,上海申北会计师事务所出具的验资报告反映当日被告总注册资本人民币500万元已缴足,其中自然人股东施有毅出资2,550,800元,职工持股会出资2,449,200元。

被告于2003年1月28日设立。被告职工持股会会员持股名册记载会员包括原告为51名,原告的出资金额为42,900元。但原告的实际出资额为21,450元。51名职工持股会会员均进入被告任职。

2002年12月22日的被告职工持股会章程(本案中以下简称章程)记载:持股会是依据市有关部门规定设立的从事内部职工股的管理、代表持有内部职工股的职工行使股东权利并承担民事责任的组织;持股会的最高权力机构是持股会会员大会,经会员大会选举产生持股会理事会负责实施管理,持股会理事长按法定程序经选举,代表持股会进入董事会;凡公司在册职工承认本会章程,提出申请,自愿缴纳股金并一次性缴清者,即为本会会员;入股股金原则上不得抽回,但会员如因退休或调离本企业等原因(发生)时,应直接向持股会提出书面申请,经批准后,由持股会理事会按退股者出资金额及同期银行存款利息收回股份,退股者当年不再享受分红;会员被企业解除合同、辞职等,按上述规定视作调离办理等。

2005年7月14日,原告在被告处工作的合同到期,原告和被告双方未再续签劳动合同,被告解除了原告的公司职工身份。原告为此办理了离职手续,但未申请退还职工持股会股金,被告也未能将职工持股会股金退还给原告。

被告职工持股会成立之后并未按持股会章程规定设立明确的办公机构,对持股会的事务没有具体明确的挂牌办公机构进行管理,也无专职经办人按持股会章程规定管理具体持股会事务,持股会具体事务由公司员工兼顾。被告曾于2002年12月筹建企业工会,但最终没有成立工会。为此,被告职工持股会没有工会对其代行管理职能。

2005年12月31日,原告发函给被告持股会,提出其仍为持股会会员之主张,但被告对此未作认可答复,双方遂涉讼。经法院判决,原告仍为持股会会员的确认之诉被驳回。原告对此不服,提出上诉,经二审法院判决,原告的上诉请求被驳回。后原告又对此提出再审申请,经审查,裁定驳回再审申请。

此外,从156号办法记载内容看:第3条,本办法所称职工持股会是指依照本办法设立的工会下属从事内部职工持股管理,代表持有内部职工股的职工行使股东权利并以公司工会社团法人名义承担民事责任的组织;第32条,公司职工经公司同意调离或死亡,自动退出职工持股会,由职工持股会以职工持股名册记载的会员出资金额和持股数为标准,参照公司上年度每股净资产值收回,转让给其他会员等。

从闸体改(1995)第160号《关于本区公司制企业设立职工持股会试点的实施办法》记载内容看:在册职工中进行招股、认股工作;职工持股会作为出资者按投入公司的资本额代表持有内部股的职工行使股东权利,持有内部职工股的职工通过职工持股会按投入持股会的资金额享有出资者的资产受益;公司工会是职工持股会的组织者,职工持股会会员大会为持股会最高权力机构;职工持股会理事会是职工持股会的常设机构,负责持股会的日常管理工作等。

至2005年7月14日原告离职时,中国人民银行颁布的三年期(2004年10月29日颁布)存款利率为年利率3.24%。

原告诉称:

原告离开被告公司后,被告并未退还原告相应的股金,依据156号办法第32条的规定,公司职工经公司同意调离或死亡,自动退出职工持股会,由职工持股会以职工持股名册记载的会员出资金额和持股数为标准,参照公司上年度每股净资产值收回,转让给其他会员。据此,原告多次要求被告退还股金,却一直没有得到被告的回应。被告的行为严重侵犯了原告的权益,请求法院支持原告的诉讼请求。

被告辩称:

1. 被告章程约定,入股股金原则上不得抽回,但会员如因退休或调离本企业等原因(发生)时,应直接向持股会提出书面申请,经批准后,由持股会理事会按退股者出资金额及同期银行存款利息收回股份,退股者当年不再享受分红;会员被企业解除合同、辞职等,按上述规定视作调离办理。被告主张依据156号办法归还股金与实际规定不符,请求法院驳回原告的诉讼请求。

2. 原告当初是向持股会出资的,原告请求回购股份,应向职工持股会主张,而非被告。

律师观点:

1. 原告向被告主张其与职工持股会之间发生的纠纷并无不当。

债是根据合同的约定或者依照法律的规定,在当事人之间产生的特定的权利和义务关系。根据本案查明的现行规章、政策规定,职工持股会是公司工会下属从事内部职工持股管理,代表持有内部职工股的职工行使股东权利,并以公司工会社团法人名义承担民事责任的组织。由于被告最终未成立工会,持股会与其所代表的会员发生纠纷时无法以其工会名义承担民事责任,成为诉讼主体。而被告所成立的职工持股会实际上并没有自己独立的办公场所和具体的办事机构,持股会在组织机构设立、审批(一般应由总工会相关部门审批)、股权管理等方面均存在瑕疵。持股会的组织、管理等具体事务系由公司相关人员直接予以代劳。为此,本案中被告职工持股会的实际组织、管理者应直接为被告自身。被告与持股会及会员并非没有任何法律关系,原告据此与职工持股会之间发生的纠纷对被告提起诉讼并无不当。

2. 原告应按被告章程约定收回认购股金。

被告章程中有如下规定:"入股股金原则上不得抽回,但会员如因退休或调离本企业等原因(发生)时,应直接向持股会提出书面申请,经批准后,由持股会理事会按退股者出资金额及同期银行存款利息收回股份,退股者当年不再享受分红;会员被企业解除合同、辞职等,按上述规定视作调离办理。"章程的该条款明确有关退股的股份按退股者出资金额及同期银行存款利息收回,章程中的此规定并未与我国现行强制性法律法规相违背,应当是合法有效的约定。原告认为应依据156号办法回购股权,但该办法作为一般性规章并非法律法规范畴,其对职工持股会运作的规范虽具有指导性,但并不具有法律强制性,不应影响持股会章程的效力。故原告要求按156号办法规定收回认购股金系排斥了章程的约定,缺乏充分的事实和法律依据。

3. 原告请求回购的股权份额应以实际出资金额为准,但原告未提供证据证明其实际出资额,应以工商登记为准。

被告在工商机关备案的持股名册中确实记载了原告的出资金额为42,900元,然而此系被告就其股权的构成在行政管理部门的对外登记,对被告内部关系中的公司和股东而言,股权份额的确认应以实际出资金额为准。既然原告主张曾向被告出资42,900元的事实,其即负有提交相关履行出资义务的凭证,现其无法提供相关的凭证。那么,根据等价有偿原则,谁投资谁受益,原告对此主张权利也缺乏充分的事实依据,不能予以采信。

法院判决:

1. 被告应于判决生效之日起十日内支付原告认购股金21,450元及利息(以21,450元为本金,从2003年1月22日起至判决生效之日止,按中国人民银行2004年10月29日颁布的三年期存款利率,即年利率3.24%计付);

2. 驳回原告其他诉讼请求。

第三节 公司收购股份的税务问题

1087. 公司收购股份后,异议法人股东应如何进行会计处理?异议股东(转让方)是否需要缴税?

请求公司收购股份实质上是包括股权转让和公司减少注册资本。股权转让的会计处理在本书第七章股权转让纠纷第六节股权转让的税务问题已有陈述,在此不再赘述。

公司收购异议股东的股份后,相当于异议股东将股权转让给公司,异议股东应当就股权转让价款与原始出资额之间的差额缴纳所得税。①

1088. 公司收购股份后,应如何进行财务处理?是否需要缴纳企业所得税?

公司回购本公司股东持有的股权或股票的,属于企业所有者权益的变化,回购价格与所对应的股本之间的差额,不计入回购当期的损益,而应相应调整有关的所有者权益项目。公司的会计处理方式在本书第十章减资纠纷第三节公司减资的税务问题也有陈述,在此不再赘述。

股份回购过程中,公司涉及股份受让与减资,这两种行为均不会涉及企业所得税。

1089. 公司收购股份,如何缴纳印花税?

如果收购主体是上市公司,股东(转让方)应当按照千分之一的税率缴纳印花税,作为受让方的公司无须缴纳印花税。除上市公司之外的公司回购股份,股东(转让方)与公司均应以股权转让价款为计税依据,以万分之五的税率缴纳印花税。

【案例388】昆明制药集团股份有限公司股份回购税务处理案②

回购方: 昆明制药
被回购方: 二级市场上流通股持有人
回购基准日: 2012年3月26日
基本案情:

为继续实施《昆明制药集团股份有限公司限制性股票激励计划》(以下简称

---

① 关于股权转让税务问题详见本书第七章股权转让纠纷第六节股权转让的税务问题。
② 参见华讯财经 http://stock.591hx.com/article/2012-03-30/0000446794s.shtml,2012年11月8日访问。

《激励计划》),昆明制药继续回购本公司股份。在本年度回购之前,昆明制药主要股东及其持股比例为,华方医药持股 24.34%,云工投资持股 12.35%,云南红塔持股 9.55%,剩余流通股为 46.24%。

截至 2012 年 3 月 26 日,公司本期从二级市场回购股的数量为 366,000 股,占公司总股本的比例约为 0.1165%,购买的最高价为 15.75 元/股,最低价为 14.73 元/股,平均交易价格为 15.51 元/股,支付总金额为 5,676,766.72 元(含印花税、佣金)。2012 年度结束后,公司将根据《公司激励计划考核办法》对激励对象进行考核,并按考核结果确定实施方案,最终处置该部分库存股。股份回购完成后,公司主要股东及其持股比例为:华方医药持股 24.34%,云工投资持股 12.35%,云南红塔持股 9.55%,剩余流通股为 46.14%,库存股 0.1165%。

律师观点:

本次分立涉及的税收主要包括企业所得税、个人所得税和印花税。

1. 回购方的企业所得税

根据《关于执行〈企业会计制度〉和相关会计准则问题解答(三)》(财会[2003]29 号),企业为减资等目的,在公开市场上回购本公司股票,属于所有权变化,回购价格与所对应股本之间的差额不计入损益。税法规定,企业为减资等目的回购本公司股票,回购价格与发行价格之间的差额,属于企业权益的增减变化,不属于资产转让损益,不得从应纳税所得额中扣除,也不计入应纳税所得额。因此,回购本公司股份,无论出于何种目的,减资也好,奖励职工也罢,都是不缴纳企业所得税的。昆明制药是为执行激励计划而回购公司股份,显然不须缴纳企业所得税。

2. 被回购方所得税

公司回购股东股份后,相当于被回购股东将股份转让给公司,对于被回购股东应按照股权转让行为征收所得税。

根据《财政部、国家税务总局关于个人转让股票所得继续暂免征收个人所得税的通知》(财税字[1998]61 号),在二级市场上与昆明制药进行股票交易的个人不需要缴纳所得税。但是对于法人主体,并没有特别的法律法规给予优待,仍要按照 25% 的税率,在扣除相关投资成本后缴纳所得税。

3. 印花税

根据《上海证券交易所关于做好调整证券交易印花税税率相关工作的通知》,昆明制药无须缴纳印花税,而在二级市场上与昆明制药达成交易的股票出让方,无论是法人还是自然人,都要按照千分之一的税率,缴纳 5676.66 元印花税。

【法律依据】

一、公司法类

(一)法律

❖《公司法》第 74 条、第 142 条第 1 款第 4 项及第 2 款

(二)司法解释

❖《关于适用〈中华人民共和国公司法〉若干问题的规定(二)》第 3 条

(三)地方司法文件

❖ 北京市高级人民法院《关于审理公司纠纷案件若干问题的指导意见》第 14 条

❖ 上海市高级人民法院《关于审理公司纠纷案件若干问题的解答》第 3 条

❖ 山东省高级人民法院《关于审理公司纠纷案件若干问题的意见(试行)》第 81 条、82 条、83 条

二、税法类

(一)行政法规

❖《中华人民共和国印花税暂行条例》(国务院令第 11 号)

(二)部门规范性文件

❖《财政部、国家税务总局关于执行〈企业会计制度〉和相关会计准则有关问题解答(三)通知》(财会〔2003〕29 号)

(三)行业规定

❖《上海证券交易所关于做好调整证券交易印花税税率相关工作的通知》

❖《深圳证券交易所关于做好证券交易印花税征收方式调整工作的通知》

三、证券法类

(一)部门规章

❖ 国家发展与改革委员会《定向募集股份有限公司内部职工持股管理规定》第 23 条、25 条

❖ 国务院国有资产监督管理委员会、财政部《国有控股上市公司(境内)实施股权激励试行办法》

(二)其他政策文件

❖《深圳证券交易所上市公司以集中竞价方式回购股份业务指引》

❖《上海证券交易所上市公司以集中竞价交易方式回购股份业务指引》

❖ 中国证券登记结算有限责任公司《证券质押登记业务实施细则》

四、其他

❖《最高人民法院关于民事诉讼证据的若干规定》第 25 条

第十六章 公司解散纠纷

【宋律师释义】

> 公司解散纠纷,是指公司经营管理发生严重困难,或出现管理僵局,继续存续将使股东利益受到重大损失,在无其他途径救济解决的情况时,股东提起解散公司诉讼引发的民事纠纷。
>
> 引发公司解散纠纷主要包括以下四种情形:
> (1)股东之间因经营理念产生严重分歧,长期达不成有效决议;
> (2)因大股东或实际控制人长期控制公司,小股东的权益,如知情权、分红权、表决权等权利长期得不到保护,小股东提起解散公司纠纷;
> (3)公司长期停产,不开展实际经营活动;
> (4)因矛盾深刻,股东之间发生多次诉讼,相互之间已经缺乏起码的信任感。
>
> 实践中应注意该案由与申请公司清算纠纷的区别。

【关键词】司法解散　自行解散　法定解散　行政解散　注销

❖ **司法解散**:指当公司出现经营管理严重困难的情形而陷入僵局时,股东通过提起公司解散之诉,请求人民法院以判决形式解散公司,从而打破公司僵局,即本章节重点讨论的解散纠纷之诉。① 司法解散包含如下特征:
(1)司法解散必须依当事人的申请而启动;
(2)提起司法解散必须具有法定事由;
(3)司法解散是在用尽其他救济方式后的终极处理方式;
(4)司法解散是通过法院判决来实现的。

---

① 本章第一节与第二节内容如没有特殊说明,皆特指司法解散。

❖ **自行解散**：指依公司或股东的意志决定解散公司，具体包括以下情形：

（1）公司章程规定的营业期限届满。

（2）股东（大）会决议解散。有限责任公司股东会作出解散公司的决议，必须经代表 2/3 以上表决权的股东通过；股份有限公司股东（大）会作出解散公司的决议，必须经出席会议的股东所持表决权的 2/3 以上通过。

（3）公司章程规定的其他解散事由出现。

❖ **法定解散**：指因公司出现合并、分立情形而解散。

（1）公司之间合并的，因一公司被他公司吸收而合并的，被吸收的公司解散；公司之间合并成立一个新公司的，则原合并前的公司解散。

（2）公司分立的，如果由一公司分立为其他两个或两个以上的公司，而原公司不继续存续的，则原公司解散。

❖ **行政解散**：指公司因被工商局依法吊销营业执照、责令关闭或者被撤销而解散。我国有关行政机关强制公司解散主要有两种方式：

（1）由工商行政管理部门通过收缴企业法人营业执照强制解散，即吊销营业执照。吊销营业执照是工商行政管理机关依法行使的一种行政处罚行为。企业被吊销营业执照后应成立清算组进入清算程序，清算结束后办理注销登记，终结其法人资格。

公司存在如下情形之一的，工商部门可以吊销营业执照：

①公司领取企业法人营业执照后，无正当理由超过 6 个月未开展经营活动或者停止经营活动满 1 年的；

②擅自改变主要登记事项或者超过核准登记的经营范围从事经营活动的；

③不按照规定接受年度检验的；

④不按规定办理注销登记；

⑤伪造、涂改、出租、出借、转让营业执照；

⑥抽逃、转移资金，隐匿财产逃避债务的；

⑦从事非法经营活动的；

⑧侵犯消费者权益情节严重的；

⑨虚报注册资本、提交虚假材料或者采取其他欺诈手段隐瞒重要事实取得公司登记的；

⑩其他违反法律需要吊销营业执照的情形。

（2）由主管机关作出撤销或者关闭决定，撤销或关闭情形包括但不限于以下情形：

①虚报注册资本、提交虚假材料或者采取其他欺诈手段隐瞒重要事实取得公司登记的；

②外资企业违反中国法律、法规，危害社会公共利益被主管机关依法撤销的，应予终止；

③金融机构有违法违规经营、经营管理不善等情形，不予撤销将严重危害金融秩序、损害社会公共利益的，应当依法撤销；

④对于国有独资企业，其主管机关可依据某种需要决定撤销或者关闭该公司等。

❖ **注销**：企业因歇业、被撤销、宣告破产、自行解散、司法解散或者因为其他原因终止营业，在依法进行清算后，登记主管机关依照企业申请取消企业法人资格或经营权的执法行为。公司申请注销登记应当提交以下文件：

（1）公司清算组负责人签署的注销登记申请书；

（2）人民法院的破产裁定、解散裁判文书，公司依照《公司法》作出的决议或者决定，行政机关责令关闭或者公司被撤销的文件；

（3）股东会、股东大会、一人有限责任公司的股东、外商投资公司的董事会或者人民法院、公司批准机关备案、确认的清算报告；

（4）《企业法人营业执照》；

（5）法律、行政法规规定应当提交的其他文件。

国有独资公司申请注销登记，还应当提交国有资产监督管理机构的决定，其中，国务院确定的重要的国有独资公司，还应当提交本级人民政府的批准文件。

有分公司的公司申请注销登记，还应当提交分公司的注销登记证明。

第一节 立 案

1090. 如何确定公司解散纠纷的诉讼当事人？

请求法院解散公司的，原告只能为公司股东，既可以是单个股东，也可以是多个股东，但必须满足至起诉时止单独或者合计持有公司全部股东表决权的10%以上。被告只能是公司。法院主要通过以下三个方面进行审查原告股东资格是否适格：

（1）原告在起诉时单独或合计持有全部股东表决权10%以上，对于起诉前原告持有该股的持续时间没有限制。

（2）法院只对原告股东所持股份事实进行形式审查，对股东是否实际出资等实质情况不进行审查，即法院只根据股东提交的工商登记、股东名册或者公司章程判断股东是否具备起诉资格。

（3）法院受理了股东请求解散公司纠纷诉讼后，审理过程中，如果原告的持股比例发生了变化，人民法院应裁定驳回起诉。

1091. 瑕疵出资股东是否有权提起解散公司之诉？

瑕疵出资，是指公司的发起人、股东虚假出资，未交付或者未按期交付作为出资的货币或者非货币财产。根据规定，瑕疵出资股东承担的责任是对已出资股东的违约责任，以及公司登记机关处以罚款的行政责任，其并未丧失股东资格，因此，瑕疵出资股东有权提起解散公司之诉，当然，其瑕疵出资部分应当在公司解散时将出资补足，并作为清算财产。

1092. 隐名股东是否有权提起解散公司之诉？

由于隐名股东的姓名或名称没有记载于工商登记档案，亦没有出现在公司的内部文件之中，如股东名册、出资证明书，其不属于《公司法》所说的股东，在其未被确认为公司股东之前，不享有提起解散公司之诉的权利。

1093. 企业被吊销营业执照或被撤销登记后，如何确定该企业的诉讼主体？

企业资格分为营业资格与法人资格。吊销营业执照取消的只是企业的营业资格，企业的法人资格依然存在。企业法人被吊销营业执照后，应当依法进行清算，清算程序结束并办理工商注销登记后，企业的法人资格才归于消灭。

因此，企业法人被吊销营业执照后至被注销登记前，以及企业被撤销登记后，其法人主体地位依然存在，可以自己的名义进行诉讼活动。如果成立了清算组，由清算组代表公司进行诉讼。

1094. 原告以其他股东为被告一并提起公司解散之诉的，人民法院应当如何处理？

人民法院告知原告将其他股东变更为第三人，原告坚持不予变更的，人民法院应当驳回原告对其他股东的起诉。

1095. 债权人可否作为公司解散之诉的原告？

不可以。在任何情况下，公司债权人都可以通过其他途径来解决其债权问题，即使是公司处于解散状态其仍然可以通过诉讼的方式来解决。因此，不符合"通过其他途径不能解决"的前提条件。同时，债权人与公司是对立的，为了防止其恶意提起解散公司诉讼，必须禁止其提起公司解散之诉，这也是为了维护市场经济秩序，遵循维护公司持续存在的原则。

1096. 未提起解散公司之诉的其他股东或者利害关系人以何种身份参加诉讼？

以共同原告或第三人身份参加诉讼。

提起解散公司诉讼的股东应当告知其他股东，或者由人民法院通知其参加诉讼。其他股东或者有关利害关系人申请以共同原告或者第三人身份参加诉讼的，人民法院应予准许。

具体情况应视股东的诉请予以确定：

(1) 如其他股东以与原告股东相同的诉请申请参加诉讼，则其应当列为共同原告。

(2) 如其他股东认为其对原告股东和公司双方争议的诉讼标的具有独立请求权，明确向人民法院提出公司不应解散的诉讼请求，且依法交纳案件受理费的，则应当作为有独立请求权的第三人，享有当事人的诉讼权利和义务。

(3) 如其他股东仅仅是以案件的处理结果与其有利害关系为由申请参加诉讼而未提出诉讼请求或未交纳案件受理费的，则其应当为无独立请求权的第三人。根据《民事诉讼法》的规定，除非人民法院判决其承担民事责任，该无独立请求权的第三人不享有当事人的诉讼权利和义务，当然在解散公司诉讼案件中不存在此情形。

对于其他非股东身份的有关利害关系人，可以第三人的身份参与到诉讼中，但不能以共同原告的身份参与到该诉讼中，因该诉的原告只能是持有全部股东表决权 10% 以上的股东。解散公司的诉讼往往会影响到公司、股东及公司债权人等，公司和股东以外的有关利害关系人或者认为该诉的处理结果与其有利害关系，或者认为对该诉的标的具有独立请求权，此时，依《民事诉讼法》的规定，有关利害关系人可以第三人的身份参与到本诉讼中。①

1097. 公司解散纠纷之诉由何地法院管辖？如何确定级别管辖法院？

公司解散之诉由公司住所地人民法院管辖。公司住所地是指公司的主要营业地或主要办事机构所在地。

级别管辖确定标准具体如下：

(1) 县、县级市或者区的公司登记机关核准登记的公司解散之诉应向当地基层人民法院提起；

---

① 奚晓明主编：《最高人民法院关于〈公司法〉司法解释（一）、（二）理解与适用》，人民法院出版社 2008 年版，第 151 页。

（2）地区、地级市以上的公司登记机关核准登记的公司解散之诉应向中级人民法院提起。

1098. 公司解散纠纷诉讼按照什么标准交纳案件受理费？

答：公司解散纠纷诉讼案件受理费按非财产案件收费，即50元至100元不等。

1099. 公司解散纠纷诉讼是否适用诉讼时效？

不适用。诉讼时效适用于债权请求权中，公司解散纠纷并非债权请求权，故不适用诉讼时效。

1100. 原告应如何表述解散公司的诉讼请求？

原告提起诉讼时，诉讼请求应当表述为"请求解散某某公司"。对符合受理条件的股东请求解散公司案件，法院经审理后应以判决形式作出是否准许解散公司的裁决。如支持股东解散公司诉请的，判决主文应表述为：准许公司解散；如不支持股东解散公司诉请的，判决主文应表述为：驳回原告请求解散公司的诉讼请求。

1101. 股东在提起解散公司之诉的同时，是否可以申请人民法院对公司进行清算？

股东请求解散公司和申请法院对公司进行清算，这是两个独立的诉请。股东请求解散公司诉讼是变更之诉，公司清算案件则是非诉讼案件，两者审判程序不同。股东在提起解散公司诉讼时，公司解散的事实并未发生，公司是否解散尚需人民法院的生效判决予以确定，两个诉讼请求无法合并审理。

因此，股东提起解散公司诉讼，同时又申请人民法院对公司进行清算的，法院一般不予受理，但可告知在人民法院判决解散公司后可自行组织清算或者另行申请人民法院对公司进行清算。

1102. 公司解散纠纷之诉是否适用简易程序？

不适用。公司解散纠纷之诉应适用普通程序。因为解散公司的案件往往是公司内部矛盾或者经营困难达到一定程度之后无法解决的最后解决途径，诉讼涉及公司、股东、债权人等多方面的利益，法律关系复杂，应当适用普通程序审理。

1103. 公司解散之诉调解的方式有哪些？

公司解散之诉必须经过其他途径不能解决，也就是说，在公司股东用尽所有方式之后仍不能解决的，才能以诉讼的方式解散公司。而在人民法院主持下的调解也是解决争议的一种"其他"途径，因此，法院在审理这类案件时一般都会在诉讼中主持调解，希望在公司股东的协商下使解散公司争议得到解决。

公司解散之诉的调解方式主要有两种：

（1）股东收购。当股东出现解散纠纷时，可以考虑通过当事人协商同意由股东收购股份，从而使受害股东退出公司，一方面可以使其权益得到保护，另一方面也有效地实现了维护公司永久存续的目的。被收购的人既可以是公司原告，也可以是其他股东。

（2）公司收购。当公司股东之间因矛盾而无法达成收购股份或解散协议时，在各方同意的情况下，经过调解不愿经营的股东将自己在公司中的权益抽走，通过减资程序，不仅使公司得以继续存续，也会使受害股东及时退出。

经人民法院调解公司收购原告股份的，公司应当自调解书生效之日起六个月内将股份转让或注销。股份转让或注销前，原告不得以公司收购其股份为由对抗公司债权人。

1104. 有限责任公司解散之诉调解的结果是股东以外的人收购原告股东股权的，其他股东的优先购买权如何保护？

《公司法》规定，股东向公司以外的股东转让股权时，为了维护公司的人合性，其他股东在同等条件下享有优先购买权。在解散公司之诉中应注意以下两点：

（1）如果所有的股东参加了诉讼，并参加了调解，调解结果是向股东以外的人出售股权，其他股东在调解中未明确表示购买，就不存在再给予一定期间作出是否行使优先购买权的问题。

（2）如果有部分股东未参加调解，原告股东或者人民法院应当通知其股权收购情况，并给予其一定合理期限作出是否行使优先购买权的明确表示。未参加调解的股东明确放弃优先购买权或者未在合理的期限内行使优先购买权的，股权收购协议生效。

第二节　公司解散纠纷的裁判标准

1105. 公司解散的法律效力如何？

公司解散的法律效力如下：

（1）公司解散并不意味着公司的终止或者消灭。公司解散不立即导致公司人格消灭，只是导致公司人格消灭的原因。公司解散后，其法人的权利能力受到限制，但法人资格仍然存在。解散的公司与解散事由出现前的公司在法律人格上是同一民事主体，公司解散只是公司清算的前置程序。公司解散后必须进行清算行为。

(2)公司解散仅仅是缩小了公司的民事权利能力的范围。由于公司解散后,其仍然具有民事主体资格,就具有相应的民事权利能力和民事行为能力。但是,解散后与解散前的公司存续的宗旨不同,解散前公司存续的宗旨是实现公司章程规定的经营目的,而解散后公司存续的目的是实现法律所规定的清算目的。因此,由于解散后公司存续目的的变化,其民事权利能力也就相应地发生了变化,其权利能力仅限制在清算目的的范围内,只能从事以清算为目的的活动,不能再缔结其他目的的民事法律关系。

(3)管理机关丧失。公司原有的法定代表人和业务执行机关丧失权力,由清算组及其负责人取代。

(4)公司解散是一种法律行为。公司解散首先表现为一种事实,即公司处于解散的状态,而该事实的出现与人的意志有关,属于人有意识的活动,所以公司解散属于行为而不是事件。[①]

(5)不得对抗第三人。公司解散的,其与第三人之间订立的合同不因公司解散而受到影响,解散中的公司仍应受该合同的约束。

1106. 公司解散应当符合哪些法定条件?

股东提起解散纠纷之诉是股东退出公司的最后一条救济途径,是以公权力为主导的司法干预,其在本质上是一种公权力的介入,代表了国家对经济生活的适度干预,涉及其他股东、债权人及员工等各方面的利益,社会影响比较大。法官对于公司是否符合解散条件的判断不仅仅是基于法律的判断,更多需要对公司经营层面的内容进行考察,因此法院对此应慎之又慎。同时,由于公司解散纠纷的判断标准比较依赖于个案情形。每家公司解散的事由都不尽相同,每个事由又很难量化,而是否符合解散条件也主要基于这些事由的累积,因而法官的司法裁量权比较大,衡量尺度也不尽相同。总体来说,公司法定解散应当符合下列情形之一:

(1)公司持续两年以上无法召开股东会或者股东大会,公司经营管理发生严重困难的;

(2)股东表决时无法达到法定或者公司章程规定的比例,持续两年以上不能作出有效的股东会或者股东大会决议,公司经营管理发生严重困难的;

(3)公司董事长期冲突,且无法通过股东会或者股东大会解决,公司经营管理发生严重困难的;

(4)经营管理发生其他严重困难,公司继续存续会使股东利益受到重大损失

[①] 吴庆宝主编:《公司纠纷裁判标准规范》,人民法院出版社 2009 年版,第 283 页。

的情形;

(5)通过其他途径不能解决。

1107. 如何认定"公司经营管理出现严重困难"?

经营管理困难应当理解为公司治理结构中的严重困难。关于公司是否符合"公司经营管理出现严重困难"的解散条件,通常会从以下五个方面综合考虑:

(1)公司内部决策和经营管理机制运行瘫痪,公司陷入僵局,股东会或董事会因股东或董事之间的相互对抗,而无法有效召集或无法形成有效决议;

(2)公司业务持续处于停顿状态而产生无法恢复的损害或有产生损害的可能;

(3)有限责任公司的股东间的关系陷入僵局,在业务执行或代表公司上相互无法信任;

(4)公司董事或实际控制人已经或将以非法的、压制的、欺诈的方式行事,使公司财产的管理或者处分显著失策的,对公司的存立产生危害的;

(5)董事间的关系陷入僵局,且股东不能打破该僵局,导致公司遭受或可能遭受损害。

关于公司必须处于亏损或严重亏损状态是否作为解散的条件之一现在尚无定论,各个法院掌握的尺度也不完全一样。

【案例389】公司停产财产闲置 股东请求解散公司获支持[①]

原告:杨虎

被告:李玉德、腾德公司[②]

诉讼请求:解散被告腾德公司并责令限期清算。

争议焦点:

1. 原告与被告李玉德各持有50%股权的原告与被告李玉德无法作出有效股东会决议,是否意味着公司陷入管理僵局;

2. 公司在发生股东纠纷后长期停产是否构成《公司法》意义上股东利益遭受严重损害;

3. 原、被告之间可否通过股权转让等方式化解管理僵局;

---

① 参见天津市高级人民法院(2007)津高民二终字第70号民事判决书。

② 本案发生时各地司法实践对公司解散纠纷的被告确定尚不统一,部分法院将股东或公司与股东一并列为被告,或单独将股东列为被告,将公司列为第三人。根据《最高人民法院关于适用〈中华人民共和国公司法〉若干问题的规定(二)》,本案被告应为腾德公司,李玉德为第三人。下同。

4. 公司是否尚有需要解决就业或安置的员工,公司资金是否足以偿还对外债务;

5. 可否以公司经营期限届满为由请求解散公司;

6. 可否在请求解散公司的同时诉请对公司进行清算。

基本案情:

被告腾德公司是由原告与被告李玉德于1997年12月设立的,原告持32%股权,担任监事,被告李玉德持68%股权,任执行董事兼法定代表人。被告腾德公司章程第30条约定公司营业期限为四年,即至2001年12月止。

2004年5月被告腾德公司进行工商变更登记,原告与被告李玉德的股权比例各为50%。之后原告与被告李玉德之间产生纠纷,原告要求将法定代表人由被告李玉德更换为自己但协商未果,2006年3月该公司因此停产,停产之前公司经营效益良好。

原告诉称:

组建被告腾德公司之初,由于原告在职,因此登记被告李玉德为公司法定代表人,原告为监事,但被告李玉德自以为是公司法定代表人听不进意见,培植宗派势力,使公司的经营发生严重困难。现在公司已陷入瘫痪状态,多次协商均未能达成共识,召开股东会因意见相左,双方各占50%股权,也无法对公司事项形成决议,公司陷入僵局并已名存实亡,并且根据公司章程约定的四年营业期限,公司营业期限已经届满。

现在被告李玉德既不同意出让股权,也不收购原告股权,双方丧失起码的信任,继续合作的基础已彻底破裂,公司存续只会使股东利益受到无可挽回的巨大损失。

被告腾德公司辩称:

造成公司僵局的责任在于原告,公司自组建后全部由被告李玉德主持经营,被告李玉德为公司发展作出重大贡献。

2004年,被告李玉德出于和原告的友情考虑将双方持股比例变更为各50%,但原告仍不满足,还想当法定代表人。公司出现僵局是因为原告张贴变更法定代表人的公告并到其他公司生产相同产品造成的。

现在原告没有证据证明被告腾德公司符合《公司法》规定的解散情形。双方仅因转让价格存在差异,还可以对价格进行协商,以转让股份的方式解决纠纷。

被告李玉德辩称:

无论根据公司章程还是《公司法》的规定,被告腾德公司都不具备解散条件。

由于原告要求将公司法定代表人更换为原告,被告李玉德没有同意该意见,双方矛盾公开化,原告在公司张贴公告,造成公司停产,还拉着公司的业务骨干、主管会计另起炉灶,经营与被告腾德公司同样的项目,这一切都是原告的错误。

本案还没有穷尽一切解决办法,双方可以通过其他途经解决。

解散之诉与清算之诉不能混同在一个案件中,只有公司解散后才涉及公司清算的问题。

综上,原告的诉讼请求是不能成立的。

一审认为:

《公司法》(2005年修订)第183条规定:"公司经营管理发生严重困难,继续存续会使股东利益受到重大损失,通过其他途经不能解决的,持有公司全部股份表决权百分之十以上的股东,可以请求人民法院解散公司。"该条款规定了股东请求人民法院解散公司必须同时具备的条件。

1. 原告系适格主体,享有诉讼请求解散公司的资格。

杨虎拥有股权超过法律规定提起解散公司之诉所需的持有10%以上股权的要求,可以提起诉讼。

2. 被告腾德公司在发生股东纠纷前效益良好,继续存续不会使股东利益重大受损,且股东之间纠纷能够通过其他方式解决。

虽然两股东在公司的经营管理过程中因意见分歧对选举公司的法定代表人等事项未能达成一致意见,但在被告腾德公司因上述分歧停产之前公司处于正常经营,效益良好的状态。原告并不能证明公司的继续存续会使股东利益受到重大损失,两股东之间的纠纷也并非不能通过其他途经进行解决。

3. 公司经营期限届满,不在法院审查并判令解散公司的范围。

关于原告提出根据公司章程约定的四年营业期限,公司营业期限已经届满的主张。根据《公司法》(2005年修订)第181条的规定,"公司因下列原因解散:(一)公司章程规定的营业期限届满或者公司章程规定的其他解散事由出现……"依据上述法律的规定,营业期限届满而解散属于股东自行解散,不属于人民法院司法解散公司的审查范围,应由公司股东自行协商解决。

4. 公司解散和公司清算的诉讼请求不能一并主张。

对于原告要求人民法院进行解散清算,根据《公司法》(2005年修订)第184条的规定,有限责任公司的清算组由股东组成,逾期不成立清算组进行清算的,债权人可以申请人民法院指定有关人员组成清算组进行清算。据此,法院受理对公司进行清算的诉讼仅限于债权人提起。

故原告作为公司的股东要求法院对公司进行清算于法无据,对原告的该项主张亦不予支持。根据上述法律的规定,本案的审查范围仅限于公司是否符合法定解散条件。

一审判决:

驳回原告的诉讼请求。

原告不服一审判决,向上级人民法院提起上诉。

原告二审诉称:

1. 原告凭借之前的工作背景,在被告腾德公司的成立及发展壮大过程中所起的作用远远大于被告李玉德。

2. 把原告与被告李玉德的僵局归结为原告争当法定代表人,认为是一般性的矛盾、分歧,没有揭示形成僵局的本质,并且回避了股东僵局导致公司任何决议都无法形成的事实。僵局不是因某几件事就形成的,而是几年来发生的众多矛盾分歧累积爆发,从量变到质变,最终到势不两立的程度。双方约定公司重大经营决策、经营管理方面共同决策,大型项目开支,双方共同协商确认。但随着资本增加,仅有的两名股东失去起码的信任,公司的人合性基础不复存在,任何问题均不能形成决议。最初的协议已经被被告李玉德撕毁,在原告不再认可的情况下,被告李玉德因无法取得过半数表决权的支持,当然丧失法定代表人的资格,其一切行为只能是其个人行为。

3. 原判认为公司停业前正常经营、效益好,不具备法律规定的解散条件,不符合《公司法》(2005年修订)第183条规定的立法本意,属于适用法律不当。《公司法》(2005年修订)第183条的立法本意是,当形成僵局,"公司经营发生严重困难,继续存续会使股东利益受到重大损失,通过其他途径不能解决的"才是公司解散的法定条件。原审判决以公司停业前正常经营、效益良好作为不准解散的论据,没有法律依据。公司停业一年多来已损失数百万元,并且损失还在继续发生。股东间的关系陷入僵局导致公司停产,财产闲置,此种局面已经属于公司经营发生严重困难,继续存续下去肯定会遭受重大损失。

4. 本案在原审期间几经调解都没有结果,何谈两股东之间的纠纷"并非不能通过其他途径进行解决"。被告腾德公司停业后,仅有的几名工人都结清工资另谋职业。公司财产价值足以偿还税金和贷款等公司债务,公司解散不会损害债权人利益。

综上,本案的情况符合公司解散条件。

被告李玉德二审辩称：

原告与被告李玉德之间的矛盾是原告的过错所致，其拉拢公司业务与技术人员，经营被告腾德公司同类产品违反了竞业禁止原则。

从《公司法》(2005年修订)第183条的立法本意看，不应解散公司，且清算之诉与公司解散之诉不应混同。原审判决认定事实清楚，适用法律正确，处理并无不当。

被告腾德公司二审辩称：

1. 公司解散应当具备三个条件，即公司经营发生严重困难、继续存续会使股东利益遭受重大损失、通过其他途径无法解决。上述三种情况被告腾德公司都不存在；

2.《公司法》(2005年修订)第183条的立法本意是维护中小股东的权利，原告并非小股东，公司僵局为其一手造成，其拉拢公司业务骨干经营同类产品，利用公司的客户资源；

3. 股东可以自由转让股权，本案可以通过该方式解决。

律师观点：

1. 原告与被告李玉德矛盾激烈，公司无法作出有效决议，陷入管理僵局。

各方当事人对于因原告与被告李玉德矛盾日深而使被告腾德公司陷于公司僵局的事实均予认可。《公司法》(2005年修订)第183条所规定的"公司经营管理严重困难"，不能理解为资金缺乏、亏损严重等经营性困难，而应当理解为管理方面的严重内部障碍，主要是股东会机制失灵，无法就公司的经营管理进行决策。

综合分析本案可以看出，原告与被告李玉德的矛盾是在对被告腾德公司经营管理过程中逐渐形成的，双方的矛盾、分歧逐渐加深，且彼此不愿妥协，从而处于僵持状态。由于公司的决策和管理实行多数表决制度，而原告与被告李玉德是被告腾德公司仅有的两位股东，且两位股东持股比例相同，因此两位股东之间的矛盾和冲突，直接导致了被告腾德公司一切决策和管理机制的瘫痪，包括股东会无法有效召集，一方的提议不能得到对方接受和认可，公司不能按照法定程序作出任何决策，最终导致公司全面停产并延续至今。本案相关事实已经表明，原告与被告李玉德两位股东之间的利益冲突、权利争执以及情感的对抗由来已久，并发展到愈演愈烈的程度，双方之间已经丧失了最起码的信任，相互合作的基础已完全破裂。

2. 公司长期停产已经造成股东利益严重受损。

《公司法》(2005年修订)第183条规定的"股东利益受损"不是指个别股东

利益受到损失,而是指由于公司瘫痪导致公司无法经营造成的出资者整体利益受损。公司僵局状态无论对公司还是对股东利益都构成严重的损害。被告腾德公司长期停产已经使股东遭受重大损失,僵局状态的延续还将使股东遭受更大的损失。

3. 原被告之间无法通过股权转让等方式化解僵局。

被告腾德公司及被告李玉德都认为应当通过原告转让股份退出公司来化解僵局,但是否转让股份以及如何转让股份是股东的权利,只能通过协商解决。在一审及二审期间,法院曾就此多次组织调解,但最终未能达成一致意见。

4. 同时,考虑到被告腾德公司不存在需要安置、解决就业的职工,其现有资产也足以清偿公司所负债务,公司解散不会造成对股东之外其他民事主体的损害。

综上,本案已经具备了《公司法》(2005年修订)第183条规定的公司解散条件,故对原告解散被告腾德公司的诉讼请求应当予以支持。

原审判决根据"被告腾德公司停产之前处于正常经营,效益良好的状态",认定原告的主张不符合公司解散条件并不予支持欠妥,应予纠正。至于原告请求判令两股东限期清算,根据《公司法》(2005年修订)第184条的规定,因人民法院判决解散的,公司应当在解散事由出现之日起15日内成立清算组,开始清算。原告的清算请求不符合上述法律规定,不应予以支持。

二审判决:

1. 撤销一审判决;
2. 解散被告腾德公司;
3. 驳回原告对公司进行清算的诉讼请求。

1108. 如何认定公司是否陷入僵局?

公司僵局,指由于股东或董事的矛盾激化,导致公司无法进行正常的经营管理活动,公司的运行机制完全失灵,股东(大)会、董事会包括监事会等权力机构和管理机构无法正常运行,不能召开或在召开后不能形成有效的决议。因此,使公司的一切事务处于一种瘫痪的状态,此瘫痪状态或僵局的继续,则会导致公司股东利益受到重大损失。主要包括以下三种情形:

(1)股东(大)会僵局。

①公司持续两年以上无法召开股东会或者股东大会,公司经营管理发生严重困难的,这里的无法召开,是指应当召开而不能召开,在实践中主要表现为无人召

集或者召集之后没有一个股东出席会议等情形。

②股东表决时无法达到法定或者公司章程规定的比例,持续两年以上不能作出有效的股东会或者股东大会决议,公司经营管理发生严重困难。主要表现为不同意见的两派股东各拥有50%的表决权,在相互不配合的情况下,使得每次表决都不能达到出席的"过半数"从而达不成有效决议或其他不能达成有效股东会决议的情形。

(2)董事僵局。

公司董事长期冲突,且无法通过股东会或者股东大会解决,公司经营管理发生严重困难的,主要表现为董事会无法按照法律或公司章程规定合法有效地召集,或者无法达到法定的召开董事会的人数要求,或者表现为多派董事冲突导致每项决议都不能获得过半数的董事同意,或者董事人数为偶数而形成的两派对抗从而无法作出有效的董事会决议。

(3)其他导致公司僵局的情形。

主要体现在公司无法进行正常的经营管理活动的情形。

【案例390】美达股东内斗不止　公司被诉解散

"江门第一民企"天健集团自2011年9月以来风波不断。32年前白手起家创业,而现在企业内讧公开化,均分式股权结构让老一代民企遭遇发展瓶颈,发人深思。江门天健集团,曾位列"全国500家最大私营企业"第32位、"广东省百强民营企业"第13位。集团大股东梁广义曾在2006年至2010年间作为江门唯一的企业家连续五次登上胡润百富榜,人称"江门首富"。一场股东纠纷却让这个在江门璀璨一时的名门企业受到重创。天健集团梁广义、梁少勋、梁伟东三大股东之间的纠纷充分暴露了公司治理过程中一系列不足。

故事还得从1980年说起。

三邻居齐心共创业　五金厂变身五百强

梁伟东的父亲梁松新是天健集团的三名创始人之一。梁伟东在大学毕业后继承父亲的衣钵,接掌了父亲的股份。

天健集团,前身是江门新会司前镇的一家作坊式的小五金厂,创建于1980年。创办人梁松新当时已42岁,靠制作家具已成为当地小有名气的万元户。梁广义和梁少勋24岁,一个是建筑工人,一个在农机站工作。三人是关系融洽的邻居。

梁松新和梁广义料定小五金会有很好的出路,遂筹钱办了这家小五金厂。梁松新出资3000元,梁广义出资600元,梁少勋后期加入,未出资。三人约定各自占三分之一股权,梁松新任厂长,其余两人任副厂长。起初他们主要生产螺钉、螺帽等简单产品,积累了一些资本后,他们又转攻金属家具,企业从此快速发展起来。

在三人的共同努力下,这家小工厂迅速发展起来。到20世纪90年代初,这家工厂已名扬新会。外人把这三人的情谊比作"桃园三结义",在当地传为佳话。经过10年的艰苦创业,梁松新与梁广义、梁少勋在企业发展思路上产生分歧,他决意退出。梁广义和梁少勋提出由梁松新的儿子梁伟东接班,这样不仅可以继续兄弟情义,又可以实现企业平稳过渡。于是,梁伟东花30万元买下父亲梁松新的股权,由梁广义担任新厂长,梁伟东和梁少勋担任副厂长。当时,很多中国产品都在不断向国际市场扩张,小五金厂也不例外,他们决定内销转外销。转型很顺利,企业踏上了稳步发展的新台阶,为今后突飞猛进的发展奠定了基础。

1995年,天健集团注册设立,此时公司的注册资本已达到1.5亿元。1998年,天健集团在广州投资建设天健广场,从而进入商业地产领域。1999年,天健集团斥资4000万元收购了有着50年历史的大型国企江门船厂,一时引起业内轰动。2001年,收购了新会远东网厂和新会工业胶丝厂。2002年,天健集团以2.20元/股的价格买下美达集团持有的8181.81万美达股份股权(占公司彼时总股本的23.92%),成为上市公司美达股份的第一大股东。眼下,天健集团总资产达35亿元,年产值超30亿元,被称为江门第一民企,位列全国五百强民企(见图16-1)。

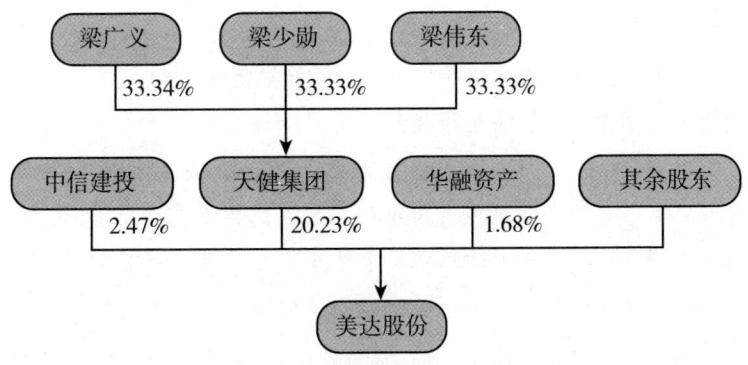

图16-1 美达股份股权结构

南丫岛项目起祸根　三兄弟渐行渐远①

集团不断进行的兼容并购使得集团大当家梁广义名声大噪。2006 年至 2010 年,梁广义是连续五年登上胡润百富榜的唯一一位江门人。这不禁让人产生了疑问。梁广义、梁少勋、梁伟东在集团三分天下,按道理来说梁广义的资产不可能比其余两人多出太多。那么,是什么原因使梁广义能够获得如此多的资产呢?

原来,梁广义于 1998 年暗地动用集团资产 7000 万元与香港健旺公司"五五开"合作,在香港南丫岛购置 100 多亩土地。而梁少勋和梁伟东于 1999 年才得知此事。刚刚经历过东南亚金融危机洗礼的天健集团也在不断调整自己的发展策略。梁少勋要求梁广义退出该项目,但遭到梁广义拒绝。梁少勋、梁伟东要求查看项目财务报表的要求至今仍未实现。这桩纠纷在三人之间埋下祸根。

2001 年,梁少勋提出分家,再次遭到梁广义拒绝。至 2005 年,梁广义仍未就南丫岛项目给二人明确的交代。梁少勋要求梁广义将投资到南丫岛项目的 7000 万元一分为三,依旧遭到梁广义的拒绝。2007 年,梁广义称天健集团占南丫岛项目的股份仅有 20%,此举彻底激怒了梁少勋和梁伟东,二人联手罢免了梁广义天健集团董事长一职,由梁伟东接任。就这样,三人间的冲突不断升级。

而令人不解的是,2011 年 7 月 20 日,梁广义与梁少勋签署《股权转让协议书》,梁少勋将其天健集团 33.33% 股份转让给梁广义。当时,梁伟东与梁少勋、梁广义分别持有天健集团 33.33%、33.33%、33.34% 的股权。8 月 22 日梁少勋签署协议将股权委托给梁广义。最终,一直在南丫岛项目上对梁广义颇有微词的梁少勋又转向与梁广义结盟,合力罢免了梁伟东的天健集团董事长职务,重新推选梁广义担任董事长,梁伟东仅保留上市公司美达股份董事长一职。而在 2012 年 1 月 16 日,天健集团股东会彻底使梁伟东退出天健集团管理层。

涉嫌行贿入囹圄　众说纷纭布疑云

2011 年 9 月 15 日,天健集团股东兼董事长梁广义、股东兼董事梁少勋、股东兼董事总经理梁伟东因涉嫌单位行贿被江门市人民检察院拘留,梁伟东 15 日下午被拘留后,9 月 16 日 13 时获准取保候审并被释放,其后检察院对于梁伟东没有采取进一步的行动。梁广义和梁少勋的家人及律师在其后多次向江门市检察院递交了取保候审申请书,未被批准,仍被羁押于江门市鹤山看守所。梁广义将 66.67% 股权委托外甥张崇彬管理。梁广义、梁少勋被捕引起各方关注,并引发各

---

① 参见网易网 http://news.163.com/12/0320/04/7T0T09NN00014AED.html,2012 年 7 月 11 日访问。

第十六章

公司解散纠纷

种关联性猜测。

第一种说法称,此事件涉及天健集团内部争斗。梁广义、梁少勋是被内部人士举报,而其作案手法是通过将其产品低价卖出高价买入等手法,左手倒右手侵吞公司财产,增加个人财富。

第一种说法的疑点在于:一方面,作为一家民营企业,涉及的是与自己相关的财产,是否能够做到通过这种方式增加个人财富。另一方面,依法律规定,所谓单位行贿罪,是指单位谋取不正当利益而行贿,或违反国家规定给予国家工作人员以回扣、手续费,情节严重的行为。该罪在客观方面表现为公司、企业、事业单位、机关、团体为了谋取不正当利益,给予国家工作人员以财物,数额较大的,或者违反国家规定,给予上述人员以"回扣""手续费"等情节严重的行为。第一种说法显然不符合该罪的客观表现。

第二种说法称,此事可能与莫远航事件有关。莫远航于1999年至2008年在江门任职,担任过市委常委、纪委书记、市检察院检察长、市中级人民法院院长等职,2011年9月省纪委公布莫远航因涉嫌严重违纪正接受组织调查,而这与梁广义2006年至2010年连续五次登上胡润百富榜的时间有一定的重合,这不禁引发人们的猜测。

第二种说法的疑点则在于,莫远航曾在江门任职,而恰好在梁广义之前被查,但并无直接依据,且梁广义、梁少勋、梁伟东的委托代理人和律师均确认,此案与莫远航案无关。①

第三种猜测最具有可信性。这种说法称因受落马的某银行江门分行原行长林建忠牵连,梁广义、梁少勋和梁伟东三人因涉嫌单位行贿被江门市人民检察院拘留。据透露,林建忠退休后开办了一家公司,并到天健集团旗下的广州天健装饰广场担任董事长。林建忠创办公司的资金疑似来自天健集团,以此作为天健集团对林建忠的"回报",检方据此展开调查。②

梁广义、梁少勋身陷囹圄后,梁广义的外甥张崇彬作为他们的共同代理人走到了台前。张崇彬对罢免梁伟东事件进行了回应:"梁伟东担任董事长的3年时间,把公司所有高层都换成自己的人,特别是他掌管的财务部,而在业务上并没有太大的作为,同时却让公司背上更多银行贷款,把这些贷款拿去投资,投资情况又不告诉其他股东。2011年中,梁少勋发现如果梁伟东继续这样做下去,可能会把

---

① 参见顺德家具网 http://www.fsjiaju.com/News/11/1014/2011101485740375.htm,2012年7月11日访问。
② 参见珠澳网 http://www.zhmo.cn/article-46630-1.html,2012年7月11日访问。

公司搞垮,而且在他任职董事长期间年年亏损,资金去向不明。于是要求梁广义重新出来主持工作。因此,在2011年8月召开的董事会上,两人合力罢免了梁伟东董事长一职,并由梁广义重新担任董事长。同时要求梁伟东对这几年公司的运作情况、资金使用情况作一个清楚的交代。而梁伟东对于其做董事长期间公司运营和资金流向情况无法作出详细的说明。"

对于为什么只有梁伟东能够独善其身,梁伟东本人解释说:"我是人大代表,又是上市公司的法人代表;更重要的是,无论是事发时还是涉案时,我都不是天健集团的直接控制人。"由于单位行贿罪追究的是"直接责任人",虽然梁伟东从1993年起就担任公司董事,但不一定就涉嫌单位行贿罪。

梁伟东代理人朱永平对梁伟东经营不善、要通过分家掩盖资金流向的说法也予以否认。查阅梁伟东在任董事长三年期间美达股份的财务数据显示,2008年,美达股份营收30.6亿元,净利润亏损1.5亿元,而2007年度的盈利则为3.4亿元;2009年,营收下滑至25.5亿元,但实现扭亏,为824万元;2010年,营收增至38.9亿元,盈利为9635.95万元;去年前三季度,盈利1.01亿元。不过,距离2008年金融危机前的盈利水平相距仍较远。①

关于此案众说纷纭,疑云满布,有待进一步调查。

股东内斗激化　暴力强抢公章

1. 梁伟东一抢公章

昔日的兄弟情义已经不复存在,天健集团股东纠纷已经达到白热化的状态。2011年11月11日18时,天健集团公司总公司全部员工下班后,梁伟东的所谓委托代理人吴锡聪带领一班人冲入公司办公室,强行将里面装有董事公章的保险柜抢走。② 后来,迫于多种压力,吴锡聪才将保险箱归还集团。

为此,两方开会商讨公章存放问题。据知情人士透露,最终确定的方案是购入新的保险箱,并将其焊入墙体,这样谁也搬不走,三大股东分别持有钥匙,少了一把都无法打开保险箱。由此带来的困境是,一旦一方不积极配合工作,公章就不能取用。

至于梁伟东为何要抢公章,有人解释称主要是梁伟东不满此前梁广义、梁少勋的委托人(两人的儿子)擅自从集团财务室拿走法人私章和董事私章的做法,

---

① 参见天相财富网 http://www.cf1234567.com/20120228/317799422.html,2012年7月11日访问。
② 参见南都网 http://gcontent.oeeee.com/f/3b/f3bd5ad57c8389a8/Blog/8e8/814d36.html,2012年7月11日访问。

而且此前两人还在公开场合宣布将转让部分股权,梁伟东等人担心自己的利益受损才拿走了公章。但这些说法都有待进一步考证。

2. 张崇彬二夺公章

2012年2月7日17时,据一位当时在场的工作人员称:"在梁广义与梁少勋被羁押后,其家属提出要以天健集团的名义办理取保候审,梁伟东就让我们带着保险箱的钥匙去拿公章,在申请取保候审的文件上盖章。但盖了章之后,梁瑞祥(梁少勋之子)拿起公章就走,我和另外一位工作人员都上去想拦住梁瑞祥,但都被挡了回来。"

"从此以后,天健集团的公章就处于张崇彬一方的私自保管下,张崇彬一方利用公章对当地政府部门、证监会大量发函,进行对梁伟东的举报。此前,美达股份董事会改选前,张崇彬一方就曾经向证监会发函,称梁伟东个人有未偿还的到期债务等问题,因而不适合担任上市公司董事长,梁伟东还因此接受了广东省证监局的约谈。"梁伟东的代理律师称。但张崇彬一方关于天健集团公章的归属问题却表态迥异,张崇彬表示,天健集团三方股东此前确实围绕着公章的归属问题产生了一些争端,但目前公章已经归还了。

双方各执一词,孰真孰假,旁观者无从定论。据梁伟东的代理律师介绍,在天健集团公章被张崇彬一方控制后,天健集团的业务近乎止步不前。一位接近天健集团内部的人士说:"据我们所知,自公章被强抢后,天健集团就再未对外签署一单合同。"

股东纠纷升级　天健摇摇欲坠

三大股东的纠纷带给天健集团的困扰还远不止业务的停滞不前,天健集团公章归属不明、集团面临解散诉讼的消息已为当地银行敲响了警钟。从4月起,因市场需求及原料影响,公司9条聚合生产线已停车2条,占比聚合总产能近10%。因进一步调低产能,4月上旬聚合开工率为70%左右,纺丝维持正常生产。如4月中下旬银行授信无法释放,5月份起,现有库存原料将无法满足正常连续生产。

梁伟东的代理律师称:"在股东纷争的影响下,目前广东地区的银行基本已经停止了对天健集团及下属子公司的贷款发放,部分银行甚至提出了提前还贷的要求。"美达股份的一位高管也证实了这一说法。"由于大股东的纠纷,上市公司融资确实遇到了一些阻碍,但具体影响现在还不好说。"该高管称。这对于现金流吃紧的美达股份绝非好消息。美达股份此前披露的2011年财务数据显示,其2011年前三季度单季经营活动产生的现金流量净额分别为-9995.28万元、-7480万元、-2929.33万元。截至2011年9月30日,美达股份经营活动产生的现金流净

额为 -2.04 亿元;投资活动产生的现金流净额为 -3035.82 万元;只有筹资活动带来了 1.28 亿元的现金流量净额,但其中借款取得的现金已达到 8.41 亿元。"上市公司由于财务透明,其能取得融资的方式反而受到了限制。上市公司的借款主要来源于银行借款、委托贷款等方式,如果银行中断了对其贷款,那么美达股份的财务状况会受到很大的挑战。"一位四大会计师事务所的工作人员称。[①]

梁伟东诉公司解散　天健前途未卜

随着矛盾愈演愈烈,梁伟东发现,如不启动法律程序解散天健集团,将会使天健集团公司、员工的合法权益以及他本人的合法股东权益受到严重的侵害,遂向法院提起了司法解散天健集团的诉求。

2012 年 2 月 17 日,新会区人民法院受理原告天健集团股东梁伟东诉被告广东天健实业集团有限公司、梁广义及梁少勋民事起诉状,其诉讼请求为:判决解散广东天健实业集团有限公司。根据 2005 年《公司法》第 183 条的规定,公司经营管理发生严重困难,继续存续会使股东利益受到重大损失,通过其他途径不能解决的,持有公司全部股东表决权 10% 以上的股东,可以请求人民法院解散公司。从目前天健集团各方股东反映出来的情况看,天健集团符合《公司法》的规定。

在向新会区法院提交的《民事起诉状》以及针对该案件的回复中,梁伟东称:"1. 本人是天健集团三位股东之一。股东梁少勋已将其所持股权全权委托给股东梁广义。在梁广义、梁少勋涉嫌经济犯罪被限制人身自由后,上述两位股东的亲属凭借对天健集团的绝对控股,完全无视天健集团和本人的合法权益,多次违法违规召开临时股东会议,强行通过多项有损天健集团公司利益及本人合法股东权益的决议。除此,上述两位股东的家属为了实现其不法目的,曾两度暴力抢夺天健集团公章,至今仍私自持有。且多次违反天健集团公章使用制度,私自盖章,并向外发布或签署有损天健集团公司利益及本人合法权益的文件。天健集团三位股东兼董事在合作过程中,因经营理念等产生巨大分歧,股东之间、董事之间离散、对抗,已丧失了最起码的信任,陷入权利对峙局面,相互合作的基础已荡然无存。天健集团目前陷入僵局,通过其他途径无法解决。本人与天健集团其他两位股东的合作信赖基础,已经丧失并无法挽救。且其他两位股东股权联合形成绝对控股权,对本人进行非法压迫。本人认为,如不启动法律程序解散天健集团,将会使天健集团公司、员工合法权益,以及本人合法股东权益受到更严重的侵害,遂向法院提起司法解散天健集团的诉求。2. 对于天健集团所持有的美达股份公司相

---

① 参见腾讯财经网 http://finance.qq.com/a/20120403/000330.htm,2012 年 7 月 11 日访问。

第十六章
公司解散纠纷

关股份,须经合法程序才能作出安排,目前尚未明确。"

作为梁广义、梁少勋的授权委托人张崇彬代表天健集团应诉,其回复主要内容如下:

"提起该公司解散纠纷诉讼的原告正是你方董事长梁伟东,一直极力主张解散作为美达股份大股东的天健集团的也是他。至于因本案造成对天健集团所持有的美达股份的股份以及美达股份正常经营运作带来的影响,相信作为美达股份董事长的梁伟东在提起解散纠纷诉讼时应有充分估量。我方作为被动的应诉方,对于是否解散是持否定态度,亦希望将本次公司解散纠纷诉讼的影响降至最低,以不影响旗下控股或者参股公司的经营为主导方针。但恐怕梁伟东作为起诉方与我方持相反意见,所以我方也很希望得知他关于对天健集团所持有的美达股份如何安排的意见,请你方收到他书面复函时提供一份给我公司。至于本案的情况,由于已经进入司法程序,我方将不再对外发表任何关于本案的意见,亦希望我公司股东梁伟东、美达股份董事会不要再对外发表任何意见,以免因舆论导向影响案件的审理。"

至此,三股东的纠纷已经陷入难以挽回的境地,如果法院判定公司解散,那么上市公司的实际控股人将发生变化。

董事会成员风波频起　第一临时股东大会无效

美达董事长梁伟东向法院提出司法解散天健集团后,三位股东的矛盾彻底爆发。2012年1月17日,在梁广义、梁少勋缺席的情况下,美达股份召开第六届董事会第23次会议,表决通过了《第七届董事会候选人名单的提案》,并发出通知于2月20日上午9点在公司206会议室召开"2012年第一届临时股东大会",选举新一届董事会成员。

但随后,有关美达股份新一届董事会成员的风波频起。2月14日,候选董事、原天健实业董事长助理张勇身亡。2月20日9点,美达股份206会议室里,股东代表已纷纷到来,但时至9点30分,董秘胡振华宣布股东大会"因突发情况"推迟。在9点45分董秘再次代表董事会宣布,由于董事会未能核实天健实业的授权委托代表人张崇彬的投票代表权,宣布股东大会取消。20日17点半,美达股份召开了2012年第一次临时股东大会。据美达股份的临时股东大会决议公告,股东大会的表决结果为,美达股份第七届董事会提名成员,仅有两名董事获得大股东的赞成票,其余董事与独董由于未获得超过半数赞成票而不能当选。公司表示,由于"董事会换届选举失败",按照公司章程,原董事仍应当依照法规履行董事职务。

事实上,2012年1月16日天健实业召开股东大会,罢免了梁伟东董事总经理身份,并选举了新的管理团队。这恰好是美达股份召开董事会表决第七届董事会成员候选人的前一天。据天健集团一核心人士透露,之所以发生董事会选举失败的事情,是因为拥有提名权的天健集团的提名名单中,梁广义和梁少勋一方应占的六人名额在上市公司公告中仅剩两人。"天健提交的名单最终由美达股份的董事会定夺,而美达在任的董事长是梁伟东",这很容易让人将前后一天发生的事情联系在一起:代表天健前来参加美达董事会的人,已将目标锁定美达董事长之位,而梁伟东能够实现阻击的,就是让天健另外两大股东控制的董事席位降到最低,避免换届选举时被"下课"。据一位参加了当天股东会的人士透露,2月15日天健董事会决定由张崇彬代表天健参加美达大会,他实际代表着美达20.23%的股份,于是在投票时直接压倒了其他八名独立股东,而其他八位与会股东在选举梁宗强和梁瑞伦之外的候选董事时也出现了反对或弃权的情形,于是出现了仅选出两名董事的窘局。①

临时股东大会再次无效　美达董事会陷入瘫痪

由于第一次临时股东大会以失败告终,根据美达公司章程,需在两个月内召开股东大会重新换届,第二次临时股东大会于2012年4月16日上午10点再次召开。10点10分左右,据当时在场的一名工作人员称,"听到二楼会议室发生嘈杂的争吵声,接着看到一名身着白色衬衫的男士下楼。此人正是天健集团大股东梁少勋和梁广义的授权代理人张崇彬。"

据张崇彬介绍,在他向会议工作人员递交授权委托书和持股证明之时,这两份材料突然被人从工作人员手中抢走,此人边走还边对其声称:"把公章拿回来就把这两个东西给你!"②而抢走材料的人正是美达股份董事长梁伟东的姐夫吴锡聪。在美达股份当晚的公告中,也描述了当时的情景,"会议报到时,张崇彬在拿出会议报到资料准备交给会务组时,被一位不明身份人士拿走。该人士对张崇彬说:'你把公章还来,我就把文件还给你。'后经核实,该人士为天健集团另一股东的授权委托人。张崇彬被拿走的文件,工作人员和律师没法看见内容。除现场张当场拿出一份空白授权委托书填写外,另外,张向会务组展示了内容为授权律师参加股东大会的文件,但未向大会提交该两份授权委托书。另外,天健集团在股

---

① 参见南方报网 http://epaper.nfdaily.cn/html/2012-02/28/content7061145.htm,2012年7月11日访问。
② 参见凤凰网 http://finance.ifeng.com/stock/ssgs/20120417/5948325.shtml,2012年7月11日访问。

东大会召开前,没有进行会议登记。"

据悉,对于张崇彬授权委托书和持股证明被抢,在场保安并没有采取相关制止措施。更令人不可思议的是,此突发事件发生后,美达股份股东大会仍然照常召开,并进行了投票和宣布决议。而证监会《上市公司股东大会规则》第22条规定:"董事会和其他召集人应当采取必要措施,保证股东大会的正常秩序。对于干扰股东大会、寻衅滋事和侵犯股东合法权益的行为,应当采取措施加以制止并及时报告有关部门查处。"

对此,美达股份在公告中回应:"对股东大会出现意外情况,因当事双方行为温和,平静地将资料带离会场,董事会亦无法得知资料的详细内容,现场维持秩序人员没有干预。"但因为可能有股东因为大会召集人不能有效维持会议现场秩序而不能出席会议,可能影响会议表决结果,不能确保会议表决结果的公正性和合法性,所以,本次会议决议不合法,是无效的。因此,这次董事会换届选举又告失败。

天健集团内部矛盾已经严重影响公司的经营。如果矛盾继续恶化,天健集团三位股东或将把自己白手起家倾心建立起来的产业耗尽,那时,任何的妥协都将失去意义。根据目前的公告,美达股份计划在2012年6月15日召开第三次临时股东大会。

一纸裁决定乾坤　梁广义成为实际控制人

天健分家历时快要一年,天健股东纠纷事件发生了大逆转。2012年5月13日,梁少勋突然变卦,宣布撤销与梁广义签订的《股权委托合同》,此撤销程序经江门市新会区公证处公证。随后,梁少勋又在公证部门的见证下与梁伟东签订《股权委托合同》,将其享有的天健集团、美达股份等应占有公司或企业的全部股权,委托梁伟东行使股东权利义务。在梁伟东上位之后,梁广义迅速申请了仲裁。

正当众人以为梁伟东将重掌天健大权时,5月29日,中国国际贸易仲裁委员会华南分会的《裁决书》彻底扭转了局面。《裁决书》裁决,梁广义与梁少勋于2011年7月20日签署的《股权转让协议书》、张崇彬代表梁广义与梁瑞伦代表梁少勋于2011年12月25日签署的《〈股权转让协议书〉补充协议》、张崇彬代表梁广义与梁瑞伦代表梁少勋于2012年4月24日签署的《〈股权转让协议书〉补充协议二》、张崇彬代表梁广义与梁瑞伦代表梁少勋于2012年5月8日签署的《和解协议》均为真实存在的书面协议,具有法律效力。裁决书确认自2011年7月20日起,梁广义有权行使天健集团66.67%的股权的股东权利,该权利是不可撤销的。根据裁决书,梁少勋无权撤销对梁广义的委托。此结论亦获美达股份方面聘请的律师认可。至此,天健集团股东纠纷案仿佛有了一个完满的结局,殊不知,此案背后尚存玄机。

峰回路转　梁伟东重掌大局

就在梁广义夺回天健控股权仅仅三天内,其实际控制人的地位又被梁伟东取代!原来,剑拔弩张的两人已于2012年6月7日签订《析产总协议》。据此,梁伟东将以0元的成本获得天健集团剩余66.67%的股权,持股比例上升至100%,成为美达股份的实际控制人;梁广义则将获得除美达股份、天昌投资、江西晶安之外的天健集团剩余资产;双方从此分道扬镳、互不干涉。"分家"协议的签订,将确保美达股份股东大会在6月15日顺利举行;如果不出意外,此将成为美达股份内乱的"大结局"。

该《析产总协议》涉及美达股份的相关内容,主要有如下几个方面:

双方决定对彼此直接在天健集团所享有的权益,以及间接在天健广场、美达股份、江门船厂、江门重工、天健家具、天健实业、佩斯光电、江西晶安、美森木业、天行健投资、天昌投资、香港项目权益、其他财产权益所享有的权益,进行分配。梁广义方面将获得除美达股份、江西晶安、天昌投资之外的所有天健集团资产和权益,在这些资产过户完成的同时,他会将其持有的天健集团66.67%股权以0元的价格转让给梁伟东。此外,梁广义还同意在股东大会上以天健集团的名义对美达股份推举的七名董事投赞成票。如果梁伟东顺利当选董事,梁广义将要求已当选、代表自己的两名董事推举梁伟东成为美达股份的董事长。随后,双方将成立专项工作组开展财产分配工作,自此各自经营,互不干涉。

《析产总协议》的签订,意味着天健集团的股东纠纷落下帷幕,最终,梁伟东将成为天健集团以及美达股份的实际控制人。事件的突然"峰回路转",或是迫于政府及监管机构的压力。天健集团股东"内讧"一事,令美达股份董事会换届工作迟迟不能完成,引起当地政府部门及深交所、广东证监局的高度重视。目前距离美达股份临时股东会召开还剩一周时间,美达股份在此之前若仍不能结束混乱局面,显然不是各方愿意看到的结果。

公司公告称,江门市公安局决定对梁广义、梁少勋、梁伟东涉嫌挪用资金案立案侦查。而就在6月11日,该挪用资金案也告结束。根据江门市公安局4月18日出具的《起诉意见书》,2005年上半年,天健集团三位股东梁广义、梁少勋、梁伟东商定由梁广义负责具体筹集资金,参与竞拍江门中院拍卖的1500万股美达股份的股票。经美达股份核查,上述被挪用资金1700万元,分别于2005年7月20日及2005年8月1日已全部退回。2005年4月28日,天健集团以新力公司名义

第十六章

公司解散纠纷

将上述1700万元中的1590万元用于竞拍购买美达股份1500万股股票。尽管化解公司僵局出现了曙光,但是一桩挪用资金案的定性又使美达股份头上笼罩一片阴霾。

第三次临时股东大会顺利召开　董事会换届完成①

2012年6月15日下午两点半,美达股份第三次临时股东会如期召开。由于天健集团的分家协议日前达成,此次股东会再没有出现前两次的尴尬局面,新一届董事会也终于出炉。在随后召开的第一届董事会上,梁伟东如愿当选为美达股份的董事长。

阴霾散去,令这一次的美达股份股东会现场气氛不再紧张,显得相当平静,会议现场也布置得井井有条。会议召开前两分钟,代表天健集团的张崇彬,到会议室门口处与会务人员略作接触后就匆匆离去,并未参加股东会。美达股份公告的投票结果表明,天健集团以网络的方式进行了投票。

美达股份公告显示,出席本次股东会议的股东(代理人)共248人,其中,通过网络方式投票的股东242人,表决股份1.02亿股;现场表决方式投票的股东6人,表决股份22,070股。梁伟东的投票通过率为93.29%,获得通过。郭敏、郭亚雄、徐东华、李汉国4位董事候选人也以92%以上的投票获得通过。加上第一次临时股东会获得通过的梁宗强、梁瑞伦,美达股份新一届董事会正式成立,共7人。

大局既定,使得主持会议的梁伟东显得较为轻松。蹊跷之处在于,梁金安和李龙俊的投票通过率仅12.49%、12.64%,从而未能领到进入新一届董事会的"门票"。查阅一周前美达股份公告,梁广义与梁伟东签订天健集团析产协议时承诺,同意对梁伟东以及郭敏、李汉国、郭亚雄、徐东华5人投赞成票,独未提及梁金安和李龙俊。据了解,天健集团认为此二人不合适当选为公司董事,在与梁伟东商议后决定投下反对票,其后可能会再增补两名认为合适的董事会成员。

此外,根据梁广义与梁伟东的分家协议,天健集团析产之后,梁宗强、梁瑞伦(分别为梁广义与梁少勋之子)实际上与美达股份并没有太多的关联,但由于两人董事提名早先获得股东会通过,仍留任于新一届董事会。不过,两者角色已被"边缘化",美达股份公告显示,新一届董事会的第一次董事会上,两人均有出席,但在选举出来的董事会各专业委员会成员名单之中皆出局。

---

① 参见东方财富网 http://finance.eastmoney.com/news/1349, 20120616211364285.html, 2012年7月11日访问。

美达股份相关责任人被检察院提起公诉①

2012年8月6日晚,美达股份发布公告称,大股东天健集团及梁广义、梁伟东、梁少勋三高管被以单位行贿罪、挪用资金罪起诉。记者查阅起诉书发现,此案缘由均与2002年初竞拍获得美达股份法人股有关,为了筹资购股,天健集团向某银行行长行贿4000万元,违规获得1.7亿元贷款。

起诉书显示,天健集团2002年8月拍得美达股份8181.8182万法人股后,因资金紧张向某国有银行的江门分行行长林建忠(另案处理)提出帮忙贷款购买上述股票,并承诺将天健集团所持有的美达股份利润的20%给予林建忠。当年10月份,林建忠违规向天健集团放贷1.7亿元,该笔巨款大部分用于购买美达股份的法人股。

为了兑现承诺,天健集团分别于2003年8月及2005年4月,以其全资子公司江门市新会天健投资有限公司、江门市新力投资有限公司(以下简称新力投资)的名义购买得美达股份3000万法人股。2005年5月,梁广义(天健集团法人、董事长,美达股份原法人、董事长)、梁伟东(天健集团董事、总经理、美达股份法人、董事长)、梁少勋(天健集团副董事长、美达股份董事)与林建忠还共同签署书面承诺书,约定天健集团所持有的美达股份利润的20%属于林建忠。2007年5月,天健集团抛售这3000万股套现后,从中提取了4000万元行贿林建忠。

此外,起诉书还显示,新力投资用于购买美达股份股票的资金也大多来自于梁广义、梁伟东的挪用。二人在担任美达股份董事长、德华公司法定代表人期间,利用职务便利将德华公司的1700万元转至新力投资,其中1590万元购买了美达股份1500万股。

美达股份及董事长遭证监会立案调查②

2012年8月30日晚,美达股份发布公告称,公司及公司董事长梁伟东于8月30日分别收到中国证监会下发的调查通知书各一份,内容均因涉及违反有关证券法规,被立案调查。

公告显示,证监会对美达股份的调查通知书称:"因你公司涉嫌未依法披露董事长被采取强制措施和实际控制人控制公司的情况发生较大变化,根据《中华人民共和国证券法》的有关规定,我会决定对你公司立案调查,请予以配合。"

---

① 参见凤凰网 http://finance.ifeng.com/roll/20120807/6881097.shtml,2012年12月10日访问。

② 参见中证网 http://www.cs.com.cn/ssgs/gsxw/201208/t20120830 3499569.html,2012年12月10日访问。

证监会对梁伟东的调查通知书称:"因你涉嫌违反证券信息披露有关法律法规规定,根据《中华人民共和国证券法》的有关规定,我会决定对你立案调查,请予以配合。"

美达股份称,本次调查的对象为公司及公司董事长梁伟东,公司将根据监管部门的要求,全力配合调查工作,并及时履行信息披露义务。

股东大会出乱子 美达股份被深交所谴责[①]

2012年9月10日,深交所发出公告,对美达股份及相关当事人给予公开谴责处分。据深交所公告显示,美达股份于2012年4月16日召开2012年第二次临时股东大会时发生一名拟参会人员报到资料被抢事件。当日,作为股东大会召集人的美达股份董事会未采取必要措施保证股东大会正常秩序,导致当事人员未能以股东或股东代理人身份参加该次股东大会。随后,美达股份在4月17日刊登的股东大会决议公告及法律意见书中披露称,可能有股东因为大会召集人不能有效维持会议现场秩序而不能出席会议,可能影响会议表决结果,不能确保会议表决结果的公正性和合法性,决定将会议决议视为无效。

公告称,美达股份上述行为违反中国证监会《上市公司股东大会规则》及深交所《股票上市规则》(2008年修订)的有关规定。同时,美达股份董事长梁伟东未能恪尽职守、履行忠实勤勉义务,对违规行为负有重要责任。按照有关规定,深交所对美达股份及董事长梁伟东作出给予公开谴责的处分;同时将上述处分记入深交所上市公司诚信档案。

解散诉讼调解未果

2012年10月31日,美达股份公告披露,新会区人民法院定于2012年11月22日开庭审理天健集团公司解散纠纷案[(2012)新法民二初字第213号]。

2012年11月22日下午,江门市新会区人民法院对天健集团公司解散纠纷案进行了第一次开庭审理。根据相关法律、司法解释的规定,法庭对该案安排了为期两个月的调解期间。第一次庭审结束至2012年11月29日止,双方尚未就案件的和解事宜进行面谈协商,法庭亦尚未召集双方到庭调解。

律师观点:

一桩股东纠纷引起的公司解散案件,发人深思。天健公司分家案件耗时接近一年,于公司、于社会都造成了很大的影响,这不得不引起我们的反思。如何化解

---

① 参见中证网 http://www.cs.com.cn/sylm/jsbd/201209/t201209093570441.html,2012年12月10日访问。

股东之间的纠纷,强化公司的治理,也是我们亟待解决的问题。

1. 完善公司章程,明确公司僵局的退出机制。

《公司法》第182条对于公司僵局的处理有明确的规定,但综观本案的始末,通过解散之诉处理公司僵局对公司有毁灭性的影响。在实践中可以通过以下两种途径来避免公司僵局的产生:首先,通过股权回购的方式使公司继续存续,这在本案中有所体现。其次,完善公司章程,对实践中可能出现的公司僵局在章程中明确约定,通过对股东纠纷的事前救济,防止股东纠纷的升级和恶化。

2. 优化股权结构,建立"防火墙"。

天健集团分家案中三名股东均分天下的情况在实践中较多见。针对这种情况,建议在主营业务公司下设立代持股公司,由代持股公司解决股东之间的纠纷,将其作为一道防火墙,防止主营业务公司因股东纠纷而受到重创。

3. 和为贵。

本案说明,股东纠纷往往是一案带多案,旷日持久,甚至交织着着刑事责任,严重影响公司经营,损害各方股东的利益。无论谁胜谁负,最终均无赢家。通过诉讼解决股东纠纷仅仅是手段之一,最终的解决仍需各方理性的妥协。

【案例391】公司正常经营但决策机制失灵 股东请求法院解散公司获支持[①]

原告:林方清

被告:凯莱公司

第三人:戴小明

诉讼请求:请求法院依法解散被告。

争议焦点:

1. 被告目前经营正常,但因原告与第三人两位股东存在矛盾,多年没有召开过股东会,无法形成有效表决,该种情况是否视为公司经营管理出现严重困难,原告是否可以此为由请求法院解散被告。

2. 2006年起,原告曾多次提议召开股东会,但未得到第三人的同意,之后,原告作出决议解散被告,并要求第三人提供财务账册等资料,也遭拒绝,期间第三方也多次进行调解,但均未成功,是否可认为被告的僵局通过其他途径长期无法解决。

---

① 参见江苏省高级人民法院(2010)苏商终字第0043号民事判决书。

第十六章

公司解散纠纷

基本案情：

被告成立于2002年1月，原告与第三人系该公司股东，各占50%的股份，第三人任公司法定代表人及执行董事，原告任公司总经理兼公司监事。

2006年起，原告与第三人两人之间的矛盾逐渐显现。同年5月9日，原告提议并通知召开股东会，由于第三人认为原告没有召集会议的权利，会议未能召开。

在此期间，原告先后五次委托律师向被告和第三人发函称，因股东权益受到严重侵害，原告作为享有公司股东会二分之一表决权的股东，已按公司章程规定的程序表决并通过了解散被告的决议，要求第三人提供被告的财务账册等资料，并对被告进行清算。第三人回函称，原告作出的股东会决议没有合法依据，第三人不同意解散公司，并要求原告交出公司财务资料。

此后，原告曾两次向被告和第三人发函，要求被告和第三人提供公司财务账册等供其查阅、分配公司收入、解散公司。

从2006年6月1日至今，被告未召开过股东会。江苏常熟服装城管理委员会（以下简称服装城管委会）证明被告目前经营尚正常，且于2009年12月15日、16日两次组织双方进行调解，但均未成功。

原告诉称：

被告经营管理发生严重困难，陷入公司僵局且无法通过其他方法解决，其权益遭受重大损害，请求解散被告。

被告辩称：

被告及其下属分公司运营状态良好，不符合公司解散的条件，第三人与原告的矛盾有其他解决途径，不应通过司法程序强制解散公司。

第三人述称同被告辩称。

律师观点：

1. 被告的经营管理已发生严重困难。

根据《公司法》第182条和《最高人民法院关于适用〈中华人民共和国公司法〉若干问题的规定（二）》第1条的规定，判断公司的经营管理是否出现严重困难，应当从公司的股东会、董事会或执行董事及监事会或监事的运行现状进行综合分析。"公司经营管理发生严重困难"的侧重点在于公司管理方面存有严重内部障碍，如股东会机制失灵、无法就公司的经营管理进行决策，不应片面理解为公司资金缺乏、严重亏损等经营性困难。

本案中，被告仅有第三人与原告两名股东，两人各占50%的股份，被告章程规定"股东会的决议须经代表二分之一以上表决权的股东通过"，且各方当事人一致认可该"二分之一以上"不包括本数。因此，只要两名股东的意见存有分歧、互不配合，就无法形成有效表决，显然影响公司的运营。

被告已持续四年未召开股东会，无法形成有效股东会决议，也就无法通过股东会决议的方式管理公司，股东会机制已经失灵。执行董事第三人作为互有矛盾的两名股东之一，其管理公司的行为，已无法贯彻股东会的决议。原告作为公司监事不能正常行使监事职权，无法发挥监督作用。由于被告的内部机制已无法正常运行、无法对公司的经营作出决策，即使尚未处于亏损状况，也不能改变该公司的经营管理已发生严重困难的事实。

2. 被告的僵局通过其他途径长期无法解决。

由于被告的内部运营机制早已失灵，原告的股东权、监事权长期处于无法行使的状态，其投资被告的目的无法实现，利益受到重大损失，且被告的僵局通过其他途径长期无法解决。《最高人民法院关于适用〈中华人民共和国公司法〉若干问题的规定（二）》第5条明确规定"当事人不能协商一致使公司存续的，人民法院应当及时判决"。

本案中，原告在提起公司解散诉讼之前，已通过其他途径试图化解与第三人之间的矛盾，服装城管委会也曾组织双方当事人调解，但双方仍不能达成一致意见。两审法院也基于慎用司法手段强制解散公司的考虑，积极进行调解，但均未成功。

3. 原告符合提起公司解散诉讼的主体条件。

原告持有被告50%的股份，也符合公司法关于提起公司解散诉讼的股东须持有公司10%以上股份的条件。从充分保护股东合法权益、合理规范公司理结构、促进市场经济健康有序发展的角度出发，应当支持原告请求解散被告的诉讼请求。

法院判决：

解散被告。

1109. 如何理解"公司持续两年以上无法召开股东会"？持续两年的时间如何计算？

"公司持续两年以上无法召开股东会"作如下理解：

（1）时间间隔为两年以上，公司股东（大）会是各方股东利益交流的平台，由于其审议事项的重要性、利益代表的广泛性等原因，短时间或偶尔无法正常召开和不能作出有效决议的情形是难免的，这种短时间的或偶然性的运行困境应该属于公司的正常状态,不能因为公司股东(大)会短时间不能作出有效决议而认定其构成僵局,但是,如果股东(大)会长时间无法召开会议或者不能作出有效决议则显然构成公司僵局状态。对此,《公司法》及其司法解释给出的期限是两年。

(2)状态必须是持续的,即在两年以上的期间内应召开而无法召开任何一次股东(大)会或者没有作出任何一项有效的股东(大)会决议。如果在此期间内召开了股东会或者通过了有效的决议,哪怕是一次不重要的会议或者是一项不重要的决议,均会使这一期间中断,而不构成僵局的认定条件。

"持续两年以上",应以公司的定期股东会和临时股东会均无法持续召开来计算,当然,如果公司章程对股东会的召开有约定期限的,则应以此期限为准。

1110. 如果股东(大)会瘫痪而董事会运行正常,或者董事会发生瘫痪而股东(大)会运行正常,能否直接认定公司经营管理发生严重困难?

不能。不论是股东(大)会瘫痪,还是董事会发生瘫痪,必须是导致公司经营管理发生严重困难的,才真正符合解散公司的要求。因为在公司的实际运行中,可能只要一个机构正常,尤其是像大型股份公司的董事会运行正常时,就能基本保证公司正常的经营管理,所以此时即使股东会发生瘫痪,公司的经营管理可能并不会发生严重困难。

1111. 如何理解在公司处于僵局时会对"股东利益造成重大损失"?

这里所说的重大损失不是指个别股东利益受到损失,而是指由于公司瘫痪导致公司无法经营造成的全体出资者利益的损失。值得注意的是,如果公司僵局的持续时间很短,或者僵局尚未或未必造成股东利益的重大损失,则股东可以选择其他救济途径。关于这一点,股东提供证据证明的难度较大,主要依赖法官的自由裁量权。因为是对公司未来发展情况的预计,法官主要是根据现有的证据判断将来可能发生的情况,如公司现在签订的合同未履行的情况,公司签订的类似合同已履行情况及对受害股东的影响。法官判断是否构成"继续存续会使股东利益受到重大损失"通常也会看是否会因为公司资产不断减损导致股东的投资遭受不应发生或本可避免的重大亏损。

1112. 如何判定"通过其他途径不能解决"的公司解散条件?

"通过其他途径不能解决"是请求法院解散公司的前置条件,股东穷尽了所有途径都不能扭转公司的局面。司法实践中,以争议股东之间是否通过股东大会、董事会协商解决、股权转让、提起各类相关的公司纠纷案由保障权益,以及已经穷尽了除请求法院解散公司之外的所有救济途径,仍无法协商解决作为判断标准。

审理中,法院会切实审查"通过其他途径"解决公司经营管理困境的现实可能性。法院需进行必要的司法调解,要在最广泛的层面上,全方位地找寻扭转公司经营和管理困境的其他途径,客观评定通过其他途径对于解决公司经营管理困境的现实性。只有在公司确实无法走出管理僵局和经营困境时,才可以判决解散公司。

【案例392】未穷尽僵局解决途径 请求解散公司被驳回①

原告:郝亚兰

被告:先见公司

第三人:李显勇、李才浦、尹卫华、孙晓春

诉讼请求:判令解散被告。

争议焦点:

1. 被告是否能够举证证明原告出资存在瑕疵;如果原告出资存在瑕疵,是否影响其以股东身份提起解散公司诉讼。

2. 能否通过行使知情权、请求回购或转让股权的方式来解决公司的经营僵局,是否符合"通过其他途径不能解决"的情形。

基本案情:

2000年9月,原告与四位第三人共同出资人民币350万元,依法组建了被告。其中,原告出资175万元,占50%的股权;第三人李显勇出资157万元,持有45%的股权;第三人李才浦出资10万元,持有2.8%的股权;第三人尹卫华和第三人孙晓春各出资4万元,分别持有1.1%的股权。

自被告设立以来,公司董事长(法定代表人)一直由第三人李显勇担任。被告的公章、财务章和法定代表人印鉴在2004年4月5日以前由第三人孙晓春保管,之后交由第三人尹卫华保管。

被告自成立以来,较少从事工商登记经营范围内的经营行为,主要收入来源于成都药业公司股份的分红所得。

原告诉称:

被告自2000年9月登记设立后,除在2004年1月、7月召开过两次股东会,决定公司要依法运作之外,从2004年7月至今,再没有成功召开过股东会和董事会,也未向股东通报公司的经营情况和分红等财务报表。在此期间,被告作为成

---

① 参见四川省成都市中级人民法院(2008)成民终字第4021号民事判决书。

都药业公司的股东,曾四次从成都药业公司分得大量红利款,原告曾几次要求被告及其法定代表人第三人李显勇提供财务报表,说明公司的经营情况和红利等资金使用情况,并召开股东会和董事会,但被告始终置之不理。

被告辩称:

目前被告运营正常,不存在原告所述的管理僵局等情况,更不需要通过司法程序来强制解散公司,原告并未举证被告继续存续将会给其造成何种损失。

第三人均未作陈述。

案件审理过程中,一审法院多次提议通过调解方式解决原告与四名第三人之间的问题均未果。

一审认为:

2005年《公司法》第183条规定,公司经营发生严重困难,继续存续会使股东利益受到重大损失,通过其他途径不能解决,持有公司全部股东表决权10%以上的股东,可以申请法院解散公司。最高人民法院法释〔2008〕6号第1条规定,单独或者合计持有公司全部股东表决权10%以上的股东,以下列事由之一提起解散公司诉讼,并符合2005年《公司法》第183条规定的,人民法院应予受理:

(1)公司持续两年以上无法召开股东会或者股东大会,公司经营管理发生严重困难的;

(2)股东表决时无法达到法定或者公司章程规定的比例,持续两年以上不能作出有效的股东会或者股东大会决议,公司经营管理发生严重困难的;

(3)公司董事长期冲突,且无法通过股东会或者股东大会解决,公司经营管理发生严重困难的……

也就是说,当股东利益、公司利益和公共利益受到严重威胁和损害而难以恢复时,股东可请求解散公司。严重威胁和损害的具体情形包括:

(1)公司僵局,包括股东会僵局和董事会僵局;

(2)股东遭受不公正行为侵害等情形。

在上述情况下,股东可基于公共利益的理由解散公司。

本案中,被告股东会、董事会长期陷入僵局,从2004年7月至今,长达四年没有成功召开过股东会和董事会,股东或董事表决时也无法达到法定或者公司章程规定的比例,不能作出有效的决议,公司经营管理发生严重困难。

原告、第三人李显勇等董事对于公司的经营和红利等资金使用情况长期存在分歧和冲突,一直也无法通过股东大会来解决,公司长期这样存续下去股东利益会受到重大损失。

法院多次提议通过调解方式解决各股东之间的问题,但终因各方意见分歧过大且相互埋怨而拒绝调解解决纠纷,原告与第三人李显勇之间已经丧失了最起码的信任,相互合作的基础已经完全破裂,体现有限责任公司人合性基本要素也不再存续。故原告请求解散被告的诉讼主张有相应的事实和法律依据,原审法院予以支持。

一审判决:

判决解散被告。

被告不服一审判决,向上级人民法院提起上诉。

被告上诉称:

1. 原审认定事实不清,从被告成立至今,原告从未履行出资175万元的义务,虽然在工商登记中记载有原告的姓名及出资额度,但根据2007年12月16日四川玉峰会计师事务所作出的审计报告,被告设立时用于注册的资本350万元均是四川绿波高新技术研究所以股权作抵押借成都鼎年实业股份有限公司工会的款项转入,公司成立后第三天立即抽出350万元归还了该笔借款。2004年7月17日被告股东会纪要进一步明确了这一事实。

2. 原审判决对被告经营管理状况作出了与事实相反的认定,被告从设立起至2004年4月一直由原告的丈夫邵某把持、掌控,2004年4月第三人李显勇接手管理公司后,公司逐渐走入正轨,开展了临床医学、药品、生物技术产品的研究、技术咨询等经营活动,并先后多次召开股东会、董事会,公司经营管理正常,且正在健康发展,不符合《公司法》(2005年修订)第183条和最高人民法院法释〔2008〕6号第1条规定的解散公司的情形,因此原审法院在事实不清,证据不足的情况下作出的解散被告的错误判决应当予以纠正。

原告二审辩称:

原审判决认定事实清楚,证据确实充分。

1. 原告出资175万元,占被告50%股权的事实,有工商档案等大量证据为证,且在被告成立至原告提起诉讼,被告从未质疑过原告的股东身份,因此原告作为被告第一大股东依法起诉要求解散公司,完全符合法定诉讼主体资格和条件。

2. 根据原审查明的事实,从2004年4月以后,被告没有召开股东会,巨额投资分红不知所向,公司管理一片混乱,在诉讼过程中,被告部分股东擅自召开股东会,宣布取消原告在公司的一切职务,这一系列违反《公司法》、公然侵犯股东权益,非法操纵管理公司的行为,足以说明出现了无法挽回的公司僵局。在原审过程中,法院多次组织各方进行调解,原告也提出了股份置换的和解方案,但由于各方意见分歧较大未能成功,这足以说明被告人合因素完全对立不可调和,原审法院据此作出解散公司的判决,完全符合客观事实和法律规定。

第三人二审均未作陈述。

律师观点:

1. 瑕疵出资不影响股东提起请求公司解散纠纷之诉的权利。

根据《公司法》的规定,股东未足额缴纳出资,应继续履行出资义务并向其他股东承担违约责任,因此股东出资存在瑕疵的后果是股东应承担相应法律责任,并不必然导致股东资格被否定,也不影响股东各项权利的行使。且在本案中,被告章程及工商登记中载明原告出资额为175万元,持股比例为50%,上述记载内容不仅是确定股东权利义务的主要根据,也是相对人据以判断公司股东的依据,具有对外公示效力,原告作为持有被告表决权10%以上的股东,有权依据规定提起解散公司之诉。

2. 关于被告是否符合公司解散法定条件的问题。

公司解散纠纷系股东在公司经营出现僵局时提起解散公司申请而引发,其设定目的在于弱势股东穷尽公司内部的救济手段后,运用司法手段调整失衡的利益关系。由此可见,《公司法》的立法本意是希望公司通过公司自治等方式解决股东之间的僵局状态,"通过其他途径不能解决"是股东请求解散公司的必要前置性条件,只有在穷尽一切可能的救济手段仍不能化解公司僵局时,才赋予股东通过司法程序强制解散公司的权利。

本案中,虽然被告持续四年之久未成功召开股东会和董事会,股东之间失去了对话协商和信任的基础,致使公司运行管理发生困难,从表面上看符合股东会僵局的特征,但公司解散并非解决这一僵局的唯一途径,原告作为持有被告50%股权的大股东,本可依据章程和《公司法》第40条第3款的规定提议召开临时会议,化解股东会僵局状态,也可向公司要求给予财务会计报告以及会计账簿等进行查阅,依照法律和章程行使相应的股东知情权,还可通过要求公司或者控制股东收购股份,甚至向股东以外的其他人转让股权的方式退出公司,彻底解决股东之间长期存在的分歧和冲突。

由此可见,现行《公司法》已对股东各项权益保护予以充分的制度规制,原告在参与公司经营决策及享有资产受益等股东权利无法实现时,应当且可以通过其他合法途径予以救济,而不能以此为由请求法院判决解散公司。鉴于本案中原告未举证证明已经穷尽了内部的救济手段,也不能证明公司目前存在的僵局通过其他途径不能解决,其要求解散被告的主张不符合《公司法》的规定。

二审判决:

1. 撤销一审判决;
2. 驳回原告诉讼请求。

【案例393】穷尽途径僵局依然　请求解散公司获支持①

原告: 城建公司

被告: 祝融公司

第三人: 蓝辉集团、华闻公司、苏特尔、周华玲、张国茹、秦次森、李瑞华、张今朝

诉讼请求: 解散被告。

争议焦点: 原告及八位第三人就原告及第三人华闻公司退出达成的股东会决议无法执行,是否意味着被告的管理僵局已无法通过除解散外的其他方式解决。

基本案情:

1996年2月1日,原告及八位第三人作为股东共同出资设立被告,公司性质为有限责任公司。第三人蓝辉集团出资36万元,原告出资25万元,第三人华闻公司出资25万元,第三人苏特尔公司出资8万元,第三人周华玲出资1万元,第三人张国茹出资1万元,第三人秦次森出资2万元,第三人李瑞华出资1万元,第三人张今朝出资1万元。

被告成立后多年未召开股东会和分红。原告、第三人华闻公司等股东遂提出转让自己在被告的股权。2008年3月26日,所有股东就此召开了特别股东会,并形成了会议纪要。该会议纪要约定:

原告和第三人华闻公司愿意对其所持有的被告股权以原始价格出让。第三人蓝辉集团有意向受让其他股东所持的出资额,但提出应以评估价格为受让依据。经过协商,与会股东一致同意由原告推荐并经各股东认可的会计师事务所(须为北京市国资委指定单位)对被告资产进行审计和评估,评估结果作为转让(受让)的参考,在此基础上共同协商转让(受让)价格,如协商一致,按照相关程序进行转让。

会后,原告提出评估时间点为2008年3月31日,审计、评估费由各股东均摊,审计、评估完成时间为2008年4月之前,但因各股东未能达成一致意见,致上述会议约定无法实际履行,原告的相关股权亦无法实现转让。

---

① 参见北京市第二中级人民法院(2009)二中民终字第05642号民事判决书。

原告诉称：

被告由第一大股东第三人蓝辉集团独家经营管理，由于被告自设立至今未依规定召开股东会，第三人蓝辉集团也拒绝公布经营状况；且被告自设立至今，11年从未分红，现已连续5年以上亏损；而原告无法正常出让股权，股权置换也无法实施。

被告辩称：

被告成立后开过很多次股东会议，只是后来有几年没有召开股东会。

被告一直在正常经营，也有很多的工人，包括下岗工人和外地务工人员。只不过2008年情况不是很好，因为奥运会，工程少了一些，工人都是按时发工资，固定的职工有20人左右，还有临时雇用的施工队，能自己生存。对于原告要求解散被告的请求，作为经营者来说不能同意。解散以后的安置问题很困难，被告虽然经营状况不是很好，给股东回报少，但是过了奥运会应该好一些。

第三人蓝辉集团述称：

公司目前还是可以正常的经营，像原告说的给股东造成更大的损失这种说法是不可能发生的，如果按照原告说的强行解散，对人员安置、社会稳定不利，几十万元谁来出，不同意原告解散公司的请求。如果解散了个人的投资就一点没有希望。后来在座的股东开了一个股东会，基本的意向是做一个评估，然后买下原告的股权。

第三人华闻公司述称：

我们也是多年没有享有股东的权益，现在人民日报社的企业要求所属公司投资都要撤出，上级单位给我们的任务是不允许参加相关的经营活动，商议以后如果公司可以存活我们就把我们的股份转让出去，如果没人接，我们就坚持退出支持清算。我们把我们的25%股权也转让出去。我们达成了转让股份的初步意向。现在不同意公司解散，愿意其他的股东收购我们的股份。

第三人苏特尔公司述称：

我们公司不同意解散。其他的意见就没有了，我们与被告有比较多的接触，我们认为被告还有存活的可能。

第三人李瑞华述称：

同意原告的请求。能协商转让就协商转让，不能转让就解散公司进行清算。

第三人周华玲、张国茹、秦次森、张今朝未作陈述。

律师观点：

人民法院受理和判决解散公司的条件是，公司存在经营管理发生严重困难，继续存续会使股东利益受到重大损失，通过其他途径不能解决的时候，持有公司全部股东表决权10%以上的股东请求。

1. 原告持有公司全部股东表决权25%,符合股东条件的要求。

被告注册资本为100万元,原告出资25万元,且被告章程中第10条约定,"股东会会议由股东按照出资比例行使表决权",故城建公司具有合法的原告资格。

2. 经营管理陷入严重困难,继续存续会使股东利益受到损害。

被告章程规定,股东会由全体股东组成,是公司的权力机构,股东会的职权包括对公司合并、分立、解散、清算或者变更公司形式作出决议;股东会会议由股东按照出资比例行使表决权。被告的正常运行是需要通过各股东行使权利和公司管理机构行使职权实现的。因被告各股东之间的利益冲突和矛盾,被告的运行已经出现障碍,被告的权力机构无法对被告的任何事项作出决议,包括不能就公司解散一事形成决议,被告的运行已陷入僵局。

3. 原告无法退出公司,因此公司僵局无法通过其他途径化解。

第三人及原告曾就原告、第三人华闻公司等股东提出转让自己在被告中股权一事召开过特别股东会,并形成了会议纪要。但因各股东未能达成一致意见,致会议约定无法实际履行。原告提出转让股权等解决公司僵局的途径因实际情况至今无法实施履行。

在原告无法通过转让股份的形式退出被告的情况下,原告要求解散祝融公司的请求应予支持。

法院判决:

解散被告。

1113. 股东之间、股东与公司、董事与股东之间多次诉讼,能否认定公司符合解散条件?

股东之间、股东与公司、董事与股东之间多次诉讼,说明公司股东之间利益冲突与矛盾较深,但如果股东之间的诉讼并未导致公司出现僵局以及公司实际经营出现严重困难的情形,依然不能认定公司符合解散条件。

【案例394】股东多次诉讼公司人合性遭破坏 公司被判解散[①]

原告: 刘南君、张安平、张飚

被告: 光起公司

---

① 参见广东省广州市中级人民法院(2007)穗中法民二终字第1546号民事判决书。

第十六章

公司解散纠纷

第三人：设计公司、何海丽、刘光起

诉讼请求：解散被告,并指定有关人员进行清算,对清算后的剩余财产按出资比例在股东之间进行分配。

争议焦点：被告发生多起诉讼、长期未召开股东会、无经营场所且未办理工商年检等情形,是否说明被告陷入管理僵局。

基本案情：

2003年2月22日,被告成立,注册资金为30万元,股权结构为：第三人设计公司,出资8.4万元,占28%；原告张安平、原告刘南君、第三人刘光起、第三人何海丽各出资4.5万元,各占15%；原告张飚出资3.5万元,占12%。其中第三人何海丽为董事长,并担任法定代表人,经营期限为20年。公司章程对公司的解散清算作了与《公司法》相同的规定。后被告已搬离其工商注册地址,且未能继续正常经营。经营期限期满后,该公司未能到工商部门办理续期手续,被告自2003年度办理企业法人年检后,自2004年起至今没有办理工商年检。

被告在经营过程中,2004年6月23日,法定代表人第三人何海丽授权原告刘南君为被告的代理董事长。后因公司股东间出现严重分歧,双方未能通过召开公司股东会进行协商解决,先后向法院提起诉讼。其中：

1. 原告刘南君作为被告的代理董事长,以公司名义于2004年9月8日在广州市荔湾区人民法院提起诉讼［案号为(2004)荔法民二初字第451号］,认为被告的原董事长第三人何海丽利用职务便利私自将公司款项转移到其控制的关联公司第三人设计公司账户,起诉请求判令第三人设计公司赔偿被告损失356,496.6元及利息；判令第三人何海丽、原告张安平在186,811.40元范围内承担连带清偿责任；判令第三人何海丽、第三人郭飞在169,685.20元范围内承担连带清偿责任。后经广州市荔湾区人民法院作出民事判决,判决第三人设计公司赔偿被告356,496.60元及利息,第三人何海丽对上述债务承担连带清偿责任。

2. 2004年11月17日,第三人何海丽以被告名义向广州市海珠区人民法院提起诉讼［案号为(2004)海民二初字第2157号］,起诉代理董事长原告刘南君侵害公司权益,请求法院判令原告刘南君返还被告23万元及营业执照副本一本、华夏银行364835#～364850#支票、广州商业银行18268008#～18268025#支票、保险柜钥匙一套、公章、财务专用章、发票专用章、收款专用章、法定代表人私章等。后经广州市海珠区人民法院判决,上述公章、文件、财物全部返还,并赔偿被告款项1万元。

3. 在上述案件诉讼过程中,原告刘南君作为被告代理董事长,以公司名义于2005年1月26日在广州市荔湾区人民法院提起诉讼［案号为(2005)荔法民二初

字第 90 号],认为被告的原董事长第三人何海丽利用职务便利私自将公司款项转移到其控制的关联公司账户,起诉请求判令北京海虹文字管理技术开发有限公司赔偿被告赔偿款项 685,580.80 元及利息;判令第三人何海丽、原告张安平在 245,099 元范围内承担连带清偿责任;判令第三人何海丽、郭飞在 440,481.80 元范围内承担连带清偿责任。后经广州市荔湾区人民法院作出民事判决,判决北京海虹文字管理技术开发有限公司赔偿被告 685,580.80 元及利息,第三人何海丽承担连带清偿责任。上述判决生效后由于未能及时履行,进入执行程序。

原告诉称:

被告自成立以来发生多起诉讼案件,股东之间人合性荡然无存,公司管理完全进入僵局,继续存续只会使股东利益不断受到损失。

被告辩称:

造成公司无法经营的是刘南君、张安平、张飚的过错,而且公司解散和清算应召开股东大会决定,而不是由人民法院判决解散和清算。

律师观点:

1. 股东之间矛盾重重,公司已经陷入僵局,继续存续会使股东利益受到损害。

被告的股东自 2004 年下半年发生利益冲突和矛盾,并提起多起诉讼,被告亦没有再召开股东会进行决议,股东已无法行使权利;公司没有经营场所,也无法进行运作;自 2004 年以来,公司也没有依法办理工商年检,至今已超过两年;股东之间也因管理事项、权力运作发生多起诉讼。可见,被告的权力机构、管理机构对公司事项已无法作出统一决议并执行,公司的运行已陷入僵局,继续存续会使股东利益受到损害。

2. 通过其他途径已经不能解决公司僵局。

在诉讼中,法院曾多次主持调解,但被告各股东以不参加诉讼的实际行动表明不愿接受调解,已不可能通过其他途径来解决。

法院判决:

1. 解散被告;

2. 由三位第三人及三位原告于判决发生法律效力之日起 15 日内组成清算组,对被告进行清算。①

---

① 本案发生于《最高人民法院关于适用〈中华人民共和国公司法〉若干问题的规定(二)》施行前,该司法解释第 2 条规定,"股东提起解散公司诉讼,同时又申请人民法院对公司进行清算的,人民法院对其提出的清算申请不予受理",因此该案在当下司法实践中,其主张对被告进行清算的诉讼请求将不被支持。

1114. 股东可否以知情权、盈余分配请求权等权利受侵害,或公司亏损、财产不足以偿还全部债务,以及公司被吊销企业法人营业执照未进行清算为由提起解散公司之诉?

不能。股东认为其知情权、盈余分配请求权等权益受到损害,或者公司亏损、财产不足以偿还全部债务,以及公司被吊销企业法人营业执照未进行清算等,可以通过法律规定的方式予以解决,如异议股权回购请求权、临时股东会议召集权、股东知情权诉讼。在采取这些救济措施前,不能认定股东已经穷尽了所有的救济途径,即不符合"通过其他途径不能解决"的条件。

【案例395】知情权、盈余分配权受侵害有途径解决 请求解散公司被驳回[①]

原告:林某

被告:赵某

第三人:华晨公司

诉讼请求:解散第三人。

争议焦点:

1. 原告作为第三人股东认为其知情权及盈余分配权未得到保障,可否作为起诉解散公司的理由。

2. 第三人是否存在隐名股东;如第三人股权结构仍存在较大分歧,原告直接诉请解散第三人是否合理。

基本案情:

2002年9月19日,第三人成立,登记股东为原告与原告父亲二人,其中原告出资60万元,原告父亲出资40万元,第三人的法定代表人为原告。

2003年10月15日,经工商登记,第三人的股东变更为原被告二人,其中原告出资60万元,被告出资40万元,第三人的法定代表人为被告。

2004年8月12日,华晨公司与案外人石化公司签订"固定资产购置协议书",原告、被告以及陈某三名案外人作为第三人的股东在该协议书上签字。

2006年8月,原告向被告提出查阅第三人账簿、分配利润的要求,遭拒绝。2007年1月,原告致函被告要求召开股东会议,被告拒收该函件。

[①] 参见上海市松江区人民法院(2007)松民二(商)初字第544号民事判决书。本案原告败诉后,再一次向法院提起知情权纠纷,详见本书第十九章股东知情权纠纷【案例464】"知情权目的已实现 查阅原始凭证请求遭驳回"。

原告诉称：

自被告实际掌控第三人至今三年多的时间,公司从未召开股东会议,从未向公司股东提供该公司的经营状况资料及财务报告,也从未向公司股东分配任何红利。被告的行为严重违反了《公司法》及第三人《章程》的规定,侵犯了原告的股东权利。为此,原告曾多次向被告提出查阅公司会计账簿和分取红利的要求均被被告拒绝。

2006年8月原告又委托律师向其发出《律师函》严正提出上述要求。又被被告拒绝。为打破公司僵局,原告特于2007年1月18日向被告发出《临时股东会会议通知》的特快专递邮件,通知被告参加临时股东会。但被告拒绝接收此邮件,拒绝召开临时股东会议。第三人仅有两名股东,但两人尖锐的矛盾冲突,已导致股东会议无法召开,公司决策难以形成。股东权利无法实现。现第三人的运行和管理陷入僵局,公司事务处于瘫痪。公司资产大量消耗,原告之股东权益遭受巨大损失。

被告辩称：

不同意原告的诉讼请求。

1. 第三人运营正常,原告的股东利益并不存在受到重大损害的问题。

(1)关于第三人的股东,除了本案的当事人,另有三名隐名股东。

第三人的成立,是被告和三名隐名股东委托原告进行登记的,但原告却将自己及其父亲登记为股东。股东发现后要求变更,原告仅将被告变更为股东,但第三人实际有五名股东,各持股20%。对此由原被告及三名隐名股东共同签订的固定资产购置协议书足以证明。

(2)第三人多次召开股东会,经营状况正常,但原告并不了解。

原告不仅是第三人的股东,同时也是第三人的员工,但自2003年起就不辞而别。期间公司多次召开股东会,讨论公司股东问题,只是议而不决,并非没有召开股东会。

(3)在第三人存在隐名股东且身份未得到一致认可的情况下,不宜分配红利。

如上所述,第三人的股权结构尚不明朗,原告对于三名隐名股东的事宜也尚未给予明确表态。被告作为公司执行董事,为维护全体股东的利益,在第三人股东身份问题没有得到解决的情况下,根据第三人实际经营状况,认为暂不宜分配红利。

(4)原告要求查账并未提出合理理由。

现在原告要求查阅第三人的对账单、账册,根据法律规定应当说明理由,但原告未说明理由,第三人有权拒绝查阅。

2. 退一步讲,即使原告认为自己的知情权及盈余分配权受到损害,完全可以通过与被告协商,或提起知情权纠纷、盈余分配权纠纷诉讼的方式解决,但原告均未采取任何行动。因此,原告诉请解散公司也不能满足"通过其他途径不能解决"的法定理由。

第三人同意被告的意见。

律师观点:

虽然第三人在经营管理范围方面存在一定的困难,尤其是公司股东的人合性方面出现了危机,原告的股东权益也受到了侵害,但原告以此请求解散公司的理由仍然不充分。根据规定,股东请求解散公司除了符合"公司经营管理发生严重困难,继续存续会使股东利益受到重大的损失"等条件之外,另需满足"通过其他途径不能解决的"这一条。现在原告提供的证据不足以证明第三人已经发生了"公司经营管理发生严重困难,继续存续会使股东利益受到重大的损失"的情形。

1. 知情权、盈余分配权受压制,股东可通过知情权纠纷、盈余分配权纠纷诉讼进行救济。

从原告诉称的事实和理由分析,主要是原告的知情权、利润分配权及股东会议召集权等股东权益受到了压制,从而请求解散第三人。但原告的上述股东权益除了通过公司内部救济途径协商解决外,还可以通过司法救济途径即提起诉讼解决,故即便第三人发生了"公司经营管理发生严重困难,继续存续会使股东利益受到重大的损失"的情形,原告解散第三人的请求也未满足通过"通过其他途径不能解决的"这一法律规定的条件。

2. 公司实际股东情况不明朗,不适宜直接判决解散公司。

双方当事人对于第三人的股东结构及出资比例也存在严重的分歧,在这个分歧未得到彻底解决之前,不宜通过司法途径解散第三人;否则,第三人股东的矛盾和利益之争会更难得到化解。

综上,原告请求解散第三人的证据不足,同时司法提倡最大限度的维持公司的存续,在原告未依法通过其他途径对其相关股东权益寻求相应救济及第三人股东结构未妥善解决的情况下,解散公司还为时尚早。

法院判决:

驳回原告的诉讼请求。

1115. 小股东在公司僵局中如何保护自身利益?

根据资本维持与公司维持原则的要求,股东一般不能单方要求退股或者解散公司,但对于确实已经陷入表决僵局和经营僵局、控股股东严重压制小股东利益以及严重违背设立公司目的等情况的有限公司,如果小股东起诉要求退股、解散公司或者解除合作协议的,人民法院应慎重受理。在具体的救济过程中,应坚持适度行使释明权原则、利益平衡原则和用尽内部救济的原则,应该要求当事人首先尽量进行内部救济,包括采取内部和外部转让股权解决;即便最终需要判决处理,也要对当事人进行释明,应该尽量通过要求公司或者控制股东收购股权而退出,一般不能采取解散公司的做法。

笔者建议,在公司章程中具体明确股东请求公司回购股权的条件、价格以及公司减资的条件,当满足约定的情形时,可以先采用这些方式解决股东之间的矛盾,从而有效地解决纠纷,保证公司与股东的利益都能实现最大化。

1116. 为了防止公司实际控制人持续侵害公司其他股东利益,提起解散公司之诉的股东应从哪几方面申请财产保全或证据保全?人民法院对于股东的保全申请应如何处理?

具体可从如下四个方面着手:

(1)应当保全公司财务账目,以防止实际控制人伪造账目,损害股东的利益;

(2)控制公司流动资金及对外债权,防止流动资金流失与债权被恶意处置;

(3)控制公司固定资产,防止实际控制人将不动产等低价转让;

(4)应当控制住公司公章,防止实际控制人被剥夺控制权后拒不交出公章,甚至利用公章从事有损于公司利益的担保、借款行为的发生。

但是,采取保全措施,应当以不影响公司正常经营运转为前提。

人民法院对于股东的保全申请需保持审慎的态度,具体如下:

(1)解散公司之诉中的财产保全或证据保全一定要依原告的申请来确定,人民法院不能主动依职权采取相关保全。

(2)即使股东提出了财产保全或证据保全的请求,人民法院也未必完全支持。法院要根据实际情况来考量采取财产保全和证据保全的必要性与合理性,因为此诉进行的过程中,公司是否该解散还有待于进一步的审理和判决,在此阶段对公司采取保全措施可能会影响公司的正常经营,带来不必要的后果。

(3)人民法院对公司进行相关保全时,要以保持公司正常经营为原则,尽量采取一些特殊的安排来实现方便清算的目的,同时又能保证公司的正常运营。如果不能保证公司正常经营活动的,人民法院可不予保全。

(4)为了防止个别股东滥诉给公司和其他股东造成不必要的损失,人民法院应当要求股东提供担保。

(5) 保全措施的具体数额应以当事人申请的数额为准,人民法院就具体案情进行综合考虑定夺。一方面,对于原告股东而言,其最终在清算程序中所得的利益并非一定是其申请保全的财产本身,因为该保全的财产要纳入公司财产在清算程序中依法公平分配;另一方面,一概要求对全部财产进行保全,也会增加原告的担保负担及相应的费用负担,对公司的经营也容易造成影响。

1117. 公司解散诉讼中,如果原告是该案被告的法定代表人,原、被告达成和解协议,如何保障其他股东不愿解散公司的权利?

对于原告股东起诉公司解散的案件中,如果原告同时又是公司的法定代表人,意味着公司被原告实际控制。这种情况很容易导致公司被解散,出现损害其他股东合法权益的情形与结果。为保障全体股东的合法权益,原告提起解散公司诉讼应当告知其他股东,或者由人民法院通知其参加诉讼。其他股东或者有关利害关系人申请以共同原告或者第三人身份参加诉讼的,人民法院应予准许。

《最高人民法院关于适用〈中华人民共和国公司法〉若干问题的规定(二)》强调对全体股东和公司本身合法权益的保护,同时又规定强制调解程序,以及按《公司法》等规定的方式,为避免公司解散可以采取的补救措施,这实际都是对公司股东权益的实质性保障,具有较强的操作性。

1118. 是否必须在公司解散后才能要求公司设立时的其他股东或发起人在未缴出资范围内对公司债务承担连带责任?

根据《公司法》及其司法解释的规定,公司解散程序与公司清算程序是两个不同程序,只有履行完解散程序后,才会产生公司债权债务问题,也才会出现公司股东对公司债权人承担债务的问题。也就是说,在解散程序中,主要包括调解与和解程序,是否解散公司条件的审查判断,依法判决公司是否予以解散,从而终结公司解散程序。如果公司股东和解了,或者法院经审查不符合解散公司条件的,均不会产生公司股东、公司对外债务承担连带责任的问题。只有公司解散后,进入清算程序,才会产生公司股东或发起人如何承担公司债务的问题。

如果公司在成立时资本不足法定数额,则其不具有法人独立地位,可以要求股东承担连带责任。

1119. 解散公司的判决是否对全体股东具有法律约束力?

是的。人民法院判决驳回解散公司诉讼请求后,提起该诉讼的股东或者其他股东又以同一事实和理由提起解散公司诉讼的,人民法院不予受理。这里的同一事实和理由是指以同一个事实和理由向法院提起诉讼,而非指同类事实和理由。

如果判决解散公司的,则对全体股东同样具有约束力,在判决生效后需要根据法律的规定履行清算义务。

第三节 衍生问题——离婚纠纷的裁判标准

一、婚姻关系的解除

(一)协议离婚

1120. 离婚协议书包括哪些内容?

离婚协议应对夫妻关系解除、财产分割及子女抚养的问题作出明确的约定。尤其是财产分割要注意具体、明确,不可笼统,否则容易产生纠纷。具体条文可参照如下范本:

离婚协议书

甲方:＿＿＿＿,男,＿＿＿＿年＿＿＿＿月＿＿＿＿日出生,汉族,住＿＿＿＿市＿＿＿＿路＿＿＿＿号。身份证号:＿＿＿＿＿＿＿＿＿＿。

乙方:＿＿＿＿,女,＿＿＿＿年＿＿＿＿月＿＿＿＿日出生,汉族,住＿＿＿＿市＿＿＿＿路＿＿＿＿号。身份证号:＿＿＿＿＿＿＿＿＿＿。

甲、乙双方于＿＿＿＿年＿＿＿＿月＿＿＿＿日在＿＿＿＿区人民政府办理结婚登记手续。婚后于＿＿＿＿年＿＿＿＿月＿＿＿＿日生育一儿子,名＿＿＿＿。因双方性格不合无法共同生活,夫妻感情完全破裂,已无和好可能,现双方就自愿离婚一事达成如下协议:

一、甲、乙双方自愿离婚。

二、子女抚养处理。

婚后由＿＿＿＿负责抚养子女,另一方支付生活费＿＿＿＿元/月直至＿＿＿＿,按＿＿＿＿方式支付。并可以于＿＿＿＿探视子女,由＿＿＿＿负责接送,大额教育、医疗费用的承担比例和支付方式＿＿＿＿＿＿＿＿＿＿。

三、夫妻共同财产的处理:

1. 股权:以甲方名义在＿＿＿＿公司持有的12%股权归甲方所有。

2. 存款:双方名下现有银行存款共＿＿＿＿元,双方各分一半,为＿＿＿＿元。分配方式:各自名下的存款保持不变,但甲方应于＿＿＿＿年＿＿＿＿月＿＿＿＿日前一次性支付＿＿＿＿元给乙方。

3. 房屋：

（1）夫妻共同所有的位于＿＿＿＿市＿＿＿＿区＿＿＿＿路＿＿＿＿房的所有权归甲方所有。

（2）夫妻婚后购有坐落在＿＿＿＿市＿＿＿＿区＿＿＿＿路＿＿＿＿房一套，合同价人民币＿＿＿＿万元，现值人民币＿＿＿＿万元（包括房内装修内附属设施）。购房时以甲方为主贷人贷款＿＿＿＿万元，现尚剩余贷款本金＿＿＿＿万元。该房购买时首付＿＿＿＿万元，首付款来源于＿＿＿＿＿＿。现协商该套房产归＿＿＿＿所有，＿＿＿＿有义务自离婚之日起配合＿＿＿＿办理贷款主贷人变更手续，以及产权变更手续，因办理产权变更登记手续所应支付的一切税费由双方平均承担。相关变更手续在办理完离婚手续后即予以办理。若由于＿＿＿＿不予配合＿＿＿＿办理房产转移而给＿＿＿＿带来的不必要的损失，＿＿＿＿必须赔付＿＿＿＿万元。

办理完相关变更手续后，＿＿＿＿应将原按揭合同的每月应交款项在每月＿＿＿＿日前足额向＿＿＿＿缴交，若不按时支付，每逾期一日按逾期支付数额的＿＿＿＿%支付逾期违约金。

房内＿＿＿＿和＿＿＿＿归＿＿＿＿所有。

4. 汽车：

夫妻婚后购买的＿＿＿＿号＿＿＿＿牌小轿车归＿＿＿＿所有。

5. 其他财产：

双方各自名下的其他财产归各自所有。

双方各自的私人生活用品及首饰归各自所有（附清单）。

四、债务的处理：

双方确认在婚姻关系存续期间没有发生任何共同债权和债务，如任何一方对外负有债权的，无论何时发现，另一方均有权平分；如对外负有债务的，则由负债方自行承担。

五、一方隐瞒或转移夫妻共同财产的责任：

双方确认夫妻共同财产在上述第三条已作出明确列明。除上述房屋、家具、家电及银行存款外，并无其他财产，任何一方应保证以上所列婚内全部共同财产的真实性。

（二）诉讼离婚

1121. 离婚诉讼涉及家庭共有财产的分割，能否将其他家庭成员追加为共同诉讼人？

对家庭共有房屋的分割问题可告知当事人另案起诉，或者中止离婚诉讼，不应将其他家庭成员追加为离婚诉讼的共同诉讼人。

在法院中止离婚诉讼后,离婚诉讼的夫妻及家庭成员均不提起诉讼对房屋进行确权和分割,法院可向当事人释明不起诉的法律后果,征询其对家庭共有房屋中涉及夫妻共有部分的分割意见。如果当事人同意在该案中不主张人民法院对该房屋进行继续分割的,则案件恢复审理;如当事人坚持分割,则法院可限定其向法院提起诉讼的期限,逾期则告知当事人另案处理,离婚诉讼恢复。

1122. 夫妻一方可否申请对配偶的个人财产或者夫妻财产采取保全措施?

在离婚诉讼中,一方当事人可能实施某种行为,致使人民法院作出的判决不能执行或难以执行,如占有财产一方准备转移、隐匿甚至毁损财产,此时可以申请财产保全。

需要注意的是,离婚诉讼中的财产保全担保与一般的保全担保有两点区别:

(1)可以适当减少担保数额;

(2)可以在采取保全措施可能造成损失的范围内,根据实际情况,确定合理的财产担保数额。

【案例396】因离婚引发股权变动　土豆网股权被冻结推迟上市计划①

原告:杨蕾

被告:王微

诉讼请求:请求分割被告持有的全土豆公司76%的股权。

争议焦点:被告持有的全土豆公司76%的股权是否属于夫妻共同财产,原告可否对此76%的股权申请财产保全。

基本案情:

原告与被告于2007年8月登记并举办婚礼;2008年11月,被告第一次向法院提出离婚诉讼,法院于2008年12月开庭审理,判决不予离婚;2009年9月,被告再次起诉,法院判决准予离婚,财产分割另案处理;原告不服一审判决在15天之内提起上诉,2010年3月26日,上海一中院维持原判,双方正式离婚。

双方婚姻存续期间,土豆网成立了全土豆公司,该公司注册资本为500万元,用以获取在中国运营视频业务所必需的牌照,被告在该公司中占股95%。

---

① 参见搜狐新闻网 http://news.sohu.com/20110618/n310567661.shtml,2012年3月26日访问。

第十六章
公司解散纠纷

原告诉称：

被告在全土豆公司中所占的95%股份中有76%的股份为夫妻共有财产，但在原告与被告离婚时，这部分股权未进行分割。

诉讼中，原告申请将被告名下的公司股权进行诉讼财产保全。法院作出裁定，对被告持有的全土豆公司的股权进行了冻结。当时，土豆网正在向纳斯达克提出上市申请，由于该诉讼的影响，其上市之路也受到延迟。

被告辩称：

土豆网一直处于亏损状态，所以股权未进行分割。

律师观点：

1. 全土豆公司的76%的股权属于夫妻共同财产。

根据《婚姻法》第17条第1款，夫妻在婚姻关系存续期间所得的下列财产，归夫妻共同所有：工资、奖金；生产、经营的收益；知识产权的收益；继承或赠与所得的财产，但本法第18条第3项规定的除外；其他应当归共同所有的财产。被告持有的全土豆公司76%股权是在夫妻关系存续期间取得的，所以，依据该款条文，应当属夫妻共同财产的范畴。

2. 原告对该部分股权享有权利，可以申请财产保全。

依据《婚姻法》第17条第2款，夫妻对共同所有的财产，有平等的处理权。由于该部分股权是属于夫妻共同财产且原告与被告之间未达成任何放弃该部分股权的书面协议，遂原告对该部分股权享有权利，可以依据2007年《民事诉讼法》第92条申请财产保全措施。

处理结果：

原、被告达成和解协议，被告向原告支付总计700万美元的现金补偿，被告拥有全土豆公司多数股权的控制权，原告将不再主张分割婚姻存续期间资产。

(三) 涉外离婚案件的特殊程序

1123. 若一方为中国公民，一方为外国公民，在国外登记结婚，在我国提起离婚诉讼，应当履行哪些程序？

首先，须将国外颁发的婚姻注册证书，在所在国公证后，再到我驻该国使、领馆进行认证，然后在国内立案。如果双方均在中国，或虽然国外方在所在国但不予配合，则难点在于公证、认证的进行。比如，委托国外律师办理相关公证、认证事宜，费用较高，特别是英、美、加等国的律师，按小时按美元收费，仅办公证、认证一项的收费，就可能大大高于国内律师办理此案的费用。

此外,对于来自我国香港地区、台湾地区、澳门地区的结婚登记注册证书,也要履行相关的公证、认证手续。以我国香港地区为例,该结婚注册证书,要经司法部委托的香港地区公证律师进行查证,后出具蜡封的公证文书,再加中国法律香港服务公司的转递章后,才可有效地在中国法院使用。

将结婚注册证书公证、认证后,再连同其他诉讼材料递交法院立案。如果双方达成离婚合意,一般可在一个月内审结;若一方不同意,或一方杳无音信,诉讼期间最长可达一年半左右。

1124. 若双方为外国公民,结婚注册地在国外,现一方在我国境内有住所,如何进行离婚处理?

随着在华外籍人士的增多,双方为外国人,在国内离婚的案件也屡见不鲜。对于此类案件的处理,各法院处理的数量开始慢慢增加。由于各法院立案庭办案人员的认识不同,立此类案件时,可能会遇有一些问题,甚至在不同的法院处理方式也各不相同。法院一般的做法是,对于可以达成调解协议的,法院一般受理,并作出调解书。但是,对于不能达成调解协议的,若被告一方在国内有住所,原告在中国起诉离婚的,人民法院予以受理;若原告一方在国内有住所,或双方在中国境内均无住所,人民法院不予受理。

1125. 在哪些情形下,中国法院对于涉外离婚诉讼具有管辖权?

涉外离婚具有下列情形之一的,中国法院具有管辖权:

(1)中国公民一方居住在国外,一方居住在国内,不论哪一方向我国人民法院提起离婚诉讼,国内一方住所地的人民法院都有权管辖。如果双方均为出国人员,一方向人民法院起诉离婚的,应向出国前一方住所地人民法院起诉。

(2)在国内结婚并定居国外的华侨,如定居国法院以离婚诉讼须由婚姻缔结地法院管辖为由不予受理,当事人向我国法院提出离婚诉讼的,由婚姻缔结地或一方在国内的最后居住地人民法院受理。

(3)在海外结婚并定居的华侨,如定居国法院以离婚诉讼须由国籍所属国法院管辖为由不予受理,当事人向人民法院提出离婚诉讼的,由一方原住所地或在国内的最后居住地人民法院受理。

(4)公民双方在国外但未定居,一方向人民法院起诉离婚的,应由原告或者被告住所地的人民法院管辖。

1126. 涉外离婚诉讼如何立案?立案材料有哪些?

境外一方当事人可以委托国内律师或其他代理人办理离婚案件,即可不必亲自到中国参与离婚诉讼。而对于在国外作出的法律文件,如结婚证,需要境外当事人在所在国办理公证、认证手续,在立案时一并递交法院方可立案(港澳台地区同样适用)。

涉外离婚诉讼递交的材料如果不是本国出具的,则均需要通过我国驻外使、领馆公证、认证,对于授权委托书和离婚意见书还需要按照固定格式填写。所需材料具体如下:

(1)当事人的身份材料证件(已在所在国办理公证及认证),如护照。

(2)当事人结婚缔结证明文书(已在所在国办理公证及认证)。

(3)当事人委托国内律师的具有固定格式的特别授权委托书(已在所在国办理公证及认证)。

(4)原告方为国外一方的,需要将起诉状公证和认证后递交国内律师;被告方为国外一方的,需要书写离婚声明书,声明对财产、子女抚养等问题的意见,经所在国办理公证及认证并转交国内委托代理人。

1127. 国外法院作出的离婚判决我国是否予以承认或执行?

具体应根据判决作出国家是否与我国订立民事司法协助协议进行区分:

(1)未订立民事司法协助协议。若该国尚未与我国订立司法协助协议,当事人也可以向我国法院申请承认其效力,但应按规定的程序进行。且在此情况下我国法院只能就双方解除婚姻关系的判决作出认定,判决中关于夫妻财产的分割、生活费用的负担、子女抚养方面的判决不应在申请范围之内,人民法院亦不对此作出承认的认定。

(2)已订立民事司法协助协议:

①就国外法院作出的离婚判决,若判决作出国家与我国已订立生效的民事司法协助协议,且根据该协议,双方对于各自作出的民事裁决予以承认,当事人应当按照该协议的规定申请承认该离婚判决,承认内容包括婚姻关系的解除、夫妻财产的分割、生活费用的负担、子女抚养。

②若虽订立协议但规定的承认范围不包括民事裁决,则按照未订立民事司法协助协议的情形处理。

中国已与70个国家签订了108项司法协助条约(包括已进行第一轮谈判的)。其中75项条约已生效,包括49项司法协助条约、22项引渡条约和4项被判刑人移管条约。除双边条约外,我国已加入《海牙送达公约》和《海牙取证公约》,这两项公约均已对我国生效。

上述条约中,已生效的民事、商事司法协助条约共有13项,民事和刑事司法协助条约共有19项。而其中,可承认离婚判决的国家有29个。对于该29个国家作出的离婚判决,当事人可以直接向我国具有管辖权的法院提出承认申请,或者由判决作出国法院根据条约约定通过两国中央机关途径向我国法院提出申请。我国中央主管机关为司法部,其他国家中央主管机关一般也为该国司法部。

需要注意的是,根据中国所订立的双边司法协助条约不同,可申请承认执行外国法院判决的主体范围也有所不同。像西班牙、意大利、突尼斯等国与中国的司法协助条约中就规定,"承认和执行缔约一方法院裁决的请求,应由当事人直接向另一方法院提出"。这说明上述国家法院作出的判决,只能由这些国家的当事人直接向中国法院提出请求,法院不能申请中国法院承认执行其判决。而摩洛哥、希腊、老挝、匈牙利、埃及等国与中国的相关条约中则规定,"承认与执行法院裁决的请求,可以由当事人直接向有权承认与执行该裁决的法院提出,亦可以由缔约一方法院……向缔约另一方有权承认与执行该裁决的法院提出",也即这些国家的当事人和法院均可就其生效判决向中国法院申请承认和执行(见表16-1)。

表16-1　中国与外国缔结的民事司法协助条约及可申请承认离婚判决国家一览表

已与我国订立民事司法协助的国家(32个)	法国、意大利、西班牙、保加利亚、泰国、匈牙利、摩洛哥、新加坡、突尼斯、韩国、阿联酋、阿根廷、秘鲁、波兰、蒙古、罗马尼亚、俄罗斯、土耳其、乌克兰、古巴、白俄罗斯、哈萨克斯坦、埃及、希腊、塞浦路斯、吉尔吉斯斯坦、塔吉克斯坦、乌兹别克斯坦、越南、老挝、立陶宛、朝鲜
不承认离婚判决的国家(3个)	法国、新加坡、韩国
可申请承认离婚判决的国家(29个)	意大利、西班牙、保加利亚、泰国、匈牙利、摩洛哥、突尼斯、阿联酋、阿根廷、秘鲁、波兰、蒙古、罗马尼亚、俄罗斯、土耳其、乌克兰、古巴、白俄罗斯、哈萨克斯坦、埃及、希腊、塞浦路斯、吉尔吉斯斯坦、塔吉克斯坦、乌兹别克斯坦、越南、老挝、立陶宛、朝鲜

1128. 我国港澳台地区作出的离婚判决我国是否予以承认和执行?

对于我国香港地区法院作出的离婚判决,我国法院不能直接承认和执行,需由当事人在我国国内具有管辖权的法院重新提起诉讼进行判决。

对于我国澳门地区和我国台湾地区作出的生效离婚判决,当事人可以直接向我国国内具有管辖权的法院申请承认和执行。且对于判决中关于夫妻财产的分割、生活费用的负担、子女抚养方面的内容同样予以承认,也可依申请进行强制执行。

1129. 我国作出的离婚判决,在国外是否能得到承认和执行?

司法协助协议的效力是互相的,对于我国作出的离婚判决,国外是否承认或执行也是依据司法协助协议处理的。详见前文。

1130. 申请承认国外离婚判决是否有期限的限制?

对于我国港澳台地区以及对于离婚判决与中国订有司法协助协定的国家,申请承认国外离婚判决具有一定的期限限制。其中,我国台湾地区作出的判决应当在判决效力确定后两年内提出。但是,对于其他国家,我国法律没有规定申请承认外国法院判决的期限,对此,学术界已存在一定的争议。笔者认为,虽然我国没有对申请域外判决的期限进行规定,但对于申请执行我国法律具有明确规定,即为两年,该期限适用于外国法院判决在中国的执行。而由于判决生效日期根据国外判决作出日期进行确定,若超过了该期限申请承认,则法院可对相关判决予以承认,但在关于财产等方面却存在无法申请强制执行的风险。

1131. 承认和执行国外离婚判决由何地法院管辖?

外国法院作出的发生法律效力的判决、裁定,需要我国法院承认和执行的,可以由当事人直接向申请人住所地的中级人民法院申请承认和执行,申请人住所地与经常居住地不一致的,由经常居住地中级人民法院受理;申请人不在国内的,由申请人原国内住所地中级人民法院受理。

1132. 中国公民申请承认国外离婚判决需要提交哪些材料?

中国公民申请承认国外离婚判决需要提交如下材料:

(1)申请书;

(2)外国法院离婚判决书正本及经证明无误的中文译本;

(3)若申请人是离婚判决的原告,作出判决的外国法院出具的被告已被合法传唤出庭或合法传唤出庭文件已送达被告的有关证明文件及经证明无误的中文译本;

(4)若判决书中未指明判决已生效或生效时间的,作出判决的外国法院出具的判决已生效的证明文件及经证明无误的中文译本。

上述"经证明无误的中文译本",可经如下途径证明:

(1)外国公证机构公证、外交部或外交部授权机构认证及我驻外使、领馆认证;

(2)驻外使、领馆直接公证;

(3)国内公证机关公证。

1133. 驻外使、领馆就中国公民申请承认外国法院离婚判决如何进行公证、认证?

婚姻当事人一方为中国公民的外国法院的离婚判决书在国内使用,须经国内中级人民法院对该判决裁定承认后,才能为当事人出具以该外国法院离婚判决为准的婚姻状况公证。

婚姻当事人一方为中国公民的外国法院离婚判决书在国外使用,则应根据如下情况进行处理:

(1)若居住国可根据外国法院离婚判决书或其他证明材料,为当事人出具婚姻状况证明,不需要我驻该国使、领馆出具以外国法院离婚判决为准的婚姻状况公证,我使、领馆可不予干预,但不干预不等于承认。

(2)若当事人不能在居住国取得婚姻状况证明,需我驻该国使、领馆出具以此判决为准的婚姻状况公证,应先向国内中级人民法院申请对该判决的承认。该判决经裁定承认后,才能为当事人出具有关公证。

(3)国内中级人民法院受理当事人的申请时,对外国法院离婚判决书的真伪不能判定,要求当事人对该判决书的真实性进行证明的,当事人可向驻外使、领馆申请公证、认证。外国法院的离婚判决书可经过居住国公证机构公证、外交部或外交部授权机构认证,我使、领馆认证;亦或居住国外交部直接认证,我使、领馆认证。进行上述认证的目的是为判决书的真伪提供证明,不涉及对其内容的承认。

1134. 取得永久居民身份证(绿卡)的中国公民办理委托手续是否需要领事认证?

取得外国永久居民身份证并不意味拥有该国国籍。永久居住权是指权利所有人可以在该国永久合法居住,这个可以永久合法居住的证件,就是绿卡。

外国的永久居住权和中国国籍可以兼得。因为虽然取得了该国的永久居住权,只要没有加入该国国籍,还仍然属于中国公民。故在办理委托手续方面不需要特别的领事认证。

1135. 承认国外离婚判决的申请书具体应包含哪些内容?

申请书应记明以下事项:

(1)申请人姓名、性别、年龄、工作单位和住址;

(2)判决由何国法院作出,判决结果、时间;

(3)受传唤及应诉的情况;

(4)申请理由及请求;

(5)其他需要说明的情况。

1136. 哪些情况下法院会对承认国外离婚判决的申请不予受理？哪些情况下法院会对国外离婚判决作出不予承认的裁定？

人民法院受理后，原告一方变更请求申请承认外国法院离婚判决，或者被告一方另提出承认外国法院离婚判决申请的，其申请均不受理。人民法院受理承认外国法院离婚判决的申请后，对方当事人向人民法院起诉离婚的，人民法院不予受理。

出现下列情形之一的，法院会对国外离婚判决作出不予承认的裁定：

(1)判决尚未发生法律效力；
(2)作出判决的外国法院案件没有管辖权；
(3)判决是在被告缺席且未得到合法传唤的情况下作出的；
(4)该当事人之间的离婚案件，我国法院正在审理或已经作出判决，或第三国法院对当事人作出的离婚案件判决已为我国法院承认的；
(5)判决违反我国法律的基本原则或者危害我国国家主权、安全和社会公共利益。

1137. 承认外国法院的离婚判决的裁定何时生效？

对外国法院的离婚判决的承认，以裁定方式作出。裁定书一经送达，即发生法律效力。

1138. 若双方已在国内提起离婚诉讼，此时是否可以再行申请承认外国法院离婚判决？

人民法院受理离婚诉讼后，原告一方变更请求申请承认外国法院离婚判决，或者被告一方另提出承认外国法院离婚判决申请的，其申请均不受理。

1139. 申请承认外国法院离婚判决后，另一方是否可以向人民法院提起离婚诉讼？

不可以。人民法院受理承认外国法院离婚判决的申请后，对方当事人向人民法院起诉离婚的，人民法院不予受理。

1140. 申请承认外国法院离婚判决后是否可以撤回？是否可以再次提出申请？

申请人的申请为人民法院受理后，申请人可以撤回申请，人民法院以裁定准予撤回。申请人撤回申请后，不得再提出申请，但可以另向人民法院起诉离婚。

1141. 已被国外法院判决离婚但未申请我国法院承认,当事人是否可以再向我国法院提起离婚诉讼?

可以。当事人之间的婚姻虽经外国法院判决,但未向人民法院申请承认的,不妨碍当事人一方另行向人民法院提出离婚诉讼。

1142. 承认国外判决的申请被驳回后是否可以再次提出申请?

不可以。申请人的申请被驳回后,不得再提出申请,但可以另行向人民法院起诉离婚。

1143. 申请承认国外离婚判决是否可委托他人办理?

可以。申请承认外国法院的离婚判决,委托他人代理的,必须向人民法院提交由委托人签名或盖章的授权委托书。但是,委托人在国外出具的委托书,必须经我国驻该国的使、领馆证明。

1144. 我国承认国外离婚判决后,离婚判决生效日期如何起算?

外国法院离婚判决书生效日期与我国法院裁定承认日期不同,离婚后未再婚公证应以外国法院离婚判决书生效日期为准。

1145. 若法院不予承认国外离婚判决,则应如何处理?

国内中级人民法院裁定对外国法院离婚判决不予承认的,当事人可到国内原户籍所在地或婚姻缔结地中级人民法院起诉离婚。驻外使领馆可根据国内法院的离婚判决,为当事人出具在国外期间的婚姻状况证明。

1146. 国外法院作出的离婚判决经我国法院承认后如何执行?

当事人应首先向原审法院提交强制执行申请,人民法院认为需要执行的,则应发出执行令,并依照我国法律相关规定执行。申请期限为判决生效之日起两年。

1147. 涉外离婚诉讼中如何向国外一方送达法律文书?

送达方式具体如下:

(1)依照受送达人所在国与中华人民共和国缔结或者共同参加的国际条约中规定的方式送达;

(2)法院逐级将诉讼文书转到外交部通过外交途径送达,即基层法院→中院→高院→最高法院→司法部→我国驻该成员国的使、领馆→当事人,过程是比较复杂而漫长的;

(3)对具有中华人民共和国国籍的受送达人,可以委托中华人民共和国驻受送达人所在国的使领馆代为送达;

(4)向受送达人委托的有权代其接受送达的诉讼代理人送达;

(5)受送达人所在国的法律允许邮寄送达的,可以邮寄送达,自邮寄之日起满三个月,送达回证没有退回,但根据各种情况足以认定已经送达的,期间届满之日视为送达;

(6)采用传真、电子邮件等能够确认受送达人收悉的方式送达;

(7)不能用上述方式送达的,公告送达,自公告之日起满六个月,即视为送达。

二、离婚财产分割的裁判标准

(一)离婚时财产分割的一般裁判标准

1148. 前后有几份离婚协议书,如何认定其效力?

当事人在离婚过程中,可能产生两份甚至若干份离婚协议,一般在民政局备案的那份离婚协议为最后签订的协议,具有最强的效力。若当事人在办理离婚手续后,双方达成了新的协议,新的协议效力优于民政局备案协议的效力。

1149. 离婚财产分割协议何时生效?经过公证的离婚财产分割协议是否在签字后立即生效?

当事人达成的以登记离婚或者到人民法院协议离婚为条件的财产分割协议,如果双方协议离婚未成,一方在离婚诉讼中反悔的,人民法院应当认定该财产分割协议没有生效,并根据实际情况依法对夫妻共同财产进行分割。

经过公证的附协议离婚条件的财产分割协议在性质上属于附生效条件的合同,双方签字后生效,在完成协议离婚手续后生效。公证的效力在于确认协议的内容是双方当事人的真实意思表示,但不能改变协议的生效条件。

【案例397】离婚协议已签署　未办理离婚登记不生效[①]

原告: 尹某

被告: 王某

诉讼请求:

1. 判决原、被告离婚。
2. 判决平均分割夫妻共同财产。

争议焦点:《离婚协议书》在未办理登记离婚的情况下是否生效,在离婚诉讼中能否作为分割财产的依据。

---

① 参见广东省广州市中级人民法院(2008)穗中法民一终字第2357号民事判决书。

基本案情：

原、被告于1995年4月17日登记结婚，于1996年8月2日生育儿子王某某。婚后初期夫妻感情尚好，后因原告认为被告与婚外异性有不正当关系且对其实施家庭暴力，双方矛盾激化，发生争吵。原告遂于2008年1月23日向原审法院起诉要求离婚。

2008年1月10日，原、被告曾签订《离婚协议书》，约定原、被告经共同协商达成离婚协议如下：第一，财产分割：(1)番禺市桥珠殿苑生活区南区12栋×房；(2)番禺沙湾东园(圆)新村东富楼二梯×房；(3)东园(圆)新村园(圆)荣楼二楼其中一间(约78.3m^2)的铺位；(4)番禺石楼镇榕园(苑)九座的两间单车房(被告给王某某的生活费部分补偿)。以上物业财产归原告所有，剩余财产归被告所有，从此各人财产各自所有，互不相欠。第二，儿子王某某的抚养问题，儿子归原告抚养，被告除车房的生活补偿外另给生活费每月700元，每月5日前存入指定账号。上述协议签订后，双方未依照协议办理相关手续，双方于一审庭审中均未要求按照该协议内容分割财产。同年1月28日晚，原、被告发生争执、推撞，被告离开后，原告报了警。同年1月29日，被告在派出所写了《保证书》一份，认为在上述争执中可能弄伤了原告，深感后悔，保证以后不会有类似现象发生。其后，原告带儿子王某某离开家搬到外面居住。

另，原、被告于2002年5月30日签订过一份《财产分割协议书》，内容为"为避免经常争吵，现经协议将两人财产分开如下：自今日止，尹某有现金50,000元在王某处，其他资金各自为政，互不干涉"。原告签名的日期为2005年9月20日的《收条》原件一份，内容为"收到本人工资42,000元，从此各不相欠"。

原告诉称：

被告与多名婚外异性有不正当交往，且对其实施家庭暴力，导致夫妻感情破裂。

被告辩称：

应当按《财产分割协议书》的约定，各自名下的财产归各自所有。

一审认为：

1. 对原告关于判决双方离婚的诉讼请求予以支持。

原、被告经自由恋爱结婚，婚后初期感情尚好，本应珍惜，并相互信任、相互忠诚、相互关心、相互体谅。但因双方未能注意继续培养和促进夫妻感情，在出现矛盾时也未能正确处理，导致夫妻矛盾不断激化，并于2008年1月10日签订《离婚协议书》，其后原告离家在外面居住，夫妻关系恶化，最终造成夫妻感情的破裂，对此双方均负有责任。现原告要求离婚,被告虽不同意离婚,但鉴于原、被告夫妻感情确已破裂,该院准许原、被告离婚。

2. 不以《财产分割协议书》中的约定对财产进行分配。

原告主张平均分割夫妻财产,被告主张按上述《财产分割协议书》的约定,各自名下的财产归各自所有。法院认为,原告对上述《财产分割协议书》的复印件不予确认,且被告未能在该院指定的期限内提供原件予以核对,被告提供的证据不足以证明双方对夫妻共同财产进行了特别约定;而且,上述《财产分割协议书》复印件显示的签订时间为 2002 年 5 月 30 日,即使原、被告曾对各自的"资金"进行了约定,但双方于 2008 年 1 月 10 日签订了《离婚协议书》,对夫妻财产进行了重新约定,属于合同双方当事人自主处分权利、协商一致变更了之前的合同约定,因此不应以原来《财产分割协议书》中的约定进行财产分配。由于导致原、被告夫妻感情破裂,双方均有过错,考虑到有利于生产、生活及财产的来源,结合双方对财产的实际占有和使用情况,因此,对夫妻共同财产平均分割和享有较为适宜。

一审判决:

1. 准予原告与被告离婚。

2. 夫妻共同财产处理:(1)位于广州市番禺区沙湾镇东圆新村东圆大街×号铺(房产证号:005×××)、位于广州市番禺区沙湾镇东圆新村东圆大街×号铺(房产证号:005×××)、位于广州市番禺区沙湾镇东圆新村福祥楼1梯×号房屋(房产证号:353×××)、位于广州市番禺区沙湾镇东圆新村东富楼×号房屋(房产证号:116×××)、位于广州市番禺区市桥沙墟二坑口路92号珠江电厂生活区南区12幢西×房(房产证号:223×××)、位于广州市番禺区石楼镇新城榕苑9号楼地下×号单车房(房产证号:205×××)及原告尹某的股票200,000元均归原告所有。(2)位于广州市番禺区沙湾镇东圆新村东圆大街×号铺(房产证号:005×××)、位于广州市番禺区市桥万丰大街3幢5号×号房屋(房产证号:355×××)、位于广州市番禺区市桥大西路4座×房(房产证号:354×××)、位于广州市番禺区石楼镇新城榕苑9号楼×号单车房(房产证号:205×××)、粤ACF××号小型普通客车一辆,以及被告从其于中国工商银行广州市番禺支行卡号为9558823602002201×××及广发证券广州番禺环城东路证券营业部资产账号1515750中取出的存款700,000元均归被告所有。

3. 婚生儿子王某某由原告携带抚养,由被告自本判决生效之月起每月支付儿子王某某的抚养费700元,至儿子王某某有独立生活能力时止。

4. 被告应在本判决书生效之日起十日内补偿原告 27,500 元。

被告不服一审判决,向上级人民法院提起上诉。

被告上诉称:

1. 原审法院认定双方夫妻感情破裂的事实不清,证据不足。

双方当事人经自由恋爱后登记结婚,婚后夫妻感情较好,结婚已经 13 年。由于原告生性多疑,有时也发生争吵,并且双方理财观念有差异,因此,双方于 2002 年 5 月 30 日达成婚内财产分割协议,但是双方并没有离婚想法。双方感情仍然较好,一家三口经常出外旅游。2008 年 1 月初,双方因小事争吵,一气之下,双方写下《离婚协议书》。事后被告主动和好,并且写下保证书。夫妻吵架是很正常的,争吵中写下离婚协议也是正常的。但是,原审以此认定双方夫妻感情破裂,是认定错误。一审判决后,双方仍然在家人的帮助下进行协商,各方都认为双方应该维持夫妻关系。故被告希望二审法院能够依据事实,从有利于家庭幸福、有利于儿子成长的角度出发,认定双方夫妻关系尚未破裂,还有和好可能,判决不准离婚。

2. 原审对夫妻共同财产的分配错误。

首先,双方曾经于 2002 年 5 月 30 日达成婚内《财产分割协议》,约定共有的房产和资金分开管理使用,也就是各自名下财产各自所有,该协议于 2005 年 9 月 20 日履行完毕。在 2008 年 1 月 10 日签订的《离婚协议书》中,双方再次对房产、子女抚养、婚姻关系进行约定,该协议书中没有提及双方各自的存款、股票和资金,只是对房产的重新分配,这也是对《财产分割协议》的肯定。以上两份协议都是双方的真实意思表示,没有规避法律、法规的强制性规定,符合有关规定,合法有效。此外,原告一审中曾提出调解方案,也愿意抛开双方的股票、资金再进行分配,这也证明双方的资金早已分开。其次,原审对双方共同房产的价格认定严重低估,有些房产甚至不到市场价格的一半,造成房产分配严重不公。广州市番禺区沙湾镇东圆新村福祥楼 1 梯 × 房属于案外人王春宣购买并所有,诉争双方对此均予以认可。原审将之列为夫妻共同财产进行分配,损害了第三人的利益。原审只对被告的股票账户、资金进行了调查分配;而按原告的收入,其资产绝对超过百万元,故原审没有对原告的股票、资金情况进行调查,严重损害了被告的利益。

3. 原审对夫妻共同债务没有处理。

在夫妻关系存续期间,双方共同欠下了债务共 117 万元,包括 2007 年 12 月 23 日前欠王春宣等人工程款、房屋装修款 58 万元,2007 年 4 月 8 日借李安全 15 万元、借李卫明 18 万元、借李志军 26 万元。以上借款都用于夫妻共同房产、股票的投资,投资收益用于夫妻共同生活,但是原审未予以认定,损害了被告和债权人的利益。

4. 原审判决由原告抚养儿子王某某错误。

虽然王某某表示愿意随原告生活,但是被告长期溺爱王某某,严重影响了王某某的成长。在原告的溺爱下,王某某配合原告制造被告殴打原告的虚假事实,其学习成绩一落千丈,甚至偷盗原告的钱财。而被告对其从严教育,可促进王某某全面、健康的发展。并且,原告也要求王某某随被告生活,由被告管教。

综上,请求撤销原判,依法改判双方不予离婚或者发回重审。

原告二审辩称:

1. 原审认定双方夫妻感情破裂事实清楚,证据确凿。

双方在2008年1月10日就达成离婚协议,但是后来原告发现被告隐藏了房产和股票,协议显失公平,才诉至法院要求平均分割财产。被告曾多次殴打原告,但是原告缺乏法律常识,没有保留证据。当被告再次殴打原告时,原告在律师的指导下,到公安机关报案保留了证据。同时,被告还假称离婚在婚恋交友网站发布征婚广告,与多名女子发生不正当关系,严重破坏了双方的夫妻感情。在诉讼过程中,被告转移股票等流动资产,至今下落不明,迫使原告采取保全措施,以防被告转移不动产。被告的种种行为,处处损害原告的利益,如果不离婚,原告的合法权益将会遭到更大的侵害。

2. 原审对夫妻共同财产分配有部分错误。

在原审庭审过程中,双方的房产、车辆等已经由双方协商作价,这是双方自愿处分财产,属于意思自治。但是,在认定股票流动资产时存在严重错误,原审在庭审中没有出示法院查询结果由双方质证,导致原告没有准确认定该部分财产总额。原审称原告仅对被告的股票、资金仅要求分割70万元没有任何依据。实际上,原告在诉状中要求平均分割共同财产,没有放弃任何权利。原审该项判决有误,应予以纠正。

3. 原审判决儿子王某某由原告抚养于法有据,合情合理。

王某某已经年满十周岁,原审征询其意见,王某某明确表示愿意随原告生活。因为被告生活作风不良,如果王某某随其生活,将严重影响王某某的身心健康。

律师观点:

1. 现有证据表明,夫妻双方的感情确已破裂。

夫妻应互敬互爱,互相忠实,正确处理家庭纠纷和夫妻矛盾,共同承担家庭责任。诉争双方是自由恋爱,登记结婚后夫妻感情尚可。但是,双方婚后不注意培养和促进夫妻感情,时有争执,夫妻感情逐渐恶化,乃至双方于 2008 年 1 月签订离婚协议,并到民政部门登记离婚,只是因为离婚协议不符合要求而未能办理。原告也随即搬出家门在外租房居住至今。现原告坚决要求离婚,被告虽不同意离婚,但是其也自认婚后感情一般,经调解无效,依据《婚姻法》第 32 条第 2 款的规定,应准许双方当事人离婚。

2.《离婚协议》不发生任何法律效力。

从双方签订离婚协议后即到民政部门办理离婚登记手续来看,本案中的离婚协议,实质上是双方以登记离婚为条件的附条件民事行为,在双方未办理登记离婚的情况下,该离婚协议也不应生效。故被告关于离婚协议合法有效的上诉理由依据不充分。

法院判决:

驳回上诉,维持原判。

1150. 夫妻约定婚内财产归各自所有,承担较多家庭义务的一方在离婚时可否请求补偿?

可以。我国法律明确规定,夫妻书面约定婚姻关系存续期间所得的财产归各自所有,一方因抚养子女,照顾老人,协助另一方工作付出较多义务的,离婚时有权向另一方请求补偿。这在一定程度上弥补了夫妻约定财产制存在的实际上的不平等。夫妻在处理财产纠纷时,应充分考虑这一点。

1151. "夫妻共同财产"包括哪些财产?"夫妻一方财产"包括哪些财产?

离婚诉讼中所分割的财产仅包括夫妻共同财产,夫妻个人财产和其他财产均不在所列。对于夫妻个人财产仍归个人所有。"夫妻一方财产"包括:

(1)一方的婚前财产;

(2)一方因身体受到伤害获得的医疗费、残疾人生活补助费等费用;

(3)遗嘱或赠与合同中确定只归夫或妻一方的财产;

(4)一方专用的生活用品;

(5)其他应当归一方的财产。

对于家庭财产,应首先分出属于夫妻共同所有的部分,然后,夫妻双方才能对此部分和夫妻共同财产一起进行分割。

夫妻共同财产,是指夫妻双方或一方在婚姻存续期间所得,除法律另有规定或者夫妻双方另有约定之外,归属夫妻共同所有的财产。夫妻在婚姻关系存续期间所得下列财产,归夫妻共同所有:

(1)工资、奖金；

(2)生产、经营的收益；

(3)知识产权的收益；

(4)继承或赠与所得的财产，但遗嘱或者赠与合同中确定只归一方的除外；

(5)其他应当归共同所有的财产。

根据实践操作以及司法解释作出的规定，"其他应当归共同所有的财产"包括：

(1)一方以个人财产投资取得的收益；

(2)一方个人财产在婚后产生的收益(孳息和自然增值除外)；

(3)男女双方实际取得或者应当取得的住房补贴、住房公积金；

(4)男女双方实际取得或者应当取得的养老保险金、破产安置补偿费。

1152. 夫妻一方个人财产在婚后产生的收益，是否为夫妻共同财产？

夫妻一方财产在婚后的收益主要包括孳息、投资经营收益及增值。

孳息包括天然孳息与法定孳息。果树结出的果实、动物之产物如鸡蛋、羊毛均属天然孳息；依照法律规定产生的收益物为法定孳息，如银行存款利息。

增值包括自然增值与主动增值。自然增值是指该增值的发生时因通货膨胀或市场行情的变化所致，与夫妻一方或双方是否为该财产投入物资、劳动、努力、投资、管理等无关。如夫妻一方个人婚前所有的房屋、古董、字画、珠宝、黄金，在婚姻关系存续期间因市场价格上涨而产生的增值。主动增值发生的原因恰好与自然增值相反，与通货膨胀或市场行情变化无关，而是因夫妻一方或双方对该财产所付出的劳务扶持、投资、管理等相关。例如，夫妻一方的婚前个人所有的房屋因另一方在婚姻关系存续期间对它的装修而产生的增值部分。

除孳息和自然增值外，投资经营收益与主动增值应认定为夫妻共同财产。

需要注意的是，夫妻一方的个人财产不限于"婚前"这个时点上，也就是包括婚姻关系存续期间夫妻一方个人的财产。

1153. 婚姻关系存续期间，夫妻一方是否可以请求分割共同财产？一方能否通过诉讼请求确认登记在另一方一人名下的财产为共有？

通常情况下，在婚姻关系存续期间，夫妻一方请求分割共同财产，人民法院不会支持。但是，如果存在下列情形之一的，在不损害债权人利益的前提下，夫妻一方可以在婚姻关系存续期间请求分割共同财产：

(1)一方有隐藏、转移、变卖、毁损、挥霍夫妻共同财产或者伪造夫妻共同债务等严重损害夫妻共同财产利益行为的；

(2)一方负有法定扶养义务的人患重大疾病需要医治,另一方不同意支付相关医疗费用的。

在无特别约定的情况下,婚姻关系存续期间所得的工资、奖金,生产、经营收益等财产,归夫妻共同所有。即便产权登记在被告一人名下,仍应属夫妻共同所有,一方可以通过诉讼请求确认登记在另一方一人名下的财产为共有。

【案例398】夫妻感情露裂痕 确认产权共有免纠纷①

原告:裴冬岚

被告:史洪江

诉讼请求:要求确认原告为上海市徐汇区老沪闵路1055弄33号×室房屋(以下简称老沪闵路房屋)的共有人。

争议焦点:原告能否在婚姻关系存续期间确认其为婚后购买的登记在一方名下的房屋为共同共有。

基本案情:

原告与被告于1999年4月1日登记结婚,双方婚后于2003年3月18日共同购买了老沪闵路房屋,产权人登记为被告。

原告诉称:

2010年,原告发现被告与他人存在不正当的两性关系,并且育有一个孩子。原告要求被告解释时,被告声称要与原告离婚,如不离婚,将出售登记在被告一人名下的房产(包括老沪闵路房屋)。为防止原告的合法权益受到损害,特提起诉讼。

被告辩称:

被告对原被告的婚姻情况没有异议,但其并没有不正当男女关系。老沪闵路房屋是原、被告婚后共同购买,当时产权人登记成被告一人,原告并没有提过异议。该房屋一直处于原告的控制下,原告主张其担心被告处分房屋要承担举证责任。事实上,被告对于该房屋系原、被告的夫妻共同财产并无异议,原告只要通过结婚证明结合产权登记信息即足以证明系争房屋是与被告的夫妻共同财产,原告也可以通过房产异议登记来保护自己的权益,原告没有必要通过诉讼的形式解决问题。

律师观点:

根据《婚姻法》第17条的规定,夫妻在婚姻关系存续期间所得的工资、奖金,

---

① 参见上海市徐汇区人民法院(2011)徐民一(民)初字第186号民事判决书。

生产、经营收益等财产,归夫妻共同所有。夫妻对共同所有的财产,有平等的处理权。本案中,原被告双方在夫妻关系存续期间共同购买了老沪闵路房屋,在无特别约定的情况下,虽然产权登记在被告一人名下,仍应属夫妻共同所有。原告有权通过诉讼确认其共有产权人的身份。

法院判决:

原告为老沪闵路房屋的共同共有人。

1154. 离婚时,一方隐藏、转移、变卖、毁损夫妻共同财产,或伪造债务企图侵占另一方财产的,分割夫妻共同财产时,该如何处理?

对隐藏、转移、变卖、毁损夫妻共同财产或伪造债务的一方,可以少分或不分。

【案例399】认为少分财产 世贸天阶董事长前妻两次主张变更财产分割协议①

近年来频频发生的富豪离婚案,不仅仅是财产的简单减法,往往意味着更多的纠纷与动荡。世贸天阶董事长吉增和与前期张秋华的离婚纠纷就是其中一例。

辛苦创业建公司 感情变淡和平分手

吉增和、张秋华相识于20世纪90年代初,当时张秋华是模特,吉增和经营着一家小公司。两人于1995年9月18日结婚。婚后两人开始了艰苦的创业,一起开过饭馆、鞋店、娱乐城。随后,开始涉足房地产,从此一路风生水起,并以丈夫吉增和的名义投资开办了"世贸天阶投资(北京)有限公司""北京奥中协合贸易有限公司",其中世贸天阶公司注册资本1亿元,吉增和对该公司的投资为6500万元。但与生意越做越大相反,夫妻感情却逐渐变淡。2010年1月29日,两人因感情不和,达成离婚协议,并办理了离婚登记。据双方离婚时签订的协议,张秋华分得两套房产和一家资产为2亿元的公司。

离婚后发现少分财产 双方再次协商补充分割

两人离婚后,吉增和与我国台湾地区艺人孟广美的感情日益升温,并被媒体多次报道。张秋华表示,自己在新闻上看到吉增和给孟广美买的的钻戒、豪宅等,所有的一切,不仅从感情上无法接受,而且发现自己分得的财产远少于夫妻共同财产中自己应得的份额。

---

① 参见新浪网 http://finance.sina.com.cn/money/cfgs/20120910/114413092946.shtmll,2012年9月15日访问。

最后，双方经交涉，又于 2012 年 1 月 28 日签订了《〈离婚协议书〉之补充协议》，张秋华又分得一套房产和 4000 万元。

离婚两年再起诉　公司股权价值成导火索

令人意外的是，就在补充协议签订几个月之后，张秋华又以双方共同财产分割明显不公为由，一纸诉状将吉增和告上法庭，要求变更离婚补充协议书，并提出享有世贸天阶公司 32% 的财产性收益。

据报道，这次事件的导火索是市值 60 亿元的北京世贸天阶。据张秋华称，多年来，因公司主要由前夫管理，她对公司的经营状况和资产等都不大了解。补充协议签订后，她才发现，前夫吉增和仅在"北京奥中兴业房地产开发有限公司"和"北京奥中基业房地产开发有限公司"两家公司名下的房产，就有约 23.53 亿元，如对半分割，她应分得 11.765 亿元。特别是在某保险公司对其前夫吉增和参股的世贸天阶公司进行过资产评估，报告中显示，世贸天阶所有的房产、车辆和现金等价值总计约为 60 亿元，按前夫吉增和所占的 65% 公司股份算，其名下资产也在 35 亿元至 40 亿元。当她想到自己离婚时仅仅分到 2 亿元，觉得非常不公平。因此，张秋华认为，她与前夫吉增和在签订《离婚补充协议》时存在显失公平的情形，双方对于共同财产的掌握情况相差颇多，所以她有权向法院提出申请，要求变更或者撤销该份离婚补充协议。张秋华除了要求变更已签订的离婚补充协议，还提出享有世贸天阶公司 32% 的财产性收益。

截至本书出版时，媒体尚无对本案判决结果的报道。

1155. 一方在离婚诉讼上诉期间所取得的财产，另一方是否有权主张分割？

离婚诉讼上诉期间，一审法院的判决并未生效，夫妻关系依然存续，根据法律的规定，这期间取得的财产应当视为夫妻共同财产，另一方有权主张分割。但是，是否有权主张分割一半，要视具体情况而定。

最高人民法院对此的意见是，夫妻共同财产，原则上均等分割。根据生产、生活的实际需要和财产的来源等情况，具体处理时也可以有所差别。如夫妻双方已经分居多年，而此财产是基于分居期间行为取得的，此时可以酌情分割一部分财产给予主张方。

1156. 离婚诉讼中，双方对财产价值有争议时，是否必须委托中介机构评估？

双方对财产价值有争议的，可通过协商、竞价、作价、评估、拍卖等形式确定和处理财产，处理财产时应贯彻照顾子女和女方权益的原则以及照顾无过错方的原则，不是必须委托中介机构评估。

第十六章
公司解散纠纷

1157. 离婚时,男方可否请求返还按照习俗在婚前送给女方的彩礼?

离婚时,当事人请求返还按照习俗给付的彩礼的,如果查明属于以下情形,人民法院应当予以支持:

(1)双方未办理结婚登记手续的;

(2)双方办理结婚登记手续但确未共同生活的;

(3)婚前给付并导致给付人生活困难的。

1158. 女方婚前陪送嫁妆在离婚时应当如何认定?

在登记结婚前陪送的嫁妆应认定为女方家人对女方的婚前赠与;在登记结婚后陪送的嫁妆,女方家人未明确表示是对某方的个人赠与,则应认定为对夫妻双方的共同赠与,该嫁妆应认定为夫妻的共同财产,但夫妻双方对该嫁妆有特别的约定,则应依约定来认定财产的权利归属。

1159. 夫妻离婚时,一方取得的知识产权应该如何处理?如何确定婚姻关系存续期间所实际取得的知识产权财产性收益的归属?

婚姻关系存续期间,实际取得或者已经明确可以取得的有关知识产权的财产性收益为夫妻共同财产,即便该知识产权是在离婚后实际取得也应为夫妻共同所有。

例如,一方在夫妻关系存续期间申请了某专利,由于该专利授权还需要一定的法定程序,此时就不能认定该知识产权存在收益。一方尚未取得经济利益的知识产权,归一方所有。在分割夫妻共同财产时,可根据具体情况,对另一方予以适当的照顾。

再如,一方申请的专利在婚姻关系存续期间已经专利局核准,但证书颁发于离婚后,该专利仍然属于夫妻共同财产。

1160. 离婚时夫妻一方尚未退休、不符合领取养老保险金条件的,另一方是否有权按照夫妻共同财产分割养老保险金?

不能。离婚析产必须针对现有的财产。而养老保险金在当事人尚未退休、不符合领取养老保险金的条件时,尚未形成,当事人能否拿到养老保险金,以及拿到多少尚不确定。所以,在上述情况下分割养老保险金显然不符合法理,实践中也无法操作。

但是,要注意的一点是,婚后以夫妻共同财产缴付养老保险费,离婚时一方主张将养老保险金账户中婚姻关系存续期间个人实际缴付部分作为夫妻共同财产分割的,人民法院应予支持。

1161. 婚姻关系存续期间购买的保险,指定受益人为夫妻一方的保险利益,在离婚时,是否属于夫妻共同财产?

不属于。依照《保险法》和《民法通则》《婚姻法》的有关规定,保险利益主要表现为保险金,保险利益具有特定的人身关系,应该属于夫妻一方的个人财产,不属于夫妻共同财产。

1162. 一方提起离婚诉讼时,请求分割尚未实际分割的遗产时,应如何处理?

婚姻关系存续期间,夫妻一方作为继承人依法可以继承的遗产,在继承人之间尚未实际分割,起诉离婚时另一方请求分割的,人民法院应当告知当事人在继承人之间实际分割遗产后另行起诉。

但在离婚后,继承人之间实际分割遗产的情况下,人民法院可以对夫妻一方诉请分割原配偶继承所得部分财产的主张依法受理和裁判。

1163. 夫妻之间订立借款协议,以夫妻共同财产出借给一方从事个人经营活动或用于其他个人事务的,该借款在离婚时应如何处理?

该借款应视为双方约定处分夫妻共同财产的行为,离婚时可按照借款协议的约定处理。

1164. 当事人因在婚姻登记机关协议离婚时所签订的离婚协议中的财产分割条款的效力及履行发生纠纷,人民法院是否应受理?

离婚协议中关于财产分割的条款或者当事人因离婚就财产分割达成的协议,对男女双方具有法律约束力。

男女双方协议离婚后一年内就财产分割问题反悔,请求变更或者撤销财产分割协议的,人民法院应当受理。人民法院审理后,未发现订立财产分割协议时存在欺诈、胁迫等情形的,应当依法驳回当事人的诉讼请求。

需要注意的是,财产分割协议仅对男女双方具有法律约束力,对第三方不具有法律效力。在协议履行过程中,其他人主张该协议处分了离婚的男女双方以外的其他人的财产,或者侵犯了国家、集体或者他人的合法权益,利害关系人可以提起侵权之诉。人民法院应对离婚协议的效力进行审查。

【案例400】按离婚协议书分割财产　反悔请求重新分割被驳回[①]

原告: 陆军

被告: 苏扬

---

① 参见江苏省扬州市中级人民法院(2008)扬民三初字第0033号民事判决书。

诉讼请求：

1. 确认原告为379×××号注册商标的共有权人；
2. 确认原告为申请号为541×××、541×××、614×××商标的共同申请人。

争议焦点：

1. 商标是否属于夫妻共同财产是以申请时间还是核准时间为准；
2. 离婚协议已经生效，一方能否反悔。

基本案情：

2001年2月，被告投资设立了苏扬足部护理中心（个人独资企业）。

2003年2月21日，原告与被告登记结婚，2007年5月9日双方办理了离婚登记。

2003年11月，被告申请注册"苏扬"图文商标，国家商标局于2006年4月7日予以核准。2006年6月12日，被告又向国家商标局申请注册申请号为541×××、541×××的"熙龙"商标，国家商标局予以受理。

被告于2007年5月16日取得了379×××号商标注册证（核定服务项目为第44类，有效期限：2006年4月7日至2016年4月6日）。

2007年7月2日，苏扬足部护理中心向国家商标局申请注册申请号为614×××的"苏扬"商标，国家商标局予以受理。

原、被告协议离婚时，通过离婚协议书对婚姻关系、子女抚育及婚姻存续期间的共同财产进行了约定。第3条对婚姻存续期间的共同财产进行了分割：其中第1款、3款、5款、6款、7款、8款对房屋的归属（购买房屋借款的承担）、汽车的归属、各自以自己名义形成的债权债务、被告给付原告现金的支付方式、诉讼案件赔偿款的分配、婚生女的抚育费进行了约定；其中，第2款约定，位于柳湖南苑3号×室房屋内的家具、设备归甲方所有，乙方及女儿的衣物、饰品由乙方取走。本协议未列明的其他财产归乙方所有；第4款约定，乙方所开设的苏扬足部护理中心归乙方所有，与甲方无关。乙方继续自行经营，企业的一切对外债权、债务归乙方，与甲方无关。

原告诉称：

婚姻关系存续期间，原、被告以被告的名义申请注册了379×××号"苏扬"图文商标，并于2007年5月16日取得了商标证；还申请了申请号为541×××、541×××的"熙龙"图文商标及申请号为614×××的"苏扬"图文商标。上述商标及申请中的商标均为原、被告共同创业、共同申请，所取得的商标及商标申

请权也应为双方共有。

被告辩称：

1. 足部护理中心是被告婚前创办的个人独资企业，是被告的婚前财产，该企业与原告无关；

2. 原告要求确认其为注册商标的共有权人及其他商标的共同申请人，于法无据；

3. 双方离婚时已对共同财产作出妥善处理，确认协议列明的财产外的一切财产均归被告所有。

律师观点：

1. "苏扬""苏扬"图文商标系夫妻共同财产，其他商标申请权系被告个人财产。

注册商标自国家商标局核准注册之日起即取得商标权，虽然苏扬于2007年5月16日才取得379×××号商标注册证，但该商标于2006年4月7日已被核准注册，故商标权的取得系在原、被告婚姻关系存续期间。

我国《婚姻法》规定，夫妻在婚姻关系存续期间所取得的知识产权的收益，归夫妻共同所有。"知识产权的收益"，是指婚姻关系存续期间，实际取得或者已经明确可以取得的财产性收益。本案中，申请号为541×××、541×××的"熙龙"商标虽系原、被告婚姻关系存续期间所申请，但该申请在国家商标局审查中，尚未获得授权，不属于《婚姻法》所规定的夫妻共同财产的范围；而申请号为614×××的"苏扬"商标的申请时间为2007年7月2日，此时原、被告已经离婚。

2. 原、被告已按离婚协议书对财产进行分割，原告无权反悔。

离婚协议书属于附条件的协议，该条件在原、被告离婚后成就，因此，原、被告离婚后，已按离婚协议书对财产进行分割的，原告无权反悔。离婚协议书明确约定，本协议未列明的其他财产归乙方所有；乙方所开设的苏扬足部护理中心归乙方所有。379×××号"苏扬"商标为婚姻关系存续期间取得的无形财产，属于协议中未列明的财产，也是苏扬足部护理中心的财产，应归被告所有。同理，即使申请号为541×××、541×××的"熙龙"商标可以作为民事权利归夫妻共有，亦因属于离婚协议书中的未列明的其他财产，而归被告所有。

法院判决：

驳回原告的诉讼请求。

（二）离婚时房产分割的裁判标准

1165. 夫妻一方在婚前购置的房屋在婚后发生了增值，增值部分在双方离婚时应当如何分割？

夫妻一方在婚前购置的房屋属于个人财产。关于房屋在婚姻关系存续期间增值部分是夫妻共同财产抑或是个人财产，要分情况而定：

（1）若因市场行情变化抛售后产生的增值部分，由于这些财产本身仅是个人财产的形态变化，性质上仍为个人所有之财产，抛售后的增值是基于原物交换价值的上升所导致，仍应依原物所有权归属为个人所有。

（2）若双方在婚后对房屋进行了装修、修缮等活动，则因装修引起房屋增值部分属于夫妻共同财产。增值部分中属于另一方应得的份额，由房屋所有权人折价补偿另一方。

（3）当事人将属于个人所有的房屋出租，因对房屋这类重大生活资料，基本上是由夫妻双方共同进行经营管理，包括维护、修缮，所取得的租金事实上是一种夫妻共同经营后的收入，因此，婚姻关系存续期间所得的租金一般认定为共同所有。但若房屋所有人有证据证明事实上房屋出租的经营管理仅由一方进行，则婚姻存续期间的租金收益应归房产所有人个人所有。

综上，判断房屋增值部分属于夫妻共同财产抑或是个人财产关键是要看该增值部分是基于原个人财产的自然增值还是基于夫妻共同经营生产。

【案例401】婚前房产　婚后增值属个人财产[①]

原告：黄庆

被告：吉灵静

诉讼请求：判令与被告离婚，并分割夫妻关系存续期间的共同财产。

争议焦点：

1. 房产证发放时间晚于结婚登记时间，该房产属于夫妻共有财产还是个人财产；

2. 一方在婚前购买的房产在婚后房价上涨增值部分属于个人财产还是共同财产；

3. 二审是否应对管辖权异议进行审理。

[①] 参见湖南省怀化市中级人民法院(2008)怀中民一终字第67号民事判决书。

基本案情：

2004年2月26日，购买位于北京市宣武区广外马连道80号欧园第1幢14层×号房（以下简称×号房产），总价款为416,933元，首付款166,933元，其中15万元系原告的父亲黄怀敏于2004年2月24日从沅陵信汇给原告。余款由原告申请住房按揭贷款250,000元，约定在当前利率水平下每月归还本息为人民币1655.42元。

同年4月，原告开始装修×号房屋，并陆续购置康佳29英寸彩色电视机1台、空调2台、LG冰箱1台、小天鹅洗衣机1台、沙发1套、床及床垫、床柜、茶几等家电及家具。同年5月底，原告即搬进该房屋居住。2004年8月26日，原告向北京市宣武区房地产管理局申请产权登记，该局于同年9月16日经过审批同意确权，准予发证，同年9月24日原告的授权人白国莉到北京市宣武区房地产管理局领取房屋所有权证，产权人为原告。

2004年9月20日，原告、被告在沅陵县民政局登记结婚。婚后，被告随原告一同在北京居住、工作，双方未生育小孩。在共同生活中，双方常为家庭琐事发生矛盾，甚至发展到吵架、打架，导致夫妻分居。

2007年6月4日，原告一次性贷款23万元用于偿还购房贷款，并约定贷款期限为15年，利率为月息4.845‰。自2004年9月至2008年3月，原告共偿还贷款本息79,704.8元，尚欠贷款218,499.98元。

原告与被告现有共同财产：截至2008年1月17日，原告的住房公积金余额38,039.64元，其中，2008年1月23日，原告已支取36,200元，尚有余额1839.64元；原告的银行存折及卡上余额人民币2899.4元、美元134.38元；股票、基金现值人民币41,519.89元（2008年4月1日市值）、股票资金余额575.41元；被告的银行存款35,000元。双方另有棉絮11床、铂金项链1条、黄金吊坠1个、黄金耳环1对。另有铂金手镯1个、项链1条、戒指1个、耳环1对系被告婚前购买，属于被告的个人财产。

原告诉称：

原被告双方感情已经破裂，广外马连道80号的房产由原告婚前购买，属于其个人财产，同时股票基金也是原告个人财产。

被告辩称：

双方所争议的×号房产，属于夫妻共同财产。2004年春节期间，被告给了原告4万元人民币，以作为在北京购房首付款的组成部分，原告以自己的名义办理按揭贷款，北京市宣武区房地产管理局于2004年9月24日审核发证，而双方婚登记的时间为 2004 年 9 月 20 日;另外,该房屋的增值部分属于夫妻共同财产,同地段的住房价格从 5661 元/m² 上涨至 14,000~15,000 元/m²,增值部分亦为夫妻共有财产。原告隐瞒并转移夫妻共同财产的事实客观存在,应当按照婚姻法的规定予以处理。

一审认为:

1. 原被告双方感情破破裂,准予离婚。

原告与被告婚前感情基础一般,婚后因双方均未处理好家庭关系及日常生活中出现的矛盾,致使夫妻感情恶化,现原告与被告夫妻感情已经彻底破裂。故对原告要求与被告离婚的诉讼请求,予以支持。

2. ×号房产属于原告婚前个人财产,考虑原告婚后共同偿还贷款,原告应支付的财产分割费用应根据房屋增值因素适当调高。

在原告与被告夫妻关系存续期间的共同财产应共同分割,×号房产系原告婚前以按揭方式购买,原告并已于婚前办理了该房屋的个人所有权证照手续,该房屋应属原告的婚前财产,应属原告所有。

一审判决:

1. 准予原告与被告离婚;

2. 原告婚前购买的×号房产一套归原告所有,该房屋尚未偿还的贷款亦由原告予以偿还;

3. 夫妻共同财产铂金项链 2 条、耳环 1 对、戒指 1 个、黄金耳环 1 对、铂金手镯 1 个,归被告所有,其余财产归原告所有;

4. 原告支付被告财产分割费 13 万元,此款限判决生效后 15 日内付清。

原被告双方均不服一审判决,向上级人民法院提起上诉。

原告上诉称:

一审判决原告应支付被告 13 万元包括哪些应分割的共同财产含糊不清;认定原告在北京所购住房属婚前财产,产权属原告,又认定房产增值部分为共同财产,前后矛盾,直接侵害原告的房产权。被告并未提供任何有关房产增值的证据,更没有经有关职能部门对房屋的价值作出评估。请求撤销一审关于分割婚后共同财产的判决,依法合理分割共同财产。

被告上诉称:

原判程序不当。根据《民事诉讼法》(2007 年修订)第 22 条的规定,对公民提起的民事诉讼,由被告住所地人民法院管辖,被告住所地与经常居住地不一致的,由经常居住地人民法院管辖;从便民、利民的原则出发,被告的户口在沅陵县,但双方都长期居住在北京,此案应在北京审理。

另外,金银首饰是婚前其姐姐购买,不应属共同财产。

被告二审辩称:

双方婚姻基础牢固,婚后感情很好,根本达不到感情确已破裂的地步。原告在上诉状中称被告有 7 万元存款为夫妻共同财产,不是事实,被告工行卡上有 35,000 元,在离婚诉讼期间已悉数取出,将其中的 2 万元交给了原告,农行卡上有 30,000 元,是被告的父母给的,该钱早于 2006 年春节期间取出。

原告二审辩称:

被告称在婚前给原告 4 万元购房款,不知道是什么时候什么地点什么渠道给的,根本不存在给钱的事实;在诉讼期间从 7 万元中取出 2 万元给原告,被告也没有证据可以证明;被告称共同借款 2 万元装修房屋,确实借了,但在婚前已还清。

律师观点:

1. 夫妻感情彻底破裂,离婚诉讼请求应予支持。

原告与被告婚前感情基础一般,婚后因双方均未处理好家庭关系及日常生活中出现的矛盾,致使夫妻感情恶化,现原告与被告夫妻感情已经彻底破裂。故对原告要求与被告离婚的诉讼请求,予以支持。

2. 房屋产权登记于婚前,属原告婚前个人财产,房屋增值部分属原告个人财产。

双方婚后居住的×号房产,系原告婚前购买,原告在支付首付款并以个人名义向银行按揭贷款后取得该房屋的使用权,并于婚前几个月对房屋进行了装修和购置家具、家电,该房屋产权登记在原告个人名下。故双方现居住的房屋与婚前购置的家具、家电均属原告的个人财产,不能共同分割。被告称婚前交给原告 4 万元用于购房,但一、二审中未能提供证据证实,不应被采信。

被告主张争议房屋的产权证发放日期为 2004 年 9 月 24 日,晚于结婚登记日期 4 天,房屋产权系夫妻关系存续期间取得,属于夫妻共同财产,现该房屋已经升值,增值部分亦为夫妻共同财产。该房屋的购买时间以及房屋的实际取得时间均在婚前,首付款来自原告的父亲黄怀敏和原告,房屋的所有权登记于 2004 年 9 月 16 日即双方结婚前已完成。根据《物权法》第 14 条的规定:"不动产物权的设立、变更、转让和消灭,依照法律规定应当登记的,自记载于不动产登记簿时发生效力。"因此,原告于婚前已取得争议房屋的所有权。不动产权属证书是权利人享有该不动产物权的证明,而不是物权公示的方式。只有不动产登记簿才是物权归属和内容的根据,是物权公示的方式。故发放权属证书的日期不能作为不动产物权设立、变更、转让和消灭发生效力的时间。同时，由于双方婚后并未就房屋的权属达成新的约定，房屋的增值部分也属于所有权人，当婚姻关系不再存续时，对方拥有的权利仅是对已付购房款本息的原价返还。故被告的该上诉请求没有事实和法律依据，不应被支持。

3. 股票、基金不易分割，取得所有权一方应给予对方补偿。

原告名下的股票、基金亦属于夫妻共同财产，但不便于分割，应由原告按市值的一半补偿给被告；双方另有棉絮11床、铂金项链1条、黄金吊坠1个、黄金耳环1对，从保护妇女合法权益的角度考虑，判归被告所有比较恰当。

4. 其他财产的分割。

原告为购房欠下的银行贷款属于其个人债务，应由其个人偿还。双方婚后共同偿还的购房贷款本息79,704.8元，应由原告向被告偿还其中一半；已查实的原告名下的银行存折及卡上的资金，小额支取属于正常的消费开支，余额人民币2899.4元，美元134.38元，应依法共同分割；原告前三年的住房公积金已支取，无法分割，2008年1月23日支取的36,200元，系原告在本案一审判决后支取，且数额较大，应分割其中的一半归被告；原告在一审中提供三份被告名下的存折照片，被告在一审庭审中认可尚有存款65,000元，构成民事诉讼证据规定中的自认情形，现被告上诉称该款已全部支取，并将其中2万元交给原告炒股，未能向本院提供证据证实，不应被采信。该65,000元中有3万元为被告的父母明确赠与被告个人，原告虽有异议，但未能提交反驳证据，故另35,000元应作为共同财产分割。

现存的家具、家电及其他金银首饰属于原告和被告的个人财产，不能分割。

5. 二审不审理管辖权异议问题。

被告上诉称原判程序违法，本案不应由一审法院管辖。鉴于其在一审答辩期内没有向法院提出管辖异议，该程序问题不属于二审审查范围。

二审判决：

1. 准予原告与被告离婚。

2. 现存的家具、家电及其他金银首饰属于原告和被告的个人财产，不能分割。现存于北京市宣武区广外马连道80号欧园1幢14层×号房屋内的家具及家电属原告个人财产，归原告所有，铂金手镯1个、耳环1对、戒指1个、项链1条属被告个人财产，归被告所有。共同财产棉絮11床、铂金项链1条、黄金吊坠1个、黄金耳环1对归被告所有，股票、基金归原告所有。

3. 双方共同存款人民币37,899.40元，美元134.38元，折合人民币134.38×7.0218＝943.58元（按2008年4月1日汇率），原告的住房公积金38,039.64元，由原告、被告平均分割。

4. 原告偿还被告婚姻存续期间按揭房屋贷款本息79,704.8元的一半,即39,852.40元,补偿被告股票、基金市值的一半即20,759.94元。

5. 以上各项,被告共计应得人民币99,341.35元,除在其名下的35,000元外,原告尚应支付64,341.35元,并限于本判决生效之日起15日内一次性付清。

1166. 夫妻双方对共同财产中的房屋价值及归属无法达成协议时,应当如何处理?

按照下列原则处理:

(1)双方均主张房屋所有权的,可以通过竞价方式取得,由出价高的一方取得该房屋所有权,该方给予另一方相应数额的补偿。

(2)一方主张房屋所有权的,由评估机构按市场价格对房屋作出评估,取得房屋所有权的一方应当给予另一方相应的补偿。如果当事人双方对房屋价值无法达成协议,也不委托评估机构评估的,人民法院可以委托评估机构对争议房屋的价值按照现行市场价格进行评估。委托评估机构产生的评估费,由当事人按照分割房屋价值的比例分担。

(3)双方均不主张房屋所有权的,当事人可以申请法院拍卖房屋,就所得价款进行分割。

1167. 婚前或婚姻关系存续期间,夫妻约定一方将其所有房产赠与另一方,赠与方在赠与房产变更登记之前撤销赠与,另一方请求判令继续履行的,能否得到支持?

婚前或婚姻关系存续期间,夫妻约定一方将其所有房产赠与另一方,赠与方在赠与房产变更登记之前撤销赠与,另一方请求判令继续履行的,人民法院可以按照《合同法》第186条的规定处理。《合同法》规定,赠与人在赠与物交付之前可以撤销赠与,但是具有救灾、扶贫等社会公益、道德义务性质的赠与合同或者经过公证的赠与合同除外。而对于房产的交付,我国采用的是不动产法定登记制度,也就是说在登记后才算已经交付赠与物。因此,赠与房产的,除经过房产转让登记和赠与合同公证的以外,赠与人有权撤销赠与。

1168. 婚后父母给子女买的房子,应归谁所有?双方父母各自出资给子女买房,婚前买和婚后买会不会对房产的所有权有影响?

婚后由一方父母出资为子女购买的不动产,产权登记在出资人子女名下的,视为只对自己子女一方的赠与,该不动产应认定为夫妻一方的个人财产。

由双方父母出资购买的不动产,产权登记在一方子女名下的,该不动产可认定为双方按照各自父母的出资份额按份共有,但当事人另有约定的除外。

双方父母各自出资给子女买房,婚前买和婚后买可能会对房产的所有权有影响,具体如下:

(1)当房产登记在双方子女名下时,双方父母出资给子女买房,婚前买的推定夫妻双方按照各自父母的出资额按份共有,婚后买的推定夫妻双方共同共有。当事人另有约定的除外。

(2)当房产登记在一方子女名下时,不论该出资发生在婚前抑或婚后,该不动产都可以认定为双方按照各自父母的出资额按份共有。

1169. 夫妻一方未经另一方同意出售双方共同共有的房屋,第三人善意购买、支付合理对价并办理产权登记手续的,另一方是否有权主张追回该房屋?

不能。但是,夫妻一方擅自处分共同共有的房屋的行为造成另一方损失的,离婚时另一方若请求赔偿损失,人民法院应予支持。

此处需要注意的是,夫妻一方以此为由请求赔偿损失的,必须以提起离婚诉讼为前提。

1170. 婚姻关系存续期间,双方用夫妻共同财产出资购买以一方父母名义参加房改的房屋,产权登记在一方父母名下或是登记在夫妻双方名下或一方名下,离婚时,该套房屋如何分割?

按以下方法处理:

(1)如果该房屋登记在参加房改的父母名下,该套房屋不可以按照夫妻共同财产来进行分割,购买房屋时的出资,按照债权处理。房产登记在其父母名下的一方对另一方负有以对方出资额为限的债务。需要注意的是,该房产仅限于房改的房屋,而不适用于商品房和经济适用房。

(2)如果参加房改的房屋已经登记在夫妻双方名下,可视为一方父母放弃对于房改房中因自己参加房改以职级、年龄、工龄等抵扣所享受的福利,视为对夫妻双方的赠与,作为夫妻共同财产进行分割。

(3)如果登记于夫或妻一方名下,应参照《最高人民法院关于适用〈中华人民共和国婚姻法〉若干问题的解释(三)》第6条的规定,视为对子女一方的赠与,该房改房应认定为夫妻一方的个人财产,而非夫妻共同财产。

1171. 夫妻一方婚前以个人财产按揭购买房屋,婚后夫妻共同清偿贷款,在离婚时应如何处理?

夫妻一方婚前以个人财产购买房屋并按揭贷款,产证登记在自己名下的,该房屋仍为其个人财产,同样地,按揭贷款为其个人债务。婚后配偶一方参与清偿贷款,并不改变该房屋为个人财产的性质,因此,在离婚分割财产时,该房屋为个人财产、剩余未归还的债务为个人债务,对已归还的贷款中属于配偶一方清偿的部分,应当予以返还。

对于产证登记在一方名下,但配偶方有证据证明婚前购房时其也共同出资的,在离婚分割财产时,该房屋仍为产证登记人的个人财产,剩余未归还的债务为其个人债务,但对首付款和已归还的贷款中属于配偶一方出资和清偿的部分,应当予以返还。

若配偶方同时有证据证明其婚前是基于双方均认可所购房屋为共同所有的前提下进行出资的,则虽然该房产登记在一方名下,仍宜认定为夫妻共同财产,分割时应按共同财产的分割原则进行处理,同样地,其按揭贷款债务为共同债务。但在分割共同所有的房产时,对于当事人出资数额比例悬殊且婚后确未共同生活或婚姻关系存续期间较短的,可参考当时的出资比例对房产进行分割,而不宜拘泥于各半分割。

1172. 夫妻离婚时,还未取得产权或未取得完全产权的房屋如何分割?

夫妻离婚时,对于尚未取得所有权或者尚未取得完全所有权的房屋有争议协商不了的,法院不宜判决房屋所有权的归属,应当根据实际情况判决由当事人使用。待取得完全所有权后,再由任何一方另行向法院起诉。这类房屋包括当事人用标准价购买的拥有部分产权的房改房以及当事人购买的但在离婚时还未能办理产权的各类房屋。

1173. 婚前由一方父母承租,婚后又以夫妻共同财产购买房屋的,离婚时如何分割?

婚后以夫妻共同财产购买,所以应认定为夫妻共同财产。但是,该房是基于一方父母在先的承租权而取得,所以在分割时对该部分价值应首先予以扣除。

(三)离婚时股权分割的裁判标准[①]

1174. 如何判断一方名下的股权、红利以及股权转让所得属于夫妻共同财产还是一方个人财产?

除夫妻双方另有约定之外,股权归属的具体情形如下:

(1)一方在婚前投资取得的股权,应认定为一方个人股权;

(2)一方以婚前个人财产在婚后投资取得的股权应认定为一方个人股权;

---

① 夫妻离婚时股权分割与公司人合性的平衡详见本书第七章股权转让纠纷。

(3)一方以婚后财产投资取得的股权,应认定为夫妻共同股权。

除夫妻双方另有约定之外,红利及股权转让所得归属的具体情形如下:

(1)一方婚前股权在婚后所取得的红利属于投资经营性收益,应认定为夫妻共同财产,一方以该部分收益投资取得的股权应认定为夫妻共同财产;

(2)一方婚前股权婚后转让所得在扣除出资额的余额属于夫妻共同财产。

【案例402】瑕疵出资转让股权　　补缴出资系夫妻共同债务①

原告:卢某

被告:杨某

第三人:李某、沈某

诉讼请求:分割被告股权转让款120万元或相应价值的债权。

争议焦点:

1. 第三人李某所缴纳的114万元是否属于股权转让款。
2. 对于被告所得的6万元股权转让款是否用于家庭共同生活。

基本案情:

原、被告于2001年2月22日登记结婚,2006年1月17日生育一子,2006年10月起分居。2010年4月21日,由法院判决离婚。原、被告在婚姻关系存续期间,曾共同出资购买房屋、车辆,并共同归还银行贷款。

2003年12月4日,被告与案外人出资成立秦道公司,工商登记注册资本300万元。被告为该公司的法定代表人。其中被告应缴资本金额为120万元。2003年12月4日,罗泾镇农村经济经营管理站向上海市农村信用合作社申请银行本票三张,金额分别为90万元(两张)、120万元,收款人均为秦道公司。同日该300万元被转入秦道公司的验资专用账户内。同年12月17日,秦道公司将3,000,780元从验资账户转入基本账户,并于同年12月22日将3,001,020.07元由其基本账号划入罗泾镇农村经济经营管理站账户内。

2004年9月27日,被告与两名第三人签订股权转让协议,约定被告名下的40%股份,以总价120万元转让给两名第三人,其中第三人李某受让金额为90万元,第三人沈某受让金额为30万元。

2004年3月及同年8月君浦公司向秦道公司账户汇入共计114万元。

---

① 参见上海市杨浦区人民法院网 http://yp.hshfy.sh.cn:8080/ypitw/xxnr_view.jsp?id=32637,2013年2月20日访问。

2004年8月20日君浦公司向秦道公司发函,称114万元系第三人李某汇入。2008年11月秦道公司出具情况说明,称"公司成立时,原股东杨某的120万元出资未到位。为让公司注册资本尽快到位,本公司现股东第三人李某于2004年3月、8月代杨某垫付出资款114万元。2004年9月,第三人李某受让被告上述股权时,双方同意将股权转让款与出资款相折抵后,第三人李某向杨某支付6万元。"

另,根据2004年3月1日至2004年12月31日秦道公司明细账显示:"2004年3月31日投入资本20万元,8月13日投入资本94万元,12月31日利润转资本186万元,累计300万元。"

原告诉称：

原告与被告离婚判决书载明,被告名下秦道公司股权转让款人民币120万元因涉及第三人利益,在离婚案件中未进行处理。现要求分割被告股权转让款120万元或相应价值的债权。

被告辩称：

不同意原告的诉讼请求。秦道公司在成立时,被告实际并未出资,而是由罗泾管理站代被告出资120万元。秦道公司登记完成后即将此款返还了。因此,被告在股权转让时,由受让人即第三人李某将114万元投入秦道公司作为出资,被告实际获得股权转让款6万元,且均用于家庭共同生活。

第三人均诉称：

114万元系第三人李某替被告出资给秦道公司的,被告实际得到的股权转让款金额为6万元。

律师观点：

1. 被告出资不实,第三人所缴纳的114万元应当认定为补缴出资而非被告的股权转让款。

秦道公司在2003年12月成立后,即在同年12月22日将注册资金从基本存款账户划出转入罗泾镇农村经济经营管理站账户。而秦道公司与罗泾镇农村经济经营管理站之间从未发生过业务往来,钱款划入该站系因秦道公司成立时300万元出资是由该站垫付。由此可以判断,被告作为秦道公司的股东,并未履行股东的出资义务,属于瑕疵出资股东。

目前一般认为,股东未出资或出资不实等情形不影响股权的设立和享有,瑕疵股权仍具有可转让性,瑕疵股权转让并不当然无效。公司具有外观性和公示性等商事特征,股权以通过公司登记等外观形式表现出来,具有公示和公信效力,瑕疵出资的股东享有股权,同时考虑到立法中授权资本制下的股东部分出资、瑕疵股权转让前后公司既成法律关系的稳定以及股权连续转让情况下善意第三人的保护,瑕疵股权转让不被法律所完全禁止而作无效处理。

本案中,被告在婚姻关系存续期间,将其享有的公司股权转让给第三人。从其转让价格、转让的主观意图、交易时间来判断,可以认定被告转让行为合法、有效。而且,在诉讼中,原告对转让行为亦未提出异议。

就本案来说,被告作为秦道公司的股东未履行在组建秦道公司时的出资义务,违反了《公司法》对于出资的强制性规定。其后,被告虽然转让了股权,但不能因为其已将瑕疵股权转让而完全免除其对秦道公司应负的责任。根据法律规定,有限责任公司的股东未履行出资义务即转让股权,受让人对此知道的,受让人对该股东履行出资义务承担连带责任;受让人承担责任后,可以向该未履行出资义务的股东追偿。由此可见,在被告转让该公司的股权时,由受让股东直接用应支付的转让款替被告补足出资,并不违反法律规定。该114万元应当视为股东的补缴出资。

2. 原告无权要求分割114万元补缴出资款。

本案中,如果被告的公司股权由是其与原告的夫妻共同财产出资产生,当被告依其自由意志对其持有的股权进行转让时,其转让股权行为属于股东行使权利,受法律保护。原告可以就被告因转让股权获得的财产性权益,即股权转让价款主张分割。但因被告在公司成立时并未履行出资义务,此时,被告对公司负有承担补缴出资的义务,也就是说被告对公司负有债务,而该债务属于被告与原告在婚姻关系存续期间负有的共同债务。因此,对于原告要求分割114万元的请求不应予以支持。

根据6万元转让款取得时间、金额以及双方婚姻存续期间购置的共同财产,对被告辩称收到的6万元转让款已用于家庭日常开销的意见,应予以支持。

法院判决:

驳回原告的诉讼请求。

【案例403】工商登记为股东 一方主张分割股权转让款获支持[①]

原告:代某

被告:曹某

---

① 参见西安市中级人民法院(2011)西民一终字第01169号民事判决书。

第三人：某公司

诉讼请求：分得被告股权转让价款的一半计20万元。

争议焦点：被告能否证明其系代他人持股,原告能否主张分割系争股权的转让价款。

基本案情：

原、被告于2010年4月6日经西安市中级人民法院终审判决双方离婚。

第三人于2002年年初设立时,工商登记该公司总资金为60万元,被告作为出资人出资比例为25%(出资形式为货币15万元),2007年8月第三人在工商部门变更登记,将注册资金由60万元变更为380万元,被告的出资额由原来的15万元变为40万元,出资比例为10.53%。2011年1月5日第三人在工商局办理变更登记手续,内容为被告将其在第三次处10.53%的股份计款40万元转让给该公司法定代表人官某某后退出公司。

原告诉称：

原告与被告离婚过程中,被告故意隐藏其在双方婚姻关系存续期间作为夫妻共同财产的第三人的10.53%的股份,致使原告未能对此夫妻共同财产主张分割,使原告的合法权益受到损害。

被告辩称：

被告不是第三人的股东,姓名是被人冒用,被告与第三人无任何关系,因此不认可原告的诉讼请求。

第三人辩称：

公司成立时政策规定,个人单独不能办理公司,因此公司法定代表人官某某当初以办理手机号为由借用被告及其他朋友的身份证,虚假登记为多人出资的有限责任公司。虚假登记事实现已在工商部门进行纠正,故第三人向法庭说明被告实际不是公司股东,亦未向公司出资。

一审认为：

1. 被告及第三人辩称被告并非第三人的股东证据不足。

关于被告辩称其不是第三人的股东、没有向该公司出资的观点,因无证据,不予采信;对于第三人的辩解,因无充足证据证明被告并非该公司股东,亦不能否定该公司在工商部门注册登记内容的真实性。

2. 原告有权对被告的股权转让款进行分割。

原告依据第三人在工商行政部门的登记备案材料主张权利,要求分得被告在该公司股份的50%或股份转让所得的50%。原告的主张依法有据。

被告在与原告婚姻关系存续期间的投资,应认定为夫妻共同财产,现被告已将其在第三人处股权以人民币40万元转让,故转让股权所得应作为夫妻共同财产予以分割,因此原告要求分得该款一半,依法应予以支持。

一审判决:

1. 被告于本判决生效后五日内付给原告原夫妻共同财产分割款20万元。

2. 如被告未按本判决指定的期限向第三人履行金钱给付义务,将按《民事诉讼法》(2007年修订)第229条的规定,加倍支付迟延履行期间的债务利息。

被告不服一审判决,向上级人民法院提起上诉。

被告上诉称:

1. 原审判决认定被告在与原告婚姻存续期间持有原审第三人的股份10.53%与事实不符。

被告并非第三人的真实股东,其从没有向该公司投资过,之所以工商档案记载被告占10.53%的股份,是因为在2002年该公司成立时,因个人不能成立有限责任公司,为规避法律规定,该公司法定代表人官某某以办理手机号为由借用了被告及其他朋友的身份证注册了公司;2007年8月注册资金变更,因怕变更股东手续烦琐,故未将被告等人虚假股东身份消除,就简单进行了增资变更,被告名下出资额变更为40万元,占10.53%的股份。事后,官某某因知道了被告与原告离婚分割财产,要分割公司的股权,所以在2010年7月5日再次变更,将被告和另外一个朋友虚假的股东身份消除,变更为原审第三人真实的出资人持有公司全部股份。以上所述出资情况,原审第三人都出具了原始的出资票据。但原审判决认为这些证据不能认定被告不是原审第三人真实股东的身份,仍然认定被告就是原审第三人的股东,并占10.53%股份。该认定严重损害了被告和原审第三人的利益。

2. 一审判决要求被告将转让款的一半即20万元给付原告是错误的。

在原审法庭调查中,原审第三人和被告一再强调2010年7月5日的股权转让行为被告并不知情,被告也没有得到所谓的转让款40万元,况且这些手续中的签字全部都不是被告本人的签字。但原审判决错误认定被告在2010年7月5日将10.53%的股权以40万元的价格转让给了官某某,并判决被告将转让款的一半即20万元给付于原告。

综上,请求撤销原判,驳回原告的诉讼请求。

原告二审辩称:

服从一审判决。

第三人二审辩称：

认可所有工商档案中被告的签字都是官某某所为，被告在公司从来没有出资，其不是公司的合法股东。

律师观点：

1. 现有证据证明被告系第三人的股东。

工商登记档案是经国家行政机关审查确定的资料文件，该文件对外具有公示效力，证明力也比一般书证的证明力大。第三人的辩解因无充足证据证明被告并非该公司股东，亦不能否定该公司在工商注册部门注册登记的内容的真实性。被告在没有其他证据证明他不是第三人的股东的情况下，应当认为其对第三人的出资为在与原告婚姻关系存续期间的共同财产。

2. 原告有权对被告的股权转让款进行分割。

因被告已在离婚判决生效一年内将在第三人处的股权以人民币40万元转让，故该转让股权所得应作为夫妻共同财产予以分割。

法院判决：

驳回上诉，维持原判。

1175. 可以采用何种必要措施避免离婚造成股权变动对公司经营产生影响？

为了避免离婚造成公司股权变动，最好的办法就是签订夫妻财产协议，界定清楚夫妻共有财产以及个人财产。涉及股权及其权益的归属问题，可以约定如下：

（1）婚前个人财产婚后投资形成的股权归属。

一方用婚前个人财产在婚后投资形成的股权属一方个人财产。

（2）股权收益再投资形成的股权归属。

①一方婚前股权产生的收益以及收益再投资形成的股权属一方个人财产；

②一方婚后取得的股权产生的收益以及收益再投资形成的股权属一方个人财产。

（3）股权所在公司再投资形成的股权权属。

一方持有的股权所在公司对外投资形成的股权属一方个人财产。

（4）界定所涉股权的范围。

前述所列股权，既包括登记在一方名下的股权，也包括由一方实际出资，他人代持股形成的股权；既包括一方直接持有的股权，也包括一方直接或间接持股的公司对外投资形成的股权。

第十六章

公司解散纠纷

【案例404】赶集网陷"夫妻门" 总裁擅自转让共有股权被判无效①

赶集网夫妻离婚风波再掀波澜,前妻状告丈夫是负心汉,离婚战役从国外打回国内持续三年多。

离婚知内情 丈夫竟然持赶集网半数股权

1995年,23岁的王红艳和25岁的杨浩然结婚,之后杨浩然赴美留学,王红艳陪读。杨浩然硕士毕业后进入一家名企做IT工程师,王红艳辞职当起全职太太。杨浩然的弟弟杨浩涌也是留美IT工程师,于2004年年底回国来到北京筹建赶集网。其间,杨浩然利用业余时间设计出赶集网最初的界面。

2005年3月20日,赶集网正式上线,半年后做到同类网站的北京市场占有率第一。杨浩然分到百万美元。

2007年11月,杨浩然携妻儿回国和弟弟一起发展赶集网。在妻子王红艳眼里,丈夫当上赶集网总裁后,她发现丈夫对自己态度冷淡,两人的感情开始出现裂痕。2009年1月9日,王红艳率先向美国法院递交诉状,要求离婚并分割在美国的存款和房产。

2010年3月,双方即将签署离婚协议时,杨浩然突然提出要在协议上加一句话,鑫秀伟烨公司的股权系杨浩涌赠与杨浩然,归杨浩然个人所有。鑫秀伟烨公司正是赶集网的运营公司,股东为杨浩然和杨浩涌,二人分别持股50%。

王红艳这才意识到,赶集网股权可能也是夫妻共同财产,于是向法院申请回国调查。2010年8月,美国法院判决双方离婚,财产分割问题另行处理。后经王红艳申请,邯郸市中院确认美国离婚判决在中国生效。

回国后王红艳发现,赶集网已从2009年4月开始盈利,2009年收入上千万元,预计2010年年收入过亿元。而杨浩然在美国离婚诉讼期间,已经将公司股权转让给了弟弟。股权转让后,鑫秀伟烨公司变成"自然人独资"性质。

2010年8月,王红艳将杨浩然、杨浩涌和北京鑫秀伟烨科技发展有限公司起诉到海淀法院,请求确认杨浩然"恶意转让股权"的行为无效。

股权起纷争 杨浩然诉婚姻无效规避财产分割

"股权转让"案原定于2010年10月18日开庭。出乎王红艳意料的是,杨浩然的律师当天一到庭就告诉法官,杨浩然六天前到西城法院起诉要求确认婚姻关

---

① 参见品牌中国网 http://news.brandcn.com/attn/201103/277175.html,2012年12月5日访问。

系无效,因此请求海淀法院中止审理。

杨浩然的理由是:两人不是亲自领的结婚证,不符合法定的婚姻登记要件。而所谓的证据,是安徽当地民政部门的一份书面证明。上面显示,"结婚档案因遗失无法查找","双方均未到场办理登记手续"。王红艳方则认为"两人在一起十多年,孩子都三四岁,就算事实婚姻也符合了,怎能说婚姻关系无效"。

为此,海淀法院当庭宣布中止股权纠纷案的审理,待西城法院案件审结后再恢复审理。

杨浩然在诉状中将前妻王红艳的住址写成"美国"。王红艳告诉法官,自己一直在国内,2010年4月起一直住在邯郸某区。鉴于此,2011年8月,西城法院裁定此案归邯郸市某法院审理。后邯郸某区法院宣布对确认婚姻无效案不予受理。按照司法解释,是否亲自领结婚证不是婚姻无效的法定情形。但案件还没完。杨浩然又上诉到邯郸市中级人民法院。

据悉,股权转让纠纷一案海淀法院已作出一审判决:杨浩然、杨浩涌签订的股权转让协议无效。

【案例405】"离婚门"致股权分散　沃华医药四面楚歌①

中证万融公司是沃华医药的控股方,原告与被告则为中证万融公司的股东,原告持有该公司20%的股份,被告持有该公司80%的股份,被告作为夫妻双方的一致行动代表人,代为行使全部股权的权利。并且,原、被告还共同持有罗莱家纺、同仁堂科技及数十家正在运作上市的公司的股权,总资产可能超过20亿元。

家庭暴力妻子诉离婚　丈夫拒绝出面

被告存在家庭暴力的现象,经常对原告大打出手。2011年7月,原告以家庭暴力为诉由向法院起诉离婚,法院的传票发了三次,被告却一直不出面。2011年11月底,原告试图拿走公司保险箱以逼迫与被告见面,但被告仍未出面。

控股股东身陷"离婚门"　高管多人减持股份

在控股股东身陷"离婚门"的同时,沃华医药的高管多次减持手中的股票,也让人颇为蹊跷。从2010年9月起,沃华医药董事田开吉、张法忠、赵军和张戈四人已多次减持公司股票。其中减持最多的是其现任总裁、董事会秘书张戈,经过2011年1月和11月的两次密集减持,张戈已累计减持218.79万股,套现总额达

---

① 参见金融界网 http://stock.jrj.com.cn/invest/2011/11/20112111600045.shtml,2013年1月15日访问。

5432.35万元。对此,沃华医药表示:"减持是高管的个人行为,有其个人原因,公司不便发表意见。"沃华医药原董事田开吉在2011年11月26日向董事会提交辞职报告后,于第二个工作日(11月29日),减持其所持的公司股票103,063股。而这似乎有违"上市公司董事、监事和高级管理人员在离职后半年内不得转让所持的公司股份"的规定。

律师观点:
1. 若被告存在家庭暴力行为,则法院应准予离婚。

根据《婚姻法》第32条的规定,若存在实施家庭暴力或虐待、遗弃家庭成员的情形,法院调解无效的,应准予离婚。原告若有证据证明被告确实有家庭暴力的行为,且无法进行调解,法院应当判决准予解除婚姻关系。

2. 原、被告分别持有的为夫妻共同财产。

依据《婚姻法》第17条的规定,北京中证万融投资集团有限公司的股份是夫妻关系存续期间获得的,即使原、被告分别持有的份额不同,但其仍是夫妻共同财产,离婚时应当均分。

截至本书出版时,媒体尚无对本案判决结果的报道。

1176. 婚姻关系存续期间,用共同财产购买的股票、债券、投资基金份额等有价证券以及未上市股份有限公司的股份,在离婚时如何分割?

夫妻双方分割共同财产中的股票、债券、投资基金份额等有价证券以及未上市股份有限公司股份时,应当首先由夫妻双方协商确定分割方法。协商不成的,按照市价分配。按市价分配有困难的,法院可以根据数量按比例分配。

此处需要处理两点:

(1)前述投资收益往往登记在一方名下,很少有直接记载在双方共同名下。因此,分割时应首先确认该部分财产属于夫妻共同财产,才能依法进行分割。

(2)对于法律规定限制转让的股份在离婚分割财产时不予处理,待符合转让条件后,当事人依然可以基于《婚姻法》的有关规定对没有处理的财产请求分割。

【案例406】和平分割股权 华谊嘉信实际控制人夫妇实现双赢[①]

刘伟于2003年1月创建华谊嘉信公司,至2008年8月6日期间,刘伟为华谊嘉信公司的第一大股东、华谊嘉信公司的实际控制人。宋春静曾在华谊嘉信公司

---

① 参见中财网 http://www.cfi.net.cn/p20100330003064.html,2012年9月16日访问。

担任业务总监,于 2007 年 11 月离职。

2008 年 8 月 7 日,刘伟将其持有的华谊嘉信公司的 45% 股权转让予宋春静,是双方离婚前对财产所作的一次分割,此次股权转让是无偿转让。转让时,宋春静非华谊嘉信公司员工,也未参与华谊嘉信公司的经营管理。因此,在 2008 年 8 月 7 日至 2009 年 4 月 25 日,虽然刘伟、宋春静各自持有华谊嘉信公司 50% 股权,但刘伟对华谊嘉信公司具有实质的控制力,仍为华谊嘉信公司的实际控制人。

华谊嘉信公司进行股份制改造前,为确保公司在引进新股东、整体变更为股份公司建立股东大会、董事会、监事会三会治理结构以及未来可能成为公众公司等系列变化后,刘伟仍对公司保持控制力并保持公司股权结构的相对稳定,经双方友好协商,2009 年 4 月 26 日宋春静将其持有的华谊嘉信公司的 15% 股权转让予刘伟。此后,在博信投资增资及宋春静将所持有的华谊嘉信公司部分股权转让给刘伟后,刘伟持有华谊嘉信公司 57.72% 股权,宋春静持有华谊嘉信公司 27.75% 股权,从股权结构方面进一步明确刘伟对华谊嘉信公司的控制力,刘伟为华谊嘉信公司的实际控制人。

由于华谊嘉信公司的实际控制人刘伟与前妻宋春静在股权的两次转让中态度都十分友好而且也很照顾对方。双方的离婚并没有影响到公司的上市,宋春静也被称为最通情达理的主妇。

截至 2010 年 4 月 6 日,宋春静共持有 1011 万股,以目前估算的发行价 22.5 元计算,她的身家将超过 2.3 亿元。

【案例 407】股权置换混淆视听　转移夫妻共同股权被判无效①

原告:陈艳

被告:熊俊宏、熊俊青

诉讼请求:确认两被告于 2008 年 12 月签订的股权转让协议无效。

争议焦点:

1. 本案审理应适用中国法还是美国法;

2. 被告熊俊宏是否举证证明诉争股份系其以婚前成立的 A、B 公司股权置换而得,诉争股份是否为夫妻共同财产;

3. 被告熊俊宏转让股份是否存在恶意,被告熊俊青受让股份是否属于善意取得。

---

① 参见江西省高院审理的陈艳诉熊俊宏、熊俊青股权转让纠纷案件。

第十六章

公司解散纠纷

基本案情：

原告与被告熊俊宏于2004年12月10日结婚，至本纠纷涉诉时二人依然是合法的夫妻关系。

2009年8月，经美国律师查证，原告得知被告熊俊宏在其婚姻关系存续期间取得的在美国纳斯纳克上市的美国艾格菲公司400万股发起人记名股股票。

2008年12月，被告熊俊宏将上述股份无偿转让给了同为美国艾格菲公司上市发起人的弟弟（被告熊俊青）。根据美国证券交易监督委员会（以下简称SEC）的报告披露："2008年10月16日，根据该公司首席执行官被告熊俊宏的请求，其因个人原因向其弟熊俊青转让其持有的400万股普通股股票，但熊俊青授权被告熊俊宏行使公司的投票权，以上股票的锁定期限截至2009年10月6日"，"被告熊俊青于2008年12月2日授权被告熊俊宏享有400万股普通股的独占表决权直至2011年12月2日"。

2009年7月11日，原告以自己的名义向SEC写了一封异议信，指出被告熊俊宏持有的400万股普通股为夫妻共同财产，在其不知情的情况下，被告熊俊宏无偿将其赠与被告熊俊青，违反了夫妻共同财产的平等处置权，侵犯了原告的合法财产权益。

2009年8月14日，SEC回函给原告，声明其仅根据当事人的要求变更相关股权转让手续，这并不代表转让是合法或违法行为。同时，建议原告"可以在合乎中国法律框架下，采取任何行动来澄清您在该股票转让中享有的权益"。

另外，被告熊俊宏曾先后两次起诉与本案原告离婚，分别是：2009年6月起诉至上海市嘉定区人民法院，要求与原告离婚，该区人民法院于同年7月31日驳回了被告熊俊宏的离婚诉求。时隔15个月后，2010年10月18日，被告熊俊宏第二次起诉至上海市嘉定区人民法院，要求与本案原告离婚，该法院于2010年12月判决驳回了被告熊俊宏的离婚诉讼请求，该案判决亦已经生效。

原告诉称：

被告熊俊宏所持有的美国艾格菲400万股股份系在夫妻关系存续期间内所得，在双方没有特殊约定的情况下该股份应属夫妻共同财产，被告熊俊宏在未经原告同意的情况下，将上述股份无偿转让给被告熊俊青，当属无权处分行为，该股权转让协议应认定为无效。

两被告均辩称：

1. 本案所转让的标的股权系美国艾格菲公司的股份，应适用美国法律进行审理。

2. 诉争股权是被告熊俊宏的个人财产。

该股权是被告熊俊宏通过国内两公司的股权置换而来,即由 A 公司、B 公司的股权置换而来,而 A 公司、B 公司是被告熊俊宏在婚前成立,其所涉及的股权属于婚前财产,婚后通过置换后依然属于被告一方的个人财产。该股权置换行为已经依据美国法律向 SEC 备案。

律师观点：

1. 本案适用的准据法为中国法。

(1) 本案不适用美国法。

根据美国联邦法律与州法律的规定,该案所涉财产及相关纠纷不适用美国法律。原因如下：

①因为美国联邦法律并不涉及已婚人士的婚姻财产权,与家庭关系有关之争端一般交由州法律(管辖范围);所以,美国联邦法律不适用本案。

②美国艾格菲公司注册在美国内华达州,但根据内华达州的法律,内华达州并不是原告和被告熊俊宏的"婚姻居住地",而"婚姻居住地"是判断本案是否能够适用内华达州法律唯一依据。

因此,根据美国内华达州冲突法律规则,被告熊俊宏获得美国艾格菲公司股份之时,夫妻双方均居住在中国,应当适用中国法律。

(2) 本案应适用中国法律。

二被告与原告均为中国籍,在本案涉诉之前,原被告双方当事人均长期居住在国内。并且,由于美国艾格菲公司持有国内 A、B 两公司的股权,而被告熊俊宏持有美国艾格菲公司的股权,故本案涉讼的部分财产也在国内,因此,本案应适用中国法律。

2. 本案系争的股权为夫妻共同财产。

(1) 被告熊俊宏认为其所转让股权是由 A 公司、B 公司的股权置换而来并不属实。

虽然"股权置换"协议形式真实,确系 SEC 备案及公开的材料,但根据原告在开庭后补充查实的证据材料来看,其内容并不真实。通过对中国相关国家工商管理部门查询得知 A 公司、B 公司及股东从未以股权转换的形式处置本公司股权。被告熊俊宏名下所拥有的 A 公司和 B 公司的股权分别于在 2007 年 10 月 10 日、2007 年 4 月 20 日转让了给 M 公司,而并非转让给了美国艾格菲公司。

(2) 被告在婚后取得美国艾格菲公司股权。

原告与被告熊俊宏的结婚时间为 2004 年 12 月 10 日,根据 2007 年 10 月 26

日公布的美国艾格菲公司《招股说明书》显示,被告熊俊宏通过2006年的《股权置换协议》取得美国艾格菲公司400万股的股票,所以依照时间的先后顺序,该股票为被告熊俊宏婚后取得。故本案所涉及的被告熊俊宏名下的美国艾格菲公司股票属于夫妻双方共同财产。

3. 关于涉案股权转让行为是否无效。

(1)转让行为存在明显恶意。

被告熊俊宏转让的股票行为是在夫妻关系恶化时进行的,在股权转让六个月后,被告熊俊宏即向上海市嘉定区人民法院提起了离婚诉讼。这一点充分说明其转让的动机明显存在恶意。

(2)两被告之间在转让本案所涉股权时未征求原告的意见,更未经原告的同意。

(3)受让方非善意取得。

两被告是兄弟关系,被告熊俊青知道被告熊俊宏与原告是夫妻关系,而被告熊俊青明知转让股票的行为会损害原告财产权益,依然在用无对价并隐秘的情况下转让该部分股票,说明两被告在主观上存有明显的恶意。

(4)两被告转让系争股权的行为严重侵害了原告的合法权益。

综上,两被告的股权转让行为侵害了原告的夫妻共同财产处分权,故其股权转让无效。

法院判决:

两被告股权转让协议无效。

1177. 离婚时,夫妻双方共同经营的企业资产如何分配?

分下列三种情形处理:

(1)一方主张经营企业的,对企业资产进行评估后,由取得企业一方给予另一方相应的补偿。

(2)双方均主张经营该企业的,在双方竞价的基础上,由取得企业的一方给予另一方相应的补偿。

(3)双方均不愿意经营该企业的,通常情况下,对企业进行清算,在偿还了债务及其他应当支付的费用后,对剩余的财产在夫妻之间按约定进行分割,并办理企业注销手续。如果企业财产不足以清偿债务和支付其他费用的,按照企业性质决定夫妻双方是否承担连带清偿责任。

1178. 夫妻一方以夫妻共同财产在合伙企业中出资,分割夫妻财产时,应当如何处理?

夫妻双方协商一致,可以将其合伙企业中的财产份额全部或者部分转让给对方时,具体处理情形如下:

(1)其他合伙人一致同意的,该配偶依法取得合伙人地位;

(2)其他合伙人不同意转让,在同等条件下行使优先受让权的,可以对转让所得的财产进行分割;

(3)其他合伙人不同意转让,也不行使优先受让权,但同意该合伙人退伙并退还部分财产份额的,可以对退还的财产进行分割;

(4)其他合伙人既不同意转让,也不行使优先受让权,又不同意该合伙人退伙及退还部分财产份额的,视为全体合伙人同意转让,该配偶依法取得合伙人地位。

1179. 一方以自己名义将夫妻共同财产投资于个体经济组织、个人独资企业、合伙企业、有限责任公司,双方在离婚时对上述权益的价值协商不成,另一方又不愿意参与经营的,如何确定其价值?

人民法院可依照当事人的申请委托评估机构对投资权益的价值进行评估,取得投资权益的一方应给予另一方相当于投资权益一半价值的补偿。

因企业财务管理混乱、会计账册不全以及企业经营者拒不提供财务信息等原因导致投资权益无法评估的,司法实践中,部分人民法院认为可以根据税务、工商机关存档的财务资料来核定其价值,也可以参照当地同行业中经营规模和收入水平相近的企业的营业收入或者利润来核定其价值。

1180. 一方以从夫妻共同财产中的借款投资开办个人独资企业的,另一方不参与该企业的生产经营活动,该企业财产以及产生的收益归谁所有?该企业的对外债务是否为夫妻共同债务?

该企业财产属于夫妻一方个人所有的财产,但在婚姻关系存续期间所得收益属于夫妻共同所有。而对在此期间企业所负债务是否也由夫妻共同财产承担无限连带责任存在争议。最高人民法院倾向于认为该债务应当由投资一方以其个人财产承担责任。在实践中区分以下情形:

(1)如果企业资不抵债时婚姻关系已终止,除法律规定的恶意转移财产逃避债务的外,应当按照投资方分得的夫妻共同财产的部分低于企业债务承担无限连带责任;

(2)如此时婚姻关系已经存续,夫妻一方可以请求分割夫妻共同财产,投资一方应以分得的财产单独对企业债务承担无限连带责任。

三、离婚后财产纠纷的裁判标准

1181. 何为离婚后财产纠纷？该纠纷包括哪些情形？由何地法院管辖？是否适用诉讼时效？按照什么标准交纳案件受理费？

离婚后财产纠纷，指离婚后因财产分割产生争议，一方提起的诉讼。主要包括以下四种情形：

（1）当事人双方离婚后，未对婚姻关系存续期间的夫妻财产进行分割，离婚后对财产的分配问题产生的纠纷；

（2）当事人协议离婚时达成了财产分割协议，离婚后因履行财产分割协议而发生的纠纷；

（3）当事人协议离婚后一年内就财产分割问题反悔而引发的纠纷，一方请求变更或者撤销分割协议；

（4）婚姻关系结束后，一方发现对方在婚姻关系存续期间存在在离婚时未分割的其他财产引发的纠纷。

因离婚后财产纠纷提起的诉讼，应当由被告住所地人民法院管辖，被告住所地与经常居住地不一致的，由经常居住地人民法院管辖。

离婚后财产纠纷案件一般适用两年诉讼时效，但当事人协议离婚后就财产分割问题反悔，向人民法院请求变更或者撤销财产分割协议的，应当在协议离婚后一年内提出。

离婚后财产纠纷的案件受理费的交纳标准与离婚纠纷一致。

【案例408】钢铁大亨妻子提起离婚诉请被驳回　是否"被离婚"？[①]

原告：宋雅红

被告：杜双华

诉讼请求：判令原告与被告解除婚姻关系，分割夫妻共同财产。

争议焦点：

1. 原、被告双方是否已离婚；

2. 2001年的离婚判决在送达、审理和判决程序是否存在严重瑕疵，该判决是

---

① 参见360doc个人图书馆网 http://www.360doc.com/content/11/0719/12/2457585_134461531.shtml，2012年3月26日访问。

否生效;

3. 原告可否以此判决存在瑕疵为由主张对此证据不予认定。

基本案情:

原告与被告于 1988 年结婚。两人婚后育有两个孩子。被告与原告一起创业,白手起家,办起了焊管厂。为了生孩子,原告放弃了创业工作,回家做起了全职太太。在怀着第二个孩子时,双方产生激烈矛盾,分居生活。

被告创业的规模越来越大。2001 年开始,被告相继在唐山、包头、莱芜、广州、四川等地成立了制管公司,并在 2003 年合并组建了京华创新集团,2005 年产值 100 亿元。2003 年,被告与山东来港合资创办了日照钢铁控股,2005 年产值 80 亿元。此后,被告多次荣登胡润财富榜,2006 年胡润百富榜第 14 名,2006 年胡润钢铁富豪榜第 7 名,2008 年 10 月,杜双华以 350 亿元的身家跃升至"胡润百富榜"的榜眼之位。此时,在他管理之下的日照钢铁业已成为民营钢铁企业中不多的"千万吨级俱乐部"成员。

被告因常年在外从事生意,工作繁忙,很少照顾家庭,因此与原告夫妻感情破裂,双方开始协议离婚,但多次谈判后无法确定补偿金额。

原告诉称:

被告长期与其处于"分居"的状态,夫妻感情已经破裂,要求终止双方的婚姻关系。

被告辩称:

1. 案件存在管辖异议,原告依据《民事诉讼法》第 22 条,在被告住所地北京市海淀区人民法院提起诉讼。但被告认为其经常居住地为河北省衡水市,按照"被告住所地与经常居住地不一致的,由经常居住地人民法院管辖"的规定,此案应由河北衡水当地法院受理。

2. 原告与被告因夫妻长期分居感情已经破裂,已于 2001 年解除婚姻关系。

被告为证明其观点,提交证据如下:

2001 年河北衡水中级人民法院作出的判决,准许原告与被告因感情破裂从而离婚。

该判决认定原告因"下落不明"而对两人的离婚案进行缺席审判并判决两人解除婚姻关系。法院所采纳的证据是一份走访调查。2001 年 2 月 5 日,法官专程来京到原告居住的小区,找到物业管理处的一名工作人员,据这位工作人员称,原告已经一年多不在此居住了,找不到人。

针对被告的上述证据，原告认为：

1. 原告并未下落不明，法院不应采用公告方式送达文书。

原告的手机号自从1997年就开始用，至今没换过，法院不可能联系不上原告。

法院调查的地址也是原告当时的住处，如果法院调查，原告完全可能在家。而且，原告身份证的户籍地址是公婆的住处，经常回去，法院同样可以找到。

虽然原告当时与被告分居，但因为孩子还经常联系，法院不应仅凭找了一个所谓物业的人就认定原告下落不明。

此外，近两年原、被告还商量过协议离婚事宜，被告还请律师起草了离婚协议。此外，在丈夫2009年办理的河北暂住证上，婚姻状况也还是"已婚"。

2. 判决书中存在严重笔误。

在2001年的判决书中，存在以下四处笔误：

(1) 原告名字中一个字写错；

(2) 被告的出生日期被推后了一年；

(3) 原被告的大儿子出生日期有误；

(4) 二儿子的名字错误。

一审认为：

由于河北衡水中级人民法院已经作出判决，原告与被告的婚姻关系已经终止。按照"一事不再理"原则，对于判决已经发生法律效力的案件，不得再次起诉和审理，所以原告提出的诉讼请求没有法律依据。

一审裁定：

裁定驳回原告的诉讼请求。

原告不服一审判决，向上级人民法院提起上诉。

原告上诉称：

1. 原裁定依据的事实错误。

2010年1月28日，河北衡水中级人民法院作出裁定书称，那份离婚判决书文字上存在笔误，应予补正。2010年11月4日，河北衡水中级人民法院签发了一份民事裁定书，称2001年的离婚判决书已发生法律效力，并称，该判决书确有错误，应予再审，并裁定此案由该院另行组成合议庭再审，再审期间中止原判决的执行。

2. 原裁定程序上存在瑕疵。

支持2001年判决的走访调查，调查称找到当时的物业管理处的一名工作人员李某，李某告知法院工作人员原告已经一年不在此居住。但在2011年，原告的律师再次找到这位物业管理处的工作人员李某，李某则说，当初没有任何中院的

法官人员来物业管理处找她,也没有做过所谓的调查笔录。

被告二审辩称:

中止判决执行,并不否定该判决已经生效的事实,而且河北衡水中院再审的内容,也不包括双方的婚姻,只是对财产部分进行重新审理。

本案后续:

原、被告双方是否离婚、孰是孰非,我们都无从得知。但不论事实如何,曾经共同奋斗、相濡以沫的恩爱夫妇如今却对簿公堂、相互攻击,实在令人唏嘘不已。

2011年7月18日,本案中的被告就离婚案件发表了一封名为《亲情、法律、金钱的交织负累——我与前妻宋雅红绕不开的那些是非纠葛》的公开信,被告用12段文字具体说明了其与原告的感情纠葛:

1. 13年失败婚姻:事业家庭中的感情伤痂——结婚与第一桶金;

2. 二次创业产生的分歧;

3. 猜忌、争吵与冷对;

4. 次子出生与"抢子风波";

5. 六年默契平静:真实离异后的善意谎言——起诉离婚与判决生效;

6. 对法律文书中瑕疵的说明;

7. 约定的善意谎言;

8. 三载情法交织:利益驱动下的"斗法"纠缠——我成了"富豪";

9. 绑架亲情究竟对价几何?

10. 儿子成了摸底套词的工具;

11. 陷入"再离婚";

12. 对宋雅红等人的几点意见。

被告也对案件中的争议焦点进行了说明:

1. 2001年离婚判决是合法有效的。

到了2001年2月,被告与原告已分居接近四年,双方感情确已破裂,被告当时无法找到原告,便根据《民事诉讼法》(2007年修正)第23条的规定,在被告的经常居住地衡水提起诉讼,且被告起诉的财产标的额超过50万元,根据当时级别管辖的规定,在衡水中院起诉是符合法律规定的。现在原告指责被告当时在衡水中院起诉于法不合,被告认为没有必要辩解。对于2001年的判决采用公告送达相关文书的原因在于,被告当时无法提供原告的下落,法院到其原住地调查确认其不在该处居住已有一年以上,依法做了调查笔录,并依法公告送达了起诉书和开庭传票。

2. 就2001年判决书中存在的笔误进行了说明。

关于次子姓名登记变更问题。次子跟被告一起生活后,在平时生活中亲朋好友都习惯地喊他"二龙",在学校和各种书面表达上则一致称为"杜泽龙",遂被告在2001年起诉离婚时,也按照这个名字书写起诉书,直到2007年去公安局进行正式的姓名变更登记。

关于判决书中被告的出生日期问题。由于被告与原告进行婚姻登记时,被告实际年纪未达到法定婚龄,所以被告在婚姻登记证上将自己的出生日期提前了一年,而在2001年提起离婚诉讼时被告向法院提供的是其实际出生时间,所以导致了被告在法院判决书中的出生日期与结婚证上的出生日期不符。

关于判决书中原告名字错误问题。起诉书中宋雅红的名字写的是"宏",这也是笔误之一,这是因为起诉书是由被告口述、他人代笔的,成文后被告也未能检查甄别出来,所以出现了这个错误。

针对这封公开信,原告在网上播录音称未离婚。

针对这封万言书,2011年7月21日17点,原告及其律师在搜狐网微博频道接受了三个半小时的访谈,访谈内容通过微博进行直播。

1. 提出证据证明2010年之前未离婚。

原告律师称,2002年、2008年、2009年,被告在《暂住证》上登记的婚姻状况都还是"已婚"。而且,原告当场播放了一段其与被告在2010年4月的录音,录音中一名男子(原告称是被告的声音)称,"咱们这事……你写一份离婚协议书,然后咱们俩任何一方到民政局登记"。

2. 对于贪图被告财产的意图进行了否认。

原告当被问到是否贪图被告财产时主动表示,"如果我要贪图他的钱财,假定我知道2001年的判决书,那时候他的资产已能达到四五个亿,那个时候我为什么不去争呢?"原告称其现在要求分割财产主要是为了两个儿子考虑。

1182. 离婚后,一方发现另一方在离婚时有隐藏、转移、变卖、毁损夫妻共同财产的,或伪造债务企图侵占另一方财产的,该如何处理?

当事人发现此种情形的,可以向法院起诉请求再次分割共同财产。

【案例409】丈夫隐瞒股权　妻子离婚后主张分割获支持[①]

原告:徐凝

---

① 参见人民网 http://finance.people.com.cn/GB/42877/14329286.html,2012年3月26日访问。

被告：梁峥嵘

诉讼请求：原告要求认定被告在某公司享有的 25% 的股权为夫妻共同财产并依法分割该部分股权。

争议焦点：

1. 妻子离婚后发现丈夫离婚时隐瞒了财产，能否主张权利；

2. 离婚协议明确"双方财产已自行分割完毕"是否意味着妻子放弃未知的财产。

基本案情：

原告与被告在协议离婚时，在协议中就双方的孩子抚养问题与住房、存款、珠宝首饰等财产的归属作出了约定。夫妻二人还在协议中补写一句，"双方财产已自行分割完毕"，并在协议最后明确写道："我们双方完全同意本协议书上的各项安排，亦无其他不同意见。"

离婚之后，原告从第三方处得知，在双方尚未离婚之时，被告就已经投资了 40 万元与他人注册成立了一家建筑公司，并占有该公司 25% 的股权。

原告诉称：

被告在建筑公司的 25% 股权系在婚姻关系存续期间所取得，在双方没有另行约定的情况下，该股权应当属于共同财产。被告在离婚时故意隐瞒了夫妻共同财产，严重侵害了原告的合法权益。

被告辩称：

1. 原、被告达成的离婚协议中已明确将所有的夫妻共同财产进行了协议分配，原告对该建筑公司的存在始终是明知的，不存在被告隐瞒或欺骗原告的情形；

2. 原告当初不要求分割该公司的股权是因为知道该公司经营不好，且当时该公司处于负债状态，遂原告害怕债务牵连放弃分割该部分股权。

律师观点：

1. 被告在某公司享有的 25% 的股权为夫妻共同财产。

根据《婚姻法》的相关司法解释及审理婚姻家庭纠纷的相关规定，夫妻离婚后财产纠纷中的财产范围，既包括离婚协议中未涉及的财产，也包括《婚姻法》第 47 条所规定的一方在离婚时隐藏、转移、变卖、毁损的夫妻共同财产等情况。

2. 没有证据表明原告放弃了对该部分股权的权利。

根据《婚姻法》第 19 条："夫妻可以约定婚姻关系存续期间所得的财产以及婚前财产归各自所有、共同所有或部分各自所有、部分共同所有。约定应当采用书面形式。没有约定或约定不明确的，适用本法第十七条、第十八条的规定。"

从本案的离婚协议上下文内容来看,该表述紧随双方对住房、存款、珠宝首饰等财产的归属约定之后,而离婚协议涉及的财产分割内容应当具体、明确,具有针对性和指向性,因此该表述应理解为系针对前述财产而言,不能毫无依据地无限制地进行扩大解释和理解。

在双方对具体的、重大财产的分割仅有部分作了明确约定,另有部分没有明确约定的情形下,仅以离婚协议中有"双方财产已自行分割完毕"的表述,及一方已实际掌控该重大财产的情形,而认定该未作明确约定的重大财产权益已进行分割的主张于法无据。

3. 原告有权要求重新分割25%的股权。

根据《婚姻法》的规定,离婚后,当一方发现另一方在分割夫妻共同财产时,有隐藏、转移、变卖、毁损夫妻共同财产行为的,可以向人民法院提起诉讼,请求再次分割夫妻共同财产。所以原告可以要求法院分割这部分股权。

法院判决:
被告在某建筑公司享有25%的股权中由原告和被告各半分割。

1183. 离婚后,请求再次分割夫妻共同财产的,应在多长的期限内提出?

请求再次分割夫妻共同财产的,从当事人发现之次日起计算,两年内向法院提出。

1184. 双方离婚诉讼期间,一方隐瞒另一方预购房产,但在离婚前并未实际取得该房产,未申请登记,该房产是否属于共有财产?

属于。房产系在双方婚姻关系存续期间购置的,由于购房合同合法有效,已交纳的购房款就物化为房屋,受法律保护,所以依法应认定为双方夫妻共同财产;至于当时尚未实际交付使用,领取房屋所有权证书,并不能改变购置财产的共同性质。也就是说,在双方婚姻关系存续期间,一方隐瞒预购房产,离婚后取得该房产仍属共同共有。

四、夫妻共同债务承担的裁判标准

1185. 何为夫妻共同债务?何为夫妻一方债务?如何判断债务系夫妻共同债务还是夫妻一方债务?

夫妻共同债务,是指婚姻关系存续期间,夫妻双方或一方为维持家庭共同生活,或为履行抚养、赡养义务,或为夫妻一方或双方治疗疾病以及为共同生活、生产经营所负的债务。

夫妻共同债务的范围大致可以分为以下七种：

(1)夫妻为家庭共同生活所负的债务；

(2)夫妻一方或者双方为履行法定抚养义务所负的债务；

(3)履行法定赡养义务所负的债务；

(4)为支付夫妻一方或者双方的教育、培训费用所负的债务；

(5)为支付正当、必要的社会交往费用所负的债务；

(6)夫妻共同从事生产、经营活动所负的债务；

(7)夫妻协议约定为共同债务的债务。

实践中夫妻一方的债务主要包括：

(1)夫妻一方婚前债务；

(2)夫妻一方未经对方同意擅自资助没有抚养义务的人所负的债务；

(3)夫妻一方未经对方同意，独自筹资从事生产或者经营活动所负的债务，并且其收入确未用于共同生活的；

(4)遗嘱或者赠与合同中确定只归夫妻一方的财产为一方个人财产，附随此份遗嘱或者赠与合同的债务也应当视为个人债务；

(5)夫妻双方依法约定由个人负担的债务；

(6)夫妻一方因个人不合理的开支所负的债务，或者夫妻分居期间所负的债务；

(7)其他依法应由个人负担的债务。

共同债务性质具体判定标准如下：

(1)一方婚前所负债务为个人债务，但如债权人能够证明该债务用于债务人婚后家庭共同生活的，则属于夫妻共同债，但债务人配偶只在其实际接收财产或受益的范围内承担清偿责任；

(2)婚姻关系存续期间夫妻一方以个人名义所负债务的，应当按夫妻共同债务处理，但是夫妻一方能够证明债权人与债务人明确约定为个人债务的，或者能够证明第三人知道夫妻实行约定财产制的，或者能够证明该笔债务未用于家庭共同生活的除外。

实践中，对于共同债务与个人债务的判断应注意以下四点：

(1)婚前个人债务向婚后共同债务的转化有以下三种情形：

①一方婚前按揭贷款买房，婚后共同居住或使用；

②一方婚前借款购买大量结婚用品，婚后共同使用；

③一方婚前借款装修房屋，该房屋供夫妻婚后共同居住或使用。

(2) 注意区分一方以个人名义所负债务与一方、第三人恶意串通之区别。

(3) 如何认定"债权人与债务人明确约定为个人债务"。主要标准是债权人与债务人是否达成了"个人债务"的书面约定。如果仅有夫妻双方的陈述，而没有债权人的自认，"个人债务"的事实难以确认。

(4) 如何认定"第三人知道夫妻实行约定财产制"。可通过以下三点综合把握：

①夫妻双方是否有约定财产制的事实，如婚姻登记机关的记载、书面约定、经过公证的协议；

②与债权人及夫妻双方无利害关系人的证言；

③债权人与夫妻一方债权文书中的相关记载等。

【案例410】丈夫借款赌博夫妻俩成被告　判决赌债丈夫一人承担①

原告：陈迪

被告：胡莱、秦芳

诉讼请求：判令二位被告共同偿还借款410万元及利息。

争议焦点：被告胡莱明确表示其所借的410万元用于澳门赌博，该笔债务可否认定为两被告的共同债务。

基本案情：

被告胡莱与被告秦芳原系夫妻关系，1999年登记结婚，2011年9月登记离婚。2006年至2007年期间，被告胡莱持港澳通行证多次往返我国澳门地区。

被告胡莱与原告为闵行区的同村村民，原告是一家化学制剂厂的法定代表人。自2006年3月至4月，被告胡莱称其任职的房地产公司可以集资，可由自己出面高息借款，定有丰厚回报。于是，原告分两次将350万元借给被告胡莱。当年年底，被告胡莱又以家庭开支需要开口向原告借款60万元。

原告诉称：

按照当时的约定，被告胡莱虽然陆续归还了借款的部分利息，但对巨额本金却没有偿还的意思。多次追偿，原告均不归还借款。

被告胡莱辩称：

被告胡莱承认向原告借款410万元，但被告秦芳对借款根本不知情，自己借款均用于个人赌博或用于归还赌债。

---

① 参见《上海法制报》2012年3月23日A8版。

被告为证明其观点,提交证据如下:

借款前后赴我国澳门地区的出入境记录。

被告秦芳辩称:

自己对借款之事根本不知情,被告胡莱向原告所借债务用于个人赌博,根本没有用于家庭,因此不同意原告要求自己归还借款的诉请。

律师观点:

根据《最高人民法院关于适用〈中华人民共和国婚姻法〉若干问题的解释(二)》第24条的规定:"债权人就婚姻关系存续期间夫妻一方以个人名义所负债务主张债权的,应当按照夫妻共同债务处理。但夫妻一方能够证明债权人与债务人明确约定为个人债务,或者能够证明属于婚姻法第十九条第三款规定的情形的除外。"因此,夫妻一方对外所负的债务,都应当认定为夫妻共同债务,无须债权人去举证证明,除非夫妻一方能够证明债务人和债务人明确约定为个人债务或其他法定情形。

本案中尽管被告胡莱向原告借款的期间为二位被告夫妻关系存续期间,但被告胡莱对债务明确表示用于我国澳门地区赌博挥霍一空,并提供了借款前后赴我国澳门地区的出入境记录,而原告不能提出反证,既不能证明被告秦芳对被告胡莱的举债是知情的,也不能证明该债务用于家庭。因此,被告胡莱所欠之债,不应认定为夫妻共同债务,被告秦芳无须与被告胡莱承担共同还款的责任。

鉴于双方提供的证据,原告主张要求被告胡莱归还借款并支付利息的要求,应予以支持。

法院判决:

1. 被告胡莱偿还原告借款本金410万元及其利息;
2. 驳回原告其他诉讼请求。

1186. 如何认定夫妻双方通谋虚假离婚的效力?

双方办理离婚登记时,离婚意思表示明确,证件证明齐全,程序合法。当事人一方以假离婚、离婚的目的是以逃避债务为由,请求宣布其解除婚姻关系无效,没有法律依据。

《婚姻法》规定,"男女双方自愿离婚的,准予离婚。双方必须到婚姻登记机关申请离婚。婚姻登记机关查明双方确实是自愿并对子女和财产已有适当处理时,发给离婚证。"《婚姻法》没有关于离婚目的的规定,也未规定离婚目的对离婚效力的影响。因此,只要是双方自愿离婚,并对子女抚养和财产处理达成一致意见,婚姻登记机关不能撤销双方的离婚登记。

1187. 夫妻共同债务应当如何清偿?

先用夫妻共同财产清偿,夫妻共同财产不足以清偿的,由双方合理分摊。如果清偿时,男女双方正处于离婚期,先分割夫妻共同财产,再将共同债务按照一定的比例进行分摊、清偿。

1188. 夫妻约定在婚姻关系存续期间所得的财产归各自所有,所发生的债务由各自承担的,债权人能否主张夫妻双方对共同债务承担连带清偿责任?

夫妻关于财产、债务的约定只在当事人之间有效,如果债权人对此约定并不知晓,则此约定对债权人不产生约束力,债权人可以主张夫妻双方对共同债务承担连带清偿责任。在夫妻共同履行了清偿责任以后,在夫妻之间应该按照约定财产制的内容再对责任进行划分,多偿还债务的一方有权向另一方追偿。

【案例411】夫妻约定财产制　债权人不知约定仍是共同债务[①]

原告: 日东、中民

被告: 哲男、秋实

诉讼请求:[②]

1. 请求两被告向原告日东偿还借款300万元;
2. 请求两被告向原告中民偿还借款50万元。

争议焦点: 两被告婚后财产实行AA制,一方对另一方以个人名义所借款项是否需要承担连带责任。

基本案情:

两被告于2004年结婚。婚前,双方进行了财产公证,并书面约定双方婚后实行财产AA制,各自所得各归自己所有,债务各自负担。由于双方均认为夫妻财产约定属于私人事务,并没有将约定告知外人,包括两人的朋友均不知。

2005年,被告哲男离开原来的公司自己创业,因为资金不够,向朋友原告日东借款300万元。在签订借款协议时,被告秋实也在场,向原告日东明确告知了夫妻实行分别财产制,被告哲男也在协议中写明,该借款属于个人债务,将来也用个人财产偿还。

[①] 法律出版社法规出版分社编著:《婚姻法适用要点与实例》,法律出版社2010年版,第59、60页。

[②] 本案实际上是两个诉讼,因为诉讼主体与法律关系都相同,因此合并在一个案件中讲述。

2005年下半年,被告秋实决定购买一套大房子以改善其父母的居住条件。购房时,被告秋实向朋友原告中民借款50万元,借款协议由被告秋实个人签名,没有告知原告中民该房屋的购买意图,也没有告知其与被告哲男之间的约定财产制。

2007年,被告两人诉讼离婚。在离婚案审理过程中,两原告向法院起诉要求两被告偿还借款。

原告诉称:

两被告向原告日东借款300万元,向原告中民借款50万元,要求夫妻俩偿还对他们的借款。

被告哲男辩称:

对原告中民的借款,自己不应付偿还责任,理由如下:一是夫妻约定实行分别财产制,这是被告秋实个人借款;二是该笔借款用来买的房屋使用者也是被告秋实的父母,不属于为了家庭必要开支所承担的债务。

被告秋实辩称:

原告日东的借款,是被告哲男的个人债务,自己不应承担偿还责任。

律师观点:

1. 夫妻约定实行分别财产制,第三人是否知情是夫妻另一方是否应该承担共同责任的关键。

《婚姻法》第19条规定,夫妻可以约定婚姻关系存续期间所得的财产以及婚前财产归各自所有、共同所有或部分各自所有、部分共同所有。约定应当采用书面形式。没有约定或约定不明确的,适用本法第17条、18条的规定。夫妻对婚姻关系存续期间所得的财产以及婚前财产的约定,对双方具有约束力。夫妻对婚姻关系存续期间所得的财产约定归各自所有的,夫或妻一方对外所负的债务,第三人知道该约定的,以夫或妻一方所有的财产清偿。

本案中,对原告日东的债务,因为两被告已经明确告知其夫妻实行分别财产制,该借款为被告哲男的个人债务,因此,被告秋实对该债务不承担清偿责任。对原告中民的借款,因为两被告未告知夫妻约定实行分别财产制的情况,原告中民也不知情,所以,对在婚姻关系存续期间的债务,两被告应该共同偿还。

2. 偿还共同债务以后,多偿还债务的一方有权向夫妻另一方按约定财产制要求追偿其多偿还的部分。

夫妻实行约定财产制,虽然在第三方不知情的情况下,不能对外发生法律效力,夫妻关系存续期间的债务仍为共同债务。但该约定是夫妻之间的协议,应该得到尊重和执行。因此,在夫妻共同履行了清偿责任以后,在夫妻之间应该按照约定财产制的内容再对责任进行划分,多偿还债务的一方有权向另一方追偿。

法院判决:

1. 被告哲男单独向原告日东偿还 300 万元借款;
2. 原告中民的 50 万元借款由被告两人共同偿还;
3. 对于原告中民的 50 万元借款,被告秋华应当在离婚判决生效后将 25 万元支付给哲男。

1189. 何为夫妻财产约定纠纷?由何地法院管辖?是否适用诉讼时效?按照什么标准交纳案件受理费?

夫妻财产约定纠纷,指夫妻双方因履行婚前及婚后对双方个人财产及共有财产的所有权达成的约定时产生的纠纷。

因夫妻财产约定纠纷提起的诉讼,管辖法院的确定原则与离婚后财产纠纷一致。

夫妻双方、利害关系人确认财产约定无效的,不适用诉讼时效。而协议确认无效后,当事人关于财产返还和损失赔偿的纠纷适用诉讼时效。

夫妻财产约定纠纷的案件受理费的交纳标准与离婚纠纷一致。

该案由与"离婚纠纷"存在交叉之处,如果在离婚诉讼中双方当事人对夫妻财产约定的效力发生争议的,可以按照离婚纠纷处理。在办理离婚登记或者离婚登记后,均可能发生因夫妻财产约定的履行或效力发生争议而引发的纠纷,可按照夫妻财产约定纠纷处理。

【案例412】夫妻协议离婚 婚前共同债务仍担责[①]

原告: 万州资产担保公司

被告: 鸿毅公司、吴刚毅、李琼英

诉讼请求:

1. 由被告鸿毅公司偿还原告为其向农行万州分行代偿的贷款本息 4,556,855.18 元,并支付原告因前述代偿的资金占用费,从 2010 年 12 月 22 日起计算至付清时止;
2. 第 1 项诉讼请求所列款项原告对被告鸿毅公司及被告吴刚毅反担保抵押

[①] 参见重庆市第二中级人民法院(2011)渝二中法民初字第33号民事判决书。

财产折价或以拍卖、变卖的价款优先受偿;

3. 由被告鸿毅公司偿还原告为其向万商贷款公司代偿的贷款本息218,225元,并支付原告因前述代偿的资金占用费,从2010年12月25日起计算至付清时止(按照委托担保合同约定,代偿资金占用费比照同期银行贷款基准利率的200%执行);

4. 第3项诉讼请求所列款项原告对被告吴刚毅、被告李琼英的反担保抵押财产折价或以拍卖、变卖的价款优先受偿;

5. 被告吴刚毅对第1项、3项诉讼请求所列款项承担连带清偿责任;

6. 被告李琼英对第3项诉讼请求所列款项承担连带清偿责任。

争议焦点:

1. 原告未行使资金审查权利是否可以免除被告鸿毅公司的还款义务;

2. 夫妻协议离婚并对财产债务作出分割,是否可以此拒绝承担发生于夫妻关系存续期间的债务。

基本案情:

被告吴刚毅、被告李琼英原系夫妻,已于2011年3月14日离婚,双方离婚协议约定:位于万州区渝东花园路290号附2-×××住房和渝东花园路290号附2-×-×-×门面归婚生子所有,被告鸿毅公司全部股权和财产归被告吴刚毅所有,婚姻存续期间的债权债务归被告吴刚毅享有和负责。本案所涉债务均发生在被告吴刚毅、被告李琼英婚姻关系存续期间。

2009年12月21日,被告鸿毅公司与农行万州分行签订《借款合同》,约定如下:借款种类为短期流动资金借款;借款用途:购原材料;借款金额为500万元;到期日为2010年12月20日;借款利率在基准利率上上浮30%,执行年利率6.903%直至借款到期日;若被告鸿毅公司发生未按时归还借款本息等违反合同义务的情形,农行万州分行享有宣布借款立即到期的权利。

同日,原告与农行万州分行签订的《保证合同》约定,由原告为被告鸿毅公司与农行万州分行签订的借款合同项下的全部金额及为实现债权的一切费用提供连带责任保证。

2009年12月22日,原告与被告鸿毅公司签订《委托担保合同》,约定:代偿资金占用费比照同期银行贷款基准利率的200%执行,自代偿次日起直至原告收回全部代偿资金、代偿资金占用费和因追偿而产生的合理费用之日止;原告有权对被告鸿毅公司所借资金的使用情况进行审核。

同日,原告与被告鸿毅公司、被告吴刚毅签订《反担保合同》及《抵押合同》,

约定反担保及抵押反担保的范围为包括但不限于原告因履行原告与农行万州分行签订的保证合同的义务而支付的一切款项及为实现债权的一切费用。被告鸿毅公司将其位于万州区分水镇张家嘴社区一组厂房内的机器设备、国有土地使用权4309平方米和2940.11平方米的房屋及被告吴刚毅所有的位于万州区渝东大花园290号2-×××号的房地产作为反担保物抵押给原告;被告吴刚毅对此笔担保贷款提供连带责任反担保。此后,双方到相关部门办理了抵押登记。

2009年12月22日,农行万州分行向被告鸿毅公司发放借款500万元。借款发放后,由于被告鸿毅公司连续欠息,农行万州分行向被告鸿毅公司及原告发出了贷款提前到期通知书,到期日为2010年11月28日。2010年12月21日农行万州分行通过农行龙宝支行在原告的账户上直接划收担保本金500万元及贷款利息56,855.18元。后原告用被告鸿毅公司预存的保证金追偿了50万元,被告鸿毅公司应向原告支付代偿款4,556,855.18元。

2010年2月10日,被告鸿毅公司与万商贷款公司签订《借款合同》约定:贷款用途生产流动资金;贷款金额60万元;贷款期限三个月,于2010年5月9日到期(之后,贷款期限经过三次展期至2010年12月9日到期);贷款利率月利率12.15‰;若被告鸿毅公司发生未按时归还贷款本息等违反合同义务的情形,万商贷款公司享有提前收回已发放的贷款等权利。

同日,原告与万商贷款公司签订《保证合同》约定,由原告为被告鸿毅公司与万商贷款公司签订的借款合同项下的全部贷款本金、利息(含罚息、复利)、违约金、损害赔偿金以及诉讼费、律师费、仲裁费、财产保全费、执行费等为实现债权的一切费用向万商贷款公司提供连带责任保证担保。

2010年2月9日,原告与被告鸿毅公司签订的《委托担保合同》约定,代偿资金占用费比照同期银行贷款基准利率的200%执行,自代偿次日起到原告收回全部代偿资金、代偿资金占用费和因追偿而产生的合理费用之日止;原告有权对被告鸿毅公司所借资金的使用情况进行审核。

同日,原告与被告吴刚毅、被告李琼英签订《反担保合同》和《抵押合同》,约定:反担保及抵押反担保的范围为包括但不限于原告因履行原告与万商贷款公司签订的保证合同的义务而支付的一切款项及为实现债权的一切费用。被告吴刚毅和被告李琼英将其所有的位于万州区渝东大花园290号2-×××号的房地产作为反担保物抵押给原告。但双方未到房地产管理部门办理抵押登记。该借款合同经两次展期,被告鸿毅公司与原告分别于2010年5月5日、2010年9月9日签订了与前述内容一致的《委托担保合同》。

2010年2月10日,万商贷款公司向被告鸿毅公司发放贷款60万元。贷款到期后,因被告鸿毅公司未还清贷款本息,万商贷款公司致函原告,要求在2010年12月24日代偿被告鸿毅公司积欠借款本息218,225元(本金20万元,截至2010年11月30日利息为18,225元)。原告于2010年12月24日向万商贷款公司支付了代偿款218,225元。

原告诉称:

原告代被告鸿毅公司偿还的两笔代偿款经原告多次催收,被告鸿毅公司、被告吴刚毅、被告李琼英至今未还。被告吴刚毅作为农行万州分行债权的反担保人,以及与被告李琼英同时作为万商贷款公司债权的反担保人,应当对被告鸿毅公司承担连带责任。被告鸿毅公司未按照约定履行还款义务,给原告造成了巨大经济损失,因此要求其承担还款责任,并赔偿相关损失。

被告鸿毅公司与被告吴刚毅辩称:

1. 对于被告鸿毅公司向农行万州分行借款500万元、原告代偿本息4,556,855.18元,以及被告鸿毅公司向万商贷款公司借款60万元、原告代偿本息218,225元的事实无异议。

2. 根据《借款合同》以及原告作为担保人签订的《保证合同》来看,农行万州分行发放给被告鸿毅公司的借款用途为购买原材料,万商贷款公司发放给被告鸿毅公司的借款为短期流动资金的周转,用于生产经营。原告对所发放的借款负有监管之责,而所借款项大部分未用于合同约定的用途,原告有监管不力的重大过错,应承担相应责任,应免除被告鸿毅公司的责任。

3. 对于万商贷款公司借款60万元所签订的《抵押合同》,抵押财产位于万州区渝东大花园290号2-×××号的房地产(产权证号为301天房地证2006字第07220号),因该抵押合同未到相应部门办理抵押登记,抵押无效。

被告李琼英辩称:

被告吴刚毅、被告李琼英已经离婚,双方约定被告鸿毅公司所有的权利义务由被告吴刚毅享有和承担。因此,被告李琼英在本案中不承担责任。

律师观点:

1. 原告未行使资金审查权利不免除被告的还款义务。

根据《担保法》第12条"……已经承担保证责任的保证人,有权向债务人追偿……"和第31条"保证人承担保证责任后,有权向债务人追偿"的规定,原告与被告鸿毅公司签订的《委托担保合同》中"原告有权向被告鸿毅公司追偿为之代偿的全部款项和代偿资金占用费以及原告行使追偿权而产生的合理费用"的约定,被告鸿毅公司在借款期限届满后未按约定偿还借款本息,作为担保人的原告在农行万州分行、万商贷款公司催收后,代债务人被告鸿毅公司偿还了借款本息,被告鸿毅公司已构成违约。原告主张被告鸿毅公司偿还代偿的全部本息以及代偿资金占用费的诉讼请求,符合法律规定及合同约定。

虽然合同约定原告有权对被告鸿毅公司所借资金的使用情况进行审核,但这只是赋予原告享有的一项权利,而不是义务,其目的是防范担保风险,权利可以放弃,但义务必须履行。即使被告鸿毅公司没有按照借款合同约定用途使用借款,原告也未主动审核,被告鸿毅公司也不可能不履行偿还借款的义务。三被告抗辩原告负有监管不力之责,应免除被告鸿毅公司的还款义务的理由,既不符合法律的规定,也不符合合同的约定。

2. 渝东大花园290号2-×××号房地产抵押未进行登记,抵押权不生效。

虽然双方在合同中约定,被告吴刚毅和被告李琼英将其所有的位于万州区渝东大花园290号2-×××号房地产作为反担保物抵押给原告,为被告鸿毅公司向万商贷款公司的借款60万元设定反担保抵押,但双方在合同签订后未到房地产管理部门办理抵押登记。根据《物权法》第187条"以本法第180条第一款第一项至第三项规定的财产或者第五项规定的正在建造的建筑物抵押的,应当办理抵押登记。抵押权自登记时设立"的规定,双方签订的《抵押合同》应当有效,但因未办理抵押登记,抵押权不生效。因此,原告对该房屋不享有抵押物优先受偿权。

3. 夫妻关系存续期间的债务,即使离婚时进行了分割,夫妻双方仍然要承担共同责任。

根据《担保法》第31条"保证人承担保证责任后,有权向债务人追偿"的规定和双方为该笔借款提供反担保所签订的《抵押合同》中"李琼英还提供连带责任反担保"的约定,在原告代被告鸿毅公司偿还向万商贷款公司借款本息218,225元后,有权向被告鸿毅公司追偿,被告李琼英应当承担连带清偿责任。

虽然被告李琼英辩称已与被告吴刚毅离婚,并约定被告鸿毅公司的全部股权和财产归被告吴刚毅所有,婚姻存续期间的债权债务归被告吴刚毅享有和负担,被告李琼英在本案中不承担责任。但《婚姻法》第41条规定,"离婚时,原为夫妻共同生活所负的债务,应当共同偿还",《最高人民法院关于适用〈中华人民共和国婚姻法〉若干问题的解释(二)》第25条规定,"当事人的离婚协议或者人民法院的判决书、调解书已经对夫妻财产分割问题作出处理的,债权人仍有权就夫妻共同债务向男女双方主张权利",因该笔债务发生在被告吴刚毅和被告李琼英婚姻关系存续期间,应当属于夫妻的共同债务。况且,被告李琼英是原告的保证人,其对万商贷款公司保证责任的免除未经权利人的同意,其约定不能对抗权利人。故被告李琼英应当承担偿还责任,其抗辩的理由不能成立。

法院判决:

1. 被告鸿毅公司在本判决生效后 10 日内偿还原告为其向农行万州分行代偿的借款本息 4,556,855.18 元,并按照银行同期贷款基准利率的 200% 支付从 2010 年 12 月 22 日起至本判决限定的履行期限内的资金占用费。

2. 如被告鸿毅公司未按期履行本判决第 1 项确定的给付义务,原告未受清偿的债权,对被告鸿毅公司提供的抵押物(位于万州区分水镇张家嘴社区一组厂房内的机器设备、国有土地使用权 4309 平方米和 2940.11 平方米的房屋)及被告吴刚毅提供的抵押物,以折价或拍卖、变卖所得的价款优先受偿。

3. 被告鸿毅公司在本判决生效后 10 日内偿还原告为其向万商贷款公司代偿的贷款本息 218,225 元,并按照银行同期贷款基准利率的 200% 支付从 2010 年 12 月 25 日起至本院限定的履行期限内的资金占用费。

4. 被告吴刚毅对本判决第 1 项、3 项所确定的债务对抵押物不足清偿部分承担连带清偿责任。

5. 被告李琼英对本判决第 3 项所确定的债务承担连带清偿责任。

6. 驳回原告的其他诉讼请求。

1190. 当事人的离婚协议或人民法院的判决书、裁定书、调解书已经对夫妻财产分割进行了处理,债权人能否主张夫妻双方对共同债务承担连带清偿责任?人民法院可否依照债权人的申请直接追加被执行人的原配偶为被执行人执行其财产?

如果该债权形成于夫妻关系存续期间,根据相关法律的精神,当事人的离婚协议或者法院的离婚判决对财产分割的处理只对夫妻双方有约束力,但不能对抗其他债权人,债权人可以主张夫妻双方对共同债务承担连带清偿责任。人民法院可以依照债权人的申请直接追加被执行人的原配偶为被执行人执行其财产。一方就共同债务承担连带清偿责任后,基于离婚协议或者人民法院的法律文书可以向另一方主张追偿。

但如该债权形成于结婚前或离婚后,则不能追加被执行人的原配偶为被执行人并执行其财产。

第十六章
公司解散纠纷

【案例413】离婚后债务人申请执行　原夫妻仍需承担共同清偿责任①

申请复议人：王某某

申请执行人：薛某某

被执行人：叶某某、陈某某、洪某某

申请事项：申请撤销法院作出的追加申请复议人为被执行人的裁定，解除对申请复议人房产的查封。

争议焦点：债务产生于离婚协议签订前，一方能否以债务分割条款拒绝承担该笔债务。

基本案情：

申请复议人与被执行人叶某某于2003年4月3日登记结婚。2010年3月13日，申请执行人与被执行人叶某某、陈某某、洪某某签订股权转让协议，将申请执行人持有的浙江某公司70%的股权转让给叶某某、陈某某、洪某某三人。2011年3月22日，申请执行人因被执行人叶某某、陈某某、洪某某三人未按约定支付股权转让款而诉至法院，后双方达成调解协议，原审法院于2011年8月9日以(2011)杭江商初字第229号民事调解书予以确认被执行人叶某某、陈某某、洪某某应支付股权转让款。

在该案审理期间，2011年8月3日，申请复议人与被执行人叶某某登记离婚，双方签订离婚协议书，约定夫妻共同财产杭州市下城区朝晖某区某幢某单元某室房产归申请复议人所有，某公司股份及债权债务归被执行人叶某某所有和承担。

2011年9月14日，申请执行人向原审法院申请执行(2011)杭江商初字第229号民事调解书，原审法院于同日立案执行。

2011年9月16日，原审法院作出(2011)杭江执民字第1417-1号执行裁定书追加申请复议人为被执行人，并于同日查封了申请复议人名下的杭州市下城区朝晖某区某幢某单元某室房产。

申请复议人认为：

申请复议人与被执行人叶某某已经离婚，双方对夫妻共同财产以及债务已经作出了分割，根据离婚协议，因股权转让纠纷产生的债务由被执行人叶某某承担。

执行申请人应当执行被执行人叶某某的股权或财产，不应申请复议人的唯一房产。

---

① 参见浙江省杭州市中级人民法院(2012)浙杭执复字第4号执行裁定书。

申请执行人认为:

申请复议人与被执行人叶某某的离婚事实发生于本案系争债务之后,双方所签的离婚协议对申请执行人不产生作用。

被执行人叶某某、陈某某和洪某某对执行无异议。

律师观点:

1. 债务发生于离婚协议签订前,申请复议人应当承担共同赔偿责任。

申请复议人虽然不是本案的直接债务人,但申请复议人与叶某某原系夫妻关系,且在夫妻关系存续期间,被执行人叶某某受让了浙江某某公司70%的股权,申请复议人也不能证明其与被执行人叶某某对婚姻关系存续期间所得的财产约定归各自所有,被执行人叶某某在浙江某某公司70%的股权及获取的收益是夫妻共同财产,故被执行人叶某某未能清偿因股权转让所负的债务也是共同债务。依照《婚姻法》及《最高人民法院关于适用〈中华人民共和国婚姻法〉若干问题的解释(二)》的相关规定,本案所涉债务发生在申请复议人与被执行人叶某某婚姻关系存续期间,虽属以被执行人叶某某个人名义所负的债务,但应当认定为夫妻共同债务。申请复议人与被执行人叶某某离婚协议中关于对外债务承担的约定,不具有对抗第三人的效力。申请复议人也不能证明本案债权人知道申请复议人与被执行人叶某某关于婚姻关系存续期间财产债务的约定。

因此,法院在执行程序中追加被执行人叶某某的原配偶申请复议人为被执行人并无不当,申请复议人应当对被执行人叶某某的债务承担共同责任。

2. 法院可以查封申请复议人的居住房屋。

根据《最高人民法院关于人民法院民事执行中查封、扣押、冻结财产的规定》第6条的规定,对被执行人及其所扶养家属生活所必需的居住房屋,人民法院可以查封,但不得拍卖、变卖或者抵债。因此,原审法院依据《最高人民法院关于人民法院民事执行中查封、扣押、冻结财产的规定》第2条的规定,查封申请复议人名下的房屋产权并无不当。

法院裁定:

驳回申请复议人的复议申请。

1191. 夫或妻一方死亡的,债权人能否请求在世一方对共同债务承担连带清偿责任?

可以。在世一方可以行使追偿权,具体表现为以下两个方面:

(1)夫妻双方实行法定财产制的,应当首先用共同财产清偿,如共同财产不

足以清偿,可以用死亡一方的其他遗产清偿,如其婚前财产;

(2)夫妻双方实行约定财产制的,在世一方在履行了连带清偿责任后,应当在约定财产的范围内行使追偿权。如死亡一方的财产不足以偿还的,应当用死亡一方的其他遗产予以偿还。

值得注意的是,不论是采用法定财产制还是约定财产制,在世一方追偿权的行使以死亡一方的全部遗产的实际价值为限,超过遗产实际价值的部分,除继承人自愿偿还的外,在世一方的追偿权将不能实现。①

【案例414】丈夫意外死亡　妻子对债务承担连带责任②

原告:杨少琪

被告:徐德建、吴英、张雁、张俐、姜菊英

诉讼请求:

1. 判令被告徐德建、被告吴英支付拖欠的承包款1,080,000元(2010年7月1日~2010年12月31日的承包款)和逾期付款违约金324,00元(暂算至2010年12月31日,按月息2%计算)及至判决生效后实际支付之日止的违约金。

2. 判令被告张雁、被告张俐和被告姜菊英在继承张阿务遗产范围内对请求一应支付的款项承担清偿责任。

争议焦点:

1. 五被告是否应当支付违约金;
2. 原告承包期间将股权转让给第三方,是否影响承包权的行使;
3. 妻子是否应对丈夫生前债务承担共同清偿责任;
4. 继承人是否应对被继承人生前债务承担清偿责任。

基本案情:

张阿务因触电意外死亡,被告吴英为张阿务配偶,被告张雁和被告张俐为张阿务女儿,被告姜菊英为张阿务母亲。

2009年11月9日,原告与张阿务、被告徐德建签订了一份《承包协议书》,约定原告将其持股51%的会泽锗霸有限公司承包给张阿务、被告徐德建经营。约定承包期限自2009年10月15日至2010年12月31日;承包款为261万元,每月

---

① 最高人民法院民事审判庭第一庭编著:《人民法院婚姻法司法解释(二)的理解与适用》,人民法院出版社2004年版,第240页。

② 参见浙江省兰溪市人民法院(2011)金兰商初字第291号民事判决书。

18万元,按季上缴,逾期按月息2%计息。张阿务、被告徐德建自2010年7月1日起停交承包款。

2010年11月4日,原告与李元兴签订股权转让协议书,约定原告将在会泽锗霸有限公司51%的股权转让给李元兴,并进行了工商变更登记。

原告诉称:

被告徐建德一直未支付拖欠的承包款以及违约金,应当按照协议约定支付。张阿务因触电意外死亡,其配偶、女、母亲应该在遗产继承范围内承担清偿责任。

被告徐德建辩称:

1. 协议签订后,张阿务、被告徐德建接收并经营水泥厂,并按时交纳承包款。但在承包期间,李元兴等人时不时地到公司骚扰,以致被告方无法正常经营,导致拖欠承包款。

2. 原告方已于2010年11月4日将水泥公司的股权转让他人,根据投资收益原则,原告方无权要求被告支付自2010年7月1日起至2010年12月31日止的承包款。

3. 原告方提出按2%利息,明显高于银行利息,请求违约金过高。

被告吴英、张雁、张俐、姜菊英均辩称:

四被告未继承张阿务的任何遗产,原告方未提供证据证明三被告继承张阿务的遗产。

律师观点:

1. 承包合同系双方真实意思表示,一方存在一定瑕疵不影响合同目的,但可以减轻或免除对方的违约责任。

原告与张阿务、被告徐德建之间签订的《承包协议书》系双方真实意思的表示,不违反法律禁止性规定,应认定有效。双方均应按合同约定履行。虽然原告在承包期间将股权转让他人,但该转让行为本身并不影响被告的承包权,且被告也未行使解除权解除承包合同,故双方应按合同约定的金额支付承包款。由于原告在发包时不拥有公司100%股权,存在发包瑕疵,导致在张阿务、徐德建承包期间李元兴等人不断骚扰承包人的经营,给承包人的经营造成一定困难,故被告可以不承担违约责任。

2. 夫妻一方死亡,夫妻关系存续期间债务另一方仍须承担共同赔偿责任。

《最高人民法院关于适用〈中华人民共和国婚姻法〉若干问题的解释(二)》第24条规定,债权人就婚姻关系存续期间夫妻一方以个人名义所负债务主张权利的,应当按夫妻共同债务处理。本案中,因张阿务的承包行为发生在其与被告吴英夫妻关系存续期间,故在该期间发生的债务为夫妻共同债务,被告吴英应该承担共同清偿责任。

3. 继承人应在遗产范围内承担被继承人债务的清偿责任。

《继承法》第33条规定,继承遗产应当清偿被继承人依法应当缴纳的税款和债务,缴纳税款和清偿债务以他的遗产实际价值为限。超过遗产实际价值部分,继承人自愿偿还的不在此限。因此,本案中由于在起诉时张阿务已死亡,故其法定继承人应在遗产继承范围内承担清偿责任。

法院判决：

1. 被告徐德建、吴英支付原告2010年7月1日至2010年12月31日的承包款108万元；

2. 驳回原告要求被告支付违约金的诉讼请求；

3. 被告张雁、张俐、姜菊英对本判决第1条确定的债务在继承张阿务遗产范围内承担清偿责任。

1192. 当事人自愿离婚,并就财产问题、债权债务处理达成一致,债务人能否以该调解协议侵犯了其合法权益为由提起再审？

离婚纠纷案件的当事人只能是婚姻缔结的双方,不列案外第三人为诉讼当事人。一般情况下,第三人认为调解协议侵犯其合法权益申请再审缺乏法律依据,人民法院应予以驳回。但人民法院发现确有错误,又必须再审的,人民法院根据相关法律精神走审判监督程序办理。

五、离婚时子女抚养权的裁判标准

1193. 何为抚养权纠纷？由何地法院管辖？是否适用诉讼时效？按照什么标准交纳案件受理费？

抚养纠纷,指抚养义务人不履行抚养义务产生的纠纷。包括抚养费纠纷与变更抚养关系纠纷。有下列情形之一的,另一方可以向人民法院提起诉讼要求变更子女抚养关系：

(1)与子女共同生活的一方患严重疾病或因伤无力继续抚养子女的；

(2)与子女共同生活的一方不尽抚养义务或有虐待子女行为,或其与子女共同生活对子女身心健康确有不利影响的；

(3)10周岁以上未成年子女,愿随另一方生活,该方又有抚养能力的；

(4)有其他正当理由需要变更的。

因抚养纠纷提起的诉讼,管辖法院的确定原则与离婚后财产纠纷一致。

抚养纠纷案件不适用诉讼时效。

抚养纠纷诉讼的案件受理费为50元至100元。

1194. 如何确定子女抚养归属的标准?

离婚后,哺乳期内的子女,以由哺乳的母亲抚养为原则。哺乳期后的子女,如双方因抚养问题发生争执不能达成协议时,由人民法院根据子女的权益和双方的具体情况判决。

2周岁以下的子女,一般随母方生活。母方有下列情形之一的,可随父方生活:

(1)患有久治不愈的传染性疾病或其他严重疾病,子女不宜与其共同生活的;

(2)有抚养条件不尽抚养义务,而父方要求子女随其生活的;

(3)因其他原因,子女确无法随母方生活的。

父母一方请求抚养2周岁以上未成年子女的,请求方应当举证证明具有下列情形:

(1)具有优先直接抚养的条件。

两周岁以上的未成年子女,父母双方均要求随其生活,一方有下列情形,可予优先考虑:

①已做绝育手术或因其他原因丧失生育能力的。

②子女随其生活时间较长,改变生活环境对子女健康成长明显不利的。

③无其他子女,而另一方有其他子女的。

④子女随其生活,对子女成长有利,而另一方患有久治不愈的传染性疾病,或者有其他不利于子女身心健康的情形,不宜与子女共同生活的。父母一方享有优先直接抚养条件,即可据此确定子女由其直接抚养。

如果父亲与母亲直接抚养子女的条件基本相同,双方均要求子女与其共同生活,但子女单独随祖父母或外祖父母共同生活多年,且祖父母或外祖父母要求并且有能力帮助子女照顾孙子女或外孙子女的,可作为子女随父或随母生活的优先条件。祖父母与外祖父母的条件,作为相对优先直接抚养条件,只在父母双方直接抚养子女的条件基本相同,且均要求子女与其共同生活时适用。

(2)子女愿随其生活。

父母双方对10周岁以上未成年子女的直接抚养权发生争执的,应征询子女的意见。因其已具备一定的识别能力,尊重其意愿,更利于其健康成长。但这并非绝对,如子女的选择对其成长明显不利,则不能一味地从其选择。

(3) 具有抚养能力。

抚养能力主要指父母双方的经济收入、离婚后的居住条件以及是否具有教育子女、督促子女学习的能力和时间等。实务中,对父母双方的抚养能力、抚养条件等方面进行综合判断时,一方面,应该看到此为动态的而非一成不变的,法官的判断应带有一定的前瞻性;另一方面,应结合个案中子女的实际情况,以利于子女的身心健康、全面发展为出发点和归结点。

应注意的是,在有利于子女利益的前提下,父母双方协议轮流抚养子女的,可以准许。但由于轮流直接抚养子女会不断改变孩子的生活环境,可能带来不利因素,实践中应严格掌握。

在离婚诉讼期间,双方均拒绝抚养子女的,可先行裁定暂由一方抚养。待离婚案件审结后,再确定子女抚养权问题。

【案例415】收入高并非当然取得抚养权　子女利益是首要原则[①]

原告: 曾婷

被告: 徐小明

诉讼请求:

1. 判令准许原告与被告离婚;
2. 由法院合理分割夫妻共同财产;
3. 判令女儿徐某某的抚养权归原告所有,被告按月收入的30%支付抚养费。

争议焦点: 收入高能否作为一方获得子女抚养权的决定性因素。

基本案情:

原告与被告于2001年11月21日登记结婚,婚后感情尚好。2004年8月14日生育女儿徐某某。

在婚姻关系存续期间,双方以被告名义按揭购买了位于湛江市赤坎区海园路28号华盛家园的一套房屋,尚欠中国农业银行湛江市赤坎支行的贷款254,617.3元,还购置了索尼牌背投电视机一台,康佳牌21英寸彩电三台,西门子牌三门冰箱等家用电器一批,双方均同意将上述房屋及家用电器作价530,000元进行分割。在原告名下的三笔银行存款共21,823.63元也是夫妻共同财产。

被告婚后至2006年6月的住房公积金余额为20,614.13元,养老保险金为

[①] 参见广东省湛江市中级人民法院(2006)湛中法民一终字第262号民事判决书。

29,530.93元;计至2006年6月止,原告的住房公积金为6160元,养老保险金为1097元。原告的月平均工资收入为1989元,被告的月平均工资收入为7457元。

原告诉称:

从2004年开始,被告沉迷于足球赌博,经我和家人的无数次劝阻仍执迷不悟,以致欠下巨额债务。被告为了逃避债主追债,于2006年1月21日突然离家出走,我与亲人在四处寻找无果的情况下,只好向公安机关报案求助。被告的单位也在《湛江日报》发表声明限被告在见报之日起15日内返回单位报到,否则按厂规处理。至2006年2月22日被告才回到单位上班。据我了解,被告一直与"张兰"保持暧昧关系,并在赤坎区百园路附近租房姘居。被告的行为严重伤害了夫妻的感情。根据《婚姻法》第31条的规定,特向法院提起离婚诉讼。由于女儿未满两周岁,根据《最高人民法院关于审理离婚案件处理子女抚养问题的若干具体意见》有关"两周岁以下的子女,一般随母方生活"的规定,女儿应归我抚养,被告应按月收入的30%支付女儿抚养费。

被告辩称:

原告诉称部分不属实。我虽有参与足球赌博的行为,但与原告的支持也有关系。我没有与其他女人姘居,也没有第三者。如果女儿由我抚养,我同意与原告离婚,也不需要其支付女儿抚养费。原告的工作时间不规律,经常是三更半夜才回家,且她的收入也不高,女儿由我抚养更有利于其成长。

一审认为:

原告、被告虽然在结婚初期感情较好,但由于双方后来不注意感情的培养,缺乏沟通,导致夫妻感情破裂,原告据此起诉离婚,应予以支持。由于被告的收入较高,且工作稳定,结合被告不需要原告支付抚养费的情况,女儿徐某某随被告生活更有利于其健康成长。原告认为应适用《最高人民法院关于人民法院审理离婚案件处理子女抚养问题的若干具体意见》第1条关于"两周岁以下的子女,一般随母方生活"的规定,并主张女儿徐某某应由其抚养,但是,根据2001年修订后的《婚姻法》第36条第3款"离婚后,哺乳期内的子女,以随哺乳的母亲抚养为原则。哺乳期后的子女,如双方因抚养的问题发生争执不能达成协议时,由人民法院根据子女的权益和双方的具体情况判决"的规定,因徐某某已过了哺乳期,故抚养权问题应本着有利于子女权益的原则,结合双方的具体情况决定。

对于夫妻共同财产,以双方协议的价格530,000元加上原告在银行的存款21,823.63元,减去尚欠银行的贷款254,617.3元后所剩的数额,按照均等分割及照顾女方利益的原则处理。

一审判决:

1. 准许原告与被告离婚。

2. 女儿徐某某由被告抚养,抚养费由被告独自承担。

3. 位于湛江市赤坎区海园路28号华盛家园的一套房屋及家用电器归原告所有,双方尚欠中国农业银行湛江赤坎支行的贷款254,617.3元和利息由原告负责偿还。原告须补偿上述财产折价款137,691.35元给被告。

4. 双方在银行的存款21,823.63元归原告所有。原告须补偿10,911.81元给被告。

原告不服一审判决,向上级人民法院提起上诉。

原告上诉称:

1. 原审判决认定事实错误。

(1)原审判决认定"由于双方性格不合,且未能相互沟通,以致夫妻感情不和"是错误的。事实上,是由于被告沉迷于赌博和有第三者,才导致双方感情破裂的。被告在原审开庭时也承认其有赌博行为,但原审法院对此重要事实不予认定。

(2)原审以被告的收入较高,不需要原告支付抚养费为由,判决女儿由被告抚养,不符合客观实际和有关司法解释的规定。既然是根据子女的权益和双方的具体情况来判决,那么双方的具体情况如下:

①被告有嗜赌行为,其赌博时间长,所欠赌债多达26万元,被告因此连自己的生活都无法保障,更加无法保障女儿的生活与健康成长。原告的工资收入虽然比被告的少,但没有债务,比被告更适合抚养女儿。原审轻率判决女儿由被告抚养,是极不公正的。

②被告因欠下巨额赌债,在没有告诉其妻子、父母等亲人的情况下突然失踪长达一个多月。原告以为被告遭遇意外而报警求助,并与其他亲属不辞劳苦四处寻找才在上海找到被告,但被告却毫无悔意,这足以证明被告对家庭极其不负责任。

2. 原审判决适用法律错误。

《最高人民法院关于人民法院审理离婚案件处理子女抚养问题的具体意见》第1条规定:"两周岁以下的子女,一般随母方生活。母方有下列情形之一的,可随父方生活:(1)患有久治不愈的传染性疾病或其他严重疾病,子女不宜与其共同生活的;(2)有抚养条件不尽抚养义务,而父方要求子女随其生活的;(3)因其他原因,子女确无法随母方生活的。"原告不具有上述情形,原审不支持原告抚养女儿的请求,是有法不依。

综上所述,原审判决认定事实和适用法律错误,请求二审法院依法改判女儿徐某某由原告抚养,被告按月收入的30%支付抚养费,并合理分割共同财产。

被告二审答辩:

原审判决认定事实清楚,适用法律正确,实体处理适当,请求二审法院驳回上诉,维持原判。

律师观点:

1. 关于共同财产分割的问题。

原告与被告经自由恋爱结婚,双方的感情基础较好,本应互相珍惜并共同创造美好幸福的生活,但是,由于双方后来性格不合,加上被告参与赌博,引起夫妻感情不和,尤其是被告为躲避赌债而离家出走,从而导致夫妻感情破裂。双方对原审判决准许离婚及处理夫妻共同财产没有异议,应予以维持。双方均同意在二审平均分割住房公积金和养老保险金,应予以准许。

2. 关于婚生女儿徐某某应当由谁抚养的问题。

根据《婚姻法》第36条第3款"离婚后,哺乳期内的子女,以随哺乳的母亲抚养为原则。哺乳期后的子女,如双方因抚养问题发生争执不能达成协议时,由人民法院根据子女的和双方的具体情况判决"的规定,在处理子女抚养问题时,应当优先考虑子女的利益,从有利于子女的教育和健康成长的角度进行判决。

本案中,双方的女儿现在虽然刚满两周岁,已过哺乳期,但她尚属年幼,此时更加需要母亲的养育照顾。原告有固定的工作和收入,其工资收入虽然比被告的少,但在当前湛江市已属中等水平。虽然被告的月工资有七千多元,而且他提出由其独自抚养女儿,不需要原告支付抚养费。但是,收入高仅是作为考虑子女抚养问题的其中一个条件,不是决定性条件;不需要另一方支付抚养费也不是法定的优先条件。被告因赌博并欠下巨额赌债,在他人追债时不告诉家人就离家出走,据此可认定其家庭观念及责任感较为薄弱。此外,被告接到原审判决书后,在还不能明确对方是否上诉的情况下,没有经过与原告协商,就抢先把女儿抱走并送回老家交给其父母照顾,由此可见其抚养小孩的时间和精力有限。他的行为使女儿脱离了原告的抚养和监护,同时使原告受到母女分离之苦,其做法是错误的。相反,原告的家庭责任心较强,有固定的工作和收入,没有司法解释所规定的不适合抚养小孩的情形,因此,由原告抚养女儿对徐某某的健康成长更加有利。而且,双方当事人都在湛江市工作,如女儿由原告抚养,被告探望女儿也较为方便。

综合以上条件和因素,女儿徐某某应由原告抚养为宜。依照《婚姻法》第37

条的规定,被告应负担女儿的部分抚养费。原告在原审时请求被告每月支付其工资收入的30%作为女儿的抚养费偏高,根据湛江市当前的生活水平,应判决被告每月支付1400元抚养费为宜。

原审没有考虑徐某某当时未满两周岁,更加需要母亲抚养和照顾,而且没有认定和考虑被告因赌博欠债和离家出走等事实,仅考虑被告的工资收入较高且不需要原告支付抚养费,判决徐某某由被告抚养的依据不足,应予以纠正。原告要求由其抚养女儿的理由充分,而且符合有关法律规定和本案的实际情况,应予以支持。

二审判决:

1. 维持一审法院准许原告与被告离婚和分割夫妻共同财产的部分判决;

2. 改判徐某某由原告抚养,被告每月给付抚养费1400元至徐某某能独立生活时止;

3. 平均分割双方的住房公积金和养老保险金。

【案例416】失去生育能力　未必当然获得抚养权①

原告: 陈某

被告: 何某

诉讼请求:

1. 判令双方离婚;

2. 判令婚生女儿由原告抚养,被告每月支付抚养费600元。

争议焦点: 没有生育能力是否一定能取得抚养权。

基本案情:

原、被告于2006年2月16日登记结婚,婚后夫妻感情一般。2006年9月12日生育女儿何某某。双方当事人经常为家庭琐事相互争吵,夫妻感情恶化,原、被告于2008年5月2日始分居生活至今。双方没有夫妻共同财产。

被告2007年患直肠癌,经过手术治疗,现康复中。原、被告均有固定的工作和收入,双方的文化程度均为大学专科毕业。

原告诉称:

由于婚前缺乏足够的了解,婚后双方性格不合,经常发生口角,被告不尽家庭义务,不关心原告,婚生女儿于2006年9月出生后,被告不承担婚生女儿的抚养

---

① 参见广东省广州市中级人民法院(2009)穗中法民一终字第3889号民事判决书。

费用,夫妻双方没有建立起感情基础。双方于 2008 年 5 月发生口角,被告要原告回娘家居住,在原告回娘家后,被告又更换了家中的门锁,不准原告回家。双方已分居至今,夫妻感情已经破裂,夫妻关系难以维系。

因婚生女儿还不足三岁,户口和原告在一起,一直都由原告照顾,现在也和原告在一起生活,原告也有一定收入能够抚养孩子;而被告患病,其自身尚需照料。为了更有利于婚生女儿的成长,女儿由其携带抚养较为合适。

被告辩称:

被告认为其本人有固定的收入,且病情已经受到控制,本人有能力和时间携带抚养女儿,不会影响女儿的成长,女儿应由其携带抚养,不需要原告支付抚养费。

一审认为:

1. 关于离婚的问题。

原、被告于 2005 年年底经人介绍认识,并于 2006 年 2 月 16 日登记结婚,由于双方认识的时间较短,缺乏深入的了解,其婚姻基础较差;婚后又未注意培养夫妻感情,性格不合,经常为家庭琐事等相互争吵,双方互不理睬,互不履行夫妻义务,并于 2008 年 5 月分居生活至今,夫妻感情恶化,原、被告对此均有责任。现原告以夫妻感情破裂为由要求与被告离婚,被告亦同意离婚,经调解和好无效,其夫妻感情确已破裂,离婚应予准许。

2. 关于抚养权的问题。

被告身体患病,且婚生女儿何某某年纪尚幼,大部分时间由原告携带,综合双方的各项条件,法院认为婚生女儿何某某由原告携带抚养较为合适,有利于孩子的健康成长;被告有固定的工作和收入,因此应当承担女儿部分的抚养费用,原告要求被告支付每月 600 元的抚养费合理,对该请求法院予以支持。

一审判决:

1. 准予原告与被告离婚;

2. 婚生女儿何某某由原告携带抚养;

3. 被告每月支付女儿何某某的抚养费 600 元给原告至女儿何某某年满 18 周岁止,该款被告应当一次性以现金的方式在每年的 12 月 31 日前支付。

被告不服一审判决,向上级人民法院提起上诉。

被告上诉称:

被告具有优先取得婚生女儿抚养权之情形,原审法院判决婚生女儿由原告抚养是明显不合理的。

被告早期虽患有直肠癌,但经过手术治疗,病情已得到控制,现已康复,并已正常上班,对被告而言完全有能力和时间携带抚养女儿。

被告在治疗直肠癌的过程中,所使用的抗肿瘤化疗药均为毒药及具有致癌作用,药物虽代谢了但其作用是持久的。该治疗药物对被告的生殖能力影响极大,且被告完全有丧失生育能力的可能性。就算被告能够生育后代,也可能生出畸形儿或智力低下儿。参照《最高人民法院关于人民法院审理离婚案件处理子女抚养问题的若干具体意见》关于"对两周岁以上未成年的子女,父方和母方均要求随其生活,一方具有已做绝育手术或因其他原因丧失生育能力情形的,可予优先考虑"的规定,二审法院对被告的情形应当优先考虑。据上,被告已丧失了再生育的可能,而对于原告来讲,仍然有可能拥有生育能力,可以再拥有自己亲生子女。

据此,被告向二审法院提出生育能力鉴定申请书并提出上诉请求,请求二审法院撤销一审之第2项、3项判决,改判婚生女儿何某某由被告抚养,原告每月支付抚养费300元至女儿能独立生活为止。

二审期间,被告提出生育能力鉴定申请书,要求对其是否还具备生育能力进行司法鉴定,从而证明被告在治疗直肠癌的过程中可能导致丧失生育能力或生育质量下降。

原告二审辩称:

被告在2007年患直肠癌经过手术治疗,现在属化疗的过渡阶段,很不稳定,其自身还需要人照顾,精力是有限的,如果女儿由其抚养是根本照顾不过来的。而女儿一直都由原告照顾,现在幼儿园上学,平时由原告接送并在一起生活,况且原告也有一定收入能够抚养孩子,为了更有利于女儿的成长,给女儿一个愉悦、宽松的生活和心理环境,坚持要求女儿由原告携带抚养,同意一审法院判决。

律师观点:

1. 准予双方离婚。

原、被告因婚姻基础较差,婚后又未注意培养夫妻感情,导致夫妻感情破裂,经一审法院调解和好无效,双方均同意离婚,一审法院判决准予离婚是正确的,应予维持。

2. 被告提出的生育能力鉴定申请不应予以接纳。

虽然《最高人民法院关于人民法院审理离婚案件处理子女抚养问题的若干具体意见》第3条规定了对已做绝育手术或因其他原因丧失生育能力的一方,可优先考虑其对子女的抚养权;但同时也规定了子女随某一方生活时间较长,改变生活环境对子女健康成长明显不利的,和子女随某一方生活,对子女成长有利,而另一方患有久治不愈的传染性疾病或其他严重疾病的均可予优先考虑。

由此可看出丧失生育能力只是作为可予优先的条件之一,并不代表没有生育能力就一定能取得抚养权,抚养权的考虑应当从有利于子女身心健康发展的原则出发,只有在男女双方的抚养能力和抚养条件相当的情况下,才将男女双方将来是否有生育能力作为判断依据,故被告的鉴定申请不应予以接纳。

3. 原告抚养孩子更有利于孩子的身心健康。

根据法律的规定,父母与子女的关系,不因父母离婚而消除,离婚后,子女无论由父或母直接抚养,仍是父母双方的子女,父母对子女仍有抚养和教育的权利和义务。按照《最高人民法院关于人民法院审理离婚案件处理子女抚养问题的若干具体意见》的规定,对于子女抚养问题,应当从有利于子女身心健康、保障子女的合法权益出发,结合父母双方的抚养能力和抚养条件等具体情况予以解决。

本案中,被告与原告的经济抚养能力应当说是均等的,都有一定的固定收入,可以保障女儿的成长需求。但从抚养条件来看,因被告在2007年患直肠癌经过手术治疗,并经过化疗阶段,需有一段较长时间的康复期,其精力和身体条件相对比原告来说就较弱,而婚生女儿何某某现正处于活泼好动的时期,抚养人需对其付出大量的时间、精力、心血进行抚养和教育,才能保证其身心健康、快乐地成长,况且女儿一直都由原告照顾生活,现在幼儿园就读,已有一个相对固定的、愉快的生活学习环境,如改变则可能对女儿健康成长带来不方便。从现阶段女儿的生活学习情况来看,一审法院综合双方的各项条件,从有利于孩子健康成长的角度考虑,判决女儿何某某由原告携带抚养是符合实际并恰当,应予以维持。如果今后情况出现转化,被告亦可按照法律的规定提出抚养权变更的申请。一审法院按照双方的实际收入确定抚养费为每月600元是可行的,应予维持。

二审判决:

驳回上诉,维持原判。

【案例417】不满孩子现状　孙楠状告前妻变更抚养权①

基本案情:

为了争夺孩子的抚养权,著名歌星孙楠已将前妻告到法院,要求将两个孩子的抚养权判归自己所有。起诉书内容不长,只称孙楠与前妻于2000年结婚,婚后

---

① 参见新浪娱乐网 http://ent.sina.com.cn/s/m/2010-11-30/03173162272.shtml,2012年9月12日访问。

生有一子一女。2009年3月23日两人协议离婚，原因是"双方感情不和"。离婚协议还约定，二人的儿子、女儿均由前妻抚养，孙楠定期支付抚养费。孙楠在起诉书中称："现在我认为孩子由我抚养更适宜。"因此，他诉至法院，要求变更孩子的抚养权。

律师观点：

根据《婚姻法》第38条的规定，离婚后不直接抚养子女的父或母有探视子女的权利，如果单纯是几次不能实现，这很难说是探视权得不到实现。如果说长期都见不到，这才会涉及失去探视权。这当中最难的是举证。

除此之外，孙楠和前妻离婚时对于子女的抚养是有书面协议的，并且根据协议离婚的办理程序，上述协议也在民政部门进行了备案，是具有法律效力的。如果孙楠要求行使对于子女的抚养权，就必须要求撤销或者变更此前的有关子女抚养的书面协议。而要法院撤销或者变更发生法律效力的协议，就必须举证证明原协议本身存在不合法问题，或者举证证明出现了不适宜继续抚养子女的重大事项。因此，只有在其前妻有虐待孩子，或者是影响孩子身心健康，影响孩子成长的情况下，孙楠才有权把孩子的抚养权争夺回来，否则孙楠无法要求撤销或者变更原协议。

1195. 养父母离婚，养子女由谁抚养？

《收养法》施行前，夫或妻一方收养的子女，对方未表示反对，并与该子女形成事实收养关系的，离婚后，应由双方负担子女的抚养费。

夫或妻一方收养的子女，对方始终反对的，离婚后，应由收养方抚养该子女。

《收养法》施行之后，收养应当向县级以上人民政府民政部门登记，收养关系自登记之日起成立，不再存在事实收养关系。养父母离婚后，均有义务抚养养子女。

1196. 生父与继母或生母与继父离婚时，对曾受其抚养教育的继子女，继父或继母不同意继续抚养的，如何处理？

可以请求由生父母抚养。生父母对生子女的权利义务关系是基于血缘关系而产生的一种法律关系，这种基础决定了生父母对生子女是第一位的亲等、亲权关系。而继父母与继子女是基于姻亲关系发生的一种事实上的抚养关系。当姻亲关系与血缘关系发生冲突时，法律将优先保护血缘关系。因此，我国法律明确规定，生父与继母或生母与继父离婚时，对曾受其抚养教育的继子女，继父或继母不同意继续抚养的，仍由生父母抚养。

1197. 如何确定子女抚养费的标准?

离婚后,一方抚养的子女,另一方应负担部分或全部的必要生活费和教育费,负担费用的多少和期限的长短,由双方协议;协议不成时,由人民法院判决。

抚养费的给付期限,一般至子女18周岁为止。

16周岁以上不满18周岁,以其劳动收入为主要生活来源,并能维持当地一般生活水平的,父母可停止给付抚养费。

子女抚养费的数额,可根据子女的实际需要、父母双方的负担能力和当地的实际生活水平确定。有固定收入的,抚养费一般可按其月总收入的20%至30%的比例给付。负担两个以上子女抚养费的,比例可适当提高,但一般不得超过月总收入的50%;无固定收入的,抚养费的数额可依据当年总收入或同行业平均收入,参照上述比例确定。有特殊情况的,可适当提高或降低上述比例。

1198. 在哪些情形下,已经成年的子女可以主张父母给付抚养费?

尚未独立生活的成年子女有下列情形之一,父母又有给付能力的,仍应负担必要的抚养费:

(1)丧失劳动能力或虽未完全丧失劳动能力,但其收入不足以维持生活的;

(2)尚在校就读的;

(3)确无独立生活能力和条件的。

前述"尚在校就读"的成年子女是指虽已成年,但尚在校接受高中及以下学历教育的学生。高中以上教育的学费,父母没有支付的义务。当然,从提高国民素质的角度出发,父母有能力且自愿给付的,法律不加以限制。但是,父母没有经济能力或者不愿意支付其高等教育的学费的,已满18周岁的成年子女无权利要求父母必须支付。

1199. 离婚协议中未对孩子的医疗费分担问题进行约定的,抚养孩子的一方能否要求对方分担医疗费?

可以。抚养费包括生活费、教育费、医疗费等费用。只要当事人双方未明确约定免除一方的相应义务,那么,无论离婚协议是否对医疗费的分担进行约定,抚养孩子的一方都可以要求对方分担医疗费用。

1200. 在何种情形下,子女可以请求增加抚养费?

有下列情形之一,且父或母有给付能力的,子女要求增加抚养费:

(1)原定抚养费数额不足以维持当地实际生活水平的;

(2)因子女患病、上学,实际需要已超过原定数额的;

(3)有其他正当理由应当增加的。

1201. 未成年人请求支付抚养费的,是否受诉讼时效限制?

法律要求义务人向未成年人支付抚养费的目的,是为了维持未成年人的基本生活,维护未成年人的生存权。而且,考虑到未成年人往往都处于弱势地位的社会现实,有必要给予其特殊保护。因此,在其未具备完全行为能力以前,请求义务人支付抚养费的,不受诉讼时效的限制;在其已经具备完全民事行为能力后请求义务人支付抚养费的,则应当受诉讼时效的限制。

1202. 判决后,可否申请变更子女抚养费?如可以变更,应当从何时起算?

关于子女生活费和教育费的协议或判决,不妨碍子女在必要时向父母任何一方提出超过协议或判决原定数额的合理要求。离婚后,一方要求变更子女抚养关系,或者子女要求增加抚养费的,应另行起诉。

一方要求变更子女抚养关系有下列情形之一的,应予支持。

(1)与子女共同生活的一方因患严重疾病或因伤残无力继续抚养子女的;

(2)与子女共同生活的一方不尽抚养义务或有虐待子女行为,或其与子女共同生活对子女身心健康确有不利影响的;

(3)10周岁以上未成年子女,愿随另一方生活,该方又有抚养能力的;

(4)有其他正当理由需要变更的。

父母双方协议变更子女抚养关系的,应予准许。

对于抚养费变更的起算时间,司法实践中有三种不同意见:

(1)从判决生效当月起;

(2)从判决作出之月起或从案件受理次月起;

(3)从变更条件具备之月起。

笔者认为,抚养费的变更应以发生了请求变更抚养费的事实为依据,而这一事实往往在当事人起诉之前就已经发生了。因此,只要确实具备了变更抚养费的事实,原则上就应当以该事实发生之月为变更抚养费的起算点。当然,处理具体案件时,还要考虑当事人的诉请并结合其他相关因素作出合理的判断。

1203. 变更姓氏是否会影响抚养费?

父母不得因子女变更姓氏而拒付子女抚养费。父或母一方擅自将子女姓氏改为继母或继父姓氏引起纠纷的,应责令恢复原姓氏。

1204. 单身母亲要求解除非婚生子女抚养权,应当如何处理?

我国法律规定非婚生子女和婚生子女的法律地位是相同的,父母子女间的权利义务同样适用于非婚生子女。所以,无论父母方是合法夫妻,抑或是非法两性关系所生子女,所生育的孩子在权利义务上同样受到法律的保护。法院将根据有利于子女身心健康的原则,结合父母双方各方面情况考虑,确定子女归父或母抚养。不直接抚养非婚生子女的生父或者生母,应当负担子女的生活费和教育费,直至子女能独立生活为止。

1205. 一方失踪或下落不明时,法院将如何处理子女和财产问题?

法院在对一方失踪或者下落不明的案件作出离婚判决时,对于可以分割的财产,应当一次分割,属于被告的财产判由原告或者失踪人的法定代理人代为保管。不能分割的,则暂不分割。子女应当由原告抚养,原告抚养有困难的,可以从被告应分割的财产中支出抚养费。

1206. 一方拒不到庭缺席判决的,法院将如何处理子女和财产问题?

对于依法传唤拒不到庭的离婚案件,如果确实符合离婚条件,应当就子女和财产问题一并作出处理。财产和子女抚养,按照一般离婚的处理原则处理,不能因为一方当事人拒不到庭而损害其合法利益。

1207. 何为探望权纠纷?由何地法院管辖?是否适用诉讼时效?按照什么标准交纳案件受理费?父母一方如何行使探望权?

探望权纠纷,指夫妻双方离婚后,不直接抚养子女的一方行使探望权而发生的纠纷。

因探望权纠纷提起的诉讼,管辖法院的确定原则与离婚后财产纠纷一致。

探望权纠纷案件不适用诉讼时效的规定。

探望权纠纷诉讼的案件受理费为50元至100元。

离婚后,不直接抚养子女的父或母,有探望子女的权利,另一方有协助的义务。行使探望权利的方式、时间由当事人协议;协议不成时,由人民法院判决。父或母探望子女,不利于子女身心健康的,由人民法院依法中止探望的权利;中止的事由消失后,应当恢复探望的权利。

【案例418】为孩子身心健康　申请变更探望权行使时间获支持①

原告:程某

被告:周某

诉讼请求:判令变更被告行使探望权的时间为近期每个月探望一次,不过夜,探望时由原、被告一起带女儿外出,约半年后再逐渐增加探望的次数。

争议焦点:父亲行使探望权导致孩子出现不适应情形,母亲能否请求变更探

---

① 参见上海市普陀区人民法院(2011)普少民初字第6号民事判决书。

望权行使方式、时间等。

基本案情：

原、被告原系夫妻，2010年8月4日经上海市普陀区人民法院判决离婚，双方所生一女周某某（2007年5月17日出生）随原告共同生活，每周周六上午10时至次日下午16时为被告探望女儿的时间。2010年10月双方为女儿的探望问题发生纠纷，2010年10月22日至今，原告未将女儿交由被告探望。

原告诉称：

被告几次探望后，导致女儿精神焦虑，在幼儿园整日哭闹，由于被告和女儿接触较少，故女儿现在不宜在被告处过夜，且前期也应当减少被告和女儿接触的次数，待被告和女儿关系融洽后，再逐渐增加探望次数。

原告为证明其观点，提交证据如下：

1. 上海青草地双语幼儿园三位带班老师出具的书面证明一份，证明周某某在被告探望后，神情呆滞，情绪反常，并表示不要去爸爸家。

2. 上海市精神卫生中心门诊医药费专用收据联、上海市心理咨询中心少儿咨询记录卡，证明2010年10月22日、11月18日周某某在上海市精神卫生中心接受心理咨询，诊断的结论为周某某精神焦虑，医生建议被告减少与女儿的接触次数，逐步增加。

被告辩称：

原告所述不实，不同意原告的诉请。女儿不存在焦虑的状况，即使存在，也不能证明是由于被告探望引起的。被告在探望期间，和女儿关系融洽，为有利于女儿的成长，需要父亲经常探望，来增加与孩子之间的感情。但考虑实际情况，被告现可以将探望次数减少到两周一次，时间为周六10点到周日16点，同时要求增加每年寒、暑假及春节长假的后半段，为被告的探视时间。且探望时接送孩子的地点由原告家中变更至原告所在小区的门卫室。

被告对原告所提供的证据发表质证意见如下：

1. 对证据1有异议，该证据在形式上不符合证据要求，内容上也不予认可，因为证明上的签名，是否是老师本人签名，不能确定。

2. 对证据2的真实性无异议，但病历中的内容均为原告及其母亲所述，不一定是真实的情况。周某某的焦虑状态和被告行使探望权没有必然的联系，且医生也建议逐渐增加接触次数，故探望次数应当增加而不是减少。

被告为证明其观点，提交证据如下：

被告对自己的辩称意见提供了照片9张，拍摄地点在被告家中，照片中除了周某某还有被告的父母,时间是在被告行使探望权两个月不到的期限内,证明周某某在被告处神情正常,非常快乐。

针对被告的上述证据,原告认为:

原告表示对证据的真实性无异议,但照片形成的时间无法确定,不能证明周某某是在与被告接触,也不能证明地点是在被告家中。

法院依职权调取证据如下:

1. 上海青草地双语幼儿园老师的调查笔录,三位老师均陈述称:2010年10月的一天,周某某在午睡时突然抽泣,说不要爸爸来接。该情况此后未再发生,此后周某某状况正常。

2. 上海市精神卫生中心钱昀医生的调查笔录,钱昀陈述称:周某某2010年10月22日、11月18日二次来中心就诊,根据其母亲、外婆的讲述及对周某某的精神检查,诊断结论为周某某没有构成心理疾病,但处于一个焦虑状态。该诊断只是一个过渡性诊断,根据就诊时周某某家属的口述及当时对周某某精神状况的检查,建议父亲探望时周某某不适宜带回家过夜。

针对法院依职权调取的证据,原、被告认为:

1. 原、被告对三位老师的调查笔录均无异议,原告提出,2010年11月以后,周某某未再出现类似情况,恰恰证明了一旦停止被告探望后,周某某的状况有所好转。此外,在2010年10月9日之前,周某某还发生过类似情况,但老师没有注意。被告认为,该证据与被告行使探望权没有必然的联系,由于周某某平时是由外婆接送的,被告以前与孩子接触较少,所以孩子提到不要爸爸来接,实属正常,但三人并未提到周某某不要去爸爸家。

2. 对钱昀医生的调查笔录,原告表示无异议,但提出由于医生说到焦虑状态发展到最后会变成焦虑症,所以原告才会要求停止被告探望,而且医生也表示父亲不适宜带孩子回去过夜。被告表示对该笔录的真实性无异议,但认为由于孩子较小,表达能力较差,焦虑状态每个人都可能存在,不是必然都会发展成焦虑症,不能在父亲家过夜,主要是根据原告及其母亲的讲述得出的结论,故没有依据。

律师观点:

父母与子女之间的关系,不因父母离婚而消除。父母离婚后,不直接抚养子女的父或母,有探望子女的权利,通过探望,来行使对子女的教育和抚养权,切身感受子女各方面的成长状况,而另一方有协助的义务。子女的健康成长,离不开父母双方的共同关爱。但父母行使探望权的方式和时间,应充分考虑子女的需要,不能给子女的身心带来不利的影响。

被告系周某某的生父,其要求行使探望女儿的权利,希望通过探望女儿,加强与女儿的感情交流,合情、合理、合法。原告提出,被告与女儿长期缺乏沟通,导致女儿在探视后精神处于焦虑状态,故不同意被告带女儿回家过夜。由于周某某年龄尚幼,心智及对事物的认知度、判断能力均未健全,原告作为孩子的母亲,应做好孩子的疏导、教育工作,以积极、主动的姿态,协助被告更好的探望女儿。

但在切实保护被告探望权的同时,也应当充分考虑有利于周某某的健康成长,由于目前周某某对生活环境及共同生活的人依赖程度较高,而心理调节适应能力却较差,骤然改变熟悉的生活环境,对她的心理可能会造成一定的不适,对她正常的生活状态可能带来一定的影响。虽然原、被告离婚时,法院对被告探望女儿的时间、方式作了确定,但考虑到周某某的实际情况,目前被告在探望时暂不宜带周某某回家过夜,宜逐步增加被告的探望时间后带女儿回家过夜,给周某某一个适应期,有利于周某某在心理上有一个调适过程,逐步增强与被告之间的亲密度,使周某某能完全地融入被告的生活中,全身心地接受被告给予的父爱,周某某的健康成长,是原、被告的共同心愿。

综上所述,被告行使探望权的时间与方式,应从有利于周某某的身心健康出发,结合原、被告的实际情况酌定。

法院判决:

1. 自本判决生效之日起的第一、第二个月内,每月双周周六10时,原告将周某某送至上海市某路2788弄小区门卫室,由被告接回家中探望,于当日16时,被告将周某某送至上述地点由原告接回。

2. 自本判决生效之日起的第三个月起,每月双周周六10时,原告将周某某送至上海市某路2788弄小区门卫室,由被告接回家中探望,于次日16时,被告将周某某送至上述地点由原告接回。

3. 周某某每年寒假的第5日10时,原告将周某某送至上海市某路2788弄小区门卫室,由被告接回家中探望,于第10日16时,被告将周某某送至上述地点由原告接回。

4. 周某某每年暑假的第30日上午10时,原告将周某某送至上海市某路2788弄小区门卫室,由被告接回家中探望,于第45日16时,被告将周某某送至上述地点由原告接回。

5. 每年农历正月初四上午10时,原告将周某某送至上海市某路2788弄小区门卫室,由被告接回家中探望,于农历正月初六16时,被告将周某某送至上述地点由原告接回。

1208. 父或母一方拒不执行抚养费、探望子女等判决或裁定的，另一方的救济措施有哪些？

由人民法院依法强制执行，对拒不履行协助另一方行使探望权的有关个人和单位采取拘留、罚款等强制措施，但不能对子女的人身、探望行为进行强制执行。

【案例419】强制执行探视权困难重重①

在执行探视权的过程中，夫妻离婚后未与子女共同生活的一方行使探视权，是保证子女身心健康的需要。但实践中却阻力重重。

刘苗芹和前夫李斌婚后的夫妻关系，因婆媳不和受到严重影响，于3月离婚。

法院作出的《民事调解书》中，详细规定了刘苗芹对孩子李某的探视权：每周五孩子在幼儿园被刘苗芹接走，周日晚送回李斌住处；按中国传统习俗大年三十和初一在李斌处，大年初二在刘苗芹处，其他节日接送李某由双方协商解决。在该调解书上，有刘苗芹和李斌的亲笔签名。

然而，对于《民事调解书》中规定的探视权，刘苗芹只在4月的时候真正实现过两次。4月下旬去接孩子时，老师告诉刘苗芹李某15时就让爷爷奶奶接走了。再等一周，干脆孩子周五就不送幼儿园了。到了5月，再去接孩子，老师告诉刘苗芹孩子已经转走，具体到了哪个幼儿园，老师也不知道。这时刘苗芹才意识到前夫家人是不想刘苗芹见儿子，刘苗芹向法院申请了强制执行。

7月20日，游乐园里，刚满5岁的李某，来见他的妈妈，陪着李某一同来的还有孩子的父亲、爷爷、奶奶。他们来这里不是游玩的，而是被迫的。在李某身边，陪伴着法院执行庭的两位身着便衣的法官。

5岁的李某见到妈妈时，显得很生疏。执行法官招呼李某到妈妈跟前，李某则"抗拒执行"，大喊："不去、不去"。

从15时到18时的3个小时，李某没有和妈妈说一句话，妈妈每一次想和他亲近，都被他拒绝了，然后抽身跑到爷爷奶奶身边。

刘苗芹看着自己的儿子却不能和他亲近，不停地流泪哭诉，"离婚前，孩子是我一手带大的，现在让他们调教成这个样子，太让我伤心了！不过，终究是看到儿子了，没有法官帮助，我连儿子的面都见不着。"

《婚姻法》规定，离婚后，不直接抚养子女的父或母，有探望子女的权利，另一方有协助的义务。行使探视权利的方式、时间由当事人协议；协议不成的，由人民

---

① 参见腾讯网 http://news.qq.com/a/20070809/001293.htm，2012年9月12日访问。

法院判决。父或母探望子女,不利于子女身心健康的,由人民法院依法中止探望的权利;中止的事由消失后,应当恢复探望的权利。对拒不协助执行探视权的,由人民法院依法强制执行。另外,最高人民法院还作出了执行探视权的司法解释。从这些规定中可以看出,探视权已经通过立法得以法制化,并在法律上赋予了强制执行的效力。

但在司法实践中,首先,由于探视权的执行标的是人身权。而孩子的人身权是首先要得到保障的,对于孩子的人身权,法官不可能强制执行;其次,探视行为无法强制。除此之外,还有其他问题,比如,在执行中的协助义务界定难。司法实践中,对于直接抚养子女的父或母负有协助义务均无异议,但对于直接抚养子女的父或母的其他亲属,比如小孩的祖父母或外祖父母,在案件执行中阻挠行使探视权的,是否应当作为被执行人不履行协助义务,尚有争论。有争论,就难以采取一定措施来保障探视权的强制执行。

有学者认为,如果父母双方矛盾激烈,难以相互配合,可以考虑在探视权受阻情况下由未成年子女就读的幼儿园或学校协助执行探望。在国外,如离异一方拒不为另一方探视子女提供方便而需要采取强制措施时,一般是由社会义工对此进行监督协助,以避免影响子女的身心健康。

除此之外,探视权受阻可被规定为变更抚养关系的法定诉讼理由。由于行使监护权的一方拒绝对方探望子女,使子女得不到父母双方的关爱,不利于子女的身心健康成长,因此理应成为变更子女抚养关系的法定理由。

当然,在探视权制度上还应有一些限制性措施,如规定不得对未成年子女进行不利于父母子女关系的教育,不宜将夫妻间"仇视"传染给未成年子女。

1209. 何为监护权纠纷?由何地法院管辖?是否适用诉讼时效?按照什么标准交纳案件受理费?

监护权纠纷,指因行使监护权而发生的民事争议,包括以下两种情形:

(1)没有监护权的人行使监护人的职责和权利所产生的纠纷;

(2)监护人不履行监护职责,或者侵害了被监护人的合法权益所产生的纠纷等。

因监护权纠纷提起的诉讼,管辖法院的确定原则与离婚后财产纠纷一致。

监护权纠纷案件不适用诉讼时效的规定。

监护权纠纷诉讼的案件受理费为50元至100元。

【法律依据】

一、公司法类

(一)法律

❖《公司法》第180~189条、205~207条

(二)行政法规

❖《公司登记管理条例》第41~44条

❖《中外合作经营企业法实施细则》第47条、48条

❖《中外合资经营企业法实施条例》第90条

❖《外资企业法实施细则》第72条

(三)司法解释

❖《最高人民法院关于适用〈中华人民共和国公司法〉若干问题的规定(二)》第1~6条

(四)部门规章

❖《企业法人登记管理条例施行细则》第20~22条、48条、49条

(五)地方司法文件

❖《北京市高级人民法院关于审理公司纠纷案件若干问题的指导意见(试行)》第9条、10条、23条

❖《北京市高级人民法院关于企业下落不明、歇业、撤销、被吊销营业执照、注销后诉讼主体及民事责任承担若干问题的处理意见(试行)》第5~10条、12~14条、16~22条、24条、25条、27~42条

❖《上海市高级人民法院关于审理公司纠纷案件若干问题的解答》第5~9条

❖《上海市高级人民法院关于审理涉及公司诉讼案件若干问题的处理意见(一)》第6条、7条

❖《上海市高级人民法院关于审理涉及公司诉讼案件若干问题的处理意见(三)》第7条

❖《上海市高级人民法院关于在民事诉讼中企业法人终止后诉讼主体和责任承担的若干问题的处理意见》第1~9条

❖《广东省高级人民法院关于企业法人解散后的诉讼主体资格及其民事责任承担问题的指导意见》第1~13条

❖《山东省高级人民法院关于审理公司纠纷案件若干问题的意见(试行)》

第 5 条、20 条、87~90 条、92~105 条

❖《陕西省高级人民法院民二庭关于公司纠纷、企业改制、不良资产处置及刑民交叉等民商事疑难问题的处理意见》第 4 条

❖《江苏省高级人民法院关于审理适用公司法案件若干问题的意见(试行)》第 11 条、14 条、82~89 条

二、民法类

(一)国际条约

❖《中华人民共和国和波兰人民共和国关于民事和刑事司法协助的协定》第 6 条、16~20 条

❖《中华人民共和国和法兰西共和国关于民事、商事司法协助的协定》第 3 条、19~24 条

❖《中华人民共和国和比利时王国关于民事司法协助的协定》第 3 条

❖《中华人民共和国和意大利共和国关于民事司法协助的条约》第 8 条、20~27 条

❖《中华人民共和国和蒙古人民共和国关于民事和刑事司法协助的条约》第 3 条、17~22 条

❖《中华人民共和国和罗马尼亚关于民事和刑事司法协助的条约》第 8 条、21~26 条

❖《中华人民共和国和俄罗斯联邦关于民事和刑事司法协助的条约》第 2 条、16~20 条

❖《中华人民共和国和哈萨克斯坦共和国关于民事和刑事司法协助的条约》第 2 条、17~21 条

❖《中华人民共和国和乌克兰关于民事和刑事司法协助的条约》第 2 条、17~21 条

❖《中华人民共和国和白俄罗斯共和国关于民事和刑事司法协助的条约》第 2 条、17~21 条

❖《中华人民共和国和古巴共和国关于民事和刑事司法协助的协定》第 3 条、21~25 条

❖《中华人民共和国和匈牙利共和国关于民事和商事司法协助的条约》第 4 条、16~20 条

❖《中华人民共和国和西班牙王国关于民事、商事司法协助的条约》第 3 条、17~25 条

❖《中华人民共和国和阿拉伯埃及共和国关于民事、商事和刑事司法协助的协定》第 3 条、20～26 条

❖《中华人民共和国和泰王国关于民商事司法协助和仲裁合作的协定》第 4 条

❖《中华人民共和国和土耳其共和国关于民事、商事和刑事司法协助的协定》第 2 条、21～25 条

❖《中华人民共和国和希腊共和国关于民事和刑事司法协助的协定》第 3 条、20～25 条

❖《中华人民共和国和塞浦路斯共和国关于民事、商事和刑事司法协助的条约》第 6 条、24～29 条

❖《中华人民共和国和摩洛哥王国关于民事和商事司法协助的协定》第 5 条、16～21 条

❖《中华人民共和国和吉尔吉斯共和国关于民事和刑事司法协助的条约》第 2 条、16～20 条

❖《中华人民共和国和塔吉克斯坦共和国关于民事和刑事司法协助的条约》第 2 条、16～20 条

❖《中华人民共和国和乌兹别克斯坦共和国关于民事和刑事司法协助的条约》第 3 条、17～21 条

❖《中华人民共和国和新加坡共和国关于民事和商事司法协助的条约》第 3 条

❖《中华人民共和国和越南社会主义共和国关于民事和刑事司法协助的条约》第 4 条、15～20 条

❖《中华人民共和国和突尼斯共和国关于民事和商事司法协助的条约》第 4 条、19～25 条

❖《中华人民共和国和立陶宛共和国关于民事和刑事司法协助的条约》第 4 条、16～20 条

❖《中华人民共和国和老挝人民民主共和国关于民事和刑事司法协助的条约》第 6 条、20～25 条

❖《中华人民共和国和阿根廷共和国关于民事和商事司法协助的条约》第 5 条、15 条、16 条、18～20 条

❖《中华人民共和国和大韩民国关于民事和商事司法协助的条约》第 4 条

❖《中华人民共和国和阿拉伯联合酋长国关于民事和商事司法协助的协定》

第 5 条、17~23 条
- 《中华人民共和国和朝鲜民主主义人民共和国关于民事和刑事司法协助的条约》第 2 条、17~22 条
- 《中华人民共和国和科威特国关于民事和商事司法协助的协定》第 5 条、17 条、19~27 条
- 《中华人民共和国和秘鲁共和国关于民事和商事司法协助的条约》第 4 条、21~27 条
- 《中华人民共和国和巴西联邦共和国关于民事和商事司法协助的条约》第 5 条、20~25 条
- 《中华人民共和国和阿尔及利亚民主人民共和国关于民事和商事司法协助的条约》第 5 条、21~23 条
- 《关于向国外送达民事或商事司法文书和司法外文书公约》第 2 条、9 条

(二)法律
- 《民法通则》第 40 条、46 条、60 条、61 条
- 《民事诉讼法》第 22 条、23 条、108 条
- 《合同法》第 86 条、87 条
- 《涉外民事关系法律适用法》第 26 条、27 条

(三)司法解释
- 《最高人民法院关于贯彻执行〈民法通则〉若干问题的意见(试行)》第 74 条
- 《最高人民法院关于适用〈民事诉讼法〉若干问题的意见》第 8 条、11~16 条
- 《最高人民法院、外交部、司法部关于执行〈关于向国外送达民事或商事司法文书和司法外文书公约〉有关程序的通知》
- 《最高人民法院关于内地与澳门特别行政区相互认可和执行民商事判决的安排》第 1 条、3 条、11 条、13~15 条
- 《最高人民法院关于内地与香港特别行政区法院相互认可和执行当事人协议管辖的民商事案件判决的安排》第 1 条、4 条、5 条、13~15 条

三、其他
- 《民事诉讼法》第 62 条、108 条、267 条、281 条、282 条
- 《诉讼费用交纳办法》第 13 条第 2 款

第十七章　申请公司清算

【宋律师释义】

> 申请公司清算,是指公司解散后,公司董事、控股股东和实际控制人未依法进行清算,公司股东或者债权人向人民法院申请对公司进行强制清算。
>
> 实践中,公司董事、控股股东和实际控制人怠于履行清算职责行为主要有以下三种情形:
> (1)未在《公司法》规定的期限内组成清算组开始清算;
> (2)虽然成立清算组但故意拖延清算;
> (3)存在其他违法情形可能严重损害公司股东或者债权人利益的行为。

【关键词】清算　自行清算　强制清算　清算组　清算义务人　债权申报　清算方案　清算报告　清算所得

❖ **清算:** 公司清算,是指公司解散后,负有公司清算义务的主体按照法律规定的方式、程序对公司的资产、负债、股东权益等公司的状况进行全面的清理和处置,清理债权债务,处理公司财产,了结各种法律关系,并最终消灭公司法人资格的一种法律行为。

由于公司合并、分立后,债权债务转移至新成立的公司或由分立后的公司承担连带责任,合并、分立无须进行清算。而公司因宣告破产而解散,其适用的是破产清算专门程序。因此,本章讨论的公司清算,指除破产、合并和分立之外的其他原因而导致的公司解散所必须履行的一项法律程序,不包括破产清算。

公司清算依据不同的标准有不同的方式:
(1)根据公司清算时是否资不抵债,清算可以分为一般清算与破产清算;
(2)按照清算程序是否法定,清算可以分为任意清算和法定清算;
(3)以清算启动程序法院是否介入为依据,清算可以分为自行清算和强制清算。

❖ **自行清算**:是指公司出现解散事由时,应当首先由公司自行按照法律规定成立清算组,并依法定的程序、方式等组织清算,是属于公司意思自治的范畴,无须外力介入。公司以自愿清算为原则。

❖ **强制清算**:是指当公司解散后,股东没有按照法律规定组织清算组进行清算,公司债权人和股东请求人民法院指定有关人员组成清算组进行清算。与自行清算相比,区别如下:

(1)启动程序不同。

自行清算由公司股东或董事自行启动;而强制清算是在公司不履行自行清算的情况下,通过债权人或股东的申请,由人民法院启动清算程序对公司进行清算,债权人或股东不申请的,人民法院不能依职权强制进行清算。

(2)清算组产生方式不同。

自行清算情况下,由股东、董事或股东大会组成清算组;而强制清算由人民法院指定人员组成清算组。

(3)清算组成员范围不同。

自行清算的情形下,清算组成员一般由公司股东或董事组成;而在强制清算下,清算组成员除股东、董事以外,还包括中介机构等其他人员。

(4)法院的介入程度不同。

在自行清算的情况下,法院一般不介入公司清算;在强制清算情况下,由法院指定清算组,更换清算组成员、对清算方案进行确认,有一定程度的介入。

本章所讨论的申请公司清算纠纷即强制清算。

❖ **清算组**:也称为清算人,是指公司解散后,由清算义务人依法组成或由人民法院指定组成的,具体从事清算事务,处理公司财产和清理公司债权债务的组织。

❖ **清算义务人**:是指公司解散时,依法承担组织公司清算、启动公司清算程序义务的主体。有限责任公司的清算义务人为公司全体股东,股份有限公司的清算义务人为公司董事和控股股东。

❖ **债权申报**:是指公司债权人,于法定期限内向清算组依法申报债权并要求行使权利的法律行为。

❖ **清算方案**:是清算组据以处理公司清算事务,了结公司债权、债务的法定文件,其主要内容包括公司的资产和负债情况,财产清单,财产作价依据,债权、债务清单和债权、债务处理办法等。

❖ **清算报告**:是指完成清算后,清算组对申请注销登记单位的资产、负债情况进行全面确认后提出的书面报告。

❖ **清算所得**:是指企业的全部资产可变现价值或交易价格,减除资产的计税基础、清算费用、相关税费,加上债务清偿损益等后的余额。即:

清算所得 = 企业的全部资产可变现价值或交易价格 − 资产的计税基础 − 清算费用 − 相关税费 + 债务清偿损益

第一节 立 案

1210. 如何确定申请公司清算的当事人?

公司债权人可以作为申请人申请公司强制清算,如果公司债权人未提起清算申请,公司股东可以提起申请公司强制清算。公司是唯一的被申请人。公司其他股东可以作为共同申请人或利害关系人参与诉讼。

【案例420】将股东列为被申请人　法院裁定驳回起诉[①]

申请人:耀日投资公司

被申请人:鲁萍、亚冠公司

申请事项:申请强制清算被申请人亚冠公司。

争议焦点:

1. 公司是否有可供分配的财产是否是法院受理强制清算的依据;

2. 申请公司清算中,能否将股东列为被申请人。

申请人诉称:

被申请人亚冠公司尚欠申请人债务。被申请人亚冠公司已被工商部门吊销了营业执照,其股东至今未组织清算。被申请人鲁萍系被申请人亚冠公司的股东。

一审认为:

从(2002)虞法执字第1409号、1454号执行裁定书可看,被申请人亚冠公司已无财产可供执行。被申请人亚冠公司已于2005年8月1日被工商吊销营业执照,申请人也未能提供被申请人亚冠公司尚有财产可供清算。

一审裁定:

驳回申请人的申请。

---

① 参见浙江省绍兴市中级人民法院(2010)浙绍商清(预)终字第4号民事裁定书。

申请人不服一审裁定,向上一级人民法院提起上诉。

申请人上诉称：

1. 申请人有权向法院申请强制清算。

申请人向一审法院提交的生效执行民事裁定书,可证明申请人对被申请人亚冠公司享有债权,同时,被申请人亚冠公司已被工商部门吊销了营业执照,其股东至今未组织进行清算。现申请人向法院申请进行强制清算,符合我国《公司法》(2005年修订)第181条关于公司应当在解散事由出现之日起15日内成立清算组,开始清算。逾期不成立清算组进行清算的,债权人可以申请人民法院指定有关人员组成清算组进行清算的规定。

2. 被申请人是否有可供执行的财产作为是否受理公司强制清算的依据。

一审以被申请人是否有可供执行的财产作为是否受理公司强制清算的依据,不符合法律的规定。法院应当依照《公司法》(2005年修订)第184条以及《最高人民法院关于适用〈中华人民共和国公司法〉若干问题的规定(二)》的相关规定,裁定受理申请人的申请。

两被申请人未作答辩。

律师观点：

虽然申请人提供的证据表明其系被申请人亚冠公司的债权人,且被申请人亚冠公司已被工商行政主管部门吊销营业执照,但本案中申请人是以债务人被申请人亚冠公司作为强制清算的对象而提出公司强制清算申请,根据《最高人民法院关于适用〈中华人民共和国公司法〉若干问题的规定(二)》第7条,《关于审理公司强制清算案件工作座谈会纪要》第2条、7条规定的精神,本案的被申请人应为被申请人亚冠公司。申请人将被申请人的股东列为公司强制清算被申请人,不符合法律和最高人民法院司法解释的相关规定,其要求进行强制清算的申请,不应予以受理。

二审裁定：

驳回上诉,维持原裁定。

1211. 公司职工能否申请强制公司清算？

可以。关于公司职工能否申请法院强制公司清算的问题,法律及司法解释均没有明确规定。公司清算关系着公司职工的切身利益,当公司无力支付职工工资时,公司清算则可以优先满足职工的工资要求,因此,法律应赋予职工申请法院强制公司清算的权利。在没有明确的法律依据下,可以将申请人职工认定为公司的债权人,受理其强制公司清算的申请。

【案例421】为执行生活费 职工申请强制清算公司获支持①

申请人:张月阁

被申请人:北京市西城区残疾人联合会

诉讼请求:要求被申请人限期对康裕隆中心组织清算。

争议焦点:职工是否可以申请法院对公司进行强制清算。

基本案情:

1993年10月申请人由北京行星减速机厂调入康裕隆中心,成为该企业职工。1999年年底申请人在家待岗,但未发放基本生活费。康裕隆中心的主办单位为被申请人,2001年8月10日,北京市工商行政管理局西城分局吊销了康裕隆中心的营业执照,其债权债务由主办单位被申请人负责清算,被申请人至今未对其清算。

2007年8月10日北京市西城区劳动争议仲裁委员会作出裁决书,认定申请人与康裕隆中心存在劳动关系,由其支付申请人自1999年12月至今的基本生活费。后因执行过程中查找不到财产,故中止执行。

申请人诉称:

由于被申请人一直未对康裕隆中心进行清算,导致申请人一直无法取得应得的基本生活费。

被申请人辩称:

同意组织清算,但需要申请人积极配合,由于申请人的人事档案无法落实,导致无法组织清算。

律师观点:

作为康裕隆中心的主办单位,在康裕隆中心被工商机关吊销营业执照后,有负责清算的义务。申请人系康裕隆中心的债权人,其向被申请人提起诉讼,要求其承担清算责任,理由正当,应予支持。

法院判决:

被申请人自本判决生效之日起对康裕隆中心进行清算,60日内清算完毕。

---

① 参见中华法律学习网 http://fl.100xuexi.com/HP/20100623/OTD164525.shtml,2012年3月25日访问。

1212. 隐名股东能否直接申请强制公司清算?

不能。实际出资人提出的股权确认之诉是否应当得到支持的问题虽然已有司法解释予以明确,但实际出资人是否享有股权仍需要通过诉讼程序予以确认或者变更。故实际出资人申请公司清算,人民法院应当告知其另行诉讼或者通过其他途径确认其股东身份后再行申请强制清算,其坚持申请的,人民法院应当裁定不予受理。

1213. 瑕疵出资股东能否申请强制公司清算?

可以。瑕疵出资股东的法律责任体现在补足出资和违约责任的承担方面,股东瑕疵出资并不当然否定其股东资格,在其股东资格被否定之前,其依然有权申请强制清算公司。

【案例422】判决确认股东资格 继受股东有权申请清算①

申请人:徐兰芳、方芳

被申请人:彪新公司

申请事项:对被申请人进行强制清算。

争议焦点:申请人出资是否存在瑕疵;申请清算中,法院是否应对申请人出资情况进行审查。

基本案情:

被申请人成立于1997年1月28日。工商登记股东两名,其中,何新生以实物、货币出资30万元,持股比例60%,方东明以实物出资20万元,持股比例40%。

方东明于2004年10月8日死亡,其第一顺序继承人为:申请人徐兰芳(配偶)、申请人方芳(女儿)、方桂兴(父亲)、贾秀英(母亲),而方桂兴、贾秀英已自愿放弃了对方东明股权继承的实体权利。

2008年4月5日,云南省昆明市工商行政管理局向被申请人作出处罚决定,吊销了该公司营业执照,被申请人在营业执照被吊销后未成立清算组进行清算。

2010年,云南省昆明市中级人民法院(2010)昆民五终字第29号民事判决书确认了两申请人的股东资格,但对两人请求分配盈余并退股的诉讼请求不予支持。

申请人诉称:

申请人为方东明的第一顺序继承人,依照《公司法》(2005年修订)第76条,

---

① 参见云南省高级人民法院(2011)云高民二终字第18号民事裁定书。

"自然人股东死亡后,其合法继承人可以继承股东资格"。所以,申请人要求确认其股东地位并要求法院对被申请人强制清算。

被申请人辩称:

方东明的出资没有到位,所以申请人继承其股权后,在行使权利时应当受到限制,不应当具备申请公司清算的实体权利,故请求驳回申请人的申请。

一审认为:

依据《公司法》(2005年修订)及《最高人民法院关于适用〈中华人民共和国公司法〉若干问题的规定(二)》的相关规定,有权向人民法院申请指定清算组对被申请人进行清算的主体为债权人或公司股东。

本案中,申请人虽在方东明死亡后继承其股权,成为被申请人的股东,但被申请人对方东明是否出资到位提出了抗辩,在此问题未得到确认前,申请人的股东权利应受到应有的限制。故其不能依据《公司法》(2005年修订)与《最高人民法院关于适用〈中华人民共和国公司法〉若干问题的规定(二)》的规定要求法院对被申请人进行强制清算。

一审裁定:

对申请人的强制清算申请不受理。

申请人不服一审裁定,向上级人民法院提起上诉。

申请人上诉称:

法院生效判决尽管对申请人主张的退股及收益权未予以支持,但该判决确认了方东明的股权及申请人的继承权。根据被申请人的章程和验资报告,足以认定方东明在被申请人的股权。因此,不能仅凭被申请人的抗辩,限制申请人的股东权利。

综上,请求撤销原裁定,指定昆明市中级人民法院对被申请人进行强制清算。

被申请人二审辩称:

尽管工商登记、验资报告、公司章程均显示方东明为被申请人股东,但实际上方东明未履行出资义务,不能享有其出资义务相对应的实体权益,申请人的股东权利应受到限制,无权主张对被申请人进行强制清算。

综上,请求驳回上诉,维持原裁定。

律师观点:

1. 方东明的股东资格不应被否定。

被申请人的工商登记、公司章程及验资报告等文件均载明方东明已出资并为公司股东,而被申请主张方东明没有实际出资,但无证据予以证实,且出资不到位的法律后果仅系补足出资和违约责任的承担问题,并不能以此否定方东明的股东资格。

2. 申请人因继承而享有股东资格。

依据《公司法》第75条的规定,并且被申请人的公司章程并没有自然人股东的继承作出相应的排他规定,所以,方东明死亡后,由于其父母自愿放弃了对方东明股权继承的实体权利,申请人作为其合法继承人,可继承方东明的股东资格,已生效的云南省昆明市中级人民法院(2010)昆民五终字第29号民事判决也对两申请人的股东资格予以了确认。

3. 申请人有权申请法院对被申请人进行强制清算。

根据《公司法》第180条"公司因下列原因解散……(四)依法被吊销营业执照、责令关闭或者被撤销"之规定,被申请人在2008年4月5日被吊销营业执照后,出现了法定解散事由,应当予以解散。另根据《公司法》第183条"公司因本法第一百八十条第(一)项、第(二)项、第(四)项、第(五)项规定而解散的,应当在解散事由出现之日起十五日内成立清算组,开始清算"之规定,被申请人应当在解散事由出现之后的15日内自行成立清算组进行清算。

根据《最高人民法院关于适用〈中华人民共和国公司法〉若干问题的规定(二)》第7条之规定,公司应当依照《公司法》第183条的规定,在解散事由出现之日起15日内成立清算组,开始自行清算。有"公司解散逾期不成立清算组进行清算"的情形,而且债权人未提起清算申请,公司股东申请人民法院指定清算组对公司进行清算的,人民法院应予受理。被申请人在出现营业执照被吊销的法定解散事由后,逾期未自行成立清算组进行清算,且也无债权人提起清算申请,因此,作为公司股东的申请人申请指定清算组对公司进行清算符合法律规定,人民法院应当受理。

二审裁定:

1. 撤销原裁定;
2. 指令云南省昆明市中级人民法院受理申请人对被申请人的清算申请。

1214. 是否所有的企业都适用《公司法》规定的强制清算?

不是。现行法律、司法解释仅对公司性质企业规定了强制清算程序,而对非公司性质的企业,仅要求出现清算事由的企业自行清算,而未赋予债权人申请强制清算的权利。故合伙制企业、联营企业、个人独资企业等形式的企业均不适用强制清算。

【案例423】债权人申请联营企业强制清算被驳回①

申请人：贾柏明

被申请人：联营厂

申请事项：请求法院依法指定清算组对被申请人进行强制清算。

争议焦点：被申请人是联营性企业，申请人可否申请人民法院对其进行强制清算。

基本案情：

被申请人系由原上海第一钢铁厂和原鄞县梅墟工业区总公司设立的集体所有制与全民所有制联营性企业，该企业注册资金为145万元。2000年8月14日，被申请人因未按照规定参加1999年度企业年度检验，而被宁波市工商行政管理局鄞县分局吊销营业执照。在被申请人被吊销营业执照前的1995年12月21日，被申请人尚欠申请人借款150万元，一直未归还。

申请人诉称：

被申请人被吊销营业执照后一直未成立清算组，以致申请人对被申请人享有的合计150余万元借款债权无法获得清偿，该情况已经严重损害了申请人的利益。

被申请人未作辩称。

律师观点：

现行法律、司法解释仅对公司性质企业规定了强制清算程序，而对非公司性质的企业，仅要求出现清算事由的企业自行清算，而未赋予债权人申请强制清算的权利。故申请人虽对被申请人享有合法的债权，但因被申请人系联营性质企业，而非公司性质企业，故本案不属于法院的受案范围。

法院裁定：

驳回申请人的申请。

【案例424】全民所有制企业非合格强制清算主体②

申请人：DAC中国

被申请人：华兴财政、福建省财政厅

---

① 参见宁波市鄞州区人民法院(2009)甬鄞商清字第4号民事裁定书。
② 参见福建省高级人民法院(2010)闽民终字第304号判决书。

申请事项： 申请强制清算被申请人华兴财政。

争议焦点：

1. 被申请人华兴财政是否已经改制为有限责任公司；
2. 全民所有制企业是否适用强制清算的法律规定，是否为合格的清算主体。

基本案情：

1993年1月，被申请人华兴财政经批准成立。

1993年2月，被申请人华兴财政直属于被申请人福建省财政厅，是全民所有制企业证券公司。

之后，被申请人华兴财政根据有关文件精神进行公司的重新申报工作，拟将公司更名为"福建华兴证券有限责任公司"，经中国人民银行福建省分行审核后拟予同意，并于1996年4月22日向中国人民银行总行提交《关于设立福建华兴证券有限责任公司的请示》转报审批。后因故未成立。

2000年9月12日，因被申请人华兴财政未按规定在限期内办理年检，福建省工商行政管理局作出处罚，决定吊销被申请人华兴财政的营业执照。

申请人诉称：

被申请人华兴财政已得到福建省分行的批准改制成有限责任公司，名称为福建华兴证券有限责任公司，依法应受《公司法》及司法解释的规范和调整，属于《公司法》上的清算主体。

申请人作为被申请人华兴财政的债权人，被申请人华兴财政被吊销营业执照后，一直未进行清算，损害了申请人的利益。被申请人福建省财政厅作为被申请人华兴财政的主管部门，应对被申请人华兴财政的债务承担连带责任。

两被申请人均辩称：

申请人所述并不属实，被申请人华兴财政并未完成改制，其性质上仍属于全民所有制企业，并不属于《公司法》上的主体，有关被申请人华兴财政的清算亦并不适用《公司法》。请求法院裁定驳回申请。

一审认为：

被申请人华兴财政作为全民所有制企业，并未按《公司法》的规范进行改制，不是《公司法》所规范的公司法人主体。申请人向该院申请指定清算组对被申请人华兴财政进行清算，不符合《公司法》《最高人民法院关于适用〈中华人民共和国公司法〉若干问题的规定（二）》等法律及司法解释关于人民法院受理公司清算纠纷案件的规定，故申请人向该院申请对被申请人华兴财政进行强制清算没有法律依据，依法应予驳回。

一审裁定：

驳回申请人提出的对被申请人华兴财政进行清算的申请。

申请人不服一审裁定，向上级人民法院提起上诉。

申请人上诉称：

1. 原审认定事实错误。

原审认为，"被申请人华兴财政拟更名为'福建华兴证券有限责任公司'，但'福建华兴证券有限责任公司'因故未能设立"，属认定事实错误。被申请人华兴财政在被吊销营业执照前已得到中国人民银行福建省分行的批准改制成有限责任公司，名称为福建华兴证券有限责任公司，依法应受《公司法》及司法解释的规范和调整。

原审认为被申请人华兴财政作为全民所有制企业，并未按《公司法》的规范进行改制，不是《公司法》所规范的公司法人主体，该事实认定不能成立。被申请人华兴财政根据中国人民银行的相关文件精神进行了重新申报工作，将公司改名，注册资本人民币1.5亿元，到位1.09亿元，并由会计师事务所出具《验资报告》。上述改制行为得到了中国人民银行福建省分行的认可和审批，从现有材料看，被申请人华兴财政实际上已根据《公司法》的规范，对公司名称进行了变更。

尽管该公司在吊销前最终未向工商局申请变更名称，但不影响其已改制成有限责任公司。该公司属于金融行业，其设立需要中国人民银行及下属的福建省分行的预先核准，此核准具有创设性，而工商登记仅为备案程序。在被申请人华兴财政的改制已取得中国人民银行福建省分行核准改名为福建华兴证券有限责任公司的情况下，向福建省工商行政管理局申请变更登记与否不影响被申请人华兴财政已改制成有限责任公司。

除法律规定具有行政许可性质的工商登记以外，工商登记仅具有对抗效力，登记的意义在于公示。原审在裁定书中未对申请人的举证论证进行反驳说明即认为被申请人华兴财政因故未改制。

2. 原审适用法律错误。

原审法院适用法律错误，即便根据现有资料无法判断被申请人华兴财政是否已改制成有限责任公司，该公司也应受《公司法》及相关司法解释的规范和调整。《最高人民法院关于适用〈中华人民共和国公司法〉若干问题的规定（一）》规定，因《公司法》实施前有关民事行为或者事件发生纠纷起诉到法院的，如当时的法律法规和司法解释没有明确规定时，可参照适用《公司法》的有关规定。

当时及现有的法律法规与司法解释没有明确规定未改制的全民所有制企业

吊销后,债权人申请法院成立清算组对债务人进行清算的,不能适用《公司法》及相关司法解释进行规范和调整。

《最高人民法院关于适用〈中华人民共和国公司法〉若干问题的规定(二)》关于申请强制清算规定的立法原意,是规范企业的市场退出机制,防止公司股东因怠于履行清算义务损害债权人的利益。被申请人华兴财政自2000年被吊销营业执照后,至今未进行清算,债权债务未进行清理,严重侵害债权人的利益。

两被申请人未作答辩。

律师观点:

1. 被申请人华兴财政仍属于全民所有制企业。

根据国务院、中国人民银行的相关文件精神,被申请人华兴财政进行了公司的重新申报工作,将公司更名为"福建华兴证券有限责任公司",并已经中国人民银行福建省分行批准,正积极争取中国人民银行总行批准,两份情况说明并称"目前,申报工作正在(还在)进行之中"。

《关于设立福建华兴证券有限责任公司的请示》从内容上只能反映,中国人民银行福建省分行在拟同意设立福建华兴证券有限责任公司后,转报中国人民银行总行予以审批。申请人并未提交证据证明被申请人华兴财政的重新申报工作已获得中国人民银行总行审批,其主张被申请人华兴财政已获批准改制成福建华兴证券有限责任公司缺乏事实依据。

2. 全民所有制企业清算亦不适用《公司法》。

《公司法》(2005年修订)明确规定:"本法所称公司是指依照本法在中国境内设立的有限责任公司和股份有限公司。"根据上文可得出,被申请人华兴财政系全民所有制企业,其并未按《公司法》的规定,规范改制成有限责任公司,故其不属于《公司法》意义上的公司主体,不受《公司法》及其司法解释的调整。申请人请求根据《最高人民法院关于适用〈中华人民共和国公司法〉若干问题的规定(二)》的规定,由原审法院指定清算组对被申请人华兴财政进行清算,缺乏法律依据。

二审裁定:

驳回上诉,维持原裁定。

1215. 申请公司清算由何地法院管辖?

对于公司强制清算案件的管辖应当分别从地域管辖和级别管辖两个角度确定。

地域管辖法院应为公司住所地的人民法院,即公司主要办事机构所在地法院;公司主要办事机构所在地不明确、存在争议的,由公司注册登记地人民法院管辖。

级别管辖应当按照公司登记机关的级别予以确定。基层人民法院管辖县、县级市或者区的公司登记机关核准登记公司的公司清算案件,中级人民法院管辖地区、地级市以上的公司登记机关核准登记公司的公司清算案件。

1216. 申请公司清算按照什么标准交纳案件受理费?

公司强制清算案件的申请费以强制清算财产总额为基数,按照财产案件受理费标准减半计算,人民法院受理强制清算申请后从公司财产中优先拨付。因财产不足以清偿全部债务,强制清算程序依法转入破产清算程序的,不再另行计收破产案件申请费;按照上述标准计收的强制清算案件申请费超过30万元的,超过部分不再收取,已经收取的,应予退还。

如果在人民法院裁定受理强制清算申请前,申请人请求撤回请求,且人民法院准许的,强制清算案件的申请费不再从被申请人财产中予以拨付;人民法院受理强制清算申请后,申请人请求撤回申请,人民法院准许的,已经从被申请人财产中优先拨付的强制清算案件申请费不予退回。

1217. 申请公司清算是否适用诉讼时效?

不适用。如果公司在出现解散事由之日起15内未成立清算组,公司债权人可向人民法院申请请求对公司进行强制清算。

1218. 满足什么条件,债权人或股东可以申请公司强制清算?

有下列法定情形之一的,公司债权人或股东可以申请法院指定清算组进行清算,人民法院应予受理:

(1)公司解散逾期不成立清算组进行清算的

解散事由出现之日起15日内,不成立清算组的,视为逾期。由于解散情形不同,解散之日的认定标准亦不同:

①公司章程规定的营业期限届满,解散之日为公司营业期限届满之日。

②公司章程规定的其他解散事由出现的,解散之日为该事由成立之日。

③股东会或股东大会决议解散的,股东(大)会作出解散公司决议的时间为公司解散之日。但国有独资公司的解散之日为解散决定经国有资产监督管理机构审核后,报本级人民政府批准之日。

④依法被吊销营业执照、责令关闭或者被撤销的,工商局吊销营业执照,或有关部门正式决定关闭、撤销之日为公司解散之日。

⑤人民法院依法判决解散公司的,该解散判决生效之日为公司解散之日。

(2) 虽然成立清算组但故意拖延清算的

对于如何认定清算组故意拖延清算,《公司法》及司法解释并未明确规定,拖延清算及违法清算的认定直接关系到司法对清算的干涉程度。目前司法界倾向于不轻易干涉自行清算,只有在公司无法自行清算的情况下才以公权力加以干涉。

值得一提的是,北京市海淀区人民法院《公司强制清算程序指引》对拖延清算的标准进行了规定:

①在债权人提起强制清算的情况中拖延清算包括:

债务人在解散事由出现之日起15日内没有成立清算组;

清算组自成立之日起60日内没有发出债权申报通知;

清算组自成立之日起无中止、中断事由而在六个月内没有清算完毕;

其他可能严重损害债权人利益的情形。

②在股东提起强制清算的情况中拖延清算包括:

公司在解散事由出现之日起15日内没有成立清算组;

控股股东、实际控制人不向清算组移交公司印章、账册及其他相关清算资料,导致清算工作无法进行;

清算组自成立之日起两个月内没有开展清算工作;

清算组自成立之日起无中止、中断事由而在六个月内没有清算完毕;

其他违反法定清算义务的情形。

(3) 违法清算可能严重损害债权人或者股东利益的

公司债权人或股东因清算组存在违法清算的情形,提起强制清算,应当满足两个条件:一是要有损害的行为发生,即违法清算的行为;二是要有损害结果的发生,且损害结果的程度严重。但至于损害结果深到什么程度才算"严重",法律并没有明确,也无法一一列举。具体情形包括:

①在清算过程中,只清理债权,不清偿债务,或为减少清算成本对清算公司的债权消极行使追偿权。

②采取隐匿财产、做假账等手段帮助股东转移资产,逃避债务。

③针对公司债权债务,编制虚假的清算报告。

④不向债权人履行清算告知义务,搞暗箱操作。

⑤违规处置公司财产、故意销毁相关的资料。

⑥在清算期间提前向个别债权人清偿,或者在清偿过程中不按照法定顺序清

偿,将公司资产在支付清算费用、职工工资、社会保险费用和法定补偿金,以及交纳所欠税款并清偿公司债务之前,擅自分配、侵占公司资产等。值得注意的是,拖延清算及违法清算行为的实施主体是清算组,清算组以外的其他主体实施损害债权人、股东利益行为的不能构成债权人、股东申请强制清算的理由。

【案例425】公司被吊销执照 股东有权申请强制清算

申请人: 黄某

被申请人: 蔡某

诉讼请求: 判令被申请人与自己成立甲公司清算组,履行公司清算义务。

争议焦点: 公司被吊销营业执照后,股东是否有权申请强制清算。

基本案情:

2003年2月8日,申请人和被申请人经协商各投资25万元成立甲公司。2004年12月该公司因未参加企业年检被工商行政管理机关吊销了营业执照,但申请人和被申请人并没有对公司进行清算。2005年6月14日,申请人认为被申请人多占公司财产,并请律师发函给被申请人,要求对公司的剩余资产进行清理、分配,但遭到被申请人拒绝。

申请人诉称:

公司在被吊销营业执照后,一直未进行清算。被申请人多占公司财产,不符合法律规定。

被申请人辩称:

公司无须进行清算,自己没有多占公司资产。

律师观点:

公司被吊销营业执照后,股东有权申请强制清算。

《公司法》第180条的规定,公司因下列原因解散:"……(四)依法被吊销营业执照、责令关闭或者被撤销。"第183条规定,公司因本法第180条第1项、2项、4项、5项规定而解散的,应当在解散事由出现之日起十五日内成立清算组,开始清算。有限责任公司的清算组由股东组成,股份有限公司的清算组由董事或者股东大会确定的人员组成。逾期不成立清算组进行清算的,债权人可以申请人民法院指定有关人员组成清算组进行清算。人民法院应当受理该申请,并及时组织清算组进行清算。《最高人民法院关于适用〈中华人民共和国公司法〉若干问题的规定(二)》第7条第3款规定,具有本条所列情形,而债权人未提起清算申请,公司股东申请人民法院指定清算组对公司进行清算的,人民法院应予受理。

根据上述法律和司法解释的规定,公司被吊销营业执照后,应该进行清算。逾期不进行清算的,债权人和股东均有权向法院申请强制清算。

法院判决:

限被申请人在判决书生效后15日内成立清算组,依法对甲公司进行清算;如逾期未进行清算,由法院委托清算。

【案例426】公司被撤销登记　股东有权申请强制清算

申请人:蒋某

被申请人:颜某

诉讼请求:

1. 对甲公司进行清算;
2. 分配申请人在甲公司的投资款60万元。

争议焦点:公司被撤销登记后,公司股东是否有权申请强制清算。

基本案情:

1999年4月12日,申请人与被申请人签订了甲公司章程。主要内容载明:股东由原、被申请人组成,各股东出资方式和出资额为申请人以实物出资67万元,占67%,被申请人以实物出资33万元,占33%,公司注册资金为100万元。另约定,公司违反国家法律、行政法规依法责令关闭的,公司应解散,由有关主管机关组织有关人员成立清算组,进行清算。章程签订当日,申请人、被申请人用购置机器设备的合同、发票进行验资,取得会计师事务所出具的验资报告,并同时到工商行政管理机关领取了甲公司法人营业执照。该公司无主管机关。

2000年4月12日,甲公司函告某会计师事务所要求对账务进行审计。

同年4月19日,某会计师事务所出具审计报告称:(1)因申请人与被申请人投资不实引起纠纷,公司停产两月有余;(2)从公司财务发现经双方认可的已入账的实际投资为申请人60万元(股本40万元,借款20万元)、被申请人40万元(股本30万元,借款10万元),这既不符合约定的投资份额,也不符合投资作为股本账务处理要求,且当事人出资清单不详,无法确定具体投资金额和用途;(3)机器设备价值实为42.2万元,申请人与被申请人以100万元的投资额中有57.8万元为虚假投资。

同年6月14日,该县工商行政管理局经立案查实后,认为当事人虚报注册资本,情节严重,依据《公司法》(2005年修订)第206条的规定,处以撤销公司登记和罚款5万元。

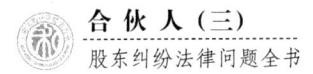

申请人诉称：

甲公司被撤销登记后，未组织清算，其在甲公司的投资应该予以分配，以保护申请人权益。

被申请人辩称：

申请人无权申请法院强制清算。

律师观点：

本案发生在《公司法》2005年修订之前，旧《公司法》第192条规定，公司被解散或撤销的，应当由主管机关组织股东、有关机关及有关专业人员成立清算组进行清算。有关主管机关是指依照国家法律、行政法规有权责令公司关闭的部门或机关，不包括公司登记机关。根据当时的法律法规，也没有在人民法院设立相应的清算程序。①

法院判决：

驳回起诉。

【案例427】判决解散逾期未达成清算合意　股东有权申请强制清算②

申请人： 蔡元辉

被申请人： 众策公司

申请事由： 请求法院对被申请人进行强制清算。

争议焦点： 法院判决解散后，股东之间未在约定的协商期间就自行解散事宜达成一致意见，是否有权申请强制清算。

基本案情：

2009年6月17日，宁波市江东区法院作出(2008)甬东民二初字第649号民事判决书，判决被申请人于判决生效之日起10日内即行解散。被申请人不服，提

---

① 根据《公司法》第180条的规定，公司因下列原因解散："(四)依法被吊销营业执照、责令关闭或者被撤销。……"第183条规定，公司因本法第180条第4项规定而解散的，应当在解散事由出现之日起15日内成立清算组，开始清算。有限责任公司的清算组由股东组成。逾期不成立清算组进行清算的，债权人可以申请人民法院指定有关人员组成清算组进行清算。人民法院应当受理该申请，并及时组织清算组进行清算。《最高人民法院关于适用〈中华人民共和国公司法〉若干问题的规定(二)》第7条第3款规定，具有本条第2款所列情形，而债权人未提起清算申请，公司股东申请人民法院指定清算组对公司进行清算的，人民法院应予受理。

根据上诉法律和司法解释的规定，公司被撤销登记后，应该进行清算。逾期不进行清算的，债权人和股东均有权向法院申请强制清算。

② 参见宁波市江东区人民法院(2010)甬东商清(预)字第1号民事裁定书。

起上诉。因其未在规定时间内交纳诉讼费,宁波市中级人民法院依法作出(2009)浙甬商终字第892号民事裁定书,裁定按自动撤诉处理。2009年9月4日,申请人发函被申请人及曾雪松、洪强,要求召开股东会,并成立清算小组。9月9日,被申请人发函申请人及洪强,称已委托宁波开元会计服务有限公司进行清算,要求两股东配合公司清算。

申请人诉称:

法院生效判决已判决被申请人解散,但被申请人未在法律规定的期限内成立清算组进行清算。

被申请人辩称:

公司解散的民事判决书生效后,被申请人通过电话、发函等方式要求股东进行清算,但申请人作为股东不予配合。被申请人的资产状况清楚,应该进行自行清算。

律师观点:

根据《公司法》第183条的规定,公司应当在解散事由出现之日起15日内成立清算组,开始清算。逾期不成立清算组进行清算的,债权人可以申请人民法院指定有关人员组成清算组进行清算。人民法院应当受理该申请,并及时组织清算组进行清算。本案中,被申请人应当在解散事由出现之日起15日内成立清算组,进行清算。被申请人被依法判决解散后,应依法在判决生效后25日内组成清算组,进行清算。但被申请人未在法定期限内成立清算组,在申请人向本院提出强制解散申请后,双方在约定的协商期间就自行解散事宜仍无法达成一致意见。所以,申请人申请对被申请人进行强制清算符合法律规定。

法院裁定:

受理申请人对被申请人的强制清算申请。

【案例428】已成立清算组　法院不受理强制清算申请[①]

申请人: 谢浙志

被申请人: 东方化工

申请事项: 申请对被申请人进行强制清算。

争议焦点: 公司已经成立清算组,股东能否申请强制清算。

基本案情:

2004年7月28日,被申请人被宁波市工商行政管理局吊销营业执照。

[①] 参见宁波市鄞州区人民法院(2008)甬鄞民二初字第2168号民事裁定书。

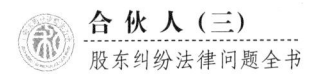

申请人诉称：

被申请人交易市场有限公司已于 2004 年 7 月 28 日因不参加工商年检而被吊销营业执照，但公司一直未进行清算，申请对被申请人进行强制清算。

被申请人辩称：

2007 年 12 月 18 日，公司股东即申请人、谢满国、蔡英豪召开股东会成立清算组进行清算并通过了清算方案。

律师观点：

根据我国公司法的相关规定，公司解散后，公司原则上应当自行组织清算。公司强制清算的启动必须是在公司未自行清算或者违法清算可能损害债权人或者股东利益的前提下。现被申请人已由法定代表人及股东即申请人、谢满国、蔡英豪形成股东会决议对公司已自行进行了清算，且申请人也未提供证据证明该清算行为存在违法清算可能严重损害债权人或股东利益的情形。因此，本案不具备进行强制清算的条件。

法院裁定：

驳回申请人的申请。

1219. 如果公司因改制而解散，股东或债权人是否可以申请公司强制清算？

不可以。《公司法》对公司解散后的清算作出规定，即公司章程规定的营业期限届满或者章程规定的其他解散事由出现；股东会或者股东大会决议解散；依法被吊销营业执照、责令关闭或者撤销；人民法院判决解散公司的，应当在解散事由出现之日起 15 日内成立清算组，开始清算。逾期不成立清算组或者其他法律规定的原因导致无法清算的，债权人或者公司股东可以申请人民法院强制清算。公司因改制，包括合并和分立需要解散的，因其资产和债权债务均由新公司承接，故不属于应当清算范围，股东或债权人不可以申请公司强制清算。

【案例 429】解散事由存争议　股东申请清算被驳回[①]

申请人： 白先觉等 16 位股东

被申请人： 美达公司

利害关系人： 鸿大建材公司

申请事项： 请求法院依法指定清算组对被申请人进行强制清算。

---

① 参见安徽省高级人民法院(2011)皖民二终字第 00089 号民事裁定书。

第十七章

申请公司清算

争议焦点：

1. 公司因哪些事由解散可以申请法院强制清算；若解散事由之事实存在争议，法院能否受理强制清算的申请。

2. 被申请人是否已改制成为利害关系人，被申请人的解散事由是否明确。

基本案情：

被申请人原系安徽省房地产开发公司马鞍山市公司下设的集体企业。1999年因改制而变更为有限责任公司。被申请人制定了公司章程，确定公司的注册资本为52.77万元，法人股2.77万元，占注册资本的5.25%，股东39人，共出资50万元，占注册资本的94.75%。其中，法人股东为安徽省房地产开发公司马鞍山市公司，个人股东即为含16个申请人在内的38个自然人。

2003年12月22日，被申请人召开职工大会表决通过了《公司改制方案》《公司改制后职工安置办法》《公司章程》。改制方案中载明：

1. 根据江南会计事务所审计报告(评估基准日期2003年7月31日)，被申请人资产评估情况为资产总额1,750,647.28元，负债总额为3,247,301.00元，净资产为-1,496,653.72元。根据金土地地价咨询评估有限责任公司评估，被申请人两宗土地评估价值为53.1万元，其中土地出让金21.24万元。

2. 被申请人在对公司资产进行审计评估的基础上，对改制中相关费用进行剥离(提留)扣除，对改制资金缺口进行有效弥补后，由公司经营层和职工用经济补偿金及其他方式共同筹集资金入股，对集体资产产权进行置换，成立经营层持大股，职工自愿参股的有限责任公司。新公司以承担债务方式受让原企业资产。

3. 改制后企业名称暂定为利害关系人等内容。

被申请人29名股东到会参加了表决，全部同意上述改制方式以及讨论的其他内容。在到会的29人中含有王宏云、孙秀莲、王红虹、方瑛、刁翠红、黄祥梅、阮兴芝、沈永恒八名申请人。改制后，被申请人停止经营，至2006年12月11日被吊销营业执照。利害关系人接受被申请人全部资产经营至今。

申请人诉称：

因被申请人已被吊销营业执照，至今未办理清算。原被申请人所有资产被利害关系人占有并无偿使用，侵害了其合法权利。

申请人为证明其观点，提交证据如下：

被申请人的验资报告、章程、2004年8月22日被申请人出具给工商部门的说明、被申请人被吊销企业法人营业执照的证明，申请人以此证明申请人的申请资格和被申请人已发生了解散事由。

被申请人未作辩称。

利害关系人述称：

被申请人已经改制为利害关系人，不需要进行清算。

利害关系人为证明其观点，提交证据如下：

被申请人改制方案、职工安置办法、公司章程、职工大会表决情况、马鞍山市花山区人民政府关于被申请人改制方案的批复，以证明被申请人已改制为利害关系人。

一审认为：

被申请人依据公司章程规定召开股东大会，决议由利害关系人在对被申请人资产进行审计的基础上，以承担债权债务的方式受让原公司资产。依据《公司法》(2005年修订)第173条的规定，此情形属于公司吸收合并，即一个公司吸收其他公司为吸收合并，被吸收的公司解散。《公司法》(2005年修订)第181条、184条对公司解散后的清算还作出规定，即公司章程规定的营业期限届满或者章程规定的其他解散事由出现；股东会或者股东大会决议解散；依法被吊销营业执照、责令关闭或者撤销；人民法院判决解散公司的，应当在解散事由出现之日起15日内成立清算组，开始清算。逾期不成立清算组或者其他法律规定的原因导致无法清算的，债权人或者公司股东可以申请人民法院强制清算。公司合并或者分立需要解散的，因其资产和债权债务均由新公司承接，故不属于应当清算范围。

本案中，因被申请人为吸收合并后解散的公司，故白先觉等16人申请对被申请人进行强制清算不符合法律规定。

一审裁定：

驳回申请人的清算申请。

申请人上诉称：

1. 被申请人是依《公司法》设立的公司法人，申请人均为被申请人的股东，有权依法在公司解散事由出现后要求清算，并参与清算后公司剩余财产的分配。

2. 利害关系人的设立不能剥夺申请人作为股东享有的要求清算的权利，除依法清算外，没有任何人、任何机构可以处置公司财产。

3. 利害关系人系2004年8月由被申请人部分个人股东与他人另行设立，与被申请人的股东并不相同。利害关系人成立时，被申请人仍然存在，且公司的股东并没有全部成为利害关系人的股东。

4. 被申请人2006年12月被吊销营业执照时，公司名下尚有三处房产，现价值达1000万元人民币，且仍在被申请人名下，被利害关系人占有并无偿使用。

5. 被申请人的上述财产,属于被申请人的法人财产,在清算的基础上,只有被申请人的股东才有权依公司章程予以处置。

6. 利害关系人的股东在公司设立时没有再另行实际出资,无权享有被申请人股东的股权与股东利益。

被申请人二审未作答辩。

利害关系人二审述称:

被申请人已经改制为利害关系人,不需要进行清算。

律师观点:

根据《公司法》《最高人民法院关于适用〈中华人民共和国公司法〉若干问题的规定(二)》的精神,公司强制清算程序启动的前提是公司出现解散事由后,应当依法自行清算而未按规定清算。

本案中,申请人以被申请人于2006年12月11日被工商行政管理部门吊销企业法人营业执照,至今未成立清算组进行清算为由,申请人民法院指定有关人员组成清算组进行清算,并提交了被申请人的工商登记资料等证据。

利害关系人对被申请人发生解散事由的事实提出异议,认为被申请人已经改制为利害关系人,也向法院提交了被申请人改制方案等证据。虽然申请人提交了被申请人被吊销企业法人营业执照之证据以证明被申请人出现解散事由,但从申请人提交的证据看,不能排除存在被申请人已改制为利害关系人的情形。故在申请人与利害关系人对被申请人是否出现解散事由之事实产生争议的情形下,申请人申请法院指定有关人员组成清算组对被申请人进行清算不符合《最高人民法院关于适用〈中华人民共和国公司法〉若干问题的规定(二)》的规定,原审裁定对申请人提出的强制清算申请不予受理正确。

二审裁定:

维持原裁定。

1220. 申请公司清算应当提交哪些基本申请材料?证明哪些基本事实?

公司债权人或者股东向人民法院申请强制清算应当提交下列五个方面的材料:

(1)申请书,应当载明申请人、被申请人的基本情况和诉讼的事实和理由。

(2)被申请人的主体资格证明文件。

(3)被申请人自行解散或依法被强制解散的证据。

(4)申请人对被申请人享有债权或者股权的有关证据,具体如下:

①证明申请人享有债权的证据:被申请人认可的合同,或合同履行的证据等原始凭据以及债权在诉讼时效期间内。如果被申请人对申请人的债权提出异议,该债权必须为生效法律文书所确认。

②证明申请人享有股东资格的证据:公司章程、实际出资、股东名册、出资证明书、工商登记和实际行使股东权利可以作为证明取得股东资格的依据。一般来说,审查证明股东资格的证据应当按照以下三项原则对待:

第一,申请人提供股东名册、工商登记、公司章程及股东之间继承、转让、赠与股份的协议,如无相反证据,则可以证明其股东身份;

第二,申请人提供出资证明书的或证明其实际出资或者实际行使股东权利的,应当通知申请人补充股东名册、工商登记及公司章程等其他材料予以佐证,如果不能提供的,则应当通知其进行确认,确认其股东身份后,可另行提出强制清算公司的申请;

第三,被申请人就申请人对其是否享有债权或者股权,或者对被申请人是否发生解散事由提出异议的,人民法院对申请人提出的强制清算申请应不予受理。

申请人可就有关争议单独提起诉讼或者仲裁予以确认后,另行向人民法院提起强制清算申请。但对上述异议事项已有生效法律文书予以确认,以及发生被吊销企业法人营业执照、责令关闭或者被撤销等解散事由有明确、充分证据的除外。

(5)被申请人拖延清算及违法清算的证据。

公司解散后已经自行成立清算组进行清算,但债权人或者股东以其故意拖延清算,或者存在其他违法清算可能严重损害债权人或者股东利益为由,申请人民法院强制清算的申请人还应当向人民法院提交公司故意拖延清算,或者存在其他违法清算行为可能严重损害其利益的相应证据材料。

此时被申请人仍然是公司,但由清算组负责人代表公司。

【案例430】股东资格及财产分配方式均存疑　申请清算被驳回①

申请人: 星马港公司

被申请人: 福建正大公司

利害关系人: 惠安正大公司

申请事项: 请求法院依法指定清算组对被申请人进行强制清算。

---

① 参见福建省高级人民法院(2010)闽法民清(终)字第1号民事裁定书。

争议焦点：

1. 申请人是否具备股东资格；
2. 公司清算时财产分配的方式及比例是否明确；
3. 上述问题存在争议时，法院可否受理强制清算申请。

基本案情：

1991年3月，申请人与利害关系人签订《中外合资经营企业合同》，约定各自出资100万元，共同投资成立被申请人，双方各占合营公司50%的股份。第13章"合营期满财产处理"中约定，合营期满或提前终止合营，合营公司应依法进行清算，清算后的财产，根据甲、乙各方投资比例进行分配。

在工商行政管理机关备案的《中外合资经营企业章程》中，第64条规定："合营公司合营期满后，全部财产无条件归属甲方（归利害关系人）。"合营期限届满后，该公司未申请延期经营，也未组织进行清算。

2002年11月29日，被申请人被工商局吊销营业执照。

此外，由于申请人、利害关系人及被申请人对申请人是否具备被申请人股东资格存在争议，被申请人已向人民法院提起股东资格确认诉讼，但法院以被申请人的起诉不符合受理条件为由，于2010年5月5日作出(2010)泉民初字第67号民事裁定，驳回被申请人的起诉。

申请人诉称：

1. 被申请人的股权确认之诉已被法院驳回，申请人的股东身份明确有效，有权提出强制清算。申请人的股东身份是双方在合同、章程中明确认可的，且经过工商注册登记。另外，1991年10月至1992年12月申请人相继出资到位783,599.51元。因此，申请人具备完整合法有效的股东身份，申请人对被申请人有权提出强制清算申请。

2. 公司被吊销后解散并进行清算属于法律规定，被申请人拒不履行清算义务的行为已经损害了申请人作为股东的利益。

被申请人辩称：

申请人未充分履行出资义务，其不具备被申请人的股东资格。且申请人与利害关系人的合资合同中对于公司解散后是否进行清算，剩余财产的归属与被申请人公司章程不同，存在重大分歧，请求法院驳回申请人的申请。

利害关系人同意被申请人的观点。

律师观点：

根据《公司法》及其司法解释，在公司出现解散事由后，未及时在15日内组织清算的,公司股东、债权人有权申请人民法院指定清算组根据公司章程和公司法规定对公司进行清算,并在清算后有剩余财产的情况下分配剩余财产。

本案各方争执的申请人是否有权申请对被申请人进行强制清算问题,实际上涉及两方面问题:

1. 申请人是否是被申请人的股东,申请人与利害关系人之间是合资关系还是名为合资实为借款的关系。

2. 如果申请人是被申请人的股东,申请人与利害关系人的合资合同与被申请人对公司解散后是否进行清算,剩余财产归谁所有约定不同时,应以何为准的问题。

对于上述两个问题,当事人存在重大分歧,上述两个问题的明确的认定和判断,对当事人各方影响甚大。

综上,鉴于强制清算程序属于特别程序而非诉讼程序,法院在该程序中并不能直接对涉及当事人实体权益的内容作出认定和裁判,而应由当事人依照诉讼程序进行解决,对此《最高人民法院关于审理公司强制清算案件工作座谈会纪要》第13条也规定:"被申请人就申请人是否享有债权或者股权,或者对被申请人是否发生解散事由提出异议的,人民法院对申请人提出的强制清算应不予受理。申请人可就有关争议单独提起诉讼或者仲裁予以确认后,另行向人民法院提起强制清算申请。"虽然被申请人提起的股东资格确认纠纷诉讼被法院驳回起诉,但申请人仍可就此问题另行起诉。

综上,法院对申请人的申请不应予以受理。

法院裁定:

驳回申请人的清算申请。①

【案例431】申请程序中丧失股权　请求强制清算被驳回②

申请人: CENTRAL 公司

被申请人: 森特公司

申请事项: 请求法院依法指定清算组对被申请人进行强制清算。

争议焦点: 申请人在申请过程中丧失股东资格,其是否还享有申请公司清算

---

① 笔者建议,为了有效解决纠纷,本案当事人应通过诉讼方式对股东资格、章程及合资协议的效力作出确认。

② 参见浙江省高级人民法院(2010)浙商清终字第1号民事裁定书。

的权利。

基本案情：

申请人为被申请人股东，并占公司73.33%股权。被申请人已被宁波仲裁委员会于2008年4月21日作出的甬仲裁字(2007)第44号裁决书裁决解散，但至申请人提出申请时仍未进行清算。

申请人诉称：

申请人作为被申请人股东，有权在被申请人怠于履行清算义务且无其他债权人申请对被申请人进行清算时，向法院提出清算申请。

被申请人辩称：

申请人因涉及其他债务纠纷，其在被申请人的上述股权被公开拍卖，并由三星公司取得该股权。现申请人已经不是被申请人的股东，请求驳回其申请。

律师观点：

申请人原为被申请人股东，其也系生效裁决甬仲裁字(2007)第44号仲裁裁决的当事人，其根据该生效裁决提起对森特公司的清算之诉本无不当。但在申请人提起本案清算之诉后，因其他债务纠纷，其在被申请人的股权被法院强制执行，其已非被申请人的股东，其对被申请人继续进行清算的权利随着其股东地位的丧失而丧失。

法院裁定：

驳回申请人的清算申请。

【案例432】吸收合并解散　强制清算申请被驳回[①]

申请人： 李智勇、郭丽萍、贾利国、邢月英

被申请人： 兴海公司

申请事项： 请求法院启动清算程序，成立清算组，对公司资产进行清查核实，编制资产负债表和财产清单，通知、公告债权人，清欠税费，清理债权债务，分配清偿债务后的剩余财产。

争议焦点：

1. 被申请人是否出现了解散事由；
2. 股东以想了解公司的资产和财务状况而要求开展清算程序，是否可行。

---

① 参见内蒙古自治区高级人民法院(2009)内民二终字第45号民事裁定书。

基本案情：

被申请人系经改制成立的有限责任公司，四名申请人为该公司股东。

2006年7月28日，该公司召开股东大会修订了《公司章程》，其中第12条第6项规定，公司清算时按出资比例分取剩余资产；第18条第2款第5项规定，股东会会议作出修改公司章程，增加或减少注册资本的决议，以及公司合并、分立、解散或变更公司形式的决议，必须经代表2/3以上表决权的股东通过。

2007年4月30日，被申请人通过了《关于吸收合并后股东的安置方案》。

2007年5月7日通过了《关于公司吸收合并的股东会决议》，主要内容为吸收合并后由吸收公司建房的表决。以上决议签名股东所持表决权均超过了2/3。

2007年9月29日，被申请人在《呼和浩特日报》刊登公告称：经股东会决议，决定与建强公司吸收合并，公司被吸收合并后注销。

2008年12月16日，市土地收储中心刊登土地拍卖《公告》，该公告中有本案被申请人所称的吸收合并之土地使用权。

申请人诉称：

四股东作为强制清算申请人，认为被申请人已经出现了自愿解散事由，理由是公司通过的合并解散决议中合并解散事由虚假，因而公司达成的就是解散决议，且公司实质已经解散，职工已经下岗回家。公司既然已经解散，就应当进行清算，公司不清算，股东就有权申请强制清算。

被申请人辩称：

被申请人通过的是一个合并解散决议，不需要进行《公司法》（2005年修订）第184条规定的清算程序。

一审认为：

被申请人通过吸收合并的形式解散原公司符合《公司法》的相关规定，且其股东大会决议均超过有2/3以上表决权的股东签名通过，但被申请人不能举出吸收合并公司的证据，也不能举出是否进行清算的证据，所以被申请人仅凭在报纸上自行刊登的合并公告，并不能证明是否真实存在与他人合并的事实。既然股东大会通过了公司因合并而解散的决议，那么根据《公司法》的相关规定即应当进行实际真实的清算。

一审裁定：

被申请人自裁定生效之日起30日内由该院指定清算组进行清算，并给予当事人对一审裁定的上诉权。

被申请人不服一审裁定，向上一级人民法院提起上诉。

被申请人上诉称:

被申请人通过的是一个合并解散决议,不需要进行《公司法》(2005年修订)第184条规定的清算程序。

申请人二审未作答辩。

律师观点:

1. 因吸收合并解散的,不符合申请法院强制清算的条件。

强制清算属于非诉程序,非诉的意义在于符合条件即受理,不符合即驳回。对于强制清算程序受理前提条件应严格按照《公司法》第180条的规定,审查公司是否已经自愿解散或被强制解散,而对公司应不应该解散,是否达到了解散条件,解散决议是真是假均不属于审查范围。

我国《公司法》将公司因被吸收合并而解散的情况排除在申请法院强制清算的范围之外。本案中被申请人所作出的是吸收合并解散决议而非解散决议。四申请人认为被申请人吸收合并虚假,被申请人所作的决议就是解散决议,被申请人既已经解散,就应当进行清算,公司不清算,股东就有权申请强制清算的理由不能成立。从公司通过的一系列决议来看,该公司股东会议决议系合并解散决议,而非终止公司存续的解散决议,上述决议达到了2/3以上表决权。

2. 强制清算申请不对决议内容与程序合法性进行审查。

四申请人认为作为被申请人的股东,不能知晓公司的财务状况,属于股东知情权问题,也非强制清算程序启动的理由,可以通过股东知情权的行使维护其合法权益。这些决议的通过是否存在内容违法或程序违法并不属于强制清算程序所审查的内容。如四申请人认为公司决议侵害了其股东利益,可以直接针对该决议提起相应的股东权益诉讼。

二审裁定:

1. 撤销一审裁定;
2. 驳回四申请人对被申请人清算的申请。

1221. 法院收到强制清算申请时,会对哪些内容进行审查?审查时应遵循哪些程序?

法院审查内容主要包括以下四点:

(1)收到申请的法院是否对强制清算申请具有管辖权,包括地域管辖与级别管辖。

(2)审查申请主体是否具有申请资格。

(3) 审查强制清算申请的事由是否成立。

(4) 审查被申请强制清算的公司是否达到破产界限。对达到破产界限的公司,法院应告知其按破产程序处理。

审查时应遵循下列程序审查:

(1) 一般应当召开听证会。对于事实清楚、法律关系明确、证据确实充分的案件,经书面通知被申请人,其对书面审查方式无异议的,也可决定不召开听证会,而采用书面方式进行审查。

(2) 人民法院决定召开听证会的,应当于听证会召开 5 日前通知申请人、被申请人,并送达相关申请材料。公司股东、实际控制人等利害关系人申请参加听证的,人民法院应予准许。听证会中,人民法院应当组织有关利害关系人对申请人是否具备申请资格、被申请人是否已经发生解散事由、强制清算申请是否符合法律规定等内容进行听证。因补充证据等原因需要再次召开听证会的,应在补充期限届满后 10 日内进行。

人民法院决定不召开听证会的,应当及时通知申请人和被申请人,并向被申请人送达有关申请材料,同时告知被申请人若对申请人的申请有异议,应当自收到人民法院通知之日起 7 日内向人民法院书面提出。

(3) 人民法院应当在听证会召开之日或者自异议期满之日起 10 日内,依法作出是否受理强制清算申请的裁定。

【案例433】股权被强制执行　丧失强制清算申请权[①]

申请人: 株式会社韩国 CENTRAL

被申请人: 森特公司

申请事项: 申请强制清算被申请人。

争议焦点:

1. 公司解散事实由仲裁委认定,是否属于法定的申请强制清算事由;
2. 股权被强制执行的,股东是否有权申请强制清算。

基本案情:

申请人原为被申请人被申请人的股东之一,并占公司 73.33% 股权。

申请人以被申请人已被宁波仲裁委员会于 2008 年 4 月 21 日作出的甬仲裁字(2007)第 44 号裁决书裁决解散等为由,向法院提出申请,请求法院指定清算组

[①] 参见浙江省高级人民法院(2010)浙商清终字第 1 号民事裁定书。

对被申请人进行清算。

在法院审理过程中,申请人因涉及其他债务纠纷,其在被申请人的上述股权被公开拍卖,并由三星公司取得该股权。

一审认为:

CENTRAL公司已非被申请人的股东,其要求对被申请人进行强制清算的申请不符合《最高人民法院关于适用〈中华人民共和国公司法〉若干问题的规定(二)》第7条所规定的受理条件。

一审裁定:

驳回申请人的强制清算申请。

申请人不服原审裁定,向上一级人民法院提起上诉。

申请人上诉称:

因业已生效的甬仲裁字(2007)第44号仲裁裁决书裁决对被申请人进行清算,当事人应当履行该裁决,申请人据此提起清算之诉有事实和法律依据,一审裁定驳回申请人的申请缺乏法律依据。

请求依法判令执行甬仲裁字(2007)第44号仲裁裁决,指定清算组对被申请人进行清算。

律师观点:

申请人原为被申请人的股东,其也系生效裁决甬仲裁字(2007)第44号仲裁裁决的当事人,其根据该生效裁决提起对被申请人的清算之诉本无不当。

在申请人提起本案清算之诉后,因其他债务纠纷,其在被申请人中的股权被法院强制执行,其已非被申请人的股东,其对被申请人继续进行清算的权利随着其股东地位的丧失而丧失,故一审法院对其提出的对被申请人进行清算的申请不予支持并无不当。

二审裁定:

驳回上诉,维持原裁定。

1222. 申请人将强制清算申请材料提交人民法院后,如果申请人提交的证据不足时,应如何处理?

法院发现必要材料或主要材料缺少或不对应的,应立即责令申请人在七日内补充或改正。申请人由于客观原因无法按时更正、补充的,应当向人民法院予以书面说明并提出延期申请,由人民法院决定是否延长期限。人民法院在听证程序中对强制清算案件相关材料进一步进行审查,认为仍需要更正或者补充申请材料的,听证后,人民法院可以给予申请人再次补充证据的机会,也可以给予被申请人补充证据的机会,当事人补充证据的,原则上仍需要再次听证。

1223. 人民法院受理强制清算申请后,经审查发现强制清算申请不符合法律规定的,应如何处理? 申请人有何救济措施?

人民法院受理强制清算申请后,经审查发现强制清算申请不符合法律规定的,可以裁定驳回强制清算申请。

人民法院裁定不予受理或者驳回受理申请,申请人不服的,可以向上一级人民法院提起上诉。

1224. 在申请人提供证据材料证明强制清算启动的事由时,举证责任如何分配?

申请人申请启动强制清算的事由包括三点,分别为:

(1)公司解散逾期不成立清算组进行清算的;

(2)虽然成立清算组但故意拖延清算的;

(3)违法清算可能严重损害债权人或者股东利益的。

第1项理由属于客观表现。对于第2项、3项事由,由于作为控制被申请人并实际履行清算义务的有关人员,有能力有条件提供相反证据,出于公平、正义的考虑,申请人仅须对其提供初步证据予以证明。

1225. 申请人是否可以撤回强制清算申请?

可以。但有条件限制:

(1)申请人在人民法院裁定受理公司强制清算申请前请求撤回其申请的,应予准许。

(2)在人民法院受理强制清算申请后,是否可以撤回申请视情况而定:

①公司因公司章程规定的营业期限届满或者公司章程规定的其他解散事由出现,或者股东会、股东大会决议自愿解散的,人民法院受理强制清算申请后,清算组对股东进行剩余财产分配前,申请人以公司修改章程,或者股东会、股东大会决议公司继续存续为由,可以请求撤回强制清算申请。

②公司因依法被吊销营业执照、责令关闭或者被撤销,或者被人民法院判决强制解散的,人民法院受理强制清算申请后,清算组对股东进行剩余财产分配前,申请人不得向人民法院申请撤回强制清算申请。但申请人有证据证明相关行政行为被撤销,或者人民法院作出解散公司判决后当事人又达成公司存续和解协议的除外。

1226. 申请人撤回强制清算申请的程序是怎样的?

程序如下:

（1）在清算组对股东进行剩余财产分配前，申请人依照法律规定向人民法院提交撤回强制清算申请书并附上相关证据材料。

（2）法院收到申请人提交的撤回申请书及相关材料后，由负责审理强制清算案件的审判业务庭进行形式和实质审查。

（3）负责审理强制清算案件的审判业务庭经审查认为申请人的撤回申请复核法律规定，同意其撤回申请的，应当制作准许申请人撤回强制清算申请的民事裁定书，并送达申请人和被申请人，同时予以公告，公司强制清算程序终结。

（4）负责审理强制清算案件的审判业务庭经审查认为申请人的撤回申请不符合法律规定，不同意其撤回申请的，应当制作不予准许申请人撤回强制清算申请的民事裁定书，并送达申请人和被申请人，公司强制清算程序继续进行。

1227. 强制清算中，公司应当于何时向人民法院提交相关清算材料？由谁提交？若不提交，应承担何种法律责任？

公司应当在法院受理公司强制清算裁定之日起15日内提交。

提交的主体实际上是指法定代表人及公司的管理人员，但只要掌握财产状况、债务清册、债权清册、有关财务会计报告以及职工工资的支付情况和社会保险费用的缴纳情况的公司人员都有义务提交。

公司拒不提交相关清算材料的，人民法院可以直接对责任人员依法予以罚款。

1228. 如何确定申请公司清算案件的审判组织？

因公司强制清算案件在案件性质上类似于企业破产案件，因此强制清算案件应当由负责审理企业破产案件的审判庭审理。有条件的人民法院，可由专门的审判庭或者指定专门的合议庭审理公司强制清算案件和企业破产案件。

公司强制清算案件应当组成合议庭进行审理。

1229. 人民法院在强制清算中的主要职责是什么？

在清算程序中人民法院介入的程度相对于破产清算而言非常有限。人民法院在强制清算中的主要职责包括：

（1）指定和更换清算组成员；

（2）确认清算方案和清算报告；

（3）决定是否延长清算期限；

（4）裁定终结强制清算程序。

1230. 在申请公司清算过程中，产生其他诉讼的，应当如何处理？

应区分情况对待，具体如下：

(1)人民法院受理强制清算公司申请前已经开始,但尚未审结的有关被强制清算公司的民事诉讼,由原受理法院继续审理,但应依法将原法定代表人变更为清算组负责人。

(2)人民法院受理强制清算公司申请后,当事人就强制清算公司的权利义务产生争议的,应当向受理强制清算公司申请的人民法院提起诉讼,并由清算组负责人代表清算中公司参加诉讼活动,案件在受理法院内部各审判庭之间按照业务分工进行审理。

(3)人民法院受理强制清算公司申请后,当事人就强制清算公司的权利义务产生争议,双方就产生争议约定有明确有效的仲裁条款的,应当按照约定通过仲裁方式解决,但在强制清算申请受理后,清算组原则上不能代表强制清算公司与相对人达成请求仲裁的协议,而应当通过诉讼方式解决。

(4)公司强制清算中,清算组在清理公司财产、编制资产负债表和财产清单时,发现公司财产不足以清偿债务的,除可通过与债权人协商制作有关债务清偿方案并清偿债务的以外,应依据《公司法》第187条和《企业破产法》第7条第3款的规定向人民法院申请宣告破产。

1231. 在法律、司法解释规定不明确的情形下,鉴于强制清算与企业破产清算在具体程序操作上的相似性,在哪些情形下,强制清算程序可以准用企业破产清算程序?

出现下列情形之一的,可以准用企业破产清算程序:

(1)清算中公司的有关人员未依法妥善保管其占有和管理的财产、印章和账簿、文书资料。但是,《企业破产法》及其司法解释并无后果的规定。

(2)清算组未及时接管清算中公司的财产、印章和账簿、文书。

(3)清算中公司拒不向人民法院提交或提交不真实的财产状况说明、债务清册、债权清册、有关财务会计报告以及职工工资的支付情况和社会保险费用的缴纳情况。参照《企业破产法》的规定,公司在法院受理公司强制清算裁定送达公司之日起15日内提交。

(4)清算中公司拒不向清算组移交财产、印章和账簿、文书等资料,或者伪造、销毁有关财产证据材料而使财产状况不明。

(5)股东未缴足出资、抽逃出资。强制清算中的清算组对于股东未缴足出资、抽逃出资的,应当要求股东足额缴纳,并将其列入公司财产。

(6)公司董事、监事、高级管理人员非法侵占公司财产。参照《企业破产法》的规定,债务人的董事、监事和高级管理人员利用职权从企业获取的非正常收入和侵占的企业财产,管理人应当追回。

除了上述情形之外,公司强制清算程序完全准用企业破产清算程序,没有任何的限定。

1232. 申请公司清算是否可以申请财产保全?

公司财产存在被隐匿、转移、毁损等可能影响依法清算情形的,清算组或者申请人可以向人民法院提出财产保全的申请。人民法院采取保全措施时,应注意以下三个方面:

(1)财产保全申请人无须提供担保。

对清算财产采取保全措施,目的是为了防止财产流失,保证清算财产能用于清算,因而不存在保全错误造成公司损失的可能性。

(2)公司解散案件中采取的财产保全措施可以延续至强制清算程序。

(3)公司清算财产尚未发生损害事实,但存在被隐匿、转移、毁损等可能的,可以申请采取保全措施。

1233. 强制清算审查过程中,如果公司的"主要财产、账册、重要文件等灭失"或"被申请人人员下落不明"的,应当如何处理?

首先需要明确的是法院不得以此为由不予受理。只要申请人的强制清算申请经过审查符合法律规定的启动事由就应当予以受理。

(1)对于被申请人主要财产、账册、重要文件等灭失,或者被申请人人员下落不明的强制清算案件,经向被申请人的股东、董事等直接责任人员释明或采取罚款等民事制裁措施后,仍然无法清算或者无法全面清算的,对于尚有部分财产,且依据现有账册、重要文件等,可以进行部分清偿的,应当参照《企业破产法》的规定,对现有财产进行公平清偿后,以无法全面清算为由终结强制清算程序。

(2)对于没有任何财产、账册、重要文件,被申请人人员下落不明的,应当以无法清算为由终结强制清算程序,同时应当在终结裁定中载明,债权人可以要求被申请人的股东、董事、实际控制人等清算义务人对其债务承担偿还责任。

股东申请强制清算,人民法院以无法清算或者无法全面清算为由作出终结强制清算程序的,应当在终结裁定中载明,股东可以向控股股东等实际控制公司的主体主张有关权利。①

---

① 详见本书第十八章清算责任纠纷。

【案例434】公司账册下落不明,法院终结强制清算程序

申请人:天杨公司

被申请人:国成公司

被申请人:五佳公司

被申请人:宁都公司

诉讼请求:

判令强制清算国成公司。

争议焦点:

五佳公司、宁都公司作为国成公司清算义务人,其不掌握账册、资料等是否具有正当性和合理性。

基本案情:

1995年,五佳公司、宁都公司、汉良公司出资成立国成公司,从事房地产经营。1996年经上海市中级人民法院判决确认,国成公司应归还原告1200万元。原告申请强制执行未果。2012年4月原告以国成公司企业状态为吊销未注销为由,申请对国成公司强制清算。

强制清算程序中,经法院多次询问,国成公司股东五佳公司、宁都公司未能在举证期限内向法院提供财务账册、文件、资料,也未能合理说明国成公司人员的下落。

申请人诉称:

国成公司吊销未注销,其设立股东也即清算义务人,有义务对国成公司进行清算。

被申请人辩称:

国成公司的实际控制人为汉新公司,所有财务账册、资料等均在汉新公司处,现汉新公司下落不明,无法提供相关资料。被申请人不应对此承担责任。

律师观点:

正常的强制清算是在全面掌握被申请人财务、财产状况的基础上,对所有既有法律关系的彻底、概括的清理,使债权人的债权得到清偿,同时使股东能够公平地获得剩余财产。无法清算案件属于非典型性强制清算案件,国成公司人员下落不明或者财产状况不清的状态,有可能是终局性的,也有可能是阶段性的,甚至是一种假象,应尽可能穷尽所有途径,才能搞清被申请人真实的财务、财产状况,从而确定强制清算的结果是能够正常完成清算,还是无法清算或无法全面清算。

案件中五佳公司、宁都公司属于国成公司的清算义务人,理应掌握国成公司的相关资料,在法院的多次询问下,均未能提供账册、文件及人员的下落,也未能就其不掌握不知道证明其具有正当性和合理性。在该种情形下,应当以无法清算为由终结强制清算程序。清算义务人对此有过错的,应对公司债务承担连带责任。

法院判决:

终结被申请人国成公司的强制清算程序。债权人天杨公司可以另行依据《公司法司法解释(二)》第18条的规定,要求被申请人股东、董事、实际控制人等清算义务人对其债务承担偿还责任。

1234. 对公司的股东、董事等直接责任人拒不提交账册、重要文件的行为,人民法院是进行民事制裁还是采取妨害民事诉讼的强制措施?

对此,各地的司法实践做法不尽一致。例如,湖南省高级人民法院制定的《关于审理公司清算案件若干问题的指导意见》指出,"相关义务人拒不交出会计档案、账簿、财务等妨害清算工作的行为,属于妨害民事诉讼的行为,人民法院可依据《民事诉讼法》的有关规定予以制裁"。深圳市中级人民法院制定的《公司强制清算案件审理规程(试行)》第83条规定,"公司有关人员、股东违反法律、司法解释的规定,拒不向本院提交或提交不真实的财产状况说明、债务清册、债权清册、有关财务会计报告以及职工工资的支付情况和社会保险费用的缴纳情况的,人民法院可依法追究直接责任人员的法律责任"。

最高人民法院认为,对妨害民事诉讼的强制措施是对违反程序法的制裁,而民事制裁是对违反实体法的制裁。被申请人的股东、董事等直接责任人拒不提交账册、重要文件的行为,违反了《公司法》《公司登记管理条例》的规定,在性质上属于违反实体法的违法行为,人民法院可以依据上述法律、行政法规的规定,对直接责任人员进行民事制裁。

民事制裁与强制措施的种类基本相同,主要有罚款、拘留等。但需要注意的是,进行民事制裁与实体强制措施,人民法院制作的法律文书样式有区别,进行民事制裁,不论是执行哪一种类的制裁,统一制作《民事制裁决定书》;实施强制措施,根据执行不同的种类,分别制作《罚款决定书》《拘留决定书》等。

1235. 人民法院何时裁定终结强制清算程序?

公司依法清算结束,清算组制作清算报告并报人民法院确认后,人民法院应当裁定终结清算程序。公司登记机关依清算组的申请注销公司登记后,公司终止。

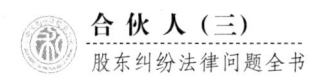

公司因公司章程规定的营业期限届满或者公司章程规定的其他解散事由出现,或者股东会、股东大会决议自愿解散的,人民法院受理债权人提出的强制清算申请后,对股东进行剩余财产分配前,公司修改章程或者股东会、股东大会决议公司继续存续,债权人在其个人债权及他人债权均得到全额清偿后,未撤回申请的,人民法院可以根据公司的请求裁定终结强制清算程序,强制清算程序终结后,公司可以继续存续。

公司强制清算中,股东和债权人依据《企业破产法》第 2 条和第 7 条的规定向人民法院另行提起破产申请的,人民法院应当依法进行审查。权利人的破产申请符合《企业破产法》规定的,人民法院应当依法裁定予以受理。人民法院裁定受理破产申请后,应当裁定终结强制清算程序。

【案例 435】公司变成"空壳"法院终结强制清算程序①

申请人: 永耀公司清算组

申请事由: 请求法院终止永耀公司的强制清算程序。

争议焦点:

1. 永耀公司无财产,既无账册也无印鉴,是否具备强制清算条件;
2. 清算程序终结后,公司债权人及股东如何主张清偿责任。

基本案情:

申请人于 2010 年 9 月 6 日向上海市青浦区人民法院提出申请,称因无永耀公司的财务账册、会计凭证和报表等原始资料,及永耀公司的公章、发票专用章、财务章、法人章、合同章等印鉴,致使永耀公司不具备强制清算条件。

律师观点:

1. 公司无任何财产,也无相应账册及重要文件,可以终结清算

根据《公司法》第 183 条、184 条,公司应当成立清算组,开始清算,而逾期不成立清算组进行清算的,债权人可以申请人民法院指定有关人员组成清算组进行清算。清算组清理公司财产,分别编制资产负债表和财产清单,通知、公告债权人,处理与清算有关的公司未了结的业务,清缴所欠税款以及清算过程中产生的税款,清理债权、债务,处理公司清偿债务后的剩余财产,代表公司参与民事诉讼活动。但公司法相关规定和司法解释未明确公司无财产也无公司账册及相关文件的,清算组如何进行清算。从清算组的职能分析,清算组要履行

---

① 参见上海市青浦区人民法院(2009)青民二(商)清字第 3 号民事裁定书。

职责,不可避免地要用到公司财产和公司账册及公司印鉴等。本案中,永耀公司既无财产,无账册也无印鉴,因此造成清算组无法履行其职责,清算的事实不能。

2. 终结清算程序后,公司原股东可以向实际控制人主张清偿责任

《最高人民法院关于适用〈中华人民共和国公司法〉若干问题的规定(二)》第18条规定,有限责任公司的股东、股份有限公司的董事和控股股东未在法定期限内成立清算组开始清算,导致公司财产贬值、流失、毁损或者灭失,债权人主张其在造成损失范围内对公司债务承担赔偿责任的,人民法院应依法予以支持。有限责任公司的股东、股份有限公司的董事和控股股东因怠于履行义务,导致公司主要财产、账册、重要文件等灭失,无法进行清算,债权人主张其对公司债务承担连带清偿责任的,人民法院应依法予以支持。上述情形系实际控制人原因造成,债权人主张实际控制人对公司债务承担相应民事责任的,人民法院应依法予以支持。因此,在终结清算以后,债权人仍可以向造成这种局面的公司董事、控股股东或实际控制人等主张其承担连带清偿责任,以维护债权人的合法权益。

法院裁定:

终结永耀公司的强制清算程序。

1236. 终结强制清算程序由谁申请?在清算组未申请终结强制清算程序的情况下,股东能否代表公司向法院申请终结强制清算程序?

关于股东能否代表公司向法院申请终结强制清算程序的问题,笔者认为,可以参照适用《公司法》第151条关于股东代表诉讼的规定由股东申请。虽然《公司法》第151条是关于股东代表诉讼的规定,未规定非诉程序中能否适用,但基于其维护公司利益的立法精神是一致的,因此可以参照适用。

在清算组未执行股东(大)会决议向人民法院提出终结清算程序申请的情况下,有限责任公司的股东、股份有限公司连续180日以上单独或合计持有公司1%以上股份的股东,可以书面请求监事会或者不设监事会的有限责任公司的监事向人民法院提出终结清算程序的申请。监事会、不设监事会的有限责任公司的监事,收到股东会书面请求后拒绝向人民法院提出终结清算程序申请,或者自收到请求之日起30日内未提出申请,或者情况紧急、不立即提起诉讼将会使公司利益受到难以弥补的损害的,股东有权为了公司的利益以自己的名义直接向人民法院提出终结强制清算程序申请。

1237. 公司强制清算中,清算组在清理公司财产、编制资产负债表和财产清单时,发现公司财产不足以清偿债务的,应如何处理?

有两种处理方式:

(1)与债权人协商制作有关债务清偿方案并清偿债务;

(2)向人民法院申请宣告破产。

1238. 在强制清算中,股东(大)会是否继续存在?

对此问题存在争议。有观点认为,人民法院指定清算组后,股东(大)会不再发挥作用。

也有观点认为,公司进行强制清算后,公司的人格仍然存在,只是公司的经营能力受到限制,成为清算法人,由于公司的资产能够抵债,公司股东的利益依然是公司利益主体之一。不像公司破产,由于公司资不抵债,公司股东在公司的实际利益不存在,公司债权人的利益保护成为公司破产清算的主流,股东(大)会的职能应当由债权人会议取代。但是,在公司强制清算程序中既要保护公司债权人利益,也要保护股东利益。所以,股东(大)会在强制清算程序中还存在,且不仅公司的股东(大)会存在,而且公司的监事会也存在。

笔者同意后一种观点。

第二节 公司清算的程序

一、清算组的成立及职责

1239. 清算程序的具体内容包括哪些?

主要包括以下内容:

(1)成立清算组。清算组是清算主体任命或者选定具体操作公司清算事宜的临时性组织。在执行清算业务的范围内,其职权与公司的董事会基本相同。

(2)清理公司财产,包括限期追缴股东在清算开始后仍未缴足的认缴出资。

(3)接管公司债务。

(4)设立清算账户,包括清算费用账户与清算损益账户。清算费用账户主要是反映清算期间发生的清理费用,清算损益账户主要反映公司解散后各种资产处理的损失与收益。

(5)通知和公告债权,进行债权登记。通知和公告债权人制度是指清算人采取通知和公告的方式将公司解散并进入清算程序的情况告知公司债权人,并以此要求其进行债权申报的制度。

(6)债权申报和确认。债权的申报是制定清算方案和分配剩余财产的前提,框定了资产与债务的对应关系,确定了公司清算的客体,以便在公司盈利的情况下确定财产分配的比例和顺序,在资不抵债的情况下转为破产程序。

(7)处理与清算有关的公司未了结的业务,收取公司债权。

(8)参与公司的诉讼活动。

(9)处理公司财产。

(10)编制公司资产负债表和财产清单。

(11)清算方案的制定。清算组根据财产清单及债权申报的结果制定清算方案,经股东、债权人、法院审查确认后最终确定,并依此方案处理各方的权利义务关系。

(12)清算财产分配。在清算方案确认之后,根据公司的剩余财产进行清算分配,以保护债权人的债权和股东剩余财产分配权。

(13)提交清算报告。公司清算结束后,清算组应制作清算报告,并制作出清算期内收支报表和各种账册,提交股东(大)会或政府主管部门(国有独资企业)或人民法院确认(见图17-1)。

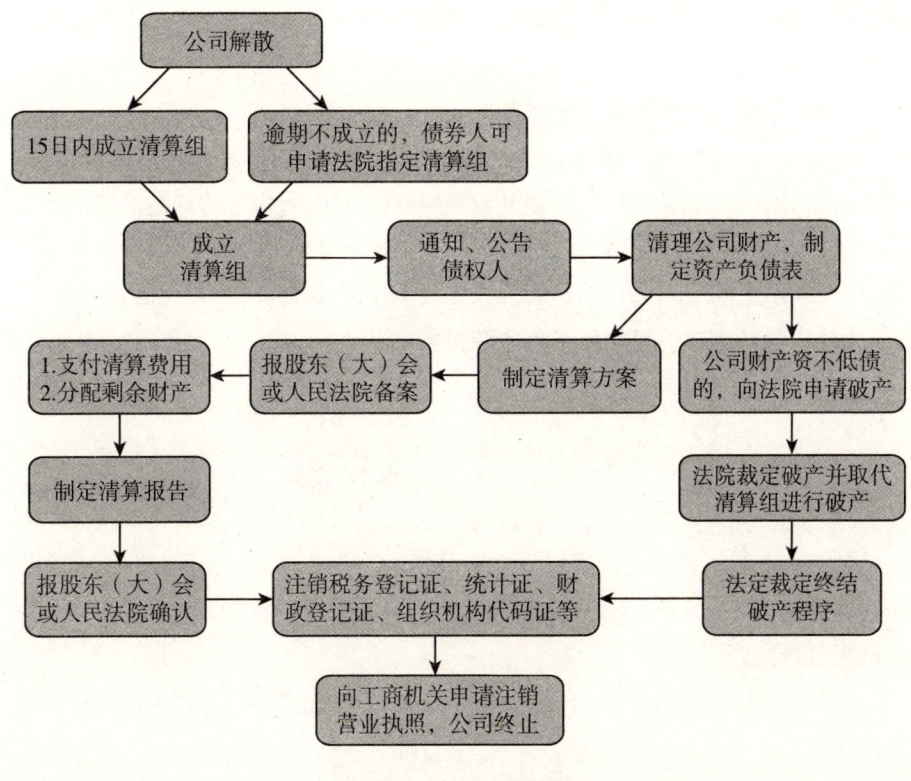

图17-1 公司清算流程

1240. 清算组的法律属性如何?

清算组为清算中公司的法人机关。清算中的公司是原公司的继续,公司解散后,随着清算组成员的选定和组成,清算组代替了原公司机关而成为清算中公司的法人机关,对内执行清算事务,对外代表公司。

1241. 清算义务人与清算组有哪些区别?

二者的区别主要有三点:

(1)主体范围不同。有限责任公司的清算义务人为公司全体股东,股份有限公司的清算义务人为公司董事和控股股东;有限责任公司的清算组由股东组成,股份有限公司的清算组由董事或股东大会指定人员组成,可以为董事、股东和其他人员。

(2)义务不同。清算过程中,清算组代替了原公司机关而成为清算中公司的法人机关,对内执行清算事务,对外代表公司;清算义务人的义务是负责启动清算程序,组织清算。

(3)承担责任的基础不同。清算组成员承担责任的基础源自与公司之间的委托关系,其应对公司承担忠实、勤勉义务;而清算义务人对公司承担责任是源自其法定清算义务。

1242. 清算组应何时成立和解散?

清算组应于公司解散事由出现之日起15日内成立,并开始从事清算事务。对于清算组的解散时间,法律、法规并没有明确的规定,但由于清算组成立的主要目的是对公司财产进行清理,了结债权债务,分配剩余财产,最终在制作清算报告后办理公司注销登记,因此,清算组应在完成上述事宜并注销公司登记后解散。

1243. 清算组在清算期间有哪些职责?

清算组在清算期间行使的职权既是其权利,也是其应履行的法定义务,具体如下:

(1)清理公司财产,分别编制资产负债表和财产清单,清算组应当如实统计、清理、确认公司的各项资产,不得有遗漏。

(2)通知、公告债权人。清算组应当自成立之日起10日内通知债权人,并根据公司规模和营业地域范围于60日内在全国或者公司注册登记地省级有影响的报纸上进行公告。

(3)处理与清算有关的公司未了结的业务,如清算尚未履行完毕的合同义务。

(4)清缴所欠税款以及清算过程中产生的税款。

(5)清理债权、债务,对公司的债权债务进行梳理,以明确权利和责任的范围。

(6)处理公司清偿债务后的剩余财产,在清偿债务后,制定分配方案,对公司剩余财产进行分配。

(7)代表公司参与民事诉讼活动,公司依法清算结束并办理注销登记前,有关公司的民事诉讼,应当以公司的名义进行。

1244. 如何确定公司清算组成员?

清算组成员的构成具体包括以下两种情形:

(1)自行清算情况下,有限责任公司的清算组由股东组成,股份有限公司的清算组由董事或者股东大会确定的人员组成。

(2)强制清算情况下,人民法院可以从下列人员或者机构中指定:

人民法院受理强制清算案件后,应当及时指定清算组成员。

公司股东、董事、监事、高级管理人员能够而且愿意参加清算的,人民法院可优先考虑指定上述人员组成清算组;上述人员不能、不愿进行清算,或者由其负责清算不利于清算依法进行的,人民法院可以指定《人民法院中介机构管理人名册》和《人民法院个人管理人名册》中的中介机构或者个人组成清算组;人民法院也可根据实际需要,指定公司股东、董事、监事、高级管理人员与管理人名册中的中介机构或者个人共同组成清算组。

人民法院指定管理人名册中的中介机构或者个人组成清算组,或者担任清算组成员的,应当参照适用《最高人民法院关于审理企业破产案件指定管理人的规定》。

强制清算清算组成员的人数应当为单数。人民法院指定清算组成员的同时,应当根据清算组成员的推选,或者依职权,指定清算组负责人。清算组负责人代行清算中公司诉讼代表人职权。清算组成员未依法履行职责的,人民法院应当依据利害关系人的申请,或者依职权及时予以更换。

1245. 企业破产案件中,哪些主体可以担任管理人?如何确定管理人?

个人、社会中介机构以及清算组均可以作为管理人。有下列情形之一的主体不得担任管理人:

(1)因故意犯罪受过刑事处罚。

(2)曾被吊销相关专业执业证书。

(3)与本案有利害关系。

(4)人民法院认为不宜担任管理人的其他情形。

破产案件中的管理人确定方式如下：

(1)受理企业破产案件的人民法院指定管理人，一般应从本地管理人名册中指定。

对于商业银行、证券公司、保险公司等金融机构以及在全国范围内有重大影响、法律关系复杂、债务人财产分散的企业破产案件，人民法院可以从所在地区高级人民法院编制的管理人名册列明的其他地区管理人或者异地人民法院编制的管理人名册中指定管理人。

①一般情况下，由社会中介机构担任管理人。

②对于事实清楚、债权债务关系简单、债务人财产相对集中的企业破产案件，可以由个人担任管理人。

③企业有下列情形之一的，人民法院可以指定清算组为管理人：

第一，破产申请受理前，根据有关规定已经成立清算组，人民法院可以从政府有关部门、编入管理人名册的社会中介机构、金融资产管理公司中指定清算组成员，人民银行及金融监督管理机构可以按照有关法律和行政法规的规定派人参加清算组；

第二，审理《企业破产法》施行前国务院规定的期限和范围内的国有企业实施破产的案件；

第三，有关法律规定企业破产时成立清算组；

第四，人民法院认为可以指定清算组为管理人的其他情形。

(2)人民法院一般应当按照管理人名册所列名单采取轮候、抽签、摇号等随机方式公开指定管理人。

(3)对于商业银行、证券公司、保险公司等金融机构或者在全国范围有重大影响、法律关系复杂、债务人财产分散的企业破产案件，人民法院可以采取公告的方式，邀请编入各地人民法院管理人名册中的社会中介机构参与竞争，从参与竞争的社会中介机构中指定管理人。参与竞争的社会中介机构不得少于三家。

采取竞争方式指定管理人的，人民法院应当组成专门的评审委员会。

评审委员会应当结合案件的特点，综合考量社会中介机构的专业水准、经验、机构规模、初步报价等因素，从参与竞争的社会中介机构中择优指定管理人。被指定为管理人的社会中介机构应经评审委员会成员 1/2 以上通过。

采取竞争方式指定管理人的，人民法院应当确定一至两名备选社会中介机构，作为需要更换管理人时的接替人选。

对于经过行政清理、清算的商业银行、证券公司、保险公司等金融机构的破产案件,人民法院也可以在金融监督管理机构推荐的已编入管理人名册的社会中介机构中指定管理人。

1246. 法律对清算组成员的人数是否有要求?

法律对此并没有作出明确的规定,但根据少数服从多数原则,同时也为了清算的效率,清算组成员人数应为单数,以便迅速作出决议。

1247. 如何确定清算组成员的报酬?

公司股东、实际控制人或者股份有限公司的董事担任清算组成员的,不计付报酬。

上述人员以外的有限责任公司的董事、监事、高级管理人员,股份有限公司的监事、高级管理人员担任清算组成员的,可以按照其上一年度的平均工资标准计付报酬。

中介机构或者个人担任清算组成员的,其报酬由中介机构或者个人与公司协商确定;协商不成的,由人民法院参照《最高人民法院关于审理企业破产案件确定管理人报酬的规定》确定。具体如下。

(1)报酬标准

根据债务人最终清偿的财产价值总额,在以下比例限制范围内分段确定管理人报酬:

①不超过100万元(含本数,下同)的,在12%以下确定;

②超过100万元至500万元的部分,在10%以下确定;

③超过500万元至1000万元的部分,在8%以下确定;

④超过1000万元至5000万元的部分,在6%以下确定;

⑤超过5000万元至1亿元的部分,在3%以下确定;

⑥超过1亿元至5亿元的部分,在1%以下确定;

⑦超过5亿元的部分,在0.5%以下确定。

担保权人优先受偿的担保物价值,不计入前款规定的财产价值总额。

高级人民法院认为有必要的,可以参照上述比例在30%的浮动范围内制定符合当地实际情况的管理人报酬比例限制范围,并通过当地有影响的媒体公告,同时报最高人民法院备案。

(2)支付方式

人民法院可以根据破产案件的实际情况,确定管理人分期或者最后一次性收取报酬。

管理人报酬从债务人财产中优先支付。

债务人财产不足以支付管理人报酬和管理人执行职务费用的,管理人应当提请人民法院终结破产程序。但债权人、管理人、债务人的出资人或者其他利害关系人愿意垫付上述报酬和费用的,破产程序可以继续进行。

上述垫付款项作为破产费用从债务人财产中向垫付人随时清偿。

(3)确定程序

人民法院受理企业破产申请后,应当对债务人可供清偿的财产价值和管理人的工作量作出预测,初步确定管理人报酬方案。管理人报酬方案应当包括管理人报酬比例和收取时间。

人民法院采取公开竞争方式指定管理人的,可以根据社会中介机构提出的报价确定管理人报酬方案,但报酬比例不得超出"报酬标准"的限制范围。

上述报酬方案一般不予调整,但债权人会议异议成立的除外。人民法院应当自确定管理人报酬方案之日起三日内书面通知管理人。

管理人应当在第一次债权人会议上报告管理人报酬方案内容。管理人、债权人会议对管理人报酬方案有意见的,可以进行协商。双方就调整管理人报酬方案内容协商一致的,管理人应向人民法院书面提出具体的请求和理由,并附相应的债权人会议决议。

人民法院经审查认为上述请求和理由不违反法律和行政法规强制性规定,且不损害他人合法权益的,应当按照双方协商的结果调整管理人报酬方案。

人民法院确定管理人报酬方案后,可以根据破产案件和管理人履行职责的实际情况进行调整。

人民法院应当自调整管理人报酬方案之日起三日内,书面通知管理人。管理人应当自收到上述通知之日起三日内,向债权人委员会或者债权人会议主席报告管理人报酬方案调整内容。

最终确定的管理人报酬及收取情况,应列入破产财产分配方案。在和解、重整程序中,管理人报酬方案内容应列入和解协议草案或重整计划草案。

(4)报酬确定因素

人民法院确定或者调整管理人报酬方案时,应当考虑以下因素:

①破产案件的复杂性;

②管理人的勤勉程度;

③管理人为重整、和解工作作出的实际贡献;

④管理人承担的风险和责任;

⑤债务人住所地居民可支配收入及物价水平;

⑥其他影响管理人报酬的情况。

1248. 公司强制清算案中,清算组的议事机制如何规定?

公司强制清算中的清算组因清算事务发生争议时,应当参照《公司法》关于董事会的议事规则,经全体清算组成员过半数决议通过。

与争议事项有直接利害关系的清算组成员可以发表意见,但不得参与投票;因利害关系人回避表决无法形成多数意见的,清算组可以请求人民法院作出决定。

与争议事项有直接利害关系的清算组成员未回避表决形成决定的,债权人或者清算组其他成员可以参照《公司法》决议撤销的规定,自决定作出之日起60日内,请求人民法院予以撤销。

二、债权确认

1249. 公司清算期间,清算组应当如何向债权人履行告知与通知义务?

清算组应当自成立之日起10日内通知债权人,并于60日内在报纸上公告。

规模较小、只在注册登记地营业的公司可以在公司注册登记地省级有影响的报纸上公告;规模较大、跨省市营业并且在全国范围内具有较大影响的公司应当在全国性的报纸上进行公告。

【案例436】债权申报通知书范本

_____公司全体债权人:

_____股份有限公司因公司章程规定的营业期限届满(或章程规定的解散事由出现、股东大会作出解散决议等)而决定解散,并于_____年_____月_____日成立本清算组,开始进行解散清算事宜。本清算组由公司_____担任主任,_____、_____为清算组成员。本清算组决定自成立之日起_____日(不得超过10日)通知记名债权人,并于_____年_____月_____日、_____年_____月_____日、_____年_____月_____日在_____报第_____版发布公告。敬请各位债权人及时将债权申报表寄回或送至本清算组,并注意以下事项:

1. 按照《公司法》第185条第1款的规定,您(单位)如果及时接到通知,则应于接到通知书之日起30日内,如果未及时接到通知,则应于第一次公告之日起45日内,(_____年_____月_____日之前)向本清算组申报债权。逾期不申报者,将不能参加分配。为避免损失,务请您(单位)及时申报债权。

2. 申报债权时应提交以下材料:

(1)债权申报表;

(2)企业营业执照或自然人身份证,法定代表人(或负责人)身份证明书及其身份证；

(3)委托代理人申报的,须提交授权委托书及代理人身份证明；

(4)申报债权的证据,如合同、协议、裁判文书等债权凭证。

3. 您在填写债权额时,请注意以下几种债权额的计算：

(1)如果您(单位)的债权为非金钱债权(如××××××有限公司欠您单位机电20台)而某某有限公司又无力偿还债权标的物,则请您单位与本清算组协商,将之债权标的物折合成金钱。您单位可在债权表上载明折算意见。

(2)如果您(单位)的债权为附利息的金钱债权,而债权到期日在清算基准日(某某有限公司应解散日_____年_____月_____日,下同)之后,则请您(单位)按下列公式计算申报债权额：

债权原值+到清算基准日前一日的利息=申报债权额

(3)如果您(单位)的债权为无利息的金钱债权,而债权到期在清算基准日之后,则请您(单位)按下列公式计算申报债权额：

申报债权额=S/1+PT

其中,

S=原债权额。

P=法定利息(我国无法定利率,可按国际通行的商事法定利率年利6%计算)。

T=清算基准日至债权到期日的期间。

4. 本清算组将于_____年_____月_____日之日报公布债权表,请您注意查看。

5. 请债权人按照如下方式向本清算组送达债权申报文件：

申报债权联系人：_____

联系地址：_____

邮编：_____

电话：_____

传真：_____

　　此致

敬礼

　　　　　　　　　　　　　　　_____股份有限公司清算组(章)

　　　　　　　　　　　　　　　　　　清算代表_____(签名)

　　　　　　　　　　　　　　　　　　_____年_____月_____日

1250. 债权人对公告的媒体级别有异议时能否获得司法救济？

债权人对公告的媒体级别有异议时可以向法院提起诉讼。但主张是否能获得法院支持取决于债权人能否举证其存在损失。如果债权人能够举证证明错误的公告媒体级别给其造成了损失，可以提起清算组成员责任之诉。①

1251. 债权申报的内容包括哪些？

债权申报包括以下内容：

（1）债权申报的标的。只要自认为拥有实体法上合法债权的债权人都可以依法申报债权。

（2）债权申报的期限。债权人应当自接到通知之日起30日内，未接到通知书的自公告之日起45日内，向清算组申报其债权。

（3）债权申报的凭证。债权人申报债权，应当说明债权的有关事项，并提供证明材料。如果债权人是企业法人或事业单位的，需要提交如下材料：企业法人营业执照或事业单位批文；企业法定代表人、事业单位负责人证明书。债权人是个人的，需提供个人身份证原件及影印件。债权人委托代理人的，还应提交授权委托书。债权人的债权证明包括合同、判决书、裁决书、仲裁书、公证书等。

（4）债权申报的受理机关：清算组。

债权申报后，债权人取得清算程序当事人地位，相应地取得了分配请求权并且债权的诉讼时效因债权申报而中断。

1252. 享有担保物权的债权是否需要申报？如何实现有担保的债权？

享有担保物权的债权需要申报。《公司法》仅规定，债权人应当自接到通知书之日起30日内，未接到通知书的自公告之日起45日内，向清算组申报其债权。没有规定例外情形，因此，所有的债权都需要申报。而且，申报也不会影响担保债权人权利的实现。因为解散清算的前提是公司资产能够清偿公司债务，因此原则上全体债权人都能足额受偿。

对于有担保物权的债权，如果债务人拒绝清偿或不能清偿，清算组有权处分担保物，所得价款用于清偿该项债务和变卖费用；如果所得价款不足以清偿该项债务和变卖费用，对不足部分，清算组有权请求债务人清偿或直接提起诉讼。

1253. 职工工资、社会保险和税款等费用是否需要申报？

职工工资、社会保险和税款等费用都应当列入清偿范围且无须申报。当然，如果职工对清算组核定的债权有异议时，应当允许其要求重新核定，清算组不予

---

① 详见本书第十八章清算责任纠纷。

重新核定,或者职工对重新核定的债权仍有异议的,这些权利人可以公司为被申请人向人民法院提起诉讼请求确认。

1254. 债权申报的期限可否中断或中止？

债权申报的期限实质上是一种形成权,即其一经申报就对清算组产生了效力。无论是确定的法定申报期限还是不确定的补充申报期限都不能中止、中断或者延长。申报期限自接到通知或发布公告之日起算,一旦申报期限过后,申报权消灭。

1255. 债权人在规定的期限内未申报债权,是否可以补充申报？何时申报？如何清偿？

债权人在规定的期限内未申报债权,可以补充申报。但债权人并不是在任何时候都可以补充申报,债权人补充申报债权应当在公司清算程序终结前,即清算报告经股东(大)会或人民法院确认完毕前。

一般情况下,对补充申报的债权首先由公司尚未分配的财产进行清偿；如公司所剩未分配财产不足以清偿补充债权,而公司股东已经获得了剩余财产的分配,且公司清算程序尚未终结的,债权人可以请求在公司股东分配所得中受偿。

但债权人对未能及时申报债权有重大过错的,补充申报后,公司尚未分配财产不足以全额清偿其债权的,债权人不可以要求在公司股东已经分配所得的财产中受偿。

关于债权人"重大过错"的认定,由法官运用自由裁量权判断行为人的行为是否构成重大过错。如果清算组已经书面通知债权人债权申报的期限、地址等细节事宜,债权人未能及时申报即构成重大过错。

1256. 债权补充申报程序中审查和确认债权的费用由谁承担？

当事人补充申报债权具有自主性,因此审查和确认债权的费用应根据补充申报人是否有过错而确定承担主体。如果债权人对未及时申报债权存在过错,由债权人自己承担；否则,由公司承担。

1257. 债权人或者清算组,能否以公司尚未分配的财产和股东在剩余财产分配中已经取得的财产不能全额清偿补充申报的债权为由,向人民法院提出破产清算申请？

不能。如果允许补充申报债权人以资不抵债为由申请破产,就会造成解散清算程序向破产程序的转化,将会使已进行的财产分配程序归于无效,将可能侵害其他债权人的利益。

1258. 清算组清算通知和公告中对逾期申报债权另作不同规定是否有效？

无效。法律对于逾期申报的规定属于强制性规定，清算通知和公告中对逾期申报债权作出的不同规定应被认定为无效。且由于逾期申报债权的法律后果关系到清算组与外部债权人的法律关系，对其他债权人的利益影响巨大，不应允许随意变更。

1259. 当多个无过错债权人补充申报债权，而公司尚未分配的财产和股东已经取得的财产不足以全额清偿时如何处理？

比照《企业破产法》的公平受偿原则办理，对特定财产享有优先受偿权的债权以该特定财产受偿，无财产担保的债权按照债权比例受偿。

1260. 公司清算程序终结后，未申报债权的债权人如何救济？

如果债权人未能申报债权系其自身原因造成的，则该债权人丧失通过清算分配的方式维护其权益的权利；如果债权未能按时申报系清算组未依法通知或公告造成的，其可以在程序终结后，向清算组成员追究相应的赔偿责任。

1261. 公司清算过程中，对公司未到期债权、附条件的债权及附条件的债务、存续期间不确定的债务应如何处理？

按以下方式处理：

（1）对于未到期债权、附条件的债权，公司可与债务人协商，如果债务人同意，可以在减去期限利益或者合理让步的条件下提前获得清偿，从而实现债权；或待条件成就行使债权，即如果条件在清算结束之后发生，该权利仍可行使，利害关系人可以请求人民法院重新对该财产进行分配。

（2）对附条件的债务、存续期间不确定的债务及其他金额不确定的债务，应当由法院确定的鉴定机构对其评估，确认其价值。

1262. 债权人能否对其他债权人的债权提起异议？

关于这一点，法律并无明确规定，但是法律本身也没有禁止，因此根据"法无禁止即自由的原则"，债权人可以对其他债权人的债权提起异议诉讼。同时，由于核定的债权具体数额是清算分配的唯一依据，如果清算组对他人的债权核定错误将有可能侵害异议债权人的利益。因此，应当赋予债权人对其他债权人的债权提出异议的权利。

1263. 异议债权的重新核定程序如何进行？被申请人如何确定？

债权人可就异议债权与清算组进行核定，如果无法进行核定，可以向法院提起诉讼确认债权。异议债权重新核定程序为法定前置程序，既有可能发生在自行清算中，又有可能发生在强制清算中。由于债权人的异议系针对与公司之间的债权债务关系,应当以公司为被申请人。

1264. 债权异议诉讼的性质如何?

清算案件债权异议诉讼应参照《企业破产法》中有关债权异议诉讼的规定,法院应以确认之诉进行受理,如果债权人就争议债权起诉清算公司,要求清算公司承担偿还责任的,人民法院应当告知该债权人变更其诉讼请求为确认债权。确认之诉是指当事人要求人民法院确认某种法律关系存在或不存在的诉讼,可以分为确认法律关系存在的积极确认之诉与确认法律关系不存在的消极确认之诉。因此,债权人提起的异议债权确认之诉可以分为确认自身债权存在的积极确认之诉与确认他人债权不存在的消极确认之诉。

1265. 人民法院对债权异议作出了裁决,债权人能否再次提起异议债权确认之诉?

为了维护债权种类、数额的稳定,法院裁决的公信力,债权人不得再对清算公司提起异议债权确认之诉。

1266. 如何确定异议债权确认之诉的管辖法院?

人民法院可以根据案件的具体情况考虑将债权异议诉讼与清算纠纷诉讼进行合并审理。

【案例437】公司破产 债权人请求法院确认债权①

原告:孙雪丽

被告:泰山房地产公司

诉讼请求:诉请确认原告对被告的债权数额为390万元。

基本案情:

2003年9月1日、4日、5日,被告分三次向原告借款390万元,被告实际控制人冯本祥代表被告给原告出具借条三份。该借款本金390万元,被告至今未还。2008年10月17日,法院受理了农村信用合作联社对本案被告的破产申请。

原告诉称:

2010年10月,原告向管理人申报债权520万元,但管理人未予确认。

被告辩称:

被告当时借原告520万元,现在520万元本金未还属实,鉴于被告后来支付过部分利息,现在也已破产,请原告降低债权数额。

---

① 参见浙江省宁波市北仑区人民法院(2011)甬仑商初字第1051号民事判决书。

律师观点：

原、被告间借贷关系合法有效，被告欠原告借款本金 520 万元至今未还事实清楚，原告放弃 130 万元债权，要求确认对被告享有 390 万元债权的诉讼请求符合法律规定，应当予以支持。

法院判决：

确认原告对被告享有 390 万元债权。

1267. 如何处理异议债权确认之诉与仲裁条款的关系？

如果债权人对清算组核定的债权有异议，既可以通过异议债权确认之诉的方式确认债权，也可以通过仲裁的方式解决纠纷。但当债权人与清算公司就债权债务关系订有仲裁协议时，应当适用仲裁排斥的原理，由仲裁一裁终局，确认债权的种类和数额。

三、清算方案的确认与财产分配

1268. 清算财产的范围如何确定？

清算财产是公司解散时的全部财产。包括固定资产、流动资产、有形资产、无形资产（如知识产权、商业秘密、专有技术），债权（普通债权、应当由公司行使的物权，如所有权、矿业权、占有权、抵押权、留置权等他物权），债务，已有的财产，清算程序终结前公司新取得的财产等。①

1269. 清算方案应由谁制定和确认？包括哪些内容？

清算组在清理公司财产、编制资产负债表和财产清单后，应当制定清算方案，并报股东会、股东大会或者人民法院确认。其中，在由人民法院组织清算的情况下，清算方案应当报人民法院确认。

清算方案主要包括以下内容：

（1）资产清算情况，详细明确公司的现金、银行存款、土地使用权、固定资产、库存商品、对外债权、其他收入等资产的情况。

（2）债权申报情况，包括担保债权与普通债权。

（3）清算财产分配方案：

①支付清算费用，包括清算组成员报酬，清算财产管理、变卖费用以及共益

---

① 甘培忠、刘兰芳主编：《新类型公司诉讼疑难问题研究》，北京大学出版社 2009 年版，第 426 页。

债务等；

②支付职工工资、社会保险费用、经济补偿费用；

③支付税款；

④支付债权，包括优先债权与普通债权；

⑤剩余财产在股东间按投资比例分配。

1270. 清算报告包括哪些内容?

清算报告应当包括下列内容：

(1)公司解散原因及日期；

(2)清算组的组成；

(3)清算的形式；

(4)清算的步骤及安排；

(5)公司债权债务的确认和处理；

(6)清算方案；

(7)清算方案的执行情况及清算财产的处理情况；

(8)清算组成员履行职责情况；

(9)其他有必要说明的内容。

1271. 强制清算过程中，人民法院应当如何审查、确认清算报告?

人民法院应当按以下方式审查、确认清算报告。

(1)审查的组织

人民法院在确认清算报告前，必须对清算报告进行审查，对清算报告的审查应当采用合议庭形式。

(2)审查的方式

对清算报告的审查，考虑的是清算程序的公正、合法及清算效率问题。因此，不需要采取听证的方式，而应以书面审查为准。在书面审查有困难时，可以询问清算组有关人员，或调查有关档案、文件进行审查。

(3)审查的内容

①审查清算报告的内容是否全面，有无遗漏事项；

②审查清算报告的内容是否客观真实；

③审查清算的效率和成本。

(4)确认书的内容

如通过审查，合议庭认为清算组的工作效率和质量好，清算报告的内容真实可靠，应当予以确认，并制作确认书。确认书应当包括以下内容：清算组申请确认清算报告的时间,清算报告的主要内容,对清算报告的审查方式,审查的结论。

1272. 在哪些情形下,人民法院不应当确认清算报告？清算方案的瑕疵表现在哪些方面？

如果人民法院经审查认为,清算报告虚假或遗漏重要事项,或清算程序违法,人民法院应当不予确认。人民法院应当制作不予确认裁定书,并要求清算组予以纠正。人民法院不予确认后,清算组必须重新进行清算,或应当就清算程序中存在的问题进行整改。全部整改完毕后,可以再行制作清算报告,申请人民法院确认。至于是否需要重新组成清算组,应由人民法院决定。

清算方案的瑕疵表现在两个方面:

(1)程序上的瑕疵,如制定清算方案时未按照法律或章程的约定召集、主持会议或表决通过清算方案。

(2)内容上的瑕疵,包括由于资产负债核定不准确导致可分配财产确定错误,财产处理不当,财产作价依据不合理；未按照《公司法》规定的分配规则进行分配等。

1273. 自行清算中,清算方案确认决议须经代表多少表决权的股东通过？未经股东(大)会或人民法院确认的清算方案是否具有法律效力？

有限责任公司清算方案确认决议的表决方式与议事方式由公司章程规定,如章程无特殊规定,经代表1/2以上表决权的股东通过；股份有限公司的清算方案确认决议是一般决议,该决议须经出席会议的股东所持表决权的过半数通过。

未经股东(大)会或人民法院确认的清算方案无效。

【案例438】清算方案与报告未经股东会确认　被判未生效[①]

原告: 陈锦明、何美玲、邓锦基、黎伟坚、吴燕芳、何凤仪、梁伟鸣、赵纯红、刘桂标、马新耀、钟转燃、梁志明(以下简称原告陈锦明等人)

被告: 梁肖妙、卢惠贞、翁凤苗、陈小晶(以下简称被告梁肖妙等人)

诉讼请求:

1. 确认锐骏公司注销登记的决议和清算报告无效。

2. 判令被告梁肖妙等人向原告陈锦明等锐骏公司股东出示自成立锐骏公司及广州市海珠区手表装配厂、广州市海珠区海星电子公司2001年9月后的所有会计档案资料供原告陈锦明等人清算。

---

① 参见广东省广州市中级人民法院(2007)穗中法字第272号民事判决书。

3. 判决被告梁肖妙等人向原告陈锦明等锐骏公司股东出示广州市海珠区手表装配厂、广州市海珠区海星电子公司遗留资产及锐骏公司的相关文件(含海珠区手表装配厂、海珠区海珠钟表维修店、海珠区海星电子厂转制改组成立广州市海珠区海星电子公司的相关文件)供原告陈锦明等锐骏公司股东清算。

4. 判决被告梁肖妙等人向原告陈锦明等锐骏公司股东出示自成立锐骏公司及广州市海珠区手表装配厂、广州市海珠区海星电子公司2001年9月后的所有董事会记录、股东会记录、对外签订的合同、备忘录供原告陈锦明等锐骏公司股东清算。

争议焦点:

1. 清算行为发生在新《公司法》(2005年修订)出台之前,是适用2005年修订前还是修订后的《公司法》。

2. 被告梁肖妙、被告陈小晶的主体资格是否适格。

3. 未经股东会决议通过的清算方案与清算报告的法律效力如何,是未生效还是无效。

4. 工商登记机关核准注销登记行为是否意味着公司清算行为合法有效。

5. 被告作为清算组成员是否应向原告提交公司相关资料由原告自行清算。

基本案情:

2001年8月13日,锐骏公司由原告陈锦明出资15万元、被告梁肖妙出资25万元、被告翁凤苗出资10万元经工商局核准成立,注册资本为50万元。

2001年8月28日,锐骏公司成立后,对股东的股份作了内部调整及增加了股东,即除原告陈锦明之外的其他原告。锐骏公司收到上述原告等的入股金后,均发放了股权证,但没有在工商部门办理股东的变更登记手续。

2003年7月23日,锐骏公司在经营过程中,经全体董事会议决定提前结业。

2003年11月6日,经全体股东会议决议,由原告陈锦明、原告邓锦基、被告梁肖妙、被告卢惠贞、被告翁凤苗组成清算组,对锐骏公司进行清算。

2003年12月2日,锐骏公司清算后,向工商管理部门递交了全体股东(发起人)有关公司注销登记的决议。

2004年2月23日,锐骏公司经聘请税务师事务所审核查结,并上报地税局、国税局申请查结税项后,向股东公布了账目,其中被告梁肖妙、被告翁凤苗、案外人梁国新等股东签名同意。

2004年5月24日,锐骏公司向工商部门提交清算报告等资料申请公司注销登记。

2004年6月1日,锐骏公司经工商部门审查后核准注销。

2004年9月6日,原告陈锦明等人曾向法院提出知情权纠纷诉讼,案号为(2004)海民二初字第1884号,该案以锐骏电子公司为被告,要求锐骏公司提交本案第2项、3项、4项诉讼请求中所报告的资料供其查阅。后原告陈锦明等人撤回了起诉。

2006年4月4日,锐骏公司注销后,陈锦明因对锐骏公司的公司《注销登记申请书》里的"全体股东(发起人)有关公司注销登记的决议"及《清算报告》的"陈锦明"签名有异议,委托广东天正司法鉴定中心对上述签名的真实性进行鉴定。

2006年4月12日,广东天正司法鉴定中心出具鉴定结论为:检材1《全体股东(发起人)有关公司注销登记的决议》全体股东签字盖章处、检材2《清算报告》全体股东签字(盖章)处及清算小组成员签字处的"陈锦明"签名笔迹与"陈锦明"签名笔迹样本不是同一人书写。

锐骏公司章程规定,对涉及解散清算事项作出的决议需经代表2/3以上表决权股东表决通过。锐骏公司章程显示原告陈锦明所占股份的比例为49.369%。

原告诉称:

1. 锐骏公司的显名股东只有三位,隐名股东却有几十位。锐骏公司的清算行为明显不符合法律规定,2005年修订前的《公司法》规定有限责任公司的清算组由全体股东组成。因此,被告梁肖妙、原告陈锦明、原告邓锦基、被告翁凤苗、被告卢惠贞只是清算小组,必须根据2005年修订前的《公司法》的规定对清算组(全体股东)负责,但在本案中,同是清算小组成员的原告陈锦明、原告邓锦基却对清算事宜完全不知情。

2. 被告肖妙、被告翁凤苗明知锐骏公司的显名股东伪造原告陈锦明的签名,办理锐骏公司的注销登记,不符合2005年修订前的《公司法》和锐骏公司章程的规定,据此作出的股东会决议以及清算报告应当予以撤销。

被告辩称:

1. 本案案由一直确认为知情权纠纷,2004年9月6日12名原告以此为由起诉广州市海珠区海星电子公司、锐骏公司,2004年11月19日申请撤诉,因为其知道按照2005年修订前的《公司法》的规定,知情权的主体是公司而非个人,被告梁肖妙等人作为个人不具有主体资格。两年前已经就同一纠纷起诉,现再诉讼没有法律依据。

2. 本案将被告梁肖妙等人列为被告属于对象错误,对于涉案的广州市海珠区手表装配厂、广州市海珠区海星电子公司,被告梁肖妙等人不是其员工,不能对其提出任何诉讼。锐骏公司方面,被告梁肖妙等人不是本案的适格主体,2004年6月锐骏公司已经法定程序注销,被告梁肖妙等人已经不是股东,其中被告陈小晶是之前接到任命才具有行政职务,更不具备资格。因此,被告梁肖妙等人认为公司已经按股东会决议清算、解散、财产处理完毕,现再诉讼没有依据。

一审认为：

1. 锐骏公司已由工商登记机关核准注销登记,在该注销行为没有撤销之前,应视为锐骏公司已完成了清算程序。

锐骏公司是依法成立的有限责任公司,其解散和清算行为应受《公司法》及企业章程的约束。锐骏公司在经营过程中,经全体董事会议决定提前结业,并经公司的股东大会选举组成了清算组对公司进行清算,并提出清算报告,经工商行政管理部门审核后已核准注销,已完成了清算程序。在锐骏公司的核准注销行为没有撤销之前,应视为锐骏公司的清算符合法律和公司章程的规定,故原告陈锦明等人以股东身份要求确认注销登记的决议和清算报告无效并对锐骏公司进行重新清算依据不足,法院予以驳回。

2. 对于企业档案资料因清算组成员之间并未作约定,因此,原告要求被告提供相关资料依据不足。

原告陈锦明、邓锦基作为清算组成员,与梁肖妙、卢惠贞、翁凤苗一起负责企业的清算工作,该企业现已被工商行政部门核准注销,对于企业档案资料的保管并没有约定,被告梁肖妙等人也表示无保管企业资料,原告陈锦明等人要求被告梁肖妙等人提供企业相关资料依据不足,法院不予支持。

一审判决：

驳回原告的诉讼请求。

原告不服一审判决,向上级人民法院提起上诉。

原告上诉称：

1. 原告陈锦明等人的诉请并非要求撤销工商行政管理部门对锐骏公司的注销登记,原告陈锦明等人的诉请只是要求确认注销登记的股东会决议和清算报告无效。因此,它属于民事诉讼的范畴；

2. 被告梁肖妙等人的行为既违反了2005年修订前的《公司法》的规定(主要指清算、注销方面的规定),同时还违反了关于公司、企业注销方面的行政法律规定,这种交叉问题在司法实践当中经常可遇见,但原告陈锦明等人为保护自身权益,完全可以同时进行民事诉讼和行政诉讼,或单独提起民事诉讼,两者并不冲突,并不矛盾,亦符合司法审判实践。

3. 被告梁肖妙等人违反2005年修订前的《公司法》规定的行为,是其违反关于公司、企业注销方面的行政法律规定的前提,就是说,如果被告梁肖妙等人能够依法进行清算,就不会出现本案所指的违法注销登记。另外,我国目前的法律并没有规定,在出现本案的情况下,当事人必须启动行政诉讼或在启动民事诉讼前必须启动行政诉讼。

4. 工商行政管理部门对公司、企业的注销登记只是"核准"等形式审查。在公司申请注销登记时,工商行政管理部门没有法律义务去核实申请人所提供的资料是否真实,它仅仅审查资料是否完整、是否充分。虽然工商行政管理部门对公司、企业核准注销的行为属于可诉的具体的行政行为,但具体的行政行为的可诉性在于该具体行政行为是否合法,比照本案,核准注销锐骏公司的工商行政管理部门并无过错。工商行政管理部门可以根据判决结果所查证的事实并依照2005年修订前的《公司法》的相关规定给予纠正。因此,本案的判决结果只是工商行政管理部门纠正违法注销登记的依据之一。

5. 锐骏公司的显名股东只有三位,匿名股东却有几十位。假如三位显名股东串通,按合法的手续申请公司注销登记,而工商行政管理部门通过审查核准了注销登记,被侵害利益的股东就没有必要先提起行政诉讼。况且,本案的股东会决议报告和清算报告中的陈锦明签名是伪造的。因此,侵害原告陈锦明等人利益的并非工商行政管理部门,而是被告梁肖妙等人。

6. 法律并无规定,也不能认定在公司的核准注销行为撤销之前,就视为公司的清算符合法律规定和公司章程的规定。锐骏公司的解散完全符合2005年修订前的《公司法》的规定,因为它经过股东会的决议。但它的清算明显不符合法律规定,2005年修订前的《公司法》规定有限责任公司的清算组由全体股东组成。因此,梁肖妙、陈锦明、邓锦基、翁凤苗、卢惠贞只是清算小组,必须根据2005年修订前的《公司法》的规定对清算组(全体股东)负责,但在本案中,同是清算小组成员的陈锦明、邓锦基完全不知情。梁肖妙、翁凤苗明知锐骏公司的显名股东伪造陈锦明的签名,办理锐骏公司的注销登记,不符合2005年修订前的《公司法》和锐骏公司章程的规定。上述表明,原告陈锦明等人的诉讼请求完全具备事实根据和法律依据。

7. 原审判决以锐骏公司被工商行政管理部门核准注销,对档案资料的保管并没有约定及原告陈锦明等人也表示无保管资料为由,认定原告陈锦明等人要求被告梁肖妙等人提供锐骏公司相关资料依据不足也是错误的。

从被告梁肖妙等人在公司所任职务及作为清算小组成员的身份来看,被告梁肖妙等人必然持有,也有义务持有公司的相关资料。

不论公司的清算是否合法,原审判决认定了公司已进行了清算,是其中的被告梁肖妙等人进行了清算。此外,根据《会计档案管理办法》第13条的规定,单位因撤销、解散、破产或者其他原因而终止的,在终止和办理注销登记手续之前形成的会计档案,应当由终止单位的业务主管部门或财产所有者代管或移交有关档案馆代管。这些档案资料中,最低的保管年限是三年,有的是永久保管。被告梁肖妙等人分别是公司的法定代表人、财务负责人,有声明公司的档案资料在何人、何处保管的法定义务。

而且,原告对原审法院查明的事实有异议如下:

(1)2004年2月23日锐骏公司聘请税务师事务所审核公司财务是错误的,原告陈锦明等人认为并不是锐骏公司本身聘请,而是部分股东聘请。

(2)审核报告并非向全部股东公布,只是向部分股东公布,并没有向原告陈锦明等人公布。

被告二审辩称:

1. 原告陈锦明等人认为工商部门核准注销锐骏公司符合法律规定,只要求确认注销登记的股东会决议、《清算报告》无效。被告梁肖妙等人认为当事人都是自然人,被告梁肖妙等人不具备确认决议、《清算报告》的资格和能力,应是工商行政部门的责任。故原告陈锦明等人要求被告梁肖妙等人确认没有事实和法律依据。且原审判决查明的事实也表明,2003年7月23日、2003年11月6日的两次股东会决议对锐骏公司的解散、注销、清算事宜作出明确规定,包括清算小组的组成,所以,公司的清算、注销只是在法定程序上执行股东会决议,并不是凭被告梁肖妙等人的能力和资格可办理。另外原告陈锦明等人要求注销登记的决议、《清算报告》无效也超过了法定的时效,依据是2005年修订前的《公司法》第22条第2款的规定。

2. 资料出示问题,被告梁肖妙等人认为原告陈锦明等人在上诉状中的说法没有事实和法律依据。除被告陈小晶外,原告陈锦明、原告邓锦基等都是清算小组的成员,共同负责清算工作,有共同的权利义务,对企业资料的保管没有约定,被告梁肖妙等人也没有接受任何保管义务,且从本案包括两年前原告陈锦明等人起诉的情况看,原告陈锦明等人提供给法院的资料显示其实际上掌握了大部分公司的相关资料,其要求被告梁肖妙等人出示公司资料没有依据。

律师观点：

1. 关于法律适用问题。

涉案的清算行为发生在《公司法》(2005年修订)之前，应适用2005年修订前的《公司法》。对锐骏公司进行清产核资是经锐骏公司2003年11月6日股东会决议通过的，该决议符合2005年修订前的《公司法》第191条公司依照股东会决议解散的，应当在15日内成立清算组，有限责任公司的清算组由股东组成以及锐骏公司的公司章程的规定。该股东会决议还决定成立清算组，并指定了清算组的成员。在清算期间清算组代表锐骏公司行使公司权利，锐骏公司股东均不得干涉清算组的清算事务。因此，2004年2月23日聘请税务师事务所审核锐骏公司财务是清算组的职权，并非锐骏公司股东的权利，故原告陈锦明等人认为税务师事务所是锐骏公司部分股东聘请的观点并不符合清算的程序。

2. 清算方案与报告未经股东会决议通过，因而未生效，公司的清算程序未完成。

修订前的1999年《公司法》第195条规定：清算组在清理公司财产、编制资产负债表和财产清单后，应当制定清算方案，并报股东会或者有关主管机关确认。第197条规定，公司清算结束后，清算组应当制作清算报告，报股东会或者有关主管机关确认，并报送公司登记机关，申请注销公司登记，公告公司终止。现被告梁肖妙等人并没有证据证实其已经将清算方案和清算报告报股东会确认，故其清算程序并未完成。

2003年12月2日锐骏公司的注销登记的决议和清算报告中陈锦明的签名经鉴定并非其本人签名，且被告梁肖妙等人并无证据证实其按照修订前的1999年《公司法》第44条"召开股东会会议，应当于会议召开15日以前通知全体股东"的规定通知陈锦明参加了该决议的股东会，因此该决议的召集程序不完备。

锐骏公司章程规定对于涉及解散清算事项作出的决议需经代表2/3以上表决权股东表决通过，而锐骏公司章程显示陈锦明所占股份的比例为49.369%，故该决议因未达到法定及章程的规定的程序要件和实体要件而没有成立，依照《民法通则》第57条"民事法律行为从成立时起具有法律约束力"的规定，不发生法律效力。

至于被告梁肖妙、被告翁凤苗在清算未完成情况下以2003年12月2日注销登记的决议向工商部门申请注销锐骏公司，原告陈锦明等人可以向工商部门申请撤销锐骏公司的注销登记。由于涉及工商部门的具体行政行为，而本案为民事诉讼，可向工商部门申请撤销注销登记。

另外,即便锐骏公司由工商登记机关核准注销登记,但工商登记机关的核准注销登记行为并不意味着公司的清算行为合法有效,因为工商登记机关在核准注销登记行为时仅对申请行为进行形式审查,并不对公司提交的材料进行真实性审查。

3. 因锐骏公司的清算行为并未完成,被告无须向原告提交相关资料由原告自行清算。

如上所述,清算方案和清算报告应报股东会确认,是否通过由股东会经审议决定。在清算方案和清算报告未报股东会确认的情况下,锐骏公司的清算程序并未完成。因此,在锐骏公司的股东会决议另行成立清算组之前,原告陈锦明等人要求被告梁肖妙等人提交相关资料由其自行清算的诉讼请求不予支持。

二审判决:

1. 撤销一审判决;

2. 锐骏公司2003年12月2日《全体股东(发起人)有关公司注销登记的决议》和2004年5月24日《清算报告》不成立;

3. 驳回原告其他诉讼请求。

1274. 债权人以何种形式确认债务清偿方案?

债权清偿方案需经全体债权人确认,确认的方式既可以采用会议的形式,也可以采用传签文件的方式。需要注意的是,不论采用哪一种形式,债务清偿方案均需全体债权人一致通过。

1275. 公司强制清算中资不抵债时是否必须申请破产?

人民法院指定的清算组在清理公司财产、编制资产负债表和财产清单时,发现公司财产不足以清偿债务的,可以与债权人协商制作有关债务清偿方案。债权清偿方案,是指公司与债权人之间,为清偿债务,使特别清算程序完成而签订的和解协议。

债务清偿方案经全体债权人确认且不损害其他利害关系人利益的,人民法院可依清算组的申请裁定予以认可。清算组依据该清偿方案清偿债务后,应当向人民法院申请裁定终结清算程序。

债权人对债务清偿方案不予确认或者人民法院不予认可的,清算组应当依法向人民法院申请宣告破产。

1276. 公司清算财产应如何分配?

清算财产应按照以下顺序进行清偿或分配:

(1)支付清算费用,清算费用包括:

①管理、变卖和分配清算财产所需要的费用;

②公告、诉讼、仲裁费用;

③聘请会计师、律师等专业人士的费用;

④清算委员会成员的工资、差旅费、办公费;

⑤为债权人共同利益而支付的其他费用,包括债权人会议会务费、催收债务差旅费;

⑥在清算过程中需要支付的其他费用。

(2)职工的工资、社会保险费用和法定补偿金。

(3)缴纳税款。

(4)清偿公司债务。

(5)分配给投资者。有限责任公司按照股东的出资比例分配,股份有限公司按照股东持有的股份比例分配。

四、外商投资企业清算的特殊程序

1277. 在哪些情形下,外商投资企业应予终止?

外资企业具有下列情形之一,应予终止:

(1)经营期限届满;

(2)经营不善,严重亏损,外国投资者决定解散;

(3)因自然灾害、战争等不可抗力而遭受严重损失,无法继续经营;

(4)破产;

(5)违反中国法律、法规,危害社会公共利益被依法撤销;

(6)外资企业章程规定的其他解散事由已经出现。

外资企业因第2项、3项、4项所列情形终止的,应当自行提交终止申请书,报审批机关核准。审批机关作出核准的日期为企业的终止日期。

1278. 外商投资企业的经营期限有什么特殊规定?到期如何延长?

外资企业的经营期限,从其营业执照签发之日起计算。中外合作企业的经营期限由中外合作者协商确定,并在合作企业合同中订明。

外资企业需要延长经营期限的,应当在距经营期满180天前向审批机关报送延长经营期限的申请书。外资企业经批准延长经营期限的,应当自收到批准延长经营期限文件之日起30天内,向工商行政管理机关办理变更登记手续。

到期不延长的,企业将被吊销营业执照。

1279. 外商投资企业应如何办理终止？

各地的办理程序会有不同,现以上海为例,介绍外商投资企业办理终止应遵循的程序。

(1) 办理机构和受理范围

①区县商务主管部门受理其审批权限内外商投资企业的提前终止事项；

②市商务委受理其审批权限内外商投资企业的提前终止事项；

③按规定需报商务部审批的,由市商务委受理初审后报商务部。

(2) 办理程序

①外商投资企业按审批权限向商务主管部门报送提前终止的申请材料；

②商务主管部门根据相关规定作出是否批准的决定,予以批准的,出具批复文件,不予批准的,书面说明原因；

③企业收到批复文件后组织清算,凭批复文件到税务、海关、外汇等部门办理有关手续；

④企业在清算完成并办理完税务、海关、外汇等部门的相关手续后向商务主管部门缴销批准证书。

(3) 申请材料清单

①企业申请提前终止应提交的材料：

企业提前终止的申请报告；

企业批准证书复印件和营业执照复印件；

企业股东会或董事会关于提前终止的决议；

股东会或董事会成员名单；

企业投资各方法定代表人签署的提前终止合同协议书(独资企业无须提供)；

企业投资各方法定代表人签署的提前终止章程协议书；

会计师事务所出具的企业注册资本已到位的验资报告(复印件)；

原合同、章程及历次修正案(复印件)；

企业清算委员会名单；

企业关于员工劳动关系状况的说明；

会计师事务所出具的企业财务审计报告；

审批机关要求的其他文件。

②企业缴销批准证书应提交的材料：

商务主管部门出具的同意企业提前终止的批复文件的复印件；

企业清算报告；

清算委员会名单；

企业清算审计报告；

税务部门的意见；

相关部门的意见；

外汇管理部门的意见；

审批机关要求的其他文件。

1280. 外商投资企业终止，如何清算？

外资企业应当在终止事由出现之日起 15 天内对外公告并通知债权人，并在终止公告发出之日起 15 天内，提出清算程序、原则和清算委员会人选，报审批机关审核后进行清算。

在清算完结前，除为了执行清算外，外国投资者不得将该企业的资金汇出或者携出中国境外，不得自行处理企业的财产。

1281. 外商投资企业解散清算必须报审批机关审批吗？哪些事项需要报审批机关审批？外商投资企业的清算工作由谁开展？该机构有哪些职权？

外商投资企业因破产以及违反中国法律、法规，危害社会公共利益被依法撤销而终止的，依照中国法律进行清算，直接进入清算程序，无须经过审批机关批准。其他情形下解散清算必须报审批机关审批。

清算程序、原则和清算委员会人选、清算方案应当报审批机关批准。

审批机关收到解散申请书和相关材料后，应于 10 个工作日内作出是否批准企业解散的批复，批准企业解散的，应在全国外商投资企业审批管理系统中增加批准企业解散的信息。

外商投资企业的清算工作由清算委员会负责。清算委员会应当由外资企业的法定代表人、债权人代表以及有关主管机关的代表组成，并聘请中国的注册会计师、律师等参加。清算委员会行使下列职权：

（1）召集债权人会议；

（2）接管并清理企业财产，编制资产负债表和财产目录；

（3）提出财产作价和计算依据；

（4）制定清算方案；

（5）收回债权和清偿债务；

（6）追回股东应缴而未缴的款项；

（7）分配剩余财产；

（8）代表外资企业起诉和应诉。

1282. 外商投资企业在清算过程中可否向审批机关提出终止清算、恢复经营的申请?

审批机关应在不损害企业债权人、第三人和社会公共利益,不违背利用外资产业政策的前提下,允许清算过程中的企业终止清算、恢复经营。

申请终止清算恢复经营的企业必须遵循中国有关法律、法规并符合以下条件:

(1)企业投资者一致同意终止清算、恢复经营;

(2)企业权力机构决议终止清算、恢复经营;

(3)清算委员会同意终止清算、恢复经营,并提交清算活动进展情况说明;

(4)企业尚未注销工商登记;

(5)企业经营期限尚未届满;

(6)符合法律、法规对法人经营场所的要求;

(7)企业财产尚未分配,或者已获分配的股东已经或承诺在一定期限内返还企业财产;

(8)投资者和企业无违反法律、法规以及规章的行为。

申请时应当提供下列文件:

(1)经全体投资者签字盖章的关于终止清算、恢复经营的申请函;

(2)企业权力机构关于终止清算、恢复经营的决议;

(3)清算委员会关于终止清算、恢复经营的同意函;

(4)清算委员会关于清算活动进展情况的说明;

(5)企业的章程、合同、批准证书和营业执照;

(6)已获分配的股东已返还所得财产的证明或其承诺在一定期限内返还企业财产的函;

(7)商务部门要求的其他文件。

审批机关在对上述文件审核无误后,可根据企业提出的终止清算、恢复经营的申请,直接作出是否同意的批复。作出终止清算,恢复经营批复的,不必撤销此前作出的同意提前终止合同章程并解散企业的批复。同意批复应同时抄报企业主管部门、海关、外汇管理机关、企业登记机关、税务机关等。

1283. 审批机关作出审批决定后,外商投资企业应在多长时间内开始清算?

企业应在批准解散之日起 15 日内成立清算组,依法开始清算(见图 17-2)。

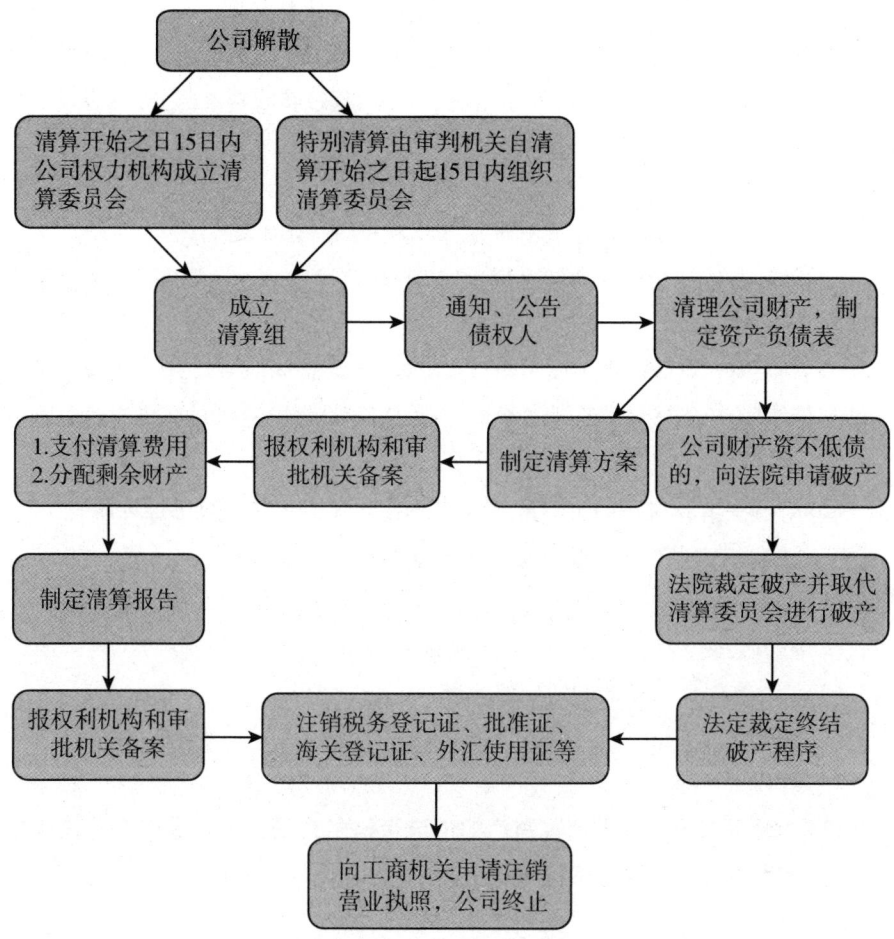

图 17-2　外商投资企业清算流程

1284. 哪些财产属于外商投资企业的清算财产？

清算企业的财产包括宣布清算时企业的全部财产以及清算期间取得的资产。除国家另有规定外，以下四部分不属于清算财产：

（1）设有债权担保的财产不列为清算财产，但变卖担保物所得的价款超过所担保的债权部分应该列入清算财产；

（2）企业结余的职工奖励和福利基金、中方职工住房周转金以及用这两项基金购建的各项财产、设施；

（3）企业结余的中方职工保险福利费；

（4）企业结余的工会经费以及用工会经费购建的财产。

1285. 外商投资企业的剩余财产应当按照何种原则分配？

企业清算财产扣除各项负债及损失后的剩余财产,减除企业未分配利润、资本公积金、各项权益性基金和清算费用后的余额,超过实收资本部分,为清算净收益,视同利润,按规定缴纳所得税。

缴纳所得税后的剩余财产按以下原则向投资者分配：

(1)中外合资经营企业按照投资人的实际出资比例进行分配；

(2)中外合作经营企业按照合同、章程的约定进行分配,外资企业按照章程的规定进行分配；

(3)剩余财产可能以现金或实物形式分配,如果合同或者章程对此未作规定或规定不明确的,企业投资者可协商作出分配决定,因此产生争议,协商解决不成的,可以提交仲裁或向人民法院提起诉讼。

1286. 哪些清算财产的资料应当经注册会计师审查并出具书面证明？

下列文件应当经中国的注册会计师审查并出具书面证明：

(1)清算的资产负债表及会计报告；

(2)董事会提交清算委员会的财务账册；

(3)清算方案所列资产的债权债务目录；

(4)资产作价依据；

(5)清算财产的分配。

1287. 外商投资企业的清算财产如何进行财务处理？外商投资企业清算结束前,对其自身财产的处理有何限制？

外商投资企业的清算财产按以下情况处理：

(1)企业改由中方投资者继续经营的,三部分财产继续留给企业使用,其中,企业结余的职工奖励和福利基金及用这项基金购建的各项财产并入公益金,结余的中方职工保险福利费并入应付职工福利费,结余的住房周转金及用这项资金购建的财产并入住房周转金,结余的工会经费及用工会经费购建的财产转入新企业的工会账户中。

(2)企业解散时,中方投资者有两家或两家以上,其中一家或两家拟撤出股权,三部分财产应主要留在中方职工所在的企业按规定使用,具体分配比例,由各中方投资者协商确定。

(3)外资企业终止,三部分财产交给接收单位按规定使用。

外资企业在清算结束之前,外国投资者不得将该企业的资金汇出或者携出中国境外,不得自行处理企业的财产。外资企业清算处理财产时,在同等条件下,中国的企业或者其他经济组织有优先购买权。

外资企业清算结束,其资产净额和剩余财产超过注册资本的部分视同利润,应当依照中国税法缴纳所得税。

1288. 企业所拥有的未收回的债权或清算期间发生的财产盘亏或无力归还的债务以及清算期间的收入或者损失等,应当如何处理?

如发生上述情况,清算组应当向企业权力机构说明原因,并提供证明,计入清算损益。

1289. 外商投资企业中方投资者和外方投资者取得的外汇净资产,应如何处理?

中方投资者应当根据银行结售汇制度的规定,全部卖给外汇指定银行,不得保留现汇。

外方投资者财产处理具体原则如下:

(1)外方投资者分得的外汇资产净值,可以向外汇管理局申请从原企业的外汇账户中支付或携带出境;

(2)外方投资者分得实物财产,可以在依法缴纳税收后向海关申请运出境外;

(3)外方投资者分得的人民币资产可以向外汇管理局申请购汇汇出或携带出境。

办理外汇净资产汇出申请需提交如下材料:

(1)企业汇出清算资金的书面申请,其内容应包括企业基本情况、清算情况、完税证明、剩余资金在各投资方的分配方法及依据、实际汇出数额的结算方法等;

(2)商务部、外经贸部门关于企业结算结业的批准文件;

(3)清算委员会的清算决议;

(4)会计师事务所出具的审计报告;

(5)外汇登记证;

(6)现有外汇账户开户通知书;

(7)清算开始之日银行对账单;

(8)税务部门出具的企业清算后的完税证明;

(9)按要求填写的银行汇款申请书及要求补充的其他材料。

1290. 外商投资企业清算后,对公司债务如何承担责任?

依法取得中国法人资格的企业(有限责任公司、股份有限公司)应以本企业所有的财产对债务承担清偿责任。

不具备中国法人资格的企业,投资各方对企业债务应承担无限清偿责任和连

带清偿责任。

中外合作经营企业在合同中约定外方合作者在合作期限内先行收回投资,合作期满时全部固定资产归中国合作者所有的,企业清算时中外合作者仍应对企业债务承担责任。

五、清算中公司的法律属性及诉讼地位

1291. 清算中的公司性质如何?

解散清算中的公司,是指公司出现解散事由后至清算完毕并办理注销登记前这一特定阶段的公司。

公司在清算期间继续存续,但其权利能力和行为能力均受到很大的限制,只能开展与清算有关的经营活动。

1292. 清算期间,企业从事的哪些行为将被认定为无效?如何认定清算中的公司超出清算活动范围外的民事行为的效力?确认无效后,损失应如何处理?

清算中的公司除为了了结现有业务或其他清算目的,不得从事其他与清算无关的经营活动。如果从事下列行为将被认定为无效:

(1)无偿转让企业财产;

(2)非正常压价出售企业财产;

(3)对原来没有财产担保的债务提供财产担保;

(4)对未到期的债务提前清偿;

(5)放弃本企业的债权;

(6)清算之后签订合同或从事其他经营性活动的民事行为。

对于清算企业从事的超过清算活动范围外的民事活动的效力,区分两种情况而定:

(1)如果清算中的公司为了结其解散前业已形成的债权债务关系而从事的相关民事行为,性质上为清算行为,应为有效;

(2)如果清算中的公司在出现解散事由后从事超出清算经营活动外的民事行为,应认定为无效合同。

相关民事行为被确认无效后,应当依照《民法通则》以及《合同法》的相关规定区分交易相对人是否有过错分别处理:

(1)如果交易相对人与公司签订合同或者进行交易时知道或者应当知道公司已经解散而仍然与公司进行清算范围以外的经营活动的,由此造成的损失应当

由交易相对人和公司根据各自过错承担相应的民事责任。

（2）如果交易相对人在与公司签订合同或者进行交易时不应当知道公司已经解散的，则由公司对交易相对人的损失承担赔偿责任。

1293. 如何确定清算中公司的诉讼主体地位？如何确定债权人对清算中的公司提起诉讼的被告？

债权人起诉清算中的公司的，如果公司尚未终止的，则仍然应当以公司为被告；如果公司成立清算组的，则以清算组负责人为公司的诉讼代表人通知其参加诉讼。

1294. 法律对清算的期限有何要求？

强制清算期限既不是诉讼时效也不是除斥期间，其性质应当属于法律规定的清算组履行其清算公司事务的法定期间，即使该期间届满，清算组也不因此而丧失请求人民法院给予保护的权利，同时也不存在清算组所拥有的权利、义务消灭的情形，强制清算期限不适用中止、中断的规定，但可以延长。

对于清算的期限，区分自行清算和强制清算的不同而有所区别：

（1）自行清算。法律对自行清算的清算期限未作明确规定，但应以保证高效、有序的完成清算为宜。

在自行清算情况下，由于清算由公司自行进行，无须其他公权力的介入，更多地体现为公司内部事务的自行处理，充分尊重公司的意思自治，法律也不便对自行清算的期限加以限制，相信清算中公司的股东、董事或股东大会确定的人员可以处理好债权债务关系。但是，如果有故意拖延清算等情形的，债权人或股东可以向人民法院申请指定清算组对公司进行清算，从而由自行清算转化为强制清算，以保护公司相关利害关系人的利益。

（2）强制清算。在强制清算情形下，清算组应当自成立之日起6个月内清算完毕。因特殊情况无法在6个月内完成清算的，清算组应当向人民法院申请延长。

特殊情况具体可以概括为：

①清算中的公司债权债务复杂，一时难以确认债权数额或债务数额；

②公司被侵占财产、公司财产被追偿的诉讼还未结束，债权债务关系还不确定；

③公司现有财产较多，评估作价尚需一段时间；

④清算组主要成员因丧失行为能力等因素需要更换。

但对于延长的具体期限，法律没有明确规定，人民法院可根据具体情况自由裁定。

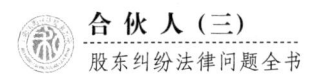

1295. 清算期间公司股东是否可以转让股权？

对此，理论界认识并不一致。笔者认为，清算期间，公司股东不可以转让股权。解散清算中公司的法人资格虽然并不随着清算的开始而立即消灭，但清算中的公司除为了了结现有业务或其他清算目的，不得从事其他与清算无关的经营活动。之所以这样规定的目的在于：

(1)避免清算中的公司经营与清算无关的经营活动转移财产，损害债权人和股东的利益；

(2)避免第三人与处于不稳定状态中的清算公司交易而受到损害，以维护市场交易的安全。

清算过程中，公司已经组成清算组对公司的财产进行清算与分配，此时如果允许股东转让股权，会破坏公司现有的清算行为，尤其是有限责任公司的清算组是由全体股东组成的情况下，如果股东发生变化，公司已经进行的清算行为将面临着重新进行的可能。除此之外，清算过程中公司股东发生变化，可能会出现股东逃避债务的情形，比如，转让股东出资不实，在清算过程中其应当补足出资义务，但如其将股权转让给另一名不具有执行能力的受让人，自然会损害债权人的利益。

第三节 公司清算的税务问题

一、清算企业的税务问题

1296. 哪些企业应进行清算所得税处理？

下列企业应进行清算的所得税处理：

(1)按《公司法》《企业破产法》等规定需要进行清算的企业。

①企业解散；

②企业破产。

(2)企业重组中需要按清算处理的企业。

①企业由法人转变为个人独资企业、合伙企业等非法人组织，或将登记注册地转移至中华人民共和国境外(包括我国港澳台地区)，应视同企业进行清算、分配，股东重新投资成立新企业；

②不适用特殊性税务处理的企业合并中，被合并企业及其股东应进行清算所得税处理；

③不适用特殊性税务处理的企业分立中,被分立企业不再继续存在时,被分立企业及其股东应进行清算所得税处理。

1297. 企业清算时的所得税处理包括哪些内容?

企业清算的所得税处理,是指企业在不再持续经营,发生结束自身业务、处置资产、偿还债务以及向所有者分配剩余财产等经济行为时,对清算所得、清算所得税、股息分配等事项的处理。企业清算的所得税处理包括以下内容:

(1)全部资产均应按可变现价值或交易价格,确认资产转让所得或损失;

(2)确认债权清理、债务清偿的所得或损失;

(3)改变持续经营核算原则,对预提或待摊性质的费用进行处理;

(4)依法弥补亏损,确定清算所得;

(5)计算并缴纳清算所得税;

(6)确定可向股东分配的剩余财产、应付股息等。

1298. 如何确定清算所得、清算企业应纳税所得额以及清算所得税额?

(1)企业的全部资产可变现价值或交易价格,减除资产的计税基础、清算费用、相关税费,加上债务清偿损益等后的余额,为清算所得。即:

清算所得 = 企业的全部资产可变现价值或交易价格 − 资产的计税基础 − 清算费用 − 相关税费 + 债务清偿损益。

其中:

①资产的计税依据,是指企业在清算期间支付的职工生活费、财产管理、变卖和分配所需费用、资产评估费及诉讼费等。

②可变现价值,是指在正常生产经营过程中,以存货的估计售价减去至完工估计将要发生的成本、估计的销售费用以及相关税后的金额。

③相关税费,指企业在清算过程中发生的相关税费,不包含企业清算之前已发生的税费。

④债务清偿损益 = 债务的计税基础 − 债务的实际偿还金额。

⑤清算期间:企业应将整个清算期作为一个独立的纳税年度计算清算所得。企业如果在年度中间终止经营,该年度终止经营前属于正常经营年度,此后属于清算年度。

(2)企业清算应纳税所得额 = 清算所得 − 免税收入 − 不征税收入 − 其他免税所得 − 弥补以前年度亏损。

(3)清算所得税额 = 企业清算应纳税所得额 × 25%。

【案例439】超出股息及投资成本部分　清算所得要缴税①

基本案情：

截至清算日，勐海博益公司的注册资本为1000万元，其中：博闻科技出资900万元，持股比例为90%，勐海茶业出资100万元，持股比例为10%。

为适应公司的发展战略，深入推进产业结构调整，继续对下属企业进行清理和整合，博闻科技第六届董事会第二十五次会议于2009年4月15日审议通过解散清算控股子公司勐海博益公司的议案。

勐海博益清算组于2009年4月15日成立，按清算程序开展了相关工作，并于2009年7月10日完成清算，清算结果如表17-1和表17-2所示：

表17-1　清算损益表

项目	金额(元)
清算收益：	
清算期间收到的存款利息	3009.03
清算损失：	
固定资产处置损失	4656.24
清算费用	300.00
可供分配清算净收益	-1947.21

表17-2　清算结束日资产负债表

资产	期末数(元)	负债及所有者权益	期末数(元)
流动资产：		所有者权益：	
现金	46.92	实收资本	10,000,000.00
银行存款	3,270,112.68	资本公积	953,901.04
其他应收款	15,000,000.00	未分配利润	7,316,258.56
流动资产合计	18,270,159.60	所有者权益合计	18,270,159.60
资产总计	18,270,159.60	负债及所有者权益总计	18,270,159.60

---

① 参见上海交易所网站 http://www.sse.com.cn/cs/zhs/scfw/gg/ssgs/2009-07-15/600883_20090715_1.pdf，2012年12月5日访问。

清算前,勐海博益净资产为 18,276,624.61 元,清算过程中按以下顺序进行清偿:

1. 清算费用:300.00 元;
2. 税款:789.30 元;
3. 债务:3728.50 元;
4. 固定资产清算损失:4656.24 元;
5. 清算期存款利息收入:3009.03 元;
6. 清算结束,剩余财产按股东出资比例分配:博闻科技占 90%,应分得 16,443,143.64 元,扣除清算时的往来欠款 15,000,000.00 元,实际支付款项 1,443,143.64 元;勐海茶业占 10%,应分得 1,827,015.96 元,实际支付款项 1,827,015.96 元,款项已全部支付完毕。

勐海博益属完全撤销、解散,债权债务已清算结束,其净资产已全部处置完毕,并冲销资本账户,实收资本为零,最后结束全部会计事项。

勐海博益将按规定向其登记机关申请办理注销公司登记手续。

律师观点:

1. 清算企业的所得税处理。

根据《财政部、国家税务总局关于企业清算业务企业所得税处理若干问题的通知》(财税[2009]60 号)的规定,企业的全部资产可变现价值或交易价格,减除资产的计税基础、清算费用、相关税费,加上债务清偿损益等后的余额,为清算所得。此处勐海博益的清算所得税计算如下:

18,276,624.61 − 300 − 789.30 − 3728.50 − 4656.24 + 3009.03 = 18,270,159.60 元(此处将勐海博益净资产视为全部资产的可变现价值减去资产的计税基础的数额),清算所得税 = 18,270,159.60 × 25% = 4,567,539.9 元。

2. 股东的所得税处理。

根据《财政部、国家税务总局关于企业清算业务企业所得税处理若干问题的通知》(财税[2009]60 号)的规定,被清算企业的股东分得的剩余资产的金额,其中相当于被清算企业累计未分配利润和累计盈余公积中按该股东所占股份比例计算的部分,应确认为股息所得;剩余资产减除股息所得后的余额,超过或低于股东投资成本的部分,应确认为股东的投资转让所得或损失。

清算结束,博闻科技分得 16,443,143.64 元,其中相当于被清算企业累计未分配利润和累计盈余公积部分的 6,584,632.70 元(7,316,258.56 × 90%)应确认为股息所得,免征企业所得税;剩余 9,858,510.94 元中超过投资成本 9,000,000

元的部分,确认为投资转让所得858,510.94元,按照25%税率缴纳企业所得税214,627.74元。

勐海茶业分得1,827,015.96元,其中相当于被清算企业累计未分配利润和累计盈余公积部分的731,652.86元(7,316,258.56×10%)应确认为股息所得,免征企业所得税;剩余1,095,363.10元中超过投资成本1,000,000元的部分,确认为投资转让所得95,363.10元,按照25%税率缴纳企业所得税23,840.78元。

1299. 企业依照有关法律、法规的规定实施注销、破产后,债权人(包括注销、破产企业职工)承受注销、破产企业土地、房屋权属以抵偿债务的,是否需要缴纳契税?

根据《财政部 国家税务总局关于进一步支持企业事业单位改制重组有关契税政策的通知》(财税〔2015〕37号)第5条的规定,企业依照有关法律法规规定实施破产,债权人(包括破产企业职工)承受破产企业抵偿债务的土地、房屋权属,免征契税;对非债权人承受破产企业土地、房屋权属,凡按照《中华人民共和国劳动法》等国家有关法律法规政策妥善安置原企业全部职工,与原企业全部职工签订服务年限不少于3年的劳动用工合同的,对其承受所购企业土地、房屋权属,免征契税;与原企业超过30%的职工签订服务年限不少于3年的劳动用工合同的,减半征收契税。

1300. 企业清算所得能否适用税收优惠政策?能否弥补以前年度亏损?

企业在清算期间所得的收入不是正常生产经营所得,企业已经享受的所得税优惠政策原则上应不得享受。

另外,清算企业发生的清算业务在清算期间也不享受税收优惠政策。

企业所得税法规定,企业纳税年度发生的亏损,准予向以后年度结转,用以后年度的所得弥补,但结转年限最长不得超过五年。清算所得也是企业所得税的清算范围,在不超过五年限度内,可以用来弥补以前年度亏损。

1301. 企业清算过程中,将公司资产作为剩余财产分配给股东,需要缴纳哪些税费?

企业清算期间将公司资产作为剩余财产分配给股东,视同销售,应按照相关税法规则缴纳增值税、营业税及附加、土地增值税、印花税等。

1302. 公司清算时,如何办理增值税进项税额抵扣?

区分情形,具体如下:

(1)增值税一般纳税人,如因倒闭、破产、解散、停业等原因不再购进货物而只销售存货的,其期初存货已征税款的抵扣,可按实际动用数抵扣。增值税一般纳税人申请按动用数抵扣期初进项税额,需提供有关部门批准其倒闭、破产、解散、停业的文件等资料,并报经税务机关批准。

对纳税人期初存货中尚未抵扣的已征税款,以及征税后出现的进项税额大于销项税额后不足抵扣部分,税务机关不再退税。

(2)增值税一般纳税人因住所、经营地点变动,按照相关规定,在工商行政管理部门作变更登记处理,但因涉及改变税务登记机关,需要办理注销税务登记并重新办理税务登记的,在迁达地重新办理税务登记后,其增值税一般纳税人资格予以保留,办理注销税务登记前尚未抵扣的进项税额允许继续抵扣。

迁出地主管税务机关应认真核实纳税人在办理注销税务登记前尚未抵扣的进项税额,填写《增值税一般纳税人迁移进项税额转移单》。

迁达地主管税务机关应将迁出地主管税务机关传递来的《增值税一般纳税人迁移进项税额转移单》与纳税人报送资料进行认真核对,对其迁移前尚未抵扣的进项税额,在确认无误后,允许纳税人继续申报抵扣。

二、清算企业的股东以及债权人的税务问题

1303. 哪些财产是税法意义上用来分配的剩余财产?如何确定股东分得财产的计税基础?

企业全部资产的可变现价值或交易价格减除清算费用,职工的工资、社会保险费用和法定补偿金,结清清算所得税、以前一年度欠税等税款,清偿企业债务,按规定计算可以向所有者分配的剩余资产。

清算企业的股东从清算企业分得的资产应按可变现价值或实际交易价格确定计税基础。

1304. 分得剩余财产后,法人股东如何进行所得税处理?自然人股东如何进行所得税处理?

(1)法人股东的税务处理

①清算企业的股东分得的剩余财产的金额,其中相当于清算企业累计未分配利润和累计盈余公积中按该股东所占股份比例计算的部分,应确认为股息所得;①

---

① 股息红利税务处理方式详见本书第二十二章公司盈余分配纠纷第三节盈余分配的税务问题。

②剩余资产减除股息所得后的余额,超过或低于股东投资成本(计税基础)的部分,应确认为股东的投资转让所得或损失。①

(2)个人股东的税务处理

个人因清算从被投资企业分回的资产,均属于个人所得税应税收入,超出投资成本的部分应全部确认为"财产转让所得",按规定计算缴纳个人所得税。应纳税所得额的计算公式如下:

应纳税所得额 = 个人收回款项合计数 - 原实际出资额(投入额) - 相关税费

【案例440】清算所得相当于留存收益部分 免征企业所得税②

基本案情:

常润投资系2001年4月由保税科技与外服公司联合出资1000万元成立,其中,保税科技出资900万元,外服公司出资100万元。

鉴于长润投资自2001年4月成立以来,一直没有经营业务发生,目前流动资金周转困难,管理层对公司的前景也不乐观,公司已无法持续经营,经全体股东友好协商,同意将该公司解散并办理工商登记注销手续。2007年8月30日保税科技召开了2007年第五次董事会会议,会议批准了长润投资解散及进行清算的申请。北京天圆全会计师事务所有限公司出具了《关于张家港保税区长润投资有限公司的清算审计报告》,关于其剩余财产分配的大体内容如下:

根据长润投资的清算报告,公司尚余股东权益7,618,629.01元,按原出资比例分配:保税科技应得6,856,766.11元,外服公司应得761,862.90元。而目前长润投资所有的股东权益均体现在应收两股东往来款中:应收保税科技往来6,856,855.49元,应收外服公司往来款761,733.52元,两股东分别用分配所得来偿还往来,冲抵后形成长润投资还应收保税科技89.38元,应付外服公司89.38元,为简化转账手续,长润投资应付外服公司的89.38元由保税科技代为支付,至此公司与两股东的往来同时结清。

律师观点:

根据《财政部、国家税务总局关于企业清算业务企业所得税处理若干问题的通知》(财税[2009]60号)的规定,被清算企业的股东分得的剩余资产的金额,其

---

① 股权转让税务处理详见本书第七章股权转让纠纷第六节股权转让的税务问题。
② 参见上海交易所网站 http://www.sse.com.cn/cs/zhs/scfw/gg/ssgs/2008-03-26/600794_20080326_4.pdf,2012年12月6日访问。

中相当于被清算企业累计未分配利润和累计盈余公积中按该股东所占股份比例计算的部分,应确认为股息所得;剩余资产减除股息所得后的余额,超过或低于股东投资成本的部分,应确认为股东的投资转让所得或损失。

清算结束,保税科技应分得 6,856,766.11 元,其中相当于被清算企业累计未分配利润和累计盈余公积的部分应确认为股息所得,免征企业所得税;剩余部分中低于投资成本 9,000,000 元的部分确认为投资转让损失,经税务机关批准后在税前扣除。

外服公司应得 761,862.90 元,税务处理同保税科技。

1305. 债权人从清算企业取得的清算资产,如何进行所得税处理?

按以下方式进行所得税处理:

(1)债务人被清算后,其清算财产不足以清偿的,债权人分得清算资产后,减除可收回金额后确认的无法收回的应收、预付款项,可以作为坏账损失在计算应纳税所得额时扣除;

(2)债权人对其扣除的各项资产损失,应当提供能够证明资产损失确属已实际发生的合法证据,包括具有法律效力的外部证据、具有法定资质的中介机构的经济鉴证证明、具有法定资质的专业机构的技术鉴定证明等;

(3)债权人对取得的清算企业的非货币资产,应当按照公允价值确定其价值。

三、税务注销

1306. 房地产开发企业注销前,如何办理企业所得税退税?

房地产企业按规定对开发项目进行土地增值税清算后,在向税务机关申请办理注销税务登记时,如注销当年汇算清缴出现亏损,应按照以下方法计算出其在注销前项目开发各年度多缴的企业所得税税款,并申请退税:

(1)企业整个项目缴纳的土地增值税总额,应按照项目开发各年度实现的项目销售收入占整个项目销售收入总额的比例,在项目开发各年度进行分摊,具体按以下公式计算:

各年度应分摊的土地增值税 = 土地增值税总额 × (项目年度销售收入 ÷ 整个项目销售收入总额)

销售收入包括视同销售房地产的收入,但不包括企业销售的增值额未超过扣除项目金额 20% 的普通标准住宅的销售收入。

（2）项目开发各年度应分摊的土地增值税减去该年度已经税前扣除的土地增值税后，余额属于当年应补充扣除的土地增值税；企业应调整当年度的应纳税所得额，并按规定计算当年度应退的企业所得税税款；当年度已缴纳的企业所得税税款不足退税的，应作为亏损向以后年度结转，并调整以后年度的应纳税所得额。

（3）企业对项目进行土地增值税清算的当年，由于按照上述方法进行土地增值税分摊调整后，导致当年度应纳税所得额出现正数的，应按规定计算缴纳企业所得税。

（4）企业按上述方法计算的累计退税额，不得超过其在项目开发各年度累计实际缴纳的企业所得税。

企业在申请退税时，应向主管税务机关提供书面材料证明应退企业所得税款的计算过程，包括企业整个项目缴纳的土地增值税总额、整个项目销售收入总额、项目年度销售收入、各年度应分摊的土地增值税和已经税前扣除的土地增值税、各年度的适用税率等。

1307. 发生哪些情形，应当进行税务注销？何时办理注销？企业未按照规定办理税务注销的，税务机关应如何处理？

发生下列情形之一的，应当进行税务注销：

（1）纳税人发生解散、破产、撤销以及其他情形，依法终止纳税义务的，应当在办理工商注销登记前，持有关证件向原税务登记机关申报办理注销税务登记；按照规定不需要在工商行政管理机关或者其他机关办理注册登记的，应当自有关机关批准或者宣告终止之日起15日内，持有关证件向原税务登记机关申报办理注销税务登记。

（2）纳税人因住所、经营地点变动，涉及改变税务登记机关的，应当在向工商行政管理机关或者其他机关申请办理变更或者注销登记前或者住所、经营地点变动前，向原税务登记机关申报办理注销税务登记，并在30日内向迁达地税务机关申报办理税务登记。

（3）纳税人被工商行政管理机关吊销营业执照或者被其他机关予以撤销登记的，应当自营业执照被吊销或者被撤销登记之日起15日内，向原税务登记机关申报办理注销税务登记。

（4）境外企业在中国境内承包建筑、安装、装配、勘探工程和提供劳务的，应当在项目完工、离开中国前15日内，持有关证件和资料，向原税务登记机关申报办理注销税务登记。

企业未按照规定的期限办理税务注销登记,由税务机关责令限期改正,可以处两千元以下的罚款;情节严重的,处两千元以上一万元以下的罚款。

企业不办理税务注销登记的,由税务机关责令限期改正;逾期不改正的,经税务机关提请,由工商行政管理机关吊销其营业执照。

1308. 公司申请税务注销登记的程序如何?

公司申请税务注销登记的程序中应注意以下两个方面。

(1)应当办理税务注销登记的情形

①纳税人发生解散、破产、撤销以及其他情形,依法终止纳税义务的,应当在向工商行政管理机关办理注销登记前,持有关证件向原税务主管机关申报办理注销税务登记。

按照规定不需要在工商行政管理机关办理注销登记的,应当自有关机关批准或宣告终止之日起15日内,持有关证件向原税务主管机关申报办理注销税务登记。

②纳税人因住所、经营地点变动而涉及改变税务登记机关的,应当在向工商行政管理机关或者其他机关申请办理变更、注销登记前,向主管税务机关申报办理注销税务登记,并自工商行政管理机关或者其他机关批准变更之日起30日内向迁达地税务机关申报办理税务登记。

③纳税人被工商行政管理机关吊销营业执照的,应当自营业执照被吊销之日起15日内,向原税务主管机关申报办理注销税务登记。

④境外企业在中国境内承包建筑、安装、装配、勘探工程和提供劳务的,应当在项目完工、离开中国前15日内,向主管税务机关申报办理注销税务登记。

⑤对已办理出口货物退(免)税税务认定的出口企业,应及时结清其出口货物的退(免)税款,待结清退(免)税款并注销其退(免)税认定后,方可办理注销税务登记手续。

增值税一般纳税人应在清票时同时注销增值税专用发票防伪税控系统。

纳税人在办理注销税务登记前,应当向原主管税务机关结清应纳税款、滞纳金、罚款和缴销发票。

(2)纳税人办理清税、清票时应提供下列相关资料

①《申请注销税务登记清税审核表》;

②《发票购用印制簿》;

③未使用的空白发票、未验旧发票存根联原件;

④《上海市清理销毁空白发票登记表》;

⑤税务机关规定应当报送的其他有关证件、资料。

(3)纳税人清税、清票后申请注销税务登记时,应提供下列相关资料

①《注销税务登记申请表》;

②《申请注销税务登记清税审核表》;

③《上海市清理销毁空白发票登记表》;

④《退出增值税防伪税控系统申请表》;

⑤税务登记证正、副本;

⑥企业和单位主管部门或董事会的决议或其他有关证明文件,外国企业常驻代表机构提供总机构同意终止的相关决议;

⑦人民法院终结破产程序的民事裁定书;

⑧工商行政管理部门发放。

【法律依据】

一、公司法类

(一)法律

❖《公司法》第71条、183~188条

❖《外资企业法》第21条

❖《中外合资经营企业法》第14条、15条

❖《中外合作经营企业法》第23条

(二)行政法规

❖《中外合资经营企业法实施条例》第89~95条

❖《公司登记管理条例》第41~43条、66~69条、70~71条

❖《外资企业法实施细则》第70~79条

❖《中外合作经营企业法实施细则》第48条、49条

(三)司法解释

❖《最高人民法院关于适用〈中华人民共和国公司法〉若干问题的规定(二)》第7~24条

❖《最高人民法院印发〈关于审理公司强制清算案件工作座谈会纪要〉的通知》第2~13条、15~19条

❖《最高人民法院关于〈外商投资企业清算办法〉适用中有关清算问题请示的答复》

❖《最高人民法院关于破产企业拖欠税金是否受破产法规定的破产债权申

报期限限制问题的答复》

(四)部门规章

❖《商务部关于外商投资企业在清算过程中终止清算、恢复经营问题答复的函》

❖《财政部关于外商投资企业清算期财政清产核资有关规定的通知》

(五)地方司法文件

❖《北京市高级人民法院关于审理公司强制清算案件操作规范》

❖《北京市高级人民法院关于审理公司纠纷案件若干问题的指导意见(试行)》第9条、10条、23条

❖《北京市高级人民法院关于企业下落不明、歇业、撤销、被吊销营业执照、注销后诉讼主体及民事责任承担若干问题的处理意见(试行)》第5~10条、12~14条、16~22条、24条、25条、27~42条

❖《广东省高级人民法院关于企业法人解散后的诉讼主体资格及其民事责任承担问题的指导意见》第1~13条

❖《山东省高级人民法院关于审理公司纠纷案件若干问题的意见(试行)》第20条、93条、95~105条

❖《陕西省高级人民法院民二庭关于公司纠纷、企业改制、不良资产处置及刑民交叉等民商事疑难问题的处理意见》第4条

❖《上海市高级人民法院关于审理公司纠纷案件若干问题的解答》第8条

❖《上海市高级人民法院关于审理涉及公司诉讼案件若干问题的处理意见(一)》第6条、7条

❖《上海市高级人民法院关于在民事诉讼中企业法人终止后诉讼主体和责任承担的若干问题的处理意见》第1~9条

❖《江苏省高级人民法院关于审理适用公司法案件若干问题的意见(试行)》第11条、81~89条

二、税法类

(一)法律

❖《个人所得税法》第2条、3条、6条

❖《税收征收管理法》第16条

❖《企业所得税法》第18条、55条

(二)行政法规

❖《税收征收管理法实施细则》第11条、15条、16条

❖《企业所得税法实施条例》第 11 条

(三)部门规范性文件

❖《国家税务总局关于印发〈增值税问题解答〉(之一)的通知》(国税函〔1995〕288 号)第 9 条

❖《国家税务总局关于以不动产作为股、利进行分配征收营业税问题的批复》(国税发〔1997〕387 号)

❖《财政部、国家税务总局关于增值税若干政策的通知》(财税〔2005〕165 号)第 6 条

❖《财政部、国家税务总局关于企业改制重组若干契税政策的通知》(财税〔2008〕175 号)第 6 条

❖《财税部、国家税务总局关于企业资产损失税前扣除政策的通知》(财税〔2009〕57 号)

❖《财政部、国家税务总局关于企业清算业务企业所得税处理若干问题的通知》(财税〔2009〕60 号)第 1~5 条

❖《国家税务总局关于个人终止投资经营收回款项征收个人所得税问题的公告》(国家税务总局 2011 年第 41 号)

❖《财政部、国家税务总局关于进一步支持企业事业单位改制重组有关契税政策的通知》(财税〔2015〕37 号)

第十八章　清算责任纠纷

【宋律师释义】

> 公司清算责任纠纷，是指公司清算期间，清算组成员违反忠实勤勉义务，或清算义务人不履行法定清算义务，给公司、债权人造成损失或导致债务无法得以清偿，公司（包括股东提起代表诉讼）或债权人主张损失赔偿责任、债务清偿责任而引发的纠纷。
>
> 清算义务人或清算组成员如有下列六种情形之一的将引发清算责任纠纷：
>
> （1）隐匿、侵占公司财产；
>
> （2）恶意处分公司财产，具体表现方式包括侵占、私分、转移、藏匿、低价转让公司资产以及未依照法定顺序清偿债务等情形；
>
> （3）未依法通知公司债权人；
>
> （4）怠于履行清算义务；
>
> （5）以虚假清算报告骗取公司注销登记；
>
> （6）其他未依法履行清算义务的行为。

【关键词】清算责任　赔偿责任　清偿责任

❖ **清算责任**：清算义务人在公司解散后，未依照法定程序和期限实施清算而应承担的强制履行清算义务的民事责任。

❖ **赔偿责任**：系指对已经造成的权利损害和财产损失给予恢复和补救的责任。如在本案由中，因清算组成员或清算义务人的侵权行为，导致以公司独立资产可以向债权人履行的部分或全部无法得以支付时，即是对债权人造成了损失，此时侵权人应当承担赔偿责任以恢复和补救所造成的损失。

❖ **清偿责任**：系指对某一特定已形成的合同之债或法定之债支付全部对价

的责任。如在本案由中,因清算组成员或清算义务人的侵权行为导致公司主要财产、账册、重要文件等灭失且无法进行清算时,侵权人即需要对公司业已存在的对外债务支付全部对价。

第一节 立 案

1309. 如何确定清算责任纠纷的诉讼当事人?

公司或债权人为原告,清算义务人或清算组成员为被告。如果诉讼时公司尚未注销,债权人作为原告提起清算责任纠纷诉讼的,则应当将公司列为第三人。

1310. 对清算责任纠纷,哪些股东有权提起代表诉讼?是否需要履行前置程序?

因公司类别而有所区别:

(1)如果是有限责任公司,则所有的股东均可提起股东代表诉讼;

(2)如果是股份有限公司,则享有提起股东代表诉讼资格的必须是连续180日以上单独或者合计持有公司1%以上股份的股东。

一般股东代表诉讼中,股东均需履行前置程序,即书面请求公司董事会或执行董事提起诉讼,在公司董事会或执行董事不起诉的情况下,股东为了维护公司利益,才可以直接提起诉讼。但在公司清算期间,股东提起清算责任纠纷无须履行前置程序,理由如下:

(1)清算中,公司的董事会已经不再履行职责,请求公司董事会履行职责已经无实际可能;

(2)公司清算周期短,公司的财产处于消耗中,所以公司的清算状态符合"情况紧急、不立即提起诉讼将会使公司利益受到难以弥补的损害的"情形;

(3)处于清算中的公司,公司的法定机关为清算组,对内处理公司全部清算事务,对外代表公司进行各种民事活动和诉讼活动,所以清算组可能对其成员的违法行为采取放任态度,甚至可能存在清算组成员集体侵害公司利益,比如侵占公司财产的情形,这样很可能会妨碍股东代表诉讼的提起,不利于公司利益的保护。

1311. 部分股东提起清算责任纠纷的代表诉讼,其他股东以何种身份参加诉讼?

由于股东起诉清算组成员是为了维护全体股东利益,部分股东提起清算组成员责任纠纷诉讼,应当列其他股东为第三人;原告未列其他股东为第三人,法院应通知其他股东参加诉讼,可根据情况追加其为共同原告或列为第三人。如果其他股东明确表示放弃权利的,可以不参加诉讼。

1312. 当公司已经清算完毕且注销,股东可否直接对清算组成员提起诉讼,追究其损害赔偿责任?诉讼当事人如何确定?

可以。因公司注销,其作为公司法人的资格终止,不能作为独立的法人要求他人承担责任,因此不能作为原告提起任何诉讼。但是,由于公司的剩余财产由股东进行分配,股东是公司剩余财产的所有人,在公司注销后发现清算义务人或清算组成员在清算期间有损害公司利益的行为,并给公司造成损失的,股东有权以自己的名义提起诉讼,直接以清算义务人或清算组成员为被告,追究其损害赔偿责任。

1313. 清算责任纠纷由何地法院管辖?

根据《最高人民法院关于适用〈中华人民共和国公司法〉若干问题的规定(二)》的规定,清算责任纠纷案件应由公司住所地人民法院管辖。

1314. 清算责任纠纷按照什么标准交纳案件受理费?

清算组成员责任纠纷案件的受理费应当根据案件标的计算,具体计算比例详见本书第一章公司设立纠纷第3问"公司设立纠纷应按照什么标准交纳案件受理费?"。

1315. 清算责任纠纷是否适用诉讼时效?

适用。因清算责任纠纷为侵权纠纷,债权人、公司应当知道或者应当知道侵权事实之日起两年内提起诉讼。

第二节 清算责任纠纷的裁判标准

1316. 清算义务人、清算组成员或实际控制人承担赔偿责任或清偿责任应该具备哪些要件?

应同时具备下列三方面条件:

(1)怠于履行、不适当履行清算义务或违法执行清算事务;

(2)清算义务人、清算组成员或实际控制人的行为给公司财产造成了直接损失,包括被清算公司资产的直接减损以及公司债务的增加;

(3)清算义务人、清算组成员或实际控制人的违法清算行为与公司财产损失存在法律上的因果关系。

1317. 何种情况下清算义务人、清算组成员或实际控制人应当承担清偿责任？何时应当承担赔偿责任？

因侵权行为导致公司主要财产、账册、重要文件等灭失，且无法进行清算，由债权人起诉主张债权的，应适用清偿责任。对其余情况均应认定为损失赔偿责任。

需要注意的是，赔偿责任及清偿责任在本案由中其性质均为无限连带责任，即各侵权人均需以其全部资产承担责任，而被侵权人可以主张侵权人中的一名或多名承担全部责任。如果上述情形系公司实际控制人原因造成，虽然实际控制人可能不是清算义务人或清算组成员，债权人仍可以主张实际控制人对公司债务承担与清算义务人、清算组成员同样的责任。

【案例441】账册财产灭失无法清算　举证不利承担连带清偿责任①

原告：厦门特贸公司

被告：苏山良

诉讼请求：判令被告对培尔耕公司拖欠原告的债务本金2,221,270.74元及利息（自2000年8月21日计至实际还款之日止，按每日万分之四计）承担连带清偿责任。

争议焦点：

1. 被告作为控股股东是否积极履行了清算义务；
2. 公司资产状况及"无法清算"的举证责任应当由谁承担。

基本案情：

被告与黄向荣、黄庆文均系培尔耕公司的股东，出资额各占84%、10%、6%。

2001年6月19日，经生效法院判决确认培尔耕公司应偿付原告代垫货款2,221,270.74元及利息（自2000年8月21日计至实际还款之日止，按每日万分之四计算）。

2004年10月21日，培尔耕公司股东会作出决议，决定解散公司，并在15日内成立清算小组，由被告担任清算负责人，并在报纸上刊登清算公告，要求债权人在一个月内申报债权。原告按公告要求向培尔耕公司申报债权，但该公司及清算小组并未召开债权人会议，亦未对公司相关债权债务进行有效清理。

2006年10月31日，原告诉被告、黄向荣及黄庆文履行清算义务纠纷一案作

---

① 参见福建省厦门市思明区人民法院(2008)思民初字第6153号民事判决书。

出生效判决,判令被告、黄向荣及黄庆文应履行对培尔耕公司进行清算的义务,并于判决生效之日起 60 日内清理完毕该公司资产,依法向原告清偿债务。但被告及黄向荣、黄庆文至今未履行清算义务。

培尔耕公司在 2001 年 12 月的审计报告中,记载资产总额为 3,730,462.16 元。

原告诉称:

原告对培尔耕公司享有合法债权。现培尔耕公司已解散,并已组成清算小组,但被告作为培尔耕公司的股东,未及时开始清算,致使原告的债权未能得以实现。

被告辩称:

原告缺乏证据证明被告怠于履行公司的清算义务。培尔耕公司的股东是三个人,除被告以外的其他股东至今下落不明,致使被告无法组织清算,因此,被告不应承担责任。且培尔耕公司解散的时间是 2004 年,原告仅凭 2001 年培尔耕公司的净资产额不能证明公司在解散当时的资产额,虽然被告手中有部分重要资料,但其他股东手中亦同样持有一部分重要资料,不排除是其他股东使公司资料或资产灭失的可能。

律师观点:

1. 被告应承担"无法清算"举证责任不利后果。

被告系培尔耕公司持有 84% 的控股股东。早在 2004 年 10 月 21 日,培尔耕公司的股东会已通过股东会决议解散公司,并成立了清算小组,但直至 2008 年仍未进行清算。

被告辩称原告缺乏证据证明其怠于履行公司的清算义务。但"无法进行清算"的责任应由被告承担。因为公司股东作为公司的出资人,享有对公司资产、重大决策和选择管理等知情决定权。因此,其是公司财产、账册、重要文件的实际掌管者。而债权人并非是公司内部人员,其无法进入公司的内部管理取得相关的证据来证明公司的资产状况、流失贬值的数量等情况,故要求债权人对所主张的事实进行充分举证,从证据距离和举证难易的角度看,对债权人都过于苛刻。因此,本案根据公平和诚信原则,综合双方的举证能力、证明距离等因素,将举证责任采取部分倒置的原则。

现原告已证明如下事实:

(1)原告对培尔耕公司享有合法的债权;

(2)培尔耕公司已解散,被告作为培尔耕公司的股东,至今未实质性地开展清算公司工作,因此,被告怠于履行清算义务;

（3）培尔耕公司在解散前的审计报告中仍记载公司资产总额为 3,730,462.16 元。

被告却无法提供证据证明其不履行清算义务具有法定可免责事由，亦无法提供公司解散时的资产状况以及公司账册、重要文件的下落；因此，被告应当承担举证不能的法律后果，推定培尔耕公司据以进行清算的财产、账册、重要文件等已灭失，无法按照法律规定的程序对公司的债权债务进行正常的清理，造成公司的财产和负债范围无法确定，债权人的债权无法得以清偿。

2. 清算组成员应承担连带清偿责任。

对于清算义务人怠于履行清算义务的，导致公司主要财产、账册、重要文件等灭失，无法进行清算的，应当对公司的债务承担连带清偿责任。

法院判决：

被告应于本判决生效之日起 10 日内对培尔耕公司拖欠原告的债务本金 2,221,270.74 元及利息（自 2000 年 8 月 21 日计至实际还款之日止，按每日万分之四计）承担连带清偿责任。

1318. 清算义务人可否以自己是小股东未参与公司经营管理为由拒绝承担责任？

不可以。

有限责任公司股东作为清算组成员，不论持股比例大小及对公司经营管理与否，均应当积极履行法定的清算义务。如果公司未依法清算造成债权人损失的，任一股东均应对外承担责任。

【案例442】小股东虽未参与公司经营管理 未履行清算义务仍担责①

原告： 存亮公司

被告： 拓恒公司、蒋志东、王卫明、房恒福

诉讼请求：

1. 判令被告拓恒公司偿还原告货款 1,395,228.6 元及违约金；

2. 被告房恒福、被告蒋志东和被告王卫明对被告拓恒公司的债务承担连带清偿责任。

---

① 参见上海市第一中级人民法院（2010）沪一中民四（商）终字第 1302 号判决书，该案为最高人民法院第 9 号指导案例。

争议焦点：

1. 小股东并未参与公司的实际经营,是否可以免除其对公司的清算义务；

2. 公司在其他案件中因无财产可供执行被中止执行是否意味着其财产在被吊销营业执照前已全部灭失,清算义务人未履行清算义务与公司财产灭失是否存在因果关系；

3. 被告蒋志东、被告王卫明提供的证据是否足以证明其履行了清算义务。

基本案情：

2007年6月28日,原告与被告拓恒公司建立钢材买卖合同关系。原告履行了7,095,006.6元的供货义务,被告拓恒公司已付货款5,699,778元,尚欠货款1,395,228.6元。

被告房恒福、蒋志东和王卫明为被告拓恒公司的股东,所占股权分别为40%、30%、30%。

被告拓恒公司因未进行年检,2008年12月25日被工商部门吊销营业执照,至诉讼时股东未组织清算。

至诉讼时被告拓恒公司无办公经营地,账册及财产均下落不明。

被告拓恒公司在其他案件中因无财产可供执行被中止执行。

原告诉称：

因被告房恒福、蒋志东和王卫明怠于履行清算义务,导致公司财产流失、灭失,原告的债权得不到清偿。根据《公司法》及相关司法解释的规定,被告房恒福、被告蒋志东和被告王卫明应对被告拓恒公司的债务承担连带责任。

被告蒋志东、被告王卫明辩称：

1. 被告蒋志东和被告王卫明从未参与过被告拓恒公司的经营管理；

2. 被告拓恒公司实际由大股东被告房恒福控制,被告蒋志东和被告王卫明无法对其进行清算；

3. 被告拓恒公司由于经营不善,在被吊销营业执照前已背负了大量债务,资不抵债,并非怠于履行清算义务而导致被告拓恒公司财产灭失；

4. 被告蒋志东、被告王卫明也曾委托律师对被告拓恒公司进行清算,但由于被告拓恒公司财物多次被债权人哄抢,导致无法清算,被告蒋志东、被告王卫明不存在怠于履行清算义务的情况。

被告拓恒公司、被告房恒福未到庭参加诉讼,亦未作答辩。

律师观点：

1. 被告房恒福、被告蒋志东和被告王卫明未履行清算义务,应当对被告拓恒公司的债务承担连带清偿责任。

原告按约供货后,被告拓恒公司未能按约付清货款,应当承担相应的付款责任及违约责任。

被告房恒福、被告蒋志东和被告王卫明作为被告拓恒公司的股东,应在被告拓恒公司被吊销营业执照后及时组织清算。被告蒋志东、被告王卫明委托律师进行清算的委托代理合同及律师的证明,仅能证明被告蒋志东、被告王卫明欲对被告拓恒公司进行清算,但事实上对被告拓恒公司的清算并未进行。据此,不能认定被告蒋志东、被告王卫明依法履行了清算义务。

关于被告蒋志东、被告王卫明辩称被告拓恒公司在被吊销营业执照前已背负大量债务,即使其怠于履行清算义务,也与被告拓恒公司财产灭失之间没有关联性,缺乏事实与法律依据。被告拓恒公司在其他案件中因无财产可供执行被中止执行的情况,只能证明人民法院在执行中未查找到被告拓恒公司的财产,不能证明被告拓恒公司的财产在被吊销营业执照前已全部灭失。因被告房恒福、被告蒋志东和被告王卫明怠于履行清算义务,导致被告拓恒公司的主要财产、账册等均已灭失,无法进行清算,被告房恒福、被告蒋志东和被告王卫明怠于履行清算义务的行为,违反了《公司法》及其司法解释的相关规定,应当对被告拓恒公司的债务承担连带清偿责任。

2. 未实际参与公司经营及小股东身份并非被告蒋志东、被告王卫明承担清算责任的免责理由。

被告拓恒公司作为有限责任公司,其全体股东在法律上应一体成为公司的清算义务人。《公司法》及其相关司法解释并未规定被告蒋志东、被告王卫明所辩称的例外条款,因此无论被告蒋志东、被告王卫明在被告拓恒公司中所占的股权为多少,是否实际参与了公司的经营管理,两人在被告拓恒公司被吊销营业执照后,都有义务在法定期限内依法对被告拓恒公司进行清算。

法院判决:

1. 被告拓恒公司偿付原告货款 1,395,228.6 元及相应的违约金;

2. 被告房恒福、被告蒋志东和被告王卫明对被告拓恒公司的上述债务承担连带清偿责任。

1319. 如何认定清算义务人、清算组成员或实际控制人存在"怠于履行"清算义务?

"怠于履行"是指应当履行而不履行,即未按照《公司法》规定的程序及期限及时组成清算组进行清算。①

【案例443】"一事不再理"抗辩不成立　股东推诿怠于清算连带承担百万债务②

原告：中色公司

被告：中华建公司、东亚公司、鸿大公司、健风公司

诉讼请求：判令四被告对华龙公司债务承担连带清偿责任，清偿额为1,030,020元并加倍支付延期付款的利息。

争议焦点：

1. 各股东未参与公司实际经营，对公司账册、主要财产、重要文件的灭失无过错，能否免除股东清算责任；

2. 原告在本案诉前曾以股东未履行出资义务为由提起与本案相同的诉讼请求，是否违反"一事不再审"原则；

3. 在清算执行过程中，债权人是否可以未履行法定义务另行提起连带清偿责任之诉；

4. 被告是否怠于履行法定清算义务。

基本案情：

1997年9月，华龙公司注册成立，国龙公司出资250万元、建设部建设规划设计研究所（上海）出资250万元、被告东亚公司出资180万元、被告鸿大公司出资160万元、被告健风公司出资160万元。

2002年12月4日，华龙公司被吊销营业执照。后该公司的股东未对华龙公司进行清算。

2004年年初，本案原告以华龙公司、被告中华建公司、被告鸿大公司、被告东亚公司、被告健风公司、国龙公司为共同被告诉至法院，要求判令华龙公司返还其代为偿还的借款100万元，并以华龙公司已被吊销营业执照但尚未进行清算，该公司已无办公场所、法定代表人亦下落不明，且各股东虚假出资为由，要求其他各被告对华龙公司债务承担连带责任。2005年12月20日，北京市第一中级人民法院作出京第11620号判决书，认为本案原告为华龙公司代偿100万元欠款之后，

---

① 关于《公司法》对成立清算组及履行清算义务的程序、期限要求，详见本书第十七章申请公司清算。

② 参见北京市海淀区人民法院（2008）海民初字第22652号民事判决书。

已代位取得了债权人的主体资格,有权向华龙公司追偿上述款项。在华龙公司被吊销营业执照后,其股东应该承担在一定期限内清算华龙公司的责任。最终判决:(1)华龙公司于本判决生效后 10 日内给付本案原告人民币 100 万元;(2)本案被告中华建公司、本案被告东亚公司、本案被告鸿大公司、本案被告健风公司、国龙公司自判决生效后 10 日内对华龙公司进行清算,六个月内清算完毕,以清算的华龙公司的财产清偿上述债务;(3)驳回本案原告的其他诉讼请求。

因上述案件的各被告均未履行判决义务,本案原告向法院申请强制执行,法院受理后,委托上海市黄浦区人民法院执行此案。

原告诉称:

依据京第 11620 号判决书,四位被告应自判决生效之日起 10 日内对华龙公司进行清算,六个月内清算完毕,并以其清算的华龙公司财产清偿华龙公司的债务。但四被告未按此时间进行清算,致使原告的债权没有得到清偿,其应当对公司债务承担连带清偿责任。

被告东亚公司辩称:

被告东亚公司不同意原告的诉讼请求。

原告提起本案诉讼所援引的相关法律规定并不适用于本案情况,被告东亚公司作为华龙公司的股东之一,虽在华龙公司被吊销营业执照之后没有组织清算,但并不是被告东亚公司怠于履行义务造成的。事实是华龙公司早在 2002 年就已被吊销了营业执照,且公司法定代表人不知去向,公司亦没有实际的办公和经营场所,才在此后几年中引发了诉讼,故客观上已经无法对被告华龙公司进行清算。

另外,在涉案的民事判决执行过程中,海淀区人民法院受理执行案件后将此案委托至上海市黄浦区人民法院执行,就该案黄浦区人民法院还专门找被告东亚公司进行了谈话,被告东亚公司反映了其无法单方组织清算,最终黄浦区人民法院还给海淀区人民法院出具了回复意见。因此,被告东亚公司认为该案还在执行过程中,被告东亚公司并未怠于履行清算义务,也不是由于被告东亚公司怠于履行清算义务而导致华龙公司的账册、凭证等文件灭失而无法清算,故请求法院驳回原告的诉讼请求。

被告鸿大公司辩称:

同意被告东亚公司的答辩意见,就华龙公司的实际情况,原告也是非常了解的,且通过涉案生效判决也可以看出,当时签订的是内部资金调拨使用协议,故原告对华龙公司的情况应当更加清楚,被告鸿大公司及其他股东并不存在怠于履行清算义务造成华龙公司无法清算的事由,故不同意原告的诉讼请求。

被告健风公司辩称：

同意以上被告的答辩意见。

此外，原告要求各被告承担连带责任的诉讼请求已在此前的诉讼中主张过，所涉及的金额也是本案请求的金额，故一案不能再审，原告的起诉不能成立。同时，对于华龙公司的清算正处于执行阶段，如原告认为在华龙公司清算过程中股东存在过错应承担连带责任，应直接在执行程序中提出，而不应再次提起诉讼。对于原告提出的利息请求，已作出的生效判决中并未判决各被告应承担付款义务，故其主张双倍利息没有法律依据。

被告中华建公司的答辩意见同以上各被告。

律师观点：

1. 清算义务是股东的法定义务，不以是否参与经营管理为条件。

结合双方当事人的诉辩意见，本案争议焦点在于，被告东亚公司等股东所诉的华龙公司客观上早已不具备清算条件，该公司账册、主要财产、重要文件的灭失并非各股东主观上怠于履行清算义务所致的抗辩理由，能否免除其清算责任。依据《公司法》的相关规定，有限责任公司股东是公司的清算义务人，清算义务是其依法必须履行的法定义务，该义务履行的依据并不是基于其参加公司的经营管理或实际控制公司的财产、账册等重要文件，故不参与华龙公司经营管理、不掌控公司账册，并不能免除公司股东的清算义务，作为公司股东仍应按照《公司法》及公司章程规定的公司清算程序履行相应的清算义务。

2. 被告是否存在怠于履行清算义务情形。

结合本案事实，涉案的债权诉讼发生于华龙公司被吊销营业执照之前，被告东亚公司等四位被告作为华龙公司清算义务人，在华龙公司被吊销营业执照后，依据《公司登记管理条例》的规定，其理应依法组成清算组对公司进行清算，但其均未及时履行清算义务；被债权人原告诉至法院后，经法院判决，强制其履行清算义务的情况下，各股东仍未积极履行清算义务，而是以无法单独组织清算或不掌握公司状况等为由推诿责任，未设立清算组，更未公告债权债务、积极查找公司资产及账目下落，正是由于各股东长期不履行清算义务，才导致公司无法进行清算，原告的债权也无法实现，严重损害了公司债权人的合法权益，故其上述行为足以构成怠于履行清算义务。

3. 四被告始终未依据生效判决履行清算义务，原告可以直接起诉主张责任。

虽被告东亚公司等股东称对华龙公司清算一案正在执行过程中，应当通过执行程序予以解决，原告不应另行提起诉讼。但从本案现有证据材料表明，华龙公司已无力偿还债务,各股东亦未依据生效判决履行对华龙公司的清算义务。在此情况下,原告作为债权人起诉要求各股东承担相应民事责任,于法有据。

4. 原告两次诉讼请求虽相同,但不属于一事不再审的情形。

虽被告健风公司称原告曾就此前诉讼中要求各股东承担连带责任,所涉及的金额也与本案请求一致,本案属于一事不再审的情形,但原告此前所诉是以各股东出资不到位为由,要求各股东对华龙公司债务承担连带责任,与本案所诉事实及理由均不相同,因此,本案诉讼不违反一事不再审原则。

法院判决:

四被告连带原告清偿 1,030,020 元并赔偿其中 100 万元的利息损失(按中国人民银行同期企业贷款利率的双倍计算,自 2006 年 4 月 1 日起计算至该笔款项付清之日止)。

1320. 债权通知和公告内容不详尽是否视为清算组未依法履行通知和公告义务?

债权通知和公告中的时间、地点、方式及需要提交的证明材料等是债权人准确申报债权的前提,这些内容不详尽则有可能会造成债权人申报债权失败,因此债权通知和公告内容不详尽构成清算组未依法履行通知和公告义务。

【案例444】未适当履行通知公告义务　清算组成员连带赔偿损失[①]

原告: 济川公司

被告: 华诚公司、陈晓进、陈谨、李文军

诉讼请求:

1. 四被告连带赔偿技术转让费损失 120 万元;
2. 赔偿原告经济损失 100 万元,其中包括至付清第 1 项诉讼请求中 120 万元之日止的利息损失。

争议焦点:

1. 诉争法律关系既有技术转让合同关系,又有清算法律责任,如何确定管辖法院;
2. 清算责任纠纷诉讼中,是否必须将全体清算组成员列为共同被告;
3. 诉讼请求是否超过诉讼时效,如何确定诉讼时效的起始日;

[①] 参见江苏高级人民法院(2010)苏知民终字第 0111 号民事判决书。

4. 诉争技术因何未获批临床试验,技术转让方是否全面履行了技术转让义务;

5. 如何判定刊登清算公告的报刊符合公司经营规模,并在全国或公司注册地省级有影响;

6. 清算组成员承担责任的范围是否以股东分配的剩余财产为限,清算组成员与股东承担责任范围有何异同。

基本案情:

四被告系已注销的和康公司的股东和清算组成员,和康公司清算组成员和股东还包括案外人罗克柱、李永玲、唐灿。

2005年2月5日,原告与和康公司签订《灯黄注射液技术转让合同》,约定:和康公司将其拥有独立知识产权和专利权的中药新药灯黄注射液独家转让给原告,并确保原告取得该新药生产批件,转让价款为980万元。该合同第5条第6款约定:"如该产品因技术原因未能获得国家药监局临床批件,责任由和康公司承担,和康公司应在原告向和康公司主张权利之日起15日内退还原告已支付的所有转让款,并承担由此给原告造成的经济损失;临床研究中如因该药品的安全有效性导致临床试验失败或申报生产的技术资料不符合国家药监局的规范要求而导致申报生产失败,责任由和康公司承担,和康公司应在原告向和康公司主张权利之日起15日内退还原告已支付的所有转让款,并承担由此给原告造成的经济损失……"

2005年3月18日,原告依约向和康公司支付第一期技术转让费120万元。和康公司亦向国家药监局申报该产品临床批件。

2008年9月9日,国家药监局下发第2008L08718号《审批意见通知件》。通知件中"审批意见"载明:"经审查,不符合药品审批的有关规定,不批准本品进行临床试验。理由如下:本品为申报临床研究的中药复方注射剂。经审评认为本品现有资料立题依据不充分,提供的组方合理性研究资料其试验方法不合理,不能说明组方合理性,未进行与口服比较试验,未进行药代动力学探索;质量可控性研究、无菌保证工艺研究与验证等方面不符合要求;未进行遗传毒性试验和生殖毒性试验等,现有资料尚不能提示本品进行临床试验的安全性。综上,现有研究在立题依据、安全性研究、质量控制等方面不符合要求。"

2008年8月20日,和康公司股东会决议解散公司,由被告陈晓进、罗克柱、被告陈瑾、唐灿、被告李文军、李永玲和冯洪波(被告华诚公司委派)组成清算组,冯洪波担任清算组负责人。当日,清算组向成都高新工商局申请备案登记2008年8

月22日,清算组在《天府早报》上刊登公告,通知相关债权人、债务人自公告之日起45日内到公司清理债权债务。

2008年10月6日,清算组称其于公告之日起45天内完成清算工作,并出具清算报告。清算报告载明:清算组对公司资产进行了清算,支付清算费用、公司职工工资、社会保险费及法定补偿金、所欠税款及公司对内对外所有债务共计人民币15万元;清偿公司债务后的剩余财产,由被告陈晓进与被告华诚公司按41.5%、58.5%的比例进行分配,其他股东不再参与公司剩余财产的分配。当日,和康公司全体股东形成股东会决议:(1)因公司经营出现严重亏损,依法注销公司;(2)一致通过清算组清算报告;(3)公司债权债务已清算完毕,公司无债权债务。清算组向工商行政管理机关出具的《公司注销登记申请书》亦称债权债务已清理完毕。

2008年10月10日,成都高新工商局核准注销了和康公司。

原告诉称:

和康公司注销前,其清算组就已知道灯黄注射液未通过国家药监局的审评和审批,知道和康公司应依据技术转让合同的约定退还原告已支付的120万元技术转让费,但清算组未履行通知原告的法定义务,恶意注销和康公司,导致原告未及时申报债权而未获清偿。

四被告辩称:

1. 本案应由被告所在地人民法院管辖。

2. 从原告诉讼请求及其所依据的事实与理由看,本案应属于清算责任纠纷。被告作为和康公司股东和清算组成员与原告并不存在合同法律关系,本案不应定性为技术转让合同纠纷。

3. 本案遗漏了必要的当事人,原告请求被告承担连带赔偿责任没有法律依据,应依法驳回其起诉。

4. 和康公司清算组对该公司的清算及申请注销符合《公司法》及有关法规、司法解释的规定,履行了所有法定义务,不存在任何过错和恶意行为,不应承担赔偿责任。原告应当对其未在公告期限内申报债权承担不利后果。

5. 和康公司清算组在清算时已查清和康公司不应退还120万元转让款并赔偿损失。理由如下:

(1)本案《灯黄注射液技术转让合同》履行中不存在因技术原因而未获得注册审批的事实。和康公司于2003年对"灯黄注射液"进行立项研制,并于2005年5月完成临床前相关研究上报四川省药监局,经省局组织专家审评后于2005年7

月27日正式受理,当年10月上报国家药监局并被受理。由于申报受理后国家药监局对中药注射剂审批所依据的规范标准的调整,国家药监局才未批准进行临床试验,这与和康公司在"灯黄注射液"研制、成分检测等技术工作没有直接的因果关系,属于国家行业标准和药品注册政策的改变,而非属于原告主张的因该产品技术原因未能获得批准的违约情形。根据原告与和康公司签订的技术转让合同关于"因该产品的技术原因未能获得国家药监局临床批件,责任由乙方承担"的约定,和康公司不应承担退还转让款和赔偿损失的责任。

(2)原告在订立合同时已确认"灯黄注射液"的全部技术,应承担非因该药本身技术原因未获得临床批件的后果。

(3)《灯黄注射液技术转让合同》实为委托开发合同。合同当事人对没有约定或约定不明的风险责任应予合理分摊。

6. 原告的诉讼请求已超过诉讼时效。

7. 即便和康公司清算组要对原告承担责任,也仅限于清算后和康公司剩余财产范围内。

因和康公司清算后的剩余财产仅有66,192.72元,如原告申报债权属实,且和康公司应当清偿,则和康公司应进行破产清算。原告债权也仅限于破产财产扣除应支付员工的各项费用、税费、破产费用等应当先行支付及随时支付费用后的剩余财产范围内与其他非普通债权人平等受偿。原告要求清偿120万元及赔偿损失没有法律依据。

一审认为:

1. 一审法院对本案具有管辖权。

原告得以向被告华诚公司、被告陈晓进、被告陈瑾及被告李文军提起诉讼的基础是其与和康公司之间基于技术转让合同而产生的债权债务关系,以及组成清算组的原和康公司股东未依法履行清算义务而导致其债权受有损害。因此,原告与和康公司之间的技术转让合同法律关系是确定和康公司是否负有返还原告涉案120万元技术转让费并赔偿经济损失义务的基础事实。如果原告对和康公司享有上述债权请求权,则和康公司负有相应的对待给付义务。和康公司的解散并不能使其存续期间对外经营活动中产生的债权债务关系自然消弭,按照法律规定的方式、程序对公司资产、负债、股东权益等公司的状况进行全面的清理和处置,清理债权债务,处理公司财产,了结公司各种法律关系,并最终消灭公司法人资格,是清算组的法定职责。

就本案而言,原告与和康公司之间纠纷的实存性以及被告华诚公司与被告陈晓进对原告上述债权请求权所提出的抗辩也表明清算组对和康公司的解散清算行为并没有消灭原告与和康公司之间的法律关系。这也是组成清算组的和康公司股东应否承担相关民事责任的首要前提。如果判定作为和康公司清算组成员的原公司股东承担相应的民事责任，这也是基于和康公司所负给付义务，清算组成员清算过程中存在可归责的事由而在对原告承担技术转让合同相应法律后果的义务主体上的转承。因此，按照技术转让合同所确立的相关管辖规则，一审法院对本案具有管辖权。

2. 原告的诉讼请求并未超过诉讼时效。

本案合同中虽然约定了和康公司于 2006 年 6 月 30 日前获得国家药监局临床批件的期间，但由于对灯黄注射液进行临床试验须经国家药监局审批，且取得临床试验批件是双方得以继续履行合同的前提，在国家药监局未作出审批决定之前，双方基于各自合同目的的实现，通常会根据审批结果决定合同的后续履行。而且，结合和康公司与原告合同中关于"如该产品因技术原因未能取得国家药监局临床批件，责任由乙方承担，乙方应在原告向乙方主张权利之日起 15 日内退还原告已支付的所有转让款，并承担由此给原告造成的经济损失"的约定，和康公司未取得临床批件也是原告得向其主张返还请求权的条件之一。而国家药监局于 2008 年 9 月 9 日对和康公司申报项目作出审批意见，因而原告的起诉没有超过诉讼时效。再者，涉案合同并未约定原告行使返还请求权的始期，因而诉讼时效应从原告要求和康公司履行义务的宽限期 15 日届满之日起计算。原告 2008 年 10 月下旬得知和康公司已领取国家药监局《审批意见通知件》，并发现和康公司已被注销，随后提起诉讼，其起诉亦未超过诉讼时效。

3. 和康公司应返还原告技术转让费 120 万元。

本案原告与和康公司签订的《灯黄注射液技术转让合同》是双方真实意思的表示，其内容不违反我国法律法规的禁止性规定，应认定为有效合同。原告已按合同约定向和康公司支付第一期技术转让费 120 万元。

原告与和康公司技术转让合同约定，向原告转让标的技术，并确保原告取得该新药生产批件，是和康公司应承担的总合同义务。国家药监局审批意见的内容表明，和康公司申报的灯黄注射液项目存在技术上的问题。因此，根据《灯黄注射液技术转让合同》第 5 条第 6 款的约定，和康公司应当返还原告已支付的技术转让费，并应承担原告的经济损失。关于原告与和康公司所签订合同性质，应认定为技术转让合同法律关系，而且合同中对因技术原因未能获得国家药监局临床批文的责任承担已有明确约定。

4. 清算组成员未依法通知原告清算事宜，存在过错，应承担赔偿责任。

和康公司清算组未依法将公司解散清算事宜通知债权人，导致原告未及时申报债权而未获清偿。

根据《公司法》(2005年修订)第186条的规定，清算组应当自成立之日起10日内通知债权人，并于60日内在报纸上公告。债权人应当自收到通知之日起30日内，未接到通知书的自公告之日起45日内，向清算组申报其债权。《最高人民法院关于适用〈中华人民共和国公司法〉若干问题的规定(二)》第11条规定，公司清算时，清算组应当按照《公司法》(2005年修订)第186条的规定，将公司解散清算事宜书面通知全体已知债权人，并根据公司规模和营业地域范围在全国或者公司注册登记地省级有影响的报纸上进行公告。因此，对公司解散清算事宜，清算组除负有以书面方式通知的义务外，还负有根据和康公司的规模和营业地域范围选择适当媒体将公司解散清算事宜予以公告的义务。本案中清算组选择刊登公告的《天府早报》，其虽有国内统一刊号，但国内统一刊号仅是经国家新闻出版管理部门批准登记的报刊的每一个版本都具有的一个唯一的标准编码。报刊国内统一刊号的分配不以其发行范围为限，具有国内统一刊号的报纸并不当然表明其在全国范围内发行。本案中，被告华诚公司、被告陈晓进、被告陈瑾及被告李文军均未提供其他证据证明《天府早报》的发行范围与和康公司营业地域范围相当，或者其发行范围覆盖到原告住所地所在省市，故应认定清算组履行公告通知义务的方式违背相关法律、司法解释的规定，并导致原告未能及时申报债权。

和康公司股东会决议解散公司之时，清算组对和康公司与原告技术转让合同所处的履行阶段是明知的，和康公司进入解散清算程序，对其存续期间与原告尚未履行完毕的技术转让合同是解除还是继续履行，清算组虽有权作出决定，但应当将该决定内容通知原告，以了结原告与和康公司之间的合同关系。然而，被告华诚公司、被告陈晓进、被告陈瑾及被告李文军并未提供其在清算期间已履行相关通知义务的证据。

本案中《天府早报》刊登公告时间为2008年8月22日，债权人申报债权期间因国庆长假的原因，届满日应为2008年10月8日。和康公司清算组于2008年10月8日收到国家药监局批件通知时，仍处于债权申报期间，清算组对此未作妥善处置，却径自向工商行政管理机关申请办理和康公司注销手续。

5. 原告有权请求部分清算组成员连带承担全部赔偿责任。

根据法律的规定，由于清算组成员在清算程序中存在故意或者重大过失，致使原告受有损失，故应当认定清算组成员的行为构成共同侵权，依法应承担连带责任。

6. 清算组成员承担责任的范围为债权人所遭受的损失。

《公司法》及其司法解释对清算组成员的责任范围明确规定为债权人所遭受的损失,而非以股东在公司清算完毕后所分得的剩余财产为限。和康公司因未履行技术转让合同约定义务,故应依合同约定退还原告所支付的120万元技术转让款,并赔偿原告的经济损失。因双方合同中未约定经济损失的计算标准,故应该按照人民银行同期贷款利率标准计算利息损失的主张,但原告主张自2005年3月18日汇款之日起计算利息损失缺乏事实和法律依据,考虑本案和康公司进入解散清算程序及清算组成员未履行法定清算义务等具体情形,确定自和康公司收到国家药监《审批意见通知件》之日起计算利息损失。

一审判决:

四被告连带赔偿原告经济损失人民币120万元,并赔偿利息损失(自2008年10月8日起至120万元给付义务完毕之日止按中国人民银行同期一年期贷款利率计算)。

被告华诚公司不服一审判决,向上级人民法院提起上诉。

被告华诚公司上诉称:

一审判决认定其与原审被告连带赔偿原告经济损失120万元及利息损失,没有事实和法律依据,程序违法。

1. 一审程序违法。

首先,一审法院对本案没有管辖权。从原告的诉讼请求及其所依据的事实和理由来看,其要求的是清算组成员承担赔偿其损失的责任,属于侵权责任纠纷。其一,我公司与原告并未订立任何形式的合同,不存在合同法律关系。其二,原告是基于我公司清算和康公司而要求我公司承担赔偿责任。其三,关于和康公司是否应当返还原告技术转让费的事实,可以在我公司是否依法履行清算责任过程中查清。因此,本案应由我公司所在地人民法院管辖。

其次,本案遗漏了必要的当事人且适用法律错误。原告在本案中仅起诉了四名清算组成员,遗漏了其他三人。

2. 和康公司不应返还原告120万元并赔偿损失。

一审判决完全否认药监局对中药注射剂审批所依据规范的调整,将涉案药品未能获得注册审批归于和康公司的技术原因系认定错误。在和康公司如何申报及交付,且合同双方未对因国家技术规范要求发生变化的后果作明确约定的情况下,由此产生的后果只能由原告承担。

根据双方合同的约定,整个技术转让合同的金额为980万元,其所对应的和康公司的义务是转让新药技术和确保原告取得新药生产批件。和康公司已向原告交付了灯黄注射液技术,在原告已经取得该药技术的情况下,判决和康公司返还第一期转让费有失公平;和康公司在收到原告的120万元后,研制和申报支出了140万元,远远超出了原告支付的第一期费用。

3. 涉案合同实质上是委托开发合同,而非技术转让合同。

4. 原告的起诉已经超过了诉讼时效。

原告在明知和康公司在2005年5月单独申报的情况下,未提出异议,也从未向和康公司主张返还转让费,因此其在2009年3月才主张我公司赔偿损失,已超过诉讼时效;依据合同约定,和康公司应在2006年6月30日前获得批件,和康公司未能按时取得批件,原告应在2006年7月1日后两年内主张赔偿。

5. 一审判决错误认定被告华诚公司在清算过程中存在故意或重大过失,造成原告损失。

和康公司清算组的清算和申请注销符合《公司法》及其《公司登记管理条例》等法律法规的规定。清算组未书面通知原告申报债权,符合法律规定,清算组成员不存在任何过错。原告应当对其未在公告期内申报债权承担不利后果。

6. 一审判决认定的承担赔偿的方式和赔偿责任范围适用法律错误。

如果和康公司清算组存在故意和重大过失,依据《公司法》(2005年修订)第190条第3款,清算组成员应当承担赔偿责任,而非连带责任。和康公司为有限责任公司,其承担责任范围以法人财产为限,因和康公司破产后的财产仅六万余元,原告要求赔偿的债权不可能得到完全清偿。

原告二审辩称:

一审判决程序合法,适用法律正确,请求驳回被告华诚公司的上诉,维持一审判决。

被告陈晓进、被告陈瑾及被告李文军未到庭参加诉讼亦未提交书面答辩意见。

律师观点:

1. 原告与和康公司签订的合同为技术转让合同,一审法院对本案具有管辖权。

技术转让是指拥有技术的当事人一方将现有技术有偿转让给他人的行为,技术转让合同的标的是当事人订立合同时已经掌握的技术成果。本案中,从合同中约定双方的权利义务看,和康公司主要义务是将其拥有独立知识产权和专利权的中药新药灯黄注射液独家转让给原告,并确保原告取得该新药生产批件;原告的主要义务是支付转让款。如和康公司未能获得专利,则转让费减少100万元。由此可知,在签订合同时,和康公司已将灯黄注射液生产技术申报专利,说明其已掌握该项技术成果,而非尚待研究开发的新技术。因此,被告华诚公司认为涉案合同是委托开发合同不能成立。该技术转让合同未违反有关法律规定,应依法确认有效,双方应依约履行。

原告与和康公司之间的技术转让合同法律关系是确定和康公司是否负有返还原告120万元技术转让费并赔偿经济损失义务的基础事实。如果原告对和康公司享有上述债权请求权,则和康公司负有相应的对待给付义务。和康公司的解散并不能使其存续期间对外经营活动中产生的债权债务关系自然消弭。就本案而言,原告与和康公司之间纠纷以及被告对原告上述债权请求权所提出的抗辩也表明清算组对和康公司的解散清算行为并没有消灭原告与和康公司之间的法律关系,这也是被告应否承担相关民事责任的首要前提。如果判定作为和康公司清算组成员的原公司股东承担相应的民事责任,这也是基于和康公司所负给付义务。因此,按照技术转让合同所确立的相关管辖规则,一审法院对本案具有管辖权。

2. 和康公司应当返还原告120万元并赔偿损失。

涉案合同中违约责任条款明确约定,如该产品因技术原因未能取得国家药监局临床批件,责任由和康公司承担,并应在原告向其主张权利之日起15日内退还原告已支付的所有转让款,并承担原告相应的经济损失。国家药监局《审批意见通知件》审批意见结论为,现有研究在立题依据、安全性研究、质量控制等方面不符合要求。由此可见,涉案技术未获得临床批件是由于技术方面原因。根据上述违约责任的约定,在灯黄注射液不能取得国家药监局临床批件情况下,和康公司行为构成违约,应当承担违约责任,返还原告120万元并赔偿损失。

被告华诚公司主张灯黄注射液未获得临床批件的原因系中药注射剂国家规范标准的调整,但是国家药监局审批结论能反映灯黄注射液系因存在技术缺陷而不符合要求,并不能从中得出系因中药注射剂标准变化而致其不符合要求的结论。即使存在国家标准的调整,涉案合同中并未约定灯黄注射技术应当依据何种标准规范,只是约定了和康公司要确保获得临床批件,实际上双方是将灯黄注射技术能获得临床批件作为对灯黄注射技术要求之一,而原告受让涉案技术的目的就是要生产灯黄注射液,如不能获得批件意味着合同目的无法实现。和康公司未能履行获得临床批件这一合同义务,理应承担相应的违约责任。

3. 清算组成员应当对原告的损失承担连带赔偿责任。

根据我国《公司法》第184条、189条的规定,清算组在清算期间应当通知、公告债权人,处理与清算有关的公司未了结的业务;管理债权、债务;清算组成员因故意或者重大过失给公司或者债权人造成损失的,应当承担赔偿责任。本案中,被告作为清算组成员,应当忠于职守,依法履行清算义务。被告华诚公司等清算组成员作为和康公司的股东,对涉案技术转让合同签订和履行情况应是明知的。由于涉案技术转让合同尚未履行完毕,作为和康公司未了结的业务,清算组应当对该合同是继续履行还是解除作出处理,但却怠于履行职责,未依法通知原告,也未举证证明就该债权债务关系依法进行了处理。清算组成员存在故意或者重大过失,由此给原告造成的经济损失,理应依法承担赔偿责任。

本案中,由于清算组成员在清算程序中存在故意或者重大过失,致使原告受有损失,构成共同侵权,依法应承担连带责任。作为债权人的原告,其有权选择全部债务人或者部分债务人,要求其承担责任。

4. 清算组成员承担责任的范围为债权人所遭受的损失。

本案中原告向四被告主张赔偿,并非基于其是和康公司的股东,而是如前所述基于清算组成员应当承担的连带责任。而且,《公司法》对清算组成员的责任范围规定为债权人遭受的损失,并未规定以股东在公司清算后分得的剩余财产为限。由于原告对和康公司享有的债权为120万元及利息损失,因清算不当给原告的损失也即120万元及利息损失。因此,被告承担赔偿责任的范围为120万元及利息。

二审判决:

驳回上诉,维持原判。

【案例445】主张债权证据不足　请求清算组成员连带赔偿被驳回[①]

原告: 光华器材厂

被告: 段辉、甘连斌

诉讼请求: 判令两位被告赔偿租金损失210,709.55元、未退还租赁物的损失42,515元及违约金106,545.49元。

争议焦点: 原告是否对龙熙公司享有债权,是否能够证明其提交的租赁送货单、租赁退货单上、租金结算单和租赁费结算单上的签收人为龙熙公司员工。

---

① 参见北京市第二中级人民法院(2009)二中民终字第06159号民事判决书。

基本案情：

2003年6月21日，原告（甲方）与由两被告出资成立的龙熙公司（乙方）签订租赁合同，约定甲方出租给乙方架子管、扣件、顶托等建筑器材，乙方应于下月25日前向甲方支付上月租金，逾期付款每逾期一天按全月租金金额加收1%的违约金。

2007年8月20日，龙熙公司形成股东会决议，同意注销龙熙公司，同意清算组所做的清算报告。

2007年8月24日，龙熙公司在《京华时报》上刊登公告，内容为，龙熙公司经股东会决议，拟向公司登记机关申请注销登记，特此公告。

2007年8月30日，龙熙公司向工商部门申请注销登记。

2007年10月20日，龙熙公司出具清算报告，内容为：公司根据股东会决议，于2007年8月20日成立清算小组；清算小组对公司资产进行了全面清算核查，现已完成清算工作；现就清算结果报告如下：(1)债权债务已清算完毕。(2)已经结清各项税款及职工工资。(3)已经于2007年8月24日在《京华时报》上发布公司注销公告。两位被告在清算小组成员处签字。2007年11月14日，工商部门发给龙熙公司企业备案核准通知书，内容为，你企业申请的备案登记内容，已经我局核定，准予备案，备案内容为，清算组成员为两位被告，清算组组长被告甘连斌。

2007年11月20日，工商部门准予龙熙公司的注销申请。

原告诉称：

租赁合同签订后，原告向龙熙公司交付了租赁物。2005年9月6日，龙熙公司最后一次退还租赁物，共发生租金386,545.49元，龙熙公司已支付28万元，尚欠106,545.49元，并有价值42,515元的租赁物未退还，没有退还的租赁物至2008年9月30日又发生租金104,164.06元。

2007年11月20日，龙熙公司注销。两位被告系龙熙公司的股东，也是清算组成员，两位被告明知原告的联系方式而没有通知原告申报债权，使原告的债权没有得到清偿，两位被告应当赔偿由此给原告造成的损失。

原告为证明其观点，提交证据如下：

1. 华器材厂为证明其履行租赁合同和龙熙公司拖欠租金和租赁物，提交租金结算单；

2. 2003年6月至2005年5月期间每个月的租赁费结算单；

3. 张学清、袁丽琴、张云财、夏广龙等人签收的租赁送货单、租赁退货单以及龙熙公司付款的转账支票。

被告均辩称：

原告的证据不能证明其主张的债权，原告提交的租赁送货单和租赁退货单上的签收人不是龙熙公司的员工，且在租金结算单和租赁费结算单上并没有龙熙公司及其经办人员签字盖章，且原告起诉时已超过诉讼时效期间。

律师观点：

当事人对于自己提出的诉讼请求所依据的事实负有举证责任。原告与龙熙公司之间签订的租赁合同真实、有效，但原告提交的证据不足以证明其曾向龙熙公司交付过租赁物，进而证明龙熙公司拖欠其租金及租赁物，即原告不能证明其是龙熙公司的债权人。原告主张两位被告作为龙熙公司的股东和清算组成员在清算过程中给债权人原告造成损失，证据不足，其要求两位被告予以赔偿的诉讼请求，不应予以支持。

法院判决：

驳回原告的诉讼请求。

【案例446】违反清算分配顺序　股东清偿员工社保费①

原告： 陈舜伟

被告： 多尼尔亚洲公司、空间研究所

诉讼请求： 判令两位被告承担多尼尔医疗上海分公司在清算过程优先偿付的社会保险费及自2001年4月17日至付清时止的利息。

争议焦点：

1. 清算时，员工的社会保险是否应优先偿付；

2. 虽违反清算分配顺序，但清算财产已全部用于偿还其他普通债权，清算组成员是否还应承担赔偿责任；

3. 迟延支付社会保险费是否有利息损失。

基本案情：

原告于1996年9月16日与多尼尔医疗上海分公司签订《聘任合同》。合同期限自1996年9月16日至2000年10月15日。

2001年4月17日，上海市劳动争议仲裁委员会作出多尼尔医疗上海分公司为原告补缴社会保险费59,988元的裁决，双方均未提起诉讼。

2001年6月11日，原告向上海市静安区人民法院申请执行。

---

① 参见上海市静安区人民法院(2007)静民一(民)初字第4181号民事判决书。

2000年11月23日，多尼尔医疗上海分公司在《陕西日报》上刊登公司进入清算程序的公告，2001年9月3日被依法注销登记。

2006年，原告再申请执行要求两位被告承担缴纳义务，两位被告予以拒绝。

原告诉称：

两位被告作为多尼尔医疗上海分公司的投资股东，在债权债务清算中分配到了剩余财产，应支付多尼尔医疗上海分公司尚欠原告的社会保险费用。因多尼尔医疗上海分公司已注销，原告申请执行要求两位被告承担缴纳义务，两位被告予以拒绝，原告只能再次提起诉讼要求两被告支付社保费用。

被告空间研究所辩称：

本案争议的社会保险纠纷已经上海劳动争议仲裁委员会裁决，该案在执行过程中，原告现在的诉讼系重复诉讼，应当予以驳回。另外，其在多尼尔医疗上海分公司的清算过程中仅分得45.75万元的剩余财产，但却替其承担了50万余元债务，已超过在清算过程中所获得的财产权益。

被告多尼尔亚洲公司辩称：

本案争议的社会保险纠纷已经上海劳动争议仲裁委员会裁决，该案在执行过程中，原告现在的诉讼系重复诉讼，应当予以驳回。

律师观点：

1. 原告可以直接起诉要求两被告承担清偿责任。

根据劳动仲裁裁决，多尼尔医疗公司上海分公司应当为原告补缴社会保险费，原告及多尼尔医疗上海分公司均未对该社会保险费劳动仲裁裁决提出异议。该裁决已发生法律效力。虽然裁决过程中，多尼尔医疗上海分公司已进入清算公告程序，但尚未进行公司债务清偿、财产分配。

原告在社会保险争议仲裁裁决发生法律效力后，依法申请法院执行，多尼尔医疗上海分公司对欠付原告的社会保险费用理应在清算时予以优先偿付。但由于该公司在清算过程中，未按照清算程序支付相关费用，且后来公司被注销，原告再次申请执行要求两位被告承担缴纳义务，两位被告予以拒绝，导致原告在申请执行中遇到障碍。现原告为明确义务主体进行诉讼，要求两位被告承担缴纳社会保险费用义务的诉讼请求，应予以支持。

2. 被告空间研究所不能以所分配财产已承担普通债权来抗辩要求免除应承担的法定义务。

依照《公司法》的规定，公司财产在分别支付清算费用、职工的工资、社会保险费用和法定补偿金，缴纳所欠税款，清偿公司债务后的剩余财产，有限责任公司按照股东的出资比例分配。可见劳动者的债权在清算过程中比其他普通债权具有法定优先权。在清算过程中清算主体未按法定程序先行缴纳社会保险费用,势必会影响劳动者合法权益,更加影响社会保险金的社会统筹支配。

现经工商备案的董事会决议及清算报告中已经明确了剩余资产情况及两股东资产分配情况。两位被告作为投资股东,在清算后所获得的财产权益分配足以支付原告的社会保险费用,被告空间研究所以所分配财产已承担普通债权来抗辩要求免除公司财产清算前所应承担的法定义务,有违公司清算的基本原则,其仍应当为原告缴纳所欠缴的社会保险费用。

3. 原告请求支付利息的诉讼请求缺乏事实依据。

社会保险费用应当缴纳至指定账号,社会统筹支付,对原告而言不存在利息损失,故原告要求被告支付利息的诉讼请求,不应予以支持。

法院判决:

1. 判令两位被告应于本判决生效之日起 15 日内向原告补缴社会保险费人民币 59,988 元;
2. 驳回原告的其他诉讼请求。

1321. 如何认定公司因财产、账册、重要文件灭失而"无法清算"?如何分配"无法清算"的举证责任?

"无法清算"是指公司的财产和负债范围无法确定,无法全面、客观地对公司财产进行清理,公司无法进行正常的清算。

关于"无法清算"事实的举证责任,笔者认为应当适用部分举证责任倒置的原则。公司股东作为公司的经营管理者,对公司的财产、账册、重要文件等比债权人要了解得多,如果要求债权人对"无法清算"的事实进行充分举证,显失公平。

此外,为充分论证公司"无法清算",债权人可以先行向人民法院申请对公司进行强制清算,客观上的无法清算将在强制清算过程中被充分体现,此后再行主张清算义务人、清算组成员或实际控制人承担连带清偿责任即具有较大把握。

【案例447】债权人未申请强制清算主张股东承担赔偿责任被驳回①

原告:展望公司

被告:胡明、胡健博

---

① 参见北京市第二中级人民法院(2009)二中民终字第19597号民事判决书。

诉讼请求：判令两位被告连带清偿衡诚瑞安公司的债务 72,876 元，并按银行贷款利率支付自 2003 年 9 月 29 日至今的迟延履行利息。

争议焦点：债权人未申请强制清算被吊销公司，能否直接请求公司股东承担赔偿责任。

基本案情：

衡诚瑞安公司注册资本 300 万元，陈永波出资 2,005,000 元、被告胡健博出资 55 万元、被告胡明出资 445,000 元。

经生效判决书确认，衡诚瑞安公司尚欠原告货款 68,200 元、违约金 2046 元。

后原告向法院申请强制执行，2004 年 6 月 1 日，法院裁定因衡诚瑞安公司无财产可供执行，原告不能提供衡诚瑞安公司的财产线索，故中止执行。

2005 年 8 月 29 日，工商部门出具行政处罚决定书决定，吊销衡诚瑞安公司的营业执照，衡诚瑞安公司的债权债务由股东组成清算组负责清算，并在清算完毕后到登记机关办理注销登记。衡诚瑞安公司至今未组成清算组，未进行清算。

2009 年 6 月 3 日，原告向法院申请撤销执行申请，法院裁定终结执行。

原告诉称：

衡诚瑞安公司的股东为两位被告和陈永波，两位被告和陈永波不仅未对公司进行清算，还转移、隐匿、私分公司财产，并解散公司员工，使公司名存实亡。现衡诚瑞安公司已被吊销营业执照，两被告作为其股东应当对原告的债权承担责任。

被告均辩称：

两位被告在衡诚瑞安公司只是小股东，也不存在滥用公司法人独立地位和股东有限责任的行为，两位被告只应在出资范围内承担有限责任。衡诚瑞安公司未进行清算，原告也未向法院申请对衡诚瑞安公司进行清算，不能认定衡诚瑞安公司无法清算和公司财产灭失，不能追究公司股东责任。两位被告不同意原告的诉讼请求。

律师观点：

根据《公司法》及相关司法解释的规定，清算过程中，股东对公司债务承担连带责任是有前提条件的，即股东在履行清算义务时因过错或重大过失导致公司无法清算或不能清偿债务。公司被吊销营业执照之日起 15 日内，公司的股东应成立清算组，开始清算，逾期不成立清算组进行清算的，债权人可以申请人民法院指定有关人员组成清算组进行清算。

现原告未向人民法院申请对衡诚瑞安公司进行强制清算，即以衡诚瑞安公司无法进行清算、衡诚瑞安公司的股东未在法定期限内开始清算而导致公司财产灭失为由直接要求两被告对公司债务承担清偿责任,缺乏法律根据。且原告并未提供衡诚瑞安公司无法进行清算及两位被告未在法定期限内开始清算而导致公司财产贬值、流失、损毁或者灭失及所造成损失具体范围的相关证据,故其诉讼请求不应予以支持。

法院判决:

驳回原告诉讼请求。

【案例448】虚假清算报告骗取注销登记 原股东承担连带赔偿责任[①]

原告: 蔡福池

被告: 林启华、薛桂英、王兴华、樊邵芝

诉讼请求: 判令四位被告连带责任偿付给原告欠款本金24,000元及自2009年1月31日起至实际偿还之日止的逾期利息。

争议焦点: 以虚假的清算报告骗取工商局办理注销登记,是否应对公司债务承担赔偿责任。

基本案情:

曼德勒公司尚欠原告款项24,000元,约定于2009年1月30日前付清款项。

四位被告系曼德勒公司的股东。2009年3月10日,曼德勒公司及全体股东作出了关于公司注销的决定,解散曼德勒公司,成立清算组进行清算,清算组成员由四位被告组成。

2009年4月30日,清算组作出《清算报告》。报告中清算企业财产状况,清算开始日的财产构成货币财产50万元,实物财产0元,其他资产0元。清算企业债务申报、审定情况,债务全部清算完毕,没有任何债务。同日,曼德勒公司全体股东作出确认清算报告的决议并向温岭市工商行政管理局申请办理了公司注销登记。

原告诉称:

2009年4月30日,四位被告向工商局提交的用于注销登记的清算报告是虚假的,该份报告显示"本公司的债权债务已全部清理完毕",但事实上,曼德勒公司并未向原告清偿债务。

被告均未作答辩。

[①] 参见浙江省温岭市人民法院(2009)台温商初字第1942号民事判决书。

律师观点：

1. 关于本案的证据认定。

四位被告既未提交书面答辩状，又拒不到庭应诉，视为自动放弃抗辩和质证的权利。原告提供的证据材料来源合法，内容真实，具有证据的证明效力，应当作为认定本案事实的依据。

2. 股东未依法清算应对公司债务承担清偿责任。

原告与曼德勒公司之间形成买卖合同关系，系双方自愿，内容合法，依法应认定有效。曼德勒公司向原告购买纸箱后，应当按照协议约定及时支付货款，逾期未付，应承担违约责任，赔偿给原告自起诉之日（2009年10月19日）起按照中国人民银行规定的金融机构计收同期贷款基准利率的标准计算至判决确定的履行之日止的利息损失。

四位被告作为曼德勒公司的股东在公司解散事由出现后，未依法进行清算，在明知原告作为债权人存在的情况下，以虚假的清算报告骗取工商行政管理机关办理注销登记，严重侵害了原告作为债权人的利益，应当对公司的债务承担连带赔偿责任。

法院判决：

四位被告在本判决发生法律效力后10日内赔偿给原告人民币24,000元并支付自2009年10月19日起按中国人民银行规定的金融机构计收同期贷款基准利率的标准计算至本判决确定的履行之日止的利息。

[案例449] 清算报告隐瞒债务注销公司　未证剩余财产连带赔偿债权损失①

原告： 下村纸箱厂

被告： 陈春波、张金堆、张惠芳

诉讼请求： 判令三位被告共同连带赔偿原告损失的货款145,299.43元及从起诉之日起至被告付款之日止的银行利息。

争议焦点：

1. 清算报告、清算方案中是否隐瞒或遗漏了原告的债权，清算组成员履行了清算、注销全部手续，是否视为其尽到了勤勉、审慎义务；

2. 如何认定债权人损失与清算组成员过错有因果关系。

---

① 参见福建省泉州市中级人民法院(2009)泉民初字第329号民事判决书。

第十八章

清算责任纠纷

基本案情：

截至 2008 年 9 月 16 日，晋江公司尚欠原告 145,299.43 元。

晋江公司系由我国香港地区居民被告陈春波于 2004 年 3 月 12 日独资设立的外资企业，法定代表人为被告陈春波。

2008 年 9 月 3 日，晋江公司召开董事会，决议解散公司并成立清算组进行清算，清算组由三位被告组成，由被告陈春波担任清算组组长。

2008 年 10 月 9 日，晋江公司召开董事会，决议：（1）于 2008 年 10 月 13 日在《福建日报》刊登清算公告；（2）履行债权债务人告知义务，委托泉州市祥瑞信联合会计师事务所出具清算报告。

2008 年 10 月 13 日，晋江公司在福建日报刊登了清算公告，公告内容如下：晋江公司于 2008 年 9 月 11 日（经董事会决议）终止营业，拟注销，现已组成清算组进行清算，清算组由被告陈春波、被告张惠芳等人组成，请有关债权人于见报之日起 45 日内到我公司清算组申报债权及办理债权人登记手续。2008 年 11 月 30 日，会计师事务所向晋江公司递交了清算报告。清算报告附件 4 晋江公司 2008 年 11 月往来账明细表并未把本案原告体现在对账单上的 145,299.43 元货款作为应付账款列入。

2008 年 11 月 30 日，晋江公司召开董事会，公司董事被告陈春波、被告张金堆、陈永泉出席，董事会确认了清算报告。

2008 年 12 月，晋江公司办理了企业注销登记。

原告诉称：

2008 年 9 月晋江公司董事会决议解散公司，三位被告作为晋江公司清算组成员，在清算期间明知晋江公司尚欠原告货款未还，故意瞒骗工商行政管理部门，办理解散注销手续。目前晋江公司已经被注销，致使原告货款不能收回。根据《公司法》（2005 年修订）第 190 条的规定，清算组成员因故意或者重大过失给公司或者债权人造成损失的，应当承担赔偿责任。

原告为证明其观点，提交证据如下：

1. 注销企业登记基本信息，用以证明晋江公司已于 2008 年 12 月 2 日被注销；

2. 对账单一份，用以证明晋江公司欠原告货款的事实和金额；

3. 企业注销备案资料，用以证明清算组成员未将原告债权列入应付账款。

被告张金堆辩称：

原告的诉讼请求完全没有事实和法律依据。理由如下：

1. 被告张金堆虽然为清算组成员,但在履行清算义务时完全是依照清算组确定的清算方案来进行的,清算组确定的方案也是完全按照法律规定的程序来进行的,从晋江公司的清算到注销,整个清算程序合法,被告张金堆并不存在任何过错。

晋江公司的清算组成立后,为了查清公司债权、债务情况,依法于2008年10月13日在《福建日报》发布了清算公告,告知所有的债权人应于见报之日起45日内向清算组申报债权及办理债权人登记手续。

公告期限届满后,清算组按照所有债权人申报的债权,一一予以核实,制作相关的报告向工商行政部门如实汇报相关的债权债务情况,泉州市工商行政管理部门根据相关法律的规定于2008年12月1日依法核准公司注销。

因此,清算组已经充分履行了对债权人的公告义务,整个清算注销过程合法,但原告并没有在法定的期限内向清算组申报债权及办理债权登记手续,清算组并不存在故意隐瞒工商行政管理部门的情况。因此,原告诉称被告张金堆作为清算组成员,在清算期间明知晋江公司尚欠原告货款未还,故意隐瞒工商行政管理部门,办理解散手续,造成原告缺失货款145,299.43元,是完全没有事实依据的。

此外,《公司法》(2005年修订)第190条关于清算组成员的故意或重大过失给公司或者债权人造成损失的应当是指由于清算组成员的不法行为给公司的财产造成不当减少的,应当承担责任,并不是指清算组成员应当对于债权人怠于履行债权申报义务承担赔偿责任。被告张金堆在履行清算义务时并没有违反上述的法律规定,因此,原告以该规定要求被告张金堆承担责任,是对法条的错误理解。

2. 原告起诉被告张金堆主体错误,应当依法驳回其诉讼请求。被告张金堆仅是原晋江公司的员工,并非股东,为公司经营管理所进行的活动,依法应当由公司承担责任。即使清算组在清算过程中违反了法律的规定,也应当以整个清算组为被告,而不能以其为被告。

综上,原告的货款损失是由于其怠于履行债权申报所造成的,与被告张金堆没有任何关系,应当依法驳回原告的诉讼请求。

律师观点:

1. 被告张金波是本案适格被告。

被告张金波作为清算组成员之一,在清算过程中给债权人造成损失当然为适格被告。

2. 清算组成员承担赔偿责任的前提是对债权人造成损失,三位被告应对原告的债权损失承担连带责任。

履行清算公告、工商注销等各类清算手续并不意味着清算注销过程当然合法。负有清算职责的三位被告应依法履行清算义务,勤勉、审慎地清理债权债务,使公司的各种既存法律关系得以了结。但由三位被告组成的清算组明知原告债务的存在,却未能将该笔债权进行登记并按清算方案予以清偿,显然存在过错。

根据《公司法》(2005年修订)第190条第3款"清算组成员因故意或者重大过失给公司或者债权人造成损失的,应当承担赔偿责任"的规定和《最高人民法院关于适用〈中华人民共和国公司法〉若干问题的规定(二)》第23条第1款"清算组成员从事清算事务时,违反法律、行政法规或者公司章程给公司或者债权人造成损失,公司或者债权人主张其承担赔偿责任的,人民法院应依法予以支持"的规定,清算组成员承担责任的前提是清算组成员的行为给债权人造成了损失。

本案因晋江公司已注销企业法人资格,原告已经无法向晋江公司主张债权,显然三位被告的过错行为与原告向晋江公司主张债权的落空具有因果关系。在三位被告均未积极抗辩或举证证明晋江公司尚有剩余财产可供偿还原告的情况下,原告的债权损失可以对账单上体现的货款145,299.43元及被告逾期支付该笔货款的银行利息损失来认定。三位被告因其共同过错依法应对原告的债权损失承担连带赔偿责任。

法院判决:

三被告连带赔偿原告损失的货款145,299.43元及货款利息。

【案例450】股东承担有限责任理由不成立　虚假报告骗取注销担责百万[①]

原告: 郑景顺、王令南

被告: 周健、丁文

诉讼请求: 判令两位被告共同清偿人民币本金150万元及利息。

争议焦点: 股东未依法清算,以虚假清算报告骗取注销,对原公司债务承担责任是否以注册资本为限。

基本案情:

2007年12月21日,两位原告和聚腾公司签订一份《借款合同》,约定聚腾公司向原告郑景顺借款130万元,向原告王令南借款20万元,年利率为25%。《借款合同》签订后,两原告向聚腾公司汇款150万元。

---

① 参见浙江省高级人民法院(2009)浙杭商外终字第14号民事判决书。

2009年3月20日,聚腾公司清算组出具公司清算报告,清算报告显示,截至2009年3月20日,聚腾公司注册资本为人民币50万元,其中被告周健出资24.5万元,被告丁文出资25.5万元,共有总资产50万元,总负债0万元,净资产50万元,聚腾公司股东会决议确认该清算报告;同日,聚腾公司在杭州市工商行政管理局拱墅分局登记注销。

原告均诉称：

两位被告作为聚腾公司的股东,为逃避债务注销公司,应对借款人民币150万元及相应利息承担清偿责任。

被告均辩称：

1. 聚腾公司已依法进行了清算,两位原告没有进行债权申报；

2.《公司法》规定,公司股东对外承担的责任以出资为限。本案聚腾公司的注册资本为50万元,两位被告作为股东均出资到位,故应以50万元为限对外承担民事责任。

律师观点：

1. 两位原告与聚腾公司之间的借款合同合法有效。

两位原告和聚腾公司之间的借款合同关系,系双方当事人的真实意思表示,且不违反法律和行政法规的强制性规定,合法有效。两位原告依约向聚腾公司提供了借款。按照《合同法》的相关规定,聚腾公司应当按照约定的期限向两位原告归还借款人民币150万元并支付相应的利息。聚腾公司未按照约定的期限归还借款和利息的,还应当向两位原告支付相应的逾期利息。在本案中,双方在合同中约定的借期内利息及逾期利息的利率为25%年利率,对未超过同期银行贷款基准利率四倍的利率计算的利息,应依法予以保护。

2. 两位被告明知原告债权的存在,未向两位原告履行书面通知义务,违反了法定程序要求。

根据《公司法》的相关规定,有限责任公司经股东会决议解散的,应由股东组成清算组进行清算。清算组应当进行清理公司财产,编制资产负债表和财产清单,将公司解散清算事宜书面通知全体已知债权人,并在报纸上进行公告等清算工作,在依法清算完毕后公司才能申请办理注销登记。

本案中,两位被告在庭审中认可其明知对债权人负有债务的情况下,未向两位原告履行过书面通知义务的事实,同时亦没有提供任何证据证明其已经依法清理公司财产及债权债务的事实,违反了《公司法》对于清算程序的规定。

3. 聚腾公司以虚假清算报告骗取注销,两位被告应对公司债务承担连带赔偿责任。

两位被告未经依法清算,以虚假的清算报告骗取公司登记机关办理法人注销登记,应对公司债务承担相应的赔偿责任。至于两位被告辩称其承担的责任应以公司注册资本为限,《公司法》明确规定,股东不得滥用公司法人独立地位和股东有限责任损害公司债权人的利益。只有在依法清算、不损害债权人利益的前提下,股东才有权主张有限责任的保护。在本案中,两位被告未依法进行清算,注销公司以逃避债务,故应对公司债务承担连带的赔偿责任。

法院判决:

两位被告向两位原告归还借款人民币 1,500,000 元,并支付利息(从 2007 年 12 月 21 日起至判决生效之日止,以同期银行贷款基准利率的四倍计算),于判决生效之日起 10 日内履行完毕。

1322. 公司未经清算即办理注销登记,清算义务人应当如何对公司债务承担责任?

如果公司未经清算即办理注销登记,导致公司无法进行清算,清算义务人应当对公司债务承担连带清偿责任。

如果公司未经依法清算即办理注销登记,根据实际情况仍然可以进行清算,则应当对公司进行清算,清算义务人应当在造成损失的范围内对公司债务承担赔偿责任。

如果公司未经清算即办理注销登记系实际控制人造成,实际控制人应当对公司债务按照上述内容承担责任。

1323. 公司解散后,公司股东或第三人办理注销登记时,向登记机关承诺负责清理债权债务,但并未实际清算,债权人应当向谁主张权利?

债权人可以要求在登记机关办理注销登记时承诺对公司债权债务进行处理的股东或者第三人(下称对公承诺人)对公司债务承担相应民事责任。责任的性质依承诺的内容不同而有所不同:如果承诺的内容是负责对公司的债权债务进行处理,那么,未及时进行清算造成公司财产流失的,对公承诺人在造成公司损失范围内承担赔偿责任;如果承诺内容是对公司债务承担偿还、保证责任,对公承诺人应当对公司债务承担偿还或保证责任。

1324. 在清算报告中承诺对公司遗漏债务承担连带责任的承诺人承担责任后,债权人还可以追究清算义务人的责任吗?

可以。债权人追究对公承诺人的民事责任后,并不当然免除清算义务人应当清算而不清算的责任。如果公司未经清算即办理注销登记,导致公司无法进行清算,有限责任公司的股东、股份有限公司的董事和控股股东,以及公司的实际控制人应当对公司债务承担清偿责任。

1325. 清算组成员或清算义务人执行未经确认的清算方案是否要承担损害赔偿责任?

执行未经确认的清算方案给公司或者债权人造成损失,公司债权人有权主张清算组成员承担赔偿责任。给公司或者债权人造成损失具体可以表现为清算组自行处分了公司财产、财产估价过高或过低、放弃公司债权等。

1326. 清算组成员或清算义务人基于股东大会决议而实施违法行为是否需要承担民事责任?

区分两种情况:

(1)如果股东大会决议内容违反法律、行政法规的强制性规定,比如,要求清算组不按法定比例分配剩余财产或者仅在影响力非常小的报纸上公告解散清算事宜的,则该决议无效。由于清算义务人或清算组成员对此也是明知的,如果其执行,说明其在主观上有故意,因此,给公司或者债权人造成损失的,不能以无效的股东大会决议为依据而请求免责,仍应承担损害赔偿责任。

(2)如果股东大会决议内容只是违反公司章程,此时,该决议属于可撤销。依决议执行清算事宜时,只要该决议尚未被依法撤销,由于清算义务人或清算组成员并未违反对公司的忠实义务和勤勉义务,因此对公司或债权人不承担个人责任。

清算组成员同样对债权人负有依法、合理执行清算事宜的责任,故清算组成员不能以其行为系根据股东大会决议作出而对抗公司债权人,比如,公司股东大会决议放弃对关联公司的债权或者担保,则公司债权人可以以清算组成员的故意行为给自己造成损失为由,请求承担赔偿责任。①

1327. 公司依法注销后,股东发现公司在清算中遗漏债权或其他财产权益的,可否以自己的名义向相应债务人提起诉讼?是否应由全体股东作为共同原告提起诉讼?追回的财产归谁所有?

股东对有限责任公司有投资关系,对公司的经营成果享有收益权,而作为股东权的延伸,股东对公司清算注销时公司的剩余资产享有分配请求权。清算时未

---

① 奚晓明主编:《最高人民法院关于公司法司法解释(一)、(二)理解与适用》,人民法院出版社2008年版,第429页。

处理的债权虽未在清算报告中载明,但仍是公司实际剩余财产的一部分,在公司注销后即由全体股东承继权利。因此,股东可以自己的名义依法提起诉讼主张权利。

鉴于股东主张原公司对外享有的债权或财产权益,与股东之间就公司剩余财产进行分配属于不同的法律关系,因此,除非原公司全体股东愿意作为共同原告提起诉讼外,法院一般无须追加全体股东作为共同原告提起诉讼。如多个股东就同一笔债权或财产权益分别提起诉讼,法院可合并审理。

追回的或发现遗漏的财产属于注销前公司的财产,应归全体股东所有,由全体股东按章程或出资比例进行分配。当然,如果在公司清算完毕后有债权人未清偿完毕的,由于公司解散清算不免除公司的责任,应首先以该财产偿还债务,之后仍有剩余的,再由股东进行分配。

【案例451】股东主张公司清算遗漏债权获支持①

原告:胡新祝

被告:众诚公司、泛亚公司、吴端平

诉讼请求:

1. 被告众诚公司归还原告借款1000万元;
2. 被告泛亚公司、被告吴端平承担连带还款责任。

争议焦点:

1. 公司的清算报告、注销申请书上的均记载公司债务债权已结清,是否意味着公司对外当然无债权;
2. 公司清算注销后遗留的债权是否会因公司注销而归于消灭,原告作为原公司股东是否有权以自己的名义主张债权。

基本案情:

原告系泰典公司的股东,与泰典公司的另一名股东闻慧琴各自持有50%的股权。

2007年11月2日,泰典公司与三位被告签订借款合同一份,约定被告众诚公司向泰典公司借款1000万元,借款期限为2007年11月5日至2008年3月4日,月利率为2%;被告泛亚公司、被告吴端平为被告众诚公司的借款提供负连带责任的不可撤销的担保,保证期限为借款期满后两年,担保条款具有独立性,主合同

---

① 参见杭州市西湖区人民法院(2009)杭西商初字第2783号民事判决书。

其他条款的无效不影响担保条款的效力。

2007年11月5日,泰典公司按约通过电汇方式将1000万元的借款支付给被告众诚公司,被告众诚公司于同日出具收条一份。借款期满后,被告众诚公司未归还借款,被告泛亚公司和被告吴端平也未承担保证责任。

2008年4月1日,泰典公司股东会作出股东会决议,同意公司解散,并成立由原告、闻慧琴组成的清算组进行清算。

2008年6月16日,泰典公司清算组出具清算报告,载明:截至2008年6月16日,公司共有总资产99.6322万元,总负债0万元,净资产99.6322万元,原告和闻慧琴按投资比例各半分得净资产49.8161万元;各项税收、职工工资已结清,债权债务已清理完结。同日,泰典公司作出股东会决议确认该份清算报告。

2008年6月16日,泰典公司向杭州市工商行政管理局拱墅分局申请注销公司,并在申请书的"债权债务清理是否完结"一栏中填明"是清理完结"。

2008年6月19日,泰典公司完成注销。

2009年10月16日,原告与闻慧琴签订协议书一份,约定原泰典公司对被告众诚公司享有的1000万元债权归原告一人享有并自行追讨。

原告诉称:

2007年11月2日,泰典公司与三位被告签订借款合同,并约定了借款数额、借款期限和保证人及其保证期限。2008年,泰典公司经股东会决议同意解散,并于2008年6月19日完成注销手续。2009年6月9日,原告和闻慧琴签订协议,约定原泰典公司对被告众诚公司享有的1000万元债权归原告一人享有。原告多次向被告众诚公司催讨欠款,被告众诚公司均拒绝归还。

被告众诚公司辩称:

1. 被告众诚公司向泰典公司借的款项已经归还,泰典公司的清算报告和注销材料上均记载该公司的债权债务已清理完结,不存在任何对外债权;

2. 被告众诚公司至今未收到泰典公司的任何债权转让通知,原告不具备诉讼主体资格,无权提起本案诉讼。

被告泛亚公司、被告吴端平共同辩称:

1. 同意债务人被告众诚公司的两点答辩意见,被告泛亚公司、被告吴端平作为债务担保人亦无须承担任何责任;

2. 被告众诚公司与泰典公司之间的借款属于企业之间的资金拆借行为,借款合同应依法认定无效,担保合同作为借款合同的从合同亦为无效合同,故被告泛亚公司、被告吴端平无须承担担保责任。

第十八章

清算责任纠纷

律师观点：

1. 被告众诚公司尚欠泰典公司1000万元借款。

由于企业之间的资金拆借违反国家有关金融法规，故本案中的借款行为应认定为无效，该1000万元借款应当由被告众诚公司返还给泰典公司。被告众诚公司认为泰典公司的清算报告和公司注销申请书上载明公司的债权债务已清理完结，可以证明借款已归还，但无论是清算报告还是公司注销申请书，都不是债权债务关系发生、存在或消灭的直接凭证，清算报告和公司注销申请书上的记载并不足以证明款项已归还的事实。

本案中，被告众诚公司未能提供相应的还款凭证，应当承担举证不能所带来的法律后果，其主张的1000万元款项已归还给泰典公司的抗辩意见不能成立，被告众诚公司应向泰典公司归还所借的1000万元。

2. 泰典公司清算过程遗留的债权不因公司注销而归于消灭。

本案中，泰典公司在清算报告和公司注销申请书中关于债权债务业已结清的记载是公司办理注销手续的前提条件，并不必然是泰典公司债权债务关系的真实反映，也不能视为泰典公司放弃该1000万元债权的意思表示。泰典公司对被告众诚公司所享有的1000万元债权虽然未在清算报告中体现，但该债权作为客观存在的一项基本民事权利并未消灭。

3. 原告作为原泰典公司的股东，有权以自己的名义向被告众诚公司主张债权。

泰典公司注销后，原告、闻慧琴可以基于原公司股东的身份直接向被告众诚公司主张1000万元的债权。股东对有限责任公司有投资关系，对公司的经营成果享有收益权，而作为股东权的延伸，股东对公司清算注销时公司的剩余资产享有分配请求权。清算时未处理的债权虽未在清算报告中载明，但仍为公司实际剩余财产的一部分，在公司注销后即由全体股东承继权利。

本案中，除了泰典公司清算报告上载明的99.6322万元剩余资产外，泰典公司对被告众诚公司享有的1000万元债权亦是公司剩余财产的一部分，泰典公司注销后，原股东原告、闻慧琴有权直接要求被告众诚公司清偿债务。

被告众诚公司提出泰典公司未进行债权转让，原告不具备原告主体资格，但在本案的法律关系中，原告、闻慧琴系基于对公司剩余资产的分配请求权从注销的泰典公司处直接承继债权，无须进行公司与股东之间的债权转让，因此有权作为共同原告向被告众诚公司提起诉讼。

公司遗留债权涉及内外两层法律关系：在对外关系上，遗留债权表现为公司剩余资产所有权,归全体股东所有;在对内关系上,遗留债权表现为公司剩余资产分配权,股东按照出资比例确定分配份额。泰典公司注销后,所遗留的1000万元债权本应由原告和闻慧琴各半分配,但闻慧琴在2009年10月16日的协议书中表示将其享有的债权份额转让给原告一人所有。

对债务人而言,债权让与自债务人接到通知之日起始对其发生效力,本案中,由于闻慧琴转让债权的事实已在诉讼过程中为被告众诚公司所知悉,故债权让与对被告众诚公司已经具有合法拘束力,原告有权向被告众诚公司主张全部1000万元的债权。

4. 担保合同无效,被告泛亚公司、被告吴端平作为担保人应承担部分赔偿责任。

尽管泰典公司与被告众诚公司在《借款合同》中约定被告泛亚公司和被告吴端平的担保具有独立性,主合同其他条款的无效不影响担保条款的效力,但根据《物权法》的规定,独立担保的有效依据仅限于法律另有规定,当事人自行在合同中对独立担保作出约定违背了担保合同的从属性,该约定应认定为无效。

本案中,担保合同关系的无效系因主借款合同的无效所导致,除债权人泰典公司、债务人被告众诚公司对无效借款合同的签订具有过错以外,担保人被告泛亚公司、被告吴端平明知借款合同无效而仍然为被告众诚公司提供担保,对主合同的签订具有促进作用,也具有一定过错,被告泛亚公司、被告吴端平应在被告众诚公司不能清偿部分的1/3范围内承担赔偿责任。

法院判决:

1. 被告众诚公司于判决生效之日起10日内归还原告借款1000万元;

2. 被告泛亚公司、被告吴端平对被告众诚公司上述债务不能清偿部分的1/3范围内承担赔偿责任。

1328. 公司依法注销后,债权人发现原公司股东获得了财产权益的,可否要求获益股东清偿债务?

债权人可以要求获益股东在所获财产利益的范围内清偿公司债务。

1329. 公司违反法律规定进行清算,有何行政责任?

公司清算时,隐匿财产,对资产负债表或者财产清单作虚假记载或者在未清偿债务前分配公司财产的,由公司登记机关责令改正,对公司处以隐匿财产或者未清偿债务前分配公司财产金额5%以上10%以下的罚款;对直接负责的主管人员和其他直接责任人员处以1万元以上10万元以下的罚款。

公司在清算期间开展与清算无关的经营活动的,由公司登记机关予以警告,没收违法所得。

1330. 清算组在清算过程中存在违法行为,有何行政责任?

清算组不按照规定向公司登记机关报送清算报告,或者报送清算报告隐瞒重要事实或者有重大遗漏的,由公司登记机关责令改正。

清算组成员利用职权徇私舞弊、谋取非法收入或者侵占公司财产的,由公司登记机关责令退还公司财产,没收违法所得,并可以处以违法所得一倍以上五倍以下的罚款。

1331. 公司清算义务人未经依法清算,以虚假的清算报告骗取公司登记机关办理法人注销登记,应当承担哪些行政责任?

由公司登记机关责令改正。同时,清算组成员利用职权徇私舞弊、谋取非法收入或者侵占公司财产的,由公司登记机关责令退还公司财产,没收违法所得,并可以处以违法所得一倍以上五倍以下的罚款。

1332. 无过错的清算组成员或清算义务人是否应当对其他成员或义务人的过错行为承担连带赔偿责任?

对此问题应分两种情况讨论:

(1)连带赔偿责任。如果成员或义务人的过错行为违反的是法律规定的由清算组承担的义务,比如未适当的通知、公告导致债权人损失的,即便该行为是少部分清算组成员违反的,所有成员或义务人应当承担责任,且相互之间为连带责任。因为,在此种情形下,无论是否有过错,基于清算组的整体义务,任一成员都应承担责任,并不得以自己无过错为由对抗外部第三人。

当然,为了保护无过错的清算义务人或清算组成员的权利,其在承担赔偿责任后有权向有过错人员追偿。

(2)个人承担责任。如果过错行为违反的是法律规定的由个人履行或遵守的义务的,比如不得侵占公司财产的义务、不得接受贿赂,如果因此而给公司或债权人造成损失的,则由该有过错的清算义务人或清算组成员承担赔偿责任,其他无过错的清算义务人或清算组成员不承担赔偿责任。

【法律依据】

一、公司法类

(一)法律

❖《公司法》第20条、147条、151条、183~186条、188条、189条

(二)行政法规

❖《公司登记管理条例》第41~43条、70条、71条

(三)司法解释

❖《最高人民法院关于适用〈中华人民共和国公司法〉若干问题的规定(二)》第11条第2款、15条第2款、18~23条

(四)地方司法文件

❖《上海市高级人民法院关于在民事诉讼中企业法人终止后诉讼主体和责任承担的若干问题的处理意见》第9条

❖《上海市高级人民法院关于印发〈关于公司被依法注销后其享有的财产权益应如何处理的若干问题的解答〉的通知》(沪高法民二〔2006〕6号)

❖《北京市高级人民法院关于企业下落不明、歇业、撤销、被吊销营业执照、注销后诉讼主体及民事责任承担若干问题的处理意见(试行)》第31条、35条、38条、39条

❖《广东省高级人民法院关于企业法人解散后的诉讼主体资格及其民事责任承担问题的指导意见》第9条、11条、13条

❖《江苏省高级人民法院关于审理适用公司法案件若干问题的意见(试行)》第87~89条

二、其他

(一)法律

❖《民法通则》第40条、87条

❖《侵权责任法》第6条、8条、10条、11~14条

(二)行政法规

❖《诉讼费用交纳办法》第13条

(三)司法解释

❖《最高人民法院关于确定民事侵权精神损害赔偿责任若干问题的解释》第10条